대한민국
자치행정학 연구

The study of local autonomy administration
in the Republic of Korea

II

대한민국 자치행정학 연구 II

The study of local autonomy administration in the Republic of Korea

지은이 최진혁
1판 1쇄 2024년 8월 19일
1판 2쇄 2025년 10월 15일
발행인 김정겸 펴낸곳 충남대학교출판문화원 주소 대전광역시 유성구 대학로 99
전화 042-821-6045 홈페이지 http://www.cnupress.co.kr E-mail cnupress@cnu.ac.kr

ISBN 979-11-6503-288-3 94350
ISBN 979-11-6503-286-9 94350(세트)
정가 43,000원

대한민국 자치행정학 연구

The study of local autonomy administration in the Republic of Korea

II

최진혁

충남대학교출판문화원

머리말

1991년 지방의회의 재구성과 1995년 지방자치단체장 주민직선과 함께 다시 시작된 우리나라의 지방자치제도는 그동안 중앙집권적 논리 하에 희생된 민주화의 간절한 염원을 담는 사건으로 대한민국 현대 정치 · 행정사에 매우 의미 있는 중요한 전환기적 성격을 띤다고 볼 수 있습니다. 군사정권에 의해 희생된 민주정치의 원혼(魂)은 국민들의 가슴 속에 지펴져 더 이상 자유민주주의 국가의 정통성을 잃은 중앙권력에 끌려갈 수 없었고, 이제는 지방자치단체(지방정부)마다 우리의 대표를 우리 손으로 직접 선출하여 우리 지역의 문제를 스스로 해결해 나가는 지방자치제도만이 민주정치(지방민주주의)를 실현하는 유일한 길임을 항변하게 하였던 것이었습니다. 따라서 1961년 5.16 군사혁명에 의해 폐지되었던 주민대표기관으로서 지방의회를 무엇보다 다시 살리는 일(지방자치의 부활)이 시급한 것이었습니다. 그러나 당시 임명자치단체장을 두고 지방의회의원만 주민직선으로 하는 지방자치는 '반쪽 지방자치'라며 자치단체장의 주민직선을 강력하게 요구하였고, 마침내 1995년 자치단체장도 주민이 직접 선출하는 주민자치의 시대를 열게 되었습니다. 그러나 그 이후 민선자치(현재 민선8기 중·후반)의 경험은 주민직선에 의해 자치단체장과 지방의원을 선출한다고 해서 우리가 염원하던 진정한 지방민주주의(자유민주주의)는 완성될 수 없다는 교훈을 체득하는 시행착오를 겪고 있는 것입니다. 즉, 민선자치가 시행되면서 직선된 자치단체장과 지방의회의원은 재선이라는 절대적 과제에 봉착하면서 주민들에게 '표'만를 생각할 수밖에 없는, 따라서 전시(展示)행정 내지 인기(人氣)행정의 유혹에 매몰(埋沒)되어 지방정책은 왜곡(歪曲)될 수밖에 없는 상황을 만들어내는 우(愚)를 범하였던 것입니다. 그리고 민선자치는 신자유주의

(Neoliberalism)와 결합되면서 더욱 수요자(需要者) 중심주의, 고객지향(顧客志向)적 행정 등을 강조하면서 주민들을 단순한 행정서비스의 객체(客體)로서의 지위만을 부여하였을 뿐이었습니다. 그러다보니 지방자치단체(지방정부)의 행정서비스에 대해 소비자로서의 수동적인 주민을 만들어내었을 뿐이었고, 더 나아가 대다수 주민들은 지역이기주의와 자기이해에 함몰(陷沒)되어 지방자치(지방민주주의)를 근간으로 하는 자치행정에 많은 혼란을 야기하는 주범이 되고 말았습니다. 요컨대, 지방민주주의를 지탱할 역량 내지 여건(지방민주주의 제도, 시민사회 성숙)이 구비되어 있지 않고서는 지방민주주의(주민참정) 수단으로서의 선거(주민참여), 주민자치의 효과는 그리 크게 나타나지 않는, 아니 오히려 왜곡 반감될 수 있다는 사실을 깨닫게 되었습니다.

여기에 노무현 참여정부(대통령자문 정부혁신지방분권위원회)와 이명박(MB)정부(대통령소속 지방분권촉진위원회), 박근혜정부(대통령소속 지방자치발전위원회), 문재인정부(대통령소속 자치분권위원회)가 추진한 지방분권개혁의 문제점을 진단하여 국가 및 지방자치단체개혁을 바르게 추진해야 할 의무가 윤석열 정부(대통령직속 지방시대위원회)의 과제가 되고 있는 것입니다. 마치 프랑스의 프랑수와 미테랑(François Mitterand) 좌파(사회당) 정부가 추진한 지방분권개혁을 보다 발전적 분권정책으로 국가개혁을 수행하려 했던, 요컨대 지방분권화를 더욱 가속화시키기 위한 대안으로 헌법개정을 모색하였던 쟈크시락(Jacques Chirac)과 지방행정체제개편을 모색하면서 새로운 지방자치단체 개혁을 모색하였던 니콜라사르코지(Nicolas Sarkozy)의 우파정부의 노력과 계속된 지방분권개혁으로 새로운 도약을 추구하였던 프랑수와 올랑드(François Hollande) 좌파(사회당)정부, 그리고 중도신당 '레프

블릭앙마르슈'(La République En Marche : 공화국 전진)로 집권한 에마뉘엘 마크롱(Emmanuel Macron)의 경험이 소중하게 다가오는 이유입니다.

요컨대, 1991년 지방의회의 재구성과 1995년 자치단체장의 주민직선에 의한 지방자치 정착에의 노력은 마침내 참여정부의 지방분권과 지역균형발전 정책이라는 보다 적극적인 지방분권화시대를 열어가게 하였고, 이어 이명박정부의 5+2광역경제권을 기초로 한 지방행정체제개편 논의 속에 지방분권정책의 지속화로 이어 나갔던 것이었습니다.

이어 박근혜정부는 그동안의 우리의 지방자치는 자치역량의 미흡으로 국민행복과 국가발전으로 이어지는 데는 한계가 있었다고 진단하고 지방분권강화와 지방재정확충 및 건전성 강화정책을 펼쳤던 것입니다. 또한 '정부3.0' 방식의 새로운 패러다임의 정부운영방식을 추구하면서 '소통하는 투명한 정부', '일 잘하는 유능한 정부', '국민중심의 서비스 정부'를 실현하고자 노력하였습니다.

그리고 헌정초유의 대통령탄핵정국에 따른 문재인정부의 등장은 더욱 자치분권과 분권형헌법개정을 통한 국가발전을 주장하기에 이르렀습니다.[1] 이와 함께 32년만의 지방자치법 전부개정을 통해 획기적인 주민주권 구현, 실질적 자치권 확대, 자치단체 투명성 · 책임성 제고, 중앙-지방 협력관계 정립 및 자치단체 사무수행 능률성 강화를 강조하였습니다.

---

1 "내 삶을 바꾸는 자치분권"의 비전 하에 '연방제에 버금가는 강력한 지방분권'을 목표로 하는 5개 핵심전략(중앙권한의 획기적 지방이양, 강력한 재정분권 추진, 자치단체의 자치역량 제고, 풀뿌리 주민자치 강화, 네트워크형 지방행정체계 구축)을 강조하는 자치분권로드맵을 제시하였다.

이어 우파정부로의 정권교체를 이룬 윤석열정부는 기존의 자치분권위원회와 국가균형발전위원회를 단일 위원회인 〈지방시대위원회〉[2]로 통합하여 운영하고 있습니다.

이러한 맥락에서 필자는 우리나라가 60-70년대 저개발도상국의 발전행정의 시각에서 지방행정을 논의했던 관점에서 90-2020년대 자치행정으로 그 패러다임을 전환시켰던 시대 한 복판에 있었기에 그 전환기적 자치행정의 실상과 학문적 이론정립의 내용을 체계적으로 정리할 필요성이 있다고 판단하였습니다. 따라서 20세기 후반부터 자치행정의 성장 및 한편으론 시행착오적 혼란시기가 병행되었던 21세기 전반에까지 학술적으로 접근한 연구내용을 이 저서에 담아보고자 하였습니다. 여기에서 특히 우리나라와 지방자치의 유전인자(DNA)가 유사한 대륙계 지방자치의 대표모델로서 프랑스가 경험한 자치분권의 지혜를 공유하면서 우리가 해결해야 할 자치행정의 문제를 보다 적실성 높게 그 시사점을 제시하고자 노력하였습니다. 지방자치 부활이후 약 30여년, 어떻게 보면 자치행정의 토대를 만들어가는 과정에서 자치행정학자로서 고민해야 했던 자치분권 연구과제들이 우리나라 자치행정의 실상을 바로 이해하고, 또한 이 연구서를 기반으로 앞으로 더욱 발전된 자치행정학의 이론적 틀을 정립하는데 도움이 될 수 있기를 소망해봅니다.

---

2 1)비전 : 대한민국 어디서나 살기 좋은 지방시대 ; 2)목표 : 지방주도 균형발전 책임있는 지방분권 ; 3) 5대전략 : ①자율성 키우는 과감한 지방분권 ②인재를 기르는 담대한 교육개혁 ③일자리 늘리는 창조적 혁신성장 ④개성을 살리는 주도적 특화발전 ⑤삶의 질 높이는 맞춤형 생활복지 ; 4) 4대가치 : 자율, 공정, 연대, 희망 5)9대 정책 : ①기회발전특구 지정 : 양질의 신규 일자리 ②교육자유특구 도입 : 지역-대학 동반성장 ③ 지방정부 주도의 도심융합특구 조성 ④로컬리즘을 통한 문화·콘텐츠 생태계 조성 ⑤ 첨단 전략산업 중심 지방경제 성장 ⑥디지털 재창조로 지방 신산업 혁신역량 강화 ⑦ 매력있는 농어촌 중심으로 생활인구 늘리기 ⑧ 킬러규제 일괄해소로 투자 활성화 ⑨ 지방분권형 국가로의 전환

이 책자는 총 11편으로 구성하게 되었는데, 자치행정이 종합행정으로서 그 이론과 실제를 망라하여 접근하다보니 방대한 연구서가 되어 자치행정학 연구(I), (II)로 나누어 정리하게 되었습니다. 제I권으로 제1편은 지방자치의 역사적 · 헌정적 기원, 제2편은 헌법과 지방자치법, 제3편은 지방행정체제와 기관구성, 제4편은 지방자치단체의 구성 : 지방의회와 집행기관(자치단체장, 지방공무원), 제5편은 지방선거와 지방민주주의, 제II권으로 제6편은 주민참여 및 민원행정, 제7편은 시민사회와 로컬거버넌스, 제8편은 자치분권과 지역균형발전, 제9편은 교육자치와 교육분권, 제10편은 지방재정, 제11편은 광역행정과 대도시 자치행정 사례를 실었습니다. 이 방대한 원고를 정리 · 편집하는 과정에서 수고를 아끼지 않고 큰 도움을 준 충남대학교 출판부와 유지연 박사에게 고마운 마음을 전합니다.

그동안 교육자, 학자로서의 길을 가는 동안 많은 어려움 속에서도 늘 기도로서 용기를 주신 어머님, 아버님, 특히 새벽기도를 통해 자식의 앞날을 하나님께 맡겨드렸던 어머님의 숭고한 사랑과 희생에 절로 머리가 숙여집니다. 하나님 마음에 합한 자로서 겸손함을 훈육해주셨던 어머님이 수확의 감사를 드리는 7월 맥추감사절에 더욱 그리워지기만 합니다. 교육자로서 엄격하셨던 아버님이 들려주셨던 그 성경말씀("우리가 알거니와 하나님을 사랑하는 자 곧 그의 뜻대로 부르심을 입은 자들에게는 모든 것이 합력하여 선을 이루느니라" : Nous savons, du reste, que toutes choses coopèrent au bien de ceux qui aiment Dieu, de ceux qui sont appelés selon son dessein ; Romains 8:28)도 감사의 생을 살아가라는 교훈을 주신 것으로 보입니다. 또한 오로지 성경말씀에 의지하며 기도와 찬양으로 사위사랑이 지극하셨던 장모님, 학문적 식견과 도전정신으로 파리유학을 강권하셨던 장인어른, 그 덕분에 미력하지만 오늘날 저에게 주어진 역할을 조금이나마 완수할 수 있었지 않았나 여겨집니다. 그리고 무엇보다 자치행정학자로의 길을 열어주시고 특히 프랑스 지방자치행정 연구에 도전하도록 북돋아주셨던 정세욱교수님의 큰 가르침이 이 책자의 결실을 보게 하였습니다, 또한 박사후 연구과정(서울대 행정대학원)에서 재무행정, 지방재정의 심도있는 가르침을 주셨던 강신택교수님, 그리고 지방재정을 넘어 정부회계분야에까지 연구의 영역을 넓혀주신 강인재원장님의 도움이 이 책의 완성도를 높일 수 있었습니다. 머리숙여 감사인사를 올립니다. 또한 전국 최초, 최고의 자치행정학과(도시·자치융합학과)로서 자부심과 열정으로 함께 동고동락 해주셨던 동료 선후배 교수님들께도 감사의 인사를 전하고자 합니다.

끝으로 그동안 바쁜 학내외 일정을 이해해주고 교육자, 학자로서의 삶에 최선을 다할 수 있도록 많은 희생을 감당해준 소중한 아내와 가족들에게 이 책으로 그동안의 고마움과 미안한 마음을 대신 전하고자 합니다. 특히 하늘나라에서 늘 기도해주시는 어머님, 아버님 생전에 책출간의 기쁨을 드리지 못하였음을 용서하시고, 늦었지만 매순간 최선을 다해 쌓은 연구업적인 이 소중한 책자를 정성스럽게 바치고자 합니다.

2024년 7월 25일

초록빛 짙은 싱그러운 푸르름과 성하(盛夏)의 계절을 알리는 매미소리와 함께 충남대 연구실에서 저자 씀

목차

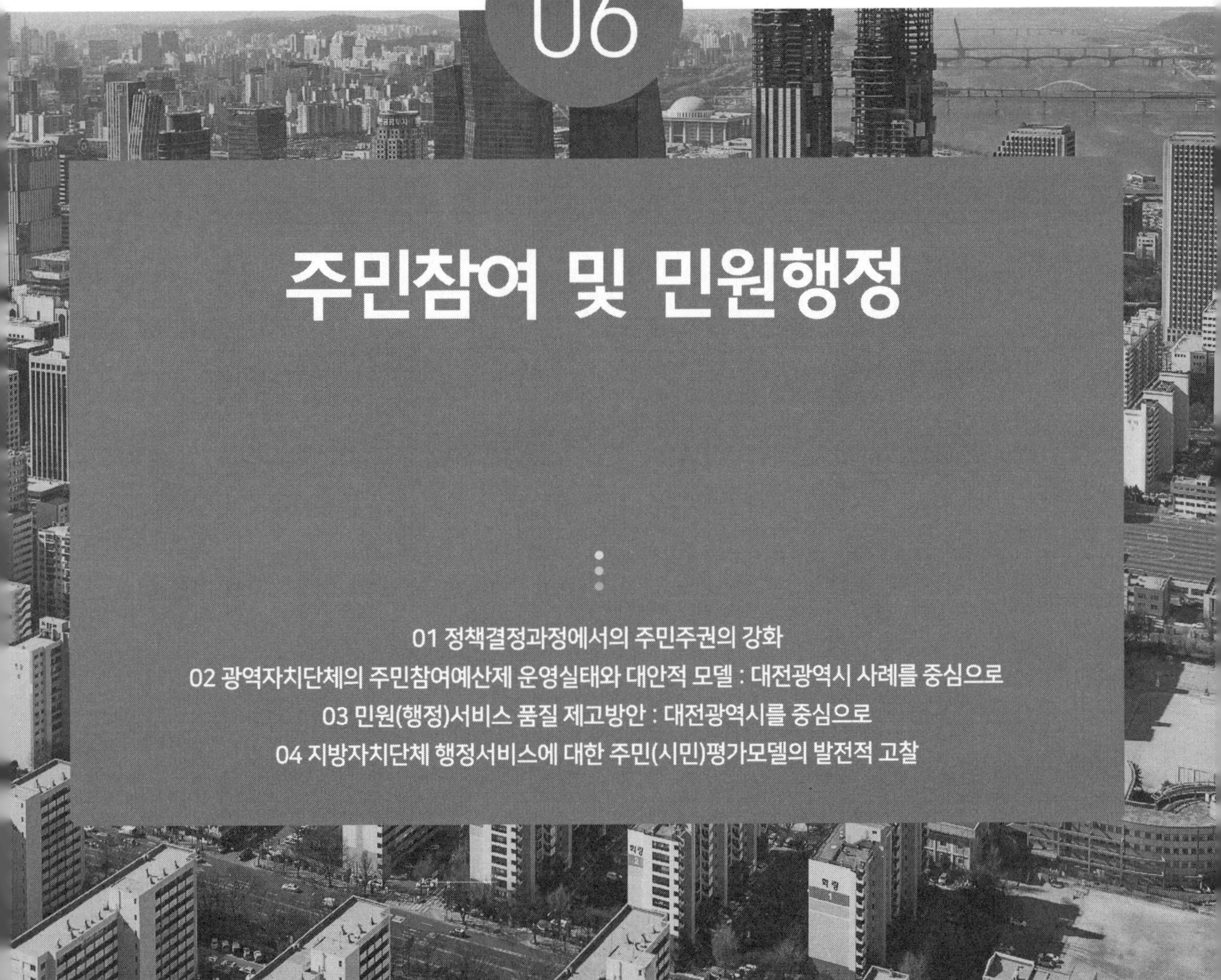

06

주민참여 및 민원행정

01 정책결정과정에서의 주민주권의 강화

02 광역자치단체의 주민참여예산제 운영실태와 대안적 모델 : 대전광역시 사례를 중심으로

03 민원(행정)서비스 품질 제고방안 : 대전광역시를 중심으로

04 지방자치단체 행정서비스에 대한 주민(시민)평가모델의 발전적 고찰

01 정책결정과정에서의 주민주권의 강화

제1절 서론 : 문제제기

1991년 지방의회의 재구성과 1995년 지방자치단체장 주민직선과 함께 시작된 우리의 지방자치제도는 그동안 중앙집권적 논리 하에 희생된 민주화의 간절한 염원을 담는 사건으로 우리나라 정치 · 행정사에 매우 의미 있는 중요한 전환기적 성격을 띤다. 군사정권에 의해 말살된 민주정치의 원혼은 국민들의 가슴속에 지펴져 이제는 우리의 대표를 우리 손으로 직접 선출하는 것만이 민주정치를 실현하는 유일한 길임을 항변하게 하였다. 따라서 당시 임명자치단체장을 두고 지방의원만 주민직선으로 하는 지방자치는 '반쪽 지방자치'라며 자치단체장의 주민직선을 강력하게 요구했던 배경이 바로 그것이다. 그러나 95년 이후 민선 자치 5기에 걸친 경험은 주민직선에 의해 자치단체장과 지방의원을 선출한다고 해서 우리가 염원하던 민주주의는 완성될 수 없다는 교훈을 체득하는 시행착오를 겪기도 하였다. 요컨대, 민주주의를 지탱할 역량 내지 여건(주민주권 확립, 시민사회 성숙, 민주주의 제도)이 구비되어 있지 않고서는 주민주권의 기본원리에서 비롯되는 민주주의(주민참정) 요체로서의 지방자치의 효과는 그리 크게 나타나지 않는다는 사실이다.[1]

오늘날 대부분의 대의제 민주주의 국가에서 지방자치는 민주주의 실현을 위한 기본

1 필자의 "민선자치 15년 경험을 통한 값진 교훈"에 잘 나타나고 있다(대전일보, 2010).

적인 제도적 장치로 간주되고 있다. 영국의 주민자치와 프랑스 대륙계의 단체자치가 역사적 배경을 달리하고 있지만 주민주권을 강조하는 "지방민주주의(local democracy ; la démocratie locale)"라는 기본적 틀에 기초하고 있다. 결국 지방자치는 "일정한 지역과 주민을 기초로 하는 지방자치단체가 그 지역 내의 행정사무를 지역주민의 의사에 따라 주민이 선출한 기관을 통하여 주민의 부담으로 처리하는 과정"으로 볼 때 주민자치와 단체자치의 논리를 함께 담고 있다 할 것이고, 그 사상적 배경은 중앙정부로부터의 '지방분권'과 '지방정책과정에 대한 주민의 참여(민주주의)'를 핵심적 가치로 이해할 수 있을 것이다. 우리나라 헌법도 제8장에서 지방자치의 기본원칙과 그 보장을 규정하고 있고, 이를 근거로 지방자치법을 제정하여 지방자치를 통한 민주주의 국가를 지향하고 있다. 즉, 국가로부터 자치권을 부여받아 일정한 독립적 성격을 갖는 지방자치단체가 그 지역 내의 공공사무를 지역주민의 자발적 참여를 전제로 하고 있다. 요컨대, '분권과 참여(decentralization and participation ; la décentralisation et la participation)'의 논리가 배태되고 있는 것이다.

그러나 지방의회의원과 자치단체장을 통한 대의제민주주의를 기본원리로 운영하였던 우리의 지방자치 경험은 주민주권의 취약 내지 미성숙한 운영으로 인해 불완전한 모습을 보였다. 즉, 30여년만에 부활된 지방자치(지방의회)도 정치가의 정쟁게임 하에서 주민의 노력에 의한 주민의 필요성에 근거하여 성취한 지방자치제가 되지 못하다보니 여전히 중앙의 정치논리에 입각한 '중앙집권방식으로의 지방자치'가 되었던 것이다. 여기에 주민주권을 기본이념으로 하는 주민자치의 운영이 어려움에 처할 수밖에 없는 이유이다.

이러한 배경에서 지방자치를 통해 주민주권이 어떻게 실현되고 있는지, 그리고 지방자치 20여년의 경험을 통해 정책결정과정에 주민주권을 어떻게 하면 강화할 수 있는 것인지 대해 논의해 보기로 한다.

제2절 정책결정과정과 주민주권에 관한 이론적 논의

1. 정책결정과정

정책결정(policy making, policy formulation, policy formation)은 다의적인 개념이지만 일반적으로 정부가 미래의 행동방안(대안)을 복잡한 동적과정을 통하여 의도적으로 공익(공적문제해결)을 위하여 내리는 결정(선택)을 의미하는 것으로 이해하고 있다(Yehezkel Dror). 따라서 다음의 요건과 특징을 띠게 된다. 첫째, 정부가 내리는 결정으로 정책결정의 주체가 정부(정치체제)라는 사실이고, 따라서 일반 공사기관이 행하는 의사결정과는 다른 공공목적 및 정치성을 띠게 된다는 것이다. 둘째, 정책결정은 복잡한 동적과정을 통하여 이루어진다는 것이다. 즉, 정부의 미래의 행동방안의 선택은 많은 갈등을 내포하는 동적인 과정과 상호작용을 통해 이루어진다는 것이다. 셋째, 공익의 문제해결을 도모한다. 즉, 정책대상이 되는 문제는 사회적 관심의 대상이 되는 공적인 성격을 띠는 문제이다. 넷째, 공익적 문제해결을 여러 대안 가운데서 정부(결정자)가 의도하는 미래의 (바람직한)상황을 만들어내기 위한 대안을 선택하는 것이다.

그런데 정책이 만들어지는 과정은 대체로 다음과 같은 단계를 거쳐 이루어진다고 보고 있다(이종수, 윤영진 외, 2005 : 273). 첫째, 정책문제와 주민이 바라는 욕구가 무엇인지를 파악하는 것으로부터 정책결정작업이 시작된다(정책문제와 주민욕구 파악단계). 이때 결정대상문제의 인지와 정보 · 자료의 수집 및 분석 등의 작업이 이루어진다. 둘째, 정부가 주민들이 원하는 가치를 실현하기 위하여 목표를 설정한다(목표설정단계). 셋째, 목표를 달성하기 위한 정책대안을 작성하고 각각의 장단점 및 제약요인, 실현가능성을 평가해보는 것이다(정책대안의 작성 및 평가단계). 넷째, 대안들에 대한 비교분석을 통해 최적안의 대안을 선택(결정)하는 과정을 밟게 된다(최적안의 선택(정책결정)단계).

그런데 자유민주주의 국가에서의 정책결정은 일반적으로 능률성의 추구와 시민통제에 대한 대응성의 향상이라는 상호 모순된 특성을 가지게 된다. 즉, 시민들은 한편으로는 정부가 정책결정과정에 보다 많은 정보와 과학적 분석을 도입할 것을 요구하면서도, 다른 한편으로는 시민의 다양한 요구에 부응하는 민주적인 정책결정을 동시에 요구하고 있는 것이다. 이처럼 모든 정책결정과정에는 이해관계자간의 충분한 토론과 정책분석가들에 의한 전문적 분석이 동시에 존재하고 있는 것이다(하태권, 2000 : 4). 이 두 가지 요구는 갈등관계를 만들어낼 수도 있을 것이고, 때에 따라서는 보완적 관계로 유지시키면서 정책결정을 행할 수 있다. 그러나 무엇보다도 중요한 것은 주민의 의사를 우월한 가치로 인정하여 어떻게 하면 정책결정과정에 반영할 수 있는가에 있다고 한다면 주민의 기대와 욕구를 반영할 수 있는 체제를 구축하여 운영하는 것이 필요할 것이다. 요컨대, 합리적이고 민주적인 정책결정이 되기 위해서는 일반시민들의 기대와 욕구를 반영함과 아울러 보다 신중한 분석에 의한 정책이 결정되어야 할 것이라고 본다. 더구나 오늘날의 지방정책결정은 공공기관, 민간기관, 자발적 기관들이 함께 일할 것을 요구하는 거버넌스체제를 요구하고 있다. 지방정책과정에는 지방자치단체장, 지방의회, 지방공무원, 국가일선행정기관, 이익집단, 정당, 전문가집단 등이 참여자로서 활동하고 있다. 여기에서 어떻게 하면 주민의 주권을 존중하고 주민의사의 우월한 가치를 인정하는 정책결정을 이루어낼 수 있을 것인가의 문제가 대두된다.

그러나 그동안 주민주권을 강화하기 위하여 제도화한 사안(시민참여)이 실제로는 소수 엘리트들이 정책결정을 행하도록 하는데 그치고 있으며, 정책결정에서 시민의 역할은 선거를 통하여 소수의 엘리트를 선출하는데 그치고 있을 뿐이다라는 비판을 받아왔다. 이러한 배경에서 "민주주의가 과연 정책결정에 대한 효과적인 통제권을 시민에게 부여하고 있느냐"라는 문제제기에 답하는 차원에서 그 방향을 설정해야 할 것이다.

2. 주민주권

1) (지방)자치권 : 지방자치의 제도적 보장

(지방)자치권의 본질에 관하여는 학설의 대립이 있으나,[2] 헌법상의 (지방)자치권은 국

---

2 자치권에 관한 학설(정세욱, 2005 : 139-142)지방자치단체의 자치권(right of self-government ; droit de l'autonomie)은 개인의 천부인권적 기본권에 해당하는 자치단체의 고유권인가, 또는 국가로부터 수여된 전래권인가에 대하여 학설의 대립이 있다. ①고유권설 : 자치권을 지방자치단체가 본래 향유하는 고유한 기본적 권리로서 파악하는 입장이다. 즉, 지방자치단체란 국가의 성립 이전에 형성된 사회적 공동체이므로 전국가적(前國家的)인 자연권으로서 지방권(pouvoir municipal)을 가지며, 이는 고유한 권한이기 때문에 국가도 침범할 수 없다는 것이다. 지방자치단체가 그 권한을 국가로부터 부여받은 것이 아니라 오히려 국가가 그 권한을 지방자치단체로부터 인수한 것이라 주장한다. 자

가의 통치권과 병립 · 공존하는 지방자치단체 고유의 공권력으로서 헌법적 보장을 받는 것으로 이해할 수 있다(양석진, 2005 : 151). 즉, 국가와는 별개의 법인격이 부여되고 그 독자적 사무가 인정되는 지방자치단체가 이러한 사무를 처리하고 존립하기 위하여는 일정한 권능을 가져야 하는바, 우리나라는 헌법 제117조에서 이를 명시적으로 보장하고 있는 것이다.[3] 이렇듯 지방자치권은 근대국가에 있어서는 전국가적인 자연권으로서의 지방권이 아니라 국가의 통치권에서 전래된 것이면서, (주민주권에 기초하여) 헌법에 의하여 보장되고 있는 것이다. 국가권력의 정당성은 국민에게 있다는 국민주권론(Locke, Rousseau)은 국가주권설(19세기 후반 독일 법실증주의자)을 거쳐 현대국가에 이르러 다시 국민주권론으로 회귀하게 되었고, 따라서 오늘날 지방정부의 권력은 주민으로부터 나온다는 주민주권론을 주창할 수 있을 것이기 때문이다.

이와 같이 (지방)자치권이 주민주권원리에서 비롯되고 있다고 볼 때, 자치권의 행사는 주민주권의 실현에 부응할 수 있도록 그에 따른 대안 및 제도적 장치들을 강구할 필요가 있을 것이다. 그럴 경우 주민주권(주민참여제도, 주민통제제도)의 발현의 한 형태로서 시민단체(이익단체)의 특성과 이들의 정책결정과정에 어떻게 참여하고 있는가를 논의해 볼 필요가 있다.

3. 시민단체(이익단체)의 발생배경과 지방정책결정과정에의 참여단계

시민단체(이익단체)는 구성원들의 이익과 관련되어 (그들의 이익을 정책과정에 반영하기 위해) 만들어진 조직을 의미하는 것으로 다음과 같은 배경에서 비롯되었다.

연법적 지방권 사상 : 프랑스 Thouret가 제창함. ②전래권설 · 국권설 : 자치권이 국법에 근거를 두고 있으며, 자치단체는 국가의 창조물(creature of state)이고 자치권은 국가로부터 수여된 권력으로 파악한다. 다만 자치권은 국가에 의하여 수여된 전래된 권력이지만 자치단체는 독립적인 법인격을 가진 단체로서 자기이익을 위하여 자기권리로써 이 지배권을 행사한다는 것이다. 19세기 후반부터 독일 공법학자에 의해 주장되었고 종래의 통설이었다. ③제도적 보장설 : 지방자치권은 국가의 통치권에 위임된 권력이라는 점에서는 국권설과 입장을 같이 하지만 헌법에 의하여 제도적 보장을 받는 권력이라고 주장하는 학설이다. 즉, 지방자치를 헌법에 객관적인 제도로 보장함으로써 입법자는 일반법률에 의하여 지방자치의 구체적 내용을 형성할 수는 있되, 제도 자체를 폐지하거나 그 핵심적 본질을 침해할 수는 없다는 것이다. Carl Schmitt에 의해 확립되었으며, 오늘날의 다수설 내지 통설로 얘기된다. 우리나라도 헌법 제117조, 제118조 규정을 통해 지방자치를 제도적으로 보장하고 있다.

3 헌법 제8장 제117조 제1항 : "지방자치단체는 주민의 복리에 관한 사무를 처리하고 재산을 관리하며 법령의 범위 안에서 자치에 관한 규정을 제정할 수 있다"고 규정하고 있어 지방자치단체는 이 조항에 근거한 자치권에 의하여 그의 관할구역과 주민을 통치하고, 그 관리사무를 자기의 권리와 책임 하에 처리할 수 있는 법률적 권능을 가지게 되었다고 볼 수 있다.

1) 시민단체(이익단체)의 발생배경

(1) 다원주의사회의 대두와 이익의 다양화

다원주의 사회는 사회의 구조적 분화에 따라 나타난 여러 단체가 경쟁하며 상호작용을 하는 사회로 간주된다. 따라서 자연히 여러 계층 및 계급으로 분화된 사회구성원들의 이익이 다양화해졌다. 이러한 배경에서 사회구성원 개인의 이익을 추구하기 위해서 단체의 형성은 가장 필수적인 요건이 되고 있다.

(2) 대의정치제도의 발달과 대표원리의 변질

대의정치의 발달은 지역대표제에 기반을 두는 대표원리에 의존하였으나, 20세기에 들어오면서 사회구성원에 의한 다양한 이익이 표출됨으로써 대표원리는 지역의 범위를 넘게 되었다, 즉 유권자는 자기가 속한 일정한 지역의 범위 내에서 이익을 대표할 수 없게 됨으로써 자신들의 이익을 대표할 광범위한 단체의 필요성을 느끼게 되었다. 이러한 배경 하에 직능대표의 성격을 지닌 대의제도가 등장하게 되었다(김영래, 1997 : 23).

(3) 참여적 정치문화의 증대와 조직지도자의 출현

사회가 근대화되면서 사회구조의 변화와 함께 국민의식수준의 변화를 야기 시켰으며, 이는 정치적인 요구를 활발하게 할 수 있는 계기를 주었던 것이다. 특히, 우리나라의 지방분권정책에 따라 지방자치의 실시는 과거의 소극적 주민에서 적극적 주민으로 변화시키게 하였다. 주민들도 이제는 자기지역의 문제에 직접 참여하여 어떻게 하면 우리의 자치단체를 위해 우리의 권리와 의무를 다할 수 있을 것인가를 깊이 생각하게 되었다. 즉, 집권화 방식의 운영에서 오는 주민의 소극적 자세를 지양하고 분권화를 통하여 주민의 민주화 훈련을 제고시키지 않을 수 없게 되었다. 따라서 주민의 자치의식 함양, 참여확대에 따라 보다 나은 서비스에의 요구 내지 삶의 질(Qualité de la vie)을 고양하는데 관심을 피력하게 되었으며, 주민의 자율과 책임의식의 고양으로 자연히 참여적 정치문화를 만들어 놓았다. 여기에 이익집단을 이끌어갈 수 있는 지도자가 출현함으로써 이익단체의 발생을 더욱 가능케 하였다(최진혁, 2002 : 326).

(4) 민주화, 자유화에 따른 정치체제의 변화

우리나라의 정치체제는 권위주의정치체제로부터 민주화, 자유화됨으로써 사회구성원의 이익을 표출할 수 있는 기회를 제공하였으며, 이런 현상이 이익집단의 조직화를 증대시켰다. 특히 우리나라 이익단체들은 1987년 6.29 민중항쟁 이후 그동안 억압되었던 민주화의 소망이 분출되는 상황에서 이익집단의 폭발적인 증가를 가져왔다.[4]

2) 지방정책결정과정에의 참여단계 및 방법

일반적으로 지방정책결정과정에서 시민단체(이익단체)의 참여는 다음과 같은 단계와 방법으로 진행될 수 있다(이대희, 2001 : 389-391).

(1) 참여단계

① 정책형성단계

구체적인 정책대안을 모색하고 그 중 최선의 대안을 찾아가는 과정인데 시민단체(이익집단)들의 대결이 가장 첨예화하는 단계로 볼 수 있다. 자기집단의 이익을 정책에 반영시키려하기 때문이다.

② 정책집행단계

정책이 시행된 상황에서도 정책형성단계에서 조금이라도 불리했다고 느끼는 집단들은 집행과정을 지켜보면서 끊임없이 반전의 기회를 엿볼 것이며, 정책의 효과를 과소평가하고, 새로 나타나는 문제점을 부각시키며 정책변화를 꾀하려고 할 것이다.

③ 정책평가단계

정책대안이 결정된 이후 집행과정에서 의도한 대로 능률적으로 집행되었는지, 그리고 정책이 집행되고 난 후 설정된 목표를 어느정도 달성했는가를 점검해야 한다.

---

4 한국 이익집단의 양적, 질적변화 : 1970년대 1천여개 달하는 이익집단은 최근 2,180여 개로 폭발적인 증가세를 보이고 있다. 질적인 변화측면에서 이익집단의 조직양상이 더욱 분화되고 이익추구의 내용도 변화되고 있다(김영래, 1997 : 67-69). 우리나라 시민단체는 대부분의 경우 1980, 1990년대에 설립된 것으로 조사되고 있다(최진혁, 2004 : 191-193 ; 한국민간단체 총람, 2000).

(2) 참여방법

① 로비스트 고용 : 관련분야 고위공무원출신자, 전직국회의원, 정치인들을 많이 알고 있는 전직기자, 핵심정책담당자와 1차 집단 관계에 있는 가까운 사람들이 해당한다.

② 정보제공 : 정책문제제기나 정책형성단계에 자신들에게 유리한 정보를 제공하고자 하는 것이다. 이익집단들은 자신들에게 유리한 정보는 증폭하고 불리한 정보는 축소 · 제공할 가능성이 크다.

③ 직접설득 : 정책담당자들에 대한 직접적인 설득작업을 행한다.

④ 여론환기 : 신문이나 방송 등 언론매체를 이용하여 자신들의 관점을 부각시키고 좀 더 많은 사람들의 지지와 정책담당자들의 환심을 사기 위해 힘쓴다.

⑤ 시위 : 대중을 동원하여 시위를 통해 정부에 압박을 가한다.

4. 이론적 논의의 틀

이론적 배경에서 논의한 관점에 따라 주민주권 강화를 위한 논의를 국가, 지방자치단체(지방정부 : 집행기관, 의결기관), 지역시민사회, 주민의 상호관계 맥락에서 다음과 같이 고찰해 볼 수 있다(그림 1-1 참조).

<그림 1-1> 주민주권 강화의 이론적 논의의 틀

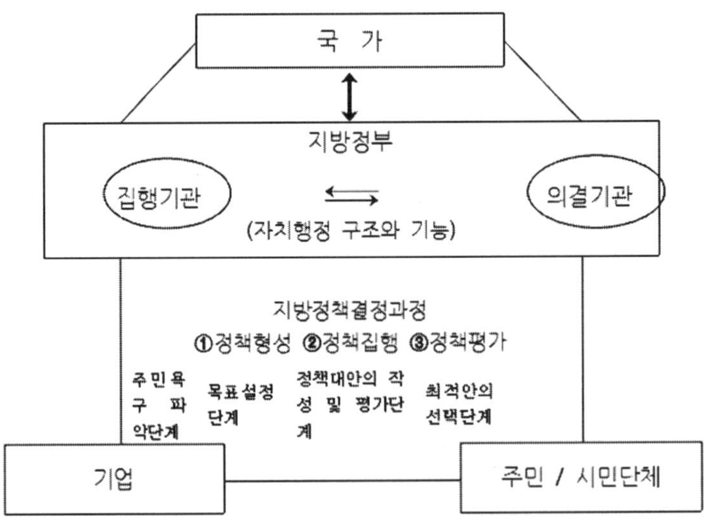

주민주권 강화를 통한 주민자치의 활성화에 영향을 미칠 수 있는 요인은 국가가 지방정부에 대해 어느 정도의 자치권을 부여하고 있는가의 내용과 지방정부가 정책결정과정에 주민들을 참여시키는 것을 조례로 보장하는 제도적 장치를 구비하고 있느냐의 여부, 또한 법령이나 조례로 보장하고 있다하더라도 시장과 집행부 공무원의 인식과 의원들의 행태여부, 자치행정구조가 주민에게 얼마나 실질적인 참여를 보장하고 있는 것인가의 여부, 지방정부와 시민과 시민단체의 관계설정여부, 주민(시민)의 의식과 가치관이 어느 정향에 속해 있는 것인가(소극적 주민관, 적극적 주민관, 공동생산자적 주민관) 등을 고려해 볼 수 있다. 왜냐하면 이들 요인들의 상황여부에 따라 다른 성과물을 낼 수 있을 것으로 보기 때문이다.

그런 배경에서 주민주권 강화를 통한 주민자치 제고에 영향을 미치는 요인을 자치단체와 주민간에 정책문제를 두고 영향력행사를 하는 주요 집단과 그를 둘러싼 환경적 요소를 중심으로 국가와 지방자치단체와의 관계(자치권, 지도감독), 집행부(자치단체장, 공무원), 의결기관(지방의회의원), 자치행정구조와 기능, 시민단체(시민 · 주민)으로 나누어 다음과 같은 상관관계를 설정해볼 수 있다(표 1-1 참조).

1) 국가와 지방자치단체와의 관계

국가가 지방정부에 대해 어느 정도의 자치권을 부여하고 지도감독을 할 수 있는가에 따라 주민주권을 강조하는 주민자치제도는 그만큼 영향을 받는다. 중앙정부로부터의 자치단체의 자주성이 낮을수록 주민주권을 강화하는 주민자치가 미온적이 되며, 자주성이 높을수록 주민자치제도는 활성화된다.

2) 집행기관(자치단체장과 공무원)

지방정부가 정책결정과정에 주민들을 참여시키는 것을 조례로 보장하는 제도적 장치를 구비하고 있느냐의 여부, 또한 법령이나 조례로 보장하고 있다하더라도 시장과 집행부 공무원의 인식과 행태여부 등에 따라 주민주권을 강조하는 주민자치제도는 그만큼 영향을 받는다.

3) 의결기관(지방의회)

지방정부가 정책결정과정에 주민들을 참여시키는 것을 조례로 보장하는 제도적 장치를 구비하고 있느냐의 여부, 의원들의 행태여부에 따라 주민주권을 강조하는 주민자치제도는 그만큼 영향을 받는다.

4) 자치행정구조와 기능

지방자치행정이 어느 정도 공개되는가, 참여자의 범위가 어느 정도 넓은가, 어떠한 정책결정과정까지 참여할 수 있는가, 참여의 경로는 얼마나 다양한가, 주민의사를 존중하는 자치행정의 풍토가 어느 정도 조성되어 있는가에 따라 주민주권을 강조하는 주민자치제도(예 : 주민참여예산제도)는 그만큼 영향을 받는다.

5) 시민단체, 시민(주민)

시민단체의 주민주권을 강화할 수 있는 주민자치제도에 적극적인 관심과 지원, 협력이 이루어질수록 주민주권을 강조하는 주민자치제도는 활성화될 것이다. 또한 주민(시민)의 의식, 가치관이 소극적 주민관, 적극적 주민관, 공동생산자적 주민관으로 갈수록 주민주권을 강조하는 주민자치제도는 활성화될 것이다. 그런데, 시민단체(이익단체)가 지방정부와 관련하여 여러 활동을 행할 것이라고 가상할 경우 시민(이익단체)의 활동이 어느 단계(정책문제의 제기, 정책의제의 채택 및 정책형성, 정책집행, 정책평가)에 더 비중을 두고 있고, 어떻게 참여(로비스트고용, 정보제공, 직접설득, 여론환기, 시위)하고 있는가(활동전략과 연계)를 판단해야 한다.

<표 1-1> 주민주권 강화의 논의변수

변 수	미온적 · 소극적	활성화 · 적극적
1. 국가와 지방자치단체와의 관계		
-자치권부여	협소	광범
-지도감독	강함	약함
-자주성	낮음	높음
2. 집행기관		
-제도적 장치(주민참여보장)	불충분(미비)	충분(구비)
-시장과 집행부 공무원의 인식	왜곡 · 낮음	명확 · 높음
3. 지방의회		
-제도적 장치(주민참여보장)	불충분(미비)	충분(구비)
-지방의원의 인식	왜곡 · 낮음	명확 · 높음
4. 자치행정 구조와 기능		
-자치행정정보의 공개정도	비밀주의	공개주의
-참여자의 범위	제한	광범
-참여의 경로	제한(불평등)	광범(평등)/다양, 넓음
5. 시민단체, 주민		
-주민의 조직력	약함	강함
-의식수준, 자치의식, 가치관	낮음, 부정적	높음, 긍정적
-시민단체의 지원활동여부	약함	강함

제3절 주민주권의 행사 현황

이론적 논의의 틀에 근거하여 주민주권의 한 행사로써 지방자치법규를 비롯한 주민참여예산제의 예를 통해 그 현황을 진단해 보고자 한다.

1. 국가와 지방자치단체와의 관계

지방자치단체가 주민의 복리에 관한 사무를 처리하고 재산을 관리하며 법령의 범위 안에서 자치에 관한 규정을 제정할 수 있도록 하여 자치단체는 자치권을 가지고 주민에게 양질의 행정서비스를 창출하고 자기의 책임 하에 관리할 수 있도록 하였다(헌법 제

8장 제117조 제1항). 그러나 자치권의 범위는 비교적 협소하게 지방자치법에서 제한하고 있음을 알 수 있다. 즉, 자치입법권의 경우 지방자치법 제22조에서 "법령의 범위 안에서 조례를 제정할 수 있다"고 하여 법령우위에 의한 조례제정권의 한계를 나타내고 있으며, 단서조항에서는 "주민의 권리제한이나 또는 의무부과에 관한 사항이나 벌칙을 정할 때에는 법률의 위임이 있어야 한다"고 규정하여 자치단체의 자주적 활동에 제한을 두고 있음을 알 수 있다. 또한 제24조에서 "시 · 군 및 자치구의 조례나 규칙은 시/도의 조례나 규칙을 위반하여서는 아니된다"고 하여 상위법규에 의한 조례제정권의 한계를 밝히고 있다. 이 경우 기초자치단체의 자율적인 행정권 수행에 제약을 가하게 되어 그만큼 자주성이 낮아질 수밖에 없는 것이다. 그 밖에 지방자치단체의 자치조직권도 지방자치단체의 부단체장, 행정기구, 공무원, 소속행정기관 등에 관한 사항을 여전히 대통령령으로 정하고 있어 그 폭은 좁다고 할 것이다(정세욱, 2005).

더 나아가 자치행정권에 대한 중앙정부의 관여와 감독이 매우 강한 것으로 나타나 그만큼 지방자치단체의 자주성이 제약받고 있다 할 것이다. 즉, 지방자치법은 주무부장관이 지방자치단체장의 명령, 처분에 대한 취소 · 정지권(제169조), 위임사무 불이행에 대한 직무이행명령권 및 대집행권(제170조), 자치사무에 대한 감사권(제171조)을 행사하도록 하고 있어 자치행정권이 근본적으로 침해되고 있다. 또한 자치단체의 조례에 의한 법정외세제도를 인정하지 않고 있어 자치단체의 재정적 자주성이 미약한 실정이다(최진혁, 2002 : 330-333).

2. 집행기관(자치단체장 및 공무원)

지방정부가 정책결정과정에 주민들을 참여시키는 것을 조례로 보장하는 제도적 장치를 구비하고는 있지만 형식적 참여로 치우칠 여지가 많다는 것이다. 예를 들면 주민참여예산제의 경우 예산과정에 참여하게 될 시민위원회 등이 어떤 의사결정을 하더라도, 집행부와 의회에 대해 강제권을 갖게 할 수는 없게 되어 있다는 점이다. 따라서 주민참여예산제도는 자칫 형식적이며 가치 없는 것으로 간주될 우려가 있다. 또한 자치단체장과 공무원의 적극적인 관심과 지원 부족현상을 지적하고 있다. 즉, 주민참여예산제도는 기존의 예산편성시보다 더 많은 과정들을 소화해내야 하는 까닭에 의사결정의 지연을 초래할 수밖에 없어 소극적인 태도를 보일 수 있으며, 시민참여예산제도에의 적극적 지원활동을 기대하기 어려운 한계가 있다. 물론 형식적인 면에서는 인터넷, 지역회의를 통한 주민의견수렴과 위원회 운영 등을 마련하여 지원하는 면을 볼 수 있으나 기존보다 업무부담 가중이라는 현실에서 이를 극복 내지 대체할 수 있는 다른 인센티브가 없는 상황에서 그 실효성이 의문시되고 있는 것이다(최진혁, 2011 : 121-123).

3. 지방의회

지방정부가 정책결정과정에 주민들을 참여시키는 것을 조례로 보장하고는 있지만 예를 들어 주민참여예산제의 경우 지방의회의 고유권한인 예산심의권을 침해한다는 논란과 이해부족으로 지방의회의 소극적 태도를 야기하는 상황을 연출하였다. 더 나아가 유권자인 주민들이 결정한 투자우선순위와 금액을 지방의회가 삭감하거나 조정하는 경우 주민들과 지방의회와의 충돌로서 주민대표성에 혼란을 야기할 우려가 있음을 지적하고 있다(최진혁, 2011 : 122).

4. 자치행정구조와 기능

우리의 자치행정구조는 관료제 공무원과 주민사이에 다음과 같은 구도가 설정된다고 보고 있다. 즉, 행정정보공개를 통하여 주민의 참여를 독려하려고 하지만 실제는 추상화된 주민전체로서의 대주민(여론)과 민원인이나 공청회에 참석하는 사람들로 구체적인 개인으로 나타나는 자연인으로서 소주민으로 나타나게 된다는 것이다. 따라서 자치행정조직의 고위층, 중위층, 하위층 공무원이 주민과의 접촉시 서로 다르게 접근할 전략적 상황이 연출된다고 보고 있다. 이 과정에서 두 가지 악순환(vicious circle) 현상이 발생하게 된다(임도빈, 2004). 첫째, 상징적이고 언어적인 측면이 강조되는 고위층-대주민 사이에서 발생하는 관계이다. 여기서는 비록 현실은 낙후되거나 정체되어 있어도 좀 더 그럴듯한 목표와 성과로 긍정적인 표현이 등장하는 관계라는 것이다. 둘째, 관료조직적이고 실질적인 대민관계가 설정되는 곳으로 관료(특히 하급직)-소주민관계에서 형성되는 현실의 세계인 것이다. 따라서 이 두 가지 고리 사이의 괴리를 막아주는 '피상적 합리화기능'을 하는 것이 계서적으로 조직된 행정조직(구조)인 것이다. 따라서 우리나라 자치행정은 그럴듯하게 내세우는 상징세계의 내용을 희석시켜 현실세계를 유지시키는 모습을 보인다고 한다. 요컨대 우리나라 자치행정구조는 일부 고위관료의 지배력을 유지하기 위하여 그 자체모순을 재생산하고 증폭시키는 기제로 나타나게 된다는 것이다(임도빈, 2004).

이러한 배경에서 주민이 정책의 결정 및 집행에 충분한 정보를 가지느냐의 척도를 알아보기 위해 정보공개청구에 대한 (지방)정부의 수용도가 어떠한지를 살펴보면 전부공개가 80%대, 부분공개가 10%-11%대 비공개가 9-10%대를 보여 비교적 공개의 비율이 높음을 알 수 있다(표 1-2 참조). 또한 정보공개청구방식(참여경로)을 보면 정보공개청구를 처음으로 시행한 초기에는 대체적으로 직접출석하는 방식이었으나 2004년 이후 컴퓨터통신망을 활용한 청구방식이 증가하고 있음을 알 수 있다. 즉, 2004년 직접출석이 63%, 정보통신망 28%였던 것이 2009년에는 직접출석 26%, 정보통신망 66%로 나타나고 있다(표 1-3 참조).

<표 1-2> 정보공개 처리현황(단위:건수, %)

구분	청구건수	처리현황				미결정 (계류중)	기타 (취하 등)
		소계	전부공개	부분공개	비공개		
2004년	104,024	96,187 (100)	78,089 (81)	8,412 (9)	9,686 (10)	43	7,794
2005년	130,841	120,879 (100)	96,899 (80)	12,568 (11)	11,412 (9)	79	9,883
2006년	150,582	132,964 (100)	106,423 (80)	13,970 (11)	12,571 (9)	286	17,332
2007년	235,230	197,617 (100)	157,958 (80)	21,479 (11)	18,180 (9)	401	37,212
2008년	291,339	229,650 (100)	183,722 (80)	25,516 (11)	20,412 (9)	124	61,565
2009년	398,163	301,332 (100)	244,604 (81)	30,682 (10)	26,046 (9)		96,831

자료 : 이승종외(2011) 수정재인용.

<표 1-3> 정보공개청구방법(단위:건수,%)

구 분	청구건수	직접출석	우편	모사전송 (Facimile)	정보통신망
2003년	192,295(100)	161,785(84)	7,873(4)	2,166(1)	2,0471(11)
2004년	104,024(100)	65,825(63)	7,159(7)	2,481(2)	28,559(28)
2005년	130,841(100)	74,742(57)	9,046(7)	2,954(2)	44,099(34)
2006년	150,582(100)	75,127(50)	10,539(7)	4,597(3)	60,319(40)
2007년	235,230(100)	91,551(39)	15,046(6)	7,185(3)	121,448(52)
2008년	291,339(100)	93,877(32)	13,238(5)	10,591(3)	173,633(60)
2009년	398,163(100)	104,782(26)	15,879(4)	16,734(4)	260,768(66)

자료 : 이승종외(2011) 수정재인용.

5. 시민단체, 주민

그동안 자치행정이 수요자 중심주의, 고객지향적 행정 등으로 주민들을 단순한 행정서비스의 객체로서의 지위만을 부여하여 행정서비스를 공급하다보니 자치단체의 행정서비스에 대해 소비자로서의 수동적인 주민을 만들어내었다. 더 나아가 대다수 주민들은 지역이기주의와 자기이해에 함몰되어 자치행정에 많은 혼란을 야기하였다. 예를 들면 주민예산참여제도도 지역이기주의, 집단이기주의와 인기영합주의에 의한 비효율적 자원배분으로 흐를 위험이 있다는 것이다. 특히 동원된 예산참여는 더욱 더 분배의 불균형을 심화시키고 나아가 분배적 · 소모적 · 단기적 · 정치적 예산분배를 가속화시킬 수밖에 없음을 우려하고 있다. 또한 주민참여제도가 특정 지역이나 집단에 악용되어 공평성과 형평성을 훼손할 우려가 제기된다. 즉, 시민참여예산제도를 운영함에 시민참여위원회가 가동된다하더라도 예산편성과정에서 지역대표, 집단대표간의 반목과 갈등을 조장할 우려가 있어 자원이 왜곡배분될 위험이 처해 있는 것이다(최진혁, 2011 : 122-123).

제4절 주민주권 강화방안

지방자치는 주민들의 의견과 요구를 수렴하여 지방정책을 결정하고 집행한다. 따라서 지방자치단체는 지역의 주민들의 정책요구를 정확히 파악하여 가장 효율적인 정책을 결정하고 행정서비스를 제공해야 할 책무를 가진다. 그런 배경에서 다음과 같은 대안들을 제시해 볼 수 있을 것이다.

1. 국가와 지방자치단체간의 관계

지방자치단체의 자치권을 강화해주는 조치들이 이루어져야 한다. 우선 지방자치법 제22조의 개정이 필요하다. 즉, “법령의 법위 안에서”를 “법령에 위반하지 않는 범위 안에서”로 전환되어야 한다. 법령에 위반하지 않는 조례로는 첫째, 당해 사항을 규율한 국가의 법령이 없고 국법상 완전히 공백상태에 있는 사항에 관하여 정하는 조례, 둘째, 국가법령이 규제하고 있는 사항과 동일한 사항에 관하여 당해 국가법령과 다른 목적으로 규제하는 조례, 셋째 같은 경우에 국가법령이 규제의 범위 외에 두고 있는 사항을 규제하는 조례 등을 들 수 있다(김철수, 1997 : 901). 또한 주민의 권리제한과 의무부과 등을 규정한 지방자치법 제22조 단서규정을 엄격히 제한하여 해석할 필요가 있다. 이에 대한 논란을 피하기 위하여 법률에서 주민의 권리제한과 의무부과에 대해 조례를 정할 수 있는 근거를 명확히 할 필요가 있다(홍준현, 2001 : 327).

그리고 지방자치단체가 그 지역의 실정에 맞는 조직을 편성할 수 있도록 확대해 주어야 한다. 그러기 위해서 지방자치단체의 부단체장, 행정기구 · 공무원 · 소속행정기관 등에 관한 사항이 대통령령으로 되어 있는 사항(제 110조-116조)을 자치권강화 차원에서 개정을 요한다. 아울러 자치단체에 대한 중앙정부의 지도 · 감독은 주민주권을 강조하는 지방자치의 이념을 존중하는 차원에서 자치단체의 자율적 통제가 제대로 기능하지 않을 때에 한하여 행사하도록 할 것이다. 즉, 주민자치정신에 합당한 국가의 지방자치단체에 대한 통제게임을 바꿔주어야 할 것이다. 또한 지방자치단체에 자주적 과세권을 인정하여 주민주권에 따른 책임을 다할 수 있도록 해 주어야 한다.

2. 집행기관

지방정부가 정책결정과정에 주민들을 참여시키는 것을 조례로 보장하는 제도적 장치를 구비하고 형식적 참여가 되지 않도록 참여동기를 유인해주어야 할 것이다. 그러기 위해 자치단체장과 공직자에게 정보공개를 통해 자치행정의 투명성으로 주민들의 신뢰를 얻고 협조를 구해야 할 것이다. 물론 정보공개법을 주민자치를 강화하는 쪽에서 개정해내는 것도 중요하지만 자치단체장을 비롯한 공직자의 정보공개에 대한 의지, 의식문제에 따라 성과가 달리 나타날 수 있기 때문이다. 따라서 정보공개에 대한 인식을 제고시켜 저극적인 자세로 바꾸어주어야 한다. 이를 위해서는 교육훈련, 선진사례 시찰 및 부서별 정보담당공무원의 임명 등을 통한 정보공개의 필요성에 대한 설득이 필요하고, 아울러 인사 · 보수 · 보직 등과 같은 유인체계를 활용할 필요가 있다(이승종 외, 2011 : 423).

그리고 지방자치단체는 해당자치단체에 관련된 행정서비스를 조직하기 위하여 주변의 다른 자치단체와 자주 연합하여 이를 주민에게 제공할 수 있는 방법도 고려해야 한다. 왜냐하면 생활권이 같은 주민들에게 공동으로 서비스를 관리한다면 보다 높은 수익성을 보장받을 수 있고, 보다 질 높은 서비스를 창출할 수 있기 때문이다. 이러한 배경에서 자치단체간 연합방식의 서비스제공을 시도할 필요가 있다. 그리고 자치단체 내에 존재하는 다양한 기관과 연대하여 서비스를 공급해 주어야 할 것이다. 그런 배경에서 협회(associations), 조합(syndicats), 직업적 단체(groupements professionnels), 기업책임자(responsables d'entreprises), 학교 설립위원회(conseils d'établissements des écoles) 등과 관계를 형성하여 의견을 수렴하고 정책화하여야 할 것이다. 즉, 이들 기관과 함께 자치단체는 주민에게 값싸고 질 높은 행정서비스를 제공할 수 있을 것이다.

3. 지방의회

지방의회의 정책결정과정에 주민들의 의견을 수렴할 수 있는 제도적 장치를 마련해야 한다. 의원들의 입법활동이나 정책활동에 주민들의 목소리를 담기위한 노력이 전개되어야 한다. 예를 들면 정기회시 방청을 유도하고, 주민현장에서의 의견진술을 할 수 있도록 개방하고, 의회에 대시민여론수렴과 민원접수처를 설립하여 광범위한 의견수렴을 도모해야 한다. 그리고 지방정책을 효율적으로 결정하기 위해서는 의회위원회제도를 활용할 필요가 있다. 예를 들어 위원회는 의원들만이 구성원이 되는 것이 아니라 중요한 정책결정사안에 대해 관계되는 주민대표나 주민이해관계자에게도 문호를 열어주어야 한다. 일반적으로 상임위원회를 재정, 인사, 도시계획, 축제 및 의식, 공사, 사회사업, 교육문제, 주거, 스포츠, 여가, 문화, 정보, 관광, 노인, 장애자, 이민(북한이탈주민 포함), 경제활동 및 지방발전위원회 등으로 하여 보다 주민의견을 광범위하게 수렴하여 정책결정을 준비하도록 한다. 그리고 모든 자치단체는 지방의회가 지방공공서비스를 공급하기 위한 자문위원회를 설치할 수 있도록 하고 이 위원회는 해당된 서비스의 사용자협회 대표를 포함하도록 한다.

4. 자치행정구조와 기능

자치행정구조는 정보공개의 범위를 확대하여 행정행위의 투명성을 보장해 주는 시스템을 갖추고 있어야 한다. 즉, 지방행정관청의 행위에 관한 주민의 알 권리로서의 정보공개제도를 발전 · 정착시켜야 한다. 그러나 행정정보의 공개로 개인의 프라이버시나 기업의 이익에 침해를 주거나, 행정의 공정하고 적절한 운영에 현저히 지장을 주거나, 주민 전체의 이익을 훼손하는 등의 문제가 발생할 수 있다. 따라서 정보 이용 · 공개 등을 통제하는 목적한정제를 규정하며, 비공개 대상을 설정해야 한다. 그럼에도 불구하고 자치단체의 정책결정에 따른 집행행위에 대한 처리내용에 대해서는 주민에게 충분하게 알릴 수 있도록 게시판이나 인터넷홈페이지를 활용하는 방식을 의무화할 필요가 있다.[5] 특히 집행기관(자치단체장과 공무원)이나 의결기관(지방의회)에서 행한 모든 규제

5 참고로 프랑스 지방자치단체의 정책결정의 공개상황은 다음과 같다. 1992년까지 시읍면(자치단체)행위에 대해서는 게시판 공고는 의무적이었다. 의사결정록(registre des délibérations)에 기입등록하지 않으면 의결의 유효성은 상실되는 것으로 보았다. 그러나 이러한 방식은 도나 지역자치단체의 행위에 대해서는 불충분한 것이었다. 왜냐하면 자기 지역기관이 행한 일반적 행위(정책결정)를 알기 위해 그 도청이나 지역청으로의 거리이동이 모든 주민에게 용이하지 않았기 때문이다. 마찬가지로 도의 행위는 도행정행위모음집(Recueil des actes administratifs départementaux)에 공개해야만 했다(Baguenard & Becet, 1995 : 101).

적 성격을 갖는 행위는 공개의무를 지도록 규정할 필요가 있다.[6] 특히 공개의 의무를 강하게 요구하는 사안들은 지방의회의 의결사항으로 하여 결정할 수 있을 것이다.[7]

이런 배경에서 지방정부는 자치행정구조를 주민참여 속에 행정서비스를 함께 공동생산해 나가는 거버넌스체제로 확립해 주어야 한다. 그런 배경에서 주민의 의사가 시민단체(정당, 학계, 언론)를 경유하여 지방의회에 제시되어 지방자치단체장이 이들의 의사(요구)를 취합하여 지방정부의 주요정책으로 하여 집행하고 통제받는 체제를 구축해야 할 것이다(최진혁외, 2005 : 136)(〈표 1-4〉 참조). 그리고 대도시의 광역지방정부와 기초지방정부는 종합행정을 추구해야 하는 차원에서 연계성을 강화한 행 · 재정서비스를 산출해야 한다. 따라서 특정 지역이나 집단에 대한 요구는 형평성을 유지하는 정도에서 조정 · 운영(균형발전 도모)하는 것이 바람직할 것이다.

<표 1-4> 통합의사전달망(의사결정단계) 구축

시민 시민단체, 정당, 학계, 언론 지방의회 ↓	통합된 의견
자치단체장 집행부 공무원(집행기관) ↓	의견취합
지방의회의원(의결기관) (주민참여, 토의) ↓	토의준비(문제에 대한 합의)
국회의원 ↓	지역현안과제 도움요청(정보교환)
중앙부처공무원 ↓	지역현안과제 도움요청(정보교환)
자치단체장, 집행기관 ↓	의회 의사일정에 등재
지방의회 ↓	지방의회에서의 토론 및 의결
자치단체장, 해당집행부서 ↓	집행
자치단체장, 집행기관, 주민 ↓	집행에 대한 통제 및 평가

자료 : (최진혁외, 2005 : 136)

6 1992년 2월 6일 법은 자치단체 정책결정에 대한 공개성에 대해 지방자치단체의 의무를 더 한층 강화하였다. 따라서 지방자치단체의 의결기관이나 집행기관에서 행한 모든 규제적 성격을 갖는 행위(tous les actes à caractère réglementaire)는 공개의 의무를 지고 있다. 마찬가지로 3,500명 이상의 모든 시읍면은 행정행위모음집(Recueil des actes administratifs)을 개설할 의무를 지게 되었다. 여기에서 규제적 성격의 의결조치들은 공개하도록 하고 있다(Baguenard & Becet, 1995 : 100).

7 공개의 의무를 더욱 강력하게 요구하고 있는 분야는 다음과 같다(Baguenard & Becet, 1995 : 101-102).① 1982년 1월 7일 법 4조에 예시된 기준 내에서 직·간접적 도움에 의한 경제적 발전을 도모하고자하는 목적에서의 정책의결사항, ② 농촌주민의 기대만족에 필요한 서비스 유지의 보장을 위한 의결, 혹은 어려움에 직면한 기업에의 도움을 주기 위한 의결사항, ③ 공공서비스 위탁조건을 허락하는 의결사항이다.

5. 시민단체의 양성

지방자치 시행 이후 지방행정서비스의 성격이 도로, 주택, 항만 등 하드웨어적인 것에서 문화, 예술, 사회복지, 환경, 건강, 보건, 여가, 스포츠 등의 소프트웨어적인 것으로 바뀌고 있다. 이러한 서비스의 효율적인 제공을 위해서는 주민과의 상호작용(주민참여)을 통해 의사결정을 수행하지 않으면 곤란하다(임승빈, 2009 : 480). 여기에서 주민권리를 존중하여 고객으로서의 행 · 재정서비스의 요구를 가능하게 하는 시민단체의 역할이 필요하다. 따라서 다음과 같은 역할을 수행할 시민단체를 양성할 필요가 제기된다.

-정책형성과정에 제언자적 역할을 수행하게 하는 것으로 정책의제 설정단계에서 시민단체는 주민들의 요구사항을 정책대안으로 제시하게 한다.

-관료주의적 행정조직이나 공무원의 행태를 주민위주로 바꾸는 개혁의 계기로 시민단체를 활용한다. 그럼으로써 획일적인 대민행정서비스를 지양하고 주민들의 다양하고 개별적인 요구에 대응하여 효율적인 서비스를 제공할 수 있다.

-공공서비스의 생산과 분배과정에 주민들이 참여하여 서비스공급의 효과성을 제고할 수 있게 한다.

예를 들어 시민사회를 대변하는 지역주민위원회(community board)를 두어 주민의견을 수렴할 수 있게 한다. 이들은 시민참여의 기본적 틀을 형성 · 제공하고, 주민의 의견을 실질적인 정책형성 및 결정과정에 투입시키는 역할을 수행하게 한다. 이는 지역사회의 의견과 요구를 행정서비스와 집행에 전달하는 역할을 하게 되며, 일종의 정책과정의 참여자로서 역할을 하게 할 수 있다. 예를 들면 시민참여의 창구로서 그 역할을 효율적으로 수행해내기 위해서 시 전역을 몇 개의 지역구로 분류하고 각 지역구에 (커뮤니티보드)를 설치하여 주민의 의견과 정책수요를 시정에 반영할 수 있는 시스템을 갖추어야 할 것이다(뉴욕시 사례)(서울특별시의회, 2010 : 26).

6. 직접민주주의 보완 : 주민참여와 주민통제

지역주민은 자기 자치단체의 정책결정, 집행에 대해 직접적 표현의 능력을 가질 때 비로소 지방분권이 실현될 수 있다는 사고에서 출발해야 한다. 따라서 지방자치단체는 결정적 주민투표(réferendums décisionnels)를 조직할 수 있어야 한다. 지방자치단체의 권한에 관계되는 질문에 대해 단지 자문적 성격에 그치는 것이 아니라 확정적 결정을 부여할 수 있는 것으로 발전되어야 한다. 그런 배경에서 지방자치의 본질에 충실하기 위하여는 지방자치단체의 정치행정게임에 주민참여제를 활성화하고 주민에 의해 통제받는 장치를 마련해야 한다. 그런 측면에서 주민투표제, 주민발안제, 주민소환제 등의 직접참정제도를 제도화할 필요가 있다.

1) 직접민주주의의 보강차원에서의 주민참여

지방자치단체의 주민의 이해관계에 따른 사안의 중요도에 따라 의무적 · 임의적 주민참여제를 다음과 같이 도입할 수도 있을 것이다(최진혁, 2002 : 342-343). 예를 들면 다음과 같다.

(1) 의무적 주민참여

도시계획의 시행에는 사전적 협의를 의무적으로 해야 하는 의무적 주민참여의 원칙을 제시할 수 있다.[8] 왜냐하면 도시계획으로 인하여 주민의 생활환경이 크게 변하여 삶의 변화를 초래하기 때문이다. 따라서 주민참여 없이 이루어진 도시계획은 불법으로 간주하게 한다. 또한 주민의 권리제한이나 의무부과에 관련한 결정사항에는 반드시 의회 내의 자문위원회의 주민대표들이 의무적으로 참여하도록 할 수 있다.

---

8 프랑스 사례 : 파리·리용·마르세이유 행정조직에 대한 1982년 12월 31일 법률은 지역연합을 선호하여 주민의 완전한 근원적인 참여방식을 설정하고 있다. 이 운영의 주도권을 갖는 공법인은 합의제로 구성되는데, 이 합의제는 주민들(해당인)의 연합을 허용해야 하며, 도시계획정책형성기간 내내 참여하게 된다. 일반적으로 이 합의제는 두 가지 의결을 보게 되는데, 첫째로 추구해야 할 목표들과 일련의 방법들(모임, 토론, 전시 등)이고, 둘째로 완전한 계획이 끝나기 전에 합의제의 결산(평가)를 행하게 된다. 이러한 의결이 없이 이루어진 토지개발승인은 불법으로 간주하게 된다(최진혁, 2002 : 343).

(2) 임의적 주민참여

지방의회와 주민과의 대화를 활성화하기 위해 중간구조인 시특별위원회(extra-municipal)를 설정할 수도 있다. 이를 통하여 주민들은 임의적으로 구성된 중간기구에 의한 참여와 주민이 직접적으로 자문수단기구를 통해 참여할 수 있을 것이다.

2) 주민투표제(referendum)

주민투표제는 지방자치단체가 지역문제를 해결하기 위해 제시하는 정책의 채택문제를 주민표결로 결정하도록 함으로써 최종적인 결정권을 주민에게 부여하는 주민주권원리를 구현할 수 있는 제도이다. 지방자치법은 자치단체장이 주민에게 과도한 부담을 주거나 중대한 영향을 미치는 자치단체의 주요결정사항 등에 대하여 주민투표에 부치게 할 수 있도록 하였고, 주민투표법을 제정하여(2004.1.29) 실효적인 주민투표가 가능하게 하였다. 그럼에도 불구하고 실시조건이나 정책결정에의 영향력을 강화하는 조건 등을 고려하여 의무적 주민투표와 임의적 주민투표를 발전적으로 적용해 보아야 할 것이다. 결국 주민투표는 자치행정에 대한 민주적 정당성을 부여해주며, 공직자의 책임성을 제고시켜 줄 수 있을 것이다.

3) 주민소환제(recall)

주민소환제는 일정 수 이상의 유권자가 연서에 의하여 자치단체의 장, 의회의원 기타 주요 공무원의 해직이나 의회의 해산 등을 임기만료 전에 청구하면 그것에 대하여 주민투표 또는 의회의 동의로서 공직의 해임을 결정하게 할 수 있게 하는 제도이다. 지방자치법은 주민이 그 지방자치단체장 및 지방의회의원(비례대표 지방의회의원 제외)을 소환할 수 있게 하고 있으며, 주민소환에 관한 법률을 제정하여(2006.5.24) 주민소환이 가능하게 되었다. 그러나 소환청구의 사유가 어느 범위까지 인정하느냐를 두고 논쟁이 일 수 있다. 즉, 소환청구의 사유를 민의에 반하는 모든 반공익적 행위를 소환대상으로 할 것인가(민주노동당), 위법부당한 행위나 직권남용에 한하여 할 것인가(열린우리당), 소신있는 정치활동 보장하기 위해서 정치적 의사표현은 소환대상에서 제외해야(한나라당) 한다는 주장이었다. 결국 소환의 사유를 구체적으로 예시할 것이냐 아니면 포괄적으로 규정할 것이냐의 문제로서 우리는 주민주권의 강화차원에서 보다 공직자의 책임성제고를 위해 구체적으로 예시하는 방향으로 전개해 나가야 할 것이다. 그동안의 경험사례에 통해 보면 주민소환제는 실제로 행사되는 경우가 그리 많지 않을 수 있으나 책임행정을 확보하기 위한 수단으로서 학습효과가 크게 나타날 수 있는 제도로 활용할 수 있을 것이다.

4) 주민소송제

주민소송제는 일종의 민중쟁송제도로서 주민이 자신의 법률상 이익에 관련이 없더라도 자치행정의 비위사실을 법원에 제소할 수 있도록 할 수 있게 하는 제도이다. 지방자치법은 주민소송제(제17조)를 인정하고 있다. 즉, 지방자치법 제16조 제1항에 따라 공금의 지출에 관한 사항, 재산의 취득 · 관리 · 처분에 관한 사항, 해당 지방자치단체를 당사자로 하는 매매 · 임차 · 도급계약이나 그 밖의 계약의 체결 · 이행에 관한 사항 또는 지방세 · 사용료 · 수수료 · 과태료 등 공금의 부과 · 징수를 게을리 한 사항을 감사청구한 주민은 다음 각 호의 어느 하나에 해당하는 경우에 그 감사청구한 사항과 관련이 있는 위법한 행위나 업무를 게을리 한 사실에 대하여 해당 지방자치단체장을 상대방으로 하여 소송을 제기할 수 있다. 물론 주민소송 도입으로 소송남발에 따른 자치행정혼란이 예기될 수 있지만 주민소송의 대상을 위법한 재무회계행위 유형(공금의 지출, 재산의 취득 · 관리 · 처분, 계약의 체결 · 이행, 지방세 · 사용료 · 수수료 · 과태료 등 공금의 부과 · 징수의 해태)에 한정하고 있는 것에서 점차로 그 대상범위를 확대해 나갈 수 있어야 할 것이다.

5) 주민발안제(initiative)

지방의회 또는 의원의 부작위에 대하여 간접적으로 책임을 추궁할 수 있게 하자는 것으로 일정 수 이상의 유권자가 연서에 의하여 자치단체의 헌장이나 조례의 제정 및 개폐 등에 관하여 직접 의안을 발의하게 할 수 있도록 해야 한다.

7. 역동적인 주민의 역할 강조 : 주민의 역량강화 모색

주민주권을 강화하기 위해서는 무엇보다 역동적인 주민의 역할을 강화하도록 해야 한다. 그런 배경에서 프랑스 헌법개정에서 논의되었던 사안들을 검토해 볼 수 있다.[9]

1) 청원권(droit de pétition)

주민의 청원권을 강화하도록 한다. 물론 지방자치법에 주민의 지방의회에 대한 청원을 규정하고 있지만 청원권 행사의 조건들을 주민의사 존중의 차원에서 발전시켜야 한다. 예를 들면 법률은 청원권 행사의 조건들을 제시하고, 그 조건 내에서 각 지방자치단체의 유권자가 청원권 행사에 따라 자치단체장과 지방의회의 권한에 관계되는 질문을 지방의회 의사일정에 기입하게 하는 것을 요구할 수 있도록 하여야 한다.

2) 직접민주주의의 진전

대의민주주의의 단점을 보완한다는 차원에서 보다 적극적인 직접민주주의의 진전으로서 자문적 성격이 아닌 결정적 주민투표로 발전시켜야 한다. 우리 지방자치법은 주민은 지방자치단체의 폐치 · 분합이나 주민에게 과도한 부담을 주거나 중대한 영향을 미치는 사항 등에 대해 주민투표에 부칠 수 있게 하고 있지만[10] 이제 지방의회는 해당 자치단체의 권한(사무)을 규정하는 것을 목적으로 하는 모든 의결안을 주민투표에 부칠 수 있게 규정할 필요가 있다.[11] 다만 주민투표의 실효성을 제고하기 위해 주민투표의 대상, 발의자, 발의요건 등을 적정한 수준으로 맞추어주어야 할 것이다.

---

9 프랑스 개정헌법은 시민들에게 청원권과 결정권을 부여하는 새로운 72조-1 규정을 두었다(최진혁, 2008).

10 1992년 2월 6일 공화국 행정에 관한 법률에서 시읍면자치단체 수준에서만 지방자문과정을 규정하였던 것을 개정된 헌법은 결정적인 진정한 지방 주민투표를 설정하였다. 헌법은 다음의 두 가지 상황에서 자치단체의 유권자의 자문에 의존하는 것을 허용하고 있다. ①특별법규적용을 받는 자치단체의 창설 혹은 이들 자치단체 조직의 변경, ②지방자치단체의 경계변경.

11 2003년 8월 1일 조직법에 의해 유권자들의 지방적 결정사안에 참여하는 확장된 지방민주주의를 구가하게 되었다(지방자치단체 종합법규 / CGCT, 2007 : 13).

제5절 결론

보통 주민은 선거를 제외하고는 지방기관의 결정에 대해 영향력을 행사하는데 전적으로 불능한 존재인가, 그리고 이러한 지방정책결정의 정확한 맥락을 이해하는 것 또한 불능한 것인가에 대한 질문에 그렇지 않음을 여러 입법조치들을 규정하여 증명할 수 있어야 한다. 마치 프랑스가 지방민주주의를 강화하는 차원에서 제정한 1992년 2월 6일 법률 제10조에서 밝히고 있듯이 주민에 관련된 결정사항은 자치단체의 자율행정과 불가분의 관계로 반드시 문의를 받아야 하는 지방민주주의의 원리임을 천명해주어야 한다.[12] 따라서 행정적 자료에 접근의 자유를 허용하는 공개행정을 강화해야 한다. 행정행위의 투명성의 원칙의 확대적용과 지방수준에서의 주민참여의 강화를 모색하여야 하는 이유이다.

그런 배경에서 이론적 논의의 틀(주민주권 강화 변수)에 따라 주민주권 행사의 현황을 고찰하면서 각 요소별로 대안적 내용들을 검토하였다. 우선 국가와 지방자치단체간의 관계에서는 자치권의 확대를 통해 주민주권의 강화방안을 모색할 수 있다는 점에서 논의를 전개하였다. 둘째, 집행기관(자치단체장과 공무원)은 지방정부가 정책결정과정에 주민들을 참여시키는 것을 조례로 보장하는 제도적 장치를 구비하고, 형식적 참여가 되지 않도록 참여동기를 유인해 주어야 할 것이다. 셋째, 지방의회의 정책결정과정에 주민들의 의견을 수렴할 수 있는 제도적 장치를 마련해야 하는데, 예를 들면 정기회의시 주민의 방청을 유도하고, 지역문제가 발생한 지역현장에서의 주민의 의견진술을 개진할 수 있도록 개방하고, 의회에 대시민여론수렴과 민원접수처를 설립하여 광범위한 의견수렴을 도모해야 할 것이다. 넷째, 자치행정구조는 정보공개의 범위를 확대하여 행정행위의 투명성을 보장해 주는 시스템을 갖추어야 할 것이다. 그런 배경에서 지방정부는 자치행정구조를 주민참여 속에 행정서비스를 함께 공동생산해 나가는 지방거버넌스체제로 확립해 주어야 한다. 여기에서 주민의 의사가 시민단체(정당, 학계, 언론)를 경

12 "시읍면자치단체의 업무에 대해 주민들은 정보를 제공받아야 하는데(대민홍보), 주민에 관계된 결정사항은 지방자치단체의 자율행정과 불가분의 관계로 반드시 문의를 받아야 하는 지방민주주의의 기본적 원리이다(1992년 2월 6일 법률 제10조)."

유하여 지방의회에 제시되어 지방자치단체장이 이들의 의사(요구)를 취합하여 지방정부의 주요정책으로 하여 집행하고 통제받는 체제를 구축할 수 있을 것이다. 다섯째, 주민권리를 존중하여 고객으로서의 행·재정서비스의 요구를 가능하게 하는 시민단체의 역할을 강조하여 이를 주민주권운동의 주체로서 양성해야 할 것이다.

요컨대, 대의제 민주주의를 존중해나가면서 그동안 나타난 결점은 주민의사의 우월한 가치를 인정하는 직접민주주의 보완으로 주민주권운동을 강화해 나가야 할 것이다. 대의민주주의의 상징하는 지방의회(assemblées délibérantes locales)는 주민의 기대와 욕구를 인지하여 이를 정책에 반영함으로써 지방민주주의(la démocratie locale)를 구체화할 수 있는 것인데, 이 민주주의는 근본적으로 대표제도 내에서 구현될 수 있는 것으로 본다. 아울러 급변하는 자치행정환경의 변화 속에 주민의 다양한 욕구를 충족시키지 못하고 대의민주주의가 제대로 작동하지 못하는 상황에서 이를 보완할 수 있는 직접민주주의 제도를 활용해 나가도록 한다. 여기에서 주민들의 지방정책에 대한 자문 내지 협의, 결정할 수 있는 과정을 제도화하는 체제를 갖추어야 할 것이고, 이 과정에서 이제 고객지향적인 피동적 주민으로서가 아니라 자치단체와 함께 행·재정서비스를 공동생산해내는 역동적인 주민으로서의 변화를 도모해 나가야 할 것이다.

참고문헌

김영래. (1997). “한국 비정부단체(NGO)의 세계화 전략연구”. 『국제정치논총』. 37(1).
김철수. (2002). 『헌법학개론』. 박영사.
박대식·최진혁 편.(2005). 『한국지역사회 이익단체 : 활동과 영향』. 도서출판 오름.
안성호·배응환.(2004). 『지방거버넌스와 지방정책』. 도서출판 다운샘.
양석진.(2005). “지방자치에 있어서 주민참여와 국민주권의 실현”. 『법학연구』 제18집.
오석홍·김영평 편저.(2000). 『정책학의 주요이론』. 법문사.
이대희. (2001). “이익집단”. 하태권 외(편). 『현대 한국정부론』. 법문사.
이승종·김혜정.(2011). 『시민참여론』. 박영사.
이종수·윤영진 외.(2005). 『새행정학』. 대영문화사.
임도빈.(2004). 『한국지방조직론』. 박영사.
임승빈.(2009). 『지방자치론』. 법문사.

정세욱.(2005).『지방자치학』. 법문사.

최진혁. (2002). "우리나라 지방분권의 발전적 고찰."『사회과학연구』제13권. 충남대학교 사회과학연구소.

최진혁.(2005). "지방분권화에 부응하는 지방자치법의 발전적 개정방향,"『지방정부연구』. 9(1).

최진혁외.(2005).『자립적 지역발전모델』. 대영문화사.

최진혁.(2004). "로컬거버넌스시대의 지방자치발전을 위한 지역NGO의 역할과 과제,"『한국거버넌스학회보』. 11(2).

최진혁.(2008). "지방분권(개혁)을 위한 헌법개정에 관한 연구 : 프랑스 사례를 중심으로,"『한국지방자치학회보』. 20(2).

최진혁.(2011). "광역자치단체의 주민참여제 운영실태와 대안적 모델 : 대전광역시 사례를 중심으로",『지방재정과 지방세』. 통권 44호. 한국지방재정공제회.

최진혁.(2010). "민선자치 15년 경험을 통한 값진 교훈," 대전일보.

하태권.(2000). "Charles E. Lindblom의 정책결정이론,"오석홍 · 김영평 편저.『정책학의 주요이론』. 법문사.

홍준현.(2001). "한국지방분권의 평가 : 행정적 측면을 중심으로," 한국지방정부학회 하계학술대회논문집.

서울특별시의회.(2010). 해외대도시의 정책과정과 의회의 역할분석. 서울특별시의회의 정책역량 제고를 위한 연구.vol.3.

한국민간단체 총람. (2000).

지방자치단체 종합법규(C.G.C.T.). (2007).

Baguenard Jacqus & Becet Jean-Marie.(1995). *La démocratie locale*. Paris : PUF.

Dror, Yehezkel.(1983). *Public Policymaking Reexamined*, New brunswick, NJ : Transaction Books.

Lindblom, Charles E.(1980). *The Policy-Making Process*, Englewood Cliffs, N.J. : Prentice-Hall, Inc.

Luchaire, Yves et Luchaire, François.(2003). Décentralisation et Constitution. Paris : Economica.

Muret, J.-P..(1995). *Les Municipales*. Paris : Syros.

Rasera, Michel.(2002). *La démocratie locale*. Paris : L.G.D.J.

Journal Officiel de la République française, La démocratie locale. D.G.C.L.

02 광역자치단체의 주민참여예산제 운영실태와 대안적 모델 : 대전광역시 사례를 중심으로

제1절 서론

그동안 지방자치단체의 예산편성은 시민의 관심사항이었으면서도 불구하고 폐쇄적인 관료적 의사결정체제에 의하여 시민과 괴리되어 집행부가 독점적으로 운영하여 왔다. 그러다보니 지방자치단체의 주민들은 해당 지방자치단체가 무슨 일을 어떻게 수행하고 있는가에 대한 재정적 표현으로서의 예산편성 및 집행에서의 알권리를 박탈당하는 모양새가 되고 말았다. 그러나 주민자치시대의 주민은 더 이상 자치단체가 공공서비스를 제공함에 있어 과거와 같이 수동적인 객체로서 존재하는 것을 거부하게 하였다. 즉, 이제는 자기지역의 문제에 직접 참여하여 어떻게 하면 우리의 자치단체를 위해 우리의 권리와 의무를 다할 수 있을 것인가에서 적극적이고 능동적인 주체로서의 주민의 위치를 찾아가고 있다. 이에 따라 지방자치단체도 주민에게 보다 값싸고 양질의 서비스를 제공해야 한다는 측면에서 시민에 대한 대응성 강화를 위한 고객위주의 행정을 강조하고 있다. 이와 함께 최근의 신공공관리의 논조에 따라 시장주의적 경쟁의 원리를 존중하고 정부활동의 투입이나 과정을 강조하기보다는 성과에 초점을 두는 경영방식을 추구하고 있다. 더 나아가 이제 시민사회와 더불어 자치단체와 함께 시정운영에 기본이 되고 있는 예산편성에 함께 함으로써 시정서비스를 함께 생산해내는 공동생산자로서의 시민의 위상을 정립해 나가려 하고 있다.

이러한 맥락에서 2006년 11월 대전광역시는 예산과정에서 시민의 의사를 반영하고 예산운영을 감시하며 잘못된 부분을 시정할 수 있도록 하는 시민참여예산제도를 정착시키고자 대전광역시 주민참여기본조례를 제정하였고 2007년부터 광역자치단체로서는 처음으로 주민참여예산제를 전면 도입하였다. 요컨대, 대전광역시는 예산편성과정에 민주주의 원리를 실현하고자 하는 것으로 시민참여, 예산공개, 관리자 책임의 원리를 구현하고자 하는 것이다. 즉, 예산운영과정에 시민참여를 확대하고, 이러한 과정에서 관련되는 정보를 공개하고, 그 결과에 대하여 공직(관료)사회는 책임을 지고자 하는 것이다. 민선자치 10여년의 경험에 비추어 자치단체장과 지방의회의 인기위주의 예산편성에서 오는 예산낭비나 지방재정의 비효율성 부문을 극복하고자 하는 것도 이와 같은 맥락(지방예산의 책임성 확보)에서 이해할 수 있다. 따라서 본 연구는 4년여에 걸쳐 진행되어 온 대전광역시 시민참여예산제도의 운영성과와 문제점을 진단해 보고, 대전광역시 시민참여예산제의 활성화 방안을 검토하면서 진정한 재정민주주의 실현을 완수하고 대전지역의 특성에 적합한 효율적인 성공모델을 제시해보고자 한다.

제2절 시민참여예산제도의 이론적 배경

1. 주민(시민)참여예산제도의 정의

1) 주민(시민)참여의 개념과 지위

주민참여(citizen participation ; la participation des citoyens)는 다의적 개념이다. 그것은 학자의 관점에 따라 다양하게 정의되고 있으나[1], 일반적으로 "지역사회의 일반시민이 공적으로 결정권이 부여된 자들에게 정책이나 계획의 결정에 관하여 영향력을 미칠 의도로 권력을 행사하는 과정"을 의미한다(정세욱, 2005 : 372). 이렇게 정의할 경우 다음과 같

1 주민참여란 "공권력이 부여되지 않은 일반시민들이 공적 권한이 부여된 사람들의 행위에 영향력을 미칠 의도로 정책결정과정에 참여하는 것"(Sidney Verba, 1967 : 53) ; "지역사회의 일반시민이 그 지역사회의 일반적 사항과 관련된 결정에 대하여 권력을 행사하는 과정"으로 보아 주민참여의 본질적 요소로 일반시민(common amateurs), 권력(power), 결정(decision)을 들고 있다(J.V. Cunningham, 1972 : 595). "정부의 정책결정에 영향을 미치려고 의도하는 일반주민의 행위"(S.P. Huntington, 1976 : 5)로 보고 있다.

은 요소가 내재돼 있음을 알 수 있다.

- 지역사회의 일반시민으로 표현되는 참여의 주체는 그 지역사회의 구성원인 다수의 비엘리트주민들이라는 사실이다.
- 공적으로 결정권이 부여된 자들에게 하는 행위이다.
- 정책이나 계획의 결정에 영향력을 미치는 행위이다.
- 영향력을 미칠 의도로 하는 행위이다.
- 다른 사람으로 하여금 생각하고 행동하게 하는 능력, 즉 권력이다.

주민(시민)이란 지방자치단체의 구역 안에 주소를 가진 자를 말한다. 주소를 가지고 있으면 자연인 · 법인을 불문하며, 또한 국적 · 인종 · 연령 · 행위능력을 묻지 않고 주민이 된다. 일반적 시민의 지위는 다음과 같이 고려해 볼 수 있다(smith, 1997 : 312 ; 이원희, 2004 : 248).

- 소비자(customer)로서의 시민 : 소비자로서의 시민은 계약에 의한 공공서비스를 중시하며 수동적 지위를 갖게 된다.
- 소유자(owner)로서의 시민 : 소유자로서의 시민은 주권을 행사하는 지위이지만 현실적인 제약이 뒤따르는 한계가 있다.
- 가치중심(value-centered)의 시민 : 지역의 발전을 위해 공동 투자하는 가치형성자로서의 지위를 가진다. 그런데 최근의 지방행정환경변화에 따라 정부와 시민이 협력을 통해 공공서비스를 창출해야 하는 governance의 성격으로 볼 때 가치중심의 시민으로 변화해야 한다는 주장이 설득력을 얻고 있다.

오늘날 자치행정의 기능은 점차 확대되어 복잡, 다기화, 전문화되고 있는 반면, 가용재원은 한정되어 있어 그 수행을 위한 효율성이 요구되고 있다. 또한 행정서비스의 공급과 결정과정에 주민의 의견이 존중되어 처리될 수 있어야 하는 민주성을 요구받고 있다. 즉, 의회민주주의의 보완, 주민들의 이견의 조정, 평범한 주민들의 의사 보호, 지역문제 해결을 위해 협력 · 지원의 지지를 이끌어 내는데 있다. 요컨대, 자치행정에 있어 주민(시민)참여는 행정의 민주화를 위해서 뿐만 아니라 행정의 효율성 제고를 위해 필요한 것이다(정세욱, 2005 : 372-374).

2) 주민(시민)참여의 종류

오늘날 우리나라에 도입된 주민참여제도는 대체로 18가지로 소개되고 있다(육동일, 2008 : 22). 그러나 주민참여예산제와 맥락을 같이하는 지방자치정신에 부합한 직접민주주의 방식으로서 주민이 행하는 참여는 다음 〈그림 2-1〉에서 같이 지방형 참여로 분류될 수 있을 것이다. 즉, 주민투표청구, 조례제 · 개정 청구, 주민감사청구, 주민소송청구, 주민소환청구, 주민제안, 지방의회청원, 주민참여예산제도가 그것이다.

<그림 2-1> 주민참여의 종류

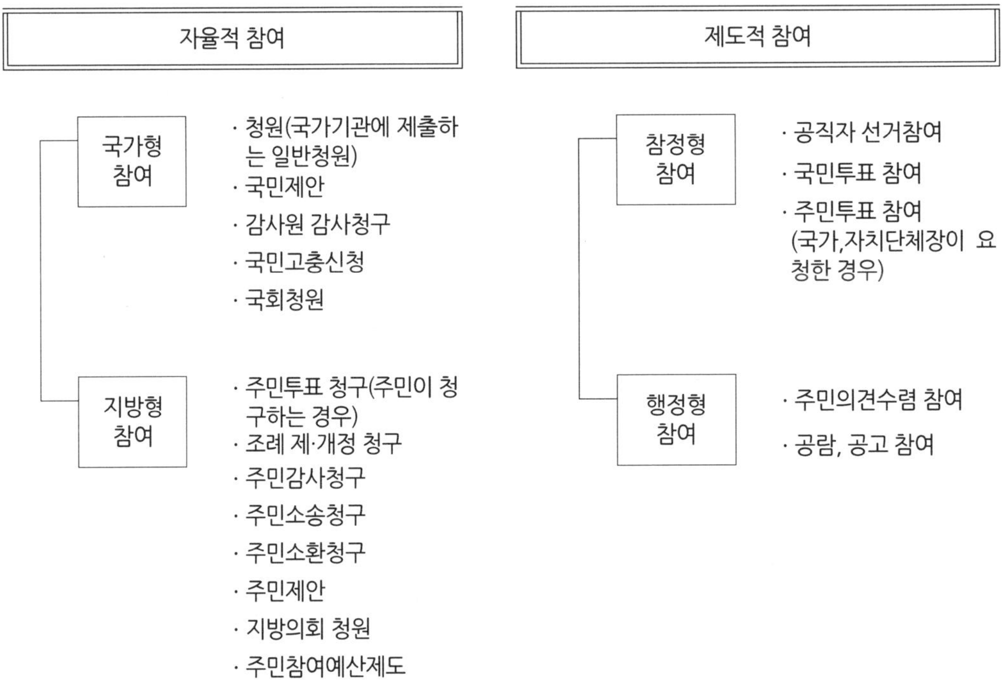

그런데 이와 같은 주민참여는 몇 가지 기준에 의거 분류할 수 있을 것이다. 즉, 주민이 참여가 개별적인 것인지 아니면 집단적인 것인지, 자연발생적인 것인지 의도적인 것인지, 참여가 어느 정도로 제도화되어 있는 것인지, 주민이 참여에 어느 정도의 이니시어티브를 가지고 영향력을 행사하는 것인지, 주민이 어느 과정에 참여하는 것인지 등이 그것이다(정세욱, 2005 : 391-396).

3) 예산제도의 개념

일반적으로 지방자치단체의 예산이란 일정기간(회계연도)에 있어서의 지방자치단체의 수입(세입)과 지출(세출)에 관한 예정적 계산을 의미한다. 그런데 이러한 예산은 행정부(집행기관)가 예정적 계산 하에 다음 회계연도의 수입과 지출에 관한 권한을 요구하면 입법부(의결기관)가 이를 심의하고 승인하여 행정부로 하여금 집행할 수 있게 한다. 예산은 하나의 사업계획인 동시에 재정계획인 것이며, 따라서 예산은 수입과 지출에 관한 것이기는 하지만 수입과 지출 그 자체에 목적이 있는 것이 아니라 정부(지방자치단체)의 사업을 운영하기 위하여 수입과 지출을 필요로 하는 것이다(강신택, 2000 : 16-17).

4) 주민참여예산제도의 개념, 필요성 및 유형

(1) 개념

주민참여예산제도란 예산편성과정에 주민이 직접 참여하여 자신들의 선호와 우선순위에 따라 예산을 스스로 결정함으로써 참여와 자기결정이라는 지방자치의 이념을 구현하기 위한 예산참여제도를 말한다. 이는 예산의 투명한 공개, 주민참여를 통한 예산의 우선순위 결정, 지방자치단체와 주민대표의 협의를 통한 실현가능한 예산안 편성, 지방의회의 동의 등의 단계와 절차를 거치면서 지역주민들이 지방자치단체의 예산편성과정에 직접 참여하는 제도이다(곽채기, 2003 : 1).

요컨대, 주민참여예산제도는 지역사회의 주민이 예산편성과정에 직접 참여하여 (그들의 선호와 우선순위에 따라) 지방자치단체의 사업운영계획서인 예산을 스스로 결정할 수 있도록 하여 지방자치단체의 정책결정에 영향력을 행사하는 일련의 과정을 의미한다. 이러한 기회를 통하여 주민참여예산제도는 주민의 자기결정과 자기책임의 원칙을 준수하는 주민자치의 정신에 부합하는 제도적 장치로 간주된다.

대의민주주의에서의 예산결정은 행정부(집행부, 관료)가 주민을 대표하여 예산안을 편성하고 국민(주민)의 대표기관인 의회(지방의회)가 예산안을 심의함으로써 이루어진다. 행정부(집행부, 관료)가 예산편성과정에서 시민들의 의견을 수렴하고 시민요구에 부응한 예산편성을 도모한다는 사실은 그동안 관료중심이었던 예산안 작성을 국민들에게 예산주권을 되찾아주려는 획기적인 예산개혁운동으로 나타난 것이었다(나중식, 2004 : 462). 이러한 주민참여예산제도의 특징은 다음과 같다.

-지방재정운영에 대한 사전적 시민통제장치로 작용한다. 즉, 그동안 관료중심의 전통적 예산운영의 비효율성(자치단체장과 지방의원의 인기, 선심성위주의 비효율적인 재정운영)에 대한 시민통제적 성격이 있다.

-주민자치시대에 부응하여 자치단체의 재정운영은 자기결정과 자기책임의 원칙이 기초가 되어야 하고, 주민의 재정주권에 근거해야 한다는 논리의 재정민주주의를 구현할 수 있는 제도적 장치로 간주된다.

-민・관협치의 전형적인 사례로서 주민의 기대와 요구에 부응한 적실한 예산편성을 추구할 수 있고 민・관 공동의 이해와 합의형성을 위해 시민사회의 성찰을 강조한다.

-뿐만 아니라 정부사업의 투명성과 정당성 확보에 따른 정부에 대한 신뢰형성이 제고된다. 그에 따라 시민들의 사회적 자본과 집단적 효능감을 확보하는 효과를 가져온다(곽현근, 2010 : 26 ; Uphoff, 2000 ; Foley & Edward, 1999).

(2) 필요성

- 주민자치의 실질적 구현
- 재정민주주의의 구현
- 지방재정의 건전성 확립
- 지방재정의 효율적 운영
- 민・산・관・학・연 협력거버넌스체계의 구축

(3) 유형분류

따라서 예산편성과정에서 자치단체(집행기관)가 지역주민들에게 어느 정도 참여하게 할 수 있는 것인가에 대한 논의가 필요한 사안이다. 여기에서 '어느 정도'라는 논의는 참여의 '폭'(참여의 기회를 가질 수 있는 공동체구성원의 수)과 '깊이'(참여의 기회)의 의미로 확대해 논의해 볼 수 있을 것이다. 결국 주민참여예산제도는 예산참여의 수준을 단계적으로 접근하는 모습을 띠게 된다. Arnstein은 행정이 주민참여를 조작하는 단계로부터 주민이 완전한 영향력을 행사하는 주민통제의 단계까지의 8단계를 들어 설명하고 있어 이에 상응한 주민참여예산제도의 단계적 접근을 이해하게 한다(Arnstein, 1969 : 216-224).

<그림 2-2> 주민참여 단계

1.	조작(manipulation)	비참여단계(degrees of non-participation)
2.	치료(therapy)	
3.	정보제공(informing)	명목적 참여단계(degrees of tokenism)
4.	상담(consultation)	
5.	회유(placation)	
6.	협동관계(partnership)	주민권력단계(degrees of citizen power)
7.	권한이양(delegated power)	
8.	주민통제(citizen control)	

자료 : Arnstein, 1969 : 216-224

이러한 주민참여의 '폭'과 '깊이'에 따른 '어느 정도의 참여인가'에 따른 접근에 기초하여 국내학자로서 나중식(2004 : 462-463)은 예산참여의 유형을 '능동성과 주도권' 및 '자치단체(정부)와 시민의 영향력 관계'를 기준으로 정부주도적 참여형, 민 · 관협의적 예산참여형(적극적 협의형, 소극적 협의형), 시민주도적 예산참여형의 3단계로 구분하였다(표 2-1 참조).

'정부주도적 참여형'은 정부가 주도권을 갖는 참여제도로 시민은 참여는 하지만 제도적 절차에 따라 반응하는데 그칠 뿐 참여의 결과에 대하여 유의미한 결정력을 갖지 못한다. 즉, 형식적 참여예산제도에 그친다. 민 · 관협의적 예산참여형은 정부와 시민간의 대등한 상호작용이 이루어지는 참여유형으로 시민과 정부간에 쌍방적 의사전달이 이루어지지만 의사전달의 방식은 정부가 일방적으로 정하게 된다. 그러나 그 정도에 따라서 '적극적 협의형'과 '소극적 협의형'으로 다시 나뉘어진다. 마지막으로 '시민주도적 예산참여형'은 시민들이 예산결정과정에 적극적으로 참여하여 참여방식과 내용도 시민들이 결정하는 형태의 참여로써 상당한 주도권을 시민이 행사하는 주민통제형 참여예산제도라고 할 수 있다.

<표 2-1> 예산참여의 유형과 주민참여예산제도

<table>
<tr><th rowspan="2">참여유형 / 구분</th><th rowspan="2">정부주도적 예산참여형</th><th colspan="2">관·민협의적 예산참여형</th><th rowspan="2">시민주도적 예산참여형</th></tr>
<tr><th>소극적협의형</th><th>적극적협의형</th></tr>
<tr><td>예산결정권한</td><td>관료중심</td><td colspan="2">협의에 의한 관료의사결정</td><td>시민중심</td></tr>
<tr><td>의사전달유형</td><td>하향식(정보제공형)</td><td colspan="2">쌍방향(협의형)</td><td>쌍방향(적극형)</td></tr>
<tr><td>참여도구와 기제</td><td>정보공개</td><td colspan="2">민원방, 설명회, 협의회, 공청회</td><td>시민예산위원회</td></tr>
<tr><td>참여정도
(단계)</td><td>형식적 참여단계
(정보제공, 상담, 회유)</td><td colspan="2">주민권력 초기단계(협동)</td><td>주민권력단계
(권한위임, 주민통제)</td></tr>
<tr><td>개념 및 범위</td><td>형식적 참여예산제도</td><td colspan="3">주민참여예산제도</td></tr>
</table>

자료 : 나중식(2004 : 463)

또한 곽채기(2005)는 이전의 연구가 참여의 폭에 대한 고려가 간과되고 있음을 지적하면서 예산편성과정에 주민참여가 보장된다고 하더라도 지역주민들이 참여할 수 있는 지방재정의 활동의 대상과 범위가 어떻게 설정되느냐에 따라 주민참여예산제도의 성격과 유형이 크게 달라질 수 있음을 환기시켰다. 이에 따라 주민참여 수준과 대상 및 범위를 기준으로 다음과 같이 5가지 유형(주민협의-일반회계, 주민협의-통합재정, 민관공동결정-일반회계, 민관공동결정-통합재정, 주민주도결정-단위사업)으로 구분하여 제시하였다(표 2-2 참조).

<표 2-2> 주민참여예산제도의 유형분류

참여수준 / 참여범위	주민협의	민/관공동결정	주민주도결정
단위사업			V
일반회계	I	III	
통합재정	II	IV	

자료 : 곽채기(2008 : 8)

박광우(2006)는 주민참여의 폭 뿐만이 아니라 제도설계과정에서 제기되는 다양한 쟁점을 포괄하는데 일정한 한계가 있음을 지적하였다. 예컨대, 참여의 범위만 하더라도 예산회계종류 외에도 예산편성절차, 예산편성과정 등을 고려할 필요가 있다는 것이고, 예산관련 정보의 공개와 의견반영범위를 어떻게 설정할 것인지를 고려해야 한다는 것이다. 또한 주민참여의 실효성을 제고시키기 위해 시민참여의 방법을 보다 정치하게 고민해야 하는데 특히 시민위원 선발과정에서 어떤 방법을 모색해야 할 것인지와 시민위원회의 권한을 어느정도 부여해야 할 것인가도 고민해야 할 과제인 것이다. 이러한 문제의식에 기초하여 민관협치형(소극적 협치형, 적극적 협치형), 민관협의형(소극적 협의형, 적극적 협의형), 관주도형으로 구분하여 제시하였다(표 2-3 참조).

민관협치형은 지방자치단체와 주민들이 상호협력하여 제도적 절차에 따라 예산편성안을 결정하는 모형이다. 적극적으로 예산관련 정보를 공개한 것을 토대로 지역총회나 예산참여시민위원회를 구성하고 예산정책토론회, 예산조정협의회 등을 통해 주민의견을 수렴·반영하고 있다. 특히 대부분 조례 등 제도적으로 주민참여예산제도를 도입해 시행한 경우이다. 그러나 참여도구의 진보성, 참여주체의 권한 등에 따라 '소극적 협치형'과 '적극적 협치형'으로 나뉘어진다. 둘째로 민관협의형은 지방자치단체가 부분적이거나 제한적인 방법으로 예산편성과정에 주민참여를 보장하는 모형이다. 예산관련 정보의 공개도 제한적이지만 예산정책토론회나 설명회 등 한정된 방법을 통해 주민의견을 수렴하는 경우이다. 조례제정 등 제도화보다는 집행부의 행정력에 의존해 주민참여예산제도를 시행하고 있다. 참여단계와 대상 및 범위에 따라 '소극적 협의형'과 '적극적 협의형'으로 구분하고 있다. 마지막으로 관주도형은 지방자치단체가 일방적으로 예산편성과정에서 주민들의 의견을 듣는 형식으로 실효성이 의문시되는 모형이다. 지방자치단체가 일방적으로 위촉해 예산참여시민위원회를 구성하여 형식적으로 예산편성방향과 예산안에 대해 의견을 수렴하고 있기 때문이다. 따라서 관주도형은 주민참여예산제도의 범주에서 제외시키고 있다.

<표 2-3> 우리나라 주민참여예산제도의 모형분류

구분 \ 모형	민관협치형		민관협의형		관주도형
	소극적	적극적	소극적	적극적	
참여범위와 대상	포괄적 참여와 상호협력	구체적 참여와 상호협력	제한적 의견수렴	포괄적 의견수렴	형식적 의견수렴
참여수준과 내용	민관 협동과 참여결정	권한 공유와 공동결정	편성이전단계 협의	편성단계 협의	일방적 정보제공
제도적 의미와 성격	실질적 참여예산제		부분적 참여예산제		형식적 참여예산제

2. 주민참여예산제도의 변수와 이론적 분석틀

기존연구에서 살펴본 바와 같이 주민참여예산제도는 참여의 범위와 대상, 참여의 수준과 내용 등으로 민 · 관의 관계형태를 설정하여 제시한 경우가 대부분이었다. 물론 이러한 접근방식이 주는 장점이 큼에도 불구하고 보다 정치(精緻)하게 세부적으로 그 영향관계를 발전시켜 나갈 필요가 있을 것 같다. 예를 들어 예산편성에 주민들을 참여시키는 것을 조례로 보장하고 있다하더라도 시장과 집행부 공무원의 인식과 의원들의 행태가 어떠하느냐에 따라 다른 성과물을 낼 수 있을 것으로 보기 때문이다. 그 뿐만 아니라 자치행정구조가 주민에게 얼마나 실질적인 참여를 보장하고 있는 것인가에 따라 다르게 나타날 수 있기 때문이다. 더 나아가 주민의 의식, 가치관이 어느 정향에 속해 있는 것인가(소극적 주민관, 적극적 주민관, 공동생산자적 주민관), 그리고 중앙정부와의 관계, 시민단체와의 관계설정이 어떻게 자리잡고 있는 것인가에 따라 달라질 수 있기 때문이다. 따라서 주민참여예산제도에 영향을 미칠 수 있는 요인들은 보다 구체화하는 노력이 필요할 것으로 보인다.

그런 배경에서 주민참여예산제도에 영향을 미치는 요인을 자치단체와 주민간에 예산편성을 두고 영향력행사를 하는 주요 집단과 그를 둘러싼 환경적 요소를 중심으로 집행부(자치단체장, 공무원), 의결기관(지방의회의원), 자치행정구조와 기능, 주민, 환경으로 나누어 다음과 같은 가설을 설정해 보았다(표 2-4 참조).[2] 그리고 주민참여예산제도는 행정의 민주화(정치적 민주성의 논리)를 위해서 뿐만 아니라 행정의 효율성(경제적 효율성의 논리) 제고를 위해 추구하고 있는 것이기 때문에 결국 성공적인 시민참여예산이 되기 위해서는 이들의 요소가 고려된 주민참여예산체제를 구축할 수 있을 때 가능한 것으로 본다(그림 2-3 참조).

2 정세욱 교수의 논문체계를 원용하여 발전시켰음을 밝혀둔다.

1) 집행기관(자치단체장과 공무원 : 관료)

(1) 주민참여예산제도에 대한 인지도, 필요성의 인식정도

지방자치단체의 장과 공무원들의 시민참여예산제도에 대한 인지가 왜곡되어 있거나 그 필요성의 인식정도가 낮을수록 주민참여예산제도는 소극적이 되는데 비하여, 인지가 정확하거나 필요성의 인식정도가 높을수록 주민참여예산제도는 활성화된다.

(2) 가치관, 성격

자치단체장과 공무원이 권위형가치관과 폐쇄적 성격의 소유자일수록 가능한 한 주민참여예산제를 허용하지 않으려는 성향이 있으며, 일반적으로 민주형 가치관과 개방적 성격을 가진 단체장과 공무원이 많을수록 가능한 한 주민참여예산제를 확대하려는 성향이 있다. 이는 주민참여예산제도가 효과적으로 이루어지려면 단체장과 공무원의 민주주의적 마인드가 전제되어야 하기 때문이다.

(3) 적극적인 관심과 지원여부

자치단체장과 집행부공무원이 주민참여예산제도에 대해 적극적인 관심을 나타내지 않거나 지원을 해주지 않거나 해주더라도 약한 경우에는 주민참여예산제도는 소극적, 미온적, 타율적으로 나타나는데 비하여 적극적인 관심과 지원이 강하게 나타날수록 주민참여예산제는 적극적, 활성적, 자율적으로 나타나게 된다.

2) 의결기관(지방의회)

(1) 주민참여예산제도에 대한 인지도, 필요성의 인식정도

지방의회의원들의 시민참여예산제도에 대한 인지가 왜곡되어 있거나 그 필요성의 인식정도가 낮을수록 주민참여예산제도는 소극적이 되는데 비하여, 인지가 정확하거나 필요성의 인식정도가 높을수록 주민참여예산제도는 활성화된다.

(2) 가치관, 성격

지방의회의원이 권위형가치관과 폐쇄적 성격을 가질수록 가능한 한 주민참여예산제를 허용하지 않으려는 성향이 있으며, 일반적으로 민주형 가치관과 개방적 성격을 가진 의회의원이 많을수록 가능한 한 주민참여예산제를 확대하려는 성향이 있다. 이는 주민참여예산제도가 효과적으로 이루어지려면 지방의회의원의 민주주의적 마인드가 전제되어야 하기 때문이다.

(3) 지방의회의 협조여부

지방의회가 주민참여예산제도에 대해 협조를 하지 않거나 방관자적 내지 부정적 태도로 임할수록 주민참여예산제도는 미온적이 되며, 적극적인 협조와 주인자적 내지 긍정적인 태도로 임할수록 주민참여예산제도는 활성화된다.

3) 자치행정구조와 기능

지방자치행정이 어느 정도 공개되는가, 참여자의 범위가 어느 정도 넓은가, 어떠한 예산과정까지 참여할 수 있는가, 참여의 경로는 얼마나 다양한가, 주민의사를 존중하는 자치행정의 풍토가 어느 정도 조성되어 있는가에 따라 주민참여예산제도는 그만큼 영향을 받는다.

(1) 예산편성관련 자치행정정보의 공개정도 /양질의 행정정보 제공정도

자치행정을 비밀리에 수행할수록 주민참여예산제도는 미온적인데 반하여 공개하여 수행할수록 주민참여예산제도는 활성화된다. 또한 양질의 행정정보를 공개하는 정도에 따라 참여예산제도의 성패가 달려있다. 그것은 아무리 참여의 기회가 많을지라도 양질의 행정정보를 접할 수 없으면 그만큼 예산참참여의 성과는 떨어지기 때문이다.

(2) 참여자의 범위

자치단체가 참여자의 범위를 제한할수록 주민참여예산제도의 실효성은 그만큼 낮아지며(불평등성), 참여자의 범위를 확대하여 가능한 한 최대의 참여를 도모할수록 주민참여예산제도는 실효성이 제고된다(평등성). 그러므로 지방자치단체는 주민참여조직을 장악하고 있는 지방의 유력자나 일부계층의 의견만을 들어서는 아니 되며, 무력감, 소외감에 빠져있는 일반주민과 소극적 참여, 방관적 자세를 가진 주민들을 참여시킴으로써 참여자의 폭을 넓혀야 하는 것이다. 그럼으로써 예산정책결정의 정당성을 확보할 수 있을 것이기 때문이다.

(3) 참여 가능한 예산편성과정과 분야

주민이 참여할 수 있는 예산편성과정과 분야가 제한되어 있을수록 주민참여예산제도의 실효성은 낮아지는데 비하여, 그것이 넓을수록 그 실효성은 그만큼 높아진다. 따라서 지방자치단체는 예산편성의 준비단계로부터 주요사업선정과 시행 및 통제에 이르기까지 즉, 예산편성, 집행, 평가과정에 참여할 수 있는 제도적 장치를 준비해야 하는 이유가 그것이다. 주민참여예산제도가 어느 예산분야에까지 가능한가에 대해서는 명확한 기준이 없다. 다만 그것은 주민생활에 직결된 주민자치관련 사업분야에 한정시키는 것이 바람직할 것이다.

(4) 참여경로

지방자치단체가 주민들의 참여경로를 제한할수록 주민참여예산제도는 미온적이 되지만 반대로 이를 확대할수록 주민참여예산제도는 그만큼 활성화된다. 더 나아가 주민들의 의사가 실질적으로 반영될 수 있는 의사결정구조를 가지고 있느냐 그렇지 않으냐에 따라, 주민들의 다양한 의견들이 합리적으로 조정될 수 있는 의사결정구조를 가지고 있느냐, 그렇지 않으냐에 따라 주민참여예산제도는 미온적이 될 수도 있고, 활성화될 수도 있을 것이다.

4) 주민

(1) 관심, 태도, 참여의사, 의욕

주민들의 관심이 낮고 태도가 소극적이고 참여의사와 의욕이 적어 타율적으로 행동할수록 주민참여예산제도는 미온적으로 나타나는 반면에, 이에 관심이 높고 태도가 열성적, 적극적이며 참여의욕이 높아 자율적으로 행동할수록 주민참여예산제도는 활성화된다. 참여자의 범위가 소수의 적극적 참여자나 특수이익에 관련된 일부 주민에 한정될 경우에는 오히려 결정의 평등성과 공정성을 저해하는 결과를 낳게 될 수 있다.

(2) 주민의 조직력

주민들의 조직력이 약할수록 주민참여는 미온적이 되며 조직력이 강할수록 주민참여예산제도는 활성화된다. 조직응집력은 주민에 따라, 지역에 따라 상이할 수 있다. 전통적으로 잘 보존된 지역주민의 조직응집력이 불량한 과도적 지역주민의 그것보다 강하며, 고소득층의 조직응집력이 저소득층의 그것보다 강하다는 가설을 설정할 수 있는 이유이다(Jewel Bellush & Murray Haushnecht,1967 : 279 ; 정세욱, 2005 : 381).

(3) 리더십 · 영향력

주민의 리더십의 정도에 따라 주민참여예산제도의 성과는 달라진다. 주민의 리더십은 지역에 따라 상이하다. 어떤 지역은 주민들의 리더십이 활발하며 어떤 지역은 이러한 리더십이 미약하다. 전통지향적이고 안정화된 지역에서는 토착적인 리더십이 문제를 파악하고 그 대책을 강구하는데 선도적 역할을 할 능력이 있다. 또한 주민의 예산참여활동이 자치행정에 얼마나 영향력을 미치고 있느냐도 중요한 판단기준이 된다. 주민들이 아무리 적극적으로 참여예산제에 참여하고 있다하더라도 실제로 영향력을 행사하지 못한다면 주민들의 참여의욕이 떨어지고 결국 주민참여예산제는 실패하게 될 것이기 때문이다.

(4) 주민조직의 특성

주민조직의 구성원간에 이해관계가 크게 상충하거나 의견대립이 심할수록 이를 조정하기 위하여 주민참여의 필요성은 더욱 절실해지지만 그 실효성은 오히려 감소되며, 구성원들이 각자의 이해관계에 집착하기에 앞서 굳게 결속할수록 적극적인 참여가 가능해진다.

(5) 의식수준, 자치의식, 가치관

주민들이 의식수준이 낮고 자치의식이 희박하며 부정적 가치관을 가지고 있을수록 주민참여예산제도는 미온적이 되며, 의식수준이 높고 자치의식이 투철하며 긍정적 가치관을 가지고 있을수록 주민참여예산제도는 활성화된다. 즉, 주민의 예산참여제도는 집행부와 시민단체가 함께 만들어간다는 공동체적 의식이 발현될 때 활성화될 수 있기 때문이다.

5) 환경

(1) 중앙정부로부터의 자주성의 정도

중앙정부로부터의 자치단체의 자주성이 낮을수록 주민참여예산제도는 소극적이 되며, 자주성이 높을수록 주민참여예산제도는 적극적으로 된다. 주민참여과정의 민주화가 요청될수록, 예산편성과 집행이 주민의 협동적 참여를 필요로 할수록, 예산편성과 집행에 지방자치단체의 자주성을 더 요구하기 때문이다. 즉, 자치단체가 중앙정부의 정책을 지방에 시행하는데 그친다면 주민의사의 수렴 및 정책에의 반영을 기대할 수 없다. 따라서 주민참여예산제도를 촉진시키려면 그 지역 내의 사무를 스스로 처리하는 자치권과 자주성을 강화해야 하는 이유이다.

(2) 매스컴의 발달정도 ; 정보처리능력

컴퓨터와 통신기술이 발달되어 있지 않고 정보처리능력이 부족하면 주민참여예산제도는 그만큼 낮아지는데 비하여 그것이 발달될수록 주민참여예산제도는 활성화된다. 사이버예산제도(Cyber budgeting system)를 구축할 수 있는 여건이 양호하냐 그렇지 않으냐에 따라 달리 나타날 수 있다. 이는 참여경로의 문제와도 연계하여 논의할 수 있는 부분이다.

(3) 시민단체의 지원활동여부

시민단체가 주민참여예산제도에 대해 소극적이거나 지원활동을 게을리 할수록 주민참여예산제도는 미온적, 타율적이 되며, 적극적인 지원과 협력이 왕성하게 이루어질수록 주민참여예산제도는 활성화될 것이다.

(4) 지방자치단체와 주민간의 신뢰여부

지방자치단체와 주민간의 신뢰관계가 부족 내지 빈약하면 주민참여예산제도는 미온적이 되며, 충분 내지 강하면 주민참여예산제도는 활성화된다. 즉, 사회적 자본이 강할수록 주민참여예산제도는 활성화 될 것이다.

<표 2-4> 주민참여예산제도의 변수

변 수	미온적 · 소극적 · 타율적	활성화 · 적극적 · 자율적
1. 자치단체장과 공무원		
-인지도, 필요성의 인식정도	왜곡 · 낮음	정확 · 높음
-가치관, 성격	권위형, 폐쇄적	민주형, 개방적
-적극적인 관심과 지원여부	없거나 약함	있거나 강함
2. 지방의회의원		
-인지도, 필요성의 인식정도	왜곡 · 낮음	정확 · 높음
-가치관, 성격	권위형, 폐쇄적	민주형, 개방적
-지방의회의 협조여부	비협조	협조
3. 자치행정구조와 기능		
-예산편성관련 자치행정정보의 공개정도; 양질의 예산정보 제공정도	비밀주의	공개주의
-참여자의 범위	제한	확대
-참여가능한 예산편성과정과 분야	한정(불평등)	넓음(평등)
-참여경로(참여방법)*	제한, 좁음	다양, 넓음
4. 주민		
-관심, 태도, 참여의사, 의욕	소극적, 냉담	적극적, 열성
-주민의 조직력	약함	강함
-리더십 · 영향력	미약함	강력함
-주민조직의 특성	갈등, 대립	단결, 결속
-의식수준, 자치의식, 가치관	낮음, 부정적	높음, 긍정적
5. 환경		
-중앙정부로부터의 자주성의 정도	낮음	높음
-매스컴의 발달정도; 정보처리능력	미발달, 부족	발달, 높음
-시민단체의 지원활동여부	약함(소극적)	강함(적극적)
-지방자치단체와 주민간의 신뢰여부(사회적 자본)	빈약(부족)	강함(풍부)

<그림 2-3> 대전광역시 주민참여예산제도의 성공적 모델 : 분석의 틀

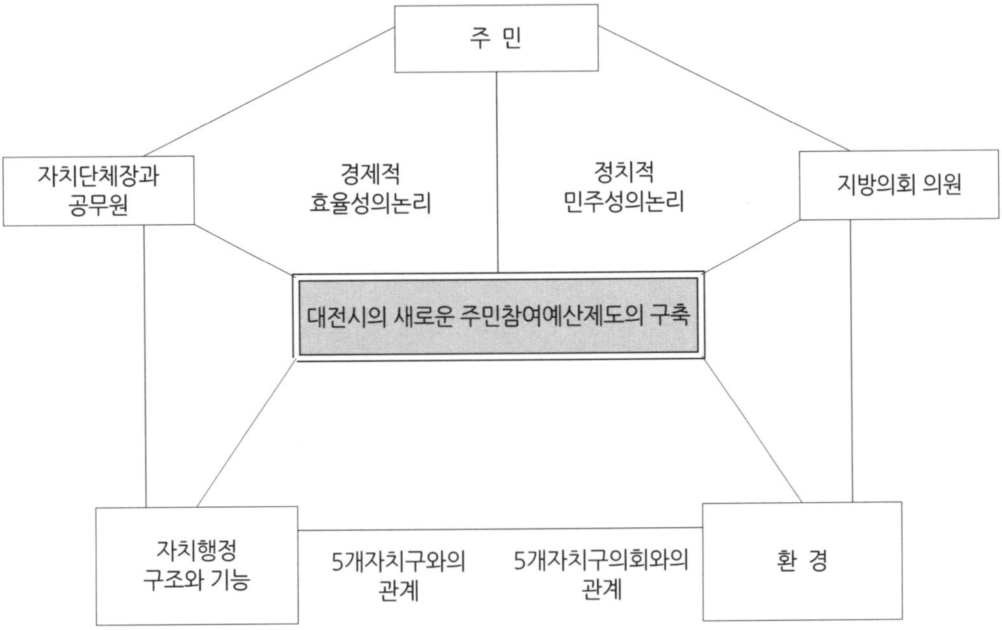

제3절 대전광역시 시민참여예산제도의 현황

1. 도입배경과 기본이념

대전광역시 주민참여예산제도는 참여정부가 마련하였던 '참여적 지방재정운영'의 일환으로 2004년 지방자치단체 예산편성지침을 통해'주민참여형 예산편성제도'의 도입을 권장하면서 마침내 2005년 6월 지방재정법 개정으로 주민참여예산제 도입을 위한 법적 근거가 마련되면서 대전광역시장의 강한 의지와 시민단체들의 적극적인 요구와 함께 광역자치단체로는 처음으로 2006년 11월 주민참여기본조례(대전광역시조례 제3447호)를 제정하면서 출발하게 되었다. 대전광역시 행정의 민주성과 투명성을 증대하기 위한 주민참여의 기본적 사항을 정함으로써 대전광역시와 대전시민이 협력하여 지역사회의 발전을 도모하는 것을 목적으로 하면서 시민 모두가 평등하게 시정에 참여할 권리를 가지고 시와 시민이 협력하여 시민복지와 삶의 질 향상에 공동노력하는 것을 기본이념으로 하고 있다. 주민참여예산제의 근거규정이 되고 있는 제8조(예산편성의 주민참여) 규정에 따라 시장은 예산을 편성하는 단계에서부터 시민이 충분한 정보를 얻고 의견을 표명할 기회를 가질 수 있도록 행정정보공개와 주민참여의 기회를 주어야 한다고 하였다. 물론 같은 맥락에서 제4조에서는 시장의 책무를 밝히고 있다.[3] 아울러 시장은 예산편성방향, 주민참여예산의 범위, 시민의견수렴 절차 및 방법 등 주민참여예산운영계획을 매년 수립하여 일정기간동안 시 홈페이지 등을 통하여 공고하여야 하며, 예산편성에 대한 시민들의 의견수렴을 위해 설명회, 공청회, 토론회 등을 개최할 수 있도록 하였다.

2. 예산참여시민위원회의 구성과 운영

그리고 대전시는 시민참여예산제도를 완수하기 위하여 제도도입 및 운영을 위한 행정조직인 대전광역시 예산참여시민위원회를 구성하였다(제9조 ; 그림 2-3 참조). 즉, 시민의 예산참여에 관한 심의사항(예산편성방향에 대한 의견수렴, 예산에 대한 시민의견수렴과 예산편성과정에 참여하여 예산안에 대한 의견제출, 예산정책토론회 개최 등 시민의 의견수렴활동, 시민을 대상으로 한 교육, 설명, 홍보활동)을 처리하기 위해 설치하였다. 예산위원회는 연임이 가능한 임기 2년의 위원장 및 부위원장 각 1인을 포함하여 50인 이상 70인 이하의 위원으로 구성하고, 위원장 및 부위원장은 위원 중에서 호선하도록 하였다. 그리고 위원선임은 대전광역시의회, 자치구청장 및 '비영리 민간단체지원법'에 의한 대전지역에 소재하는 비영리민간단체에서 추천한 자와 예산에 대하여 학식과 경험이 풍부한 자 중에서 시장이 위촉하는 것으로 하였다. 예산위원회는 매년 1회 이상 개최할 수 있으며, 필요한 경우 관계공무원 또는 전문가를 출석시켜 의견을 청취하거나 자료제출 등을 요구할 수 있게 하였다. 예산위원회 회의는 재적위원 과반수의 출석으로 개의하고, 출석위원 과반수의 찬성으로 의결하는 것으로 하였다.

3 제4조(시장의 책무) ①대전광역시장은 주민참여를 제도화하고 주민참여기회의 확대제공은 물론, 주민참여를 원활히 추진하기 위하여 행정정보의 공개에 최선의 노력을 하여야 한다. ②시장은 교육, 홍보 등을 통하여 주민참여의식을 고취시키는데 노력하여야 하고 이행사항에 대하여 연1회 이상 정기적으로 점검하고 의회에 보고하여야 한다.

주민참여기본조례에서 규정하고 있는 예산참여시민위원회의 운영에 관한 사항은 2009년 2월 개정된"대전광역시 예산참여시민위원회 운영규정"을 통해 구체적으로 설계되고 있다. 이 규정(제3조)에서는 주민의 복리증진 및 시 지역 공동체의 형성, 주민참여의 보장 및 재정자치의 실현, 다양한 주민의견 수렴 및 주민여론을 통한 예산편성의견 제시, 분과위원회별 자율적 운영의 유도, 정치적 · 사적인 목적으로 이용금지 등을 운영원칙으로 규정하고 있다.

그리고 예산참여시민위원회의 효율적 운영을 위하여 8개 분과위원회를 두며(제1기에는 8개분과위원회, 제2기는 7개분과위원회)(표 2-7, 2-8, 2-9 참조),[4] 시의 각 실 · 국 · 본부 · 관, 사업소는 분과위원회에 참여하도록 하고 있으며, 모든 위원은 본인의 희망 및 전문성 등을 고려하여 분야별 분과위원회에 균형있게 배정하도록 하고 있으며, 분과위원회의 회의소집은 시장 또는 분과위원회의 운영에 참여하는 선임 실 · 국장이 하는 것으로 하고 있다(운영규정 제5조①②④). 그리고 예산참여시민위원회는 위원회의 효율적 운영을 위하여 위원장과 부위원장, 각 분과위원장이 당연직 위원으로 참여하는 운영위원회를 설치하여 운영하도록 하고 있다(운영규정 제6조). 운영위원회는 위원회를 대신하여 위원회와 분과위원회의 운영방향 및 위원회와 분과위원회간 의견조정에 관한 사안, 긴급히 결정해야 하거나 경미하다고 판단되는 사안, 기타 위원장이 운영위원회의 심의로 충분하다고 결정하는 사안 등의 사안에 대한 심의역할을 수행한다(운영규정 제6조 ④). 또한 예산참여시민위원회는 주민참여예산제에 대한 운영방법, 정책수립, 연구개발을 위해 필요한 경우 전문가, 관련분야 종사자, 공무원 등이 참여하는 주민참여예산연구회를 구성 · 운영할 수 있도록 규정하였다(운영규정 제7조). 이에 따라 연구회 운영을 위하여 주민참여예산연구회 구성 · 운영계획이 마련되었으며, 이 운영계획에 따라 연구회는 예산참여시민위원회 위원 중 전문가 · 관련분야종사자 · 시민단체, 관련분야 공무원 등으로 구성하도록 하였다. 그리고 주민참여예산연구회는 ①주민참여기본조례, 예산참여시민위원회운영규정 개정연구, ②주민참여예산제의 효율적 운영방안, ③주민참여예산제의 운

4 제2기 때에는 경제과학분과위가 제1기 초기의 경제통상분과위원회와 미래산업분과위원회를 통합하여 운영하다가 제3기 때에는 다시 경제산업분과위와 과학기술특화분과위로 이분되었다. 따라서 현재 8개 분과위의 구성을 유지하고 있다(표 2-7, 2-8, 2-9 참조).

영에 따른 활성화방안, ④ 예산정책 개발 및 교육 등의 기능을 수행하도록 하였다.

대전광역시 주민참여기본조례의 관련규정에 의하여 예산참여시민위원회는 시의회(17명), 구청장(10명), 시민단체(4명)의 추천과 예산에 대한 학식과 경험이 있는 자 26명의 추천을 통해 도합 58명으로 구성 · 운영하였다(제1기;2007년 1명 사퇴로 인해 57명). 이후 2009년 7월 제2기부터는 68명으로 구성 · 운영되고 있다(표 2-6참조).

한편 주민참여예산연구회는 2008년 5월에는 전문분야 3명, 시민단체 2명, 일반분야 2명, 공무원 2명으로 총 9명으로 운영하였는데 2010년 3월에는 전문분야 2명, 시민단체 3명, 일반분야 2명, 공무원 2명의 총 9명으로 그 구성원 수는 같았지만 전문분야와 시민단체 인사의 비중이 바뀌는 모습을 보였다. 즉, 예산에 대한 전문성보다는 시민단체의 의사를 존중하는 민주성에 보다 의미를 부여하였던 것으로 볼 수 있다.

주민참여예산제도의 운영을 위한 예산참여시민위원회 및 분과위원회, 주민참여예산연구회 등을 구성한 다음에 매년 주민참여예산제 교육 1회, 예산편성을 위한 설문조사 1회, 예산편성내역 설명회 1회, 분과위원회별 예산편성의견수렴 활동 1회 등의 활동을 수행하고 있다.

요컨대, 대전광역시가 제1기-제2기에 추진한 시민참여예산제도의 전반적인 구체적 전개상황(내용)은 다음과 같았다(표 2-5 참조).

<표 2-5> 주민참여예산제 추진상황(제1기-제2기)

2006.11.10	**대전광역시 주민참여기본조례 제정(전문 13조문 중 2조문)**
	- 조례 제8조(예산편성의 주민참여), 제9조(예산참여시민위원회)
2007.6.20	**대전광역시 예산참여시민위원회 구성(1기 시민위원 위촉)**
	- 시 의회, 자치구, 각 기관·단체 추천자 58명 위원 위촉
2007.7.23	**주민참여예산제 전용 홈페이지 구축(http://ppbudget.metro.daejeon.kr)**
	- 제도개요, 운영계획, 설문조사, 예산교실 등 6개 하부메뉴로 구성
2007.8.14	**예산참여 운영위원회 간담회(분기별 1회)**
	- 위원장, 부위원장, 분과위원장 구성 - 위원회와 분과위원회의 운영방향 및 의견조정
2008.4.30	**주민참여예산 활성화를 위한 예산연구회 구성운영(분기별 1회)**
2008.7.30	**조직개편으로 인한 분과위원회 구성 조성**
	- 재정운용현황 및 예산제도 이해, 주민참여예산제의 성공적인 운영전략 강의, 예산참여 시민위원회 운영규정 개정 임원 선출(위원장 및 부위원장) 등

2009.2.19	**분과위원회 개최횟수 확대(1회→2회)**
2009.7.29	**대전광역시 예산참여시민위원회 구성(2기 시민위원 위촉)**
	- 68명 위원 위촉, 예산실무교육과 운영규정 개정
2010.3.18	**전체회의**
	- 2010년 예산편성내역 설명회 - 2010년 주민참여예산제 운영계획 심의의결
2010.6.1~7.20	**설문조사(50일)**
	- 2011년 예산편성을 위한 설문조사 - 우선투자순위 항목 등 12개 문항
2010.6.18	**세미나 개최 및 예산학교 운영**
	- 주민참여예산제 활성화 방안 및 IT 활용 참여방안 - 민간단체에 보조금 지급 실행
2010.7.13	**전체회의와 분과위원회 개최**
	- 상반기 운영결과 및 하반기 운영계획 심의 - 7개 분과, 1차 분과위원회별 개최
2010.9.10~17	**경제과학분과 등 2차 분과위원회별 개최**
2010.10.5	**시민공청회**
	- 2011년 예산편성을 위한 시민 의견수렴

자료 : 대전광역시.(2011). 예산참여시민위원회 회의자료.

<그림 2-4> 예산참여시민위원회 구성(07년 초기 : 제1기)

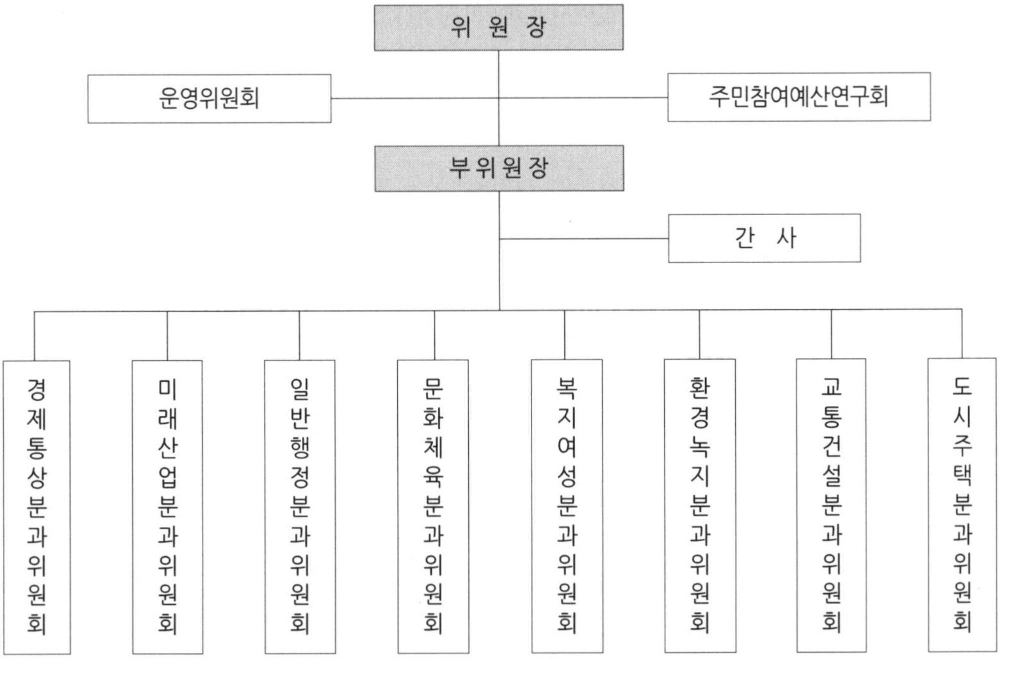

<그림 2-5> 예산참여시민위원회 구성(09년-11년 : 제2기)

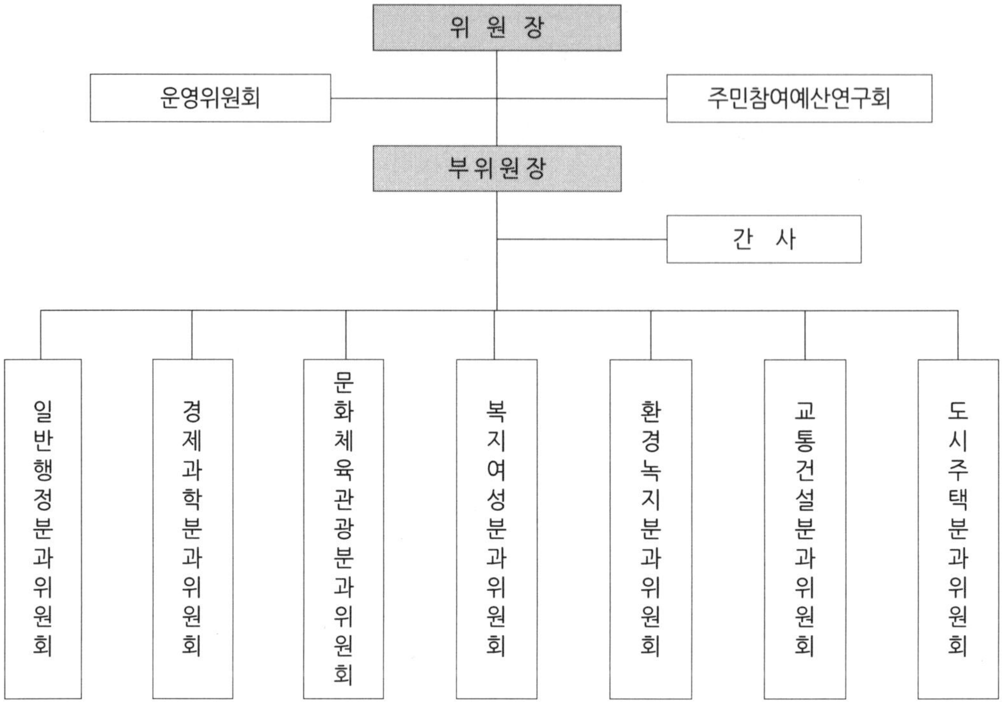

<그림 2-6> 예산참여시민위원회 구성(11년-현재 : 제3기)

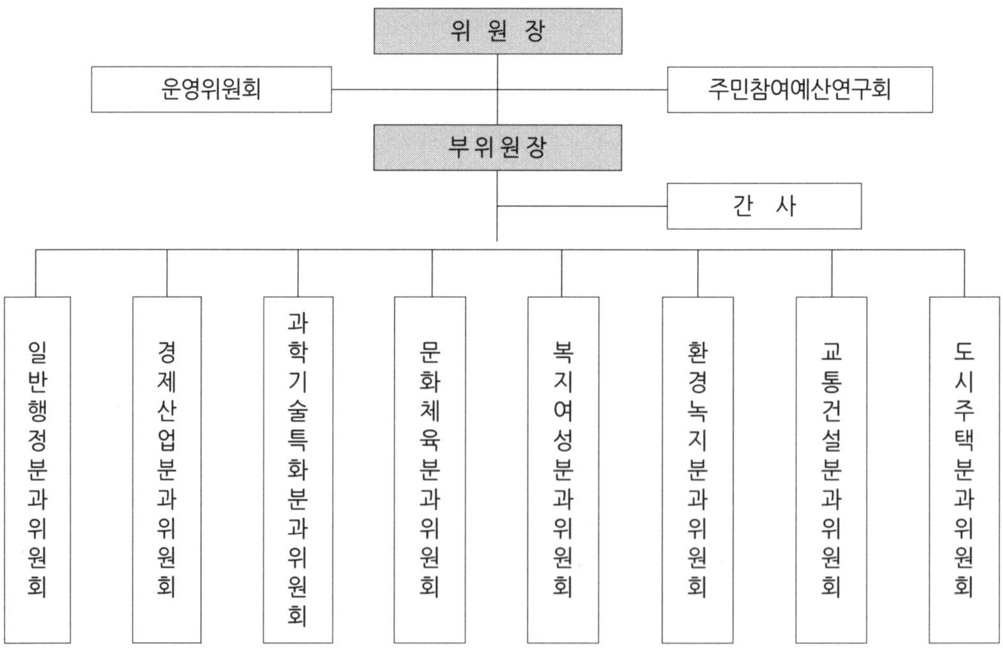

<표 2-6> 예산참여시민위원회 구성현황

추천의뢰처	인 원					내 용	비고
	07	08	09	10	11		
계	58	58	57	68	68*		
시의회	18	18	17	17	18	시의회 의원별 1명씩 추천	대표성
자치구청장	10	10	10	15	15	지역내 인사(구별 2명씩)	지역성
시민단체	4	4	4	7	7	대표적인 비영리민간단체 추천	전문성
실 · 국, 대학 재정 · 회계 · 세무 관련학회 경제 · 경영인행정 동우회	26	26	26	29	29	예산에 대한 학식과 경험이 있는 자 -공인회계사, 세무사, 행정 · 경제 · 세무 · 회계학과 교수, 경제 · 기업인, 예산업무 경험 전직 공무원 등 -현장 · 실물의 각계인사 다수 위촉	전문성

*70명으로 증원예상

자료 : 대전광역시.(2011). 예산참여시민위원회 회의자료.

<표 2-7> 예산참여시민위원회의 분야별 분과위원회 구성현황(2007-2008년 : 제1기전반부)

분과위	경제과학 분과위	투자통상 분과위	일반행정 분과위	문화체육 분과위	보건복지 분과위	환경녹지 분과위	교통 분과위	도시건설 분과위
관련 실 · 국	경제과학국	투자통상 본부	공보관실 감사관실 정책프로젝트팀 기획관리실 자치행정국 소방본부	문화 체육국	보건복지 여성국	환경 녹지국 상수도사업본부	교통국 지하철건설본부	도시건설 방재국 건설관리 본부
주관과	경제정책과	투자 유치팀	자치행정과	문화 예술과	복지 정책과	환경 정책과	교통 정책과	도시계획과

자료 : 대전광역시.(2008). 예산참여시민위원회 회의자료.

<표 2-8>예산참여시민위원회의 분야별 분과위원회 구성현황(2009-2011 : 제2기)

	일반행정 분과위	경제과학 분과위	문화체육관광 분과의	복지여성 분과위	환경녹지 분과위	교통건설 분과위	도시주택 분과위
과별	공보관 감사관 기획관리실 자치행정국 소방본부 인재개발원	경제과학국 농업기술 센터	문화체육 관광국 한밭도서관	복지여성국 보건환경 연구원	환경녹지국 상수도사업 본부	건설교통국 건설관리 본부	도시주택국
주관과	정책기획관	경제정책과	문화예술과	복지정책과	환경정책과	교통정책과	도시계획과

자료 : 대전광역시.(2010). 예산참여시민위원회 회의자료.

<표 2-9>예산참여시민위원회의 분야별 분과위원회 구성현황(2011-현재 : 제3기)

분과위	일반행정	경제산업 분과위	과학기술 특화분과위	문화체육 관광분과위	복지여성 분과위	환경녹지 분과위	교통건설 분과위	도시주택 분과위
과별	공보관실 감사관실 기획관리실 자치행정국 소방본부 인재개발원 경제과학국	경제 산업국 농업기술 센터	과학기술특 화추진사업 본부	문화체육국 관광국 한밭도서관	복지 여성국 보건환경 연구원	환경 녹지국 상수도사 업본부	건설 교통국 건설관리 본부	도시 주택국
주관과	정책기획관	경제 정책과	특화산업과	문화예술과	복지 정책과	환경 정책과	교통 정책과	도시 계획과

자료 : 대전광역시.(2011). 예산참여시민위원회 회의자료.

제4절 운영성과 및 한계

1. 주민의견수렴 예산반영

대전시가 주민참여예산제를 통하여 기존의 집행부 일방적인 예산편성방식에서 벗어나 지역주민의 의견을 수렴하고 그 결과를 예산안에 반영한 것으로 볼 수 있다. 즉, 대전광역시가 2008년도 예산안 편성에서 설문조사, 분과위원회, 시민공청회 등을 통하여 구체적인 사업에 대한 예산반영을 수행하였다. 그 구체적인 내용을 살펴보면 다음과 같다(표 2-10 참조). 즉, 새롭게 제시된 예산 없이 부서요구 예산 범위 내에서 의견을 제시하였던 것이고, 부서별 주요사업을 분과위원회 명의로 추천하고, 그 방향에 대한 의견을 제시하였던 것이다(표 2-12, 2-13, 2-14, 2-15 참조). 그 이후 2011년 예산반영내역을 보면 설문조사 61건(6,127억원), 분과위원회 8건(9억원), 공청회 6건(62억원)으로 총 75건(6,198억원)으로 나타나 설문조사에 의한 예산반영(81%)이 주가 되고 있음을 알 수 있다(표 2-11 참조).

<표 2-10> 주민의견수렴 및 반영내용

총괄 (단위 : 건, 백만원)

구 분		계(예산)		예산반영 요구		주요사업 추천		방향성 의 견
		건수	금 액	건수	금 액	건수	금 액	
총 계	요구	35	243,804	26	221,479	9	22,325	29
	반영	30	235,696 (96.7%)	22	219,220 (99.0%)	8	16,476 (73.8%)	검토중
설문조사	요구	9	177,286	9	177,286	-	-	9
	반영	8	176,951	8	176,951	-	-	검토중
분 과 위원회	요구	19	61,247	10	38,922	9	22,325	9
	반영	16	54,502	8	38,026	8	16,476	검토중
시 민 공청회	요구	7	5,271	7	5,271	-	-	11
	반영	6	4,243	6	4,243	-	-	검토중

※ '08 예산 2조 4,021억원중 주민참여예산제를 통해 거론된 예산 2,192억원(9.1%). 각 의견중 3건 3,663백만원 중복(일자리 창출, 셋째아관련, 자전거타기 좋은도시)

<표 2-11> 2011년 예산 반영 내역

제안(건의) 구분	2011년 예산반영			비 고
	건수	금액(억원)	미반영(건수)	
계	75	6,198	11	
설문조사	61	6,127	9	
분과 위원회	8	9	1	
공 청 회	6	62	1	

자료 : 대전광역시.(2011). 예산참여시민위원회 회의자료.

<표 2-12> 예산반영요구(네티즌) (단위 : 백만원)

연번	제 안	제안내용	예산반영 내역	비 고
1	네티즌 5명	· 일자리창출예산 반영	· 맞춤형인력은행 20 · 1사1인 더 채용 10 · 고용촉진 201 공공근로 792	총 1,023
2	네티즌 1명	· 노은지구 소방서 설치	· 노은 119안전센터 설치 616	
3	네티즌 4명	· 노후 소방청사 신축 및 장비보강	· 서부소방서 이전 3,551 · 소방장비 교체 보강 4,599	기금 1,500포함
4	네티즌 2명	· 저소득층 지원예산증액	· 저소득층 기초생활보장 112,924	
5	네티즌 2명	· 다자녀 및 자녀보육사업 지원	· 셋째아 출산 축하금 160 · 셋째아 이상 보육료 1,680 · 셋째아 이상 양육지원금 480	총 2,320
6	네티즌 7명	· 장애인 지원사업 확대	· 장애인 단체지원 436 · 장애인 복지시설지원 25,070 · 재가장애인 복지 19,363	총 44,869
7	네티즌 1명	· 어린이회관 건립	· 미반영(335)	재정절차 이행중
8	네티즌 4명	· 3천만그루 나무심기 투자	· 3천만그루 나무심기 3,150 · 심은나무 유지관리 1,050 · 중앙분리대 녹지화단 2,529	총 6,729
9	네티즌 5명	· 자전거타기 좋은 도시 만들기 투자	· 자전거도로 정비 200 · 자전거답사구간 정비 120	총 320

자료 : 대전광역시.(2008). 주민참여예산제 운영계획.

<표 2-13> 예산반영요구(시민참여예산위원회 분과위원회)

연번	제 안	제안내용	예산반영 내역	비 고
1	투자통상 분 과	· 일자리 창출을 위한 예산반영	· 맞춤형인력은행 20, 1사1인 채용하기 10, 고용촉진 201, 공공근로 792	총 1,023
2	일반행정 분 과	· 사회단체보조금 확대지원	· '07대비 73백만원 증액(1,774 → 1,847)	
3	문화체육 분 과	· 국립박물관 건립예산 · 유물전시, 사료발간 예산 · 원도심 체육시설 확충 · 국민생활관 리모델링	· 미반영(80) · 요구 72 / 반영 29 · 체전 수영장 9,139 · 반영 1,677	추경검토
4	보건복지 분 과	· 장애인 복지센터 건립 · 보호자 없는 청소년 지원	· 미반영(773) · 청소년보호 284, 쉼터 605	부지 미확정 총 889
5	환경녹지 분 과	· 생태하천 복원사업 · 대기질 개선을 위한 예산	· 유지유량 2,398, 하도준설 4,000, 중앙데파트 12,054 · 대기측정장비 211, 배출가스 단속 7, 천연가스보급 3,327, 대기개선 1,425	총 18,452 총 4,970

자료 : 대전광역시.(2008). 주민참여예산제 운영계획.

<표 2-14> 주요사업 추진내용 (단위 : 백만원)

연번	제 안	제안내용	예산반영 내역	비 고
1	도로교통 분 과	· 대중교통지구 조성 · 지능형교통체계 2단계 · 시외버스정류소 개선	· 반영 113 · 요구 5,148 / 반영 1,658 · 반영 120	요구 5,381 반영 1,891
2	도시건설 분 과	· 도시관리재정비용역 · 택지개발지구단위계획용역 · 주거환경개선사업 · 시설물안전재료 구입 · 경관계획수립 용역 · 설해, 풍수대책 자재구입	· 요구 1,000 / 반영 300 · 요구 850 / 반영 400 · 반영 13,800 · 요구 20 / 반영 5 · 미반영(1,163) · 요구 111 / 반영 80	요구 16,944 반영 14,585

자료 : 대전광역시.(2008). 주민참여예산제 운영계획.

<표 2-15> 방향성 의견

연번	제 안	제 안 내 용	비 고
1	경제과학분과	· 사업추진시 중앙사업과 중복투자 방지 · 3대하천에 보리, 호밀 등 식재로 농가소득 증대	
2	투자통상분과	· 일자리 창출, 기업유치를 위해 홍보사이트 구축 · 새로운 공단 조성보다 현재의 공단 활성화	
3	일반행정분과	· 위원회에서 사업우선순위를 정해 의회심의 대비 · 소모성 경비보다 목표를 정한 구체적 예산 필요	
4	환경녹지분과	· 나무심기도 중요하지만 관리도 중요 · 공원, 하천 등에 쓰레기통을 비치하여 청결유지	
5	도시건설분과	· 낙후된지역부터 개발, 개발시 우선순위 선정	

자료 : 대전광역시.(2008). 주민참여예산제 운영계획.

요컨대, 대전시가 지역주민의 의견을 수렴하여, 예산안에 반영한 금액은 2008년 예산에서 2,192억원(9,1%)이었고 2011년 예산에서는 6,198억원(22.5%)였다. 주민참여예산제 도입 이후 시간이 경과함에 따라 점차적으로 지역주민들의 의견수렴실적이 증가하고 있으며, 예산 및 비예산반영건수도 점차 늘어나고 있는 모습이다. 그러나 예산편성반영비율(반영건수/의견수렴건수)이 2006년 예산안 편성시부터 그 이전에 비해 상당히 감소하였다. 그 이유는 첫째, 제시된 의견들이 사업의 타당성과 우선순위가 떨어지는 사업들을 다수 포함하고 있기 때문이며, 둘째, 사업의 타당성과 우선순위가 떨어지는 사업들에 대한 의견이 상대적으로 많이 제시되었다는 사실 때문이며, 셋째, 가용재원 한계로 인해 대규모 사업비가 소요되는 의견들의 경우에는 재정여건을 감안하여 연차적으로 반영할 수밖에 없거나 중앙정부 또는 광역자치단체로부터의 재원확보가 선결되어야 하기 때문이다(곽채기, 2007 : 200-201 ; 육동일, 2008 : 29).

2. 주민참여예산제도의 절차와 운영에서의 성과

대전시 주민참여예산제도는 절차적 측면에서 지방자치단체 예산편성과정에 대한 참여확대, 참여적 예산편성을 통한 지방재정의 투명성 제고 및 지방자치단체에 대한 신뢰제고 등 다양한 성과를 기대하였다. 구체적으로는 첫째, 주민의 알권리 보장으로 열린 행정구현 및 지방재정의 투명성을 확보하였고, 둘째, 주민의 참여와 의사반영으로 행정의 신뢰성을 제고하였으며, 셋째, 예산결정의 효율성 확보 및 주민만족도를 제고하는 계기가 되었으며, 넷째, 지방재정 운영의 형평성과 책임성을 제고할 수 있는 여건을 마련하였다(육동일, 2008 : 29).

3. 성숙한 주민자치 및 재정민주주의 실현에의 기초제공

광역자치단체 최초로 주민참여예산제를 도입하여 아직은 미흡하지만 성숙한 주민자치 및 재정민주주의 실현에 기초를 제공하는 기제로 작용하였다. 즉, 예산운영과정에 시민참여를 확대하고, 이러한 과정에서 관련되는 정보를 공개하고, 그 결과에 대하여 공직(관료)사회가 책임을 지게 하였다. 민선자치 10여년의 경험에 비추어 시장과 지방의회의원들의 인기위주의 예산편성에서 오는 예산낭비나 지방재정의 비효율성 부문을 극복하고자 하였다.

4. 재정거버넌스 체계 구현

대전시민과 시민단체간의 협력적 네트워크 구축을 통해 아직은 미흡하지만 재정운영의 합리적인 모델을 완성하는데 기초를 제공할 수 있었다.

5. 한계 및 문제점(제약요인)

1) 형식적 참여우려

예산과정에 참여하게 될 시민위원회 등이 어떤 의사결정을 하더라도, 집행부와 의회에 대해 강제권을 갖게 할 수는 없다는 사실이다. 따라서 주민참여예산제도는 자칫 형식적이며 가치 없는 것으로 간주될 우려가 있다. 또한 주민참여수준이 주민의 필요에 의해 시민단체가 주도해 나갔던 것이 아니라 집행부에서 주도하였기 때문에 예산편성권에 대해 형식적인 참여로 그칠 위험이 내재되어 있다. 이렇게 볼 때 예산편성권의 주민영향력이 높지 않고 집행부주도의 형식적 주민참여제로 전락할 우려가 제기되는 것이다. 더 나아가 분과위원회로 운영되는 예산참여시민위원회가 추천방식에 의해 구성되다보니 기관별로 자기사람 수준에서 결정되는 준집행부적 인사들로 참여하게 되어 일반시민들의 참여가 형식적으로 흐를 수밖에 없는 이유이다.

2) 예산참여시민위원회의 구성과 운영방법에서의 구조적 한계

예산참여시민위원회는 대전시 5개 자치구청과 연계하여 시너지를 제고해야 할 특성이 있음에도 불구하고 단일계층으로 운영하다보니 5개 자치구청의 일반시민과의 거리감이 높아 예산편성관련 시민들의 의견수렴 및 투입활동이 효율적으로 이루어지는데 구조적 한계를 보이고 있다. 이는 대전시가 광역자치단체의 특성을 제대로 반영하고 있지 못하는 비판을 받을 수 있는 대목이다.[5]

3) 대도시 규모에 따른 직접참여 보완대책 부재

대도시 규모에 따른 직접참여의 어려움을 극복하기 위한 대안으로서 온라인 참여 내지 사이버공간을 활용한 시민참여가 적극적으로 활용되지 못하고 있다.

5 곽채기교수는 대전광역시가 예산참여시민위원회의 구성 및 운영방법이 광역자치단체의 특성을 제대로 반영하지 못하고 있을 뿐만 아니라 참여유인도 미약하다고 비판하고 있는 대목이다(곽채기, 2009 : 14).

4) 예산참여시민위원회 활동의 실효성 의문

예산참여시민위원회가 분과위원회 중심으로 운영되고 있고, 시민위원회 · 설문조사 · 공청회 등을 통해 수렴된 의견의 반영여부 및 우선순위 결정과정에 시민위원회 위원들이 참여할 수 있는 제도적 장치가 부재하여 그 실효성이 의문시되고 있다. 또한 그 활동이 1년 1회 정기적으로 운영될 뿐이어서 형식적으로 그칠 위험이 있다. 그리고 분과위원회 위원들이 대민접촉을 통해 그들의 요구와 기대를 파악하는 활동이 없고, 분과위원들의 시민의견전달에 대한 대리자 역할을 분명하게 하지 않는 상황에서 지방의회와의 역할갈등 발생여지를 안고 있어 그 실효성이 반감될 수 있다(김겸훈, 2009 : 35-36).

5) 주민대표성의 혼란

유권자인 주민들이 결정한 투자우선순위와 금액을 지방의회가 삭감하거나 조정하는 경우 주민들과 지방의회와의 충돌로써 주민대표성에 혼란을 야기할 우려가 있다.

6) 경제적 비효율성 문제

주민예산참여제도는 지역이기주의, 집단이기주의와 인기영합주의에 의한 비효율적 자원배분으로 흐를 가능성이 있다. 특히 동원된 예산참여는 더욱 더 분배의 불균형을 심화시키고 나아가 분배적, 소모적, 단기적, 정치적 예산분배를 가속화시킬 수 있다. 주민참여식 예산결정방식은 대표성과 대응성은 높을지 모르나 자원의 효율적 배분과는 동떨어진 배분적 기능만을 수행하게 되어 결국 책임 있는 재정운영을 수행하는데 일정한 한계가 있다.

7) 지방의회의 이해, 협조 부족

주민참여예산제도는 지방의회의 고유권한인 예산심의권을 침해한다는 논란과 이해부족으로 지방의회의 소극적 태도를 야기하였다.

8) 공무원의 적극적인 관심과 지원 부족

주민참여예산제도는 기존의 예산편성시보다 더 많은 과정들을 소화해내야 하는 까닭에 의사결정의 지연을 초래할 수밖에 없어 소극적인 태도를 보일 수 있으며, 시민참여예산제도에의 적극적 지원활동을 기대하기 어려운 한계가 있다. 물론 형식적인 면에서는 인터넷, 지역회의를 통한 주민의견수렴과 위원회 운영 등을 마련하여 지원하는 면을 볼 수 있으나 기존보다 업무부담 가중이라는 현실에서 이를 극복 내지 대체할 수 있는 다른 인센티브가 없는 상황에서 그 실효성이 의문시되고 있다.

9) 집단이기주의에 따른 집단간 갈등조장

주민참여예산제도는 특정 지역이나 집단에 악용되어 공평성과 형평성을 훼손할 우려가 있다. 즉, 시민참여위원회가 가동된다하더라도 예산편성과정에서 지역대표, 집단대표간의 반목과 갈등을 조장할 우려가 있다.

10) 주민참여 저조

주민참여예산제도에서 예산편성은 자치단체가 추진하는 시책을 수치로 나타내는 과정으로 고도의 전문지식과 기술적인 측면이 요구된다. 그런데 집행부 내부에서도 몇몇 예산공무원을 제외하고는 예산에 대한 이해가 부족한 것이 현실이다. 일부 시민단체 회원이나 재정분야 연구자(교수 또는 학생) 등을 제외한 일반시민들은 예산분야에 전문지식이 부족할 뿐 아니라 생업에 전념하고 있어 예산위원회 참여가 형식적으로 흐를 가능성을 배제하기 어렵다.

제5절 결론 : 발전과제(성공적 추진전략)

대전광역시가 광역자치단체로는 처음으로 2006년 11월 주민참여기본조례를 제정하고, 이에 따라 각 기관이 추천한 58명의 인사를 중심으로 예산참여시민위원회를 구성하면서 본격적인 출발을 하게 되었다. 이는 그동안 대전광역시의 예산편성이 시민의 관심사항이었음에도 폐쇄적인 관료적 의사결정체제에 의하여 시민과 괴리되어 집행부가 독점적으로 운영함으로써 대전광역시 시민들은 과연 대전시가 무슨 일을 어떻게 수행하고 있는가를 알 수 없어 예산편성 및 집행에서의 알권리를 박탈당하는 꼴이 되고 말았던 사실에 연유하고 있다.

그동안 주민참여예산제의 짧은 시행과정에서 대전시의 참여예산제의 성과를 성급하게 속단할 수는 없으나 대전시가 주민들의 다양하고 폭넓은 참여를 기반으로 정책결정의 정당성을 확보할 수 있는 기틀을 만들었고, 시민사회와 공무원들의 파트너십을 모색하였다는 점에서 성공적인 거버넌스 구축과 운영의 가능성을 보여주고 있다. 그러나 주민참여예산제가 성공적으로 정착하기 위해서 갖추어져야 할 내용이나 요건들을 볼 때 아직도 갈 길이 먼 것이 사실이다. 즉, 주민참여예산제도는 주민의 폭넓은 참여를 전제로 이루어지는 것인데, 일반시민들은 예산분야에 전문지식이 부족할 뿐 아니라 생업에 전념하고 있어 소극적 참여로 전락할 우려가 있으며, 또한 예산과정에 참여하게 될 시민위원회가 그들의 결정으로 집행부와 의회에 대해 강제권을 행사할 수는 없는 상황에서 주민참여예산제도는 형식적으로 흐를 가능성을 배제할 수 없다. 아울러 유권자인 주민들이 결정한 투자우선순위와 금액을 지방의회가 삭감하거나 조정하는 경우 주민들과 지방의회와의 충돌로서 주민대표성에 혼란을 야기할 우려가 있다. 그리고 주민예산참여제도는 지역이기주의, 집단이기주의와 인기영합주의에 의한 비효율적 자원배분으로 흐를 가능성이 크다는 점이다. 특히 동원된 주민, 이해에 관계된 주민들에 의한 예산참여는 더욱 더 분배의 불균형을 심화시키게 되어 그 문제는 매우 심각할 수 있다. 또한 주민참여예산제도는 지방의회의 고유권한인 예산심의권을 침해한다는 논란과 이해부족으로 지방의회의 소극적 태도를 야기할 수 있으며, 주민참여예산제도는 기존의 예산편성시보다 더 많은 과정들을 소화해내야 하는 까닭에 집행부 공무원들의 적극적 지원활동을 기대하기 어려운 면이 있다.

그럼에도 불구하고 대전광역시 주민참여예산제는 행정의 민주화(정치적 민주성의 논리)와 행정의 효율성(경제적 효율성의 논리) 을 동시에 추구할 때 성공적일 수 있다고 본다. 정치적 민주성의 논리에 중점을 둔 예산결정방식은 주민대표성과 대응성은 높을지 모르나 자원의 효율적 배분과는 동떨어진 배분적 기능만을 수행하게 되고, 경제적 효율성의 논리에 매몰되다보면 자원의 효율적 배분은 가능할런지 모르지만 주민대표성은 낮게 되어 결국 책임 있는 재정운영을 수행하는데 한계가 있기 때문이다. 이러한 논리 위에서 대전광역시 주민참여예산제도의 성공적 정착을 위한 발전과제는 다음과 같은 방향에서 논의되어져야 할 것이다.

1) 광역자치단체의 차별성 부각

기초자치단체인 자치구의 특수한 재정여건을 반영하고 대전광역시의 전체로서의 재정서비스체계를 갖출 필요성이 있다. 따라서 동 단위 조직(지역회의)이 없는 광역자치단체가 주민의견을 제대로 수렴하기 위해서는 인터넷 활용방안 연구 및 자치구 대표의 예산위원회 참여가 이루어져야 할 것이다.

2) 자치단체장과 공무원의 인식과 자세변화

대전시장과 집행부 간부공무원 및 관련 공무원들의 예산편성과정에서 주민참여의 필요성을 인식하고 주민이나 시민참여위원회에 적극적인 지원을 아끼지 말아야 한다. 지역주민에게 예산편성의 결정권을 주어질 때 의사결정 지연과 업무부담 가중이라는 부정적 견해를 떨치고 오히려 예산운영의 성과가 크게 나타난다는 사실을 인식하여 지역주민들에게 다양한 참여기회(참여경로)를 제공해 주어야 할 것이다.

3) 대전광역시 의회와의 협력체계 구축

지방의회에 수시간담회 및 설명회 개최 등으로 의회의 협력을 이끌어 내 지속적인 주민참여예산제 발전기반을 구축해야 한다. 그럼으로써 지방의회의 적극적인 협조를 얻어내야 한다.

4) 시의회와의 연계성 강화

주민참여예산제는 주민의 복리증진 및 대전광역시 지역공동체 형성이라는 큰 틀 안에서 운영하고, 정치적 또는 사적인 목적으로 이용을 금지하며, 시 의회의 예산심의권을 침해하지 않도록 시장의 예산편성권 행사 범위 내에서 활동하도록 규정해야 한다.

5) 대전시와 자치구의 연계성 강화

대전시와 5개 자치구는 대전광역시 종합행정을 추구해야 하는 차원에서 연계성을 강화한 재정서비스를 산출해야 한다. 따라서 특정 지역이나 집단에 대한 요구는 형평성을 유지하는 정도에서 조정・운영(균형발전 도모)하는 것이 바람직할 것이다.

6) 주민의식 제고 및 주민참여의 조직화

주민참여예산제도는 예산설명회, 예산교실 운용으로 예산에 대한 이해와 전문성을 배양하고, 교육을 통한 주민참여의식을 고취시킬 수 있는 프로그램을 개발해야 한다. 이와 더불어 주민참여의 참여범위를 넓히고 조직력을 강화하는 예산참여위원회의 구성과 그에 따른 역할과 기능을 강화할 수 있어야 한다.

7) 중앙정부의 지원확보

주민참여예산제도의 성패의 관건은 일정한 자주재원의 확보에 있다. 따라서 대전광역시의 적정한 가용재산을 확보해야 한다. 따라서 자체적으로 자주재원을 확보할 수 있는 방안을 계속 모색함과 아울러 중앙정부에 국세 중 일부 지방세를 전환한다든지 하여 국비 지원규모 확대를 지속적으로 추진해 나가야 한다. 필요하다면 타 광역자치단체와 공조하여 전개해 나갈 필요성도 있다.

참고문헌

강신택.(2000). 재무행정론 : 예산과정을 중심으로. 박영사.

곽채기. (2005). "주민참여예산제의 기본모형과 제도설계방안,"한국지방재정논집. 제10권 제1호.

곽채기.(2007). "광주광역시 북구의 주민참여예산 제도화 과정과 운영성과", 한국지방재정논집 제12권 제3호.

곽채기.(2009). "대전광역시 주민참여예산제도의 개선방안,"주민참여예산제 활성화를 위한 세미나. 대전광역시.

곽현근.(2010). "대전광역시 거버넌스 실태에 비추어 본 주민참여예산제 의의와 개선방안," 대전광역시 2010 주민참여예산 세미나발표논문.

김겸훈.(2009). “분과위원회 운영활성화방안 : 대전광역시 시민참여예산제를 중심으로,” 주민참여예산제 활성화를 위한 세미나. 대전광역시.
나중식.(2004). “브라질 알레그레시의 주민참여예산제도 : 성공요인과 한계”, 한국행정논집 제16권 제3호.
박광우.(2006). 주민참여예산제도의 모형에 관한 연구, 전남대학교 대학원 행정학과 석사학위논문.
육동일.(2008). “대전광역시 주민참여 예산제의 성공적인 운영전략,” 대전광역시 예산참여시민위원회.
이세구.(2005). 주민참여예산제도 도입에 관한 연구. 시정연 2005-R-26. 서울시정개발연구원.
이원희.(2004). “참여적 지방재정 운영방향,” 대전경실련, 도시계획의 새로운 패러다임 : 예산의 이해.
정세욱.(2005). 지방자치학. 법문사.
최진혁.(2008). 대전광역시 시민참여제도의 발전적 고찰, 대전광역시 예산참여시민위원회 기획세미나 발표논문. 대전광역시.
대전광역시 주민참여기본조례.(2006).
대전광역시.(2008). 2008년도 예산참여시민위원회 회의자료, 대전광역시 예산참여시민위원회.
대전광역시.(2009). 2009년도 예산참여시민위원회 회의자료, 대전광역시 예산참여시민위원회.
대전광역시.(2010). 2010년도 예산참여시민위원회 회의자료, 대전광역시 예산참여시민위원회.
대전광역시.(2011). 2011년도 예산참여시민위원회 회의자료, 대전광역시 예산참여시민위원회.
대전광역시.(2007). 주민참여예산제도. 지방공무원교육원.
대전광역시.(2007). 주민참여예산제 운영계획.
대전광역시.(2008). 주민참여예산제 운영계획.
대전광역시.(2009). 주민참여예산제 운영계획.
대전광역시.(2010). 주민참여예산제 운영계획.
대전광역시.(2011). 주민참여예산제 운영계획.
대전광역시 예산참여시민위원회 운영규정 개정(2009.2.29 제3호).
Arnsstein, R. S. (1969). "A Ladder of Citizen Participation". *Journal of the American Institute of Planners*. Vol. 35, No.4(July 1969). pp. 216-224.
Jewel Bellush & Murray Haushnecht. (1967). "Planning, Participation and Urban Renewal," in Bellush & Haushnecht(eds.), *Urban Renewal : People, Politics and Planning*. Garden City, N.Y. : Double day 1967). pp. 279-284.
Uphoff, N. (2000). Understanding Social Capital : Learning from the Analysis and Experience of Participation in Dasqupta and Serageldin,(eds.), *Social Capital : A Multifaceted Perspectives*. Washington, D.C. : The World Bank.

03 민원(행정)서비스 품질 제고방안 : 대전광역시를 중심으로

제1절 서론

지방자치의 실시로 지방자치단체는 국가로부터 부여받고 헌법으로 보장한 자치권을 가지고 그들에게 배분된 역할과 기능을 수행하면서 어떻게 하면 주민들에게 값싸고 양질의 행정서비스를 창출할 것인가를 고민하게 되었다. 1991년 지방의회의 재구성과 1995년 민선지방자치단체장의 출현으로 우리 사회는 그동안 관료적이며 권위적이고 비생산적인 행정서비스체제에서 탈피하여 새로운 행정서비스의 패러다임을 요구하고 있는 이유이다. 이는 공공부문에 있어 정통성의 위기현상(the crisis of legitimacy in the public sector ; la crise de légitimité du secteur public)으로 설명할 수 있는 바, 이를 극복하기 위한 방법으로 행정관청의 입장에서도 주민의 편의를 최대한 존중하는 것으로 유인하는 행정정책이 불가피하게 요구된다는 것이다(Mas, 1990 : 27). 이러한 맥락에서 지방자치단체는 공공행정분야에 새로운 피행정인으로서의 고객(customer)의 개념을 도출시켰으며, 고객중심적 행정서비스체제를 어떻게 성공적으로 구축할 수 있을 것인가가 지방자치단체의 혁신의 과제가 되고 있다. 따라서 고객지향적 행정서비스창출을 위해서는 우선 민원행정서비스의 품질제고를 위한 대안 모색이 불가피하게 제기된다. 그런데 민원행정서비스의 품질제고는 주민의 민원(행정)서비스평가(만족도)제도를 통해 이루어질 수 있는 사안으로 공급자 중심의 행정관행을 수요자 중심으로 전환하는데 공헌할 수 있을 뿐만 아니라 성과지향적인 행정체제를 구축하는 데도 일조할 수 있을 것으로 본다.

이러한 배경 하에 대전광역시는 시민의 높은 기대욕구(rising expectation)에 부응하고자 현장중심, 고객중심의 고품질의 민원서비스를 강화하고 있다. 그동안 행정/민간기관에서 제공되는 서비스 질의 향상으로 대전시민(고객)의 눈높이가 이미 높아져 있고, 시정에 대한 적극적 참여와 관심으로 행정정보공개청구가 지속적으로 증가하고 있고, 콜센터 이용자 증가와 질적 수준향상을 요구하고 있으며, 해외교류 활성화 및 생활수준 향상에 따른 여권수요 지속적인 증가추세에 있음은(대전시, 2008) 바로 이를 반증하는 결과이다.

따라서 민원행정서비스 품질제고를 위한 대안 모색을 시도해보려는 본 연구는 주민들의 민원서비스의 만족도를 조사, 평가하여 행정서비스의 개선을 도모할 뿐만 아니라 담당행정기관의 업무수행능력 평가, 그간의 평가모델을 더욱 보완함으로써 궁극적으로 지방자치단체가 제공하는 공공서비스의 질을 보다 높이는데 그 목적이 있다. 그런데 시민(만족도)평가는 질적이고 주관적인 조사이기 때문에 객관성 및 정확성을 확보하기에는 본질적으로 내재적 한계가 있다. 따라서 객관적이고 신뢰할 수 있는 평가모델의 개발이 지속적으로 이루어져야 한다. 또한 민원서비스 품질제고를 위한 시민(만족도) 평가모델의 지표체계는 한 시대의 고정적인 것이 아니라 주민만족도의 변이와 환경변화에 따라 변화하는 것이기 때문에 새롭게 발전되어야 함은 물론이다(최진혁, 2001 : 260). 이러한 맥락에서 본 연구는 지방자치단체(대전광역시)의 민원행정서비스의 시민만족도평가를 기초로 민원행정서비스의 품질제고모델을 상정하여 지방분권화시대에 부응하는 정부3.0 패러다임[1]에 맞는 맞춤형 민원행정서비스체제 구축에 기여하고자 한다.

1 최근 박근혜정부가 주장하는 정부 3.0은 국민에게 일방적으로 정보를 제공하던 '정부 1.0'에서 쌍방향 소통이 가능해진 '정부 2.0'을 거쳐 국민 개개인에게 맞춤형 행정정보를 제공할 수 있도록 진화한 새로운 정부형태를 의미한다(안전행정부, 2013 ; www.mospa.go.kr).

제2절 민원(행정)서비스의 이론적 배경

1. 민원(행정)서비스의 의의

1) 민원(행정)서비스의 개념

민원(행정)서비스는 다의적 개념이다.[2] 그것은 학자의 관점에 따라 다양하게 정의되고 있으나, 일반적으로 "개인 · 법인 또는 단체가 행정기관에 문제되는 사안을 문의하거나 도움을 받아 해결하고자하는 행위에 행정기관이 대응하여 처리하는 활동과정"을 의미한다. 이렇게 정의할 경우 다음과 같은 세 가지 요소가 내재돼 있는 것으로 볼 수 있다. 즉, 첫째, 개인 · 법인 · 단체로 표현되는 민원인이고, 둘째, 민원인이 행정기관에 대하여 문제되는 사안을 문의하거나 도움을 받아 해결하고자 하는 행위로서 특정한 행위를 요구(민원사무)하는 것이며, 셋째, 행정기관이 대응하여 처리하는 활동과정(민원행정)인 것이다.

요컨대, 민원행정은 "국민(개인 · 법인 또는 단체)이 행정기관에 허가 · 인가 · 면허 · 승인 · 등록 · 증명 · 확인 등 특정한 행위를 요구하는 의사표시와 이의신청 · 진정 · 건의 또는 질의와 같이 구체적인 요구투입에 대응하여 행하는 행정, 즉 집행적 · 전달적 행정 중에서 관련되는 국민의 구체적인 요구를 받아들이고, 이를 처리 · 해결 · 반영해 나가는 일련의 대응행동"으로 정의할 수 있다(이수만 외, 1995 : 6).

2) 민원행정서비스 객체 : 주민(시민)의 지위

주민(시민)이란 지방자치단체의 구역 안에 주소를 가진 자를 말한다. 주소를 가지고 있으면 자연인 · 법인을 불문하며, 또한 국적 · 인종 · 연령 · 행위능력을 묻지 않고 주민이 된다. 일반적 시민의 지위는 다음과 같이 고려해 볼 수 있다(smith, 1997 : 312 ; 이원희, 2004 : 248). 첫째, 소비자(customer)로서의 시민이다. 소비자로서의 시민은 계약에 의

---

2 광의 : 일반국민과 접촉을 갖는 집행적 성격의 행정을 총칭 ; 협의 : 집행적, 전달적 행정 가운데서 관계있는 국민의 구체적인 요구투입에 대응하는 행정을 의미(김태호, 1994 : 67) ; 최협의 : 정부가 규정하는 장소와 담당공무원을 통해서 고객인 국민이 특정적이고 직접적인 대면적 청구행위를 하는 것에 대응하여 그것을 처리하는 행정을 의미(이우권, 안국찬, 2007 : 131-132).

한 공공서비스를 중시하며 수동적 지위를 갖게 된다. 둘째, 소유자(owner)로서의 시민으로 이 때의 시민은 주권을 행사하는 지위에 있지만 현실적인 제약이 뒤따르는 한계가 있다. 셋째, 가치중심(value-centered)의 시민으로 지역의 발전을 위해 공동 투자하는 가치형성자로서의 지위를 가진다. 그런데 최근의 지방행정환경변화에 따라 정부와 시민이 협력을 통해 공공서비스를 창출해야 하는 governance의 성격으로 볼 때 가치중심의 시민으로 변화해야 한다는 주장이 설득력을 얻고 있다.

2. 지방자치와 민원행정서비스

지방자치를 실시하는 실질적 의미는 지방자치단체가 그 주민을 위하여 행정서비스를 공급하고 편익을 제공하는데서 찾을 수 있다. 즉, 지방자치의 가치는 그것이 민주적 정치원리의 지역적 구현이라는 정치적 요청에 부합된다는 점에 있지만, 동시에 지역주민의 여망과 행정서비스 수요를 정확하게 파악하고 질 높은 행정서비스를 공급하여 주는 제도라는 점에도 있다(정세욱, 2005 : 402).

3. 민원서비스 품질

일반적으로 민원행정서비스의 품질은 행정기관에서 제공하는 '객관적 산출물의 질'로 정의되기도 하고, 고객이 느끼는 주관적 관점에서 '서비스에 대한 느낌'을 의미하는 것으로 이해되고 있다(김인 외, 2007 : 930). 이러한 민원행정서비스의 품질은 절대적으로 주민만족도에 영향을 미치기 때문에 관리대상이 되고 있다. 일반적으로 고객대응차원의 서비스 품질의 변수는 다음과 같다(김인 외, 2007 : 931).

①쾌적성 : 물리적 환경이 깨끗하고 분위기가 안락한 정도를 의미한다.

②접근성 : 행정기관 접근의 용이성을 의미, 시 · 공간적 차원에서의 접근의 편의성, 공무원과의 의사소통의 용이성(정보통신기기 등을 활용한 접근의 용이성 포함), 서비스와 관련된 서식, 절차, 안내를 이해하기 쉬운 정도도 의미한다.

③편리성 : 서비스에 관한 안내의 충실성 정도, 행정기관 및 서비스 이용의 용이성을

의미한다.

④친절성 : 공무원의 고객에 대한 인격적 응대(공손, 친절, 배려 등)를 의미한다.

⑤신속성 : 민원처리 등 고객의 업무를 짧은 시간 내에 처리해줌을 의미한다.

⑥정확성 : 공무원의 전문지식 및 업무숙련에 기반을 두고 민원업무가 오류 없이 처리되는 것을 의미한다.

⑦공정성 : 나이, 성별, 사회적 신분 등에 관계없이 규정에 따라 민원업무가 차별 없이 처리되고 서비스를 받을 수 있는 동등한 기회를 보장받는 정도를 의미한다.

4. 민원행정서비스 평가체계

지방자치단체가 제공하는 민원(행정)서비스에 대해 다음과 같은 평가체계를 고려해 볼 수 있다(최진혁, 2001 : 264). 시민평가구성체계는 종합(체감)만족도와 요소(차원)별 만족도 조사로 구분하여 각각의 기중치를 곱하여 합산한 종합만족도 지수를 사용할 수 있다(그림 3-1 참조).

<그림 3-1> 종합만족도 산출방법

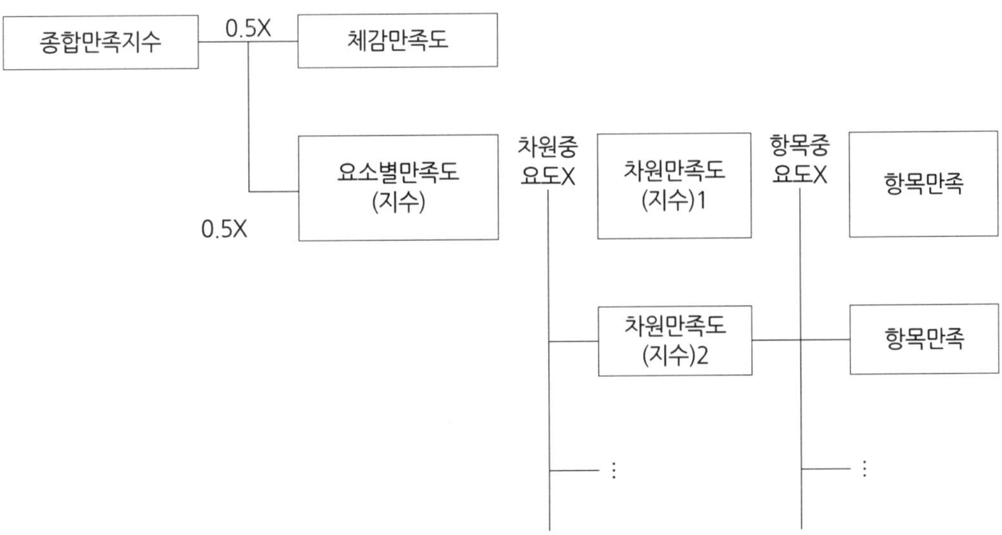

종합만족도지수 = 0.5X체감만족도+0.5X요소별만족도(지수)

체감만족도는 지방자치단체가 제공하는 행정서비스 전반에 대해 시민이 느끼는 주관적인 '체감만족도'를 의미하며, "OOO서비스의 모든 측면을 고려해볼 때 OOO서비스에 대하여 얼마나 만족하십니까?"라는 단일항목을 사용하여 측정한다. 한편 요소별 만족도는 지방자치단체가 제공하는 행정서비스에 대하여 보다 구체적인 요소(차원)별 만족도를 의미하는 것으로 이를 평가하기 위한 구성체계는 시민평가를 위해 각 분야 행정서비스의 특성을 잘 반영할 수 있도록 서비스의 내용요소를 범주화한 것으로서의 평가항목과 평가항목을 잘 반영할 수 있도록 구성된 보다 구체적인 세부항목으로서의 평가지표로 이루어진다(표 3-1 참조).

<표 3-1> 평가구성체계(민원행정서비스분야)

종합체감 만족도분야	평가항목(Item)	평가지표(Indicator)
민원행정서비스	쾌적성	-사무실내부의 청결상태 -사무실내부의 냉 · 난방상태 -사무실내부의 집기배치 효율성과 안락도 상태 -사무실내부의 공기청결정도 -민원인의 질서정도 · 혼잡정도 -사무실내부의 조명밝기 정도 -안내방송 음질 명쾌성 정도
	접근성	-교통수단 편의성 정도 -행정기관 24시간 개방정도 -공무원과의 의사소통의 용이성 정도 -의사소통의 다양한 경로 정도 -서비스와 관련된 서식, 절차, 안내를 이해하기 쉬운 정도
	편리성	-서비스에 관한 안내의 충실성 정도 -행정기관 및 서비스 이용의 용이성 -장애인을 위한 시설이용의 편리성
	친절성	-공무원의 고객에 대한 인격적 대응(공손, 친절, 배려 등)정도 -질문이나 요구에 대한 대응태도
	신속성	-업무처리 완결시간 신속성 정도 -업무처리도
	정확성	-업무처리의 정확성 정도 -업무처리도
	공정성	-업무처리의 공정성 정도 -업무처리도
	전문성	-업무처리의 전문성 정도 -업무처리도

5. 민원행정서비스의 변수와 이론적 분석틀

민원행정서비스는 자치단체 내에서 공급주체와 객체사이에 이루어지는 것이므로 이에 영향을 미치는 요인을 집행부(자치단체장, 공무원), 의결기관(지방의회의원), 자치행정체제와 기능, 주민, 환경으로 나누어 다음과 같은 가설을 설정해 보았다(표 3-2 참조).[3] 그리고 민원행정서비스는 행정의 민주화(정치적 민주성의 논리 : 고객지향성)를 위해서 뿐만 아니라 행정의 효율성(경제적 효율성의 논리 : 서비스지향성) 제고를 위해 추구하고 있는 것이기 때문에 결국 품질 높은 민원행정서비스가 되기 위해서는 이들의 요소가 고려된 민원행정서비스체제를 구축할 수 있을 때 가능한 것으로 본다(그림 3-2 참조).

1) 집행기관(자치단체장과 공무원)

(1) 민원행정서비스에 대한 인지도, 필요성의 인식정도

지방자치단체의 장과 공무원들의 민원행정서비스 품질제고를 위한 민원서비스에 대한 인지가 왜곡되어 있거나 그 필요성의 인식정도가 낮을수록 민원서비스는 소극적이 되는데 비하여, 인지가 정확하거나 필요성의 인식정도가 높을수록 민원행정서비스는 활성화된다.

(2) 교육수준, 가치관, 성격

자치단체장과 공무원의 교육수준이 낮을수록, 권위형가치관과 폐쇄적 성격을 가진 단체장과 공무원일수록 가능한 한 민원행정서비스의 가치를 허용하지 않으려는 성향이 있으며, 일반적으로 교육수준이 높을수록, 민주형 가치관과 개방적 성격을 가진 단체장과 공무원이 많을수록 가능한 한 민원행정서비스를 확대하려는 성향이 있다. 이는 민원행정서비스가 효과적으로 이루어지려면 단체장과 공무원의 민주주의적 마인드가 전제되어야 하기 때문이다.

3 정세욱 교수의 논거를 원용하여 발전시켰음을 밝혀둔다.

(3) 적극적인 관심과 지원여부

자치단체장과 집행부공무원의 민원행정서비스(체제구축)에 대해 적극적인 관심과 지원이 없거나 약할수록 민원행정서비스는 소극적, 미온적, 타율적으로 나타나는데 비하여 적극적인 관심과 지원이 있거나 강할수록 적극적, 활성적, 자율적으로 나타난다.

2) 의결기관(지방의회)

(1) 민원행정서비스(체제)에 대한 인지도, 필요성의 인식정도

지방의회의원들의 민원행정서비스에 대한 인지가 왜곡되어 있거나 그 필요성의 인식정도가 낮을수록 민원행정서비스는 소극적이 되는데 비하여, 인지가 정확하거나 필요성의 인식정도가 높을수록 민원행정서비스는 활성화된다.

(2) 교육수준, 가치관, 성격

지방의회의원의 교육수준이 낮을수록, 권위형가치관과 폐쇄적 성격을 가질수록 가능한 한 민원행정서비스를 중요하게 생각하지 않거나 기피하려는 성향이 있으며, 일반적으로 교육수준이 높을수록, 민주형 가치관과 개방적 성격을 가진 의회의원이 많을수록 가능한 한 민원행정서비스를 확대하려는 성향이 있다. 이는 민원행정서비스가 효과적으로 이루어지려면 지방의회의원의 민주주의적 마인드가 전제되어야 하기 때문이다.

(3) 지방의회의 협조여부

지방의회가 민원행정서비스 품질제고에 대해 협조를 하지 않거나 방관자적 내지 부정적 태도로 임할수록 민원행정서비스는 미온적이 되며, 적극적인 협조와 주인자적 내지 긍정적인 태도로 임할수록 민원행정서비스는 활성화된다.

3) 자치행정체제와 기능

민원행정서비스는 지방자치단체가 어느 정도의 쾌적한 환경을 제공하고 있는지, 행정기관에의 접근용이성의 정도가 어떠한지, 행정서비스의 이용용이성의 정도는 어떠한

지, 공무원의 주민에 대한 인격적 응대정도는 어떠한지, 업무처리의 신속성 정도의 여부, 공무원의 전문지식 숙련정도의 여부, 나이 · 성별 · 사회적 신분 등에 관계없이 모든 민원인에게 동등한 서비스를 받을 수 있는 정도가 어떠한지에 따라 영향을 받는다.

또한 지방자치행정이 어느 정도 공개되는가, 민원사무의 폭이 어느 정도 넓은가, 민원행정의 경로를 얼마나 다양하게 제공하고 있는가, 주민의사를 존중하는 자치행정의 풍토가 어느 정도 조성되어 있는가에 따라 민원행정서비스는 그만큼 영향을 받는다.

(1) 자치행정정보의 공개정도; 양질의 행정정보 제공정도

자치행정을 비밀리에 수행할수록 민원행정서비스는 미온적인데 반하여 공개하여 수행할수록 민원행정서비스는 활성화된다. 또한 양질의 행정정보를 공개하는 정도에 따라 민원행정서비스의 성패가 달려있다. 그것은 아무리 청원(참여)의 기회가 많을지라도 양질의 행정정보를 접할 수 없으면 그만큼 민원행정서비스의 성과는 떨어지기 때문이다.

(2) 민원사무의 범위

자치단체가 민원사무의 범위를 제한할수록 민원행정서비스의 실효성은 그만큼 낮아지며, 민원사무의 범위를 확대하여 가능한 한 주민들의 편의를 도모할수록 민원행정서비스의 실효성이 제고된다.

(3) 민원행정의 경로

지방자치단체가 민원행정의 경로를 제한할수록 민원행정서비스는 미온적이 되지만 반대로 이를 확대할수록 민원행정서비스는 그만큼 활성화된다. 더 나아가 주민들의 의사가 실질적으로 반영될 수 있는 의사결정구조를 가지고 있느냐 그렇지 않으냐에 따라, 주민들의 다양한 의견들이 합리적으로 조정될 수 있는 의사결정구조를 가지고 있느냐, 그렇지 않으냐에 따라 민원행정서비스는 미온적이 될 수도 있고, 활성화될 수도 있다.

(4) 조직 내의 자치행정풍토

지방자치단체 내에 주민의사를 경시하는 풍조가 강할수록 민원행정서비스의 실효성은 낮아지는데 비하여, 주민의사를 존중하는 풍토가 강할수록 그 실효성은 그만큼 높아진다.

(5) 적정한 가용재원 확보여부

민원행정서비스를 제공하는데 필요한 적정한 재원을 확보하거나 충분한 경우에는 민원행정서비스가 활성화되는데 비하여, 미확보하거나 불충분한 경우에는 민원행정서비스가 미온적으로 되어 그 성과를 기대하기 어렵게 된다.

4) 주민

(1) 지식, 이해력, 상황인지의 정도

주민들이 지식, 이해력이 부족하고 상황인지의 정도가 낮을수록 민원행정서비스는 미온적이 되며 그것이 높을수록 활성화된다. 또한 지식과 관련하여 일반적으로 참여의 경험이 많고 교육수준이 높은 상위계층의 주민이, 참여의 경험이 적고 교육을 덜 받은 사람보다 참여율이 높다는 가설을 설정할 수 있다.

(2) 관심, 태도, 참여의사, 의욕

주민들의 관심이 낮고 태도가 소극적이고 참여의사와 의욕이 적어 타율적으로 행동할수록 민원행정서비스는 미온적으로 나타나는 반면에, 이에 관심이 높고 태도가 열성적, 적극적이며 참여의욕이 높아 자율적으로 행동할수록 민원행정서비스는 활성화된다.

(3) 주민의 조직력

주민들의 조직력이 약할수록 민원행정서비스는 미온적이 되며 조직력이 강할수록 민원행정서비스는 활성화된다. 조직응집력은 주민에 따라, 지역에 따라 상이할 수 있다. 전통적으로 잘 보존된 지역주민의 조직응집력이 불량한 과도적 지역주민의 그것보다 강하며, 고소득층의 조직응집력이 저소득층의 그것보다 강하다는 가설을 설정할 수 있다(Jewel Bellush & Murray Haushnecht, 279 ; 정세욱, 2005 : 381).

(4) 의식수준, 자치의식, 가치관

주민들이 의식수준이 낮고 자치의식이 희박하며 부정적 가치관을 가지고 있을수록 민원행정서비스는 미온적이 되며, 의식수준이 높고 자치의식이 투철하며 긍정적 가치관을 가지고 있을수록 민원행정서비스는 활성화된다.

5) 환경

(1) 중앙정부로부터의 자주성의 정도

중앙정부로부터의 지방자치단체의 자주성이 낮을수록 민원행정서비스는 소극화되며, 자주성이 높을수록 민원행정서비스는 적극화된다. 민원행정서비스과정의 민주화가 요청될수록, 민원행정이 주민의 협동적 참여를 필요로 할수록, 민원행정서비스에 지방자치단체의 자주성을 더 요구하기 때문이다. 즉, 자치단체가 중앙정부의 정책을 지방에 시행하는데 그친다면 주민의사의 수렴 및 정책에의 반영을 기대할 수 없다. 따라서 민원행정서비스를 촉진시키려면 그 지역 내의 사무를 스스로 처리하는 자치권과 자주성을 강화해야 한다.

(2) 매스컴의 발달정도; 정보처리능력

컴퓨터와 통신기술이 발달되어 있지 않고 정보처리능력이 부족하면 민원행정서비스는 그만큼 낮아지는데 비하여 그것이 발달될수록 민원행정서비스는 활성화된다. 우리나라는 IT강국으로서 사이버민원행정서비스를 구축할 수 있는 여건은 양호하다고 볼 수 있다.

(3) 시민단체의 지원활동여부

시민단체가 민원행정서비스에 대해 소극적이거나 지원활동을 게을리할수록 민원행정서비스는 미온적, 타율적이 되며, 적극적인 지원과 협력이 왕성하게 이루어질수록 민원행정서비스는 활성적, 자율적이 된다.

(4) 지방자치단체와 주민간의 신뢰여부

지방자치단체와 주민간의 신뢰관계가 부족 내지 빈약하면 민원행정서비스는 미온적이 되며, 충분 내지 강하면 민원행정서비스는 활성화된다.

민원행정서비스는 지방자치단체가 어느 정도의 쾌적한 환경을 제공하고 있는지, 행정기관에의 접근용이성의 정도가 어떠한지, 행정서비스의 이용용이성의 정도는 어떠한지, 공무원의 주민에 대한 인격적 응대정도는 어떠한지, 업무처리의 신속성 정도의 여부, 공무원의 전문지식 숙련정도의 여부, 나이/성별/사회적 신분 등에 관계없이 모든 민원인에게 동등한 서비스를 받을 수 있는 정도가 어떠한지에 따라 영향을 받는다.

<표 3-2> 민원(행정)서비스의 변수(체제+품질)

변 수	미온적 · 소극적	활성화 · 적극적
1. 자치단체장과 공무원		
-적극적인 관심과 지원여부	없거나 약함	있거나 강함
-가치관, 성격(민주주의적 마인드)	권위형, 폐쇄적	민주형, 개방적
2. 지방의회의원		
-민원행정서비스(체제)에 대한 필요성의 인식(관심)정도	왜곡 · 낮음	명확 · 높음
-지방의회의 협조여부	비협조	협조
3. 자치행정체제와 기능		
-민원행정서비스의 기구와 인력의 배치정도	타율적, 불충분	자율적, 충분
-자치행정정보의 공개정도; 양질의 행정정보 제공정도	비밀주의	공개주의
-민원사무의 범위, 처리기간 · 구비서류 감축정도	제한, 완만	확대, 신속
-민원행정의 경로	한정(불평등)/제한, 좁음	넓음(평등)/다양, 넓음
-적정한 가용재원확보여부		
-쾌적한 환경제공여부(쾌적성)	미확보, 불충분	확보, 충분
-접근용이성의 정도(접근성)	미흡함(약함)	충분함(강함)
-행정서비스의 이용용이성의 정도(편리성)	미흡함(약함)	강함
-공무원의 주민에 대한 인격적 응대정도(친절성)	미흡함	강함
-업무처리의 신속성 정도의 여부(신속성)	미흡함	강함
-업무처리의 정확성 정도의 여부(정확성)	미흡함	강함
-공무원의 전문지식 숙련정도의 여부(전문성)	미흡함	강함
-나이 · 성별 · 사회적 신분 등에 관계없이 모든 민원인에게 동등한 서비스를 받을 수 있는 정도(공정성)	미흡함 미흡함	강함 강함
4. 시민(주민)		
-주민의 조직력	약함	강함
-의식수준, 자치의식, 가치관	낮음, 부정적	높음, 긍정적
5. 환경		
-중앙정부로부터의 자주성의 정도	낮음	높음
-매스컴의 발달정도; 정보처리능력	미발달, 부족	발달, 높음
-시민단체의 지원활동여부	약함(소극적)	강함(적극적)

<그림 3-2> 대전광역시 민원행정서비스의 품질제고 모델 : 분석의 틀

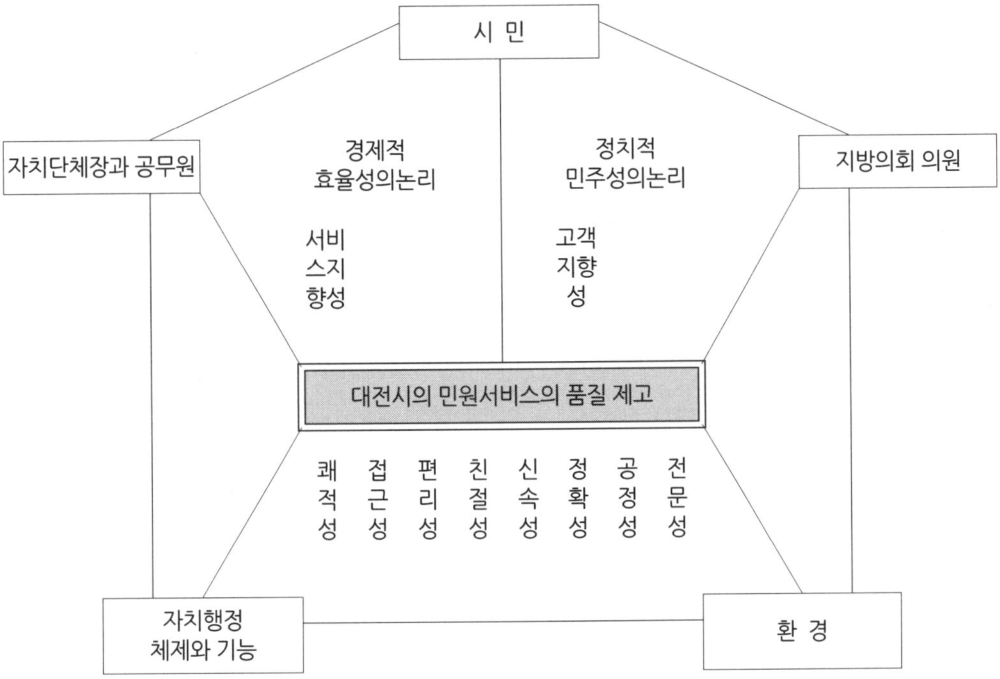

제3절 대전광역시 민원행정서비스 현황 및 문제점

1. 민원행정서비스 기구와 기능

대전광역시 민원행정서비스의 창구인 시민봉사실의 기구와 기능을 살펴보면 다음과 같다. 4개 담당(2007.1.1 과 단위로 승격)으로 서비스를 제공하는데, 즉, 민원담당, 고객만족담당, 여권담당, 기록물정보담당이 그것이다(그림 3-3 참조). 민원행정서비스를 진행시키기 위한 전담인력은 정원 30명에 현원은 27명으로 해당 공무원이 시민의 욕구를 신속하고 효과적으로 대응하기에는 일정한 한계가 있다. 특히 고객만족담당은 3명의 담당공무원이 아래와 같은 다양한 업무를 소화해내기에는 매우 어려운 형편에 있다.

<그림 3-3> 대전광역시 시민봉사실 기구도표

시민봉사실
(4담당 : 정원30명)

민 원 담 당 (5명)	고객만족담당 (3명)	여 권 담 당 (10명)	기록물정보담당 (9명)
· 민원행정종합계획 · 민원접수 및 상담 · 민원행정시책개발 · 전자민원(G4C)운영 · 민원행정평가	· 콜센터운영 · 고객만족도 조사 · 전화친절도 평가 · 고객만족과제발굴 · 민원제도·개선	· 여권업무전반	· 기록물관리 · 행정정보공개 · 우편물접수 · 행정자료실운영 · 문서배부·발송

※담당---과단위로 승격/07.1.1

자치행정국

시민협력과

자원봉사

- 자원봉사업무 기본계획 수립
- 자원봉사자의 모집, 배치, 관리
- 자원봉사자의 교육훈련
- 건전국민운동 관련 사항종합기획 조정
- 민간단체사업 추진
- 민간단체 육성 지원
- 건전시민운동 시책 발굴 추진
- 국민운동 유공자 상훈 관리
- 새마을회원 자녀장학금 지급대상자 결정
- 새마을금고 · 문고 지원
- 바르게살기단체 육성 지원
- 한국자유총연맹 단체 육성 지원
- 대전사랑운동 조직 육성지원
- 대전사랑운동 수범 사업 추진
- 대전정신 홍보 및 교육
- 대전사랑 홍보물 설치 및 관리
- 기부금품 모집등록
- 기부금품 모집심사

종합민원

- 민원시책 종합계획 수립
- 창구즉결민원 접수, 처리
- 민원불편신고센터 운영
- 어디서나 민원
- 민원처리 일일결산
- 민원1회방문 민원서류 접수, 처리 과정 관리
- 민원 · 제도개선 추진지침 시달
- 민원 1회 방문처리제 관련시책추진
- 민원공무원 고객서비스향상 교육
- 콜센터 운영 · 위탁계획 수립
- 콜센터 운영 시책개발
- 콜센터 위탁업체 관리
- 콜센터 운영지도
- 여권발급신청(일반,관용) 수리 및 여권 교부
- 여권 기재사항 변경 신청 · 여권발급
- 여권발급에 따른 주요업무 처리
- 영수필증 관리
- 제증명 발급
- 월보 및 각종 통계 보고
- 해외여행자 신원조사 의뢰
- 백지여권(사증) 관리
- 여권발급수수료 수입처리

기록물정보

- 공인 등록(재등록) 및 폐기
- 산하기관 공인 등록(재등록) 및 폐기승인
- 기록물정리 및 이관, 평가, 폐기
- 기록물 생산현황 취합, 통보
- 중요기록물 보존매체 수록
- 기록관리기준표 운영
- 기록관 시스템 운영
- 기록물관리기관 설치 및 운영지원
- 정보공개 접수 및 배부
- 정보공개 처리상황 모니터링 및 관리
- 정보목록 관리
- 행정자료 수집, 관리계획 수립
- 행정자료실 및 희망열람실 관리운영
- 비밀문서 등록, 접수
- 문서(일반, 전자)배부 및 우편물 수발

출처 : 2011.7월 대전광역시청 홈페이지(http://www.daejeon.go.kr/depart/self/self1/1271057_2729.html

2. 민원담당의 활동상황

1) 쾌적한 환경조성 및 고객서비스향상(쾌적성 · 편리성)

대전시는 시민봉사실을 시민들에게 이용에 편리하고 안락한 공간으로 제공하고자 하였다. 즉, 민원실 공간을 재배치하여 '책 읽는 쉼터'를 조성하고 민원대기석을 확충하여 시정홍보 및 해외관광명소 소개VTR을 상영함으로써 볼거리, 즐길거리가 있는 환경 조성을 도모하였다.

2) 민원사무 처리기간 단축운영(신속성)

민원사무 처리기간의 단축운영으로 신속한 민원처리와 처리과정의 투명성을 제고하고자 하였다. 이를 위해 전자민원시스템에 민원사무 단축처리기간을 입력 운영하며, 자체단축처리기간 준수를 위한 예고 · 독촉제를 운영하였다.

3) 민원사무편람정비 · 구비서류 감축(편리성)

민원사무는 수시로 변경, 추가, 폐지, 수정되어 정비/보완이 필요하며, 전자민원(G4C) 시스템 확대에 따라 행정기관이 행정정보공동이용으로 확인 가능한 서류는 민원인이 제출하는 것을 생략하도록 하였다.

4) 민원담당공무원 사이버 수화교육 운영(편리성)

민원공무원이 수화를 익혀 청각, 언어장애우의 공공기관 이용시 불편을 최소화하여 행정서비스 제공에 기여하고자 하였다.

5) '민원처리 마일리지제' 운영(신속성)

민원의 신속한 처리에 대한 마일리지 적용은 수요자 중심의 고객감동민원행정서비스를 가능하게 하여 신속한 행정구현과 공직자의 사기진작(우수공직자에 대한 인센티브 제공)을 도모하고자 하였다.

6) 민원처리 단계별 SMS(문자서비스) 제공(편리성 · 친절성)

유기한 민원의 처리단계별 상황을 언제 어디에서나 받아볼 수 있도록 휴대폰 문자메세지로 알려줌으로써 민원인들의 궁금증을 해소할 수 있고 민원실에 재방문하는 하는 일이 없도록 하여 시간적, 경제적 편의를 도모하였다.

그러나 개인정보유출과 스팸메일 과다로 일부 민원인들은 문자전송을 기피하는 문제점이 제기된다. 따라서 문자수신을 희망하는 민원인들에 한하여 문자전송을 계획하고 있다.

7) 전자민원창구 〈대전시에 바란다〉 운영활성화(접근성 · 편리성 · 신속성)

시민의 시정건의, 문의, 비판, 민원 등 기탄없는 의견을 시 홈페이지에 제기하여 대전시행정서비스에 대한 시행정과 시민이 함께하는 쌍방향 민원 수렴과 해결로 흡족한 서비스를 제공하고 있다. 2007년도 전자민원창구 추진실적을 보면 교통(1,736건), 도시주택(714건), 행정(423건), 보건복지(280건), 환경(244건), 문화체육(128건), 경제(120건) 순으로 나타나고 있다(표 3-3 참조).

그러나 담당공무원의 현안업무 우선처리 심리로 전자민원에 대한 관심과 인식이 미약하여 접수 후 1일 이내 처리가 다소 미흡한 것으로 나타나고 있다.

<표 3-3> 전자민원창구 추진실적

구분	계	분 야 별							비고
		교통	행정	도시 주택	환경	문화 체육	경제	보건 복지	
2007	3,645	1,736	423	714	244	128	120	280	감 49%
2006	7,213	3,106	554	2,100	336	465	172	480	증 41%
2005	7,213	2,465	688	921	366	256	172	261	증23%
2004	5,129	2,089	992	246	407	149	114	174	증13%
2003	4,171	1,964	881	169	262	207	105	104	

자료 : 대전시 시민봉사실, 주요업무보고(2008).

3. 고객만족담당

1) 고객만족도조사

주요정책과 생활행정에 대한 시민의 만족수준과 부서(실 · 과)에 대한 내 · 외부 고객의 만족도를 조사하여 향후 보다 나은 정책실행과 행정문화 조성을 위한 기초자료로 활용하고자 하고 있다.

조사대상 : 주요정책, 생활행정, 부서협력도

-주요정책만족도 : 실 · 국 추천에 의한 과제 선정

-생활행정서비스만족도 : 시내버스, 청소, 상수도, 민원행정, 보건의료, 복지시설, 공원관리, 체육시설, 도로관리, 하천관리, 건축행정, 구조 · 구급활동

-부서협력도 : 시본청, 소방본부 등 전 부성의 업무의 신뢰성, 대응성, 공감성 등 조사

2) 전화친절도 평가(친절성)

대민업무의 1차적 접점인 전화응대 모니터링으로 친절마인드를 확산하고자 한다. 조사결과 공개 및 인센티브 제공으로 고객만족행정을 제고하고자 한다.

조사항목 : 3단계 8개 항목

-맞이단계 : 수신의 신속성, 최초인사, 발음의 정확성

-응대단계 : 경청태도, 설명태도, 응대태도

-마무리단계 : 종결인사, 종료시점

3) 민원제도 · 개선 업무추진(편리성, 공정성)

시민편의 위주의 민원제도의 개선을 다음과 같은 측면에서 모색하고 있다.

-현행 규정이나 기준 등의 불합리로 다수 주민들에게 피해를 주는 사항,

-해당 규정이 급변하는 사회현상을 제대로 반영하지 못하는 사항,

-규정 상충 및 소관부처 불분명으로 불편을 초래하는 사항,

-행정절차 복잡 등 처리시스템을 개선할 필요가 있는 사항 등.

한편 〈참여마당 신문고 시스템〉 제도개선코너를 연중 관리하고 있다.

4) '고객행복을 위한 작은 실천' 책자발간(친절성)

민원인의 욕구에 부응하고 고객 감동을 실천하기 위하여 다음과 같은 내용을 담은 책자를 발간하고 있다. 이를 통하여 전 공무원이 공복으로서의 기본자세를 확립하는데 기여할 것으로 본다.

-대전광역시 바로알기 : 시정목표, 시정방향, 대전의 상징, 대전8경 등,

-직장예절 : 직장예절의 기본, 인사예절, 근무예절 등,

-민원창구응대요령 : 기본자세, 창구예절, 민원인 응대요령 등,

-전화응대요령 : 전화받는 요령, 전화거는 요령, 문의전화 및 항의전화 응대요령 등,

-사무실응대요령 : 사무실에 민원인이 방문했을 때, 말하는 자세, 듣는 자세, 명함을 주고받는 요령 등.

5) 고객만족 방송용 메시지 제작(친절성, 접근성)

고객지향적 마인드를 함양하기 위한 행정서비스, 전화응대법 및 친절서비스 실천 등으로 고객지향적 메시지를 제작하여 방송을 실시한다. 대전시 자체방송을 활용하여 매일 퇴근시간 전에 교육방송을 실시한다.

6) '고객만족(CS) 스타' 선정운영

고객만족행정을 묵묵히 실천하는 공직자들을 발굴하여 시상한다. 그럼으로써 공직자의 자긍심고취 및 사기진작으로 고객지향적 민원행정서비스 분위기를 확산시킬 수 있다. 초기에는 고객만족에 대한 사소한 사례라도 시상하여 파급효과를 극대화하는 것이 바람직하다.

7) '대전콜 센터'운영활성화(신속성, 정확성, 친절성)

상담문의에 대한 신속 · 정확한 처리로 최상의 행정서비스를 제공하고 있다. 현업부서의 업무부담 경감으로 업무집중도 및 업무효율성 향상이 기대된다.

4. 여권담당

1) 여권발급업무 추진(편리성, 친절성, 신속성, 정확성)

외교통상부의 여권업무대행에 따라 친절한 안내와 신속 · 정확한 여권민원을 처리하고 있다. 1일 평균 500여건 접수, 전담창구 5개 운영하고 있다. 성수기(12월-1월, 6-7월)에는 접수창구를 1개 증설하고 수습공무원을 배치하여 활용하고 있다. 완벽한 여권접수 · 검사를 통하여 오류발생률을 차단하고, 시민의 특수한 입장(긴급사유, 인도적인 타당한 사유)을 고려하여 현실적인 여권민원을 처리하고 있다.

2) 전자여권 시행(편리성)

국제적 신뢰성이 보장된 전자여권 도입으로 시민의 안전과 권익보호를 증진할 수 있다. 무비자 해외여행 편익제공 및 민원 비용부담 감소 효과가 있다.

3) 여권발급 우대창구 운영(편리성)

여권발급 우대창구 운영을 통한 고객맞춤형 여권발급으로 적극적인 시민편의 행정을 추진할 수 있다. 예를 들면 해외 기업활동 지원 및 출산친화적 환경을 조성한다는 취지에서 기업인, 과학기술인, 임산부, 장애인(3급 이상) 등에게 접수대기 없이 우대창구를 통한 즉시접수로 처리하고, 긴급여권 필요시 고객맞춤형 여권을 발급하고, 여권수령시 재방문 없이 원하는 장소에 무료택배 하도록 하고 있다.

4) 여권특별배송 서비스(편리성)

현재 여권을 발급받으려면 민원실을 2회 방문(접수 · 수령)하는 불편함이 있기에 접수시 1회만 방문하고 수령은 우편택배로 송달받는 〈여권특별배송서비스제〉를 도입하여 선택적으로 고객편의 서비스를 제공한다. 민원인들의 시간 · 비용절감을 이룰 수 있고 우체국의 직접배달로 안전, 신속, 정확성 높은 고객서비스가 가능하다.

5) 여권민원 해피콜 운영(접근성)

여권민원 신청자에 대한 민원처리결과 사후확인을 통한 고객만족도를 제고할 수 있다. 민원처리 결과 고객만족 의견청취로 업무처리방식을 개선하는데 도움을 받을 수 있다.

5. 기록물정보담당

기록물정보담당에는 다음의 6가지 분야에 중점을 두어 운영하고 있다.

1) 기록물관리기관 설립추진(접근성, 전문성)

2) 공인점검 및 신조 · 폐기(전문성)

3) 장기 보존문서 전산화 추진(접근성)

4) 정보공개제도(접근성, 공정성)

5) 행정자료실 운영(접근성)

시민에게 한층 다가서는 서비스 제공으로 신속한 양질의 행정자료 확충 및 장서관리의 효율성을 도모한다.

6) 기록관리 뉴스레터 발행(접근성, 친절성)

기록관리에 대한 원칙적인 절차를 체계적으로 추진하고 확립하여 기록물의 보존/활용가치를 제고하고자 기록관리 뉴스레터를 발행 공직자들에게 이메일을 발송한다.

6. 평가

대전시 시민봉사실의 역할을 분석논의의 8가지 품질서비스 요인에 의거 정성적인 평가를 해보면 대체적으로 접근성, 편리성, 친절성, 신속성 정도의 요인이 비중이 높게 나오고, 전문성 요인은 낮게 평가되고 있다(표 3-4 참조).

<표 3-4> 시민봉사실 민원행정서비스 역할평가

	쾌적성	접근성	편리성	친절성	신속성	정확성	공정성	전문성
민원담당	1	1	5	1	3	-	-	-
고객만족담당	-	1	1	4	1	1	1	-
여권담당	-	1	4	1	1	1	-	-
기록물정보담당	-	4	-	1	-	-	1	1

7. 대전시 행정서비스헌장제

1) 의의 및 도입배경

대전시 행정서비스헌장제는 행정기관이 제공하는 행정서비스의 기준과 내용, 서비스를 제공받을 수 있는 절차와 방법, 그리고 잘못된 서비스에 대한 시정 및 보상조치 등을 구체적으로 정하여 공포하고, 이의 실천을 시민에게 약속하는 제도로서 다음과 같은 배경에서 도입되었다.

(1) 행정서비스 전달체계의 쇄신

행정환경의 변화에 따라, 지난 50년간 유지되어온 행정서비스 전달체계의 구조와 틀을 일대 쇄신할 필요에서 서비스 제공방식을 고객중심으로 전환하여 시민이 일방적인 수혜자가 아니라 적극적 선택권자임을 천명하고, 규제 · 절차중심의 행태와 조직문화를 고객과 결과 중심으로 전환하여, 고품질의 서비스 제공을 위한 경쟁과 경영의 원리를 도입하고자 하였다.

(2) '깨끗하고 공정한 정부'를 원하는 시민의 기대 충족

시민의 기내욕구에 부응하기 위해 행정서비스의 투명성을 확보하여 서비스제공에 따른 부정과 부패를 방지하고, 모든 시민에게 공정하고 평등한 서비스의 제공을 약속하여 특혜나 이권의 여지를 근절시키고자 하였다.

(3) 정부개혁 작업의 성공적 추진을 뒷받침하기 위한 개혁 전략의 수단 확보

민원서비스는 정부주도의 개혁만으로는 시민지지 확보에 한계가 있으므로 시민요구에 대한 대응성과 책임성을 높일 수 있는 제도가 필요하였고, 분야별 목표를 재검토함으로써 개혁의 방향을 '고객위주'로 설정할 수 있는 기회를 제공할 수 있었다.

2) 민원서비스헌장내용

대전광역시 공직자 모두는「봉사행정 · 투명행정 · 경영행정」을 솔선 실천하여 145만 시민에게 최상의 서비스를 제공함으로써,「감동을 주는 민본행정」 구현에 최선의 노력을 다하겠다는 전문과 시민을 맞이하는 자세,[4] 고객참여와 의견제시 방법,[5] 고객만족도 조사와 결과 공표[6], 잘못된 서비스에 대한 시정 및 보상[7] 등을 담고 있다. 그리고 다섯

---

4 1.직접 방문하시는 경우에는 - 방문하실 해당부서를 5분 이내에 쉽게 찾을 수 있도록 하기 위하여 1층 중앙에 안내데스크를 설치하고, 안내도우미 1명을 두어 안내토록 하겠습니다. - 엘리베이터 내·외부에 층별 부서가 표시된 안내표지판을 설치하겠으며, 부서별 담당자를 30초 이내에 쉽게 찾도록 하기 위하여, 사무실 입구에 직원사진·담당업무가 표시된「직원배치도」를 부착하겠습니다. - 방문하시는 모든 고객에게는, 항상 1초 이내에 일어서서 눈을 보고 웃으면서 "어서 오십시오. 무엇을 도와드릴까요? 자리에 앉으십시오. 저는 ○○○입니다."라고 먼저 정중히 인사하겠습니다. - 방문하셨을 때 담당자가 업무처리 중에 있으면, 10초 이내에 하던 일을 멈추고 고객의 의견을 듣겠습니다. - 업무 담당자가 없을 경우에는 5분 이내에 다른 공무원이 응대하도록 하고, 담당자가 청내에 있을 경우에는 20분 이내에 고객과 면담이 이루어지도록 하겠습니다. - 고객께서 차를 가지고 방문하셨을 경우 주차편리를 위하여 동편 및 서편 주차장(260면)을 민원인 전용주차장으로 운영하고, 주차안내요원을 2명 이상 두며, 지하주차장 동편 및 서편 출입구에도 안내도우미를 각각 1명씩 두겠습니다. - 장애가 있는 고객을 위하여 1층 지상에는 장애인 전용주차공간 10면을 확보하고, 휠체어가 필요한 경우에는 5분 이내에 도와 드리고 수화통역으로 안내하겠습니다. - 고객이 기다리는 경우를 감안, 각 부서마다 앉아서 대기할 수 있는 휴식공간을 마련하여 커피·음료수 등을 마실 수 있도록 하고, 각 층별 복도 중앙에는 고객 20여명이 앉을 수 있는 의자를 비치하겠습니다. 2. 전화로 문의하시는 경우에는 - 전화벨이 울리면 3초 이내에 신속히 받고, 친절하게 답변한 후 고객보다 3초 늦게 끊겠습니다. - 전화를 받을 때는 "감사합니다. ○○과 ○○○입니다. 무엇을 도와드릴까요?" 라고 먼저 인사하고, 전화를 마칠 때는 "감사합니다. 안녕히 계십시오" 라고 인사하겠습니다. - 다른 담당자에게 전화를 연결할 경우에는 통화내용의 요점을 간략히 전달하여 같은 내용을 재차 설명하지 않도록 하겠으며, 전화를 연결하는데 10초 이상 기다리지 않도록 하겠습니다. - 담당자가 없을 경우에는 용건을 정리하여 1분 이내에 담당자에게 전화요지를 전달한 후 30분 이내(출장 등 부득이한 경우 1시간 이내)에 고객이 원하시는 시간과 장소로 전화를 드리도록 하겠습니다. 3. 우편, FAX, E-mail 등으로 문의하시는 경우에는 - FAX 민원서류의 경우에는 접수 후 10분 이내에, 우편과 인터넷민원은 1시간 이내에 담당자에게 전달하여 처리하도록 하겠습니다. - E-mail에 의한 처리결과는 우리 시 인터넷 홈페이지(www.metro.daejeon.kr)「대전시에 바란다」를 통해 2일 이내에 답변드리겠습니다.

5 -「민원행정실명제」를 성실히 이행하여 모든 민원서류에 처리부서, 담당자 및 상급자 성명, 전화번호, 기타 연락처를 표기하겠습니다. - 고객께서 민원을 제기하실 경우 반드시 비밀을 보장하도록 하겠으며, 인적사항 및 관련정보는 기밀사항으로 하겠습니다. - 시정 시책과 제도에 대하여는 인터넷 홈페이지(www.metro.daejeon.kr)에 게시하고, 변동사항은 2일 이내에 게시하겠습니다.

6 - 서비스 이행기준에 대한 달성도를 매년 9월중에 실시하고, 그 결과를 10월중에 인터넷 홈페이지(www.metro.daejeon.kr)에 공표하겠습니다. - 행정서비스에 대한 고객만족도 조사를 매년 5월, 9월중에 실시하고, 고객만족도 조사결과와 개선방안은 11월중에 인터넷 홈페이지(www.metro.daejeon.kr)에 공표하겠습니다.

7 - 3시간 이내에 처리하여야 하는 즉시처리대상 민원을, 공무원의 잘못으로 2회 이상 방문하도록 하였을 경우에는 정중히 사과드리고, 즉시 사실확인을 거쳐 1시간 30분 이내에 처리하겠습니다. - 공무원의 착오로 1회 재방문 하셨을 경우에는, 1회 방문시마다 관내 거주자에게는 5,000원, 관외 거주자에게는 10,000원 상당의 현금 또는 상품권(도서상품권, 농산물인환권 등)으로 보상해 드리겠습니다. 다음 각 호의 1에서 정한 바와 같이 서비스 이행기준을 충족시키지 못한 경우에도, 관내 거주자에게는 5,000원, 관외 거주자에게는 10,000원 상당의 현금 또는 상품권(도서상품

가지 업무를 중점적으로 제기하고 있다. 즉, 민원사무처리기간 단축, 현장민원 시간예약제, 여권발급처리기간 단축, 시민생활상담 지속적 실시, 전자정부 적극실시가 그것이다(표 3-5 참조).

<표 3-5> 민원서비스 헌장내용

1. 민원사무 처리기간을 단축하겠습니다. - 235개 민원 중 처리기간이 5일 이상인 민원 52종에 대하여 2003년 5월부터 법정처리 기간보다 실제처리기간을 평균 4.7일 단축하여 민원편의를 도모하겠습니다.						
민원사무처리기간 자체단축 기준표						
번호	민원사무명	법정처리	자체처리	단축기간	처리부서	비고
1	정기 간행물 등록신청	25	11	14	공보관실	
2	정기 간행물 변경등록(기타)	5	4	1	"	
3	벤처기업 집적시설 지정신청	15	10	5	기업지원과	
4	준공인가	21	18	3	"	
5	계량제작업(수리업, 계량업)등록신청	20	15	5	과학기술과	
6	전기감리업 등록	20	10	10	"	
7	전기설계업 등록	20	10	10	"	
8	계량기 검정신청	10	7	3	"	
9	연탄제조업 허가내용변경	10	7	3	"	
10	전기공사업등록증(등록수첩)재교부	7	4	3	"	
11	전기안전관리 대행 사업체등록	7	5	2	"	
12	전기안전관리 대행업체 변경등록	7	5	2	"	
13	승강기 보수업 등록	7	5	2	"	
14	사료제조업등록	15	11	4	농정과	
15	축산물 가공업 영업허가신청	10	8	2	"	
16	축산물 가공업 영업허가 변경신고	7	5	2	"	
17	일반 여권 발급	6	3	3	자치행정과	
18	비영리 민간단체등록	30	16	14	"	
19	사립미술(박물)관설립계획승인	21	14	7	문화예술과	
20	관광사업계획	15	12	3	관광과	
21	관광편의시설업지정신청	17	12	5	"	
22	사회복지법인설립허가	15	10	5	복지정책과	

권, 농산물인환권, 지역특산품 등)으로 보상해 드리겠습니다. 1. 민원요구서류가 신청내용과 상이하게 발급되어 재발급이 필요한 경우 2. 납부의무자의 이의신청을 통해 착오사항이 확인된 경우 3. 사전연락 없이 청문을 실시하지 않아 다시 방문하는 경우 4. 기타 각 업무분야별 서비스이행기준에서 정한 기준을 지키지 못했을 경우 - 금품수수나 부정 · 비리행위 등에 대한 신고를 해 주신 경우에는 비밀을 절대 보장하고 정확한 사실조사를 통하여 고객에게 피해를 주지 않도록 하겠습니다. - 서비스 개선을 위해서 지속적으로 노력하고, 잘못된 점에 대하여는 발견 즉시 시정하여 서비스 수준을 향상시키겠습니다.

23	사회복지법인기본재산처분허가	7	5	2	"	
24	의료기관개설허가	5	3	2	보건위생과	
25	의료기관 개설허가사항 변경허가	5	3	2	"	
26	노인병원 설치변경허가	20	12	8	"	
27	운행검사 대행자등록	20	15	5	환경정책과	
28	운행검사 대행자 변경등록	20	15	5	"	
29	대기배출시설 설치신고	10	7	3	"	
30	대기배출시설 설치 변경 신고	5	3	2	"	
31	폐수배출 시설 변경 신고	5	3	2	"	
32	분뇨처리시설 등의 설계시 공업등록	10	7	3	수질관리과	
33	분뇨처리 시설 등의 설계시공업 변경 등록 신청(신고)	10	7	3	"	
34	정수기제조업(수입판매업)신고	7	5	2	"	
35	지하수 조사기관 등록	7	5	2	"	
36	지하수 개발 이용 시공업(변경)등록	10	7	3	"	
37	명예 산림보호 지도요원 위촉신청	20	5	15	공원녹지과	
38	산림토목 기술자격증 발급신청	4	3	1	"	
39	여객 자동차 운수사업계획 변경인가(등록)	7	5	2	교통관리과	
40	자동차 대여사업 등록	20	16	4	"	
41	자동차 대여 사업등록 변경등록	5	3	2	"	
42	건설기계 정비업 신고	20	10	10	"	
43	지정 정비 사업자 지정신청	21	11	10	"	
44	화물자동차 운송 사업등록	20	18	2	"	
45	택시미터수리 전문 검정기관지정	30	15	15	"	
46	사업용 자동차 차령조정신청	5	4	1	"	
47	건설기계 대여업신청	10	6	4	"	
48	건설기계 매매업 신고	10	6	4	"	
49	건설업등록	30	20	10	건설방재과	
50	건축사업 무신고	5	3	2	건축과	
51	주택건설 사업자 등록	15	8	7	"	
52	주택건설 사업자 등록변경	5	4	1	"	

2. 현장민원 시간예약제를 실시하겠습니다.
- 2003년 6월부터 시민중심의 예약문화 정착을 위해서 45종의 민원에 대하여 실시하고 있는 「현장민원 시간예약제」를 내실 있게 운영하겠습니다.

3. 여권발급 처리기간을 단축하겠습니다.
- 6일 이내로 되어 있는 여권발급기간을 3일 이내로 단축하여 처리해 드리겠습니다. - 65세 이상 노인과 장애인을 위한 별도의 창구를 1개소 마련하고 7월부터 「스피드-서비스 코너」를 운영하여 1회 방문으로 30분 빠르게 발급해 드리겠습니다.

업무처리기한		
법정처리기한	현행 처리기한	목표 처리기한
6일 이내	4-5일	3일 이내

4. 시민 생활상담을 지속적으로 실시하겠습니다.
- 변호사, 법무사, 건축사, 한의사 등 전문가를 초빙하여 매주 1회 법률, 세무, 건축, 한방 등 생활상담을 해드리겠습니다.

구 분	상담시간	비고
평 일	14:00~16:00	매월 상담일정은 변동될 수 있음
토요일	10:00~12:00	

5. 전자정부를 적극 추진하겠습니다.
- 주민등록법개정안이 입법예고됨에 따라 2004년부터 전자민원 창구를 통하여 인터넷으로 주민등록 등 · 초본을 발급하여 드리겠습니다. - 인감업무전산화 사업이 완료됨에 따라, 2003년 3월 26일부터는 전국 어디에서나 온라인으로 인감증명을 발급받는 데 불편함이 없도록 하고 있습니다.

자료 : www.daejeon.go.kr

3) 추진경과

일자	내용
1998.6	'행정서비스헌장제정지침' 발령(대통령훈령 제70호)
1999.6.28	행정서비스헌장 심의위원회 구성
1999.7.2	민원, 건축, 상수도행정서비스헌장 제정 공표 및 선포식 거행
2000.2.9	상수도행정서비스헌장 개정
2000.2.22	민원행정서비스헌장 개정
2000.3.10	대전광역시행정서비스헌장제정및운영규정 제정
2000.7.1	기업지원, 소비자보호, 농업, 지방세, 문화 · 관광, 복지, 보건위생, 환경, 교통, 소방행정서비스 헌장 제정 공표
2001.8.10	차량등록, 도서관, 만인산푸른학습원, 시민회관, 여성회관, 국악원, 미술관 행정서비스헌장 제정 공표
2001.8.10	기업지원, 농업, 지방세, 민원행정서비스헌장 개정
2002.12.13	건설관리본부,지하철 건설본부,노은농수산물관리소행정서비스 헌장 제정 공표
2003.2.10	「행정서비스헌장 마크」특허청 업무 표장 등록(등록번호 1216호,2003.1.6)통보

4) 대전시 민원행정서비스 평가

-업무별 이행기준 : 시본청에는 다음의 23개 분야 서비스헌장이 제정되어 있다.

법무행정 / 소비자보호 / 기업지원 / 농 정

민원행정 / 자치행정 및 자원봉사지원 / 민방위 / 지방세행정
문 화 / 청소년행정 / 저소득층 및 장애인복지 / 여성 및 아동복지
노인복지 / 보건위생 / 환경행정 / 공원녹지행정
청소행정 / 교통행정 / 대중교통 / 교통관리
방재 · 안전관리 / 건축행정 / 지 적

5) 문제점

행정서비스헌장제가 대전시행정서비스를 고객지향적으로 돌려놓은 것에 대해서는 나름대로 긍정적인 효과로 볼 수 있지만 다음과 같은 이유로 아직도 갈 길이 먼 제도로 볼 수밖에 없다. 첫째, 공직자의 관심저조로 인한 유명무실화될 위기에 있다. 즉, 헌장 이행기준의 준수가 본연의 업무와 별개라는 인식이 많고, 성과관리와도 연계가 미흡하여 공직자들의 관심이 저조한 형편이다. 둘째, 그렇다보니 형식적 운영으로 흐를 가능성이 크다. 다시말해 고객지향행정에 대한 인식이 아직 약하고, 대다수의 부서의 내실 운영이 미흡하다는 점이다. 셋째, 부서간의 차이가 발생하고 있다. 즉, 우수부서에서는 제도를 효과적으로 추진하가 위해 전담추진조직 구성 및 고객만족도 평가 등을 실시하지만, 그렇지 않은 부서에서는 동 업무를 기관의 부수적 업무로 취급하고, 체계적 운영평가에 대한 관심이 저조한 형편이다. 넷째, 서비스시정과 보상실적이 저조한 편이다. 즉, 모든 헌장의 규정에도 불구하고 고객 보상실적이 저조하게 나타나고 있다(행자부, 2005).

제4절 민원행정서비스 제고방안

1. 자치단체장과 공무원의 인식제고; 지방의회의원의 인식제고

민원행정서비스에 대한 자치단체장과 공무원, 지방의회의원의 인식전환 및 제고가 필요하다. 민원행정서비스의 효율적인 집행에 단초를 제공하는 일은 자치단체장과 집

행부 간부 등 리더가 담당해야 할 역할이다. 더 나아가 주민대표기관인 지방의회의원의 인식제고도 중요하다. 조직의 서비스지향성은 조직의 최고관리층의 태도와 행동으로부터 직접적인 영향을 받게 되며, 따라서 서비스 접점에 위치한 공직자들은 서비스 품질 및 고객만족을 중요시하는 서비스를 제공하게 된다(Church, 1995 ; 이우권 · 안국찬, 2007 : 145)는 사실이다. 담당공무원의 전문성을 제고할 수 있는 방안을 모색해야 한다. 따라서 민원행정에 필요한 전문적 식견을 고양할 수 있는 교육훈련을 강구해야 할 것이다.

2. 자치행정체제와 기능 보완

지방자치단체가 민원행정서비스를 효율적으로 제공하기 위해서는 서비스체계를 그간의 공무원과 시민과의 쌍방향적 시각에서 탈피하여 자치단체장과 공무원, 지방의회의원, 시민, 자치행정체제가 합동하여 제공하는 다차원적인 거버넌스체제로 구축해야 한다. 민원행정서비스가 진정으로 고객행정으로서 주민들의 체감도를 높이기 위해서는 집행부공무원과 지방의회의원이 합심하여 정치 · 행정적으로 지원체제를 제공해 줄 수 있을 때 가능할 수 있기 때문이다. 그리고 민원행정서비스 거버넌스체제를 구축하기 위한 기본적인 전제조건으로 사회자본의 축적이 필요하다. 우선 민원행정서비스 주체들의 상호작용기회를 높이도록 유도해야 한다. 이를 위해 주체들 간에 가치사슬 혹은 기타 여러 측면에서 서로간의 필요성을 인식할 수 있도록 각종 학습네트워크 형성을 지원하는 인센티브 제공 및 제도적 장치를 마련할 필요가 있다.

3. 시민(주민)

지방자치단체는 주민참여 속에 민원행정서비스를 모색해야 한다. 그런 배경에서 주민생활편의와 같은 내용을 중심으로 시민운동을 활성화시켜 나아가야 한다. 심포지엄, 세미나 개최, 대언론 홍보강화 및 학계, 정당, 언론의 통합의사전달망을 구축하는 방안을 강구할 수 있을 것이다. 요컨대, 대전시민의 의사가 시민단체(정당, 학계, 언론)를 경유하여 지방의회에 제시되어 지방자치단체장이 이들의 의사(요구)를 취합하여 지방자치단체의 행정서비스를 집행하고 통제받는 체제를 구축해야 한다(최진혁, 2005 : 136). 또한 분권사회에 맞는 성숙한 시민의 창출을 도모해야 한다. 매번 자기이익에 반하면 비판만하는 고객지향적인 시민에서 국가와 자기 자치단체의 공익을 생각할 수 있는 성숙한 가치지향적인 새로운 시민으로서의 변화를 이끌어 내주어야 한다. 아무리 많은 민원행정서비스와 관련된 분권제도를 법과 함께 내놓는다 하더라도 공익적 사고에 가치지향화된 공동생산자로서의 시민이 존재하지 않는다면 모두 허상이 되고 말 것이기 때문이다. 따라서 새로운 시민의 창출을 위한 시민교육을 어떻게 정립하여(시민주도, 정부지원) 활성화 시킬 것인가에 대한 고민이 필요하다.

4. 환경

중앙정부로부터의 지방자치단체의 자주성을 강화할 수 있는 제도적 장치를 강구해야 한다. 자치단체의 자주성이 높을수록 민원행정서비스는 적극화 · 활성화될 수 있기 때문이다. 민원행정서비스과정의 민주화가 요청될수록, 민원행정이 주민의 협동적 참여를 필요로 할수록 민원행정서비스에 지방자치단체의 자주성을 더 요구하게 될 것이기 때문이다. 그리고 민원행정서비스 제공의 경로를 다양화할 수 있어야 한다. 공공기관과 민간기관이 공동으로 제공할 수 있어야 하고, 컴퓨터와 통신기술을 활용하여 사이버 민원행정서비스를 구축해야 할 것이다. 또한 시민단체가 민원행정서비스에 대해 적극적인 지원과 협력을 할 수 있는 지역적 문화를 만들어야 한다. 그리하여 지방자치단체와 주민간의 신뢰관계가 강하게 작용하여 사회적 자본이 높아짐으로써 민원행정서비스의 품질은 제고될 수 있으리라 본다.

제5절 결론

그동안 신공공관리의(NPM) 논리 하에 고객지향적 시정운영에 공을 들여온 대전시였지만 공직자의 관심저조와 이에 따른 형식적인 운영이 불가피한 부분이 없지 않았다. 또한 부서간에 받아들이는 깊이와 넓이가 다름에 따라 체계적 운영이 어려운 부분이 있다. 그리고 헌장에 고객에 대한 보상을 규정하고 있음에도 불구하고 이에 대한 보상실적이 저조한 것으로 나타나 민원서비스의 활성화를 도모하기에는 여전히 해결해야 하는 숙제가 많은 것으로 조사되었다. 더구나 신공공관리의 한계를 보완하고 이의 적절한 대비로써 포스트 신공공관리(post-NPM)의 새로운 논조에서 민선 5기째를 맞고 있는 대전광역시는 민원서비스의 새로운 패러다임을 준비해야 한다. 그런 배경에서 자치단체장과 공무원, 지방의회의원의 인식제고가 필요한 사항이고, 자치행정체제를 다차원적인 거버넌스체제로 함께 공동운영 · 생산해내는 민원서비스로 거듭나야 할 것이다. 그러기 위해서는 고객지향적, 피동적 시민을 자기지역의 발전을 위해 자치행정서비스를 지방자치단체와 함께 만들어내는 공동생산자로서의 시민으로 바꾸어내는 노력이 선행되어야 할 것이다. 그동안 민선자치의 화두는 수요자 중심주의, 고객지향적 행정 등으로 시민들을 단순한 행정서비스의 객체로서의 지위만을 부여하였을 뿐이다. 그러다보니 자치단체의 행정서비스에 대해 소비자로서의 수동적인 시민을 만들어내었다. 더 나아가 대다수 주민들은 지역이기주의와 자기이해에 함몰되어 자치행정에 많은 혼란을 야기하였다. 시민의 민주적 소양이 전제되어야만 민원행정서비스의 효율적 운영을 통한 지방자치가 성공할 수 있다는 명확하고 단순한 사실을 깨닫게 되었다. 따라서 대전시는 시민참여 속에 행정 · 의정서비스를 제공해야 한다. 그런 배경에서 시민의 의사가 시민단체(정당, 학계, 언론)를 경유하여 지방의회에 결집되어 지방자치단체장이 이들의 의사(요구)를 취합하여 대전시의 주요정책으로 하여 집행하고 통제받는 체제를 구축해야 할 것이다.

참고문헌

김인 · 우양호 · 조정현.(2007). 행정서비스 현장 고객만족도 영향요인 : 부산광역시 민원행정서비스를 중심으로, 한국행정논집 19(4).

윤영진 · 김태룡 외.(2001). 지방정부개혁. 대영문화사.

이수만 외.(1995). 민원행정발전방안연구. 한국지방행정연구원.

이우권 · 안국찬.(2007). 지방정부의 민원행정서비스 향상을 위한 발전방안, 현대사회와 행정연구 17(1).

이원희.(2004). 참여적 지방재정 운영방향. 대전경실련, 도시계획의 새로운 패러다임 : 예산의 이해.

정세욱.(2005). 지방자치학. 법문사.

최진혁.(2001). 지방자치단체 행정서비스에 대한 주민(시민)평가모델의 발전적 고찰, 사회과학연구 제12권, 충남대학교 사회과학연구소.

최진혁.(2011). "이명박정부 후반기 지방분권의 발전적 과제" 대전일보(2011.3).

민원사무처리에 관한 법률(일부개정 2008.2.29 법률 제8852호).

행정자치부.(2006). 2006년도 민원행정 및 제도개선 추진지침.

행정안전부.(2008). 민원제도 및 서비스개선 추진지침.

대전광역시 시민봉사실.(2008). 주요 업무보고.

www.metro.daejeon.kr(2008.11.3(2011.7)

Chevallier, Jacques.(1991). *Le service public*. Paris : PUF.

Delaire, Yves.(2006). *La délégation des services publics locaux*. Paris : berger-levrault.

Mas, Florence.(1990). *Gestion privée pour services publics/Manager l'Administration*. Paris : InterEditions.

04 지방자치단체 행정서비스에 대한 주민(시민) 평가모델의 발전적 고찰

본 연구는 서울특별시가 채택하고 있는 시민평가모델을 보완한다는 의미에서 그동안 시민평가단회의에서 거론된 건의사항과 자료를 통해 그 문제점을 확인하고 개선방안을 모색하는데 그 목적이 있다. 이는 서울특별시가 채택 운영하고 있는 시민평가모델의 적절성을 검토하여 우리지역인 대전광역시, 충청남도의 행정서비스 질을 향상시키기 위한 새로운 주민평가 모델을 정립해 보고자 하는 바램에서 시도되었다. 이를 위해 우선 행정서비스에 대한 주민평가제도의 이론적 논의를 경쟁게임 내에 존재하게 된 행정서비스의 위치와 그에 따른 시민평가의 효과성 및 최근 학계의 선행연구경향을 파악하였다. 그 다음으로 현재 사용하고 있는 서울특별시의 시민만족도 평가모델을 설명하면서 제기될 수 있는 문제점을 제시하는 재평가의 기회를 제공하였다. 즉, 평가대상영역선정작업과 주민만족모형의 정립을 위해 어떠한 변수에 초점을 둔 것인지를 고려하여 평가지표의 타당성을 검토하였으며, 평가방법의 적절성에 대해 의문을 제기해 보았다. 요컨대, 현재 서울특별시가 추진 중인 시민평가모델이 불충분(문제가 있다고)하다고 보아, 이를 해결하기 위한 모델을 시민평가의 재평가로서의 7가지 과정과 그에 따른 4가지 결과요소를 조합하여 시간적 차원을 고려한 문제해결모델(problem solving model)을 제시하였다. 그러나 여전히 객관적인 모델을 정립하기에는 한계가 있고, 따라서 각 개별연구의 통합적 노력이 뒤따라야 할 것으로 보인다.

제1절 서론 : 문제제기

우리나라의 오랜 중앙집권적 행정체제는 공급자 중심의 행정서비스를 구축하여 주민(시민)들의 편의를 고려하는데는 근본적으로 미약할 수밖에 없었다. 그러나 1990년대 지방의회의 재구성과 민선지방자치단체장의 등장은 그동안의 관료적이며 권위적이고 비생산적인 행정서비스체제에서 탈피한 새로운 행정(서비스)의 패러다임을 요구하게 되었다. 이는 공공분야에 있어 정통성의 위기현상(la crise de légitimité du secteur public)으로 설명할 수 있는 바, 이를 극복하기 위한 방법으로 행정관청의 입장에서도 주민의 편의를 최대한 존중하는 것으로 유인하는 행정정책이 불가피하게 요구된다는 것이다(Mas, 1990 : 27). 이런 맥락에서 우리 지방분권화는 공공행정분야에 새로운 피행정인으로서의 고객의 개념을 탄생하게 하였고, 따라서 지방행정체제도 고객중심의 행정서비스 체제로 전환해야 한다는 요청이 자연스럽게 제기되고 있는 것이다. 이러한 배경 하에 (공공)행정서비스에 대한 주민(시민)평가제도는 공급자 중심의 행정관행을 수요자 중심으로 전환하는데 공헌할 수 있는 제도인 동시에 성과지향적인 행정체제에 근본적 틀을 제시하는 것으로 간주된다. 따라서 지방분권화 정책의 합리적 수행을 위한 시도로서 본 연구는 주민들의 행정서비스의 만족도를 조사, 평가하여 행정서비스의 개선을 도모할 뿐만 아니라 담당행정기관의 업무수행능력 평가, 부처간 상대평가에 대한 기초자료로 활용되는 그간의 평가모델을 더욱 보완함으로써 궁극적으로 지방자치단체가 제공하는 공공서비스의 질을 보다 높이는데 그 목적이 있다.

그런데 시민평가는 질적이고 주관적인 조사이기 때문에 객관성 및 정확성을 확보하기에는 본질적으로 내재적 한계가 있다. 따라서 객관적이고 신뢰할 수 있는 평가모델의 개발이 지속적으로 필요하다. 또한 시민평가모델의 지표체계는 한 시대의 고정적인 것이 아니라 주민만족도의 변이와 환경변화에 따라 변화하는 것이기 때문에 새롭게 발전되어야 함은 물론이다. 이러한 맥락에서 본 연구는 서울특별시가 현재 추진 중에 있는 시민평가모델을 진단하고, 그에 따른 문제점을 보완하여 지방분권화에 부응하는 보다 발전적인 새로운 계획안을 설정해 보기로 한다.

제2절 행정서비스에 대한 주민평가제도의 이론적 논의

1. 경쟁게임 내에 존재하게 된 행정(서비스)

우선 시민평가제의 중요성은 공공행정서비스가 경쟁게임 내에 존재하게 되었다는 사실에서 비롯된다(Mas, 1990 : 23-26). 즉, 과거 전통적 행정서비스는 경제적 경쟁과는 무관한 공권력의 임무를 수행하는 것이 주 관심사였고, 특히 일반이익의 만족을 위한 기능을 수행할 따름이었다. 그러나 행정권한 영역이 확장되어감에 따라 일련의 경쟁형태가 조금씩 공공부문에 잠입하기 시작하여 행정(서비스)은 경제적 개입자처럼 활동하게 되었고, 행정의 일상적 행위는 시장문제와 더불어 행정(서비스)을 경쟁의 장에 놓이게 하였다. 따라서 지방자치단체도 기업과 마찬가지 방식으로 상업적 은행을 활용하며, 그들의 차입금(부채)을 조정하면서 행정서비스를 창출하고 있는 것이다. 이러한 배경 하에서 지역주민의 욕구를 반영한 양질의 값싼 행정서비스의 창출여부는 오늘날 지방정부의 존립근거가 되고 있는 것이다.[1] 이러한 맥락에서 시민평가제도는 공공기관이 제공하는 행정서비스에 대하여 시민으로 하여금 행정기관의 서비스 활동 전반이나 특정 서비스 영역에서의 활동을 평가하게 하는 제도로 이해할 수 있다(서울특별시a, 2000 : 1). 따라서 시민평가제도는 행정서비스에 대하여 시민들이 느끼는 주관적 만족도로 정의되고 있다.[2]

2. 주민평가의 효과성

행정서비스에 대한 주민평가는 일반적으로 다음과 같은 효과를 가져올 수 있다고 볼 수 있다(최병대·박중훈, 2001 : 6-7).

---

1 F. Mas교수는 공공부문 자체 내에서의 경쟁관계, 공공부문과 사적부문과의 경쟁관계, 국제적 경쟁관계로 구분하여 고찰하고 있다(Mas, 1990 : 24-26).

2 따라서 시민만족도는 공공서비스 전달체계에서 이용자가 접하게 되는 공공서비스의 속성, 품질에 대한 주관적 평가의 일종으로서 서비스 효과 이외에 서비스에 대한 정보입수, 서비스 생산과정, 서비스 사후관리와 관련된 시설 및 장비, 고객과 접촉하는 직원, 관련절차가 모두 평가의 대상이 된다(서울특별시a, 2000 : 12).

첫째, 우선 시민평가는 지방자치단체가 제공한 행정서비스에 대한 성과를 측정하는데 그 의의가 있다. 이 평가과정은 주민들의 요구를 정확히 파악할 수 있게 함으로써 주민에게 제공해야 할 공공서비스의 종류, 양 및 질에 대하여 목표를 보다 분명히 할 수 있기 때문에 자연히 공무원들에게 업무에 대한 이해력을 증진시키는데 효과적이며, 따라서 공무원의 업무능력을 향상시킬 수 있다. 요컨대, 성과를 측정하고 이를 행정관리에 반영함으로써 행정기관과 그 구성원의 활동을 보다 생산적으로 유도할 수 있게 한다.

둘째, 행정기관이 제공하는 서비스에 대한 성과를 평가하는 시민평가는 평가결과를 기관 상호간에 비교하고 우수기관 등을 선정하는 등 관리측면에서 활용함으로써 서비스를 수행하는 공무원 및 행정기관들의 책임의식과 경쟁력을 확보하는 수단이 된다. 즉, 시민평가를 통해 나타난 결과를 차년도 행정목표의 설정에 반영하고 평가의 결과를 승진이나 승급 등 인사관리에 반영하여 공무원의 책임성을 확보할 수 있으며, 질 높은 행정서비스 제공을 위한 구성원간의 경쟁을 유도할 수 있게 한다.

셋째, 시민평가는 시민의 행정서비스에 대한 수요변화를 파악하고, 평가결과를 행정서비스 개선 및 정책방향의 설정측면에 활용함으로써, 주민복지의 향상을 비롯한 지역주민의 삶의 질의 향상과 지역주민이 만족할만한 행정서비스의 개선 및 정책방향의 설정에 있어 소비자 중심적인 행정체제를 구축하는데 중요한 정보를 제공하고 있다.

넷째, 시민평가는 지방자치단체와 주민을 긴밀히 연결시켜 보다 효율적이고 생산적인 행정서비스를 산출할 수 있는 '참여민주주의(participatory democracy)'의 체제를 수립하는데 중요한 역할을 수행한다. 이로써 지역주민의 행정에 대한 신뢰도와 정치적 지지를 확보할 수 있게 된다.

3. 선행연구 경향

지방분권화 이후 우리나라도 지방자치단체가 주민을 위한 고객지향적 행정서비스를 창출하기 위한 노력의 일환으로 행정서비스에 대한 주민만족모델 정립에 관한 이론적 체계정립에 부심하고 있다. 그동안 여러 국내 학자들에 의해 소개된 연구결과를 보면 대체로 행정서비스 영역의 선정과 평가항목 및 평가지표의 개발을 통해 주민만족도 영향요인을 분석하여 평가모형을 정립하고, 이에 따른 실증적 연구에 있었다. 따라서 이를 위해 시민설문조사방식이 주된 분석방법이 되었던 것이다. 그 내용을 보면 대체로 다음과 같다.

접근성, 편리성, 신속 · 정확성, 쾌적성, 대응성, 형평성, 환류성 등을 측정변수로 중앙행정기관의 민원행정서비스에 대한 고객만족도를 조사한 김판석 · 박중훈의 연구(1996 : 101), 서비스접근만족(용이성 및 편의성), 서비스 자세만족(대응성과 전문성), 서비스 업무처리만족(적절성 및 완결성) 등의 변수로 지방자치단체 민원행정서비스에 대한 주민만족도를 조사한 김병국의 연구(1996 : 145), 행정서비스 구성요소를 서비스의 특성, 대인관계, 서비스 환경, 고객의 힘으로 보아 이를 주민만족 모형 정립을 위한 이론적 변수로 선정하여 이의 이론적 모형의 타당성을 광역자치단체에 대한 실증적 분석을 통해 검증한 육동일 · 원구환의 연구(1998 : 130-132), 지방자치단체 시민평가제의 효과적인 도입방안을 그 주요 내용 및 쟁점을 통해 활용방안을 밝힌 최병대 · 권경득 · 강인호의 연구(2000 : 29-50)가 있다. 최근 서울특별시 시민평가제도의 성과와 과제를 그 조사모형과 방법론에서 분석한 박경효 · 정윤수의 연구(2001 : 46-60)가 있다.

또한 지방자치단체 조직효과성 평가를 위한 이론적 근거를 제시한 후, 그에 의거하여 평가모형의 구조를 정립하고, 평가의 구성요소를 개발하며, 지방자치단체의 조직효과성을 평가할 수 있는 종합평가모형을 개발한 후, 광역자치단체 및 기초자치단체별로 평가 구성요소의 상대적 중요도를 설정하며, 광역자치단체와 기초자치단체간의 평가 구성요소의 상대적 중요도가 어떻게 다른가를 비교 분석한 이창원 · 최창현 · 권해수의 연구(1998 : 129-145)가 있다.

이상과 같이 시민만족도를 비롯한 조직효과성에 대한 평가의 연구경향이 조사모형 정립과 같은 시론적 연구에서 벗어나 주민만족도의 실제측정, 더 나아가 실증적 연구를 통한 모형의 재구축이나 주민만족도 결정요인분석을 수행하는 다양화된 모습을 보이고 있다. 그러나 주민만족도 평가제도에 대한 평가로서의 시도는 그 필요성이 크게 부각되면서도 아직 미흡한 실정이다. 따라서 후속 연구의 발전적 기초를 제공한다는 측면에서 본 연구는 그 의미를 부여할 수 있을 것이다.

제3절 현 체계의 진단 : 서울특별시의 시민평가 모델

1. 시민만족도 평가모델

현재 서울특별시가 채택하고 있는 시민만족도 측정모델을 그 구성체계와 평가방법을 통해 설명하고, 제기될 수 있는 문제점을 지적하고자 한다.

1) 평가를 위한 구성체계

(1) 체감만족도

(2) 요소별만족도 : 평가항목, 평가지표

시민평가 구성체계는 종합(체감) 만족도와 요소(차원)별 만족도 조사로 구분하여 각각의 가중치를 곱하여 합산한 종합만족도 지수를 사용하고 있다(그림 4-1 참조). 체감만족도는 지방자치단체가 제공하는 행정서비스 전반에 대해 시민이 느끼는 주관적인 '체감만족도'를 의미하며, "OOO 서비스의 모든 측면을 고려해 볼 때 OOO 서비스에 대하여 얼마나 만족하십니까?"라는 단일항목을 사용하여 측정한다(후술). 한편 요소별 만족도는 지방자치단체가 제공하는 행정서비스에 대하여 보다 구체적인 요소(차원)별 만족도를 의미하는 것으로 이를 평가하기 위한 구성체계는 시민평가를 위해 각 분야 행정서비스 특성을 잘 반영할 수 있도록 서비스의 내용요소를 범주화한 것으로서의 평가항목(Item)과 평가항목을 잘 반영할 수 있도록 구성된 보다 구체적인 세부항목으로서의 평가지표(Indicator)로 이루어진다(표 4-1 참조).

<그림 4-1> 종합만족도 산출방법

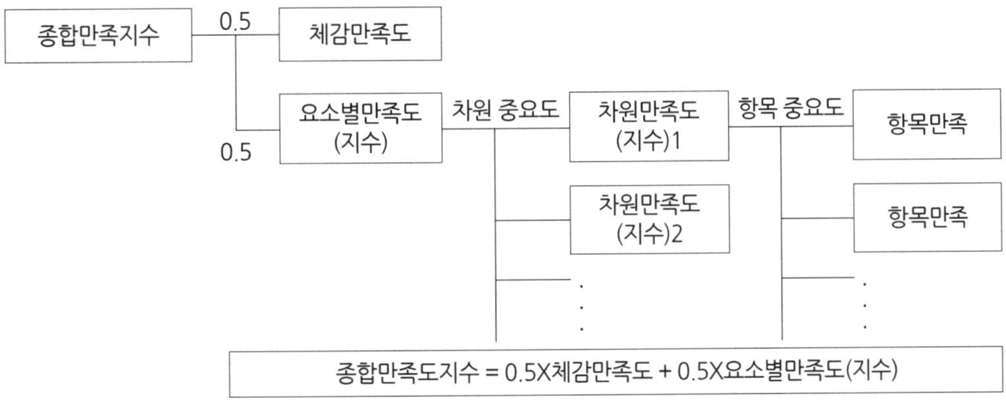

<표 4-1> 평가구성체계(예 : 지하철분야)

종합체감만족도 분야	평가항목(Item) 차원	평가지표(Indicator) 세부항목
각 분야별 (지하철)	열차운행	-열차운행의 신속정확성 -지체 없는 열차운행 -요금대비 서비스 수준 -열차운행중 소음
	환승 및 연계	-열차를 갈아탈 때 혼잡한 정도 -열차를 갈아타기 위해 걸리는 시간 -열차를 갈아타기 위해 걷는 정도 -타 교통수단과의 연계편의 정도
	승차환경	-열차 승하차시 안전성* -열차내부의 혼잡정도 -열차내부의 청결상태 -열차내부의 냉 · 난방상태 -열차내 안내방송 -열차내부의 밝기 -지하철 역사내의 공기청결 정도 -지하철역사의 환경 및 청결도
	시설이용	-에스컬레이터 이용의 편리성 -화장실 이용의 편리성 -승강장내 의자이용의 편리성 -승차권 자판기 이용의 편리성* -길안내 표지판의 편리성* -장애인을 위한 시설이용의 편리성 -지하철 역사내의 문화시설 이용의 편리성
	역직원의 서비스	-역직원의 친절 -질문이나 요구에 대한 대응태도 -직원을 통한 승차권구입시 발매의 신속성* -지하철 역사내 안내방송*

*99년 하반기 조사와 비교해 신설된 부분
자료 : (서울특별시b, 2000 : 2)

(3) 평가분야 선정의 중요성

시민평가제의 가장 핵심적인 부분은 평가대상 행정서비스 영역의 선정과 평가항목 및 평가지표를 개발하는 것이다.[3] 행정자치부에서 조사한 바에 따르면 '민원행정', '주차, 교통', '청소, 공해, 환경', '사회복지' 및 '보건위생'분야가 주요한 시민평가대상 행정서비스 영역으로 나타나고 있다.[4] 지방분권화 정책의 일환으로 제기된 시민평가제는 도입 초기의 시행착오를 최소화하기 위하여 평가항목 및 지표를 개발하는 과정에서 그 실효성을 제기한다는 측면에서 서비스 수혜자인 시민과 시민단체, 서비스 공급자인 공무원, 전문가의 의견을 조사, 반영해야 할 것이다. 이러한 과정을 거쳐 평가항목(지표)이 개발되면 이를 토대로 설문지를 구성하는데, 그 내용에는 행정기관과 행정서비스에 대한 시민만족도(평가)의 측정뿐만 아니라 시민만족도의 개선을 위한 수단과 방법에 관한 내용도 설문지에 포함해야 할 것으로 보인다.

서울특별시가 수행한 10개 분야 행정서비스의 평가항목은 다음과 같다(표 4-2 참조).

---

3 평가항목(지표) 개발의 일반적 절차(최병대 외 : 36)
1단계 : 시민평가제(시민만족도 조사) 실시의 필요성 인식단계
2단계 : 평가대상 행정서비스 분야의 선정단계
3단계 : 관련분야 전문가에게 서비스 대상분야에 대한 평가항목(지표) 개발 작업의 의뢰단계
4단계 : 서비스 대상분야별 평가항목(지표)의 개발단계
5단계 : 개발된 평가항목(지표)에 대한 검토단계
6단계 : 평가항목(지표)의 수정, 보완단계
7단계 : 평가항목(지표)의 확정단계

4 지방자치단체를 대상으로 실시한 행정자치부의 조사에 따르면 시민평가의 대상으로 포함되어야 할 행정서비스의 영역으로는 '청소, 공해, 환경'(86,9%), '민원행정'(82,2%), '주차, 교통'(62,7%), '사회복지'(53,0%), 보건, 위생'(37,7%), '도로, 도로정비'(37,7%), '문화, 체육, 공원'(36,4%), '상,하수도(34,3%), '세무'(25,3%) '지역경제지원(19,9%), '시설물 안전, 소방'(13,6%) 등의 순으로 나타나고 있다(행정자치부, 1998 : 214).

<표 4-2> 서울특별시 시민평가대상분야 및 평가내용

서비스 분야	평가내용(항목)
민원서비스 (21개 평가지표)	1)민원안내 및 접근용이성, 2)공무원의 대응친절도, 3)이용편리성, 4)전문성, 5)업무처리도, 6)업무처리 편리성, 7)편의, 쾌적성
보건의료 (13개 평가지표)	1)서비스 만족도, 2)서비스 효과에 대한 신뢰성, 3)직원의 업무태도에 대한 만족도, 4)이용편리성에 대한 만족도, 5)시설 및 환경에 대한 만족도, 6)서비스에 대한 시민요구
상수도 (11개 평가지표)	1)수도요금차원, 2)수질차원, 3)공급 및 관리 차원
시내버스 (23개 평가지표)	1)운전기사, 2)버스시설 및 편의성, 3)쾌적성, 4)안전운행, 5)운행실태, 6)대중교통체계
지하철 (19개 평가지표)	1)열차운행, 2)환승 및 연계, 3)역무 및 열차, 4)시설이용
청소 (13개 평가지표)	1)수거작업, 2)환경미화원 및 차량, 3)홍보 및 단속과 민원처리, 4)쓰레기 봉투
시립병원 (20개 평가지표)	1)근무직원의 태도, 2)병원이용의 편리성, 3)의료서비스의 질, 4)편의시설 및 환경
사회복지관 (22개 평가지표)	1)시설 및 환경, 2)직원 및 프로그램 담당자, 3)서비스 내용 및 질, 4)프로그램 구성, 5)운영 및 관리
세무행정 (19개 평가지표)	1)안내 및 접근성, 2)업무처리태도, 3)업무처리의 편리성 · 편의성, 4)업무처리의 합리성, 5)법무사에 대한 만족도(신고납부에만 해당)
도시가스 (17개 평가지표)	1)신청 및 계약과정, 2)공사(렌지연결)과정, 3)공사(연결)이후 및 (안전)점검과정

2) 평가방법

(1) 척도

(2) 평가요소(평가항목별, 평가지표별) 만족도 측정

(3) 가중치 반영방법

(1) 척도(scale)

만족도 측정을 위하여 각 지표별로 5점 척도를 사용하고, 이를 차후 100점 척도로 환산하여 서비스 만족도를 계산한다. 설문은 매우 불만족은 1점, 매우 만족은 5점으로 하여 서비스 만족도를 계산한다(부록 참조).

그러나 5점 척도를 사용하면 지나치게 중간값(보통)으로 회귀하는 경향이 많기 때문에 이를 감소시키고 분산을 효과적으로 유도하기 위하여 7점 척도를 활용하는 방법도 생각해 볼 수 있다.[5] 일반적으로 평가척도를 지나치게 미분화하면 그 의미를 정확하게 파악하기 곤란하고, 반대로 이를 지나치게 세분화하면 응답자들의 불성실한 답변을 야기하게 되어 판별력이 뒤떨어질 수 있다. 따라서 척도의 변별력을 높이기 위해 가급적 확대하는 방안을 검토할 필요가 있다(후술).

(2) 평가요소(평가 항목별, 평가지표별) 만족도 측정

평가항목별 및 평가지표별 만족도 측정은 아래 식과 같은 방식에 의한 만족도를 계산하도록 하고 있다(서울시정개발연구원, 2000 : 9-10).

-평가항목(Item)별 만족도 측정을 위한 계산식(100점으로 환산시) :

$$Y_i = 25^* \sum_{i=1}^{n} (X_i - 1)^* m_i$$

Y_i = 평가항목(Item)별 만족도 X_i = 평가지표(Indicator)별 만족도

m_i = 평가지표별 가중치 n = 평가지표수

(※ $\sum_{i=1}^{n} m_i = 1$: 지표별 가중치의 합은 1임)

-전체만족도 측정을 위한 계산식 :

$$Z = 0.5^*(\sum_{i=1}^{p} Y_i^* s_i) + 0.5^* W$$

Z = 전체만족도 Y_i = 평가항목별 만족도

s_i = 평가항목별 가중치 p = 평가항목수 W = 종합체감만족도(100점으로 환산)

(※ $\sum_{i=1}^{p} s_i = 1$: 항목별 가중치의 합은 1임)

(3) 가중치(weight) 반영방법

(a) 종합체감만족도 및 요소별 만족도에 대한 가중치

종합체감만족도와 요소별 만족도간의 가중치 반영은 각각 0.5로 배분한다.

(b) 평가항목 및 평가지표에 대한 가중치

5 5점 또는 7점 척도를 사용할 때 100점 만점으로 점수 환산은 5점 척도의 경우 1(매우 불만)=0점, 2(불만)=25점, 3(보통)=50점, 4(만족)=75점, 5(매우 만족)=100점이며, 7점 척도의 경우에는 1(매우 불만)=0점, 2(불만)=16.7점, 3(약간 불만)=33.3점, 4(보통)=50점, 5(약간 만족)=66.7점, 6(만족)=83.3점, 7(매우 만족)=100점으로 환산한다.

본 연구에서는 설문조사 과정에서 피면담자들의 의견을 종합하여 다음과 같은 방법에 의하여 가중치를 설정하고 있다(표 4-3 참조).

<표 4-3> 설문지 구성체계 : 예시

종합적 체감만족도	평가항목1		평가지표1-1	
			평가지표1-2	
			평가지표1-3	
			평가지표1-4	
				100%
	평가항목2		평가지표2-1	
			평가지표2-2	
				100%
	평가항목3		평가지표3-1	
			평가지표3-2	
			평가지표3-3	
		100%		100%

(4) 각 평가요소별 가중치 계산방법

평가항목(Item)에 대한 가중치는 예를 들어 평가항목이 세 개항목이라고 가정할 경우 다음과 같이 계산된다. 즉, 항목 1, 항목 2, 항목 3 중 가장 중요하다고 응답한 비율이 각각 45%, 35%, 20%라고 가정하면, 평가항목 1의 가중치는 (0.45+0.33)÷2가 된다. 첫 번째의 45%는 45% 응답비율(Frequency)을 의미하고, 0.33은 평가항목 셋 중 하나가 무작위로 선택되는 비율(Random Choice Ratio)을 말하는 것이며, 그리고 2로 나누는 이유는 세 개 항목 중 하나를 선택한 45%의 응답자가 생각하는 중요도에는 다양한 차이가 존재할 수 있기 때문에 이를 중간값으로 처리하기 위한 것이다.

즉, (선택도수비율+무작위선택비율)÷2의 형식이 된다. 따라서, 평가항목 2의 가중치 =(0.35+0.33)÷2, 평가항목 3의 가중치 =(0.2+0.33)÷2가 된다.

각 평가지표(Indicator)별 가중치도 동일한 논리가 적용된다. 따라서, 평가항목 1내에 지표가 4개 있다고 할 경우 평가지표 1, 평가지표 2, 평가지표 3, 평가지표 4 중 가장 중요하다고 응답한 비율이 각각 40%, 30%, 20%, 10%라고 가정하면, 평가지표 1의 가중치

= (0.4+0.25)÷2, 평가지표 2의 가중치 = (0.3+0.25)÷2, 평가지표 3의 가중치 = (0.2+0.25)÷2, 평가지표 4의 가중치 = (0.1+0.25)÷2가 된다.

3) 재평가

현 평가체계에 대한 문제점 및 그 개선안을 다음과 같이 지적하고자 한다.

(1) 평가체계의 미흡 및 개선

서울특별시가 채택하는 시민만족도 측정방법은 체감만족도와 요소(차원)별 만족도를 각각 50%씩 같은 비중의 점수를 부여하고 이들을 합산하는 방법을 사용하고 있다. 이와 같은 계산방식은 요소별만족도에 포함된 차원들에 대한 만족도 평가가 사실상 중복계산되는 문제를 안고 있다(박경효·정윤수, 2001 : 53-54 ; 김재홍·조경호, 1995 : 139 ; 이선우·조경호, 1999 : 113). 왜냐하면 요소별만족도를 구성하는 차원만족도는 동시에 체감만족도에 영향을 미칠 수 있는 요인으로 간주될 수 있기 때문이다. 한편 민원행정분야에서와 같이 민원내용이 수혜/부담이냐에 따라 민원인이 느끼는 체감만족도가 다를 수 있으므로 체감만족도, 요소별만족도 각각 50%로 하는 것은 문제가 있다고 보여진다. 따라서 필요한 요소별 평가에 대해서는 체감만족도 비율의 하향조정이 이루어져야 할 것이다.

(2) 척도산정의 비합리성 및 개선

시민만족도 평가모델의 5점 척도의 응답방식은 정확한 만족도를 반영하기에 어려움이 있다. 즉, 응답자의 중심화 현상이 그것이다. 따라서 7점 또는 10점 척도를 서비스분야에 따라 선별적으로 활용해나가는 방안을 점진적으로 모색해야 할 것이다.

(3) 평가분야, 평가항목 : 중복된 설문항목 통합, 조정 및 평가지표(주민들이 필요로 하는 평가분야의 선정과 평가항목) 개발

설문항목 수가 가중치 크기에 영향을 미친다고 볼 때 정확한 만족도 측정을 위해서는 평가지표별 설문항목수를 조정해야 할 것이다. 이와 함께 중복되는 설문항목은 통합이 이루어져야 할 것이다. 이와 더불어 평가분야 선정에 있어서는 서비스 수혜자인 시민,

시민단체의 의견, 서비스 공급자인 공무원에 대한 의견을 조사하여 반영해야 할 것으로 보인다. 또한 전문가의 의견반영과 지방의회(의원)의 의견반영으로 분권화시대의 평가지표의 적절성 확보가 꾸준히 개선, 보완되어야 할 것이다. 따라서 그동안 예시하지 못했던 차원은 그 항목이 추가되어야 할 것이다.

(4) 가중치반영방법

서울시가 채택하고 있는 가중치 반영방식은 차원의 수나 항목의 수에 따라 가중치가 민감하게 변할 수 있다는 데 그 한계가 있다(이선우·조경호, 1999 : 115). 시민평가를 위해 구성된 평가지표 및 설문문항이 반드시 동일한 비중을 지닌다고 볼 수 없기 때문에 각각의 평가지표나 문항에 대한 상대적 중요도를 파악하여 시민만족도 점수의 산출에 반영할 필요가 있을 것이다. 가중치를 산정하는 방법은 정성적 방법(Methode qualitative)으로 시민의 의견을 수렴하여 중요도를 반영하는 방법, 전문가들의 의견을 수렴하여 중요도를 반영하는 방법(델파이 방법), 서비스 공급자들의 의견을 수렴하여 중요도를 반영하는 방법 및 이들 세 가지 방법을 절충하는 방법 등이 있을 수 있다. 그런데, 설문지 조사를 통하여 가중치를 선정할 때 단순히 중요하다고 선택된 평가항목(지표)의 빈도(비율) 또는 각 평가항목(지표)의 상대적 중요도의 비율을 그대로 가중치로 선택할 경우 그것이 참값이냐 하는 문제가 제기될 수 있다. 따라서 정성적 방법의 자의성을 최소화하고 평가의 타당성을 높이기 위해 설문응답자들이 가장 중요하다고 생각되는 평가항목(지표)의 빈도(비율)와 무작위 선택비율(random choice ratio)의 중간값을 적용하는 것이 바람직하다.

(5) 중요도 산출방식의 취약성

예를 들면 현재 민원행정 6개 평가차원간에 그것을 구성하는 문항수가 서로 다른데, 각 문항의 중요도는 '차원내에서의 중요도'와 '무작위 선택비율'로 산출됨에 따라 차원을 구성하는 문항수에 따라 중요도가 왜곡될 수 있다. 따라서 상관계수(회귀식의 베타계수)를 중요도로 이용하는 방법이나, 현재 차원별, 항목별 이중으로 시민들에게 중요도를 묻는 방법을 전체항목에 대해 한번의 질문으로 중요도를 산출하는 방식을 고려할 수 있다(시민평가단 회의 자료, 2000 : 4).

(6) 서비스 공급기관별 특성을 반영할 수 없는 평가방법

서비스 공급기관별 특성을 반영할 수 있는 평가방법을 모색해야 할 것이다(박경효·정윤수 : 55). 왜냐하면 피평가기관이 처해있는 다양한 환경과 보유하고 있는 인적, 물적 자원의 차이를 평가에 어떻게 반영할 것인가가 평가의 신뢰성과 평가결과의 수용성에 영향을 미치는 중요한 변수가 되기 때문이다.

(7) 조사대상 서비스의 범위

현재는 10개 서비스 부문을 조사대상으로 하고 있으나 시민평가의 범위를 확대하는 것이 바람직 할 것이다. 다만 효율성 측면에서 비용, 편익의 문제를 조명하여 대상서비스의 점진적 확대를 이루어 나가야 할 것이다. 이를 위해서는 우선 조사대상 행정서비스를 서비스의 중요도에 따라 서비스군을 나누고 평가시기 및 평가횟수를 차등화하는 방법과 다음으로 대상서비스의 확대시 평가의 용이성 및 필요성 등을 감안하여 우선순위를 설정하는 방법이 고려될 수 있다(박경효·정윤수 : 56).

그러나 기존의 시민만족도 모델을 근간으로 평가체계의 개선, 평가지표 및 가중치 산정방법의 개선사항을 점진적으로 발전시켜 나가야 할 것으로 보인다. 왜냐하면 일관성을 띤 평가체계로 평가의 신뢰성을 제고할 수 있기 때문이다.

제4절 지표모델 개선안 : 시민평가모형의 문제해결 모델 (Problem solving model)

기존의 시민평가 모델의 문제점을 해결하기 위해 다음과 같은 문제해결모델을 이용하여 그 개선방안을 제시하고자 한다. 일반적으로 이 문제해결모델은 다음과 같은 시민평가의 재평가 과정으로서의 7가지 절차를 통하여 이루어질 수 있다(표 4-4, 그림 4-2 참조).

1. 문제점 확인(전술) : 시민평가모델의 불충분성

-시민평가의 왜곡

2. 원인 분석(전술) : 평가모형의 타당성 검증

-평가체계의 미흡

-주민만족도 측정방식의 취약성

3. 해결안 선택(전술)

-평가체계의 개선

-중요도 산출방식의 개선

-피평가기관별 특성반영

-가중치 산정방식 개선 등을 통한 평가모형 개발

4. 계획안 형성 : 새로운 평가모형 도출

-주민만족 행정서비스 재설계

5. 활동들의 계획화

-자치단체별 평가모형 및 지표 결정

-우선 순위별 전략

6. 집행 : 조사기관 선정 및 조사실시 (단, 중, 장기 집행)

-시민평가 전담기관의 설치

-실사설계 및 자료처리

7. 통제 및 평가

-조사결과 활용방안 강구

-서비스 개선방안 및 시민만족도 제고방안

이러한 시민평가의 평가절차로서의 7가지 과정은 다음의 시간적 개념을 갖는 문제해결모델로 발전시킬 수 있겠다(7가지 과정, 4가지 결과요소 조합; 문제해결모델). 왜냐하면 새로운 평가지표 모델 계획안은 주어진 기간과 한정된 예산 내에서 특별한 목적을 실현하는 것에 목적을 두는 실현된 활동의 총화로 볼 수 있기 때문이다. 이 문제해결모델의 구성요소를 전술한 시민평가 재평가 절차 7가지 과정과 함께 설명하면 다음과 같다.

첫째, 발전목표는 장기간에 걸친 목표로 거시적 목표가 된다. 계획안은 단기적 목표의 실현에 의해 발전목표에 도달해야 하는 것을 도와야만 한다. 이 경우 7번째 과정으로 볼 수 있다.

둘째, 긴급(단기)목표는 계획안이 영역별로 실현되어야 하는 것을 말한다. 5, 6번째 과정이 이에 해당한다.

셋째, 산출결과는 즉각적 활동을 통해 단기적 목표를 실현하기 위한 활동들의 산출이다. 3, 4번째 과정이 이에 해당한다.

넷째, 즉각적 활동은 계획안을 처리하기 위한 수단이다. 1, 2번째 과정이 이에 해당한다.

<표 4-4> 시민평가의 평가 과정

1. 문제점 확인 2. 원인분석	즉각적 활동
2. 해결안 선택 4. 계획안 형성	결 과 산 출
5. 활동들의 계획화 6. 집행	단 기 목 표
7. 통제 및 평가 : 문제점 확인	발 전 목 표

<그림 4-2> 문제해결모델

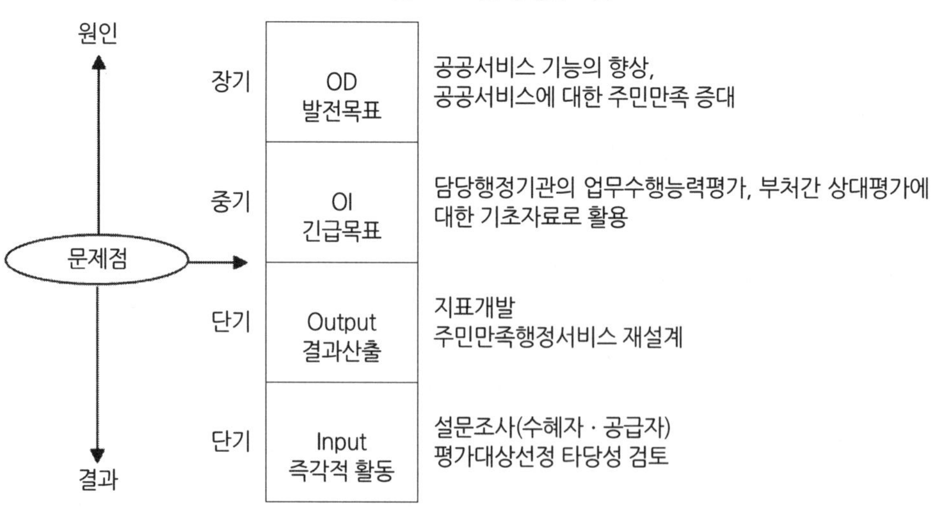

제5절 시민평가제의 활용

1. 시민만족도 제고를 위한 분석틀(포트폴리오)

시민평가제는 행정서비스에 대한 시민의 만족도를 측정할 뿐만 아니라 행정서비스에 대한 시민들의 만족 및 불만족 상태를 파악하여 이를 개선하는데 활용할 수 있다. 즉 설문응답자의 성별, 연령, 직업, 학력 등 속성에 따른 만족도 분석을 통하여 고객만족 전략을 수립하고, 서비스 분야별 만족도는 불만족 요인 및 개선사항을 파악하여 개선 방안을 수립한다. 또한 시민들이 중요하게 여기는 평가요소(차원) 및 평가항목의 분석을 통해서 보다 객관적이고 신뢰할 수 있는 평가모델을 개발하는데 활용할 수 있다. 이러한 배경 하에 시민평가 자료를 기초로 행정서비스에 대한 시민만족도 제고를 위한 분석틀(포트폴리오) (Citizen Satisfaction Portfolio)을 다음과 같이 제시할 수 있다(그림 4-3 참조).

즉, Y축은 시민불만족 정도, X축은 평가항목 및 평가지표들에 대한 중요도를 나타낸다고 가정할 경우에 크게 4가지 영역으로 그룹화 할 수 있을 것이다.

-첫째, "적극적 개선대상영역(I)"으로 이 분야는 시민들의 불만족의 정도가 매우 높고, 동시에 평가항목이나 지표가 매우 중요하여 적극적이며 중점적으로 개선되어야 할 대상영역이다.

-둘째, "소극적 개선대상영역(II)"으로 이는 시민들의 서비스에 대한 불만족도가 높은데 비하여 평가항목이나 지표의 중요도는 상대적으로 낮은 영역이다. 이 영역은 비록 상대적으로 중요도는 낮지만 시민들의 서비스에 대한 불만족의 정도가 높기 때문에 소극적으로라도 서비스 개선대상영역으로 다루어져야 할 것이다.

-셋째, "적극적 유지관리 영역(III)"으로 이는 현재 시민들의 서비스에 대한 불만족도가 낮으며 상대적으로 중요도는 높은 영역이다. 따라서 이 영역은 중요도가 높고 현재 시민들의 만족도가 긍정적인 영역이기 때문에 향후에도 만족도가 하락하지 않도록 적극적이며 지속적으로 관리되어야 할 영역으로 간주된다.

-넷째, "소극적 유지관리영역(IV)"으로 이는 시민들의 만족도는 높은데 중요도에 있어서는 상대적으로 낮은 영역이다. 이 영역은 비록 중요도는 낮지만 현재 시민들의 서비

스에 만족도는 높기 때문에 소극적이나마 이 만족수준을 유지할 필요가 있는 영역으로 분류된다.

이에 따른 분석결과를 토대로 서울시는 가장 취약한 분야를 우선 선정하여 개선방안을 마련하고 예산에 연계되는 부분에 대하여는 우선적으로 익년도 예산에 반영하고 있다(서울특별시 ; 최병대·박중훈, 2001 : 16).

<그림 4-3> 시민만족도 제고를 위한 분석틀 (CS Portfolio)

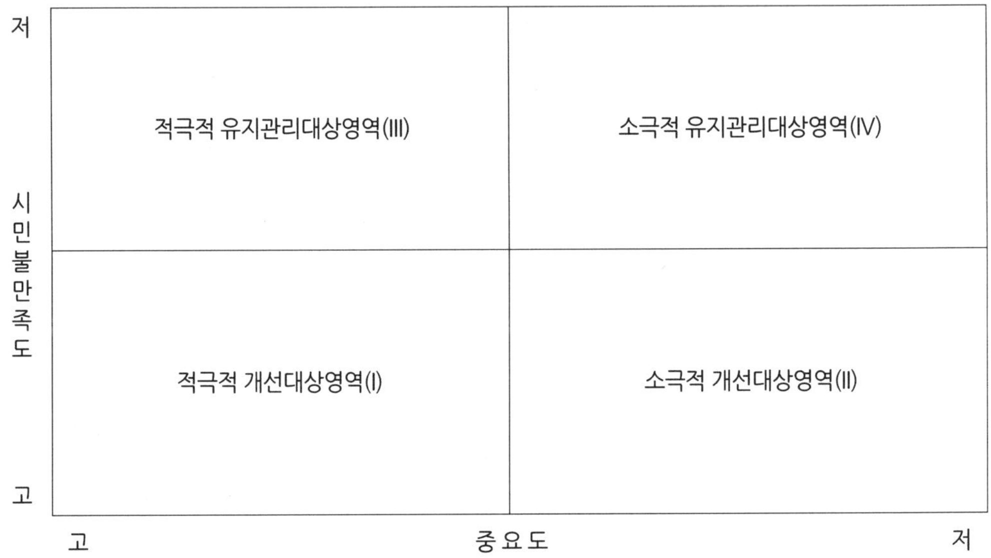

자료 : Philip Kotler, *Marketing Management*(Englewood Cliffs, NJ : Prentice Hall, Inc., 194). IPA(Importance Performance Analysis) 기법을 재구성함.

2. 시민평가제의 과제

시민평가가 제 기능을 다하기 위해서는 다음의 몇 가지 측면이 체제적으로 고려되어야 할 것이다. 첫째, 시민평가가 고객만족이라는 결과차원에서 성과를 평가하는 것이라면 그것이 정기적으로 계속적으로 실시될 것이 요구된다. 따라서 시민만족도 조사는 시계열적으로 파악하여 행정서비스개선에 대한 유인을 제공해야 할 것이다. 둘째, 시민평가의 결과는 반드시 제도적으로 활용되어야 한다. 즉, 우수행정기관에 대하여는 그에 상응한 표창이나 보조금을 지급하는 등의 인센티브를 제공할 수도 있겠고,[6] 목표관리제와 연계하여 공무원의 성과급을 판단하는 기준 중의 하나로 활용하여야 할 것이다. 그러나 또한 간과할 수 없는 중요한 사실은 이러한 인센티브로 유인하는 시민평가제도가 갖는 한계를 적절히 보완해야 할 것이다. 그러기 위해선 시민평가가 시민만족도의 절대적 수준보다는 상대적 개선정도를 반영할 수 있는 제도로 발전되어야 할 것이다. 셋째, 시민평가제도가 주민과 공무원에게 모두 자치행정의 발전에 기여할 수 있는 참여민주주의를 고양하는 기제로서 사회적으로 널리 수용되어야 한다. 따라서 신뢰받을 수 있는 평가방법의 지속적 개발과 더불어 각 지방자치단체는 피평가기관의 성공적 서비스 개선사례를 적극 발굴, 홍보하는 방법을 강구해야 할 것이다.

제6절 결론

지방자치단체의 행정서비스에 대한 시민(주민)평가제도는 이 서비스 고객인 주민의 입장에서 성과를 측정함으로써 행정기관과 그 구성원의 활동을 보다 생산적으로 유도할 수 있다는 점에서 그 필요성이 제기된다. 즉 행정기관과 서비스에 대한 평가를 통하여 공무원의 책임의식과 경쟁력을 확보하는 수단이 될 수 있다는 것이다. 다시 말해 시민평가를 통해 나타난 결과를 차년도 행정목표의 설정에 반영하고, 평가의 결과를 승진이나 승급 등 인사관리에 반영하여 공무원의 책임성을 확보하고 질 높은 행정서비스 제공을 위한 구성원간의 경쟁을 유도하는 역할을 할 수 있다는 것이다. 이로써 시민평가는 행정기관(지방자치단체)과 지역주민을 연결시키는 '참여민주주의'의 메카니즘으로서의 소중한 역할을 수행한다 할 것이다. 그런데 이 시민평가제도는 질적이고 주관적인 조사이기 때문에 객관성 및 정확성을 확보하기가 쉽지 않다는데 그 한계가 있다. 따라서 본인이 제시한 문제해결모델을 활용하여 객관적이고 신뢰할 수 있는 평가모델의

6 2000년 하반기 시민평가의 경우 최우수구(1개, 3억원), 우수구(2개, 2억원), 모범구(3개, 1억원)를 선정하여 총 10억원을 지원하였다. 아울러 사업비 이외에 공무원에 대한 직접적인 인센티브가 필요하다는 지적에 따라 연간 총 1억원을 경상보조비로 지급하였다(박경효·정윤수 : 58).

개발이 지속적으로 이루어져야 할 것으로 보인다.

참고문헌

강인호·안형기·김종수·현근. 2001. "지방행정서비스에 대한 주민만족도 분석 : 경기도를 중심으로".『한국지방자치학회보』. 13(1) : 45-60.

강형기. 허훈. 1999. "지방자치단체 경영혁신을 위한 표준평가모델의 정립에 관한 연구."『한국지방자치학회보』. 11(1) : 73-91.

김병국. 1996. "지방자치단체의 민원행정서비스에 대한 주민만족도 조사 설계(안)." 고객지향적 정부구축을 위한 민관합동 대토론회. 국민고충처리위원회 외 주최. 135-154.

김재홍·조경호. 1995. "지방정부 행정서비스에 대한 시민의 의식과 평가 : 울산시를 중심으로."『한국행정연구』. 4(2) : 133-154. 한국행정연구원.

김판석·박중훈. 1996. "중앙행정기관의 민원행정서비스에 대한 공공고객만족도 조사설계." 고객지향적 정부구축을 위한 민관합동 대토론회. 국민고충처리위원회 외 주최. 83-134.

박경효·정윤수. 2001. "시민만족도평가제도의 조사모형과 방법론의 발전방안." 한국행정학회 춘계발표논문집. 197-212.

육동일·원구환. 1998. "광역자치단체의 주민만족모형 정립을 위한 변수추정에 관한 연구."『한국행정학보』. 32(3) : 127-144.

이선우·조경호. 1999. "지방행정에 대한 시민평가제 도입의 형태와 방법론."『정책분석평가학회보』. 9(2) : 105-122.

이창원·최창현·권해수. 1998. "지방자치단체의 조직효과성 평가에 관한 연구 : 계층분석절차 기법을 이용한 평가지표의 개발 및 적용."『한국행정학보』. 32(1). 129-145.

최병대 외. 1999. 시민평가제 도입방안 연구. 서울시정개발연구원 보고서.

최병대·권경득·강인호. 2000. "지방자치단체 시민평가제의 효과적인 도입방안에 관한 연구."『한국지방자치학회보』. 12(1) : 29-50.

최병대·박중훈. 2001. "시민평가제도의 도입취지와 서울시에의 적용사례." 한국행정학회 춘계발표논문집. 153-175.

황명찬·이성복·권경득. 1997. "지방정부의 행정서비스에 대한 지역주민의 평가에 관한 연구 : 경기도를 중심으로."『한국지방자치학회보』. 9(4) : 139-160.

서울특별시a. 2000 상반기 행정서비스 시민만족도조사 보고서.

서울특별시b. 2000. 상반기 행정서비스 시민만족도조사 보고서. 지하철부문.

행정자치부. 1998. 지방자치단체 평가표준모델 정립에 관한 연구.

Ammons, David N. (1995). Overcoming the Inadequacies of Performance Measurement in Local Government : The Case of Libraries and Leisure Services, *PAR* 55(1) : 37-47.

Brown. Karin & Coulter, Philip B. (1983). Subjective and Objective Measures of Police

Performance. *PAR* 43(1) : 50-58.
Brown, Richard E., & Pyers, James B. (1988). Putting Teeth into the Efficiency and Effectiveness of Public Services. *Public Administration Review*, 48(3) : 735-742.
Kotler, Philip. (1994). *Marketing Management*. Englewood Cliffs, NJ : Prentice Hall, Inc.
Kravchuk, Robert S. & Schack, Ronald W. (1996). Designing Effective Performance-Measurement Systems under the Government Performance and Results Acts of 1993. *PAR* 56(4) : 348-358.
Mas, Florence. (1990). Gestion privée pour services publics / Manager l'Administration. InterEditions
Nioche, Jean-Pierre et Poinsard Robert (1984). *L'Evaluation des politiques publiques*, Paris : Economica.
Poister, T.H. & Henry, G.T. (1994). Citizens Ratings of Public and Private Service Quality : A Comparative Perspective. *Public Administration Review*, 54(2) : 155-160.
Rosentraub, Mark S., Harlow, Karen, and Thompson, Lyke (1979). In Defense of Survey as a Reliable Source of Evaluation Data. *Public Administration Review*, 39(3) : 302-303.
Stipak, Brain (1979). Citizen Satisfaction with Urban Services : Potential Misuses as a Performance Indicator. *Public Administration Review*. 39(1) : 46-52.
Smith, Gerald E. and Huntsman, Carole A. (1997). Reframing the Metaphor of the Citizen-Government Relationship : A Value-Centered Perspective. *PAR*. 57(4) : 309-318.
Wagenheim, George D. & Reurink, John H. (1991). Customer Service in Public Administration. *PAR*. 51(3) : 266-269.

부록

설문지 예 : 지하철서비스 (열차 운행)

1. 지하철의 운행간격에 만족하십니까?

1 2 3 4 5
매우 불만족 매우 만족

2. 지하철을 타고 가실 때 지체되는 경우가 많습니까?

1 2 3 4 5
거의 없음 매우 많음

3. 지하철 요금에 비해 서비스는 어떠하다고 생각하십니까?

1 2 3 4 5

매우 불만족 매우 만족

4. 이상의 열차운행과 관련한 질문 중에서 어느 것이 가장 중요하다고 생각하십니까?

(1) 1번(열차운행의 정확 · 신속성)

(2) 2번(지체없는 열차운행)

(3) 3번(요금대비 서비스 수준)

선생님의 성별은?

선생님의 나이는?

선생님의 직업은?

선생님의 가정 월 평균 소득은?

지하철 이용회수(1주일 평균 : 편도기준)는?

열차 평균 탑승시간(편도기준)은?

주로 이용하시는 호선은(두개 이상 답변 가능)?

조사지역 : 타신 역( ), 내리신 역( )

조사시간대 : 타신 시간 오전 ( )시 또는 오후 ( )시

여타 지하철 서비스와 관련하여 하시고 싶은 말씀을 자유롭게 기술해 주시기 바랍니다.

A developing reflection on the resident evaluation model concerning the administrative service in local government

Choi Jin-Hyuk

Une réflexion développée sur le modèle de l'évaluation des habitants concernant les services administratifs des collectivités territoriales

07

시민사회와 로컬거버넌스

01 지역사회 이익단체

제1절 서론

지방자치실시 이후 최근 우리나라의 지역사회는 사회구조의 다층화와 중앙-지방간의 권력관계의 재편으로 인해 새로운 변화에 직면하고 있다. 즉, 1987년 6월 항쟁 이후 지펴진 정치민주화의 열기 속에서 얻어진 국가의 지방행정수행방식의 변화로서 지방분권화의 기운은 지방정치·행정에 있어 새로운 패러다임을 구축해야하는 상황으로 가고 있다. 이로써 그동안 국가와 지방자치단체의 통치력에 기반을 두었던 지역사회는 정부의 지배나 규제를 받지 않는 자율성을 지닌 독자적인 영역으로 시민단체를 형성하게 되었다. 이는 시민사회의 역량이 증대함에 따라 통치에 대한 개념이 점차 거버넌스(governance)라는 새로운 관점으로 전이되고 있음을 의미한다. 즉, 지역사회에서의 통치의 개념은 관료나 정치엘리트에 의한 일방적인 통치가 아닌 사회의 다원적 참여구조(네트워크)를 통한 지배와 신자유주의를 기반으로 하는 시장경제원리에 의한 지배를 포함하고 있는 로컬거버넌스(local governance)로의 통치인 것이다.

이러한 상황에서 지역사회의 구성원들은 개인적 또는 집단적 행위주체로서 자신의 삶을 영위하기 위해 다양한 활동들을 활발히 전개하고 있다. 이들 활동 중 과거 일부 인사들에 의해 주도되는 것으로 인식되었던 지역시민운동이 구성원들의 폭넓은 주체적인 참여로 시민운동의 기반을 광범위하게 확산시켜 나가고 있다. 대표적으로 도시생활운동, 환경운동, 소비자운동, 여성운동 등이 활성화하여 지역사회에서 그 역할과 의미를 새롭게 부여받고 그 영향력을 정치 · 사회적으로 확대시켜 나가고 있다. 한때 지역시민운동은 지방정부가 자신의 정당성의 상실로 불가피하게 받아들여야 하는 임시적이고 비정규적인 사회적 요구의 분출구인 것처럼 이해되고 수용되는 경우가 있었다. 그러나 이제 지역시민운동은 지역사회 내에서 하나의 독자적이고 자율적인 행위주체로서 지방정부의 정책결정에 심대한 영향을 미치는 주요 요인 중에 하나로 자리잡아가고 있다. 이처럼 지역시민운동이 지방자치시대를 맞이하여 그 사회적 역할과 의의를 증대시키고 있다.

그러나 우리나라 시민운동은 다음과 같은 문제점으로 인해 제 기능을 다하고 있지 못하다. 첫째, 시민운동을 추진하고 있는 시민단체들은 시민운동의 공공재적 성격에서 비롯되는 심각한 '무임승차의 문제(free-rider problem)'에 직면하고 있다(Olson, 1965). 예를 들어 경실련이 추구하는 반부패운동이나 환경운동연합이 추진하는 환경보호운동은 모두 공공재(public goods)의 성격을 지니고 있다. 왜냐하면 이러한 운동을 통해 부패가 감소하고 환경이 개선되면 그 이득은 이 운동에 기여한 사람과 기여하지 않은 사람 모두에게 돌아가게 되기 때문이다. 이러한 이유로 지역사회구성원(시민, 주민)들은 시민운동단체들이 생산하는 공공재의 혜택은 누리면서 그것의 생산에는 기여하지 않게 되고, 그 결과 시민운동단체들은 각종 자원의 결핍(예 : 참여자의 감소, 회비의 감소, 지원금의 감소)에 시달리게 되는 것이다(성경륭 외, 1997 : 5).

둘째, 지역사회 시민운동의 '사회 · 문화적 토대'가 매우 취약하여 우리나라 시민들은 자원봉사활동에 그리 활발하지 않은 것으로 조사되고 있다. 일례로 미국시민의 51%가 다양한 형태의 자원봉사 활동에 참여하는데 반해 우리나라의 시민들 중 각종 자원봉사 활동에 참여하는 비율은 겨우 2%에 불과하다는 것이다. 이는 우리나라의 시민운동이 아직도 시민의 자발적 참여에 뿌리를 내리지 못하고 있음을 나타내는 것이다(성경륭 외, 1997 : 6-7).

셋째, 지난 16년 동안 민주주의가 정착되어 오면서 한국의 시민운동이 양적 · 질적 측면에서 크게 성장해 온 것은 사실이지만 우리 지역사회는 아직도 각종 이기주의로 몸살을 앓고 있다. 특히 지방자치실시 이후 공동체의 규범과 이익을 무시하고 개인의 사적 욕망을 극단적으로 추구하려는 개인이기주의와 특정집단의 특수이익을 극대화하려

는 다양한 집단이기주의가 심화되고 있다.[1]

넷째, 급성장한 시민운동을 제대로 받쳐주기 위한 이론적 논의가 아직 부족한 실정이다. 시민단체가 급속도로 성장은 하고 있지만 시민사회 논쟁은커녕 시민단체, 시민운동에 대한 연구자체가 제대로 이루어지지 않고 있다(홍일표, 2001 : 282). 더구나 지방자치단체(지방정부)는 지역시민사회에 대해 사회정책적 차원에서 이해하고 접근해보려는 노력이 여전히 미흡한 것으로 보인다. 이것은 아직 제도권 정치행정영역 내에서 시민사회단체를 조명할 수 있는 여건이 아직 성숙되어 있지 못하기 때문이다.

이러한 문제들은 지역사회의 시민단체의 지속적 성장과 질적 성숙을 가로막는 중요한 제약요소로 간주된다. 따라서 앞으로 우리의 민주주의를 공고히 하고 민주주의의 제도적 틀 속에서 경제적 · 사회적 성과를 더욱 향상시키려 한다면 결국 공동체의 규범을 정립하고 공익을 증진시키는 시민단체의 역할을 발전적으로 정립할 필요가 있다. 이와 더불어 학계의 이론적 뒷받침이 이루어져 지역시민사회의 방향을 올바로 제시하여야 한다. 21세기 지방자치의 성공여부는 지방정부와 시민사회(이익단체, 시민단체) 가 협력하여 어떻게 하면 올바른 시민운동을 정착시켜 나가느냐에 달려있다고 할 것이다.

이러한 배경에서 본 연구는 이익단체가 지방정부와 어떠한 관계를 형성하고 있는가를 이익단체의 구성과 운용, 활동과 전략, 영향력 등을 중심으로 고찰하고자 한다. 다만 지역사회의 다양한 시민단체를 모두 조사하는 것은 한계가 있기 때문에 본 연구에서는 시민단체로서 이익단체에 한정하여 조사하고자 한다. 그러기 위해 우선 이익단체에 대한 이론적 배경지식을 고찰하기로 한다.

1 특히 혐오시설쓰레기매립장, 화장터, 분뇨처리장)이나 위험시설원자력발전소, 핵폐기장)의 입지에 따른 이해 자치단체간, 국가와 지방자치단체간의 대립과 갈등이 증폭되고 있다(NIMBY, PIMFY 현상).

제2절 이익단체에 관한 이론적 배경

1. 이익단체의 의의

1) 이익단체의 개념

일반적으로 이익집단(Interest groups)은 강력한 정치력을 행사하는 단체로서 그들의 대부분은 공식적으로 정치-행정적 정책·의사결정체계 내에 통합되어 있는 것으로 이해되고 있다(Wilson, 1990 ; Raadschelders, 2003 : 350).[2] 보다 구체적인 설명을 하기 위해 각각의 용어정의를 통해 이익단체의 개념을 도출해 보고자 한다.

(1) 이익의 개념

일반적으로 이익이 없는 집단은 있을 수 없는 개념이기 때문에 이익이란 집단과 동일한 개념으로 파악할 수 있다. 또한 한편으로 이익은 구성원들의 이로움을 추구하는 집단이기 때문에 결국 활동을 의미하게 된다(Bently, 1967 : 211). 따라서 이익과 집단과 활동을 같은 개념으로 파악할 수 있게 한다.

이익이란 한 집단이 공유한 태도(shared attitudes)로 정의될 수 있다(Truman, 1971 : 33). 이 공유한 태도 안에는 '해석하고 평가하는 준거틀'과 '사회의 다른 집단에 대한 요구와 주장으로서 주어진 상황 하에서 필요 또는 요구되는 태도'를 포함하는 것으로 볼 수 있다(김영래, 1997 : 28).

요컨대, 이익(interest)이란 '공공정책 또는 가치의 권위적 배분을 어떤 특정 방향으로 움직이려는 의식적 욕구'(J.G. LaPalombara, 1964 : 16)로 정의될 수 있다.

---

2 이익집단에 관련한 이론적 논의는 일반적으로 미국의 정치발전과정을 설명하는 차원에서 정치학 분야에서 20세기 초(1908)에 벤틀리(Arthur Bently)로부터 비롯되어 1920년, 30년대에 진정한 연구가 시작되었다. 이에 비하여 유럽에서는 물론 19세기 정치현상으로 이익집단에 관하여 인지하고 있었지만 1950년, 60년대에 들어서 비로소 학문적으로 접근하게 되었다(Raadschelders, 2003 : 350). 본 연구에서는 미국의 다원주의의 이론을 배경으로 유럽의 이론을 접목하여 이론적 배경의 외연을 확대하고자 하였다.

(2) 집단(단체)의 개념

집단(단체)의 개념은 일반적으로 단순히 개인들의 집합체라기보다는 '상호작용을 하는 개인들의 집합체'라고 할 수 있다. 여기서의 상호작용은 일정한 가치 및 이익추구에 의하여 이루어지는 여러 과정을 포함하고 있기 때문에 단체는 정치과정에 있어 중요한 행위자로 간주된다.

(3) 이익단체(interest group)

이익단체란 개인들의 집합체(a collectivity of individuals)로서 공유된 목표 또는 가치(shared goals or values)를 달성하기 위하여 상호작용을 하는 집단이라고 할 수 있다(김영래, 1997 : 21).

2) 이익단체의 특성(존재이유)

이상에서 이익단체는 구성원들의 이익과 관련되어 (그들의 이익을 정책과정에 반영하기 위해) 만들어진 조직을 의미하는 것으로 볼 수 있다. 즉 다음과 같이 세분하여 정리해 볼 수 있다.

1) 이익단체는 '구성원들의 이익'을 위해 만들어진다. 이 경우의 이익은 구성원들이 인정하고 들어가는 조직목표와, 조직활동을 통해 얻을 수 있다고 여겨지는 개인적인 것을 포함한다. 이익단체는 자신들의 이익을 위해 자발적으로 결성된 사적인 조직이다. 그런 의미에서 다양한 국민들의 이익을 대변하기 위해 만들어진 법규에 따른 조직인 정당과 구분된다. 그러나 이익단체 중에서는 공공의 이익을 보다 중요시하는 공익단체도 있다.

2) 이익단체는 '정책과정에 영향을 미치기 위해' 만들어진 조직이다. 자기들에게 유리한 정책결정, 집행이 되도록 영향력을 행사할 것이다.

3) 이익단체는 단순한 모임이 아니라 '조직'이라는 점이다. 조직은 구성원의 존재는 물론 목표, 규칙, 임원, 활동 내용들이 명시되어 있어야만 한다. 일시적인 사람들의 모임이 아니라 지속적으로 존재하면서 활동하는 조직이어야 하고, 예상되는 활동목표나 내용들이 정해져 있어야 한다(이대희, 2001 : 375-376).

3) 이익단체의 발생배경

(1) 다원주의사회의 대두와 이익의 다양화

다원주의 사회는 사회의 구조적 분화에 따라 나타난 여러 단체가 경쟁하며 상호작용을 하는 사회로 간주된다. 따라서 자연히 여러 계층 및 계급으로 분화된 사회구성원들의 이익이 다양화해졌다. 이러한 배경에서 사회구성원 개인의 이익을 추구하기 위해서 단체의 형성은 가장 필수적인 요건이 되고 있다.

(2) 대의정치제도의 발달과 대표원리의 변질

대의정치의 발달은 지역대표제에 기반을 두는 대표원리에 의존하였으나, 20세기에 들어오면서 사회구성원에 의한 다양한 이익이 표출됨으로써 대표원리는 지역의 범위를 넘게 되었다, 즉 유권자는 자기가 속한 일정한 지역의 범위 내에서 이익을 대표할 수 없게 됨으로써 자신들의 이익을 대표할 광범위한 단체의 필요성을 느끼게 되었다. 이러한 배경 하에 직능대표의 성격을 지닌 대의제도가 등장하게 되었다(김영래, 1997 : 23).

(3) 정당의 과두제화와 역할의 저하

대의정치제도의 발달은 정당정치의 발달을 더욱 촉진하였고, 이로 인하여 거대한 정당운영이 불가피해졌다. 여기에서 소수의 당 간부가 당 운영 및 정당의 정책에 결정적 영향력을 행사하게 됨(정당의 과두제화)에 따라 당 간부와 특정 이익집단간에 암묵적인 거래가 이루어질 수 있었다. 또한 정당이 소수의 당 간부들에 의해 독점됨으로써 정당의 역할이 저하되었다. 따라서 미국과 같은 나라에서는 정당의 역할이 점차 이익집단으로 대체된다거나 정당의 이익집단화 되어 집단의 중요성이 더욱 강조되었다(김영래, 1997 : 24).

(4) 국가의 역할과 정부의 통제의 증대

20세기에 들어서면서 국가는 강력한 행정국가를 추구하면서 19세기 자유방임국가가 지닌 여러 문제점들을 보완하기에 이르렀다. 여기에서 강력한 국가중심주의에 대처하여 사회구성원들은 단체를 형성하여 집단적인 압력을 추구하게 되었고 이익집단의 발생을 더욱 가중시키게 되었다(김영래, 1997 : 25).

(5) 참여적 정치문화의 증대와 조직지도자의 출현

사회가 근대화되면서 사회구조의 변화와 함께 국민의식수준의 변화를 야기 시켰으며, 이는 정치적인 요구를 활발하게 할 수 있는 계기를 주었던 것이다. 특히, 우리나라의 지방분권정책에 따라 지방자치의 실시는 과거의 소극적 주민에서 적극적 주민으로 변화시키게 하였다. 주민들도 이제는 자기지역의 문제에 직접 참여하여 어떻게 하면 우리의 자치단체를 위해 우리의 권리와 의무를 다할 수 있을 것인가를 깊이 생각하게 되었다. 즉, 집권화 방식의 운영에서 오는 주민의 소극적 자세를 지양하고 분권화를 통하여 주민의 민주화 훈련을 제고시키지 않을 수 없게 되었다. 따라서 주민의 자치의식 함양, 참여확대에 따라 보다 나은 서비스에의 요구 내지 삶의 질(Qualité de la vie)을 고양하는데 관심을 피력하게 되었으며, 주민의 자율과 책임의식의 고양으로 자연히 참여적 정치문화를 만들어 놓았다. 여기에 이익집단을 이끌어갈 수 있는 지도자가 출현함으로써 이익단체의 발생을 더욱 가능케 하였다(최진혁, 2002 : 326).

(6) 민주화, 자유화에 따른 정치체제의 변화

우리나라의 정치체제는 권위주의정치체제로부터 민주화, 자유화됨으로써 사회구성원의 이익을 표출할 수 있는 기회를 제공하였으며, 이런 현상이 이익집단의 조직화를 증대시켰다. 특히 우리나라 이익단체들은 1987년 6.29 민중항쟁 이후 그동안 억압되었던 민주화의 소망이 분출되는 상황에서 이익집단의 폭발적인 증가를 가져왔다.[3]

3 한국 이익집단의 양적, 질적변화 : 1970년대 1천여개 달하는 이익집단은 최근 2,180여 개로 폭발적인 증가세를 보이고 있다. 질적인 변화측면에서 이익집단의 조직양상이 더욱 분화되고 이익추구의 내용도 변화되고 있다(김영래, 1997 : 67-69).

4) 이익단체의 형성이론 : 미국의 시각

(1) 벤틀리(Bentley)의 갈등(conflict)이론

벤틀리는 자율적인 개인의 중요성을 극소화하는 입장에서 '개인은 활동을 통한 존재로서만이 가치를 인정받는다'는 주장을 한다. 따라서 활동에 의해 집단이 형성되며, 이들 집단은 상호간의 압력을 가하며 균형을 이룬다고 보고 있다. 집단압력간의 균형은 사회의 존재상태를 의미하고 나아가서는 정치과정을 형성하게 된다(A. F. Bentley, 1967 : 211).[4]

(2) 트루먼(Truman)의 파열(disturbance)이론

상호작용, 접촉관계에 따른 이익집단의 형성요인 설명 : 접촉이 상호작용을 초래하고, 상호작용이 공유된 태도로 유도되며, 이런 상호작용의 변화는 집단의 형성을 나타낸다. 즉, 어떤 시점에서 지금까지 유지되었던 균형상태가 깨지면서 한 사회의 일부 층이 불리한 여건에 처하게 될 때 균형을 찾기 위하여 상호작용을 하게 되며, 이런 단계에서 집단이 형성된다고 주장한다(파열이론)(D. Truman, 1971 : 40-41).

(3) 샐리스버리(Salibury)의 교환(exchange)이론

이는 일종의 시장개념에 의한 이론으로서 조직기업가가 잠재적인 집단구성원에게 참여할 수 있는 매력적인 혜택을 준다면 구성원들은 새로운 집단에 형성, 참여한다는 것이다. 그는 이런 혜택에는 세 가지 종류 즉, 목적적(purposive), 물질적(material), 연대적(solidary) 혜택이 그것이다(Salisbury, 1969 : 69).[5]

---

4 갈등이론을 통하여 벤틀리가 이익집단의 형성을 주장하고 있는 주요한 내용은 압력과 저항이라는 힘의 개념에 입각하여 집단의 개념을 분석함으로써 집단의 성장이나 존재의 요인을 뚜렷하게 설명하는 것이다(김영래, 1997 : 27).

5 목적적 혜택은 이념적 또는 쟁점 지향적 목표의 추구와 관련있는 것으로 구성원에게 어떤 접촉적 보상을 제공하지 않는 집단인 것이다. 물질적 혜택을 부여함으로써 집단에 참여하는 경우가 있는가 하면, 연대적 혜택은 사회적 보상을 추구하기 위하여 단체를 조직하는 것이다. 샐리스버리는 정치적인 정향을 가진 집단이 주로 목적적이며 물질적인 혜택에 관심이 있다면, 연대적 혜택을 추구하는 집단은 집단참여를 통한 사회화와 우정 등에 관심이 있다고 주장한다(김영래, 1997 : 29).

(4) 올슨(Olson)의 합리적 선택(rational-choice)이론

올슨은 경제적 관점에 따른 합리적 인간의 선택기준에 의존하고 있다. 그는 이익집단의 발생요인으로 자선(philanthropy), 강제력(compulsion)과 선택적 혜택(selective benefits)을 들고 있다(Olson, 1965). 합리적 인간이면 선택적 혜택의 차원에서 이익집단에 참여한다고 보고 있다. 합리적 선택이론에서 가장 공통적인 요인은 선택적 혜택인데, 이는 오직 단체에 가입한 회원에게만 어떤 혜택이 주어지고, 반면에 그 조직에 속해 있지 않으면 어떤 혜택을 제공받지 못하기 때문에 단체에 가입한다고 보고 있다(김영래, 1997 : 30).

5) 이익단체의 유형

(1) 샐리스버리(Salisbury)의 분류

① 이익내용에 따른 분류

사회경제적 분파(socio-economic sector)에 따라 구분하는 것으로 예를 들면 농업, 노동, 실업, 전문직업, 기타의 분파로 나누는 것이다.

② 조직형태에 따른 분류

트루만이 제시하는 연합조직집단(federally organized group)과 단일조직집단(unitary organized group)으로 구분하는 것이 한 예가 될 수 있다. 또한 조직의 구조적 분화에 따라 소 · 중 · 대규모의 집단으로 분류할 수 있으며, 집단구성원과 단체지도자의 관계에 따라 민주적 또는 조합적 조직형태로 구분할 수 있다.

③ 회원형태에 따른 분류

이 분류는 단체 구성원 개인의 특성을 기초하여 분류하는 것으로 우튼(G. Wootton)은 개인의 필요성에 따라 조직되는 집단, 중간단위의 집단으로 더 이상의 상위구조를 갖지 않는 조직이면서 동시에 최저활동단위로서 조직된 국제적 노동단체, 최고정상조직을 들고 있다.

(2) 알몬드의 분류

알몬드(Almond)는 기능주의적 관점에 기초하여 조직의 특성에 따라 다음과 같이 분류하고 있다.

① 아노미 이익집단(anomic interest group)

이 집단은 불만이나 항의의 자연발생적으로 나타나는 비조직적인 군중집단으로 군중데모집단을 그 예로 들 수 있다.

② 비결사적 이익집단(non-associational interest group)

아노미집단과 같이 전문화된 조직을 가지고 있지 않으나 이익의 계속성을 지닌 인종, 언어, 종교, 지방, 직업 또는 혈연과 같은 문화적 내지는 경제적 이익에 기반을 두고 있다.

③ 제도적 이익집단(institutional interest group)

이 집단은 정당, 회사, 입법부, 군대, 관료, 교회 등에서 발견될 수 있는 단체로서 모조직은 고도로 분화된 역할구조를 갖고 있지만 그 조직은 이익표출 이외의 기능을 위한 것이다.

④ 결사적 이익집단(associational interest group)

이 집단은 이익표출을 위한 전문화된 구조와 특정한 목표를 대표하기 위한 조직을 지닌 집단이다. 노동조합, 상공회의소 등 특정한 노동자들이나 기업인들과 같이 특정한 목표를 성취하기 위하여 조직된 단체를 의미한다.

(3) 본 연구의 관점

본 연구는 이익단체의 구성목표를 기준으로 하여 공익과 사익을 대척점으로 하는 스팩트럼을 가상하여 연고단체, 직능단체, 전문가단체, 종교단체, 시민단체로 구분하여

조사하였다(그림 1-1 참조).[6]

<그림 1-1> 본 연구의 이익단체분류 기준 (이익단체의 구성목표)

사익 ←――――――――――――――――――――――――――――――――→ 공익

연고단체, 직능단체, 전문가단체, 종교단체, 시민단체

(1) 연고단체 : 고등학교 · 대학교 총동문회

(2) 직능단체 : 상공회의소, 한국노총본부, 민주노총본부, 농협지역본부, 유흥업 · 숙박업 중앙회

(3) 전문가단체 : 의사회, 치과의사회, 한의사회, 약사회, 간호사회, 변호사회, 한교조지부, 교총지부, 전교조지부

(4) 종교단체 : 개신교, 천주교, 불교, 유교

(5) 시민단체 : YMCA, YWCA, 흥사단, 경실련지부, 참여자치시민연대

2. 다수주의와 민주주의의 논의상의 이익단체 : 유럽의 시각

20세기 들면서 서유럽국가의 정치학자는 국가(Etat)와 개인(individu)과의 관계에 한정하였던 정치적 관점에 대항하여 점차 여러 다양한 중간조직(organizations intermédiaires)을 관심 있게 조명하게 되었다. 이들 이익집단들은 발전된 산업사회에서 더욱 더 중요한 요소로 등장하게 되었다. 이러한 변화는 대체적으로 법률적, 제도적인 시각에서의 연구(대체적으로 유럽에서의 연구경향 ; 영미계통의 연구시각은 대체적으로 역사적, 철학적 접근)로부터 분리된 정치학의 조직연구와 일치한다. 보다 경험적이고 비공식적이고 사회학적인 분석이 채택되면서 서유럽의 정치학은 자연스럽게 정당, 이익단체, 개인과 국가사이의 대표적 과정 안에 조직된 관계를 연구하게 되었다(Hayward, 1996 : 5).

6 본 연구는 학술진흥재단의 지원(2002년)을 받아 전국 9개도시 사례를 분석하였다(한국지역사회 이익단체, 2005 참고).

1) 이익단체와 지방정부와의 관계

이익단체와 지방정부와의 관계에서 이루어질 수 있는 많은 다양성은 단순화의 우려가 있지만 다음의 두 가지 기준에 따라 주요한 네 가지 형태를 구분할 수 있다(그림 1-2 참조). 첫째, 이익단체의 성격이 완전한 자발적 연합체로부터 완전한 의무적 연합체간의 조합적 상황을 연출할 수 있고, 둘째, 이들 이익단체가 지방정부에 의해 통치되는 사회(les sociétés gouvernées par l'autorité locale) 안에서 혹은 시민사회에 의해 통치되는 지방정부(les autorités locales gouvernées par la société) 안에서 나타날 수 있다(Hayward, 1996 : 11).

<그림 1-2> 이익단체와 지방정부간의 관계 : 네 가지 주요형태

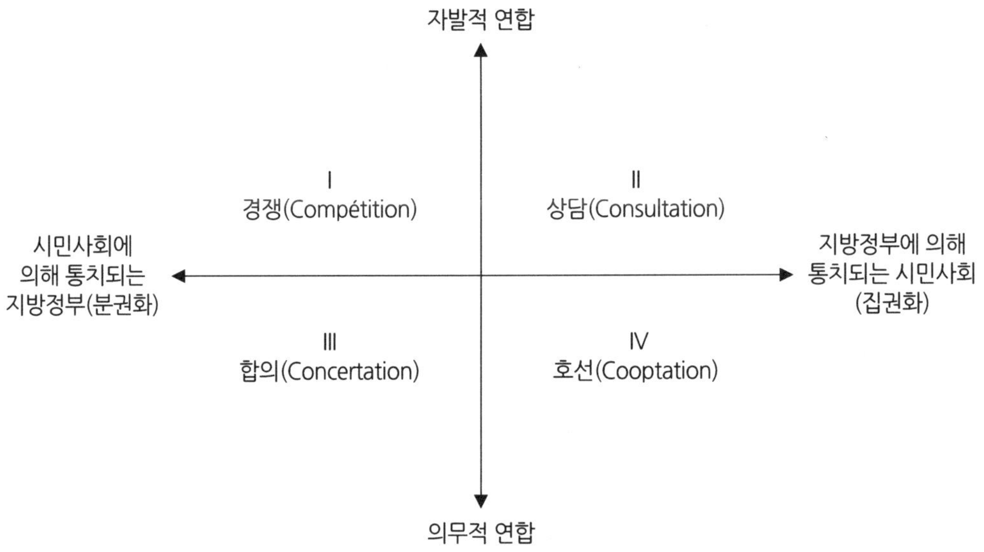

(1) 제I유형(경쟁 : Compétition)

시민사회에 의해 통치되는 지방정부와 자발적 연합체의 조합은 이익단체와 지방정부간의 관계모델을 경쟁형(le type de compétition)으로 구분할 수 있게 한다. 이 자유주의적 접근은 시장에서의 각종 조직들 사이의 관계에서와 마찬가지로 구성된 〈사적〉 이익단체와 지방정부간의 관계를 다루게 된다. 따라서 자발적인 다양한 이익단체들이 그들의 목적(이익)추구를 위해 지방정부와 경쟁관계에 놓이게 되는 유형이다. 이 경우 극단적 상황에서 비자치적 정부는 그 기능들을 시민사회와 시장에 다시 위치시키려하기 위해 가능한 한 이들 기능에서 벗어나려고 한다. 이익단체간의 상호경쟁, 이익단체와 지방정부와의 상호작용에 의한 경쟁적 특색은 (상호 관용의 형태를 받아들일 수 있다면) 상호 적대적인 관계를 쉽게 불식시킬 수 있다. 그러나 이 형태는 정치적 문제를 야기할 수 있다. 왜냐하면 이 형태는 공식적 결정을 취한 단체들이 배제된 이익단체의 압력을 대표하기 때문이다.

(2) 제II유형(상담 : Consultation)

지방정부에 의해 통치되는 시민사회에서 자발적 연합체는 이익단체와 지방정부와의 관계를 상담형(le type de consultation)으로 구분하는데 반구조화된 다수주의(un pluralisme semi-structuré)에 연결된다. 이 반구조화된 다수주의 안에서는 공공행위가 질서유지나 자발적 조직이 행하는 자유스러운 기능에 부합하는 조건들을 창조해내는 것에 한계를 둘 수 없다. 이 경우 이익단체의 구성된 사적 이해의 선호와 공익의 이름으로 취한 지방정부의 결정사이에 어느 정도의 조정이 불가피하다. 이 상호 조정은 일반적으로 사적, 공적 행위자간의 비공식 정치조직망의 형태를 구성하지만, 또한 정치적 단체의 보다 항시적이고 통합된 형태로 나타날 수 있다. 지방정부에 의해 '책임성 있는' 대표적 단체라고 판단되는 조직들은 상호적 의무 없이 자문법규(un statut consultatif)를 보게된다. 이들 이익단체들이 상대적 자율로 인해 상실된 부분은 공공결정과정에서 행사하는 영향력에 의해 보상받을 것이다. 여기에서 발생하는 위험한 상황은 이익단체의 행위가 지방정부의 바램에 따라 움직일 수밖에 없는 경우가 될 것이다.

(3) 제III유형(합의 : Concertation)

시민사회가 주도가 되어 정치를 이끌어 가는 지방정부에 있어 의무적 연합은 다음을 가정한다. 즉, 분리된 계서적인 하위체계 내에 구성원들은 재결합된다. 또한 조직화된 그룹이나 지방정부 모두가 프로그램이나 기간, 그들간의 상호관계에 영향을 미치는 결정의 폭과 내용에 대해 일방적인 통제를 행사할 수 없다. 사적 이해와 공공행정간의 상호의존은 어느 정도의 공통의 통제가 요구되며, 더구나 필수 · 불가결한 것이 된다. 따라서 합의(concertation)는 매우 공통된 실제상황이 된다. 그리고 어떤 경우에는 이 합의가 신조합주의(néocorporatisme)에 순전한 기업화(카르텔화)의 특징을 획득할 때까지 지속될 수 있다. 그러나 마찬가지로 상담(consultation)유형은 II와 III유형 사이의 경계를 허물어버리면서 합의유형까지 이를 수 있다. 합의유형은 그것이 완전히 발전되었을 때는 약한 호선(cooptation) 유형으로부터 구분하기가 어렵게 된다.

(4) 제IV유형(호선 : Cooptation)

지방정부가 주도하여 정치를 이끌어 가는 시민사회에서 의무적 연합은 극단적인 형태로서 절대적인 지방정부에 의해 조직된 이해관계의 거의 모든 것이 종속하게 된다.[7] 이들 연합은 사적인 성격을 완전히 잃어버리며 지방정부에 의해 합치되게 된다. 따라서 지방정부와 이익단체간의 관계는 지방정부 주도하의 선택(호선)만이 있을 뿐이다.

이 네 가지 정형적 유형은 이익단체와 정부와의 관계에를 나타내주는데 가장 의미있는 것으로 보여진다. 그러나 정태적인 분류방식으로 일정한 한계가 있다. 보다 동태적인 관계를 설명하기 위해서는 이들간에 상호작용이 행해지는 다양한 맥락을 고려해야 한다(후술).

2) 이익단체와 지방정부간 상호작용의 정치적 맥락

이익단체들이 자기들의 목적을 달성하기 위해 활동하는 동태적 맥락을 고찰하기 위해 다음의 두 가지 측면을 살펴보아야 한다. 우선 그 정치적 맥락이 일반적 상황에 직면해 있느냐, 아니면 반대로 매우 예외적인 위기상황, 영웅적인 위기상황에 직면하였느냐이다. 둘째 그 체계 내에서 그 맥락이 운용되는 정치체계가 정치적으로 합의일치 혹은 강제에 의해 결정에 이르는 것이 습관화 돼있는 체제인지를 고려해야 한다. 이 두 가지 기준에 따른 조합은 그 관계를 네 가지 유형으로 구분하는데, 그 유형에 따르면 이익단체와 지방정부와의 관계는 정치적 분야와 시간 사이에서 지방자치단체마다 서로 다양하게 나타난다는 것이다(그림 1-3 참조)(J. Hayward, 1996 : 14).

7 국가차원에서는 과거 서유럽국가의 나찌, 파시스트, 소비에트 국가를 상정할 수 있다(J. Hayward, 1996 : 13).

<그림 1-3> 이익단체와 지방정부간 관계의 네 가지 맥락

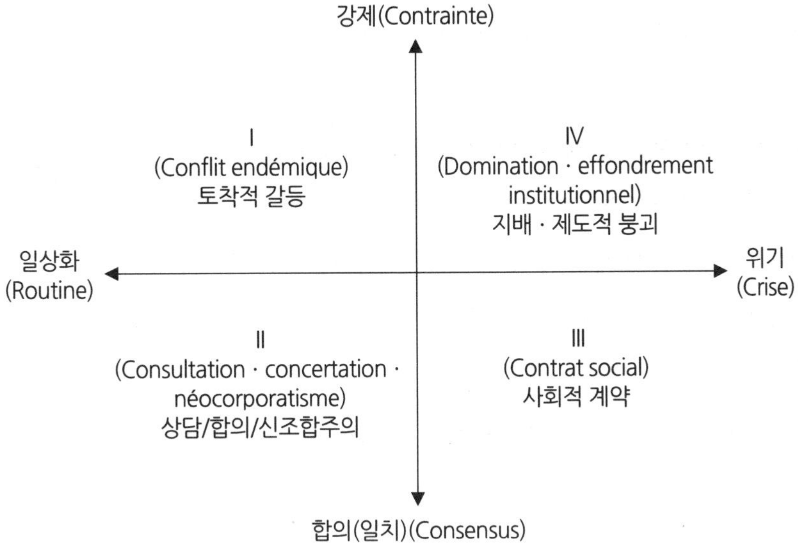

(1) 제I의 상황 : 토착적 갈등 상황

제I의 상황은 일상화 되어있는 정치적 맥락과 강제적 정치체제가 조합을 이룬 형태로서 토착적 갈등(le conflit endémique)상황을 연출한다. 즉, 이 유형은 〈배제된〉 이익단체와 지방정부와의 관계가 항시적 갈등을 가지는 상황이다.[8] 유럽 공산국(폴란드, 헝가리)의 경험에 의하면 (지방)정부의 일상화된 강제가 그들 관계에서 두 배의 비효과적인 상황을 연출하였음을 인지하게 되었다는 것이다. 즉, 이 상황하에서는 지방정부가 원하는 결과를 도출할 수 없었고, 시민사회에 있어서도 그들의 의지를 펼칠 능력도 없었다. 결국 (지방)정부는 통제를 상실하게 되었다.

(2) 제II의 상황 : 상담, 합의, 신조합주의 상황

제II의 상황은 상담 내지 합의로 조화롭게 일상적으로 이익단체와 지방정부간의 정치적 문제를 해결하는 장으로 간주된다. 상호 의무적 사항이 덜 무거운 맥락은 (상호 거리를 유지하는 맥락) 상담(consultation)인데, 그 상담에서 정부기관은 관련된 이익단체의 다양한

8 국가차원에서는 일국가 통제에서 자율을 추구하고자 했던 80년대 몰락한 유럽공산국가를 그 예로 들 수 있다 (Hayward, 1996 : 14).

견해를 경청한다. 여기에서 이익단체들은 그들의 제안을 개진하면서도 그에 따른 반작용을 동시에 인식하게 된다(J. Hayward, 1996 : 15).

(3) 제III의 상황 : 사회적 계약상황(Contrat social)

제III의 상황(지방정치가 위기이고 정치체제가 구성원간의 합의, 일치하는 것이 습관적임)은 지방정부와 이익단체와의 사회적 계약상황으로 일시적인 것으로 나타날 수 있다. 그러나 이 계약은 양쪽의 접근방법에 따라 성공할 수도 실패할 수도 있음은 물론이다.[9]

(4) 제IV의 상황 : 지배 · 제도적 붕괴(Domination · effondrement institutionnel)

제IV의 상황(지방정치가 위기이고 정치체제가 강제로서 의사결정이 이루어짐)은 정치적 문제에 따른 위기해결의 맥락으로 특별히 제도(체제)의 몰락조건이 되고 있다.

3. 이론적 분석틀

1) 이익단체의 이론적 분석틀

이론적 배경에서 논의한 관점에 따라 이익단체를 국가, 지방자치단체(지방정부), 지역시민사회, 주민의 상호관계 맥락에서 다음과 같이 고찰해 볼 수 있다(그림 1-4 참조). 그러나 본 연구에서는 이익단체의 현황을 지방자치단체와의 관계에 초점을 두어 파악하고자 한다.

9 국가적 차원에서 60년대 중반 영국과 독일은 인플레이션을 제한하고자 이러한 현상을 경험하였는데, 당시의 조합원들은 임금인상안을 두고 너무 강력한 강제를 부과하였기 때문에 실패하였다(J. Hayward, 1996 : 15-16).

<그림 1-4> 이익단체의 이론적 분석틀

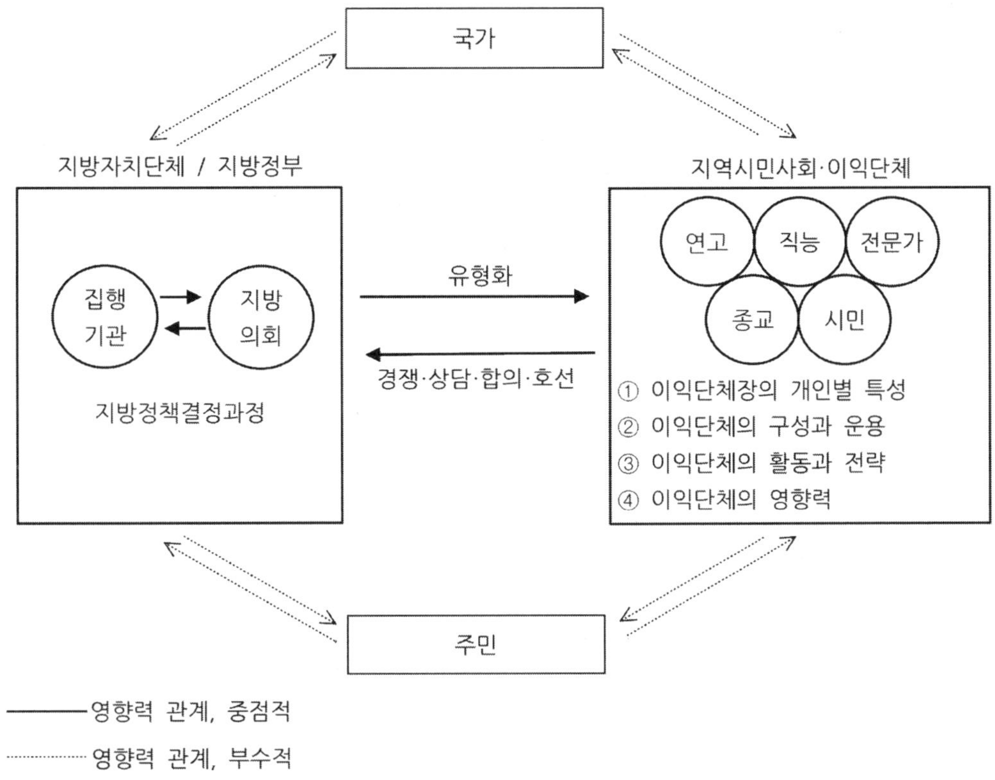

첫째, 이익단체장의 개인별 특성을 조사하여 이익단체 구성과 활동에 어떠한 영향력을 행사하는지를 파악하고자 한다. 그러기 위해 이익단체장의 연령, 성별, 성장지, 학력, 출신고교, 출신대학을 조사한다. 특히 성장지와 출신고교, 출신대학과 관련하여 해당지역 네트워크가 어떻게 형성되고 있는가(응집성의 여부)를 고찰한다.

둘째, 이익단체의 구성과 운용을 조사한다. 그러기 위해 이익단체의 현황, 목표, 발전요인, 구성원 참여동기, 자체이익 대변정도, 의사결정상의 합리성, 이익단체의 인지도 등을 고찰한다. 즉, 이익단체별 추구하는 목표 및 발전요인은 어떻게 차이가 나고, 이익단체 구성원의 참여동기는 어디에 비중을 두고 있으며, 어느 이익단체의 의사결정방식이 합리적이라고 판단되는지, 그리고 지역민들의 인지정도는 어느 이익단체에 보다 강하게 나타나고 있는가를 조사한다. 이를 통해 이익단체의 성격을 결정지을 수 있는 변수를 찾아내어 지방정부와의 관계정도를 파악하고자 한다.

셋째, 이익단체의 활동과 전략을 조사한다. 그러기 위해 이익단체 활동비중, 참여방법, 대정부 건의내용, 정책결정기준, 활동전략, 개별적 접촉, 로비통로, 선거운동참여, 연합활동 등을 고찰한다. 이익단체가 지방정부와 관련하여 여러 활동을 행할 것이라는 가상할 경우 이익단체의 활동이 어느 단계(정책문제의 제기, 정책의제의 채택 및 정책형성, 정책집행, 정책평가)에 더 비중을 두고 있고 어떻게 참여(로비스트고용, 정보제공, 직접설득, 여론환기, 시위)하고 있는가(활동전략과 연계)를 조사한다.[10] 그리고 이익단체들이 국가나 지방정부에게 대한 대정부건의 내용이 어디에 있는가를 조사한다. 이익집단별 정책건의내용에 따라 시민단체 활동 상을 분석할 수 있기 때문이다.[11]

넷째, 이익단체의 영향력을 조사한다. 그러기 위해 이익단체의 업무관계자 접촉정도, 업무관계자의 영향력 정도, 지방정부 연계정도, 지방정부 기여도, 지방정부 봉사도, 지방정부의 이익단체에 대한 공정성 등을 조사한다. 이익단체별, 지역별 차이는 어느 분야에서 어떻게 나타나고 있는지를 고찰한다.

상기의 조사항목들은 독자적이라기보다 상호 연계성을 가지고 있는 것으로 밝혀져(통계) 설문변수간에 서로 관련되는 변수는 어떤 것인가를 〈표 1-1〉과 같은 관계표를 설

---

10 이익집단들의 지방정책결정과정에의 참여단계 및 방법은 다음과 같다(이대희, 2001 : 389-391).(1) 참여단계(가) 정책형성단계구체적인 정책대안을 모색하고 그 중 최선의 대안을 찾아가는 과정인데 이익집단들의 대결이 가장 첨예화하는 단계로 볼 수 있다. 자기집단의 이익을 정책에 반영시키려하기 때문이다.(나) 정책집행단계(다) 정책평가단계정책형성단계에서 조금이라도 불리했다고 느끼는 집단들은 집행과정을 지켜보면서 끊임없이 반전의 기회를 엿본다. 정책의 효과를 과소평가하고, 새로 나타나는 문제점을 부각시키며 정책변화를 꾀한다.(2) 참여방법(가) 로비스트고용 : 관련분야 고위공무원출신자, 전직국회의원, 정치인들을 많이 알고 있는 전직기자, 핵심정책담당자와 1차 집단관계에 있는 가까운 사람(나) 정보제공 : 정책문제제기나 정책형성단계에 자신들에게 유리한 정보를 제공하고자 하는 것이다. 이익집단들은 자신들에게 유리한 정보는 증폭하고 불리한 정보는 축소 · 제공할 가능성이 크다.(다) 직접설득 : 정책담당자들에 대한 직접적인 설득작업(라) 여론환기 : 신문이나 방송 등 언론매체를 이용하여 자신들의 관점을 부각시키고 좀 더 많은 사람들의 지지와 정책담당자들의 환심을 사기 위해 힘쓴다.(마) 시위 : 대중을 동원하여 시위를 통해 정부에 압박을 가한다.

11 예를 들어 이대희교수(이대희, 2001 : 394-396)의 조사에 따르면 전경련은 그 정책참여 내용이 규제완화, 공정거래나 금융·세제부문에 집중되어 있음을 밝히고 있다. 전경련회원들의 가장 커다란 이해관계가 기업경영을 위한 정부의 지원이나 협조에 있기 때문이다. 따라서 기업경영에 필요한 자금지원이나 세제혜택, 그리고 기업경영에 장애가 되는 정부규제나 공정거래 조사 등에 이들의 의견이 집중되고 있다는 것이다. 실제 이들이 건의한 세부 내용을 살펴보면 금융·외환규제완화, 수출입절차 간소화, 세제개혁, 관세법 개정, 투자소요자금 지원, 산업입지개발 지원, 사회간접자본 민간자본 유치촉진, 민속공예단지 건립 촉진 등 주로 경영확대를 위한 정부사업 확충이나 기업활동의 고충해소에 치중한 내용이 대부분으로 조사되고 있다. 반면 경실련이 정부에 건의한 정책내용을 살펴보면, 환경정책이 가장 많고, 그 다음으로 금융·세제, 행정규제·개혁과 관련한 내용이 주류를 이루고 있음을 밝히고 있다. 이는 사회정의를 실현하기 위한 경실련의 활동취지를 반영하는 것이며, 대부분이 시민들의 직접적인 이해관계에 얽힌 문제라는 것을 알 수 있다. 실제로 경실련이 건의한 세부내용은 자연환경보존, 핵폐기물 안전관리, 부동산실명법 입법, 상속·증여세법 개정, 심야영업 자율화 반대, 정경유착근절대책 수립촉구, 공직자윤리법입법, 학교급식시행, 농안법 개정 등 대부분 민원성 정책이나 사회정의 실현에 관련된 내용들이 주를 이루고 있는 것으로 조사되고 있다.

정하여 분석하였다.

<표 1-1> 서로 영향을 주는 관련변수 관계

영역	설문분석내용	y6	y7	y9	y10	y11	y16	y19	y18	y8	y21	y20	y26	y27
인지도·자치단체관계	y6. 단체 자체이익 대변 정도													
	y7. 시민의 이익 단체 인지도													
	y9. 이익단체 지방 정부 연계정도													
	y10. 지방정부의 이익단체에 대한 공정성													
	y11. 이익단체의 의사결정합리성													
정책결정	y16. 이익단체 지방 정부 기여도													
	y19. 불이익행사 우려													
	y18. 불이익행사 효과성													
	y8. 이익단체 지방 정부 봉사도													
	y21. 이익단체 유용역할 정도													
	y20. 관계 자치단체에 불이익행사													
활동전략	y26. 이익단체의 선거운동 참여													
	y27. 이익단체간 연합활동													

: 관련성의 정도(강(◎), 중(◎), 약(ㅇ))

그리고 이익단체와 지방정부의 관계를 지방자치단체가 지방정부에 의해 통치되는 집권적 시민사회와 시민사회에 의해 통치되는 분권적 지방정부, 자발적 연합과 의무적 연합이라는 측면에서 설문변수 관계설정을 기본으로 하여 지역별로 어느 유형으로 구분할 수 있는가를 〈그림 1-5〉의 도식으로 고찰한다.

<그림 1-5> 이익단체와 지방정부간의 관계

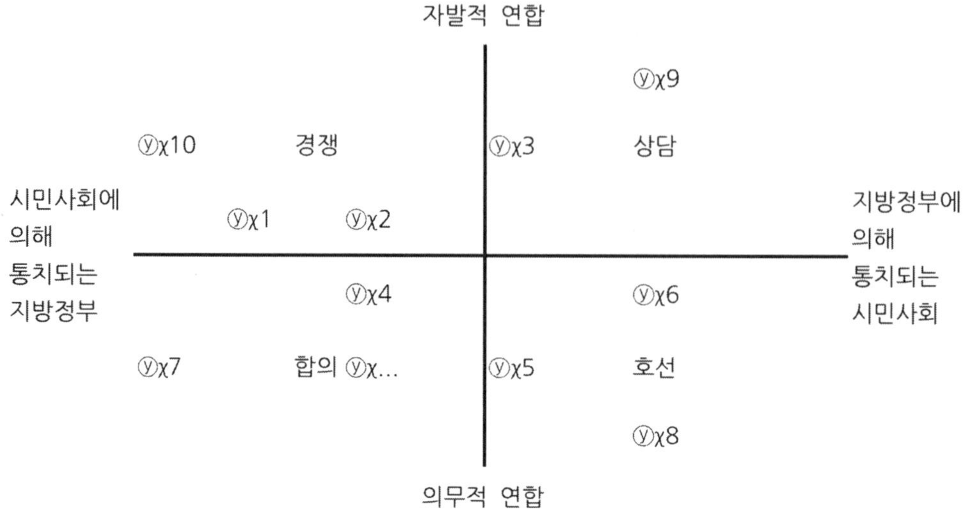

* 관련변수 관계 설정 = ⓨχ

참고문헌

김영래. 1997.『한국 비정부단체(NGO)의 세계화 전략연구』. 국제정치논총. 37(1).

성경륭외. 1997.『시민운동의 활성화를 위한 민간단체 육성방안연구』.정무장관(제1)실.

이대희. 2001. "이익집단". 하태권 외(편).『현대 한국정부론』. 법문사.

최진혁. 2002. "우리나라 지방분권의 발전적 고찰."『사회과학연구 제13권』. 충남대학교 사회과학연구소.

홍일표. 2001. "이제 다시 위태로운 모험의 기로에 선 한국 시민운동". 유팔무 김정훈(편).『시민사회와 시민운동』. 한울.

Hayward, Jack. 1996. "Groupes d'intérêt, pluralisme et démocratie." Pouvoirs, no. 79.

McCarthy, John & Mayer N, Zald. 1977. Resource Mobilization and Social Movement: A Practical Theory. *American Journal of Sociology*. 82.

Olson, Mancur. 1977. *The Logic of Collective Action*. Cambridge, MA.: Harvard Univ. Press.

Raadschelders, Jos C. N. 2003. *Government : A Public Administration Perspective*, M. E. Sharpe, Inc.

02 로컬거버넌스체제하의 지방자치발전을 위한 지역NGO의 역할과 과제

제1절 서론 : 문제제기

최근 지역사회는 사회구조의 다층화와 중앙-지방간의 권력관계의 재편으로 인해 새로운 변화에 직면하고 있다. 즉, 87년 6월 항쟁 이후 지펴진 정치민주화의 열기 속에서 얻어진 국가의 지방행정수행방식의 변화로서 지방분권화의 기운은 지방정치 · 행정에 있어 새로운 패러다임을 요구하고 있다. 이는 시민사회의 역량이 증대함에 따라 지방자치단체의 '다스림'에 대한 개념이 국가와 지방자치단체의 일방적인 통치(government)에서 점차 거버넌스(governance)라는 새로운 관점으로 전이되고 있음을 의미한다. 즉, 지역사회에서의 통치의 개념은 관료나 정치엘리트에 의한 일방적인 통치가 아닌 사회의 다원적 참여구조(네트워크)를 통한 지배와 신자유주의를 기반으로 하는 시장경제원리에 의한 지배를 포함하고 있는 로컬거버넌스(local governance)로의 통치인 것이다.

이러한 상황에서 지역사회의 구성원들은 개인적 또는 집단적 행위주체로서 자신의 삶을 영위하기 위해 다양한 활동들을 전개하고 있다. 이들 활동 중 과거 일부 인사들에 의해 주도되는 것으로 인식되었던 지역시민운동이 구성원들의 폭넓은 주체적인 참여로 시민운동의 기반을 광범위하게 확산시켜 나가고 있다. 대표적으로 도시생활운동, 환경운동, 소비자운동, 여성운동 등이 활성화하여 지역사회에서 그 역할과 의미를 새롭게 부여받고 그 영향력을 정치 · 사회적으로 확대시켜 나가고 있다. 한때 지역시민운동은 지방정부가 자신의 정당성의 상실로 불가피하게 받아들여야 하는 임시적이고 비정규적인 사회적 요구의 분출구인 것처럼 이해되고 수용되는 경우가 있었다. 그러나 이제 지역시민운동은 지역사회 내에서 하나의 독자적이고 자율적인 행위주체로서 지방정부의 정책결정에 심대한 영향을 미치는 주요 요인 중에 하나로 자리잡아 가고 있다. 이처럼 지역시민운동이 지방자치시대를 맞이하여 그 사회적 역할과 의의를 증대시키고 있다.

그럼에도 불구하고 우리나라 NGO(비정부조직, 시민조직)의 경험은 긍정적이지 않다. 첫째, NGO의 활동이 광범위한 시민참여에 의하여 시민이 주체가 되어 수행되어야 함에도 우리의 상황은 그러하지 못했다는 것이다. '시민 없는 시민운동'으로 소수 명망가나 상근 운동자를 중심으로 하는 엘리트 위주의 활동이었다는 것이다. 둘째, 소수의 대형 NGO들이 중앙에 집중되어 모든 분야에 패권을 차지하여 오히려 시민운동의 지방분산을 막고 풀뿌리민주주의를 방해하고 있다는 것이다. 셋째, NGO는 정책대안을 제시하고 사회적 약자에게 필요한 서비스를 생산해야 하는데 국가권력의 감시와 비판에 치중하고 있다는 것이다. 따라서 공공의 문제를 해결하기 위한 참여보다는 투쟁적 성격의 행동지향적 성향을 나타낼 수밖에 없었다는 것이다. 넷째, 지방자치발전과 관련된 NGO의 활동에 대한 객관적인 평가와 검증이 이루어지고 있지 않아 지역사회에 우려의 목소리가 있는 것이 사실이다.[1]

따라서 본 연구는 이러한 NGO에 대한 문제인식을 가지고 오늘날 분권과 자치의 확대를 요구하는 지방분권화운동을 전개하고 있는 시점에서 지방자치발전을 위한 NGO의 역할과 과제를 제안하고자 한다. '성공한 NGO'가 되기 위해서 그들의 과제는 무엇이고 어떻게 접근해 나가야 하는가를 고찰하고자 한다. 그러기 위해서 우선 지방자치발전과 지역NGO의 상관관계를 살펴보기 위한 이론적 논의를 전개해야 할 것으로 본다.

1 특히 정치발전과 관련된 NGO의 역할과 과제에 대하여 각 단체들의 정치적 성향의 다양성과 문제의식에 대한 검증절차의 부재 등으로 NGO 활동의 방향성 상실의 우려가 있다고 본다(박재정, 2002 : 1-2).

제2절 로컬거버넌스와 지방자치 및 지역 NGO에 대한 이론적 논의

1. 거버넌스의 개념과 로컬 거버넌스의 이론의 주요내용

1) 거버넌스의 주요개념

거버넌스는 다원적 주체들간의 협력적 통치방식으로 네트워크 통치, 협력적 통치로 정치학에서 사용하고 있으며, 새로운 국정운영방식으로서의 의미로 행정학에서 사용하고 있다. 일반적으로 다음과 같이 요약할 수 있을 것이다(김석준 외, 2000 : 41 ; 차미숙 외, 2003 : 15-16).

첫째, 거버넌스는 기존국가의 역할, 기능, 구조에 큰 변화를 요구하는 거버넌스의 한 유형으로 최소국가(the minimal state)의 의미로 사용된다. 정부기능의 축소는 국제적 조직역할 증대에 따른 정부통치의 범위를 넘어서는 활용 증가현상과 지방화현상, 민영화 및 민간부문과의 파트너십 증대 현상 등에 따른 것으로 보고 있다(Pierre & Peters, 2000).

둘째, 거버넌스는 시장의 효율성을 공공부문 관리에 도입하고자 하는 신공공관리(NPM : New Public Management)의 한 형태를 의미한다.

셋째, 거버넌스는 세계은행이 제3세계 국가에 대한 지원과 관련하여 사용한 '좋은 거버넌스(good governance)'로서의 의미를 가진다.

넷째, 거버넌스는 사회 · 정치 · 행정적 행위자들의 상호의존성을 강조하여 공공부문과 민간부문의 경계가 모호해지는 것을 강조하는 사회적 사이버넥틱체계(socio-cybernetic system)로서 거버넌스의 의미를 가진다.

다섯째, 거버넌스는 자기조직적 네트워크(self-organizing network)로서의 거버넌스의 의미로 사용된다. 즉, 거버넌스는 수직적 위계조직이 아닌 수평적 연계조직을 통한 주체들간의 상호의존(네트워크 형태의 협력)을 의미한다. 따라서 정부, 시장, 시민사회의 역량이 수평적으로 연계되어야 함을 시사한다.

여섯째, 거버넌스는 민 · 관파트너십(public-private partnership)을 의미하는 것으로 새로운 정부-시민사회의 관계형성에 초점을 두고 있다.

요컨대, 거버넌스의 개념은 다차원성과 복잡성을 특징으로 하면서 자율성, 상호의존성, 파트너십, 네트워크 등을 기본적인 요소로 하고 있다.

2) 거버넌스 개념의 시대별 변화와 특징

거버넌스의 개념은 이론적 초점과 관심영역에 있어 시대적 상황에 따라 다음과 같이 변화해 왔다(표 2-1 참조). 1970년대의 거버넌스는 정부(government)와 동일한 의미로 사용하면서 경제 · 사회적 발전을 추구하기 위해 공공서비스의 공급체계에 관심을 피력하게 되었다. 그러나 1970년대 말 국가중심 관리체계가 한계에 직면하면서 정부 내부 및 국가수준 관리능력을 중시하는 연구가 수행되기에 이르렀다. 1980년대는 거버넌스에 대한 국제사회의 관심이 증대된 시기로 특히 국제기구를 중심으로 제3세계 국가의 발전을 위한 '좋은 거버넌스'(good governance)구축이 강조되었다. 1990년대에는 세계화와 분권화가 가속되면서 거버넌스의 영역이 시민사회로 확대되어 정부와 시장주도의 관리체제를 뛰어넘는 새로운 관리운영체제로서의 모색을 추구하였다(차미숙 외, 2003 : 17-18).

<표 2-1> 거버넌스 개념의 시대별 변화

구분	1970년대	1980년대	1990년대
개념 및 촛점	-정부와 동일한 의미 -국가수준에서의 관리능력에 관심 -경제 · 사회발전의 동력으로서 공공서비스 공급체계에 관심 -정부내부, 국가수준 중시	-거버넌스에 대한 국제사회의 관심증대 -국가차원의 사회통합과 발전을 관리하는 능력에 초점 -지역경제활성화를 위한 민 · 관 파트너십 강조	-시민사회를 포함한 참여, 합의형성 등 거버넌스의 민주주의적 특성강조 -NGO의 역할인식 중시 -새로운 제도와 기능 및 과정의 개발필요성 인식
관련 이론	-국가중심이론	-국가중심이론 -레짐이론(regime theory) -성장연합이론(growth coalition) -네트워크관리이론	-시민사회 및 시장 중심 이론의 대두 -good governance -internet governance

자료 : 김석준 외(2000 : 56) ; 차미숙 외(2003 : 18)

3) 공공서비스 수행방식의 변화

공공행정서비스 수행방식은 전통적인 행정관리체제에서 신행정관리(NPM)체제로 변화하였다고 보아 정부조직, 공공조직의 통제, 결과측정의 통제, 관리실제, 자원활용원칙 차원에서 어떻게 변화하였는지 고찰하였다(표 2-2 참조). 예컨대, 전통적인 정부주도의 행정수행방식은 단일의 총체적 단위가 주체가 되어 위계적인 통제방식 및 투입-절차에 대한 통제를 중시한 반면, 신공공관리의 방식은 명확한 목표와 성과측정에 의한 전문적인 관리와 절차보다는 결과와 산출에 대한 통제를 중시하고 있다.

<표 2-2> 공공서비스 수행방식의 변화

구분	전통적 행정수행방식 (Traditional Administration)	신행정관리방식 (NPM : New Public Management)
정부조직	단일의 총체적 단위(a single aggregated unit)	준자율조직(quasi-autonomous units)
공공조직의 통제	감독과 견제, 균형의 위계를 통한 본부로부터 통제	명확한 목표와 성과측정에 의한 전문적 관리
결과측정의 통제	투입과 절차 통제	절차보다는 결과 및 산출통제 중시
관리실제	전체서비스에 대해 절차표준 설정	민간부문의 관리방식 활용
자원활용원칙	적정한 절차와 정치적 임무부여	자원수요와 적정성 검토

자료 : Hood(1991), Araujo(2001, 918) ; 차미숙 외(2004, 19)

4) 로컬거버넌스의 대두배경과 개념

로컬거버넌스는 지방정부의 행정환경변화에 따른 지방정부관리체제로 이해되고 있다. 그 대두배경의 주요요인은 다음과 같다(차미숙 외, 2003 : 21). 첫째, 정치적 민주화의 진전으로 지방정부의 일방적인 시정운영은 불가능하게 되었고, 그에 따라 주민과 시민단체가 함께 하는 참여적 통치체제의 중요성이 부각되고 있기 때문이다. 둘째, 사회기관과 조직이 분절화되어 다양화됨으로써 사회문제에 대한 종합적 대응이 사실상 불가능하게 되었기 때문이다. 이에 따라 지역사회의 문제를 해결하기 위해 협력적인 제도적 장치를 강구하게 되었다. 셋째, 지역사회여건은 정치 · 경제 · 사회적으로 급격히 변하고 있는데 비해 기존의 지방정부체제는 이를 관리하지 못하고 있기 때문이다. 이러한 배경에서 (특히 지방분권적 시각에서 강조되고 있는) 로컬거버넌스는 중앙정부의 역할감소와 지방정부의 역할 및 권한확대, 지방정부의 역량강화에 초점을 맞추고 있다. 그리고 지역공동체, 시민단체를 중심으로 한 시민참여, 정부의 생산성을 제고하기 위한 방안으로서의 민관협력체제구축 등이 강조되고 있다. 요컨대, 그동안 지방정부운영의 주체가 의회, 집행부 중심이었다면 이제는 의회, 집행부는 물론 시장, 시민단체가 함께 공동주체가 되어 지방의 문제를 해결하는 것이 중요하다. 여기에서 특히 지역NGO의 역할이 중요하게 대두되는 이유가 있다. 이러한 배경에서 지역사회운영을 효율적으로 추진할 수 있는 새로운 대안으로 로컬거버넌스를 주장하는 이유가 되고 있다.

로컬거버넌스는 지방정부, 지역기업, 주민, 시민단체 및 비정부기구(NGO) 등이 협력과 상호의존성을 바탕으로 협력적 · 참여적 네트워크를 이루어 지역사회의 공공문제를 해결해나가려는 새로운 개념의 통치방식을 의미한다. 그런 의미에서 로컬거버넌스란 "지역정책의 결정에 있어 정부주도의 통제와 관리방식에서 벗어나 지역내 이해당사자가 주체적인 참여자로 협의과정을 통해 정책을 결정하고 집행해 나가는 사회적 통치시스템"이라고 할 수 있다(김용웅, 2001). 뿐만 아니라 로컬거버넌스는 한편으로는 지방정부 수준의 자원배분과 정책결정, 공공서비스의 생산과 제공에 대한 의사결정권을 지역사회의 다양한 주체들이 공유하는 것으로 자치권의 실질적인 행사와 확대를 의미하는 것으로 볼 수 있다(최준호, 2004 : 31).

2. 지방자치의 의미

일반적으로 지방자치는 "일정한 지역과 주민을 기초로 하는 공공단체가 그 지역 내의 공공사무를 지역주민의 의사에 따라 주민이 선출한 기관을 통하여 (또는 스스로) 주민의 부담으로 처리하는 과정"으로 이해된다(정세욱, 2000 : 7; 최창호, 1997 : 45-46). 여기서의 공공단체, 즉 지방자치단체는 국가로부터 자치권을 부여받은 독립된 법인격을 갖는 단체로서 그 전래된 자치권을 가지고 그들의 자율과 책임 하에 주민에게 보다 나은 공공서비스를 창출해야 하는 의무를 가지고 있다. 이러한 견해는 기본적으로 지방자치를 단체자치와 주민자치라는 두 가지 차원에서 파악하게 한다. 즉, 단체자치란 국가와 지방자치단체간의 관계를 중시하는 법률적 · 행정적 의미의 자치개념으로서 중앙정부에 대한 지방정부의 자율성 측면을 강조한다. 따라서 중앙정부와 지방정부간의 집권 · 분권문제가 그 핵심주제가 된다. 반면 주민자치는 지방자치단체와 주민간의 관계를 중시하는 정치적 의미의 자치로서 지방정부에 대한 주민참여 내지 시민사회의 투입측면을 강조하게 된다. 따라서 주민의 지방자치단체에의 참여 내지 통제가 핵심문제가 된다. 이러한 이해에 기초한다면 지방자치는 중앙정부로부터의 '분권'과 지방정책과정에 대한 주민의 '참여'로 요약된다.

3. 지역 NGO의 의미

지역 NGO는 국가와 관료제의 통제를 받지 않고(그렇다고 국가와 절연되어 존재하는 것이 아니라 상호 밀접한 관계에 있다) 지역적 차원에서 의사결정을 하는 자발적 결사체에 의하여 조직되는 가정세계, 경제적 영역, 문화적 활동과 정치적 상호작용 등 사회생활의 영역들(Held, 1987 : 281)로 정의될 수 있다. 이와 같이 지역 NGO는 가족 같은 친밀한 영역, 자발적 결사체 영역, 사회운동, 그리고 공공의사전달 형태로서 국가 및 자본주의 시장경제와는 법적·제도적으로 독립적이면서도 사회적으로는 상호 작용하는 영역(Cohen and Arato, 1992 : 9)으로 이해될 수 있다(송희준, 1999 : 13). 그러나 지역 NGO가 결사조직, 공동체, 네트워크 등 개념적으로 명확하게 구분되지 않고 사용하고 있다. 따라서 본 연구에서는 시민사회를 특징짓는 시민운동 및 시민단체를 NGO로 보고 그 특징적 요소를 찾아 다음과 같이 정의하고자 한다. NGO는 일반적으로 비정부·비국가 조직체를 의미하며 자발성을 바탕으로 비영리적 집단이나 조직 또는 결사체, 기구나 단체를 총칭하는 개념으로(박상필, 2000) "공공의 이익을 추구하기 위하여 민간이 자발적으로 만들고 자주적으로 운영하는 영리를 추구하지 않는 민간조직"이라 할 수 있다(오재일, 2000 : 361). 그 특징은 다음과 같다.

첫째, 지속성을 가진 공식적인 조직이다.

둘째, 비정부기관으로서 민간이 설립하고 운영하는 조직이다.

셋째, 편익의 비배분성이다.

넷째, 자기통치성을 가진 자발적 자치조직이다.

다섯째, 공익을 추구하는 단체이다.

여섯째, 비당파성·무종교성을 가진 사회운동 단체이다.

일곱째, 운영의 자주성이다.

4. 지방자치와 (지역)NGO

지방자치와 NGO는 이념상 그 기본논리를 같이하고 있다고 할 수 있다. 왜냐하면 NGO는 근본적으로 주민자치의 본질인 주민의 참여를 주장하며 풀뿌리 시민조직을 지향하고 있기 때문이다. 또한 NGO는 국가권력에 대한 견제역할을 수행하며, 지방자치는 전제정치에 대한 방파제로서 기능을 수행할 뿐만 아니라 중앙정국의 불안정이나 혼란이 지방에까지 파급되는 것을 최소화하는 기능을 한다. 요컨대, 국가권력에 대한 방어 내지는 견제 역할은 지방수준에서 각종 풀뿌리조직이 형성되어 지방자치가 시행될 때 효과적으로 이루어질 수 있다. 그리고 지방자치는 지역 NGO를 통해 지방정부를 민주주의의 훈련장(training-ground of democracy)으로 이해하도록 한다. 왜냐하면 그 지역 내의 사무를 주민의 자발적인 참여를 통하여 자주적으로 결정함을 그 내용으로 하고 있기 때문이다. 즉, 주민의 우월적 의사를 존중하는 직접민주주의 요소가 강화될 때 시민이 민주주의 훈련을 받을 수 있고 공개행정과 책임행정이 가능할 수 있기 때문이다.

따라서 지방자치의 수준을 높이기 위해서는 지역 NGO들이 주민참여를 통하여 지방행정과 지방의회가 주민의 의사를 무시하고 일방적으로 결정 · 시행되는 경우에 지역주민의 여론을 결집하여 행정정보의 공개를 요구하고 정책의 형성과 집행을 감시하고 비판해야 한다. 뿐만 아니라 NGO는 정책결정에 이권개입의 개연성이 제기될 경우 지역NGO는 이에 따른 전문적인 지식과 정보를 가지고 지방관료를 견제하고 지역이기주의를 비판해야 한다. 이렇듯, 지방자치의 활성화를 추구하기 위해서는 지역 NGO가 활발하게 시민운동을 전개하는 것이 필요한 것이다.

지방자치와 민주주의간의 관계에 대해서 관계긴밀설과 관계부정설의 견해가 있다. 양자의 관계를 긍정적으로 긴밀한 것으로 보는 이유는 지방자치가 중앙정부의 권력집중과 부패를 방지하고, 지방정책결정과정에 시민참여를 확대하며, 주민의 정치의식을 높일 수 있는 기제로 보고 있기 때문이다. 그러나 지방자치가 민주주의 발전에 크게 기여하지 못하는 이유를 제시하며 부정론을 제기한다. 즉, 시민이 전문기술관료에 이끌려 실질적인 참여나 영향력 행사가 어렵다는 것이다. 지방자치가 주민의 민의를 민주적으로 반영하기보다는 지방의 관료나 유지들의 자치가 되어 기득권자의 로비장이 되고 있다는 것이다. 또한 지방자치는 지역주민의 이해에 민감하여 다른 지역이나 전체의 이익을 고려하지 않는 분파주의적 경향이 있다는 것이다. 이러한 문제를 극복하고 민주주의를 공고히 하기 위해서는 NGO의 존재가 필요하다(박상필, 2001 : 153).

요컨대, 지방자치와 지방 NGO는 친화성이 강하고 상호 보완적인 관계에 있다고 할 수 있다. 왜냐하면 지방자치와 지방NGO는 주민참여를 매개로 하여 상호 작용하고 있기 때문이다. 즉, 지방자치는 주민참여를 촉진하고 이는 NGO의 발달로 연결되며, NGO의 발달도 주민참여가 있어야 가능하기 때문에 주민참여를 강화하게 되고 이는 결국 지방자치의 발달로 연결되기 때문이다.

5. 선행연구 경향

지역NGO에 관한 연구는 성장론적 관점과 조직론적 관점에서 이루어져 왔다. 우선 성장론적 관점에서는 다음과 같은 연구가 있다.

첫째, NGO의 성장요인을 경제적 관점에서 보는 시각이다. 정부 · 시장실패이론, 계약실패이론, 자원부분실패이론 등이 그것이다. 정부 · 시장실패이론은 공공재의 초과수요에 대한 보완적 기능에 초점을 두고 정부가 적기에 공공서비스를 생산하지 못한데 따른 보완재로 시민조직(특히 NGO)이 등장했다고 보는 것이다. 즉, 수요요구의 초과와 다양한 이질성에 따른 수요존재로 야기되는 정부실패에 대한 불신은 국가역할의 축소와 더불어 다양한 시민단체들의 조직화현상을 야기했으며, 이로 인해 공공서비스의 민간조직으로의 이양이라는 새로운 패러다임을 가져왔다는 것이다(James, 1987 : 397-415). 이에 반해 계약실패이론은 정부 · 시장 실패이론이 시민조직(특히 NGO)의 대안적 역할은 설명하고 있으나, 공급측면에서 영리단체의 역할을 소홀히 취급하고 있다고 보아 이를 보완하기 위해 제기된 이론이다. 이에 의하면 전통적으로 서비스가 구매되는 상황이나 또는 서비스 자체가 지니고 있는 성격 때문에 소비자들은 영리기업이 생산해내는 서비스의 질과 양을 정확하게 평가할 수가 없다는 것이다. 따라서 소비자와 생산자간에 발생하는 정보의 비대칭적 상황에서 신뢰도가 높은 시민조직이 그 영향력을 확장하게 되었다는 것이다(Hansmann, 1987 : 27-42). 한편 자원배분실패이론은 정부 · 시장실패이론과는 달리 정부와 제3섹터간의 파트너십을 강조하고 있다(Salamon, 1995 : 40-49). 정부는 자원창출기능을 담당하는 대신 NGO는 지역사회에 대한 서비스전달이라는 상대적인 특성을 가지고 있어 양자는 공공재의 공급을 확대해야 하는 사회적 압력을 동시에 받게 되어 있다. 그런데 사회적 문제를 해결하는 과정에서 NGO는 정부와 비교해 거래비용이 적게 든다는 상대적 우월성으로 인해 NGO의 역할이 확대되어 왔다는 것이다(Anheier and Salamon, 1998 : 368).

둘째, 시민조직의 성장요인을 정치 · 사회적 관점에서 보는 이론이다. 사회운동이론, 권력견제이론, 자원동원론이 이에 해당한다. 사회운동이론과 권력견제이론은 국가권력이 지닌 억압과 독점력 그리고 경제권력이 지닌 불평등과 환경파괴 등으로 인한 부작용을 견제하기 위해 NGO가 형성되었다는 것이다(O'Neil, 1989 : 72-73). 같은 맥락에서 시민단체가 정부의 정책독점과 예산의 낭비 그리고 조직의 비대화를 견제할 목적으로 정부시책에 대한 비판과 대안제시를 위해 발생하였다는 것이다(Hall, 1992 : 16-19). 자원동원론은 사회운동조직의 집합행동의 합리성과 정규조직의 필요성에 주목하고, 운동의 원인, 목표보다는 과정 그 자체에 관심을 집중하는 이론이다. 사회운동은 사회의 다른 조직과 유사하게 합리적인 개인들의 결사체 조직이며, 시민들이 정치체제의 변화를 원할 경우 합리적인 행위자들이 선택할 수 있는 수단인 것으로 본다(McCarthy & Zald, 1977 : 1212-1241). 사회운동은 합리적 행위자들이 다양한 자원을 동원해 효과적으로 정치체제에 참여할 수 있게 하는 조직이자, 정치체제에 참여하기 위한 인적 · 재정적 · 제도적 자원을 동원하는 과정이라는 것이다(Freeman, 1975 : 75).

다음으로 조직론적 관점에서의 연구는 다음과 같다. 여기에는 조직관리론과 조직권력론적 관점으로 유형화할 수 있다(김태룡, 2002 : 114-117).

첫째, 조직관리론적 측면에서 시도된 연구들은 대체로 NGO들에 대한 현황분석과 개선방향을 제시하는 내용들이다. NGO들이 어떤 방식으로 영향력을 행사해오면서 성장해 왔는가를 제시하고 있다. 김종순(1999)은 민간환경단체들이 영향을 미칠 수 있는 활동방법으로 감시, 고발, 항의, 강연, 홍보 등을 열거하면서 이러한 방법을 사용한 결과 어떤 영향을 미쳤는가를 분석하였다. 김영래(1997 : 246)와 김영래/김혁래도 체제론적 관점에서 NGO의 투입부분으로 조직의 환경적 차원, 조직자체의 목표 및 전략차원, 그리고 조직산출차원에 대한 고려를 복합적으로 해야함을 강조하고 있다.

둘째, NGO와 정부간의 협력체제를 활성화하기 위한 시도로 이루어지고 있는 국가관리(governance) 차원의 연구경향이다. NGO와 정부간의 관계는 정부의 제도적 다원주의의 수용여부, NGO와 정부의 연계성의 정도, NGO와 정부의 상대적 힘의 관계, 양자의 관계에 대한 공식성의 정도, 정부의 대 민간정책에 대한 선호도 등에 따라 여덟 가지로 유형화할 수 있다는 것이다(Coston, 1998 : 358-382).[2] 민간단체와 정부와의 연결관계의 내용과 강도를 기준으로 연결수준을 다섯 차원의 수준으로 나누어 설명하고 있다(Esman & Uphoff, 1984).

이와 같이 국외의 활발한 연구와 달리 지역시민사회 및 운동에 대한 국내의 연구는 상당히 빈약한 상태라 할 수 있다. 다행히도 90년대 들어 국가와 시민사회를 조명하는 몇 편의 연구가 사회학자, 정치학자들에 의해 진행되었으나 대체로 그 연구들은 지역적 수준이 아닌 전국적 수준에서 논의를 하고 있다. 또한 구체적인 사례연구보다는 민중운동과 시민운동의 개념문제에 관련된 논의에만 머물고 있다. 즉, 시민사회의 이론과 역사적 변천, 한국시민사회의 성장과 갈등구조의 변화, 세계체제와 이데올로기의 문제 등을 다루고 있다(한국사회학회 · 한국정치학회, 1992). 이러한 배경 하에 시민사회를 파악하는 연구가 소수의 역량 있는 사회학자들에 의해 수행되었다(한림대, 1991 ; 한상진, 1994 ; 안청시 외, 1995 ; 한림대, 1996). 그러나 이들 연구는 시민사회와 단체장, 지방의회, 지방기업과 같은 다른 행위자와의 연계보다는 시민사회 그 자체의 분석에 주안점을 둔 나머지 한국의 지방정치를 총체적으로 조명하지 못하였다. 이들 연구는 조직화된 시민사회가 없는 경우 지방정치의 민주화는 요원하다는 전제 위에 시민사회의 형상(configuration)과 활성화 정도를 파악하는데 주안점을 두었던 것이다(유재원, 2000 : 32).

2 Coston(1998)은 정부의 수용과 거부의 정도를 기준으로 정부와 NGO의 관계를 8가지로 설명하고 있다. 즉, 억압형(Repression), 대항형(Rivalry), 경쟁형(Competition), 용역형(Contracting), 제3자 정부형(Third-party government), 협력형(Cooperation), 보충형(Complementary), 공조형(Collaboration)이 그것이다.

최근에 지방자치의 정치적 해석에 따라 정치학자, 행정학자들이 조금씩 지방정치과정의 역동적 실태를 설명하려는 기운이 일면서 지방자치와 지역도시권력구조를 미국이 경험한 정치이론(엘리트이론 : Hunter, 1953 ; Bachrach & Baratz, 1970 / 다원론 : Dahl, 1961 ; Polsby, 1980 / 신다원론 : Lindblom, 1977 ; Polsby, 1980 / 도시한계론 : Peterson, 1981 / 성장기제론 : Logan & Molotch, 1987 / 도시통치체제론 : Elkin, 1987 ; Stone, 1989)에 힘입어 분석하고 있다(박종민 외, 2000). 이 과정에서 자연히 지역의 시민단체, 시민운동에 관한 분석이 지역권력구조의 맥락 하에서 산발적으로 이루어지고 있다. 따라서 지역시민사회와 시민운동의 총체적 연구로서 지역연구는 아직 지방정치, 행정분야에서는 초보단계에 머물러 있는 수준이다.

특히 최근 들어 행정학자에 의해 시민사회와 행정이라는 관계를 새롭게 조명하고 있다. 그러나 국가와 시민사회의 관계를 이론적 측면에서 개관하고 시민사회가 국가와 시장경제 사이의 보완적이고 협동적인 관계 속에서 통합적 시민사회모형을 개발하여야 할 것이라는 주장에서 개괄적이고 총론적 제시에 머물고 있다(송희준, 1999 : 5). 또한 지방정치환경변화에 따른 자발적 조직의 역할을 지방정치인, 지방관료, 지역기업가의 성장연합에 대한 영향과 지방매스컴, 정당, 시민(지역주민)에 대한 영향으로 나눠 살펴보고 자발적 조직의 활동은 선거적 활동무대와 시민적 활동무대를 통해서 이루어지고 있음을 확인하는 연구도 있었다(신희권, 1999 : 44-67).[3] 그러나 이와 같이 기존의 연구들이 지방정치나 권력구조, 지역시민사회를 세밀하게 설명하는 데는 일정한 한계를 가질 수 밖에 없었다. 왜냐하면 지역의 구체적인 의사결정사례에 대한 실사 없이 주제에 접근하였기 때문이었다. 따라서 지역사례에 대한 구체적인 실사 없이 광범위한 면접이나 설문조사를 통한 접근방식은 지방정치나 권력구조를 정확히 파악할 수 없다는 사실을 확인할 수 있었다.

3 자발적 조직과 지방정부와의 관계는 자금조달과 통제(자율성), 의사소통과 접촉(근접성)이라는 두 가지 측면을 고려하여 통합된 의존, 분리된 의존, 통합된 자율, 분리된 자율의 4가지로 구분하였다. '통합된 의존'은 자발적 조직이 지방정부에 의존적이고 의사소통과 접촉에서 긴밀한 경우이고, '분리된 의존'은 양자가 소원한 경우를 의미한다. 이에 반해 '통합된 자율'은 자발적 조직이 정부로부터 독립적이지만 의사소통과 접촉이라는 면에서는 양자가 긴밀한 경우이고, '분리된 자율은 자발적 조직이 독립성과 의사소통, 접촉면에서 모두 소원한 경우를 의미한다. 지방자치에 이상적인 관계는 분리된 자율성이 가장 바람직하지만 현실적으로 통합된 자율관계가 형성되는 것이 바람직하다고 주장한다(신희권, 1999).

6. 지방자치와 지역 NGO의 이론적 분석틀

지방자치는 "일정한 지역과 주민을 기초로 하는 공공단체가 그 지역 내의 행정사무를 지역주민의 의사에 따라 주민이 선출한 기관을 통하여 주민의 부담으로 처리하는 과정"으로 보기 때문에 국가, 지방자치단체, 주민과의 관계 하에서 바라보아야 할 것이다(그림 2-1 참조). 지역 NGO도 주민과 지방자치단체, 국가와의 관계 속에서 활동하게 된다. 즉, 지역 NGO는 국가권력에 협조나 견제 역할을 하게 되고 국가로부터 지원을 받게 된다. 또한 주민에게 참여를 유도하고 이를 위해 홍보활동을 하게 된다. 그리고 지방자치단체와는 통제와 지원게임을 통해 여러 가지 관계유형을 만들어 낼 것이다.

<그림 2-1> 지역사회 시민조직의 이론적 분석틀

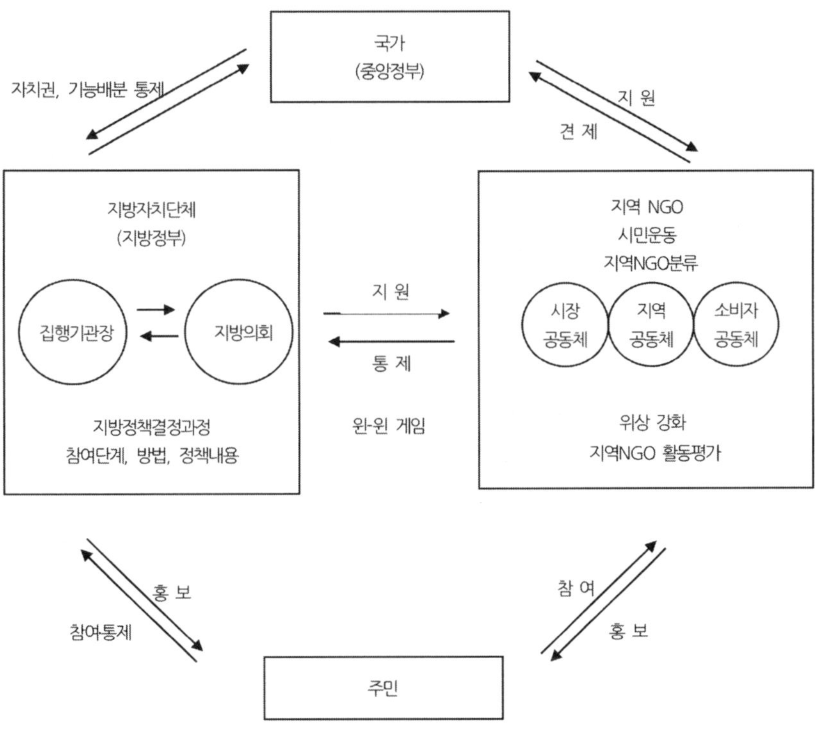

지역사회 시민조직은 지방자치의 발전과 관련하여 접근할 경우 국가, 지방자치단체(지방정부), 지역시민사회(시민단체 및 NGO), 주민의 상호관계 맥락에서 고찰해 볼 수 있다.

제3절 지역 NGO의 현황 : 지역사회 시민조직의 현황 및 문제점

1. 지역사회 시민조직

1) 지역사회 시민조직 분포 : 서울중심의 시민단체 분포

우리나라의 시민단체는 〈표 2-3〉에서 보는 바와 같이 현재 등록된 NGO는 4023개인데 그 중 과반수가 넘는 시민단체가 서울에 집중되어 있다(54.6%). 다음으로 경기(8.4%), 전북(4.9%)의 순으로 나타나고 있다.[4] 또한 지역적으로 서울, 경기 등 수도권에 66.0%의 단체가 집중되어 있음을 알 수 있다(수도권 66.0%, 서울 54.6%, 인천 3.0%, 경기 8.4%)(〈표 2-5〉 참조). 이는 우리나라의 시민운동도 수도권 중심에 치우쳐 불균형화된 지역 시민운동이 되어 지방자치와 진정한 균형된 지역발전을 이루어내는데 저해요인이 되고 있는 것이다.

<표 2-3> 시민단체 지역분포

지역구분	빈도수(개)	백분비(%)
서 울	2196	54.6
부 산	169	4.2
대 구	98	2.4
인 천	119	3.0
대 전	96	2.4
광 주	135	3.4
울 산	38	0.9
경 기	336	8.4
강 원	74	1.8
충 남	82	2.0
충 북	85	2.1
경 남	124	3.1
경 북	101	2.5
전 남	120	3.0
전 북	197	4.9
제 주	53	1.3
합 계	4023	100.0

4 최근 2003년도 한국민간단체총람이 제작 중에 있는 관계로 2000년도 자료를 인용하였음.

자료 : 한국민간단체 총람(2000)

2) 시민단체 분야별 분포

우리나라 시민단체는 〈표 2-4〉에서 보는 바와 같이 그 활동분야가 몇 개의 분야에 집중되어 있다. 즉, 전체 활동분야 중 3개 분야 - 시민사회(25.2%), 사회서비스(18.5%), 문화(15.8%)에 치중하여 활동하고 있음을 알 수 있다. 이는 지방자치시대의 균형잡힌 시민운동을 수행하는 데에 제약요소로 작용한다. 또한 세계화 시대에 접하여 세계시민사회의 중요성이 증대되고 있음에도 불구하고 우리 시민단체는 아직 이 분야에 대처하고 있지 못하고 있다(1.1%). 환경문제, 인권문제, 여성문제, 국제적인 분쟁 등에 범세계적 문제제기와 협력이 요청되는 시점에 우리의 시민단체는 국내문제를 국제문제와 연계시켜 활발히 활동하고 있지 못한 것이다.

<표 2-4> 시민단체 분야별 분포

분야구분	빈도수(개)	백분비(%)
시민사회	1013	25.2
지역자치	222	5.5
사회서비스	743	18.5
환 경	287	7.1
문 화	634	15.8
교육/학술	235	5.8
종 교	107	2.7
노동/농어민	217	5.4
경 제	501	12.5
국 제	44	1.1
기 타	20	0.5
합 계	4023	100.0

자료 : 한국민간단체 총람(2000).

3) 시민단체 설립연도

우리나라 NGO의 설립시기에 관하여 볼 때 일부는 1940, 1950, 1960, 1970년대 설립되었지만 대부분의 경우 1980, 1990년대에 설립되었음(77.5%)을 알 수 있다(〈표 2-6〉 참조). 즉, 1987년 민주화운동이 NGO 설립의 중요한 계기가 되었음을 알 수 있다. 1990년대 설립된 시민단체의 활동분야를 보면 지방자치실시를 이유로 지역자치분야에 절대적인 참여(86.5%)를 보이고 있다(<표 2-6> 참조).

4) 시민단체 구성원, 예산규모

우리나라 시민단체의 회원규모는 <표 2-7> 에서 보는 바와 같이 평균 6284명을 나타내고 있다. 기타(31,462명), 노동 · 농어민(16,381명), 국제(9,213명)관련 시민단체의 회원규모는 비교적 크게 나타나고 있는 반면 지역자치(2,008명), 경제(2,469명), 교육/학술(2,864명) 분야 회원규모는 작게 나타나고 있다.

시민단체 상근자 수는 평균 7.76명을 나타내고 있다. 경제(13.39명), 사회서비스(9.99명), 국제(9.68명) 관련 시민단체의 상근자 수는 비교적 많게 나타나는 반면 지역자치(4.09명), 환경(4.20명), 교육 · 학술(4.67명) 분야 시민단체의 그것은 적게 나타나고 있다(<표 2-7> 참조).

시민단체 임원수는 평균 6.31명을 나타내고 있다. 기타(12.88명), 종교(7.59명), 경제(6.83명) 관련 시민단체 임원수는 비교적 많게 나타나는 반면, 국제(5.15명), 지역자치(5.62명), 시민사회(5.91명) 분야 시민단체의 그것은 적게 나타나고 있다(<표 2-7> 참조).

시민단체 연간 예산액 평균은 4억8843만원을 나타내고 있다. 국제(12억5331만원), 경제(12억2115만원), 사회서비스(6억4523만원) 관련 시민단체 예산은 비교적 높게 나타나는 반면, 지역자치(7518만원), 환경(1억6428만원), 기타(1억6966만원) 분야 시민단체의 그것은 낮게 나타나고 있다(<표 2-7> 참조).[5]

시민단체 산하단체수는 평균 15.09개를 나타내고 있다. 경제(39.24개), 노동 · 농어민(33.52개), 기타(24.80개) 분야 시민단체 산하단체수는 비교적 높게 나타나는 반면, 지역자치(8.11개), 사회서비스(10.82개), 환경(11.15개) 분야 시민단체의 그것은 낮게 나타나고 있다(<표 2-7> 참조).

요컨대, 시민단체 구성원, 회원규모, 예산규모 등을 볼 때 지역 NGO의 발전에 상당한 장애요인이 되고 있음을 알 수 있다.

5 예산액 100억 이상인 시민단체 : 무역협회 등 27개

<표 2-5> 분야별 시민단체의 지역 분포

구분	단체수	서울	부산	대구	인천	대전	광주	울산	경기	강원	충남	충북	경남	경북	전남	전북	제주	합 계
시민사회	1013	47.0	31.8	2.7	3.9	2.7	4.1	1.2	11.0	2.8	2.3	2.3	3.8	2.3	3.7	5.6	1.1	100.0
지역자치	222	15.3	5.0	2.7	7.2	2.7	3.6	1.8	21.6	3.2	6.8	2.7	5.0	2.7	9.0	9.0	1.8	100.0
사회서비스	743	48.3	5.9	3.2	4.0	4.2	4.3	0.9	7.5	2.0	1.1	2.2	2.4	3.0	2.0	7.3	1.6	100.0
환 경	287	34.8	3.1	3.1	3.1	2.4	4.5	2.8	13.6	3.5	2.8	2.4	4.5	6.3	6.6	4.2	2.1	100.0
문 화	634	61.2	4.6	2.1	1.3	2.1	3.8	0.5	3.5	1.3	1.9	2.4	4.1	2.8	2.7	4.7	1.3	100.0
교육/학술	235	60.0	6.4	3.8	1.3	1.7	3.0	0.9	10.6	0.9	2.6	0.4	2.1	1.7	1.3	2.6	0.9	100.0
종 교	107	82.2	2.8	1.9	1.9	0.9	1.9	-	2.8	-	-	-	0.9	-	-	3.7	0.9	100.0
노동/농어민	217	48.8	5.5	1.8	2.8	1.4	2.8	0.9	10.1	1.4	2.3	6.0	3.7	1.8	3.2	5.5	1.8	100.0
경 제	501	89.4	1.4	0.6	1.0	0.8	0.2	-	1.6	0.2	0.8	0.8	0.8	0.8	0.4	0.4	0.8	100.0
국 제	44	88.6	-	2.3	-	-	-	-	4.5	-	-	-	-	2.3	-	-	2.3	100.0
기 타	20	85.0	5.0	-	-	-	-	-	-	-	5.0	-	-	5.0	-	-	-	100.0
합 계	4023	54.6	4.2	2.4	3.0	2.4	3.4	0.9	8.4	1.8	2.0	2.1	3.1	2.5	3.0	4.9	1.3	100.0

자료 : 한국민간단체 총람(2000).

<표 2-6> 분야별 시민단체의 설립 연도

구 분	단체수	40년이전	50년대	60년대	70년대	80년대	90년대	합 계
시민사회	908	4.9	1.7	5.4	7.6	18.4	62.0	100.0
지역자치	192	-	-	-	2.1	11.5	86.5	100.0
사회서비스	686	1.6	4.1	6.4	7.7	27.4	52.8	100.0
환 경	259	0.4	-	0.8	2.7	8.5	87.6	100.0
문 화	563	5.3	2.5	7.6	10.5	23.8	50.3	100.0
교육/학술	208	2.4	1.9	3.8	7.7	28.8	55.3	100.0
종 교	97	5.2	-	9.3	21.6	27.8	36.1	100.0
노동/농어민	1997	3.6	4.1	10.7	9.6	25.4	46.7	100.0
경 제	473	2.7	2.7	15.6	15.2	22.2	41.4	100.0
국 제	42	2.4	4.8	21.4	21.4	19.0	31.0	100.0
기 타	18	-	16.7	16.7	-	22.2	44.4	100.0
전 체	3643*	3.2	2.4	7.2	9.0	21.0	56.5	100.0

※ 설립연도 무응답(380단체) 제표 제외

자료 : 한국민간단체 총람(2000).

<표 2-7> 분야별 시민단체 인력, 예산의 평균(단위: 명, 만원, 개)

구 분	회원수	상근자수	임원수	예산액	산하단체수
시민사회	8,130	7.17	5.91	29,875	11.62
지역자치	2,008	4.09	5.62	7,518	8.11
사회서비스	7,198	9.99	6.38	64,523	10.82
환 경	3,594	4.20	6.26	16,428	11.15
문 화	4,279	6.46	6.63	36,277	11.77
교육 · 학술	2,864	4.67	6.24	32,501	16.97
종 교	7,514	7.04	7.59	31,014	12.23
노동 · 농어민	16,381	6.77	6.12	51,020	33.52
경 제	2,469	13.39	6.83	122,115	39.24
국 제	9,213	9.68	5.5	125,331	11.43
기 타	31,462	5.36	12.88	16,966	24.80
합 계	6,284	7.76	6.31	48,843	15.09

자료 : 한국민간단체 총람(2000).

5) 시민단체 대표자 학력

석 · 박사 비율이 높은 분야는 교육 · 학술(68.0%), 종교(56.4%)분야로 나타난 반면, 지역자치(38.5%), 환경(40.4%), 문화(43.9%) 분야는 상대적으로 낮은 학력을 나타내고 있다(<표 2-8> 참조). 이는 전문가를 중시해야하는 지방정치 · 행정이 되고 있지 못함을 반증하는 것으로 볼 수 있다.

<표 2-8> 분야별 시민단체의 대표자 학력

구 분	단체수	고졸이하	대 졸	석 사	박 사	석사 이상
시 민 사 회	594	8.1	46.3	27.3	18.4	45.7
지 역 자 치	117	6.8	54.7	24.8	13.7	38.5
사회서비스	487	9.2	41.9	34.1	14.8	48.9
환 경	198	12.1	47.5	24.2	16.2	40.4
문 화	308	5.8	50.3	32.5	11.4	43.9
교육 · 학술	144	4.2	27.8	21.5	46.5	68.0
종 교	55	3.6	40.0	30.9	25.5	56.4
노동 · 농어민	115	18.3	37.4	39.1	5.2	44.3
경 제	228	7.5	47.4	32.5	12.7	45.2
국 제	25	-	56.0	4.0	40.0	44.0
기 타	14	14.3	35.7	35.7	14.3	50.0
전 체	2285	8.4	44.8	29.7	17.2	46.9

* 대표자 학력 무응답(1738단체) 제표 제외

자료 : 한국민간단체 총람(2000).

6) 시민단체 대표자 경력

시민단체에서 대표자로 활동하는 사람의 경력은 시민운동단체 활동가 출신(34.0%), 대학교수 · 학회장(15.7%), 회사사장(15.6%) 등이 비교적 많게 드러났다. 이 같은 경향은 거의 모든 분야에서 나타나고 있으며, 종교분야에서 종교인(32.6%), 국제분야에서 정치인(20.3%), 기타에서 공무원(15.4%)이 비중이 높게 드러나고 있는 것이 다른 모습이다(<표 2-9> 참조). 이는 어느 한 분야의 인사가 집중적으로 참여하고 있음을 나타내며 다양한 주민의 참여가 상대적으로 떨어지고 있음을 의미하는 것이다.

<표 2-9> 분야별 시민단체의 대표자 경력

구분	단체수	종교인	관변단체	NGO	정치인	정부출연기관인사	국제기구인사	공무원	언론계	대학교수/학회회장	회사사장	지역사회단체인사	자유직	임시정부인사	대회입선	일반회사/단체근무	합계
시민사회	773	8.9	4.9	36.7	3.7	.6	1.7	2.0	4.6	17.2	9.7	4.2	.9	.2	.4	4.4	100.0
지역자치	174	12.3	3.4	38.7	6.5	-	.8	1.1	2.3	11.5	13.0	5.7	1.1	-	.4	3.1	100.0
사회서비스	580	11.8	5.2	33.9	2.4	.6	.7	3.6	1.2	14.2	15.9	3.2	.8	-	1.8	4.6	100.0
환경	241	6.6	2.2	39.6	3.3	2.8	1.7	5.0	2.5	11.6	16.3	3.3	1.4	-	.8	2.8	100.0
문화	402	1.4	2.8	31.3	2.5	2.0	.4	1.6	9.6	19.0	13.1	.5	5.5	-	4.4	5.9	100.0
교육·학술	189	3.8	3.0	29.8	3.0	3.4	.4	1.5	2.6	37.7	9.8	1.9	.8	-	1.9	.4	100.0
종교	86	32.6	2.3	25.6	2.3	.8	.8	2.3	3.9	11.6	8.5	-	-	-	-	9.3	100.0
노동·농어민	163	2.8	4.6	58.3	5.1	3.2	1.4	1.4	.9	6.9	6.5	6.5	-	.5	-	1.9	100.0
경제	305	.2	5.8	17.6	4.0	2.7	.4	2.0	1.8	9.4	43.3	.9	.4	-	-	11.4	100.0
국 제	39	3.1	-	32.8	20.3	1.6	-	4.7	4.7	14.1	17.2	-	1.6	-	-	-	100.0
기 타	16	3.8	3.8	15.4	-	3.8	-	15.4	3.8	11.5	30.8	3.8	3.8	-	-	3.8	100.0
	2968	7.6	4.2	34.0	3.7	1.5	1.0	2.5	3.7	15.7	15.6	3.0	1.4	.1	1.2	4.8	100.0

자료 : 한국민간단체총람(2000).

2. 지방정부와의 관계

NGO와 지방정부의 관계는 그 나라의 지방자치 형태와 수준에 따라 달라진다. 따라서 지방정부의 지방자치수준정도와 지역NGO의 자주성정도를 중심으로 지방정부와 지역 NGO관계를 다음과 같이 4가지 상황으로 설정할 수 있을 것이다. 즉, I 유형은 포섭·무관심관계, II 유형은 후견인 관계, III 유형은 갈등적 관계, IV 유형은 동반자관계가 그것이다(<표 2-10> 참조).

<표 2-10> 지방정부와 지역NGO와의 관계

구 분		지방정부의 지방자치수준 정도	
		약 함	강 함
NGO의 자주성 정도	낮 음	Ⅰ : 포섭 · 무관심관계	Ⅱ : 후견인관계
	높 음	Ⅲ : 갈등관계	Ⅳ : 동반자관계

이론적으로 우리나라의 지방자치 수준은 비교적 약하고 NGO의 자주성 정도도 일반적으로 낮다고 본다면 대개의 경우 지방정부와 NGO의 관계는 I 유형으로 분류될 수 있을 것이다. 다음으로 NGO의 자주성이 높은 경우를 간혹 상정해 볼 수 있는데, 이럴 경우 지방정부와 NGO와의 관계는 III 유형으로 갈등관계를 연출하게 될 것이다.

예를 들면 대전광역시의 경우 월드컵 · 문화시민운동 및 시민참여 확대 등의 사업을 공모사업으로 지원해 주고 있다.[6] 따라서 이 사업에 관련되어 있는 시민단체는 집행기관의 지원 없이는 그 운영이 어려운 실정이다. 따라서 지방정부와의 관계는 포섭/무관심 관계 내지는 포섭적 관계에 놓이게 된다. 대부분 NGO의 활동상황과 재정상태를 보게되면 이와 같은 범주에서 벗어나지 못하게 됨을 인식할 수 있다.

반면 대전 보문산을 지키고 가꾸자는 취지에서 여러 시민단체들이 보문산의 개발과 보존을 둘러싸고 동반자적 관계와 갈등관계를 나타낼 수 있다. 이처럼 동일한 시민단체라고 할지라도 사안에 따라 지방정부와의 관계가 동반자적 관계나 갈등관계를 가질 수가 있기 때문에 특정 시민단체와 지방정부와의 관계는 항상 유동적일 수밖에 없다.

또한 지방정부와 지역NGO와의 관계는 지역NGO의 성격이 완전한 자발적 연합체로서의 기능을 수행하고 있느냐 아니면 의무적 연합체로서의 역할을 수행하느냐의 조합적 관계를 설정해 볼 수 있으며, 지방정부의 성격이 분권화되어 있느냐 집권화되어 있느냐의 상황에서 그 관계를 설정해 볼 수 있을 것이다(최진혁, 2003 : 78-80).[7]

6 공모사업은 비영리민간단체지원법에 의해 NGO의 건전한 발전과 참여를 위해 NGO단체의 공익활동 소요사업비를 공개경쟁방식에 의해 지원하는 사업을 의미한다. 대전광역시의 경우 월드컵/문화시민운동 및 시민참여확대 등의 사업이 주종을 이루고 있다(박대식, 2002 : 27).

7 이익단체와 지방정부와의 관계는 이익단체의 성격이 완전한 자발적 연합체로부터 완전한 의무적 연합체간의 조합적 상황의 한 축과 시민사회에 의해 통치되는 지방정부와 지방정부에 의해 통치되는 시민사회의 또 다른 축간의 조합적 관계를 상정해 볼 수 있다. 즉, 경쟁형, 상담형, 호선형, 합의형의 관계가 그것이다.

3. 지방의회와의 관계

지방자치의 핵심적 가치는 지역주민이 대표기관을 선출해 그들로 하여금 자율과 책임 하에 행정을 수행하게 하는데 있다. 따라서 지방자치의 핵심적 기관은 지방의회로서 현대의 지방자치에서 지방의회 없는 지방자치는 상상할 수 없는 것이다. 그러나 우리나라 지방의회의 그동안의 경험을 비춰볼 때 주민대표기관임에도 불구하고 제 기능을 다하지 못하였던 것이 사실이다. 전문성과 자질이 떨어지는 지방의원의 정책결정과정에서의 무능력 행태, 주민의 대표로서 집행기관에 대한 적절한 견제력의 미비, 지역사회 이해관계 갈등에 대한 공정한 조정자적 역할의 미흡성 등은 주민들로 하여금 지방의회에 대해 불신만을 조성하게 하였던 것이다. 이러한 배경 하에 그동안 꾸준히 성장해 온 시민사회의 적극적 행위자 집단인 NGO들은 주민의 신뢰를 제공하는데 노력하였고, 그 결과 오히려 주민의 편에서 지방의회를 견제하고 감시하는 역할을 하게 되었다. 따라서 지방의회와 시민단체는 상대방의 능력에 대한 부정적 평가에 기초해 상대에 대한 적대감 내지는 낮은 신뢰도가 형성되어 있다고 할 것이다.[8]

4. NGO 자체의 문제

1) 시민사회의 미성숙

시민참여와 자원봉사활동이 활발하게 일어날 수 있는 참여문화와 제도적 장치가 구비되어 있지 않다. 지방자치에 있어 주민참여는 행정의 민주화와 효율화를 추구하여 진정한 분권화를 이루기 위해 필요한 것으로 간주된다. 따라서 주민참여의 활성화를 위한 제도적 장치로서 예를 들면 주민의 이해관계에 따른 사무처리에 있어 의무적 주민참여, 임의적 주민참여 방식을 생각해 볼 필요가 있다(최진혁, 2002 : 40).

---

8 지방의회와 시민단체간의 현행의 협력은 서로 적대적이거나 경쟁적이어서 협조가 없는 편이며, 협조가 있다해도 그것은 정보교류 및 자료제공에 머무는 저급한 수준으로 드러났다(윤주명, 2002 : 27-50).

2) 재정의 빈곤

빈약한 재원으로 장기적인 안목에서 사업을 추진하기 어렵다. 물론 NGO가 회원의 회비와 기부금만으로 재정을 충당하는 것이 NGO의 자율성과 조직화를 강화하는데 중요한 요인이 되고 있지만 현재의 상황에서는 시민참여가 제대로 이루어지지 않은 까닭에 매우 어려운 실정이다.

3) 시민참여의 부족

한국 시민사회는 아직도 초기 발달단계에 있고 자원봉사문화가 발달되어 있지 않았기 때문에 시민들이 공공선을 증대하는 활동에 매우 소극적이다. 시민운동의 '사회문화적 토대'가 매우 취약하여 우리나라 시민들은 자원봉사활동에 그리 활발하지 못한 것이다. 일례로 미국 시민의 51%가 다양한 형태의 자원봉사 활동에 참여하는데 반해 우리나라의 시민들 중 각종 자원봉사 활동에 참여하는 비율은 겨우 2%에 불과하다. 이는 우리나라의 시민운동이 아직도 시민의 자발적 참여에 뿌리를 내리고 있지 못함을 나타내는 것이다.

4) 중앙집중화

시민단체가 중앙에 집중되어 있다. 특히 지방에서는 기득권자와 권력자와의 유착, 지역연고주의 집단이익추구, 개인의 무력화로 인하여 지방정치가 왜곡되고 주민의 권리가 침해당하고 있다.

5) 도덕성의 쇠퇴

NGO의 무기는 높은 도덕성에 그 생명을 둔다. 지난 시절 NGO가 주민에게 지지를 받을 수 있었던 것은 정부와 기업의 도덕성이 상대적으로 낮았기 때문이다. 그러나 최근 NGO도 국가나 시장 영역처럼 부정부패, 패권주의, 권위주의 등과 같은 부정적 문화를 노출하고 있다(박상필, 2001 : 268-269).

제4절 지방자치발전을 위한 지역 NGO의 과제

1. 단체자치 강화를 위한 NGO의 역할

시민단체(NGO)는 지방자치단체가 자기지역의 사무를 처리하는데 국가기관의 도움을 받지 않고 주민의 적극적 참여 속에 지방자치단체간의 감독 없이 수평적 관계 하에서 진정한 분권화된 행정을 추구할 수 있도록 지원해 주어야 할 것이다.

1) 지방자치단체의 자치권 강화

NGO는 지방자치단체의 자치입법권, 자치조직권, 자치행정권, 자치재정권을 확대할 수 있도록 정부기관에 압력을 행사해야 한다. 주민을 위해 지방자치단체가 그들의 이해에 관련된 사무(주민복리사무)를 처리하는데 있어 법률 이외의 어떠한 방법으로 제한받지 않도록 해야 한다.

2) 국가와 지방자치단체간의 기능배분

국가와 지방자치단체간의 사무배분은 단순히 권한의 배분에 그치지 말고 재원의 배분과 조직, 인력의 조정과 연계되어야 하며, 궁극적으로는 정부조직 구조조정작업과 연계될 수 있도록 해야 한다.

3) 국가의 지방자치단체에 대한 통제게임

지방자치단체에 대한 국가의 통제는 지방자치의 이념을 존중하는 방향에서 자치단체의 자율적 통제장치가 제대로 기능하지 않을 때에 한하여 행사하도록 해야 할 것이다.

2. 주민자치 강화를 위한 NGO의 역할

1) 지방의회와 시민단체간의 연계강화를 통한 지방의회 살리기 운동 전개

우리나라는 지방의회의 권한이 자치단체장에 비하여 미약한 실정이다. 따라서 지방의회의 위상을 높이고 권한을 강화하여 실질적인 견제와 균형이 이루어질 수 있도록 법과 제도를 정비해야 한다. 그러한 맥락에서 자치입법권의 강화, 지방의원의 전문성, 지방의회 운영의 전문화, 지방의회와 집행기관간의 권한의 균형화, 지방의회의 주민에 대한 밀접성(접근성 용이; 지방의회의 시민참여 활성화)확보를 위한 조치가 이루어져야 한다. 한편 지방의회의 주민대응성을 높이고 위상을 강화하기 위해서는 지방의원의 지방의정활동에 대한 평가작업도 아울러 이루어져야 한다.

이러한 맥락에서 지방의회와 시민단체는 지방자치의 기본정신에 따라 상호 연계 보완하여야 할 것이다. 즉, 서로의 약점을 보완하고 강점을 살리는 안을 모색해 볼 수 있다. 즉, 지방의회는 정책전문성의 결핍, 도덕적 정당성의 결핍 등의 한계를 NGO의 혁신적 사고, 분야별 정책전문성, 높은 도덕성 등으로 보완할 수 있을 것이다(윤주명, 2002 : 29). 시민단체는 대표성의 한계, 집행기관에 대한 정보의 한계, 공식적 정책결정권한의 미비점을 지방의회를 통해 보완할 수 있을 것이다.

지방의회와 NGO간의 연계강화의 긍정적 효과는 다음과 같다(윤주명, 2002 : 30-31).

첫째, 상호간의 자원의 공유를 들 수 있다. 즉, 상호 연계의 결과 지방의회는 자신이 파악하고 있는 집행기관에 대한 정보자원을 NGO와 공유할 수 있고, NGO가 소지하고 있는 시민사회에 대한 정보를 공유할 수 있다는 것이다.

둘째, 연계의 효과로 양자간 신뢰의 구축을 제시할 수 있다(Snavely and Desai, 2001 : 251). 따라서 양자간의 상호신뢰구축방안을 제시해야 한다.

셋째, 연계는 지방의회와 NGO간의 상호작용에 있어 거래비용을 감소시키는 효과를 가져올 수 있다. 즉, 지방의회의 정책관점에 대한 NGO의 반응을 미리 알 수 있도록 하거나 NGO가 반대할만한 내용을 사전에 제거할 수 있도록 함으로써, 정책과정에 양자간의 갈등을 감소시킬 수 있을 것이다.

넷째, 양자간의 연계는 양자의 문제해결능력을 향상시킬 수 있다. 지방의회는 시민단체와의 연계를 통해 참신한 착상, 지역사회문제에 대한 정보, 정책대안 등을 투입받을 수 있을 것이며, 이는 지방의회의 정책능력향상에 기여할 수 있을 것으로 보인다(김시윤, 김정렬, 1998 : 6).

다섯째, 연계는 상대에 대한 통제의 제도화 효과를 기할 수 있다. 통제의 제도화는 상대의 행동을 안정적으로 제약하는 것을 의미한다. 상호작용참여자는 각자 빈번한 통제와 개입의 비용을 낮추기 위해 통제를 제도화할 필요가 있다. 예컨대, 지방의회는 NGO와의 연계를 통해 지역사회의 조직화된 정치세력 중의 하나인 NGO가 자신에게 비우호적으로 행동할 여지를 줄일 수 있고, (지역) NGO의 경우 지방의회와의 연계를 통해 지금까지 문제삼아 왔던 지방의원의 비도덕적 행위의 발생을 통제하고, NGO가 선호하는 정책을 지방의원에게 학습시킬 수 있다.

여섯째, 연계는 집행기관에 대한 통제력을 향상시킬 수 있다. 지방의회와 지역 NGO가 지역사회에서 가질 수 있는 공통의 이해관계 중의 하나는 지방정부의 집행기관을 통제하는 것인데, 연계는 일종의 연합행위로서 행위자들이 개별적으로 통제권을 행사하던 때보다 더 강한 집행기관 통제를 가능하게 할 것이다.

일곱째, 연계는 서로의 위상을 강화시킬 수 있다. 지방의회는 연계를 통해 적실성 있는 문제제기, 향상된 문제해결능력 및 지방의회에 대한 신뢰도 향상 등이 가능하며 이를 통해 그 위상을 높일 수 있다. 마찬가지로 지역 NGO는 전형적인 비판기능 외에 지역사회 현안문제 해결자로서의 인상을 강화함으로써 지역사회 내에서 그 위상을 강화할 수 있다.

2) 주민참여의 강화 : 주민을 위한 지방민주주의의 발전 모색

주민을 위한 자치행정이 되기 위해서는 자기 자치단체에서 행하는 사무에 대해 정보를 알아야 하며, 그리고 그들에 관계되는 정책결정에 의견을 개진할 수 있어야 하는 것이다. 이는 지방민주주의의 가장 중요한 원칙이 된다. 즉, 행정행위의 투명성 원칙과 지방정치에의 주민참여의 원칙을 의미하는 것이다. 따라서 지역 NGO는 주민과 지방자치단체간의 관계를 중시하는 지방정부 중심체제를 강화하는 방향에서 진로를 모색해야 한다. 즉, 주민참여, 주민통제의 기능을 활성화하는 노력이 전개되어야 한다. 그러기 위해서는 지역 NGO도 주민의 알권리로서의 정보공개제도를 발전 · 정착시켜 나가야 한다. 또한 지역 NGO는 자발적 주민참여를 도모하기 위한 정책을 제공해야 한다. 그러기 위해 지역 NGO 내부 참여관련 조직의 확충, 시민교육관련기구 및 제도의 확충 · 정비, 참여에 대한 구성원의 수용성 강화문제에 대한 고찰이 있어야 할 것이다.

3. NGO의 과제

1) 지역NGO의 위상과 역량의 강화

지역NGO의 위상과 역량을 강화하기 위해서는 회원 확대와 대중성의 확보, 자율성을 해치지 않는 범위 내에서 지방자치단체와의 협력 강화, 전문가 집단과의 연대강화 등이 필요하다. 특히 지방의회와의 관계에서 윈-윈게임 전략으로 서로의 위상을 높일 수 있어야 할 것이다(전술). 그리고 중앙 NGO와 연계활동을 강화해 나가야 한다. 지역의 문제가 중앙의 문제가 될 수 있고 중앙의 문제가 지역의 문제가 될 수 있기 때문이다. 또한 지역 NGO가 지역에 국한하여 격리되어 활동하는 것은 거버넌스시대 논리에 맞지 않기 때문이다.

2) 지역공동체의 재건

지역 NGO는 주민간의 강한 유대감과 교류, 삶의 네트워크에 기초한 공동체의 형성에 노력해야 한다. 왜냐하면 다양성 내의 일체성의 확보는 민주적 사회통합의 기본이 되기 때문이다. 자기지역으로서의 귀속감과 주인의식, 지역사회에 대한 애착을 고무시키는데 있어 지역 NGO의 역할은 매우 중요하다 할 것이다. 이러한 맥락에서 지역 NGO의 활동은 지역사회 실정에 맞는 주민의 대응성을 갖춘 방향에서 찾아야 할 것이다(박재정, 2002 : 18). 그리고 최근 인터넷 활용으로 전자민주주의(electric democracy)가 가능한 상황에서 지방정부는 주민들에게 보다 양질의 정치행정정보를 제공할 뿐만 아니라 주민들이 지방정부에 접근하기 용이하도록 하여 주민참여를 강화할 수 있는 사이버체제를 구축할 필요가 있다. 같은 맥락에서 지역 NGO 역시 주민과 함께 하는 전자포럼(electronic), 전자공청회(electronic hearing), 원격회의(teleconference) 등을 활용하여 대의민주주의를 보다 발전시켜야 할 것이다.

3) 자기평가

지역NGO가 국가와 시장의 실패를 해결할 수 있는 기제가 되기 위해서는 자기활동에 대한 냉철하고 합리적인 평가가 이루어져야 한다. 예를 들면 기존의 시민조직의 문제점을 해결하기 위해 다음과 같은 지역사회 시민조직 평가과정으로서의 7가지 절차를 통하여 문제해결모델로서의 정책방안을 제시할 수 있다. 즉, ①문제점 확인, ②원인분석, ③해결안 선택, ④계획안 형성, ⑤활동들의 계획화, ⑥집행, ⑦통제 및 평가가 그것이다(최진혁, 2001 : 272-273).

제5절 결론

지난 15년 동안 민주주의가 정착되어 오면서 한국의 NGO는 양적 · 질적 측면에서 크게 성장해 온 것은 사실이지만 우리 지역사회는 아직도 각종 이기주의로 몸살을 앓고 있는 실정이다. 특히 지방자치실시 이후 공동체의 규범과 이익을 무시하고 개인의 사적 욕망을 극대화하려는 개인이기주의와 특정집단의 특수이익을 극대화하려는 다양한 집단이기주의가 심화되고 있다. 또한 급성장한 시민운동을 제대로 받쳐주기 위한 이론적 논의가 아직 부족한 실정이다. NGO가 급속도로 성장은 하고 있지만 시민사회 논쟁은커녕 시민단체, 시민운동에 대한 연구자체가 제대로 이루어지지 않고 있다(박상필, 2001 : 282). 더구나 지방자치단체(지방정부)는 지역시민사회에 대해 사회정책적 차원에서 이해하고 접근해보려는 시도들을 소홀히 하고 있는 것 같다. 이것은 지역시민운동이 시민사회의 자율영역에 관한 것이니 만큼 지방정부의 정책대상이 되거나 되어야 할 이유가 없다고 인식하기 때문인 것 같다.

이러한 문제들은 지역 NGO의 지속적 성장과 질적 성숙을 가로막는 중요한 제약요소이다. 앞으로 우리의 민주주의를 공고히 하고 민주주의의 제도적 틀 속에서 지방자치의 성과를 더욱 향상시키려 한다면 결국 공동체의 규범을 정립하고 공익을 증진시키는 지역 NGO가 더욱 활성화되어야 할 것으로 보인다. 이와 더불어 학계의 이론적 뒷받침이 이루어져 지역시민사회의 방향을 올바로 제시하여야 할 것이다. 앞으로의 지방자치의 성공여부는 지방정부와 (지역) NGO가 협력하여 어떻게 하면 주민과 함께 하는 시민운동을 정착시켜 나가느냐에 달려있다고 할 것이다.

참고문헌

김석준 외, 뉴거버넌스 연구(서울 : 대영문화사, 2000).

김영래, "한국 비정부단체(NGO)의 세계화 전략연구", 국제정치논총, 제37권 1호, 1997.

김영래·김혁래, "한국 비정부조직(NGO)의 현황과 과제", 한국사회에서 국회와 NGO의 역할, 한국정치학회 월례발표논문집, 1999.

김용웅, "지역간 연계 · 협력의 이론적 배경과 발전방향," 이정식 · 김용웅(엮음), 세계화와 지역 발전(도서출판 한울, 2001).

김종순, "한국 NGO의 실태와 발전방향", 한국행정연구, 제8권 1호, 1999.

김태룡, "NGO들간의 영향력 차이와 그에 따른 효과성에 관한 연구", 한국행정학보 제36권 제2호. 2002.

박상필, NGO를 알면 세상이 보인다(서울 : 한울, 2001).

박상필, "사회문제 해결을 위한 제3의 길 / 지방자치단체와 NGO간의 협력", 21 세기 한국 행정 및 행정학회 비전, 한국행정학회, 2001.

박재정, "대전의 정치발전과 NGO의 역할", 지역발전과 NGO, 충남대학교 사회과학연구소, 2002.

박대식, "지방행정에 대한 NGO의 참여실태와 과제", 지역발전과 NGO, 충남대학교 사회과학연구소, 2002.

송희준, "국가와 시민사회의 관계", 한국행정연구 8권 1호.

오재일, "지역사회에 있어서 지방정부와 NGO와의 관계에 관한 고찰", 한국행정학회 기획세미나 발표논문집, 2000.

옥원호, "지방자치, 거버넌스, 지역NGO", 한국행정학회 기획세미나 발표논문집, 2000.

유재원, "지방자치와 권력구조", 박종민 편, 한국의 지방정치와 도시권력구조(서울 : 나남출판, 2000).

윤주명, "지방의회와 비정부조직(NGO)의 연계를 통한 지방의회의 정책능력향상방안 연구", 대전 · 충남행정학회 하계학술대회, 2002.

이원웅 · 최창현, "지방자치와 NGO : 강릉시 사례를 중심으로", 한국행정학회 기획세미나 발표논문집, 2000.

정세욱, 지방자치학(서울 : 법문사, 2001).

차미숙 · 박형서 · 정윤희 외, 지역발전을 위한 거버넌스체계 구축 및 운용방안 연구(국토연구원 : 2003).

최준호, "지방정부의 거버넌스를 위한 공공관리의 방향", 지방분권과 거버넌스의 개혁과제, 한국거버넌스학회 발표논문집, 2004.

최진혁, "지방자치단체 행정서비스에 대한 주민(시민)평가모델의 발전적 고찰", 사회과학연구 제12권, 충남대학교 사회과학연구소, 2001.

최진혁, "우리나라 지방분권의 실태와 과제", 지역균형발전을 위한 지방분권운동 대전 · 충남연대, 2002.

최진혁, "지역사회 이익단체", 지역사회 권력구조와 정치문화, 한국정치학회 발표논문집, 2003.

최창호, 지방자치학(서울 : 삼영사, 1997).

한국민간단체 총람, 2000.

Anheier, Helmut K. & Salamon, Lester M., *The Nonprofit Sector in the Developing World*(London : Manchester University Press, 1998).

Araujo, Joaquim Filipe Ferraz Esteves, "Improving Public Service Delivery : The Crossroads between NPM and Traditional Bureaucracy," *Public Administration*, vol.79, no.4, 2001.

Baguenard, Jacques, *La décentralisation*(Paris : P.U.F., 1996).

Baguenard Jacques et Becet, Jean-Marie, *La démocratie locale*(Paris : P.U.F., 1995).

Cohen, Hean L. and Andrew Arato, *Civil Society and Political Theory* (Cambridge. Mass : The MIT Press,1992).

Coston, Jennifer M., "A model and Typology of Government-NGO Relationships", *Nonprofit and Voluntary Sector Quarterly,* 27(3), 1998.

Esman, N. J. & Uphoff, N.T., *Local Organizations : Intermediaires in Rural Development* (Ithaca, NY : Cornell University Press, 1984).

Hansmann, Henry, "Economic Theories of Nonprofit Organization", in Walter W. Powell(ed.), *The Nonprofit Sector : A Research Handbook*(New Haven : Yale University Press, 1987).

Hall, Peter D., *Inventing the Nonprofit Sector : Essays on Philanthropy, Voluntarism, and Nonprofit Organization*(Baltimore : Johns Hopkins University Press, 1992).

Held, David, *Models of Democracy* (Cambridge. UK : Polity Press, 1987).

Hood, Christopher, " A Public Management For All Seasons?," *Public Administration*, vol.69, 1991.

James, Estelle, "Nonprofit Sector in Comparative Perspective", in Walter W. Powell(ed.), *The Nonprofit Sector : A Research Handbook*(New Haven : Yale University Press, 1987).

McCarthy, John & Zald, Mayer N., "Resource Mobilization and Social Movement-A Practical Theory", *American Journal of Sociology,* 82, 1977.

O'Neil, Michael, *The Third America*(San Francisco : Jossey-Bass, 1989).

Pierre, J & B. Guy Peters, "Conceptual and Theoretical Perspectives on Governance," *Governance, Politics and the State.* St. Martin's. Press, 2000.

Snavely, K.S. and Desai, U., "Mapping Local Government-Nongovernmental Organization Interactions : A conceptual Framework", *Journal of Public Administration Research and Theory*, Vol.11, No.2, 2001.

08

자치분권과 지역균형발전

01 이명박정부의 지방분권과 지역균형발전정책의 발전적 고찰 : 수도권규제완화정책을 중심으로

제1절 서론 : 문제제기

세계화에 대응하는 광역권경제권 구축, 지역개성을 살린 특성화된 지역발전, 지방분권/자율을 통한 지역주도 발전체제, 지역간 협력 · 상생을 통한 동반발전을 기치로 내세워 국가균형발전정책을 수행하고자 하는 이명박정부가 출범한지도 벌써 10개월로 접어들었다. 21세기 새로운 환경변화에 부합하기 위해서는 국내에서만 한정되었던 내국적 균형정책으로는 더 이상 국가발전을 기약하기 어렵고, 따라서 세계화에 대응하는 경쟁력 있는 지역을 창조하고, 지역별 비교우위를 토대로 차별화된 발전전략으로 지역의 잠재력을 확충하여 지역경쟁을 유도하여야 한다는 것이다. 이와 더불어 지난 정부의 지방분권을 실질적 지방분권으로 전환하여 지역의 자율성과 책임성을 동시에 제고할 수 있도록 하고, 중앙과 지방의 협력체계를 구축하는데 지역이 주도하고 중앙은 이를 조정하고 지원하는 협력방식으로 하며, 수도권과 비수도권간 및 각 지역간 발전적 분업구조 형성과 상호 협력을 통해 지역간 동반 · 상생 발전을 도모하여야 한다는 것이다(국가균형발전위원회, 2008).

이는 그동안 정부수립 후 반세기 이상 내국적 차원에서 머물러 있는 균형발전, 중앙집권방식에 길들여져 있는 정치행정체제, 중앙정부 중심의 지역발전, 수도권과 비수도권과의 갈등구조로는 더 이상 효율적인 국가발전(국가경쟁력 제고)을 이룰 수 없게 되었음을 깨닫게 되었다는 사실에 있다. 따라서 국경 없는 세계화시대에 경쟁력 있는 도시를 창출해야 하고, 실질적인 지방분권을 도모하여 지방정부의 자율권이 신장되고 책임행정이 강화되고, 중앙정부와 지방정부간의 효율적인 협력체계가 구축되어야 한다는 것이다.

그럼에도 불구하고 그동안 과도한 중앙집권과 중앙정부 중심의 지역발전정책은 자원배분을 왜곡하여 중앙과 지방, 수도권과 비수도권의 지역간의 불균형 격차를 더욱 심화시켰던 것이 사실이다. 우리나라의 수도권 집중은 그 유례를 찾기 어려운 심각한 수준에 당면하고 있음은 주지의 사실이다.[1] 수도권의 인구집중, 수도권의 중추기능과 경제력 집중으로 수도권의 블랙홀(black hole) 현상은 가속되고 있다. 가히 "한국적 폐해(le mal coréen)"라 아니할 수 없다. 대한민국은 신체의 모든 피가 머리로 집중하는 뇌출혈의 상태, 심장에 지방분이 과다하여 그 기능을 제대로 발휘할 수 없는 위험한 상태에 직면하고 있는 것이다.

이러한 배경 하에서 이명박정부는 대통령선거공약의 이행을 구체화하기 위한 작업으로 국가균형발전위원회를 조직하고 실질적인 지방분권개혁과 지역균형발전을 모색하고자 노력하고 있다. 그 일환으로 정권초반기의 주민이 공감하는 지방정책을 내놓지 못한 상황에서 여론의 질타에 못 이겨 늦게나마 정계 · 학계 · 시민단체의 전문가를 중심으로 지방분권과 지역균형발전의 올바른 방향을 제시하려는 학술세미나 및 주민의 견청취 등이 치러지고 있다. 그러나 정작 실질적 지방분권화와 지역균형발전의 수혜자가 되어야 할 주민의 균형발전의 체감도는 그리 높지 않은 것이 현실인 듯하다. 아니 오히려 지역간, 주민간 갈등만 부추기는 꼴이 되고 말았다. 지난 경제 위기 IMF때는 국민 모두 참여하여 국민통합으로 문제를 해결하려는 모습이었지만 지금은 경제위기를 빌미로 나온 수도권규제완화가 국민분열을 야기하고 있는 것이다. 뿐만 아니라 국가로부터 완전하게 자율과 책임성을 부여받아야 할 자치권의 미비, 중앙부처의 이기주의와 개별적 단위사무 위주의 단편적 기능이양에 따른 실질적 지방분권 부진, 자치역량을 강화하기 위한 제도적 개선노력 미흡, 지역이기주의에 따른 지방행정의 비효율성, 민

1 수도권 집중의 실상(2000년, 2008년 기준)은 다음과 같다(정부혁신지방분권위원회, 2003 ; 국가균형발전위원회, 2008)-면적 11.8%에 인구 46.6%(2001년 기준) 집중 : 면적 11730Km2(12%)에 인구 23602천명(49%)-중앙행정기관 83.6%, 100대 기업본사 91% 집중-총량경제력 52.6%, 금융거래비중 70.4% 등 경제력 집중

선자치단체장 · 지방의회의원의 부정부패에 따른 지방행정의 신뢰성 상실 등의 경험은 주민이 바라보는 지방분권과 지역균형발전의 매력이 그 긍정적 측면이 월등함에도 불구하고 상대적으로 많이 반감될 수밖에 없는 이유이다. 또한 그동안의 지역균형발전정책이 국가전체의 균형발전이라는 큰 틀 속의 적극적 정책이라기보다는 수도권규제와 같은 소극적 방식으로 오히려 지역불균형현상을 가속화시킨 요인이 되었지 않나 여겨지기 때문이다.

이러한 맥락에서 본 연구는 이명박정부가 내세우는 실질적 지방분권과 지역균형발전이 그 적실성과 타당성, 효과성을 더욱 견지하여 성공한 지방분권개혁과 지역균형발전에 도달하는데 일조하는 차원에서 몇 가지 발전적 제안을 하고자 한다. 그러기 위해서 지방분권과 지역균형발전의 의미는 무엇인지 그 이론적 배경을 고찰해 보고, 지방분권과 지역균형발전의 현안문제를 짚어보며, 그에 따른 발전과제를 제시해 보고자 한다.

제2절 지방분권과 지역균형발전의 이론적 배경

1. 지방분권의 개념

1) 정의

오늘날 대부분의 국가에서는 통치권이나 행정권한을 중앙정부와 지방정부가 분담하여 처리하고 있다. 일반적으로 중앙집권은 국가공동체 내의 결정권한과 업무가 중앙에 집중되어 있고 지방자치단체가 국가의 하부행정기관으로 존재하는 국가형태라면 지방분권은 지방자치단체에게 결정권과 업무가 이전되어 있는 국가형태라고 할 수 있다(이기우, 1997 : 98). 이는 곧 국가내의 권력의 지리적 배분을 의미하는 것으로 지방자치단체에 적용된 분권으로 볼 수 있다. 요컨대 본 연구에서는 중앙정부의 권한이 지방정부로의 이전을 지방분권화로 규정하고자 한다(최진혁, 2002 : 329).

2) 지방분권의 기본논리

지방정부가 주민들에게 보다 가까이 있어서 주민들의 욕구를 보다 잘 알고 있기 때문에 주민들에게 보다 적합한 서비스를 제공해줄 수 있다는 것이 지방분권의 기본논리이다. 즉, 자원의 효율적 배분은 서비스 공급에 대한 책임이 그 서비스의 수혜자를 가장 잘 대표해주는 정부계층에 부여될 때 가능하다는 것이다(Ter-Minassian, 1997). 즉, 지방분권을 통해 보다 민주적이고 참여적인 정부를 지향할 수 있고, 공공서비스와 주민의 서비스를 일치시킴으로써 지방정부의 정치지도자가 유권자에 대해서 대응성과 책임성을 확보해 나갈 수 있다는 것이다(Ter-Minassian, 1997 ; 홍준현, 2001 : 315).

그런데 지방정부는 의외로 주민들이 필요로 하는 서비스를 만족할 만한 수준으로 공급하지 못하는 경우가 많다는 것이다. 그 이유를 Kingsley(1996)는 지방분권이 아직 완전하게 진행되지 못한 것에서 찾고 있다. 즉, 많은 국가에서 중앙정부는 중앙의 기능을 공식적으로 지방정부에 이양 또는 위임했지만, 지방정부가 그 기능을 자율적으로 수행할 수 있는 권한 또는 기능을 수행하는데 소요되는 재원을 마련할 수 있는 권한을 완전히 이양 또는 위임하지 않았다는 것이다. 한편 Dillinger(1994)는 중앙정부가 지방분권을 찬성하는 동기에는 양면성이 있다고 경고하고 있다. 즉, 그 동기에는 첫째, 중앙집권체제는 더 이상 적합하게 기능하지 않는다는 원칙과 둘째, 도시화로 인해 요구되는 엄청난 비용을 부담하기 위해서 재원을 마련하는 책임을 지방정부에 전가하려고 하는 정치적 편의성이 혼합되어 있다고 볼 수 있다는 것이다(홍준현, 2001 : 316).

3) 조건

우리나라의 지방분권은 단체자치 국가에서 보는 바와 같이 단일국가체계 하에서 국가의 통일성 내에서 지방자치단체의 다양성을 보장하는 것이라 볼 수 있다. 따라서 국가의 일정한 감독과 지방자치단체의 자율성과 책임성을 강조하게 된다. 그런 측면에서 지방분권의 실현은 다음 세 가지 조건을 존중할 때 이루어진다고 볼 수 있다(Baguenard, 1996 : 17-70 ; 최진혁, 2002 : 328-329).

(1) 지방사무의 존재

우리나라 헌법 제117조는 "지방자치단체는 주민의 복리에 관한 사무를 처리하고…"라고 규정하여, 지방자치단체의 존립목적이 주민복리에 관한 사무의 처리에 있음을 밝히고 있다. 지방자치법 제9조 제1항과 제102조 및 제103조에 의하면 우리나라의 지방자치단체 사무는 자치사무, 단체위임사무, 기관위임사무로 분류하고 있음을 알 수 있다.[2]

이와 같은 맥락에서 프랑스도 국가사무와 구별된 지방사무의 존재를 지방분권의 첫 번째 소여로 보고 있다(Rivero, 1990 : 394). 지방자치단체의 사무는 '지방의회의 자유로운 결정에 의해서 처리할 수 있다'고 규정할 수 있다. 이는 지방자치단체의 사무는 법률에 별도로 규정을 하지 않는 한 해당 자치단체의 이해에 관한 모든 사무(주민의 복리에 관한 모든 사무)가 지방자치단체의 자치사무로 된다는 것이다. 프랑스의 1884년 4월 5일 법에 따르면 지방사무는 지방자치단체에 관계되는 모든 분야에 관여할 수 있는 자치단체의 법률적 능력에 기초한 개념으로 파악하고 있다. 1983년 1월 7일 법률도 "코뮨, 데빠르트망과 레지옹은 그들 권한의 사무를 그들 협의에 처리한다"고 규정하여 포괄적 규정을 확인할 수 있다. 다만 추가적으로 지방자치단체가 행해야 할 기능을 자치단체마다 특화하여 구체적으로 규정하고 하고 있다. 지방사무의 개념은 매우 규정하기 어려운 일이나 지방자치단체 이해에 따라 지방자치단체가 수행할 것이 요청되는 업무로 볼 수 있을 것이다.

(2) 중앙권력으로부터의 독립적 지방기관(지방자치단체)

지방분권이 실현되려면 지방사무가 중앙정부로부터 독립된 지방기관에 의하여 책임

2 지방자치법 제9조 제1항은 "지방자치단체는 그 관할구역 안의 자치사무와, 법령에 따라 지방자치단체에 속하는 사무를 처리한다"고 규정하고 있는데 자치사무란 그 자치단체의 고유사무를 뜻하고, '법령에 따라 지방자치단체에 속하는 사무'는 위임사무에 속한다고 할 수 있다. 일반적으로 단체위임사무는 법령에 따라 중앙정부 또는 상급자치단체로부터 그 지방자치단체에 위임된 사무를 말한다. 따라서 법령에 "시·도지사, 시장·군수가…를 시행한다"고 규정하고 있는 사무 중 국가적 이해관계와 지방적 이해관계가 있는 사무 및 "…..가 지방자치단체에 위임한다"고 규정되어 있는 사무가 해당된다. 기관위임사무는 법령에 따라 중앙정부 또는 상급 지방자치단체로부터 지방자치단체의 집행기관(장, 교육감)에게 그 처리가 위임된 사무를 말한다. 따라서 법령에 "시·도지사, 시장·군수가…..를 시행한다"고 규정하고 있는 사무 중, 전국적 통일을 요하는 사무 및 "…..가 시·도지사, 시장·군수에게 위임한다"고 규정하고 있는 사무가 해당된다(최창호, 1995 : 258-259).

있게 수행되어야 한다는 것이다. 즉, 중앙정부의 영향력 지배하에 자치단체의 기능이 상실되어서는 아니 되고, 지방기관(자치단체)이 그들의 책임성을 완전히 행사할 수 있어야 한다는 것이다. 그러기 위해 지방자치단체가 재정자치를 행사할 법인격을 부여받아야 하고 주민의 의해 선출되어야 한다는 것이다. 이는 국가로부터 자치권을 부여받아 일정한 독립적 관계를 추구하여야 한다는 것이다.

(3) 자율적 관리

중앙권한에 독립적으로 존재하는 지방기관은 그들의 기능을 행사하는데 있어 실제의 자치를 혜택받고 누려야 한다는 것이다. 이러한 기능적 독립성은 지방사무의 자치행정을 자연히 허용하게 되는 것이다. 즉, 주민에 의해 선출된 기관에 의한 자유로운 행정(관리)이 되어야 한다는 것이다(분권화된 행정구현).

2. 지역균형발전의 개념

국가균형발전특별법 제2조에서 정의하고 있는 국가균형발전이란 '지역간 발전의 기회균등을 촉진하고 지역의 발전역량을 증진함으로써 삶의 질을 향상하고 지속가능한 개발을 도모하여 국가경쟁력을 강화하는 것'을 말한다. 이렇게 볼 때 우리가 추구하는 지역균형발전은 4가지 주요한 요소를 전제하는 다의적 개념이라고 할 수 있다. 첫째, 지역간 발전의 기회균등 촉진 둘째, 지역의 발전역량 증진 셋째, 주민의 삶의 질 향상과 지속가능한 개발도모 넷째, 국가경쟁력 강화가 그것이다.

일반적으로 지역균형발전이란 지역간에 경제적, 사회적 제개발지표(1인당 소득, 제조업 생산액, 도로, 상하수도 등)들이 서로 대등한 상태에 있어야 하는 것으로 이해될 수 있다. 그러나 그 개념정의는 매우 모호하다. 왜냐하면 지역균형발전은 지역이 구체적으로 어디를 말하는 것인지, 균형의 참뜻은 무엇인지, 그리고 발전의 참모습은 어떤 것인지에 대한 주관적인 질문을 담고 있기 때문이다.[3] 그러나 일반적으로 국토의 모든 지역을 차별

3 지역균형발전에서 균형(balance)의 의미는 일정한 시스템 속에서 모든 부속품(하위체제)이 원활하게 작동할 수 있도록 서로 조절되었을 때의 안정된 상태를 의미한다. 그러나 안정된 상태, 즉 균형에 도달할 때까지 시간이 얼마나 걸릴

성 없게 정치적, 행정적, 경제적, 사회 · 문화적으로 균형 있게 발전시켜 나가는 일련의 모든 과정을 의미할 수 있다.

그러나 또 한편으로 지역균형발전은 지역간 성장과실의 단순한 균등배분이 아니라 지역간의 '창의적인 경쟁'과 '민주적 참여'의 원칙 하에서 각 지역의 역량을 최대한 살릴 수 있는 '기회'가 보장되고, 국가 전체적으로 최선의 시너지 효과를 낳을 수 있는 것이어야 하는 것으로 이해될 수 있다(이정식, 2001 : 5). 지역간의 형평보다는 기회의 형평성을 통해 사람간의 균형과 개인의 자아실현이 우선되는 지역균형발전을 도모해야 함은 바로 여기에 있다.

그런 측면에서 국가의 지역균형발전정책은 중앙과 지방으로 다원화된 행정주체들의 권한이 최상의 조화상태를 실현하고 있는가, 또한 개인의 인간다운 삶을 영위하고, 인간의 창의성과 기회가 보장되는 지역사회건설이라는 관점에서 판단되어야 하며, 어떠한 경우에도 타 지역의 발전을 배제하면서 특정지역의 개발을 우선적으로 고려하여서는 안될 것이다(김남철, 2001 : 7).

3. 지방분권과 지역균형발전의 상관관계

지방분권과 지역균형발전의 관계는 관계긴밀설과 관계부정설로 구분하여 설명할 수 있다(최진혁, 2005 : 109-110).

1) 관계긴밀설

지방분권을 지역균형발전의 전제조건으로 파악하여 밀접한 관계를 주장하고 있다. 자치재정권을 예로 들어 다음과 같이 그 관계를 판단할 수 있다. 요컨대, 지역균형발전이 이루어지기 위해서는 지방분권은 필연적이라는 사실이다.

자치재정권은 지방자치단체가 배분된 기능을 수행하는데 필요한 경비를 충당하기

지는 부속품에 따라 달라질 수 있는 것이다. 또한 모든 지역이 똑같이 균등하게 발전되어야 하는가에 대한 논쟁으로서 진정한 의미의 균형발전은 지역이라는 장소보다는 그 장소에서 살고있는 사람을 위한 발전을 추구하는 것이 되어야 한다는 것이다(이정식, 2001 : 3).

위하여 중앙정부의 간섭을 받지 않고 자주적으로 그 재원을 조달, 관리하는 권능을 의미하는 것으로 지역균형발전의 전제조건으로 간주된다. 왜냐하면 지방자치단체가 자기 스스로 자유로이 처분할 수 있는 재정수단을 가지지 못하는 경우에는 그 업무를 자기책임 하에 수행하기 어려우며 지방재정력이 뒷받침되지 못할 경우에는 지역균형발전은 허구화되기 때문이다. 즉, 지방자치단체의 자치재정권의 보장은 지방자치단체가 사무수행을 위하여 필요한 지출을 할 수 있는 재정적인 뒷받침이 있어야 비로소 그 의미를 찾을 수 있다. 따라서 지방자치단체는 국가에 대하여 사무수행을 위한 최소한의 재원확보를 위한 지원을 요청할 수 있는 권리를 가진다고 할 수 있다. 요컨대, 최소한의 재정확보를 보장함으로써 지역간의 균형발전의 기초를 형성할 수 있다. 이러한 배경에서 지방자치권의 보장 없이는 지역균형발전을 담보할 수 없다는 것이다(김남철, 2001 : 9).

2) 관계부정설

지방분권은 지방의 우선되는 논리가 담겨있고 지역균형발전은 국가의 집권적 논리가 내포되어 있기 때문에 서로 상충되는 개념으로 파악하기도 한다. 따라서 국가주도의 균형발전은 지방자치단체의 자율성과 독립성을 훼손시키게 되어 결국 지방분권을 형해화(形骸化)할 수 있다는 것이다.

제3절 지역균형발전의 현황

1. 지역균형발전정책의 역사적 진전(변천과정)

우리나라의 지역균형발전(정책)은 1960년대 불균형성장의 논리에 따라 관리되었던 국가발전(국토개발)정책이 수도권에의 인구와 산업의 과도한 집중을 야기하면서 논의되기 시작하였다. 일반적으로 그 진전상황을 요약해보면 다음과 같다(표 5-1참조)(권용우, 2003 : 10-11).

1) 수도권의 인구집중 억제정책시기(1960년-1970년)

이 시기는 인구과잉에 따른 대도시관리의 어려움과 국가안보상의 문제가 이슈화하여 서울과 수도권의 인구집중 억제에 총력을 펼쳤다.

2) 지방분산 유도정책시기(1971년-1976년)

이 시기는 국토공간의 재편성과 균형개발을 지향하는 차원에서 인구분산화 정책이 추구되었다.

3) 대도시 수용정책시기(1977년-1990년 전후)

이 시기는 인구의 흐름을 수용하자는 대도시수용론이 지역정책의 기조를 이루었다. 성장거점도시의 계획안이 마련되기도 했다.

4) 도시확대개발정책시기(1990년 전후-2002년)

이 시기는 수도권의 신도시가 건설되면서 도시수용의 차원을 넘어 적극적으로 도시를 개발하는 확대정책으로 이어져 갔다. 따라서 수도권 규제완화를 통한 적극적인 수도권개발이 추구되었다.

5) 수도권과 비수도권의 상생정책시기(2003년-현재)

수도권과 비수도권의 대립적 구조로는 국가의 발전을 도모할 수 없다는 논리가 2002년 대통령선거를 통해 확인되었다. 즉, 행정수도 이전을 통한 국가균형발전론이 대통령당선에 결정적 역할을 하게 되었다. 따라서 새로운 행정수도 건설과 함께 강력한 지방분권을 통해 수도권 과밀을 해소하고 지역균형발전을 이룩한다는 방안을 모색 중이다. 여기에 수도권과 비수도권이 함께 발전할 수 있는 균형발전이 이루어져야 함은 물론이다.

6) 이명박정부의 수도권규제완화시기(2008)

이명박 정부는 신자유주의에 근거하여 작은 정부관, 큰 시장관을 기조로 민간부문의 투자활성화와 경쟁력제고를 위해 규제완화와 감세정책, 민영화 정책을 추진하고 있다. 이는 최근 국제금융위기에 따라 국가개입을 확대하고 공공지출을 늘리는 큰 정부관, 작은 시장관에 역행하는 정책기조이다. 즉, 규제완화, 작은 정부, 조세감면, 민영화를 주된 정책기조로 하는 신자유주의의 발전전략에 대한 반성이 뒤따르고 있는 현 국제정세에 반하는 처사인 것이다.

이명박정부는 세계적인 금융위기와 경기침체에 대응해야 한다는 명분으로 대규모의 감세정책과 함께 수도권규제완화를 주장하였다. 제17대 대통령 당선직후 수도권 경쟁력을 확보해야 한다며 기업투자 활성화, 수도권규제의 합리화를 수도권정책의 기본방향으로 제시하였다(대통령직인수위원회).

-국토해양부, 기획재정부 업무보고(2008.3)[4]

-국가균형발전위원회의 지역발전정책보고회(2008.7.21 / 9.10) : 광역경제권 중심의 지역발전전략 제시, 수도권을 광역경제권의 하나로 육성할 계획임을 밝혔다.

-국가경쟁력위원회(10.30) : 국가경쟁력 강화를 위한 국토이용의 효율화 방안제시[5]

4 국토해양부 : -2008년 12월부터 수도권정비계획법령 개정 추진 : 공공기관 이전부지 등에 규제가 완화되는 정비발전지구제도 도입, 경제자유구역, 미군반환공여구역 등에 산업단지 물량규제 배제 등 ; -중장기적으로 계획적 관리체계로 전환추진(2009-) : 대체입법 등 단계적 전환추진 ; -도시외곽 농지, 산지, 환경, 군사규제완화 통해 개발가용지 확대 ; -경제자유구역 등 기업규제 완화 · 기획재정부 : -정비발전지구 제도도입 ; -수도권정비계획법(수도권권역, 과밀부담금, 공장 및 학교총량규제, 광역시설설치부담금 등) 개정 ; -산업집적활성화법(공장입지 규제)개정추진 ; -수도권정비계획법 폐지 및 대체입법 추진(09-) ; -농지 및 산지 등 토지관련 규제완화, 농지소유규제완화

5 주요내용 : 수도권 산업단지 내 공장의 신, 증설과 이전에 관한 규제가 대폭 완화되고, 산업단지 외의 공장의 경우 신설은 규제되나, 증설이 완화된다. 공장총량제의 적용을 받는 공장 연면적이 최소 200m2에서 500m2으로 상향조정된다.

<표 1-1> 수도권정책의 전개 상황 : 시기별 정책방향

시기	주요정책방향	주요정책내용
1960-1970	서울과 수도권의 인구집중억제 정책	대도시인구집중방지책(1964) 서울-인천 특정지역지정과 위성도시구상(1965) 대도시인구 및 시책의 조정대책(1969)
1971-1976	전국적 차원의 인구분산정책	제1차 국토종합개발계획(1972-81) 대도시인구분산시책(1972-73) 서울시인구분산계획(1975)
1977-1990	대도시수용정책 (수도권 재정비정책)	수도권인구재배치 기본계획(1977) 제2차 국토종합개발계획(1982-1991) 수도권 내 공공청사 및 대규모건축물 규제계획(1982) 수도권정비계획법 제정(1982) 수도권정비계획기본계획(1984)
1990-2002	대도시확대개발정책 (수도권 규제완화정책) 수도권성장관리정책	수도권정비계획법 및 시행령 개정(1993) 제2차 수도권정비계획(1995) 제3차 수도권정비계획(1996) 국토의계획및이용에관한법률(2002) 수도권광역도시계획(2002) 대도시권성장관리계획(2002)
2003-현재	수도권과 비수도권의 상생정책	신행정수도건설추진기획단 구성(2003) 국가균형발전위원회 구성(2003)
2008	수도권규제완화	국가균형발전위원회의 지역발전정책보고회(2008.7.21 / 9.10) : 광역경제권 중심의 지역발전전략 제시, 수도권을 광역경제권의 하나로 육성할 계획 국가경쟁력위원회(10.30) : 국가경쟁력 강화를 위한 국토이용의 효율화 방안

자료 : 권용우(2003), 변창흠(2003)(2008).

2. 현안(문제점)

1) 불명확한 지역균형발전(정책)의 범주

그동안 우리나라는 수도권규제정책과 더불어 지역균형발전정책이 추진되어 왔지만 지역균형발전의 범주를 어디까지로 할 것인가에 대한 명확성이 결여되어 있어 정책추진에 자치단체간 갈등이 우려된다. 예를 들면 참여정부시에 지방분권정책안에 대하여 각 자치단체는 모두 수긍하면서도 지역균형발전안에 대해서는 다른 목소리를 내었던 이유가 바로 여기에 있다. 지역균형발전을 수도권과 비수도권과의 격차를 시정하는 정책이라고 할 경우 수도권 내의 경기도는 그 지역의 북부지역과 같은 낙후지역이 지역균형발전의 대상에서 제외된다는 사실에서 그 타당성을 부정할 것이기 때문이다. 또한 비수도권이라 하더라도 대도시, 중 · 소도시, 농촌 지역에 따라 낙후도가 다르기 때문에 비수도권이라는 단일기준으로 지역균형발전정책을 정의하는 것도 문제가 있다(김정훈, 2002 : 8).

2) 지역경제 불균형의 특성 : 다양한 불균형

수도권과 비수도권의 불균형상태를 보다 진전된 설명을 도출하기 위해 비수도권을 동남권, 중부권, 서남권으로 분류하여 비교 고찰해보고자 한다. 왜냐하면 한편으로는 우리의 지역불균형에 대한 쟁점이 수도권과 동남권을 중심으로 한 과밀지역과 강원, 충청, 호남권의 과소개발문제를 해결하기 위한 것이었기 때문이다. 수도권과 동남권의 제조업고용이 차지하는 비중은 약 83%에 이르며 그 이외의 지역은 10%미만의 열악한 수준에 머물러 있다. 수도권의 비중은 지속적으로 증대되고 있으며 동남권은 80년대 이후부터 감소되는 반면 중부권과 서남권은 점차 증대되는 것으로 나타나고 있다(표 3-3 참조). 그러나 후자의 증대치는 아직 의미있는 수준은 아닌 것을 감안하면 동남권의 구조적 침체현상과 수도권 일극의 재집중현상으로 설명할 수 있겠다(이재원, 2001 : 140).

그런데 수도권 일극중심의 불균형현상의 이면에는 과거와는 다른 형태의 불균형이 존재하고 있다는 사실이다. 즉, 〈표 1-3〉에서와 같이 경제구조전환과 맞물려 새로운 선도산업으로 주목받는 지식기반산업과 중추관리기능들이 수도권에 집중되면서 여타 지역들은 외연적 경제규모는 증대될 수 있지만 질적인 측면에서 지역경제의 자생력을 충분히 확보하기 어려워졌다(이재원, 2001 : 140).

<표 1-2> 인구 및 산업의 지역간 분포

		전국(A)	수도권(B)	서울(C)	B/A	C/A
	국토면적	99,710.54	11,802.2	605.58	11.8	0.6
전산업	취업(천인) 실업(천인) 지역생산(10억)	19,438 1,704 387,843	9,284 894 178,098	4,613 426 91,951	47.8 52.5 45.9	23.7 25.0 23.7
서비스업	사업체(개) 종업원(천인)	545,890 2,563	252,747 1,309	138,692 813	46.3 51.1	25.4 31.7
대학교	학교수(개) 학생수(천인)	156 1,448	66 586	39 381	42.3 40.5	25.0 26.3
의료기관	병의원(개) 병상수(개) 의사수(인)	16,594 213,890 43,666	8,139 93,020 22,914	4,489 50,390 16,149	49.0 43.5 52.5	27.1 23.6 37.0
금융	예금(10억) 대출(10억)	246,310 201,056	162,302 123,980	122,012 92,602	65.9 61.7	49.5 46.1
공공청사	중앙기관수(개) 정부투자기관(개)	36 18	25 15	15 10	69.4 83.3	41.7 55.5

자료 : 이재원(2001), 재인용

<표 1-3> 지식기반 및 중추관리기능의 수도권집중현황

	1960	1970	1980	1990	1995
인구 전국 (천명) 수도권 동남권 중부권 서남권 기타	24,989(100.0) 20.8 32.1 15.6 23.8 7.7	31,469(100.0) 28.3 30.3 13.8 20.5 7.1	37,436(100.0) 35.5 30.5 11.7 16.2 6.0	43,411(100.0) 42.8 28.9 10.3 13.2 4.8	44,606(100.0) 45.3 28.7 10.0 11.7 4.4
제조업 전국 (천명) 수도권 동남권 중부권 서남권 기타	557(100.0) 40.0 36.3 8.3 11.5 3.0	861(100.0) 46.0 34.4 7.6 9.1 2.8	2,015(100.0) 45.9 40.4 6.3 6.1 1.3	3,020(100.0) 47.8 37.8 6.8 6.3 1.3	2,952(100.0) 46.7 35.6 9.0 7.1 1.4

자료 : 이재원(2001), 재인용

3) 수도권과 비수도권의 대립

수도권규제완화정책은 수도권과 비수도권간의 갈등을 조장하였다.

(1) 수도권의 논리 : 수도권규제완화[6]

-세계 주요도시와 경쟁하기 위해서 수도권을 경쟁력있는 도시로 키워주어야 한다.

-수도권 공장 증설을 막을 경우 투자가 중국 등 주변국가로 옮겨가 국가발전에 역행하게 된다.

-수도권에 산업입지를 촉진하여 국가경제발전을 견인하고 지방경제 파급효과를 제고할 수 있다.

(2) 비수도권의 논리 : 수도권규제완화 철폐[7]

-선지방발전 후수도권 규제완화

-수도권과밀에 따른 사회적 비용(인구밀도, 토지가격, 교통, 환경, 강력범죄 등) 증대

-수도권규제 때문에 기업이 해외로 진출하게 되는가?

국내기업이 해외로 나가는 이유는 수도권규제 때문이 아니다 라는 사실이다. 실제적으로 볼 때 많은 노동력과 토지(면적)를 필요로 하는 기업의 입장에서 국내의 높은 인건비와 지가가 부담스럽기 때문이다. 또한 대립적인 노사문화가 기업에게 큰 부담으로 작용하기 때문이며, 그리고 수출의존도가 높은 국내기업의 입장에서는 해외시장을 확보하고 개척하는 일이 시급할 수 있기 때문이다. 중소제조업체의 해외의존도의 주요요인은 다음과 같이 조사되었다(표 1-4 참조 : 중소기업협동조합중앙회, 2003).

6 김문수 경기지사는 수도권규제가 풀리면 해외투자 유치가 활발해질 것이고 따라서 경제활성화에 도움을 줄 수 있다며 "수도권규제혁파가 내 임기 내 목표"라는 언행을 불사하였다.

7 박성효 대전광역시장은 수도권이 국가의 경쟁력이라고 말하지만, 대한민국인지 수도민국인지 모르겠다. 엣날엔 장남이 잘살면 나머지 모두 잘 끌어간다고 했지만 지금은 그렇지 않다. 진정한 국가경쟁력을 위해 수도권규제완화는 안된다(2008.10.30)고 항변하였다. 이완구 충남지사는 국토해양부는 지방의 목소리를 들었느냐며, 기업들의 중국행 이유에 대한 정확한 분석을 요구했고, 전문가 TF팀을 만들 것을 제안하였고, 경기도민들의 삶이 난개발, 교통난, 환경난으로 매우 고통스러워질 것임을 우려하면서 수도권규제완화 반대입장을 분명히하였다(2008.10.30).

<표 1-4> 중소제조업체 해외이전 주요요인

주요요인	이전업체
-비용절감	42.3%
-인력확보난	21.8%
-해외시장개척 및 확보	10.3%
-대립적 노사관계	6.4%
-모회사 및 거래선 해외이전	5.8%
-국내정책의 불확실성	3.8%

자료 : 중소기업협동조합중앙회, 중소제조업의 생산시설 해외이전에 관한 조사결과 보고서(2003.9)

-수도권규제완화가 국가경쟁력을 제고할 수 있다고 보는가?

수도권의 인구가 집중될수록 집적경제는 감소하는 경향이 있음을 밝히고 있다(박양호, 2003).

수도권의 국제경쟁력을 강조하면서 '삶의 질'문제는 간과하고 있다. 공원면적, 비산먼지, 차량밀도, 주거밀도, 교통혼잡도 등의 문제를 보면 매우 심각하다.

-지방보다 수도권으로의 투자가 효율적인가?

수도권 투자로 지방경제 파급효과를 기대할 수 있다면, 이미 그 효과를 발휘했어야 함에도 불구하고 수도권과 지방간의 격차가 갈수록 심화되는 이유를 어떻게 설명해야 하는지, 지방의 입장에서 보면 수도권의 떡고물에 기대는 '의존적 지방화'만을 초래할 뿐이다.

4) 지역발전정책 추진전략

(1) 전국토의 성장잠재력 극대화

기초생활권, 광역경제권, 초광역개발권 단위로 차별화된 발전을 도모한다(표 1-5 참조).

<표 1-5> 전 국토의 성장잠재력 극대화 전략

단계	범위	개발방향	개발방법
기초생활권	163개 시 · 군	기초수요(삶의 질) 충족	정주여건 개선, 도농통합적 개발, 지역계정(포괄보조금)
광역경제권	16개 시 · 도를 7개(5+2) 광역경제권으로	광역경제권 형성 및 경쟁력 제고	지역간 연계협력 발굴 · 촉진, 광역계정
초광역개발권	3대 해안벨트(동해안, 서해안, 남해안), 접경지역벨트(남북교류)	열린 국토 구현	국가주도, 국제적 연계협력, 일반회계, 민자활용

자료 : 국가균형발전위원회(2008)

(2) 신성장동력 발굴을 통한 지역특화발전

-지역이 원하고 지역발전을 견인할 수 있는 선도 프로젝트를 추진한다.

-시도 전략산업 분야간 연계 · 융합을 통한 신산업을 창출한다.

-광역경제권의 1-2개 선도전략산업을 지속적 성장과 일자리 창출의 대표산업으로 육성한다. 광역경제권역별 상황을 인구와 면적을 중심으로 살펴보면 수도권이 전 국토의 12%면적(11,730km²)에 전체인구의 49%(2천3백6십만2천명)가 밀집해있음을 알 수 있고, 동남권이 수도권과 비슷한 면적(12,342km²)에 전체 인구의 16%(778만명)가 거주하고 있다. 대경권, 호남권, 충청권이 비슷한 인구규모(11%, 10%대)에 면적은 각각 20%(19910km2), 21%(20,629km²), 17%(16,572km²)를 나타내고 있다. 이어 강원권과 제주권이 각각 147만4천명(3%), 16,613km²(17%), 54만2천명(1%), 184km²(2%)를 나타내고 있다(표 1-6 참조).

① 수도권(금융, 비즈니스, 물류 등 고부가가치 지식서비스)

② 강원권(의료, 관광)

③ 충청권(의약바이오, 반도체, 디스플레이)

④ 대경권(에너지, 이동통신)

⑤ 호남권(신재생에너지, 광소재)

⑥ 동남권(수송기계, 융합 부품소재)

⑦ 제주권(물산업, 관광레저산업)

<표 1-6>광역경제권별 경제지표

구분	면적(㎢)	인구(천명)
수도권	11,730(12%)	23,602(49%)
충청권	16,572(17%)	4,876(10%)
호남권	20,629(21%)	5,054(10%)
대경권	19,910(20%)	5,170(11%)
동남권	12,342(12%)	7,780(16%)
강원권	16,613(17%)	1,474(3%)
제주권	1,848(2%)	542(1%)
전국	99,644(100%)	48,498(100%)

자료 : 국가균형발전위원회(2008)

(3) 행 · 재정권한의 지방이양 확대 등 지방분권강화

-특별지방행정기관의 지방이양

-지방재정의 자율성제고로 지방분권강화

-지역개발관련 국고보조금의 포괄보조금화

-인 · 허가권의 지방이양과 지방의 계획 · 개발권 강화

(4) 수도권과 지방의 동반 · 상생발전

-지방발전과 연계하여 단계적 · 점진적으로 수도권 규제개선

-수도권 택지 · 신도시개발에 따른 개발이익의 지방환원 추진

-지방경제 활성화를 위한 규제완화 등 제도개선 추진

-지방의 기업유치와 투자확대 촉진을 위한 정부지원 확대

(5) 혁신 · 행정중심복합도시의 발전적 보완

-혁신도시 : 광역경제권과 연계한 성장거점도시로 육성, 지자체가 중심이 되어 보완방안을 제시하고 중앙정부가 지원

-행정중심복합도시 : 자족기능을 조기 확충할 수 있도록 제도적 여건 조성, 대학 · 첨단기업 등을 유치할 수 있도록 세제지원, 토지저가 공급 등 인센티브 확대

-기업도시 : 입주기업 · 사업시행자에 대한 지원강화 등으로 자족적 성장거점화, 주변의 산업단지 등 거점을 연계하는 광역성장벨트 구축

5) 비판적 고찰

(1) 단일국가체계 안에서의 국가균형발전

우선 이명박 정부의 지역균형발전의 기본 이념 및 방향을 국가체제와의 관계 속에 큰 틀 안에서 제시해 주고, 그에 따른 하위 목표 및 원칙들이 제시되어야 한다. 예컨대, 이명박정부의 지방분권과 국가균형발전의 논리를 단일국가체제를 존중하는 큰 틀 속에서 제시해 주어야 한다. 즉, 우리나라의 지방분권과 국가균형발전은 연방국체제가 아닌 단일국가체제 속에서의 지방분권과 국가균형발전을 추진한다는 원칙을 제시해주어야 한다. 그럼으로써 단일국가가 채택하는 분권과 균형발전의 논리를 명확히 할 수 있기 때문이다. 예를 들면, "우리나라는 대한민국 공화국의 불가분성과 주권불가분성에 기초하여 국가의 단일성원칙을 존중하는 지방분권과 국가균형발전이어야 한다"는 사실을 밝혀주어야 한다. 따라서 국가의 단일성(통일성) 내에서 지방자치단체의 다양성과 균형을 확보해나가는 지방분권과 국가균형발전국가임을 천명할 수 있는 것이다.

(2) 지방분권과 국가균형발전의 기본원칙

지방분권의 원칙은 대한민국의 단일성체제 내에서 지방자치단체의 다양성을 확보하며 중앙과 지방이 상생 · 협력하는 기본틀 속에서 도출되어야 한다. 따라서 이명박정부가 지역발전정책의 기본방향으로 정립하고 있는 광역경제권 구축, 특성화된 지역발전, 지방분권 · 자율, 지역간 협력 · 상생을 어떤 원칙으로 수행할 것인가를 정해야 한다. 예를 들면, 선지방육성, 후수도권규제합리화, 국가와 지방자치단체, 자치단체간 연계성 강화(보장)의 원칙, 지방자치단체의 자율 · 책임보장의 원칙, 주민과 지방자치단체간의 관계밀접성 원칙 등이 그것이다.

(3) 지방분권과 국가균형발전의 방법

그리고 지방분권과 국가균형발전을 어떠한 방법으로 수행하느냐에 대한 답을 제시해 주어야 한다. 예를 들면, “대한민국의 지방분권과 국가균형발전은 국민의 대표기관인 대통령과 국회, 지방의회와 자치단체장에 의한 대화와 협의를 기본으로 한다”가 그것이다.

(4) 지역균형발전 정책의 일관성 유지

이명박정부의 지역발전정책은 과거 정부의 노력과 성과를 부정하고 새로운 시도를 모색하려는 데서 출발하면 안된다. 따라서 균형발전을 위한 정책의 목표 및 추진정책의 일관성을 유지해 나갈 필요가 있다. 또한 지속적인 평가를 통해 합리적이고 효율적인 지역균형발전 체계를 구축해야 한다.

(5) 지방분권에 기초한 광역경제권으로의 운용

지방권력구조(정치 · 행정구조)를 어떻게 설정할 것인가를 분권논리에 맞추어 재편하는 내용을 담아야 한다. 그리고 충분한 실험적 검토를 거쳐 점진적으로 발전시켜 나가야 한다. 중앙정부 주도가 아니라 중앙정부와 지방정부 모두가 참여(거버넌스체계)하여 결정하는 광역경제권 정책이 추진되어야 한다.

제4절 과제

1. 지방분권 발전방안

지방자치단체가 자기지역의 사무를 처리하는데 있어 국가기관의 도움을 받지 않고 주민의 적극적 참여 속에 자치단체간의 감독 없이 수평적 관계 하에서 진정한 분권화된 행정을 추구하기 위하여 다음과 같은 점이 고려되어야 할 것으로 보인다.

1) 자치권의 확대

(1) 자치입법권의 강화

지방자치단체의 자치입법권을 확대하기 위해서는 우선 지방자치법 제22조의 개정이 필요하다. 즉 "법령의 범위 안에서"를 "법령에 위반하지 않는 범위 안에서"로 전환되어야 한다. 법령에 위반하지 않는 조례로는 첫째, 당해 사항을 규율한 국가의 법령이 없고 국법상 완전히 공백상태에 있는 사항에 관하여 정하는 조례, 둘째, 국가법령이 규제하고 있는 사항과 동일한 사항에 관하여 당해 국가법령과 다른 목적으로 규제하는 조례, 셋째, 같은 경우에 국가법령이 규제의 범위 외에 두고 있는 사항을 규제하는 조례 등을 둘 수 있다(김철수, 1997 : 901). 또한 주민의 권리제한과 의무부과 등을 규정한 지방자치법 제22조의 단서규정을 엄격히 제한하여 해석할 필요가 있다(홍준형, 1998). 이에 대한 논란을 피하기 위해 법률에서 주민의 권리제한과 의무부과에 대해 조례를 정할 수 있는 근거를 명확히 할 필요가 있다(홍준현, 2001 : 327).

(2) 자치조직권의 강화

지방자치단체가 그 지역의 실정에 맞는 조직을 편성할 수 있도록 자치조직권을 확대해주어야 한다. 그러기 위해서는 지방자치법, 지방자치법 시행령, 지방자치단체의 행정기구와 정원기준 등에 관한 규정 등에 규정되어 있는 각종 규제조항이 철폐되어야 할 것이다. 특히 지방자치단체간의 균형과 규모의 적정화라는 명목으로 행정자치부로부터 시달되는 조직관리지침은 자치조직권을 저해하는 수단이 되므로 그 시정이 요구된다(홍준현, 2001 : 328). 이러한 맥락에서 지방자치단체의 부단체장, 지방자치단체장의 권한대행, 행정기구 · 공무원 · 소속행정기관 등에 관한 사항이 대통령령으로 정하게 되어 있는 사항(지자법 제110조-116조)도 자치권 강화에 부응하는 방향에서 그 개정이 요구된다. 조직인사권과 관련하여 지방자치단체에 근무하는 모든 공무원을 지방공무원으로 전환하고 자치단체장이 인사권을 행사할 수 있도록 해야 한다. 부시장 · 부지사를 지방공무원으로 보하되 그 자격과 직급, 정원, 기타 필요한 사항을 그 자치단체의 조례로 정할 수 있도록 해야 한다. 더 나아가 필요하다면 현행 부단체장 제도를 폐지하고 총괄관리관제도를 도입하여 단체장에게는 정치적 기능을, 총괄관리관에는 행정적 기능을 각각 분담토록 하는 방안도 고려해볼 수 있다.

(3) 자치재정권의 강화

지방자치단체에 자주적 과세권을 인정해 주어야 한다. 따라서 국가가 법률로 정한 세목 이외에 자치단체가 조례로서 지방세의 세목, 과세객체, 과세표준, 세율 등을 정하여 부과, 징수할 수 있어야 한다.

2) 국가와 지방자치단체간의 합리적인 기능배분

(1) 기능배분의 원칙과 기준의 재정립

중앙과 지방간의 사무배분은 단순히 권한의 배분에 그치지 말고 재원의 배분과 조직, 인력의 조정과 연계되어야 하며, 궁극적으로는 정부조직 구조조정작업과 연계될 수 있도록 다음과 같은 방향에서 고려해 볼 필요가 있다.

첫째, 지방자치단체간의 모든 중첩된 감독을 폐지하여야 할 것이다. 우선 관료제현상을 피하기 위하여 어떠한 지방자치단체도 다른 지방자치단체에 행정적이든, 재정적이든, 기술적이든 여하한의 감독도 허용해서는 아니 된다. 즉, 권한배분은 지방자체단체들 중 어느 하나가 다른 지방자치단체에게 어떠한 형태라도 감독을 설정하거나 행사하도록 하는 여하한 형태의 감독을 허용할 수 없다는 것이다. 오로지 국가만이 규제권(pouvoir réglementaire)을 발동할 수 있으며, 국가만이 각 자치단체에게 의무를 부과시킬 수 있도록 해야 한다. 마찬가지로 지방자치단체간의 관계도 한 지방자치단체가 그 권한의 행사를 용이하게 하기 위하여 계약(conventions)의 형태 하에 상호동의를 끌어낼 수 있도록 해야 한다.

둘째, 분야별에 따른 권한배분 및 총체적 이양(transfert en bloc)이 이루어질 수 있도록 한다. 지방자치단체와 국가간의 권한배분은 가능하면 권한의 각 분야에 해당되는 자원이 국가에게나 지방자치단체(시 · 도, 시 · 군 · 자치구)에게나 총체적으로 부여될 수 있도록 이루어져야 할 것이다. 이 총체적 이양의 원칙은 어떠한 지방자치단체이든지 다른 지

방자치단체에 대한 일체의 간섭과 권한의 침해를 하지 못하도록 하기 위한 것이다.[8]

셋째, 권한과 재원이 동시 이양되어야 할 것이다. 즉, 어떠한 권한이양도 혜택받는 자치단체에게 새로운 부담을 야기해서는 아니 된다. 즉, 모든 권한의 이양은 해당된 재원의 이양을 동시에 수반해야한다는 것이다. 이 경우 국가는 그 재원을 지방분권 총괄보조금과 지방교부세 등으로 해결할 수 있을 것이다. 뿐만 아니라 재정적 보상 이외에도 법률은 이전된 권한을 행사하는데 필요한 장비나 서비스의 이전도 제시해야 한다.

요컨대, 행정구조의 기능과 해당된 기관원의 상황에 관해 서비스 이전의 결과를 고려하여 만일 서비스 이전의 용의주도한 준비를 필요로 한다면 지방자치단체의 새로운 권한행사에 필요한 장비나 재산이 즉각적으로 이루어져야 할 것이다. 이 경우 권한의 이전은 권한행사에 필요한 재산을 혜택 받은 자치단체의 처분에 완전한 권한을 부여해야 한다. 즉, 국가의 권한이양을 통해 서비스나 재산을 혜택 받은 지방자치단체는 그들의 관리와 정리처분을 위해 필요한 권한을 행사하도록 해야 할 것이다.

(2) 차등 이양제도의 구체화

차별적 이양의 허용은 자주재원으로 조직과 인사관리가 가능한 자치단체에 대해서는 조직이나 인사관리 권한을 이양하고, 그렇지 못한 자치단체에는 이양을 유보함으로써 지역실정에 보다 부합하는 사무이양을 가능하게 해줄 수 있다는 논리이다(홍준현, 2001 : 331).

3) 국가의 지방자치단체에 대한 합리적인 통제

지방자치단체에 대한 국가의 통제는 지방자치의 이념을 존중하는 방향에서 자치단체의 자율적 통제장치가 제대로 기능하지 않을 때에 한하여 행사하도록 해야 할 것이다. 따라서 다음과 같은 방향에서 이루어져야 할 것으로 본다.

8 정세욱 교수는 이 총체적 이양의 원리에 빗대어 우리나라 지방자치법 시행령 별표1에 나타난 사항을 비판하고 있다. "각 기능 영역은 한 기능의 계획수립부터 집행에 이르기까지 모두를 국가에게든, 시읍면에게든, 도, 레죵에게든 어느 한 계층에게만 배분해야 한다. 따라서 예컨대, '중소기업의 육성'을 시 · 도나 시 · 군 · 자치구의 어느 한 계층에 전체적으로 배분하지 않고 이를 또 나누어 '중소기업 육성지원계획수립'은 시 · 도에, '중소기업 육성지원 세부계획의 수립, 추진'은 시 · 군 · 자치구에 배분해서는 안되며, '노인복지시설의 설치, 운영 및 지원' 기능을 시 · 도와 시 · 군 · 자치구에 공통으로 부여하는 중복형방식(지방자치법 시행령 별표1)은 더구나 타당하지 않다." (정세욱, 2008 : 208)

첫째, 기관위임사무의 경우 국가의 통제가 불가피하다고 볼 수 있으나 자치사무에까지 법령위반여부에 대해서 국가나 광역자치단체가 판단하는 것은 무리가 있다. 따라서 자치사무에 대해서는 사법부에 의해 보다 중립적으로 법령위반여부를 판단하도록 해야 한다. 이와 함께 자치단체장의 행위에 대한 판단은 일반행정문제는 사법부에서 재정문제는 회계검사원(감사원)에 판단하도록 하는 합법성 통제에 충실해야 한다. 즉, 단체장의 작위 또는 부작위가 위법이라고 인정될 때에는 주무부장관은 그 내용이 행정에 관한 것이라면 이를 취소 · 정지시키거나 또는 이행을 강제하는 판결을 구하는 소를 법원에 제기하고, 예산 및 재정에 관한 것이면 회계원(감사원)에 청구하여 각각 그 판단에 따르게 한다. 예컨대, 지방정부가 법령에 의하여 의무가 부여된 사무의 결정 또는 처리를 하지 않을 때에는 주무부장관은 그 의무의 이행을 명하는 소송을 법원에 제기할 수 있게 하면 된다. 그러므로 주무부장관과 시 · 도지사의 취소 · 정지권과 직무이행명령권, 대집행권에 관한 규정을 개정하여 주무부장관과 시 · 도지사가 관할 고등법원에 자치단체장의 결정 · 명령 · 처분의 취소 · 정지명령을 구하거나 또는 자치단체장에 대한 직무이행명령을 구하는 소송을 제기하는데 그치도록 해야 할 것이다.

둘째, 위임사무에 대해서도 각종 감사가 자치단체장의 자율적인 행정집행을 방해하지 않는 범위에서 공정하게 이루어지게 하기 위해서는 행정감사와 회계감사를 이원화시킬 필요가 있다.

셋째, 주무부장관이 자치행정에 대한 합목적성의 통제를 못하도록 해야 한다. 자치행정의 내용이 공익에 부합되는가, 공익을 해할 우려가 있는가, 합목적적인가의 여부에 대하여는 중앙정부(주무부 장관)가 관여하지 않도록 하며 당해 집행기관, 지방의회 및 주민통제에 의하도록 해야 한다.

4) 주민자치적 측면 : 주민을 위한 지방민주주의의 발전 모색

주민을 위한 자치행정이 되기 위해서는 자기 자치단체에서 행하는 사무에 대해 정보를 알아야 하며, 그리고 그들에 관계되는 정책결정에 의견을 개진할 수 있어야 하는 것이다. 이는 지방민주주의의 가장 중요한 원칙이 된다. 즉, 행정행위의 투명성 원칙과 지방정치에의 주민참여의 원칙을 의미하는 것이다. 따라서 주민과 지방자치단체간의 관계를 중시하는 지방정부 중심체제를 강화해야 한다. 즉, 주민참여, 주민통제의 기능을 활성화하는 노력이 전개되어야 한다. 따라서 주민을 대표하는 지방의회의 역할을 강화하는 방안이 모색된다. 우리 행정환경상 특히 지방의원의 자질, 능력을 제고할 수 있는 방안 모색과 자유로운 의회행정 보장과 같은 분야에 깊은 성찰이 있어야 할 것이다.

2. 지역균형발전방안

지역균형발전(정책)은 우선 단일국가체제 내에서 국가의 통일성과 지방자치단체의 다양성을 함께 추구하면서 중앙과 지방자치단체, 자치단체간의 협력을 이끌어낼 수 있는 단체자치적 지방분권논리에 맞는 방향에서 추진되어야 할 것이다. 즉, 국가와 지방자치단체가 연계성을 가지고 주민참여의 효과를 극대화하는 방향에서 지역균형발전정책이 수립되어야 한다. 다음으로 중앙집권체제와 과도한 수도권집중이 만들어 놓은 갈등구조를 해결하는 지역균형발전이 필요하다. 마지막으로 지역간의 단순한 균형보다는 기회의 형평성을 통해 주민의 삶의 질을 높이는 지역균형발전이 되어야 한다. 이러한 배경에서 일반적으로 고려해야 할 사안은 다음과 같다.[9]

1) 단체자치적 지방분권논리에 순응한 지역균형발전(정책) 수립

① 자율과 경쟁체제 확립 : 지역균형발전을 이루기 위해 선행조건으로 자율과 경쟁체제를 확립한 지방분권체제를 구축해야 한다.

② 국가와 지방자치단체간에, 지방자치단체간에 상생 · 보완 · 협력하는 지역균형발전을 도모해야 한다. 이런 배경에서 수도권 정책은 단순한 수도권의 인구집중억제가 아니라 비수도권에 대한 종합적이고 체계적인 지원과 투자(각종 기반시설 확충, 세제혜택, 보조금지급, 고용촉진 등)가 이루어져야 할 것이다.

③ 수도권을 단순히 규제하는 차원이 아니라 수도권의 중심부인 서울특별시의 성장을 억제하되 국토공간 및 광역도시권의 관리차원에서 문제해결을 위한 정책수단을 모

9 특히 수도권정책과 관련하여 프랑스의 지방분권과 지역균형발전의 사례를 통하여 시사받을 수 있는 사안을 제기하였다(배준구, 2003 : 1-20).

색하여야 할 것이다.[10]

④ 부처간 이기주의를 극복할 수 있는 지역균형발전정책의 전담기구를 마련할 필요가 있다. 예를 들면 프랑스의 경우 1960년대 초반 국토개발위원회(DATAR : Délégation à l'Aménagement du Territoire et à l'Action Régionale ; DIACT : Délégation interministérielle à l'aménagement du territoire et à la compétitivité des territoires)가 주도하여 레지옹광역자치단체의 활동범위 안에서 국토개발을 성공적으로 수행하였다. 특히 각종 기금 및 보조금 배분, 계획수립의 지침제시 및 협상 등을 통하여 정책의 일관성과 실효성 확보에 크게 기여한 것으로 평가받고 있다. 최근에는 명칭까지 변경하면서 경쟁과 응집(통합, 균형)의 국토개발을 수행하고 있다. 즉, 행위자들에게 그들의 상보적인 측면과 장점을 개발하고 도움을 제공하며, 집단적 조직을 향상시키고, 경제적 발전 및 혁신전략을 강화한다. 또한 경제적, 산업적으로 불이익을 받는 국토공간에 대해 국토균형정책을 시행한다. 그리고 국토개발에 있어 모든 행위자들과 함께 시너지효과를 증대할 수 있도록 동반자 관계를 발전시키고자 노력하고 있다(DIACT, 2008).

⑤ 지역균형발전정책은 지방분권화 관련법의 제정을 통해 그 효과를 증대시켜야 할 것이다.[11] 이와 함께 비현실적인 성장목표와 논리를 수정하고 점진적으로 개선책을 도모해야 한다.

2) 분권과 분산 동시 병행하는 지역균형발전(정책) 수립

일반적으로 집권과 분권, 집중과 분산체계와 관련하여 지역균형발전계획을 수립할 경우 다음의 세 가지 경우를 고려해 볼 수 있다. 즉, 지방분권만 강조한 지역균형발전, 중앙집권체제 하의 지방분산만을 강조한 지역균형발전, 지방분권과 지방분산이 병행하는 지역균형발전이 그것이다.

먼저 지방분권만 강조한 지역균형발전은 수도권집중의 국토구조를 치유하지 못하고

10 광역행정체제구축 하에 지역문제의 해결전략을 충청권(중부권)의 예로서 설명해보면 다음과 같다(최진혁, 2002c : 37-38). (1) 광역권개발 : 아산만권 광역개발계획, 장항 · 군산권 광역개발계획, 대전 · 청주권 광역개발계획(2) 4대권 개발경영 : 서해안권, 백제권, 북부권, 금강권(3) 대전, 충남, 충북도의 내의 기초자치단체간의 협력방안 모색(4) 대전, 충남, 충북도와 다른 광역자치단체와의 연계방안(5) 지역환경보전과 지속가능한 개발

11 예를 들면 지방정부의 자치권을 보장하고, 자율과 책임에 의한 지방행정을 수행하게 하는 지방분권법, 지역균형발전정책의 기초를 제공하는 지역균형발전법, 신행정수도건설법, 지방대학육성지원법 등을 고려해 볼 수 있다.

지방분권만을 강조하였을 경우 오히려 지역불균형이 심화될 수 있다는 문제점이 있다. 다음으로는 중앙집권체제를 유지한 채 지방분산만을 강조한 지역균형발전이 있을 수 있는데 이렇게 지방분산만을 강조했을 경우 지방정부의 중앙정부에의 종속성이 치유될 수 없다는 한계가 있다. 결국 지방분권과 지방분산이 병행되어야만 진정한 지역균형발전으로 가는 해법을 찾을 수 있을 것이다(조선일, 2003 : 53).

3) 수도권 정책수단효과 분석

수도권의 범위와 집중현상을 파악하고, 수도권 정책의 주요수단과 효과를 분석해야 한다. 여기서는 분권화, 분산화, 분업화의 세 가지 측면에서 고려할 사안들을 제시해 보고자 한다(배준구, 2003 : 16-19).

(1) 분권화

① 지방자치단체의 자치권이 강화되어야 한다. 그런 측면에서 지역균형발전계획이 중앙정부에서 지방정부로 옮겨가야 한다.

② 지역균형발전계획안에 분권화계획의 수단으로 계획계약제를 도입하는 방안도 고려해 볼 필요가 있다.

③ 지역균형발전정책관련기구 구성에 있어 지방대표의 참여가 확대되어야 한다. 프랑스의 경우 국토개발계획심의회에 다수의 지방대표를 참여시켜 지역의 의견을 반영하고 있다.

(2) 분산화

① 수도권 규제제도의 검토 보완

우리나라의 수도권 공장규제제도는 공장입지의 지방분산이라는 목표를 달성하기 위한 이전대상 공장 선택기준이 결여된 채 획일적으로 규제하는 방식에 대한 검토가 필요하다. 예를 들면 프랑스 건축허가제의 주요 요인을 보면 프랑스 파리를 세계적인 도시로 성장하는데 기여할 수 있는 특정산업을 채택하여 과밀을 완화하고 지나친 산업성장을 억제하며, 또한 입지변경이 가능한 공장을 선별하여 이를 유치할 대상지역으로 유도하고 있다. 그리고 DATAR(DIACT)가 중심이 되어 건축허가에 대한 정보제공과 함께 지방으로 이전할 경우 입지 선정 및 이에 따른 보상 등에 대하여 대상 기업과 협상하는 탄력적 규제시스템을 운용하고 있다.

② 과밀부담금제의 검토 보완

부과대상지역 범위, 부담률, 부담금 수입의 활용방법에 대해 검토가 필요하다. 예를 들면 프랑스의 과말부담금제도는 과밀의 정도에 따라 차등적으로 부담률을 정하고 있으며, 파리시지역의 외곽일수록 부담률을 낮게 적용하고 있다. 과밀부담금 수입은 수도권의 설비투자부문에 계상되어 공공투자시설의 정비나 수도권내의 분산정책을 위해 사용하고 있다.

③ 지역균형발전을 위한 재정지원제도의 개선

프랑스는 건축허가 및 과밀부담금제도와 병행하여 지방분산 및 고용창출효과를 위해 지원대상기업의 선정을 엄격히 하고, 지원비율을 체계화하여 지원효과를 제고하고 있다. 또한 지역불균형을 시정하기 위하여 수도권기초자치단체연대기금(1991년)과 지역불균형시정기금(1992년)을 채택하고 있다.

(3) 분업화

① 지역별산업특성화전략 강구

해당 지역의 대학특성과 연계하여 산학협동의 효과를 극대화해야 한다. 첨단산업지대의 경우 내부연계망의 활성화, 다른 지역의 첨단산업지대와 연계망 조성, 지역 내 자생적으로 교육할 수 있는 인프라 구축, 국가차원의 기술연계망 형성 및 기술낙후지역에 교육을 하는 '중소기업기술혁신센터'의 설치를 통한 지방자치단체와 사업의 연계화 도모를 들 수 있다.

② 문화적 기능 인프라 구축

옛 건축의 개량, 복원을 통하여 옛 지역의 특성을 살려 문화적 긍지를 주민에게 고취시킬 수 있다. 그러기 위해 해당 분야의 인프라를 구축하여야 한다. 프랑스는 전문학교를 활용해 이를 시행하고 있다.

4) 기타

(1) 지방교육인프라 구축 : 인재의 지역할당

비수도권의 경쟁력을 강화하고 국토균형발전을 선도하는 지역교육을 특성화하고, 지방인재 등용을 위한 공공부문의 지역인재할당제를 고려해야 한다.

(2) 균형선도도시(pilot city, package city) 건설

국토균형발전을 선도해 나가는 지방거점도시, 즉 균형선도도시를 건설하여 활용할 필요도 있다.

제5절 결론

이상에서 고찰한 바와 같이 이명박정부가 추구하는 지방분권과 국가균형발전이 성공적으로 정착되기 위해서는 다음과 같은 분권화의 논리 하에서 지역균형발전정책이 추구되어야 할 것이다.

첫째, 국가와 지방자치단체, 지방자치단체와의 관계가 국가의 통일성 내에서 유기적인 협력 내지 연계성이 강화된 분권화가 되어야 한다. 국가의 지배논리가 너무 강해서도 아니되지만 지방의 독립적 논리가 너무 강해서도 아니된다는 것이다. 국가와 지방자치단체가 따로 격리되어 지방행정을 수행하는 것은 바람직하지 않다. 그런 측면에서 지방의 문제가 국가의 문제가 될 수 있으며, 국가의 문제가 지방의 문제가 될 수 있다는 현실에서 서로 통합의 논리에서 분권화를 조명해야 한다. 이러한 분권논리에서 지역의 균형발전정책이 국가와 지역의 균형감각 하에 균형적으로 수행될 수 있다.

둘째, 주민자치적 측면을 강화한 지방분권과 지역균형발전이 되어야 한다. 왜냐하면 그동안 우리의 지방분권과 국가균형발전은 국가와 지방자치단체간의 관계를 중시하는 법률적, 행정적 측면에 그 비중을 두는 유럽대륙계통의 단체자치적 논리 하에 중앙집권적 방식으로 행사되어왔기 때문이다. 따라서 자치단체와 주민과의 관계를 중시하는 지방분권과 지역균형발전의 논리가 상대적으로 소외되었다. 그런 측면에서 주민을 위한 지방민주주의의 발전을 도모해야 하는 방향에서 지방분권과 지역균형발전정책이 설정되어야 한다.

셋째, 중앙집권체제와 과도한 수도권집중이 만들어 놓은 갈등구조를 해결하는 지역균형발전이 필요하다.

넷째, 지역간의 단순한 균형보다는 기회의 형평성을 통해 주민의 삶의 질을 높이는 지역균형발전이 되어야 한다.

다섯째, 분권화, 분산화, 분업화가 병행하는 지역균형발전으로 발전시켜야 한다.

참고문헌

권용우.(2003). 신행정수도 건설의 필요성과 효과,

김남철.(2002). 지역균형발전의 법적문제, 공법학연구 4(1).

김순은.(2003). 참여정부의 지방분권 추진계획(분권 로드맵)의 평가, 한국지방정부학회.

김정훈.(2002). 지역균형발전의 현황과 과제, 재정포럼 2002. 4월호, 한국조세연구원.

변창흠.(2003). 지역균형발전전략으로서 신행정수도 건설 논쟁의 평가, 지역사회개발연구 28(1).

변창흠.(2008). "이명박정부의 수도권정책평가와 지역균형발전 정책대안," 한국지역혁신학회 2008년도 추계정기학술대회.

배준구.(2003). 프랑스 수도권정책의 수단과 효과, 한국지방정부학회.

성경륭 외.(2003). 지방분권형 국가 만들기, 나남.

송두범.(2008). "수도권규제완화와 지역발전전략," 이명박정부와 지역발전전략, 대전발전연구원, 충남발전연구원, 충남대학교사회과학연구소, 대전시민사회연구소 공동학술세미나.

송우경.(2008). "상생과 도약을 위한 지역발전정책의 비전과 전략," 한국지역혁신학회 2008년도 추계 정기학술대회.

이기우.(1997). "한국에서 지방분권화의 현황과 과제". 한국정치학회 민선자치 2주년기념 학술심포지움.

이정식.(2001). 지역균형발전의 새로운 패러다임, 국토계획 36(2), 대한국토·도시계획학회지.

이재원.(2001). 지역균형개발을 위한 지방재정의 역할, 한국지방정부학회.

정세욱.(2005). 지방자치학, 법문사.

정세욱.(2000). "자치행정권의 범위와 통제체제에 관한 연구 : 자율적 통제와 중앙통제를 중심으로". 한국지방자치학회보 12(3).

정세욱.(2002). "지방자치제도개혁과 자치역량제고". 지방자치제도 개선을 위한 포럼. 대전·충남지방

자치학회/대전·충남행정학회.
조선일.(2003). 지방분권시대 지역대학발전방안, 대전지방화선언의 정책적 논의, 대전·충남지방자치학회
최진혁.(2003). 프랑스 지방분권화와 지방정치·행정구조, 국토 제263호, 국토연구원.
최진혁.(2002a). 프랑스 신지방분권화의 정치·행정적 논리, 한국정책학회 발표논문집.
최진혁.(2002b). 우리나라 지방분권의 발전적 고찰, 사회과학연구 제13권, 충남대학교 사회과학연구소.
최진혁.(2002c). 중부권 행정환경의 변화와 발전과제, 배재대학교 행정발전연구소.
최진혁.(1999). 프랑스 지방행정의 역사적 헌정적 기원, 한국사회와 행정연구 10(1).
최창호.(1995). 지방자치학, 삼영사.
하혜수 · 최영출.(2000). 지방정부의 자치권 확대방안 연구, 경기개발연구원.
홍준현.(2001). 한국 지방분권의 평가 : 행정적 측면을 중심으로, 한국지방정부학회 하계학술대회발표논문집.
정부혁신지방분권위원회.(2003). 참여정부 지방분권의 비전과 추진방향.
국가균형발전위원회.(2008). 지역발전정책.

Baguenard, Jacques. (1996). *La décentralisation.* Paris : P.U.F.
Baguenard Jacques et Becet, Jean-Marie. (1995). *La démocratie locale.* Paris : P.U.F.
Bécet, Jean-Marie. (1996). Les compétences de la commune. CNFPT, *Les collectivités locales en France,* Paris : La documentation française.
Becquart-Leclercq, Jeanne. (1983). Le cumul des mandats et culture politique. Mabileau, Albert(sous la direction de), *Les pouvoirs locaux à l'épreuve de la décentralisation*, Paris : pedone.
Bodineau, Pierre et Verpeaux, Michel. (1993). *Histoire de la décentralisation*, Paris : P.U.F.
De Laubadère, André. (1984). *Traité de Droit Administratif,* Paris : L.G.D.J.
Dillinger, William. (1994). *Decentralization and Its Implications for Urban Service Delivery.* Urban Management Program Discussion Paper 16. Washinton. D.C. : World Bank.
Guichard, Olivier. (1976). *Vivre ensemble,* rapport de la commission de développement des responsabilités locales, Paris : La documentation française.
Kingsley, G. Thomas. (1996). "Perspectives on Devolution", *APA Journal*, 62(4).
Mabileau, Albert. (1991). *Le système local en France.* Paris : Montchrestien.
Mabileau, Albert. (1985). Les institutions locales et les relations centre-périphérie. Grawitz, Madeleine et Leca, Jean. (1985). *Traité de science politique*, vol. 2. Paris : P.U.F.
Quermonne, Jean-Louis. (1991). *L'appareil administratif de l'Etat.* Paris : Editions du Seuil.
Rivero, Jean. (1990). *Droit administratif.* Paris : Dalloz.
Sadran, Pierre. (1992). *Le système administratif français*. Paris : Monchrestien.
Ter-Minassian, Teresa. (1997). "Decentralizing Government", *Fiance & Development*, 34(3).
Verpeaux, Michel. (1996). Les lois de décentralisation depuis 1982. CNFPT, *Les collectivités*

locales en France, Paris : La documentation française.
Http://www.premier-ministre.gouv.fr(검색일 : 2003. 10. 12 / 2008.12.1).
Http://www.interieur.gouv.fr(검색일 : 2003. 10. 12 / 2008.12.1).

02 지방분권과 지역균형발전에 따른 세종특별자치시의 발전과제 : 정부부처 이전을 중심으로

제1절 문제제기

지방분권과 지역균형발전을 그 중요한 국정과제의 기치로 내세워 국정개혁을 수행하고자 하였던 참여정부가 막을 내리고 실용적인 정부를 지향한다는 차원에서 지방행정체제개편을 통해 광역적 체제로의 효율적인 국정운영을 수행하려 했던 이명박정부는 세종시 원안을 부정하고 수정안을 제시하면서 사회갈등과 혼란을 부추겼다. 다음 대선 유력인사인 박근혜대표는 세종시 원안을 강조하면서 수정이 필요하다면 오히려 원안에다 플러스 알파가 되야 한다면서 세종시를 지킬 수 있었다. 물론 국민과 약속한 세종시원안을 꾸준하게 지켜옴으로써 박근혜정부가 탄생할 수 있었음은 부인할 수 없는 절대적 사실이 되고 말았다. 이렇듯 지방분권과 지역균형발전의 상징적인 도시로서의 세종시의 탄생과 성장의 어려움은 신행정수도에서 행정중심복합도시[2], 세종시수정안시기[3], 세종시 시대[4]로 변모해 오는 과정에서 잘 읽을 수 있는 대목이다. 이제 박근혜

1 이 논문은 2014년 정부(교육부)의 재원으로 한국연구재단의 지원을 받아 수행된 연구임(NRF-2014S1A3A2044643)

2 수도권 집중의 폐해와 국토의 불균형발전의 문제를 시정하고자 참여정부는 신행정수도건설의 카드를 제시하였으나 2004년 10월 헌법재판소의 위헌결정으로 중단되게 되었다. 이후 참여정부는 신행정수도건설특별법위헌결정에 따른 후속대책위원회를 가동, 헌법재판소의 결정취지는 반영하되 수도권과 지방이 모두 상생 · 발전할 수 있는 국가균형발전효과를 극대화하는 대안을 모색하던 과정에서 "신행정수도 후속대책을 위한 연기 · 공주지역 행정중심복합도시건설을 위한 특별법"을 제정하기에 이른다.

3 이명박 대통령은 국무총리를 충청도 공주출신인 정운찬 서울대 총장을 임명함으로써 세종시 수정안의 당위성을 홍보하면서 충청권 주민달래기 임무를 부여하였다.

4 2010년 6월 29일 국회본회의에서 세종시 수정안은 부결되면서 마침내 12월 27일 '세종특별자치시설치등에관한

정부는 새로운 지방분권과 국가균형발전으로서의 세종시 시대를 잘 이끌어나가야 하는 중차대한 사명을 안고 있다 할 것이다.

이미 우리 사회는 21세기 지식정보화사회, 세계화시대의 새로운 정치환경에 부합하기 위해서 과거의 국가의 일방적인 통치(Government)패러다임에서 벗어나 지방자치단체와 시민사회가 협치(Governance)로서 국가발전을 도모해야하는 거버너스의 패러다임으로 이행한지 오래다. 이런 배경에서 박근혜정부도 개방과 공유, 소통과 협력의 정부를 상징하는 '정부3.0'을 통한 유능한 정부를 갈파하고 있다.[5] 이는 그동안 정부수립 후 반세기에 가깝게 중앙집권방식에 의한 행정수행방식으로 길들여진 행정체제로는 더 이상 효율적인 행정을 산출할 수 없게 되었음을 깨닫게 되었다는 사실에 있다. 따라서 중앙에 집중되어 있는 권한과 기능은 점차 지방정부로 이양되어야 하고, 그에 따라 지방정부의 자율권이 신장되고 책임행정이 강화되어야 한다는 것이다.[6] 뿐만 아니라 그동안의 지방자치의 경험에 따른 값진 교훈으로부터 보다 전향적인 영리하고 스마트한 거버넌스체제 구축이 필요하다는 사실이다(최진혁, 2012). 그동안 신자유주의에 의해 발전되어온 시장주의적, 고객지향적이고 성과지향적인 행정운영방식은 우리사회를 보다 경쟁지상주의로 내몰았고, 부유한 자치단체와 그렇지 못한 자치단체간의 간격을 심화시키는 결과를 초래하였다.[7] 여기에서 우리가 그동안 지방분권과 지역균형발전에의 많은 노력을 수행하였음에도 구성원의 지지와 합의를 이끌어내는 사회통합적 노력을 경시하고서는 그 성과가 크게 나타나지 못한다는 사실을 인식하게 되었다.

특별법'을 제정공포하게 된다.

5 정부 3.0은 국민에게 일방적으로 정보를 제공하던 '정부 1.0'에서 쌍방향 소통이 가능해진 '정부 2.0'을 거쳐 국민 개개인에게 맞춤형 행정 정보를 제공할 수 있도록 진화한 새로운 정부형태를 의미한다. 여기에서 박근혜정부는 이를 실현할 세부과제로 '국민과 소통하는 투명한 정부', '새로운 미래를 선도하는 유능한 정부', '국민 중심의 서비스 정부'로 구분하고 있다(안전행정부, 2013).

6 지방분권에 대한 시대적 요구로서 지방분권의 필요성을 21세기 정치환경의 변화에서 찾고 있다. 요컨대, 참여정부는 21세기 새로운 정치환경은 지식정보의 공유, 주체성과 책임성 확립, 개성과 다양성 발현에 기초한 분권형 국가운영을 추구하여야 한다고 보고 있다(정부혁신지방분권위원회, 2003 : 1).

7 이러한 배경에서 최근 새로운 국가발전 패러다임을 요구하고 있다. 즉, 자본주의 4.0에 의거하여 성과가 좋은 자치단체는 더욱 지원해주고, 그렇지 못한 단체는 함께 배려와 지원을 아끼지 않는 공생의 패러다임이 그것이다. 이와 관련하여 시장과 정부의 역할론에 대한 논의를 이끌어가고 있다. 즉, 시장에 치우치면 사회가 망가지고, 사회에 치우치면 시장이 망가져 공멸(共滅)한다는 것이다. 즉, "시장은 사회가 제공하는 노동력과 소비자 없이 존재할 수 없고, 사회는 시장이 제공하는 효율성과 생산력 없이 유지될 수 없다"(조스팽 프랑스 전 총리 인터뷰기사 ; 조선일보, 2011.8.24)는 것이다. 규제완화 · 감세를 통해 자본의 투자 활성화만 바라는 신자유주의적 방법이 시장에 경도된 양극화 해법이라면, 중산층과 부자의 것을 덜어내는 것도 모자라 국채를 찍어서라도 서민 · 빈곤층에 나눠줘야 한다는 베네수엘라, 그리스식의 복지 포퓰리즘은 사회에 경도된 양극화 해법이라는 것이다.

이러한 배경에서 본 연구는 지방분권과 지역균형발전의 수단으로 제시되고 있는 세종시의 적실성과 타당성, 효과성을 더욱 견지하여 성공한 도시로서 성장하기 위하여 박근혜정부가 수행하여야 할 역할내용은 무엇인지에 대해 점검하기로 한다. 그에 따라 세종시 건설 초창기에 일어날 수 있는 문제들을 고찰하면서 그에 따른 문제제기와 대안들을 모색하는 논의를 전개하고자 한다. 즉, 정부부처 이전에 따른 문제를 정확히 직시하고 어떤 내용으로 이를 개선할 수 있을 것인가에 대한 논의를 지방분권개혁과 지역균형발전으로서의 상징적 도시로서 위상을 견인해내고 우리사회의 갈등과 혼란을 불식시켜내는 그리하여 사회통합을 이루어내는 세종시가 되기 위한 몇 가지 발전적 제안을 하고자 한다.

제2절 정부부처 이전과 관련한 이론적 배경

1. 지방분권의 개념

1) 정의

오늘날 대부분의 국가에서는 통치권이나 행정권한을 중앙정부와 지방정부가 분담하여 처리하고 있다. 일반적으로 중앙집권은 국가공동체 내의 결정권한과 업무가 중앙에 집중되어 있고 지방자치단체가 국가의 하부행정기관으로 존재하는 국가형태라면 지방분권은 지방자치단체에게 결정권과 업무가 이전되어 있는 국가형태라고 할 수 있다. 이는 곧 국가내의 권력의 지리적 배분을 의미하는 것으로 지방자치단체에 적용된 분권으로 볼 수 있다. 본 연구에서는 중앙정부의 권한이 지방정부로의 이전을 지방분권화로 규정하고자 한다.[8]

8 분권화의 개념은 다양한데 조직이론에서는 계층제 내에서 상위 지위에 있는 권한을 하위지위로 이양하는 조직 내적 현상으로 보기도 하며(Stevens, 1994), 지방정부론에서는 중앙정부로부터 지방정부로 권한이 이전되는 정부간의 관계로 파악하기도 한다(Conyers, 1984).

2) 지방분권의 기본논리

지방정부가 주민들에게 보다 가까이 있어서 주민들의 욕구를 보다 잘 알고 있기 때문에 주민들에게 보다 적합한 서비스를 제공해줄 수 있다는 것이 지방분권의 기본논리이다. 즉, 자원의 효율적 배분은 서비스 공급에 대한 책임이 그 서비스의 수혜자를 가장 잘 대표해주는 정부계층에 부여될 때 가능하다는 것이다(Ter-Minassian, 1997). 즉, 지방분권을 통해 보다 민주적이고 참여적인 정부를 지향할 수 있고, 공공서비스와 주민의 서비스를 일치시킴으로써 지방정부의 정치지도자가 유권자에 대해서 대응성과 책임성을 확보해 나갈 수 있다는 것이다(Ter-Minassian, 1997 ; 홍준현, 2001 : 315).

그런데 지방정부는 의외로 주민들이 필요로 하는 서비스를 만족할 만한 수준으로 공급하지 못하는 경우가 많다는 것이다. 그 이유를 Kingsley(1996)는 지방분권이 아직 완전하게 진행되지 못한 것에서 찾고 있다. 즉, 많은 국가에서 중앙정부는 중앙의 기능을 공식적으로 지방정부에 이양 또는 위임했지만, 지방정부가 그 기능을 자율적으로 수행할 수 있는 권한 또는 기능을 수행하는데 소요되는 재원을 마련할 수 있는 권한을 완전히 이양 또는 위임하지 않았다는 것이다. 한편 Dillinger(1994)는 중앙정부가 지방분권을 찬성하는 동기에는 양면성이 있다고 경고하고 있다. 즉, 그 동기에는 첫째, 중앙집권체제는 더 이상 적합하게 기능하지 않는다는 원칙과 둘째, 도시화로 인해 요구되는 엄청난 비용을 부담하기 위해서 재원을 마련하는 책임을 지방정부에 전가하려고 하는 정치적 편의성이 혼합되어 있다고 볼 수 있다는 것이다(홍준현, 2001 : 316).

2. 지역균형발전의 개념

국가균형발전특별법 제2조에서 정의하고 있는 국가균형발전이란 '지역간 발전의 기회균등을 촉진하고 지역의 발전잠재력을 증진함으로써 삶의 질을 향상하고 국가경쟁력을 강화하는 것'을 말한다. 이렇게 볼 때 우리가 추구하는 지역균형발전은 4가지 주요한 요소를 전제하는 다의적 개념이라고 할 수 있다. 첫째, 지역간 발전의 기회균등 촉진 둘째, 지역의 발전잠재력 증진 셋째, 주민의 삶의 질 향상 넷째, 국가경쟁력 강화가 그것이다.

일반적으로 지역균형발전이란 지역간에 경제적, 사회적 제개발지표(1인당 소득, 제조업

생산액, 도로, 상하수도 등)들이 서로 대등한 상태에 있어야 하는 것으로 이해될 수 있다. 그러나 그 개념정의는 매우 모호하다. 왜냐하면 지역균형발전은 지역이 구체적으로 어디를 말하는 것인지, 균형의 참뜻은 무엇인지, 그리고 발전의 참모습은 어떤 것인지에 대한 주관적인 질문을 담고 있기 때문이다.[9] 그러나 일반적으로 국토의 모든 지역을 차별성 없게 정치적, 행정적, 경제적, 사회 · 문화적으로 균형 있게 발전시켜 나가는 일련의 모든 과정을 의미할 수 있다.

그러나 또 한편으로 지역균형발전은 지역간 성장과실의 단순한 균등배분이 아니라 지역간의 '창의적인 경쟁'과 '민주적 참여'의 원칙 하에서 각 지역의 잠재력을 최대한 살릴 수 있는 '기회'가 보장되고, 국가 전체적으로 최선의 시너지 효과를 낳을 수 있는 것이어야 하는 것으로 이해될 수 있다(이정식, 2001 : 5). 지역간의 형평보다는 기회의 형평성을 통해 사람간의 균형과 개인의 자아실현이 우선되는 지역균형발전을 도모해야 함은 바로 여기에 있다.

그런 측면에서 국가의 지역균형발전정책은 중앙과 지방으로 다원화된 행정주체들의 권한이 최상의 조화상태를 실현하고 있는가, 또한 개인의 인간다운 삶을 영위하고, 인간의 창의성과 기회가 보장되는 지역사회건설이라는 관점에서 판단되어야 하며, 어떠한 경우에도 타 지역의 발전을 배제하면서 특정지역의 개발을 우선적으로 고려하여서는 안 될 것이다(김남철, 2001 : 7).

3. 정부부처 이전의 찬성론과 반대론

정부부처의 이전과 관련해 그동안 논쟁해왔던 논의를 지역과 논조를 중심으로 정치권의 이해(특히 노무현, 이명박정부)와 함께 살펴보면 다음과 같다.

9 지역균형발전에서 균형(balance)의 의미는 일정한 시스템 속에서 모든 부속품(하위체제)이 원활하게 작동할 수 있도록 서로 조절되었을 때의 안정된 상태를 의미한다. 그러나 안정된 상태, 즉 균형에 도달할 때까지 시간이 얼마나 걸릴지는 부속품에 따라 달라질 수 있는 것이다. 또한 모든 지역이 똑같이 균등하게 발전되어야 하는가에 대한 논쟁으로서 진정한 의미의 균형발전은 지역이라는 장소보다는 그 장소에서 살고 있는 사람을 위한 발전을 추구하는 것이 되어야 한다는 것이다(이정식, 2001 : 3).

1) 중앙행정부처 이전에 따른 기대효과 : 찬성론 입장

중앙행정부처 이전에 대해 대전광역시, 충청남도, 충청북도가 찬성을 하는 입장이고, 그 근거로 수도권 과밀화 해소, 인구분산, 수도권 문제(인구밀도, 토지가격, 교통, 환경, 강력범죄 등) 해결을 들면서 대한민국의 지방분권과 균형발전의 유일한 대안임을 강조하고 있다. 결국 정부부처 이전으로 국가경쟁력이 향상되고 중앙집권적인 행정의 고비용 · 저효율문제를 해소시킬 수 있다고 보았다. 요컨대, 정부부처이전을 통한 행정수도의 건설은 낙후된 충청지역의 개발은 물론 국토의 균형발전에 기여할 수 있다는 의견을 제시하였다.

2) 중앙행정부처 이전 비판 : 반대론 입장

한편 중앙부처 이전, 수도이전에 반대하는 지역은 서울시, 경기도, 인천광역시로 수도권의 공동화 현상으로 경쟁력이 저하되고 행정 비효율이 심각해진다는 이유를 반대의 근거로 삼았다.

3) 정치권의 이합집산

참여정부는 행정수도문제를 가지고 찬성과 반대진영의 정치적 갈등을 유발시켰으며, 그 연장선상에서 이명박정부는 세종시수정안 반대, 찬성으로 계속된 갈등을 양산해 내었다.

참여정부 시기	행정수도 찬성	대전광역시, 충청남도, 충청북도, 대통령, 제1야당 충청권의원
	행정수도 반대	서울시, 경기도, 인천광역시, 제1야당
이명박정부 시기	세종시 수정안 찬성	서울시, 경기도, 여당일부의원, 대통령, 국무총리
	세종시 수정안 반대	대전광역시, 충청남도, 충청북도, 제1야당, 여당일부의원

박근혜 정부는 세종시 원안(더 나아가 원안 +α)을 사수하여 충청권의 절대적 지지를 얻어내었고 결과적으로 국민의 심판을 받은 상황이 되었기에 세종시 출범을 보게 되었다. 따라서 세종시 문제를 두고 정치권이 논쟁하는 모습은 수면 아래로 가라앉는 듯하였으

나, 박근혜정부 반환점을 돌면서 다시 원래 약속했던 미래부를 과천에 잔류시키는 정책을 내 놓고 있어 다시 논란을 불러일으키고 있는 상황이다(2015. 9).

4. 건설단계별 계획 : 인구계획

세종시는 당초 계획에 의하면 2007년부터 2015년까지의 초기활력단계를 거쳐 2020년까지의 자족적 성숙단계로 진입하여 2030년까지를 완성단계로 보고 있다.

1) 총인구 : 약 50만명

2020년까지 30만, 2030년까지 50만(인구밀도 ha당 312명)안구를 계획하고 있다.

2) 초기 활력단계(2007년-2015년)

최초 이주민과 중앙행정기관 및 정부출연연구기관의 이전에 의해 초기도시개발단계에서 15만명이 거주할 것으로 계획하고 있다.

3) 자족적 성숙단계(2016년-2020년)

자족적인 성장동력에 의한 성장단계로 문화 · 국제교류, 대학, 의료복지, 도시행정기능, 첨단지식기반기능 일부가 유입되면서 총 30만명이 거주할 것으로 계획하고 있다.

4) 완성단계(2021년-2030년)

국토균형발전의 혁신거점으로서의 완성단계로 첨단지식기반기능, 상업업무기능이 추가로 유입되면서 계획목표인구인 50만명이 거주할 것으로 계획하고 있다.

5. 이론적 분석틀

상기의 이론적 논의를 통하여 정부부처의 세종시 이전에 따른 문제를 해결하는 세종시 발전모델로서의 대안모색에는 우선 근본적으로 중앙정부, 세종특별자치시, 시민과의 관계 속에서 논의될 수 있는 지방분권과 지역균형발전의 맥락을 바로 정립해야 하는 것으로 볼 수 있고, 대한민국 전체 차원에서 균형발전의 선도적 도시로서 다른 성장거점도시를 창출해내는 세종시로 파악해야 하고, 다음으로 현실적으로는 세종시 자체 내에서의 예정지역과 편입지역간의 균형발전을 논의해야 하고, 행정비효율 문제를 어떻게 하면 최소화할 수 있는가에 대한 논의를 전개해야 한다고 볼 수 있다. 따라서 다음과 같은 이론적 분석의 틀을 제시할 수 있다(그림 2-1 참조).

<그림 2-1> 이론적 분석틀

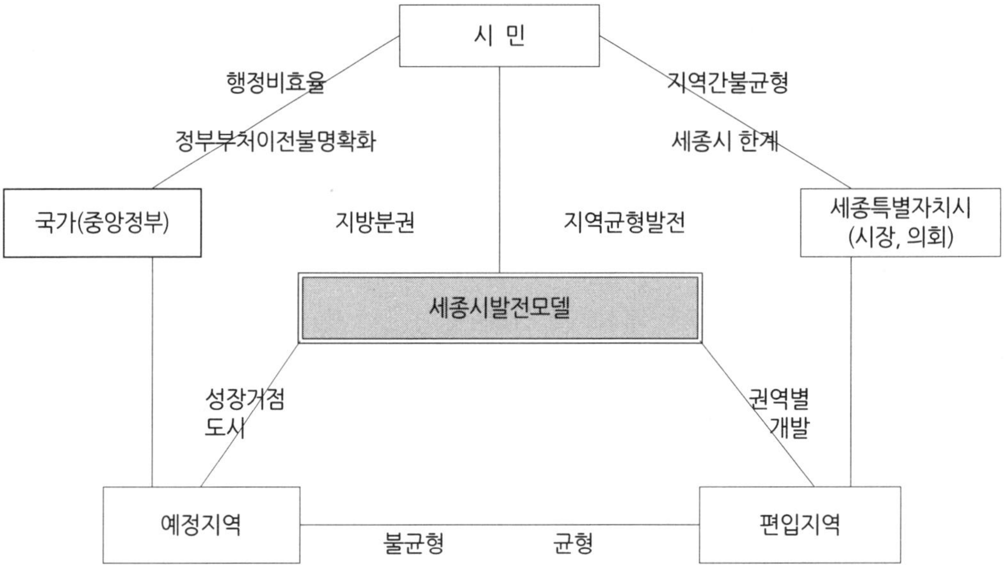

— 제3절 세종특별자치시 연혁과 정부부처 이전현황 및 문제점

1. 세종특별자치시의 탄생연혁 : 행정수도, 행정중심 복합도시, 세종시수정안 탄생배경

행정중심복합도시, 세종시의 탄생은 2002년 9월30일 민주당 노무현 대통령후보가 수도권 집중을 억제하고 낙후된 지역경제 해결을 위해 충청권에 행정수도를 건설하겠다는 공약을 발표하면서 시작되었다. 대통령에 당선되면서 참여정부의 주요국정과제로서 신행정수도건설에 박차를 가하였고, 그런 배경에서 추진기획단, 지원단을 발족하고 우여곡절 속에 2003년 12월 29일 신행정수도특별조치법(안)을 통과시키게 되었다.[10] 이어 2004년 1월 16일 신행정수도특별법을 공포하였고 5월 21일 신행정수도건설추진위원회가 출범하였다. 그러나 2004년 10월 신행정수도특별법이 헌법재판소의 위헌결정[11]에 따라 참여정부의 지역균형발전의 궤도를 수정하기에 이른다. 즉, 신행정수도특별법 후속대책으로 야당대표의 노력에 힘입어 2005년 3월 18일 행정중심복합도시건설특별법이 공포되고, 이에 따라 중앙행정기관 등의 이전계획이 수립 · 고시되기에 이르렀다(12개 부 4개 처 2개 청 이전).[12] 그러나 여전히 행정중심복합도시건설특별법이 신행정수도특별법의 위헌성을 계승하고 있다고 보아 그 위헌여부를 타진하는 헌법소원이 제기되었고(2005년 6월 15일) 그 결과는 이전 판결과는 다르게 각하판결을 받음으로써 행정중심복합도시는 지속될 수 있었다. 그러나 행정수도를 반대했던 서울시장(이명박)이 대통령에 당선됨으로써 또 다시 갈등국면에 접어들었고 급기야 세종시수정안을 내놓게 된다. 이는 기존 행정중심복합도시에서 중앙부처가 세종시로 이전하는 것을 전면 백지화하고 교육 · 과학중심의 경제도시를 건설하는 것을 그 주요골자로 하였다. 이 과정에서 또 수많은 갈등비용을 지불하면서 결국 2010년 6월 29일 세종시수정안은 부결되었고 기존 행정중심복합도시 원안은 유지되었다. 이렇듯 세종시는 우리나라 현대사에 있어 그 건설의 타당성, 효율성을 두고 극명하게 이분되는 갈등구조를 만들어내었고, 그에 따른 엄청난 사회적 비용을 감수해야만 하였던 것이다. 결국, 세종시는 지방분권과 지역균형발전을 실현해내기 위한 정책으로 시도되었지만 수도권과 비수도권, 정부부처이전에 따른 이해관계자들의 심한 갈등의 산통을 겪으면서 탄생하였다. 이제 사회구

10 2003년 11월 21일 '신행정수도특별위원회구성결의안'이 4당 합의가 이루어진 가운데 추진되었기에 통과될 것으로 보았으나 국회 본회의에서 부결되고 말았다(재석 179명, 찬성 84명, 반대 70명, 기권 25명 : 출석의원 과반수의 찬성을 얻지 못함). 이후 충청권의원들의 반발과 야당의원들에의 설득노력으로 마침내 여야합의로 가결되었다(찬성 167, 반대 13, 기권 14).

11 신행정수도의건설을위한특별조치법(2004.1.16, 법률 제7062호)은 헌법에 위반된다. 이에 대한 근거로서 제시된 다수의견은 다음과 같다. 즉, "수도이전을 내용으로 하는 특별조치법은 대한민국의 수도가 서울이라는 우리 헌법체계상 자명하고 전제된 불문의 관습헌법사항을 헌법개정절차를 이행하지 않은 채 법률의 방식으로 변경한 것이어서 그 법률전체가 청구인들을 포함한 국민의 헌법개정 국민투표권을 침해하여 위헌이다"라고 보는 견해이다.

12 재정경제부, 교육인적자원부, 문화관광부, 과학기술부, 농림부, 산업자원부, 정보통신부, 보건복지부, 환경부, 노동부, 건설교통부, 해양수산부, 기획예산처, 국가보훈처, 국정홍보처, 법제처, 국세청, 소방방재청.

성원의 전폭적 지지를 받아 사회통합을 이루어내는 상생의 도시가 되어야 하는 이유도 바로 여기에 있다. 세종시와 관련된 구체적인 내용과 절차는 다음과 같은 과정을 통해 진행되었다(표 2-1 참조).

<표 2-1> 세종시 연혁

(1) 행정수도 시기		
↓	2002.9.30	노무현 대통령후보 충청권 행정수도 공약발표
	2003.12.29	신행정수도특별조치법(안) 국회본회의 의결
	2004.4.17	신행정수도특별조치법시행
	2004.10.21	신행정수도특별법 헌재위헌결정
(2) 행정중심복합도시 시기		
↓	2005.3.2	행정중심복합도시건설특별법 국회통과
	2005.6.15	행정도시법 헌법소원 제기
	2005.11.24	행정중심복합도시건설특별법 헌법소원 각하결정
	2006.1.1	건설교통부 외청으로 행정중심복합도시건설청 출범
	2006.5.3	건설기본계획안 발표
	2006.11.29	행정중심복합도시 개발계획 확정
	2006.12.1	행정중심복합도시건설특별법 개정안 국회 본회의 의결
	2006.12.21	행정중심복합도시 도시명칭 '세종'으로 확정
	2007.3.27	특별법 시행령 개정(안)공포
	2007.7.20	행정중심복합도시 기공식
	2008.2.29	행정도시특별법 개정
	2008.11.26	행정도시건설 특별법 시행령 개정안 공포/시행
	· 정부조직법 개정 : 12개 부, 4개 처, 2개 청---9개 부 2개 처 2개 청, 1실, 2위원회로 변경됨 · 1단계(2012년 이전) : 국무총리실(조세심판원), 기획재정부(복권위원회), 공정거래위원회, 국토해양부, 환경부, 농림해양수산부 · 2단계(2013년 이전) : 교육과학기술부, 문화체육관광부, 지식경제부, 보건복지부, 고용노동부, 국가보훈처 · 3단계(2014년 이전) : 법제처, 국민권익위원회, 국세청, 소방방재청	
(3) 세종시 수정안 시기		
↓	2009.9.3	정운찬 국무총리내정자 : 세종시는 경제학자의 내 눈으로 볼 때 효율적인 모습은 아니다. 계획을 발표했기 때문에 원점으로 돌릴 수는 없지만 원안대로 추진하지는 못할 것이라고 세종시건설에 비판적 견해를 제시하였고 수정안을 마련할 것이라고 하였음.
	2009.10.20	보수성향의 단체(나라의 장래를 걱정하는 원로들 : 강영훈 전 총리) : 수도분할로 생기는 비효율을 막아야 한다며 세종시 정부기관 이전계획의 폐지를 촉구하였음.
	2009.10.21	박근혜대표는 세종시 원안을 강조하면서 수정이 필요하다면 원안에다 플러스알파가 돼야 한다고 원안고수 입장을 분명히 하였음.

↓	2009.11.27	'대통령과의 대화'에서 대국민사과와 함께 세종시 수정방침을 공식적으로 표명하면서 갈등국면을 확대하였음.[13]
	2009.12.3	이완구 충남지사 세종시 수정방침에 반발하여 사퇴
	2010.1.11	정운찬 총리 세종시 수정안 공식발표
	2010.1.27	정부, 세종시 수정안 입법예고
(4) 세종시 시대		
	2010.6.29	국회본회의 세종시 수정안 부결
	2010.12.27	'세종특별자치시설치 등에 관한 특별법' 제정공포 (2012.7.1 시행예정)
	2012.7.1	세종특별자치시 출범
	2012.10.18	'세종특별자치시설치 등에 관한 특별법 개정안' 국회발의
	2013.12.19	'세종특별자치시설치 등에 관한 특별법 개정안' 본회의 통과
	2014.1.7	'세종특별자치시설치 등에 관한 특별법'(약칭 세종시법) 전부개정 공포
	- 세종시에 대한 지방교부세와 교육재정교부금 특례지원을 2020년까지 연장 - 광역특별회계에 세종시 계정을 별도로 설치 - 자체감사 활동의 독립성과 전문성 확보를 위해 감사위원회 설치 - 조례제정 · 개정 또는 폐지 청구에 관한 특례 신설, 주민참여예산제 도입 - 세종시 예산의 일정비율 이상을 지역균형발전을 위해 쓰도록 명시	
	2015.1.26	1읍 9면 3행정동

2. 정부부처 이전

1) 행정중심복합도시건설특별법(신행정수도 후속대책을 위한 연기 · 공주지역 행정중심복합도시 건설을 위한 특별법)에 따른 정부부처 이전

2005년 3월 18일 행정중심복합도시건설특별법이 제정 · 공포됨에 따라 12개 부(재정경제부, 교육인적자원부, 문화관광부, 과학기술부, 농림부, 산업자원부, 정보통신부, 보건복지부, 환경부, 노동부, 건설교통부, 해양수산부) 4개 처(기획예산처, 국가보훈처, 국정홍보처, 법제처) 2개 청(국세청, 소방방재청)의 이전계획이 수립 · 고시되었다.

2) 행정중심복합도시건설특별법 개정(2008.2.29.)

행정중심복합도시건설특별법 제16조는 중앙행정기관등의 이전계획을 규정한 내용

13 이명박대통령은 지난 2007년 대선 당시 원안추진을 공약했던 점을 시인하고, 사회갈등과 혼란을 가져온데 대해 죄송하다고 하면서 세종시의 수정방침을 분명히 하였다. "세계 어떤 나라도 수도 분할하는 니리는 없다. 저 하나가 좀 불편하고 정치적으로 손해를 보더라도 이것은 해야 하지 않겠는냐"라는 논리를 펼쳤다.

으로 안전행정부장관이 중앙행정기관 등을 행정중심복합도시로 이전하는 계획을 수립하여 대통령의 승인을 얻도록 하고 있다. 그리고 외교부, 통일부, 법무부, 국방부, 안전행정부, 여성가족부는 이전대상에서 제외하는 것으로 하였다.

정부조직법[14] 개정으로 당시 이전계획이 12개 부, 4개 처, 2개 청에서 9개 부 2개 처 2개 청, 1실, 2위원회로 변경되었다. 그리고 다음과 같은 단계별 이전을 고시하였다.

① 1단계(2012년 이전) : 국무총리실(조세심판원), 기획재정부(복권위원회), 공정거래위원회, 국토해양부, 환경부, 농림해양수산부

② 2단계(2013년 이전) : 교육과학기술부, 문화체육관광부, 지식경제부, 보건복지부, 고용노동부, 국가보훈처

③ 3단계(2014년 이전) : 법제처, 국민권익위원회, 국세청, 소방방재청

3. 세종시 출범 이후 현황

우선 세종시 출범 1년을 맞이하여 그동안 변화양상을 확인해볼 경우 다음과 지표에서 상당한 변화를 목격할 수 있다. 세종시 면적은 출범전보다 100여㎢가 늘어나 464.8㎢로 서울면적의 2/3에 해당하며, 인구는 2만여명 증대되었고, 예산도 두배가량 증가하였으며, 재정자립도도 인구증가에 따른 세수증가로 10%정도 높아졌고(38.8%), 공무원수(1,072명)도 450여명 늘어난 것으로 조사되고 있다(표 2-2 참조). 또한 출범전 17개 초등학교, 7개 중학교, 4개 고등학교에서 교육수요의 증가에 대응하여 초등학교는 5개, 중・고등학교는 각각 3개씩 증가하였다. 그리고 출범 직후 472개였던 사업체 수는 632개에 이르는 것으로 나타났으며, 이에 따라 산업단지도 7개에서 10개로 늘린 것으로 조사되었다. 2015년 8월 현재 세종시 출범 3주년이 지난 현황을 보면 세종시의 내・외적 성장을 살펴볼 수 있다(표 2-2 참조).

---

14 정부조직법 제26조 (행정각부) ① 대통령의 통할하에 다음의 행정각부를 둔다. 1. 기획재정부 2. 미래창조과학부 3. 교육부 4. 외교부 5. 통일부 6. 법무부 7. 국방부 8. 안전행정부 9. 문화체육관광부 10. 농림축산식품부 11. 산업통상자원부 12. 보건복지부 13. 환경부 14. 고용노동부 15. 여성가족부 16. 국토교통부 17. 해양수산부 ② 행정각부에 장관 1명과 차관 1명을 두되, 장관은 국무위원으로 보하고, 차관은 정무직으로 한다. 다만, 기획재정부・미래창조과학부・외교부・안전행정부・문화체육관광부・산업통상자원부・국토교통부에는 차관 2명을 둔다. ③ 장관은 소관사무에 관하여 지방행정의 장을 지휘・감독한다.

<표 2-2> 출범후 세종시의 변화

	출범전	출범 후 1년	출범후 3년(2015년 8월말)
행정구역	1읍7면(연기군)	1읍9면1동*	1읍9면3동**
면적	361.41㎢	464.8㎢(서울3분의2)	465㎢(건설지역 73㎢)
예산	3351억원	6,715억원	9,676억원
재정자립도	29.1%	38.8%	43.91%
공무원수	625	1,072	1,415
인구	100,946명	116,842명	197,379명
세대수	42,606	47,902	75,849
교육시설	초등17 · 중등7 · 고등4	초등22 · 중등10 · 고등7	초등26 · 중등13 · 고등8
자동차등록	37,002대	50,400대	67,880대
사업체	472개	632개	761개
산업단지	7개	10개	13개

자료 : 세종특별자치시

*세종특별자치시는 충청남도의 동북단에 위치하여 동으로는 충북 청원군과 서로는 공주시, 남으로는 대전광역시, 북으로는 천안시와 경계를 이루며 1읍(조치원읍) 9면(소정면, 전의면, 연서면, 연기면, 장군면, 전동면, 연동면, 부강면, 금남면) 1동(한솔동)으로 되어있다.

한솔동 관할 14개 법정동(소담동, 보람동, 반곡동, 대평동, 가람동, 한솔동, 나성동, 새롬동, 다정동, 어진동, 종촌동, 고운동, 아름동, 도담동)

** 한솔동 관할 법정동 중 도담동과 아름동이 행정동으로 변모하였다.

- 종전의 충청남도 연기군 일원
- 종전의 충청남도 공주시 : 의당면 태산리, 용암리, 송학리, 용현리, 송정리 일원 장기면 송무리, 평기리, 대교리, 하봉리, 도계리, 봉안리, 제천리, 은용리, 산학리, 당암리, 금암리 일원 반포면 원봉리, 도남리, 성강리, 국곡리, 봉암리 일원
- 종전의 충청북도 청원군 : 부용면 산수리, 행산리, 갈산리, 부강리, 문곡리, 금호리, 등곡리, 노호리 일원

4. 문제점

2012년 7월 1일 출범하였던 세종특별자치시가 예정된 계획절차에 따라 정부부처 이

전이 시작되었다. 그러나 3년여가 지난 시점에서 세종시는 여전히 지방분권과 국가균형발전의 상징도시로서 제 기능을 다하고 있는가에 대한 물음에 긍정적인 답을 내놓기 어려운 상황이다. 그 구체적인 문제점을 지적해 보기로 한다.

1) 행정비효율

정부 부처의 세종시 이전에 따른 행정 비효율 비용이 연간 4조 8,108억원에 이를 것이라는 분석이 있었다(한국행정연구원, 한국행정학회, 한국능률협회 컨설팅). 우선 단순비용으로 공무원의 출장 · 기회비용(230억), 서울사무소설치이전(86억), 행정수요자이동 · 기회비용(992억), 다음으로 정책품질저하비용(3조6,500억), 성장잠재력 저하비용(1조 300억)이 그것이다(표 2-3 참조). 세종시 정부부처이전에 따른 행정비효율성은 네 가지 측면에서 분석되었는데 그 내용은 다음과 같다. 첫째, 대통령과 부처간의 비효율성문제로 대통령과 총리간 원거리에 따른 정책조정의 약화와 그럼으로써 총리위상의 약화가 예상되었다. 그리고 장관들의 서울 상주에 따라 조직통제력의 약화를 가져오게 되고 장관을 대신해 대리인 참석증가로 업무품질의 저하를 불러오게 한다는 것이다. 둘째, 정부부처간의 비효율문제로 국무회의 이전단계에서 부처간에 상호 정보교류 및 입장조정에 어려움이 예상될 것으로 보았고, 부처간 협의체를 두더라도 효율적인 운영의 어려움을 겪게 될 것이라는 것이다. 셋째, 국회와 정부와의 관계에서 볼 때 국정감사 및 조사의 효율성이 떨어질 것으로 보았으며 당정협의회 운영의 어려움을 예견하였다. 넷째, 정부와 민간부문과의 관계에서 볼 때 민간전문위원 회의소집의 비효율이 증가하고, 시민사회와의 소통비효율의 증가를 예상하였다(표 2-4 참조).

<표 2-3> 세종시 이전 예상 행정비용 (단위 : 원)

<table>
<tr><td rowspan="5">총합계</td><td rowspan="5">4조 8,108억</td><td rowspan="3">단순비용</td><td rowspan="3">1,308억</td><td>출장 직접 · 기회비용</td><td>230억</td></tr>
<tr><td>서울사무소 설치이전</td><td>86억</td></tr>
<tr><td>행정수요자 이동 · 기회비용</td><td>992억</td></tr>
<tr><td rowspan="2">행정비효율 비용</td><td rowspan="2">4조 6,800억</td><td>정책품질 저하비용</td><td>3조 6500억</td></tr>
<tr><td>성장잠재력 저하비용</td><td>1조 300억</td></tr>
</table>

자료 : 한국행정연구원(2009), 한국능률협회컨설팅(2013)

<표 2-4> 행정비효율성의 네 가지 차원

차원	내용
① 대통령-부처간	-대통령과 총리간 거리에 따른 정책조절약화, 총리위상 약화 -장관 서울 상주에 따른 조직통제력 약화 및 업무품질 저하
② 정부부처간	-국무회의 이전단계 상호 정보교류 및 입장조정 어려움 -부처간 협의체 효율적 운영 어려움
③ 국회-정부간	-국정감사 및 조사 효율성 저하 -당정협의회 운영 어려움
④ 정부-민간간	-민간전문위원 회의 소집 비효율 증가 -시민사회와의 소통 비효율 증가

자료 : 한국능률협회컨설팅(2013)

최근 부각되는 행정비효율의 뉴스를 보면 대체로 세 번째 내용에 해당된다. 업무시간 텅빈 정부 세종청사 사무실과 이와 대조되는 국회 상임위 회의실에 운집한 세종시공무원들의 행정비효율문제를 질타하고 있다(KBS 뉴스).[15] 같은 맥락에서 서울 등 외지에서 세종시로 출근하는 공무원들이 교통체증으로 지각을 하거나 자연히 예정했던 장관주재의 회의가 지연되는 상황이 연출되었다.[16] 또한 같은 배경에서 총리와 장관들은 서울에 비중 있게 활동하다보니 316억원이나 들인 총리공관을 평균 1주일에 1번꼴 정도로 사용하는데 그쳐 그 비효율성을 짐작하고 남음이 있다. 공무원의 출장비가 반년도 안 돼 40억원에 이르렀다는 보도는 행정의 비효율성을 더욱 실감하게 된다.[17]

요컨대, 대통령과 행정부, 국무총리 분산으로 국정통합운영에 지장을 주고 있고, 국가위기상황에 대처능력이 그만큼 떨어질 수 있다는 우려 등의 대통령의 전반적 통치력에 손상이 올 수 있음을 경계하고 있다. 또한 행정부와 국회가 분산됨에 따라 국정감사, 법안 · 예산 등의 주요업무가 비효율적으로 처리되어 그만큼 국민에 대한 의정서비스의 수준을 떨어트리게 된다는 우려이다. 국회의 대정부견제기능도 상대적으로 떨어질 수 있음을 경계하는 이유이다. 그리고 부처간 분리에 따라 부처별 할거주의가 더욱 활

15 국회가 대책 마련에 나섰습니다. 국회사무처는 국회와 세종시 공무원의 원활한 업무를 위해 화상회의 시스템을 구축하기로 했습니다. 먼저 올해 정기국회 전까지 일부 상임위에 화상회의 시스템을 구축하고 내년부터는 모든 상임위에서 화상회의가 가능하도록 추진하기로 했습니다. 국회는 또 정부세종청사에 국회 상임위 회의 공간을 마련해 이른바 '세종시 국회'의 기반도 조성하기로 했습니다(KBS 뉴스).

16 지난 2011년 6월 11일과 12일 고속도로에서 발생한 교통사고로 정부 세종청사에 근무하는 공무원 1000여명이 동시에 지각하는 사태가 벌어졌다. 장관 주재로 열릴 회의는 자연히 1시간씩 연기될 수밖에 없었다.

17 이상일 새누리당 의원은 지난 10일 국회 대정부 질문에서 세종청사 이주 공무원 124명을 설문 조사한 결과 90.2%가 '서울 출장 등으로 행정 비효율성이 커지고 있다'고 답한 자료를 제시했다.

성화될 가능성이 있으며, 정책협의조정을 추구하려해도 일정한 한계가 있을 것이고 그럼으로써 국정운영의 시너지효과가 저하될 것이라는 우려가 있다. 또한 경제부처가 세종시로 이전함으로써 주한외국공관과의 교류가 어려워 원활한 경제외교에도 장애를 초래할 수 있음을 경계하고 있다. 경제부처의 주요 고객인 산업 · 금융기관 등과도 분리되어 수요자 감응도 상대적으로 저하되고 그에 따른 수요자 체감정책 수립에도 지장을 줄 우려가 있다(한국행정연구원, 2009).

2) 행정중심도시의 미완성 : 미래창조과학부, 해양수산부 이전의 불명확화

세종시는 그동안 박근혜 새정부 출범 전 인수위를 방문하여 대통령 당선인 · 인수위원장과의 간담회 등을 갖고 신설부처의 세종시 입지 당위성을 설명해왔다(대전일보, 6.11). 그러나 정부조직법 해석에 따라 이견이 있는 것인지 세종시 이전 정부부처 가운데 이들 신설 부처가 빠지면서 세종시 정상건설을 위한 정부의 실천의지가 부족한 게 아니냐는 지적이 제기됐다(2013.12).

세종시측에서는 현행 '행정도시건설특별법'에는 외교통상부, 국방부, 통일부, 법무부 안전행정부, 여성가족부의 6개 부처를 제외한 모든 중앙부처는 행정도시로 이전토록 규정하고 있으며, 이에 따라 신설부처라도 세종시로 이전하는게 당연하다는 입장이다. 즉, 미래창조과학부의 전신인 교육과학기술부, 정보통신부, 지식경제부는 중앙행정기관 등의 이전계획 고시 당시에 세종시 이전 대상기관이었고 해양수산부는 국토해양부와 농림수산식품부에서 기능이 분리돼 부활됐지만 이들 부처 역시 이전대상 기관이었다는 이유이다. 여하튼 행정중심도시로서 두 개 부처이전의 불명확화로 인해 완성도가 떨어지고 있음을 경계하고 있다. 박근혜정부 2년6개월이 지난 시점에 미래창조과학부가 과천에 잔류하며 세종시에 오지 않겠다는 내용이 나오면서 우려가 현실이 되어버렸다(2015. 9).[18]

18 최근 열린 국회 미래창조과학방송통신위원회의 미래창조과학부 대상 국정감사에서 과천시 미래부의 '세종시 이전' 여부를 놓고 해당지역 의원간에 설전을 벌인 내용의 언론보도가 있었다(2015. 9). 그 주된 설전 내용은 다음과 같은 바, 법에 따라 미래부가 세종시로 가는 것은 당연한 불변의 원칙이며, 세종청사 출범 3년 동안 미래부의 세종시 이전이 지연되면서 대덕연구개발특구 등 대전 충청에 있는 과학기술 인프라와의 시너지는 커녕 낭비만 초래하고 있다는 지적에 과학기술, 방송국, 통신사 본부가 모두 수도권에 위치해 있어 미래부가 세종시에 내려가면 사실상 정부기능 운영이 불가능하다고 반박하고 있다(중부일보, 2015. 9.17) .

3) 세종특별자치시의 한계

세종특별자치시설치등에 관한 특별법(2010.12.27)(2014.1.7전부개정)(이하 세종시특별법으로 지칭함)을 참고로 하여 논의를 이끌어 가고자 한다.

(1) 지방분권의 취약

세종시는 정부부처를 이전하는 것이 단순하게 수도권의 과도한 집중에 따른 부작용을 시정하려는 측면에서 접근한 듯하다. 세종시특별법 제1조(목적)는 이를 반영이라도 하듯이 "이법은 세종특별자치시를 설치함으로써 수도권의 과도한 집중에 따른 부작용을 시정하고 지역개발 및 국가균형발전과 국가경쟁력강화에 이바지함을 목적으로 한다"고 규정하고 있다. 이는 행정수도, 행정중심복합도시를 추구하려했던 당초 취지에 맞지 않는 것이라 볼 수 있다. 즉, 수도권의 과도한 집중에 따른 부작용을 시정하려는 것이 정부기관이전 등의 단순한 분산정책에 있는 것이 아니라 세종시를 통하여 지역(주민)이 주인이 되어 자치권을 가지고 자율과 책임 하에 자기사무를 처리하고 통제받는 지방분권체제를 통해 지역특색에 맞는 발전을 이루어내어 지방이 살아나는 진정한 균형발전의 기틀을 제공하고자 한 것에 있었다. 결국 정부부처 및 공공기관의 이전은 분산정책을 기초로 하여 지방분권이라는 효과를 거양하게 하고 종국에 국가경쟁력을 강화하는 성과를 창출할 것으로 이해하는 것이다. 따라서 정부부처 이전에는 분권정책에 관한 전향적인 접근이 필요한 것이다. 따라서 세종시의 자기결정권, 자치권이 강화된 실질적인 지방분권이 되기 위한 노력과 정책을 이끌어내야 한다. 세종시에 고도의 자치권 부여와 헌법적 보장을 통해 지방정부의 역량을 강화하는 계기가 되어야 하는 이유는 바로 여기에 있다.

(2) 자치도시로서의 취약

① 자치재정 취약

정부부처의 세종시 이전은 세종시의 재정력 정도에 따라 성과를 낼 수 있는 것인데, 자치재정력이 취약한 상황에서 어려움이 있다. 따라서 세종시특별법은 제12조(현 제14조)에서 재정특례를 규정해주고 있다. 특히 제2항에서 "지방교부세법 제6조제1항에도 불구하고 안전행정부장관은 세종특별자치시설치후 최초 도래하는 회계연도부터 5년 동안 세종특별자치시에 교부하는 보통교부세는 대통령령으로 정하는 바에 따라 매년 같은 법 제7조에 따른 기준재정수요액과 같은 법 제8조에 따른 기준재정수입액의 차액과 그 차액의 100분의 25의 이내의 금액을 더한 규모로 산정되도록 기준재정수요액을 보정할 수 있다"고 규정하고 있다.[19] 결국 세종시가 출범한 다음 연도(2013년)부터 5년 동안 보통교부세의 25%를 추가하는 선에서 정리하고 있다. 이 정도의 재정지원으로 초창기 세종특별자치시를 정착시키는데 충분한 아니 충분하지 않아도 최소한의 특별자치시로서의 유지기능은 확보할 수 있다고 판단되는 것인지에 대한 의문이 있다. 2012년 기준으로 세종시의 보통교부세는 보통교부세총액의 1,069억원(0.37%)수준이며, 특별법규정에 따라 기준재정수요액과 기준재정수입액의 차액의 25%를 보정하여 5년(2013년-2017년)간 지원하면 총 1,560억원인데, 이는 세종시가 매년 312억원 정도를 추가적으로 지원받게 되는 것으로 그리 큰 금액이라고 볼 수 있지 않기 때문이다. 왜냐하면 현재의 보통교부세 산출기준에 의해서는 광역행정수행에 따른 경비증가, 공공시설이관, 편입지역 균형발전 등을 위해 발생하는 신규재정수요증가에 대응하기 어렵기 때문이다. 그런 배경에서 세종시가 재정수요의 증가와 그에 따른 재정부족액을 연 3,022억-4,34억으로 예상하고 있다(표 2-5 참조).

<표 2-5> 세종시 예상 재정부족액

현재 재정수입액	재정수입증가 (A)	재정수요증가 (B)	재정부족액 (B)-(A)
2,813억원 (국고보조금 제외)	연 348억원	연 3,370억-4,382억원	연 3,022억-4,034억
지방세 1,487억 세외수입 78억 지방교부세 1,248억	향후 세입증가 36억 교부세특례 312억	광역재정수요 1,541억 공공시설관리 311억 신규투자 1,518억-2,530억	

자료 : 세종특별자치시

또한 이미 제주특별자치도가 시행하고 있는 법정교부율(보통교부세 총액의 3%)에 따른

19 제정 세종시특별법(2010.12.27)에서 세종특별자치시의 보통교부세 및 보통교부금 산정을 위한 재정부족액 보정기간이 5년이었으나 2014.1.7.개정법에서는 8년으로 3년 연장하였다.

보통교부세 배분방식과도 차이가 크고 형평성에도 문제가 있다. 따라서 세종시도 법정교부율로 한다면 적어도 보통교부세 총액의 3%-5%의 지원을 고려해야 한다. 그런 배경에서 세종시특별법개정안은 보통교부세 총액의 1.5%의 법정교부율로 하면서 2030년까지 3.0%로 상향하는 것으로 하고 있다. 그럴 경우 2012년 기준으로 볼 때 세종시 보통교부세 교부액은 1,069억원(0.37%)에서 4,378억원(1.5%)으로 3,309억원이 증가하게 되는 것이다. 법정교부율 3.0%로 할 경우에는 8,756억원이 배정되게 되어 7,687억원이 증가하게 되는 셈이다. 여기에서 다른 지방자치단체의 배분액이 그만큼 상대적으로 감소하게 되는 문제가 발생하여 다른 자치단체와의 형평성문제로 반발을 사게 된다.

② 자치입법 취약

세종시 특별법(제8조 ①항)에는 세종시가 (지방분권) 지역발전과 국토균형발전에 기여할 수 있도록 국무총리 소속의 세종특별자치시지원위원회를 설치하도록 하고 있다. 여기에서 세종시의 중장기적 발전사항, 행정 · 재정 자주권 제고 및 사무처리 지원에 관한 사항, 공주시와 청원군 등 세종시에 관할구역의 일부가 편입되는 해당 지방자치단체의 행정적 · 재정적 지원과 공동화 방지 지원대책에 관한 사항, 그밖에 지원위원회의 위원장 또는 세종특별자치시장이 필요하다고 인정하여 지원위원회에 부의하는 사항에 대하여 심의하게 된다(개정법에서는 9조로 변경됨. 제4조 제2항에 따른 협약체결 및 그 평가결과 활용에 관한 사항을 심의하는 것이 추가됨)

자치입법권은 자치단체가 자치권의 한 발현형식으로 법률에 위반되지 않는 한도 내에서 그 관할 구역 내에서 시행될 자치법규를 스스로 제정 또는 개폐할 수 있는 권능을 행사할 수 있도록 해야 한다는 것이다. 특히 자치입법권과 관련하여 의결기관인 세종시의회에 대한 자치입법권한을 부여하는 내용이 있어야 하는데 국무총리 소속의 세종특별자치시지원위원회를 설치하여 자치입법권을 보완적으로 수행하겠다는 발상이다. 따라서 지방의회의 지치입법권 권한범위를 넓히고 조례로 규정할 수 있는 범위도 넓혀야 할 것이다. 그리고 세종시의회와 세종특별자치시지원위원회와의 관계설정도 정리해 주어야 할 것이다. 그런 의미에서 세종시특별법개정안은 다음 사항을 담고 있다.

③ 자치조직 취약

세종시특별법의 조직특례규정에도 불구하고 세종시의 자치조직권은 기존 자치단체에 적용되는 대통령령으로 정하는 바에 따라 조례로 규정되어 있어 그만큼 취약하다. 즉, 이러한 자치조직특례로는 신규행정수요에 대응하기 어렵기 때문에 보다 전향적인 자치조직권 특례를 배려해야 할 것이다.

④ 자치행정 취약

세종시가 배분된 기능(자기의 독자적 사무)을 원칙적으로 중앙정부의 관여, 감독을 받음이 없이 자주적으로 처리할 수 있는 권능을 부여해주어야 하는데, 기존의 자치법 규정을 원용한다면 매우 취약한 자치행정을 수행할 수밖에 없는 구조이다. 즉, 자치행정권에 대한 중앙정부의 관여와 감독이 강하게 규정되어 있다. 예컨대, 주무부장관이 세종시장의 명령, 처분에 대한 취소 · 정지권, 위임사무 불이행에 대한 직무이행명령권 및 대집행권, 자치사무에 대한 감사권을 가지고 있어 자치행정권이 근본적으로 침해되고 있는 것이다.

(3) 인프라 구축과 관련한 기반시설의 취약

세종시는 특별자치시로서 역할을 수행해나가는데 예산부족과 조직의 한계를 절감해야 했다. 특히 예정지역에만 예산이 지원되고 편입지역은 상대적으로 소외되는 예산지원으로 개발격차의 불균형 현상이 심각하다. 그리고 지난 이명박정부의 세종시수정안 논란으로 인해 각종 기반시설건설이 늦어지면서 공무원을 비롯한 이주민들은 커다란 불편을 감수해야 하는 상황이 되었다. 거기에다 내년도 세종시건설 예산도 축소편성(2013년도 국비확보 신청액 3,673억원 중 17.1%인 628억원만 반영됨)되어 세종시 인프라 구축과 관련한 기반시설의 정상적 건설에 우려하고 있다. 우선 공무원들이 가족과 함께 이주하기를 바라는 그런 정주여건을 갖춘 도시가 되도록 지원해야 하는 이유이다.[20]

20 박근혜 대통령은 당선인시절에 인수위원회 법질서사회안전분과의 업무보고 및 국정과제토론회에 참석해 "세종시를 방문해 보니 주거 문제, 자녀 교육, 보육 문제, 의료 문제 등 걱정거리가 많았다"며 정주여건을 빨리 개선해 세종시 건설에 차질이 없도록 당부하였다. 대전청사 입주 사례를 거론하며 "대전청사의 경우엔 1998년도에 조성해 5년 후인 2003년도에 가족동반 이주자가 62%, 10년 후에는 65.8%로 잘 정착이 됐었다"며 "그러한 사례도 검토해 계획대로 인프라를 잘 구축해 주시길 바란다"고 주문했다(2013.1.29 뉴스1).

(4) 지역간 불균형

세종시는 세종시로 탄생해오는 과정에서도 충청지역간의 서로 다른 이해관계로 갈등을 빚어왔으며, 세종시가 출범하면서 세종시 예정지역과 이후 편입지역간 불균형적인 발전의 간격이 크게 나타나고 있다. 따라서 세종시 안에서의 균형발전논의를 이끌어내야 한다.

① 충청지역간 갈등

a. 세종시 편입된 충남 · 충북 일부지역의 격차 및 갈등

2010년 말 세종시에 편입된 청원군 부용면과 공주시 장기면, 의당면, 반포면에 대한 상생발전계획이 다른 지역에 비해 뒤처진다는 비판이 제기되고 있다(중도일보, 2011.8.3). 또한 편입문제로 갈등을 빚어 온 지역주민의 상처가 문제되었다.

b. 세종시청사 · 세종시교육청사 건립입지 변경

2012년 4월 선거(시장, 교육감)를 앞두고 세종시와 교육청 청사를 일부 지역에 유치하겠다는 지역간 갈등이 우려되었었다. 세종시청사와 교육청 유치전이 선거를 준비하는 정치인들에게서 지역간 갈등을 부추겼던 것이다(대전일보, 2011.7.26).

c. 세종시건설에 참여하는 건설업체(대전 · 충남 · 충북)

충청남도는 2011년 4월 세종시건설사업과 관련 '국가를당사자로하는계약에관한법률'에 의거 95억원 이하의 중 · 소형급공사에 있어 타 시 · 도의 건설업체의 참여를 제한하는 안을 국토해양부에 전달하여 대전과 충북의 건설업체가 제외되어 충청권 공조에 대한 불신을 안겨주었다(충청투데이, 2011.6.22). 특히 충북의 경우 충남에 대한 비난의 수위를 높여 충청지역간 갈등을 드러내었다.

② 예정지역과 편입지역(기존 읍 · 면)의 갈등

'행정중심복합도시건설을 위한 특별법'에 근거해 정부세종청사와 각종 기반시설 건설에 정부예산 등 22조 5,000억원이 투입되는데 이는 예정지역에서만 사용할 수 있는 예산으로 편입지역은 상대적으로 낙후지역으로 내몰릴 상황에 있다. 이렇듯 예정지역과 편입지역간 불균형 문제가 매우 심각하게 대두되고 있다.[21] 예정지역과 편입지역간

21 주민들 사이에선 예정지역은 '서울 강남구' 이고, 편입지역은 '서울 강북구' 라는 말까지 나오고 있다(금강일보 21012.8.20).

의 교육격차도 심각하다. 예정지역과 편입지역간 교육격차에 대해서는 81명(54%)이 '심하다'고 느끼고 있었으며, 완화되고 있다는 생각하는 응답자는 7명(4.7%)에 그쳐 지역 간 심각한 갈등을 겪는 것으로 조사됐다(연합뉴스, 2013.7.9).[22]

제4절 세종시의 발전과제

정부부처 세종시의 이전은 수도권의 과도한 집중을 완화하여 지역발전의 전기를 마련하고 이를 계기로 대한민국의 균형발전을 실현함으로써 국가경쟁력을 강화해나가는 데 있다. 이를 위해서 세종시는 기존 243개 자치단체가 향유하였던 자치와 분권의 논리에서 보다 전향된 차원의 지방분권과 자치권을 행사할 수 있도록 해 주어야 한다. 세종시가 제대로 뿌리를 내리기까지 그 목적에 도달할 때까지 다른 자치단체와는 차별된 다른 지원(특례)을 해 주어야 하는 내용을 담아야 하는 이유이다. 그런 배경에서 다음과 같은 논의를 제시하고자 한다.

1. 근본적 과제; 국가와 세종특별자치시와의 관계 재정립 : 자치분권의 강화 (실질적 지방분권 추진)

세종특별자치시 도입은 우선 대한민국의 정통성을 존중하여 단일국가체제 내에서 국가의 통일성과 지방자치단체의 다양성을 함께 추구하려는 지방분권논리에 맞는 방향에서 추진되어야 할 것이다. 즉, 국가(중앙정부)와 세종시(지방정부)가 연계성을 가지고 자율과 책임을 바탕으로 고도의 자치권을 보장하여 실질적 지방분권의 효과를 극대화하는 방향에서 수립되어야 한다. 따라서 행정계층구조와 지방정부조직(기관구성형태)를 어떻게 설정할 것인지, 그리고 그에 따라 국가의 기능설정과 세종시의 역할설정을 어

22 교육격차를 느끼는 가장 큰 이유로는 편입 읍 · 면 지역의 중등학교 신설 문제가 많았다. 그동안 예정지역 첫 마을지역을 중심으로 학교부족 문제가 지속적으로 제기됐으나, 세종시 북부 및 조치원을 중심으로 한 편입지역 중고등학교의 과밀학급에 따른 학교신설 요구도 매우 높은 것을 알 수 있다.

떻게 정할 것인지를 검토해야 한다. 이를 근거로 국가와 세종시와의 역할정립을 모색해야 한다. 그 안에서 정부부처 이전이 논의되는 것이다. 같은 맥락에서 주변 자치단체(대전시, 충청남도, 충청북도)와 세종시와의 차별화된 기능설정을 해야 할 것이다. 요컨대, 세종시는 국가가 어느정도의 자치권을 부여해줄 것인지와 국가와 지방자치단체의 기능배분, 재원배분, 감독(통제)정도를 지방분권화의 논리에 적합한 체계 내에서 설정해야 할 것이다.

이러한 배경에서 세종시는 광역자치단체의 법적 지위와 특별자치시의 목적에 부응하는 특례적 성격을 가진 다음과 같이 자치권을 확대하는 조치를 강구해야 한다. 이는 결국 세종시특별법 개정안에 담아야 할 내용들이다.

1) 자치입법권

현 세종시특별법에는 조직특례(제15조), 재정특례(제14조)는 규정하고 있지만 입법특례는 규정하고 있지 않다. 따라서 자치입법권을 강화할 수 있는 내용을 규정해야 한다. 우선 세종시에 영향을 미치는 법률의 제정에 대해 세종시가 의견을 제출하거나 반영하도록 하게 한다. 다음으로 세종시 조례로 규정할 수 있는 사항을 확대해나가도록 해야 한다.

무엇보다도 세종시의 조례제정범위를 확대해야 한다. 즉, 세종시의 행정기구와 정원은 행정수요변화에 탄력적으로 적응해나갈 수 있도록 대통령령에 규정하는 것보다는 조례로 제정할 수 있도록 해주어야 한다. 물론 모든 사안을 세종시조례로 정하면 기구와 정원의 무분별한 증원, 위인설관 등이 조장될 수 있는 우려가 있기에 기본적인 사항은 법률로 정하고, 구체적이고 현장적인 고려가 필요한 사안은 세종시 조례로 하는 방안을 강구해야 한다.

2) 자치조직권

현 세종시특별법(제15조)은 조직특례로서 지방자치법 제112조[23]에도 불구하고 세종시

23 지방자치법 제112조(행정기구와 공무원) ①지방자치단체는 그 사무를 분장하기 위하여 필요한 행정기구와 지방공무원을 둔다. ②제1항에 따른 행정기구의 설치와 지방공무원의 정원은 인건비 등 대통령령으로 정하는 기준에 따라

에 두는 행정기구의 설치와 지방공무원의 정원은 인구규모 · 면적 · 도시발전단계 등 행정수요를 감안하여 대통령령으로 정하는 바에 따라 시조례로 정할 수 있다고 규정하고 있다. 따라서 보다 전향적인 특례로 기존 자치단체에 적용되고 있는 총액인건비제도의 적용을 배제하고 행정기구 설치 · 운영기준 및 지방공무원의 정원기준 등에 관한 사항을 '지방자치단체의 행정기구와 정원기준 등에 관한 규정'의 적용을 받지 않고 조례로 규정할 수 있도록 해야 한다.

3) 자치행정권

세종시는 세종시에 배분된 기능(자기의 독자적 사무)을 원칙적으로 중앙정부의 관여, 감독을 받음이 없이 자주적으로 처리할 수 있도록 해주어야 한다. 감독을 받는다 하더라도 자치행정을 보장하는 선에서 이루어져야 한다. 따라서 상급기관장이 세종시장에 행할 수 있는 강력한 통제수단을 다른 독립된 합법기관에 부여함으로써 세종시의 자율과 책임을 강조하는 자치행정권을 구가할 수 있게 한다. 이는 일반행정에 관련하여서는 행정법원, 지방재정에 관련해서는 지역회계심의원과 같은 독립된 기관을 두어 통제할 수 있는 제도적 장치를 강구해야 한다.

4) 자치재정권

세종시의 안정적인 재정확보가 무엇보다 중요한 사안이기에 이를 위하여 중앙행정기관의 권한이양과 각종 국가보조사업의 집행을 위한 비용을 국가균형발전특별법[24]의 광역 · 지역발전특별회계에서 별도 계정을 설치하여 지원할 수 있도록 해주어야 할 것이다. 그리고 취득세감면연장시한이 2013년 6월 30일로 마감됨에 따라 부동산시장 침체 등에 따른 지방세입기반이 취약하여 이를 근본적으로 치유할 수 있는 대안마련이

그 지방자치단체의 조례로 정한다. ③안전행정부장관은 지방자치단체의 행정기구와 지방공무원의 정원이 적정하게 운영되고 다른 지방자치단체와의 균형이 유지되도록 하기 위하여 필요한 사항을 권고할 수 있다. ④지방공무원의 임용과 시험 · 자격 · 보수 · 복무 · 신분보장 · 징계 · 교육훈련 등에 관하여는 따로 법률로 정한다.⑤지방자치단체에는 제1항에도 불구하고 법률로 정하는 바에 따라 국가공무원을 둘 수 있다.⑥제5항에 규정된 국가공무원은 국가공무원법 제32조제1항부터 제3항까지에도 불구하고 5급이상의 국가공무원이나 고위공무원단에 속하는 공무원은 해당 지방자치단체의 장의 제청으로 소속 장관을 거쳐 대통령이 임명하고, 6급 이하의 국가공무원은 그 지방자치단체의 장의 제청으로 소속 장관이 임명한다.

24 국가균형특별법에서는 광역지역발전특별회계를 광역발전계정, 지역개발계정 및 제주계정으로 구분하고 있다.

필요한데, 요는 자치재원을 증대시키는 지방세 세입구조의 변화를 모색해야 할 것이다. 그 배경에서 지방소비세 및 지방소득세를 확대해야 할 것이고, 세종시 부동산 활성화대책과 아울러 부동산 세원관리를 강화해야 할 것이며, 세외수입의 증대를 모색하고, 세종시에 특별하게 적용되는 신세원을 발굴해야 할 것이다. 이와 함께 지방교부세는 전술한 배경에서 3-5%의 법정교부율을 적용해서 안정적으로 재원마련에 도움을 주도록 한다. 그리고 국가의 지방자치단체에의 지원금(국고보조금)의 특례규정을 두어 세종시가 단층자치단체로서 재정확보의 어려움을 덜어주어야 한다. 예를 들면 세종시특별법개정안 제37조는 '보조금관리에 관한 법률' 제10조제1항의 규정에도 불구하고 세종특별자치시에 보조하는 사업에 대하여 세종특별자치시 설치 후 최초 도래하는 회계연도부터 차등보조율을 적용할 수 있으며, 그 차등보조율은 각 보조금 지급대상 사업별 지방비부담율의 100분의 50을 가산하여 적용할 수 있게 하였다. 이는 국고보조와 지방비부담이 50:50인 사업의 경우 지방비부담액의 50%를 추가적으로 국가가 보조하게 됨에 따라 실제 국고보조와 지방비부담율은 75:25가 되는 것이다. 이와 함께 지역균형발전을 위한 재정지원제도를 마련해야 한다. 즉, 예정지역과 편입지역의 지역불균형을 시정하기 위하여 세종시불균형시정기금을 채택하여 활용해야 할 것이다.

2. 지역균형발전의 선도도시

세종시는 지방분권과 지역균형발전논리에 부응하는 방향에서 추진되어야 할 것이다. 즉, 국가와 세종시가 연계성을 가지고 고도의 자치권을 보장하여 지방분권과 주민참여의 효과를 극대화하는 방향에서 지역균형발전정책이 수립되고 그에 따른 기관간에 연계협력의 실효성을 연출하는 도시이어야 한다. 다음으로 중앙집권체제와 과도한 수도권집중이 만들어 놓은 갈등구조를 해결하는 지역균형발전으로서의 세종시가 되어야 한다. 그럼으로써 대한민국 지역별로 성장거점도시를 창출해내는 전파력이 강한 도시이어야 한다. 마지막으로 세종시는 세종시 건설에 따른 기존 읍면지역과의 불균형문제를 해결하면서 지역간의 단순한 균형보다는 기회의 형평성을 통해 주민의 삶의 질을 높이는 모범적인 지역균형발전도시이어야 한다. 이를 통해 시민과 기관이 함께 인텔리전트하게 공동 생산하는 시정서비스를 창출하는 영리한 거버넌스체제(smart governance system)로 사회통합의 실효성을 극대화할 수 있는 도시로 만들어나가야 할 것이다. 이러한 배경에서 일반적으로 고려해야 할 사안은 다음과 같다.[25]

1) 지방분권논리에 순응한 지역균형발전(정책) 수립

(1) 자율과 책임 하의 경쟁체제 확립 : 지역균형발전을 이루기 위해 선행조건으로 세종시의 자율과 책임 하에 경쟁체제를 확립한 지방분권체제를 구축해야 한다. 정부부처 이전의 지방분산체제과 더불어 세종시가 지역주권을 가지고 결정권한을 행사할 수 있는 여지를 부여해야 하는 이유이다.

(2) 경쟁과 응집(통합, 균형)의 도시개발 : 세종시 시민과 공무원들에게 그들의 상보적인 측면과 장점을 개발하고 도움을 제공하며, 집단적 조직체 운영효과를 향상시키고, 경제적 발전 및 혁신전략을 강화해야 한다. 그리고 세종시 개발에 있어 모든 행위자들과 함께 시너지효과를 증대할 수 있도록 동반자관계를 선순환 발전시켜야 한다(DIACT, 2008).

(3) 국가와 세종시간에, 세종시 주변자치단체(대전, 충남, 충북)간에 상생 · 보완 · 협력하는 지역균형발전을 도모해야 한다. 이런 배경에서 세종시는 단순한 수도권의 인구집중 억제가 아니라 비수도권에 대한 종합적이고 체계적인 지원과 투자(각종 기반시설 확충, 세제혜택, 보조금지급, 고용촉진 등)가 이루어지도록 하는 파급효과를 유발할 수 있어야 할 것이다.

(4) 세종시는 대한민국 국토공간 및 광역도시권의 관리차원에서 문제해결을 위한 정책수단을 모색하여야 할 것이다. 그런 의미에서 세종시는 광역행정체제구축 하에 지역문제의 해결전략을 충청권의 예로서 설명해 볼 수 있다(최진혁, 2002 : 37-38).

① 광역권개발 : 아산만권 광역개발계획, 장항 · 군산권 광역개발계획, 대전 · 청주권 광역개발계획

② 4대권 개발경영

a. 서해안권: 태안해안국립공원, 안면도, 부여를 연결하는 서해안 지역으로서 해양레

25 특히 수도권정책과 관련하여 프랑스의 지방분권과 지역균형발전의 사례를 통하여 시사 받을 수 있는 사안을 제기하였다(배준구, 2003 : 1-20).

저기능과 교역기능을 특화시켜 국제관광 및 환황해권 전진기지로 중점 육성한다.

b. 백제권 : 백제위 고도인 부여, 공주축을 중심으로 교육 · 관광 · 문화기능을 복합시켜 국제적인 문화권으로 육성한다.

c. 북부권 : 천안, 아산, 당진축을 신산업지대로 육성하여 수도권의 기능분담과 21세기 중부권 교역 및 산업중심지로 육성한다.

d. 금강권 : 금강수계의 치수개발을 통하여 물류, 유통산업, 근교농업 등 대도시 연계기능 특화와 중소규모의 자족적 전원도시로 개발한다.

(5) 세종시는 부처간 이기주의를 극복할 수 있는 지역균형발전정책의 전담기구를 마련할 필요가 있다. 예를 들면 프랑스의 경우 1960년대 초반 국토개발위원회(DATAR : Délégation à l'Aménagement du Territoire et à l'Action Régionale)가 주도하여 레지옹·광역자치단체의 활동범위 안에서 국토개발을 성공적으로 수행하였음은 시사하는 바가 크기 때문이다. 특히 각종 기금 및 보조금 배분, 계획수립의 지침제시 및 협상 등을 통하여 정책의 일관성과 실효성 확보에 크게 기여한 것으로 평가받고 있다.

(6) 세종시의 지역균형발전정책은 지방분권화 관련법의 제정을 통해 그 효과를 증대시켜야 할 것이다.[26] 이와 함께 비현실적인 성장목표와 논리를 수정하고 점진적으로 개선책을 도모해야 한다.

2) 균형선도도시 지역 창출

세종시는 경쟁과 통합, 균형이라는 대한민국의 국토개발기본원칙에 순응하여 세종시의 특성과 경쟁력을 고려하여 발전극으로서 전국의 주요 거점지역을 창출해내는 동력을 제공해야 한다(DIACT, 2008). 즉, 세종시는 국토균형발전을 선도해 나가는 균형선도도시(pilot city, package city)로서 다른 지역으로 확산시켜나가는 계기를 제공하여 대한민국의 각 권역별로 그에 맞는 균형선도도시를 건설하여 활용해 나가야 할 것이다. 예를 들면 다음과 같이 경쟁력을 갖춘 도시로 하여금 주변 지역발전을 함께 이끌 수 있도록 선도도시로서 지원책을 강구해야 할 것이다. 예를 들면 〈그림 2-2〉와 같이 모색해 볼 수 있다.

26 예를 들면 지방정부의 자치권을 보장하고, 자율과 책임에 의한 지방행정을 수행하게 하는 지방분권법, 지역균형발전정책의 기초를 제공하는 지역균형발전법, 신행정수도건설법, 지방대학육성지원법 등을 고려해 볼 수 있다.

<그림 2-2> 균형선도도시의 건설

	충청권	수도권	
	대전, 청주, 천안, 아산, 충주	서울, 인천, 수원, 성남, 고양, 부천, 용인, 안산	
전북권	세종시 균형선도도시(pilot city, package city) : 권역별 균형선도도시의 파급효과		강원권
전주, 익산, 군산			춘천, 원주, 강릉
광주권			대구권
광주, 목포, 여수			대구, 포항, 김천
	제주권	부산권	
	제주, 서귀포	부산, 울산, 마산, 창원	

3) 세종시 내부 권역별 특성화전략 구축

세종시는 예정지역과 편입지역간의 불균형문제를 세종시 자체 권역별 특성화계획에 따라 지역발전을 유도하는 전략을 모색해야 한다. 상기의 균형발전논거에 따라 예를 들면 다음과 같이 5개 권역으로 특화전략을 구축하여 균형발전을 도모해야 할 것이다 (그림 2-3 참조; 세종특별자치시, 2013).

(1) 중부권 : 공공기관, 상권활성화, 교육연구단지

(2) 동부권 : 첨단산업, 물류유통단지

(3) 서부권 : 근교농업, 레저복합단지

(4) 남부권 : 행정, 과학단지

(5) 북부권 : 복합산업, 문화관광단지

<그림 2-3> 권역별 특성화전략 자료 : 세종특별자치시

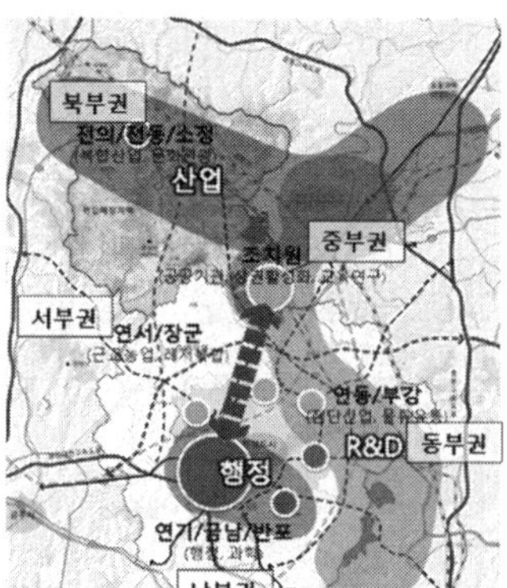

이와 더불어 세종시는 지역별산업특성화전략을 강구해야 할 것이다. 그런 배경에서 세종시는 해당 지역의 대학특성과 연계하여 산학협동의 효과를 극대화해야 한다. 첨단산업지대의 경우 내부연계망의 활성화, 다른 지역의 첨단산업지대와 연계망 조성, 지역 내 자생적으로 교육할 수 있는 인프라 구축, 국가차원의 기술연계망 형성 및 영농기술낙후지역에 교육을 하는 '중소기업기술혁신센터'의 설치를 통한 편입(기존 읍·면)지역과 사업의 연계화 도모를 들 수 있다.

3. 현실적 과제 : 행정비효율 차단

정부부처의 세종시 이전이 시작된 지 3년이 경과한 지금, 예상한대로 세종시 입주기관 공무원들의 출장비용이 크게 늘었고 이로 인한 행정비효율 개선이 시급하다는 지적이 계속되고 있다. 따라서 전술한 행정비효율성 네 가지 차원에서 각각의 대안을 마련할 수 있지 않을까 본다(표 2-6 참조).

<표 2-6> 행정비효율성의 네 가지 차원

구분	대안
① 대통령-부처간	-세종시에 대통령 제2집무실 설치
② 정부부처간	-세종청사와 서울청사의 부처간 협의체 운영 -영상회의 활성화
③ 국회-정부간	-세종시에 국회분원 설치
④ 정부-민간간	-효율적 스마트워크센터 운영

1) 대통령 제2집무실 설치

우선 세종시에 대통령의 국정운영을 수행할 수 있도록 제2집무실을 설치하도록 한다. 이와 관련하여 필요한 법적·제도적 장치를 준비한다.

2) 국회분원 설치

세종청사 공무원들이 여의도 국회의사당에 운집하는 것보다는 상대적으로 이동이 수월한 국회의원들이 세종시에서 역할을 수행하도록 하는 것이 훨씬 효율적이다. 따라서 상임위원회 회의는 국회분원을 통해 이루어질 수 있도록 한다. 그런데 세종청사에 단순히 국회상임위 회의개최를 위한 공간을 마련하는 것은 법적 · 제도적 근거가 없고 절차상 불편을 초래한다는 문제점을 제기하고 있다. 따라서 국회사무처가 추진하는 정부 세종청사 내 국회 회의장 마련을 위해서는 '국회법' 개정을 통한 국회 분원(分院) 설치 등 법적 근거가 필요한 사항으로 여야의원의 대승적 결단이 요구된다.[27]

3) 세종청사와 서울청사의 부처간협의체 강화

세종청사와 서울청사의 부처간 협의체를 구축하여 이들의 사전협의나 소통을 강화하기 위한 제도적 장치를 강구하고, 보다 진전된 협의체를 강화해나가는 운영방식을 활용해 나가야 한다.

4) 영상회의 활성화

정부부처간 영상회의를 활용할 수 있도록 그 제반여건을 준비해야 한다. 필요하다면 부처별 주요회의를 선정하여 전체 개최건수의 일정수준(30% 이상)을 영상회의로 대체하는 방안도 고려할 수 있다. 민원인도 방문대신 영상회의로 업무처리가 가능해질 수 있도록 한다. 이렇듯 영상회의 활성화를 위해서 관련 법령과 지침의 제 · 개정도 마련되어야 할 것이다.

5) 효율적 스마트워크센터 운영

영상회의와 원격근무용 IT 인프라가 완비된 스마트워크센터를 활용한다. 이 이외도 우리나라는 IT강국으로서 디지털행정의 여건을 확보하고 있으므로 부처간 국회와 집행부간의 협업 시스템을 업무에 활용하는 지혜를 발휘해야 할 것이다. 물론 세종시 공

---

27 국회사무처는 10일 국회 상임위 회의가 세종청사에서 원활하게 이뤄질 수 있도록 청사 내에 회의장 및 부대시설을 마련해줄 것을 안전행정부에 요청했다고 밝혔다. 국회사무처는 정부의 세종시 이전에 따른 불편사항 해소를 위한 노력의 일환으로 국회 상임위 회의를 세종시에서 개최할 수 있는 회의 공간 마련을 추진하고 있다. 그러나 국회사무처의 계획대로 세종청사에 단순히 국회상임위 회의개최를 위한 공간을 마련하는 것은 법적, 제도적 근거가 없고 절차상 불편을 초래한다는 문제점을 갖고 있다. 법적 근거 없이 세종청사에서 상임위를 개최하기 위해서는 그 때마다 사전에 해당 상임위의 전체회의 의결이 필요하며 정부와 일정 및 장소 등에 대한 사전협의를 거쳐야 하는 불편함이 있다(뉴시스 2013.7.12). 민주당 박수현(충남 공주시)의원은 지난 11일 국회사무처가 추진하는 정부 세종청사 내 국회 회의장 마련을 위해서는 '국회법'개정을 통한 국회 분원(分院) 설치 등 법적 근거가 필요하다고 주장했다.

무원의 불필요한 출장을 최소화하는 노력이 뒤따라야 할 것이다.

4. 공교육을 살리는 자치교육 인프라 구축

정부부처이전 공무원이 가족과 함께 살고 싶은 도시로 만들어 주어야 한다. 그렇게 하기 위하여 공무원들의 정주여건을 획기적으로 개선해 주어야 할 것이며, 특히 공교육을 살리는 자치교육모델을 확립하여 교육성과를 크게 거양해내는 도시로 성장하게 해야 할 것이다. 아이들이 자기의 능력과 여건에 맞는 학교를 선택하게 하고, 우수한 학교 선생님의 지도로 각자의 성장잠재력을 최대한 끌어내어 교육성과를 크게 빛내는 도시로 탈바꿈시켜야 한다. 그렇게 될 경우 오지말라고 해도 스스로 아이들 교육을 위해 수도권 학부모들, 아니 전국의 학부모들은 '맹모삼천지교'의 주인공이 될 것이다. 여기서 중요한 것은 세종시 학교 선생님들은 전국 최고의 실력과 덕망을 갖춘 분들을 충원할 수 있게 하고 그들의 신분을 보장하여 교사선생님들의 교육자로서의 자긍심을 고취시켜야 할 것이다. 학교선생님들이 우리 사회의 존경의 대상이 되지 않는 한 대한민국의 미래를 결정지을 교육은 물거품이 될 수밖에 없는 이치이다.

5. 정부부처 이전의 명확화

미래창조과학부와 해양수산부의 세종시 입지는 행정의 효율성 제고라는 측면에서 당연하다고 본다. 미래창조과학부의 경우 국내 과학기술분야의 컨트롤 타워역할을 담당해야 한다. 따라서 국제과학비즈니스벨트 거점지구와 대덕특구가 위치한 대전과 인접한 세종시에 미래창조과학부가 들어서야 하는 논리는 지극히 당연하다고 할 수 있다.

해양수산부의 경우도 세종시 이전이 설득력을 갖는다. 행정도시특별법 16조 2항은 세종시 입주 불가 부서로 외교통상부, 통일부, 법무부, 국방부, 행정안전부, 여성가족부 등 6개 부서를 규정하고 있다. 이는 이들 6개 부서를 제외한 중앙부처 모두가 세종시에 입지하도록 규정한 것으로 해석할 수 있다. 따라서 미래창조과학부와 해양수산부의 세종시 입지는 행정도시특별법을 고치지 않는 한 법적인 명분과 구속력을 갖고 있다고 할 것이다. 따라서 행정중심복합도시의 완결성을 위해서도 세종시 입주를 확정해야 할 것이다.

제5절 결론

정부부처 이전과 함께 세종시의 출범은 중앙정부의 과도한 결정력을 지방에 이전하여 줌으로써 실질적 지방분권을 완성하는 자치분권을 실현하는데 있으며, 수도권의 과도한 집중을 완화하여 지역발전의 전기를 마련하고 이를 계기로 대한민국의 균형발전을 실현함으로써 국가경쟁력을 강화해나가는데 있다. 따라서 세종시는 기존의 243개 자치단체가 행하였던 지방분권의 논리에서 보다 전향된 차원의 자치분권을 행사할 수 있도록 해 주어야 할 것이다. 그런 배경에서 대한민국과 세종시가 근원적으로 추진해야 하는 자치분권의 내용과 선도균형도시로서 그동안 중앙집권체제와 과도한 수도권 집중이 만들어 놓은 갈등구조를 해결하는 지역균형발전으로서의 세종시가 될 수 있도록 해야 한다. 또한 세종시를 계기로 대한민국 지역별로 성장거점도시를 창출해내는 선도도시이어야 한다. 그리고 세종특별자치시 내 지역균형발전을 모범적으로 이루어내는 균형도시이어야 한다.

마지막으로 세종시는 현실적 과제인 행정비효율을 차단하는 일이 급선무이고, 정부부처공무원이 이전하고 싶은 가장 중요한 분야로서 공교육을 살리는 자치교육 인프라를 구축해야 한다. 행정비효율문제는 대통령과 부처간의 문제에서는 대통령 제2집무실을 설치하도록 하고, 국회-정부간의 문제는 국회분원을 설치하도록 하며, 정부부처간에는 세종청사와 서울청사의 부처간 협의체를 운영하고, 영상회의를 활성화하는 방안을 모색해야 할 것이다. 정부와 민간간에는 효율적인 스마트워크센터를 운영하여 대응해야 할 것이다. 또한 정부부처 이전을 명확히 하여 '제2의 세종시 수정안'으로 간주되고 있는 현재의 미래부 이전 사태를 법에 따라 원칙대로 처리해야 할 것이다.

참고문헌

김순은 외 (2009). 지방정부간 협력방안에 관한 연구. 한국지방자치학회보, 21(1).

배준구 (2003). 프랑스 수도권정책의 수단과 효과, 한국지방정부학회.

이정식 (2001). 지역균형발전의 새로운 패러다임, 국토계획 36(2), 대한국토·도시계획학회지.

정세욱 (2005). 지방자치학, 법문사.

최진혁 (2012). 지방재정 거버넌스 설계방안. 지방재정, 지방재정공제회.

최진혁 (2003). 충청권 행정환경의 변화와 발전과제, 사회과학연구 제14권. 충남대학교 사회과학연구소.

홍준현 (2001). 한국 지방분권의 평가 : 행정적 측면을 중심으로, 한국지방정부학회 하계학술대회발표 논문집.

정부혁신지방분권위원회 (2003). 참여정부 지방분권의 비전과 추진방향.

중앙대학교 산학협력단 (2007). 행정중심복합도시의 교육자치 등에 관한 연구.

건설교통부 (2006). 행정중심복합도시 건설기본계획(안).

한국행정연구원 (2009). 중앙행정기관 분산이전에 따른 행정효율성 분석.

세종특별자치시 설치 등에 관한 특별법(법률 제11690호(정부조직법)일부개정2013.03.23).

세종특별자치시 설치 등에 관한 특별법 전부개정법률안(2012.12.18 민주통합당 이해찬의원 외 154명 발의).

신행정수도 후속대책을 위한 연기 · 공주지역 행정중심복합도시 건설을 위한 특별법(법률 제11794호(건설기술진흥법) 일부개정 2013.05.22).

세종특별자치시 (2013). 홈페이지

안전행정부 (2013). 홈페이지

조선일보(2011.8.24).

대전일보(2011.6.22/7.26).

충청투데이(2011.7.20).

중도일보(2011.8.3).

충북일보(2011.7.19).

금강일보(2012.8.20).

KBS 뉴스(2013.7.1).

뉴스1(2013.7).

뉴시스(2013.7.12).

Baguenard, Jacques. (1996). *La décentralisation.* Paris : P.U.F.

Baguenard Jacques et Becet, Jean-Marie. (1995). *La démocratie locale.* Paris : P.U.F.

Bodineau, Pierre et Verpeaux, Michel. (1993). *Histoire de la décentralisation*, Paris : P.U.F.

De Laubadère, André. (1984). *Traité de Droit Administratif*, Paris : L.G.D.J.

Dillinger, William. (1994). *Decentralization and Its Implications for Urban Service Delivery.* Urban Management Program Discussion Paper 16. Washinton. D.C. : World Bank.

Kingsley, G. Thomas. (1996). "Perspectives on Devolution", *APA Journal*, 62(4).

Ter-Minassian, Teresa. (1997). "Decentralizing Government", *Fiance & Development*, 34(3).
Verpeaux, Michel. (1996). Les lois de décentralisation depuis 1982. CNFPT, *Les collectivités locales en France*, Paris : La documentation française.
DIACT.(2008)/DATAR(2013).

03 자치분권 및 지역균형발전 실현을 위한 충청권 협력방안 모색 : 충청권 메가리전(Mega-Region) 구축

제1절 서론 : 문제제기

'우리 삶을 바꾸는 자치분권'을 비전으로 "주민과 함께하는 정부, 다양성이 꽃피는 지역, 새로움이 넘치는 사회"라는 목표를 기치로 자치분권정책을 펼치는 문재인 정부가 출범한지도 벌써 임기 종반전에 들어섰다. 21세기 지식정보화사회, 인공지능(AI : Artificial intelligence)시대, 제4차산업혁명 시대의 새로운 정치 · 행정환경에 부합하기 위해서는 국가의 일방적인 통치(Government)와 수도권 중심의 불균형발전 하에서는 더 이상 국가발전을 기약하기 어렵고, 따라서 주민주권의 국정운영으로 실질적인 지역민주주의를 구현하고 지역균형발전을 수행케 하여 권역별로 지방자치단체(지방정부)와 시민사회가 협치(Governance)로서 국가발전을 도모하여야 한다는 것이다. 이는 그동안 정부수립 후 70년 가깝게 중앙집권방식과 수도권중심의 불균형발전론에 의한 행정수행방식으로 길들여진 행정체제와 중앙과 지방, 지방자치단체간의 격리(isolation)에 가까운 지방행정운영방식으로는 더 이상 효율적인 자치행정을 산출할 수 없게 되었음을 깨닫게 되었다는 사실에 있다. 따라서 중앙에 집중되어 있는 권한과 기능은 획기적으로 지방정부로 이양되어야 하고, 그에 따라 지방정부의 자율권이 신장되고 책임행정이 강화되어야 함은 물론 중앙-지방 및 지방자치단체간의 협력체제가 잘 작동될 수 있어야 한

다는 것이다.[1]

또 한편으로 과도한 중앙집권은 자원배분을 왜곡하여 중앙과 지방, 수도권과 비수도권의 지역간의 불균형 격차를 더욱 심화시켰다. 우리나라의 수도권 집중은 그 유례를 찾기 어려운 심각한 수준인바, 인구집중, 중추기능과 경제력 집중의 블랙홀(black hole)화로 수도권의 동맥경화증, 심장지방과다 등 정상적인 기능을 제대로 발휘할 수 없는 위험한 상태에 있는 것이다.[2]

이러한 배경에서 도시화 및 산업화 과정에서 발생한 지역간 격차를 해소하고 지역균형발전을 이루어내기 위해서는 사회 · 경제적으로 상호의존관계에 있는 지방자치단체간의 협력관계와 개발전략에 대한 접근이 새롭게 조명되어야 할 필요가 있다. 왜냐하면 교통 · 통신의 발달, 과학 · 기술의 비약적 발전에 따라 사회 · 경제권역이 그 어느 때보다 확대되고 있고, 자치단체간의 행정서비스에 대한 주민의 광역수요가 증대되고 있으므로 기존의 행정구역을 광역화하여 국민의 생활권역과 일치시킴으로써 행정의 효율성과 주민의 편의성을 도모할 필요성이 증대되고 있기 때문이다.

특히 충청권은 국내적으로 국토의 중심부로서 수도권 기능의 분담과 개발효과의 전국적 확산의 기능을 담당하고 있을 뿐만 아니라 국제적으로는 중국과 해양적 접근성이 양호한 서해안과 대중국 교역의 관문항을 갖추고 있어 지방화, 국제화시대에 중요한 입지적 위치를 지니고 있다고 할 수 있다(대전·충청권 행정협의회, 2000 : 26). 그런데 충청권은 그동안 산업화과정에서 상대적으로 소외되었고, 수도권의 지배와 집중으로 인하

1 지방분권에 대한 시대적 요구로서 지방분권의 필요성을 21세기 정치 · 행정환경의 변화에서 찾고 있다. 요컨대, 참여정부는 21세기 새로운 정치환경은 지식정보의 공유, 주체성과 책임성 확립, 개성과 다양성 발현에 기초한 분권형 국가운영을 추구하여야 한다고 보고 있다(정부혁신지방분권위원회, 2003). 문재인정부도 자치분권위원회와 국가균형발전위원회를 두어 지역주도의 자립적 성장기반을 마련한다는 목표 하에 각각 33개, 9대 핵심과제를 수행하고 있다(대통령소속자치분권위원회, 대통령직속국가균형발전위원회, 2019). 최근 지방자치법전부개정안(2020.12.9)으로 국가와 지방자치단체의 협력의무조항(제186조)을 신설하여 "국가와 지방자치단체는 주민에 대한 균형적인 공공서비스 제공과 지역간 균형발전을 위하여 협력하여야 한다"고 하였고, 교통 · 환경 등 광역사무에 효과적으로 대응할 수 있도록 다수 자치단체의 연합으로 구성하는 특별지방자치단체를 설치하는 것을 구체화하고 있다(제12장, 제199조-제211조). 즉, 자치단체간 연대에 의한 특별지방자치단체 구성 및 국가-지방자치단체 협력의무조항을 신설하여 주민의 기본적 권리를 보장하고 지역의 균형적 발전을 도모하고자 하고 있다.

2 수도권 집중의 실상(2000년 기준)은 다음과 같다(정부혁신지방분권위원회, 2003) -면적 11.8%에 인구 46.6%(2001년 기준) 집중 -중앙행정기관 83.6%, 100대 기업본사 91% 집중 -총량경제력 52.6%, 금융거래비중 70.4% 등 경제력 집중 ; 16년 지난 고용노동통계도 같은 맥락이다. 면적 12%, 기업수 86%, 생산액 49%, 인구수 50%, 취업자 50%로 지역별 평균임금은 수도권(315만원), 비수도권(280만원)(수도권의 89%)(2016년 고용노동통계, 2016). 2019년 기준으로 보면 그 집중도는 더 커지고 있는 실정이다. 수도권 인구 전체인구의 50% 초과, 지역총생산(GRDP) 수도권집중, 100대 기업본사 90%, 신용카드사용액 72% 집중(조선일보, 2021.3.30)

여 국토중심부의 입지적 이점에도 불구하고 통과지역의 성격에서 벗어나지 못하였던 것이 사실이다. 그러나 충청권은 1990년대 지방자치 부활과 더불어 대규모 국가사업의 추진, 과학과 첨단기술의 산실인 대덕연구단지, 오송·오창산업단지의 기능 활성화에 따라 국가발전거점으로 새롭게 등장하였다. 또한 행정수도 충청권 이전을 공약으로 하여 출범한 참여정부에 의해 지방분권과 국가균형발전의 상징적인 도시 세종특별자치시(2012.7.1)를 보게 하였다. 이의 연장선상에서 문재인정부도 자치분권과 지역균형발전을 정책과제의 우선순위로 하고 있다.

이러한 배경에서 본 연구는 새로운 충청권역의 정치·행정환경변화를 개관하면서 자치분권과 지역균형발전의 논리 하에서 충청권역(대전, 세종, 충남, 충북)의 공동발전의 패러다임으로서 추구해야 하는 특별지방자치단체 활용방안으로서의 자치단체간 협력방안은 무엇인지 제안하고자 한다.

제2절 충청권역의 행정환경변화 및 이론적 논의

1. 충청권역의 환경변화 및 전망

1) 자치행정 요구증대 : 자치분권 요구

1995년 민선자치를 시작한 이래 제7기의 지방자치의 학습효과를 거치면서 충청권 자치단체는 자치분권2.0시대에 맞게 주민주권의 논리가 강조된 자치분권의 요구가 더욱 거세어질 것으로 보인다. 주민주권 확립을 통한 실질적인 지방(지역)민주주의 구현으로 주민의 자치의식 함양, 참여확대에 따라 보다 나은 서비스에의 요구 내지 삶의 질을 고양하는데 관심을 피력하게 될 것이고, 그러한 배경에서 주민의 '알 권리'에 대한 요구는 더욱 증가할 것이며, 이에 따른 행정정보공개 요구가 가중될 것이고, 더 나아가 주민, 지역의 이익침해에 대한 주민통제의 방법을 활성화하는 직접민주주의가 강화될 것이다(대전·충청권협의회 ; 최진혁, 2003 : 347-348). 이렇듯 자치분권체제가 확립되면서 지역의 주도권이 강화되고, 중앙과 지방간의 관계도 수평적 대등한 관계로 운영하도록 요구하고 있다.

2) 충청권 광역행정수요 증대에 따른 광역행정관리체제 정비

교통 · 통신망의 확충, 자동차보급의 확대는 정보, 물자, 사람의 이동에 따른 시간과 비용을 크게 절감함으로써 충청민의 이동거리를 확대시키고 있다. 경제 · 사회활동의 광역화와 대도시권의 형성은 공간문제 해결에 있어 단위 자치단체의 공간적 범위를 초월하는 광역적 접근방법을 요구하고 있다. 즉, 도시 중심의 경제 · 사회활동의 광역화는 광역적 교통망 및 공급처리시설의 건설과 각종 광역서비스의 공급을 요구하고, 이를 위한 광역행정관리체제의 정비가 필요할 것이다.[3] 특히 국경 없는 지구촌시대에 접어들면서 지역간 경쟁체제는 더욱 가속될 것으로 보이고, 그에 따라서 지역간 기능적 협력 및 제휴네트워크 구축의 필요성이 크게 부각될 것으로 본다(최진혁, 2003 : 348).

3) 자치분권 진전에 따른 지역간 갈등 분쟁 증대 및 균형발전 요구 증대

지방자치제가 실시되면서 지역개발 및 환경분야 등에 대한 분쟁은 계속 증가될 것으로 보인다. 자치분권2.0시대에 주민주권에 기반한 참여확대에 따라 자원과 환경의 이용 · 보전, 사회간접자본 등 공공시설의 입지 · 건설 · 관리 등의 정책형성 및 집행시 분쟁 및 갈등의 유형은 더욱 다양화되고 심각한 양상을 띠게 될 것이다. 충청권과 수도권, 그리고 충청권 내에서도 도시중심지역과 주변지역과의 대립 갈등도 각종 개발정책, 제도와 함께 그 개연성이 높을 것이고 이와 함께 지역간 균형발전을 요구하는 주장이 강하게 제기될 것으로 볼 수 있다(최진혁, 2003 : 348).

4) 기술혁신에 따른 지식기반산업의 대두 : 제4차 산업혁명에의 대비

기술혁신에 따른 산업재구조화로 인해 정보 · 지식기반산업의 비중이 높아짐에 따라 특히 충청권은 생명공학기술(BT), 정보기술(IT), 화장품 · 뷰티, 항공우주산업을 중심으로 미래 신산업 육성이 필요할 것으로 본다(세종시, 2014). 이러한 배경에서 최근 충청권은 대덕특구를 중심으로 AI와 메타버스(meta-verse)를 융합한 신사업를 통해 지역민의

3 그런 배경에서 충청권, 강원권, 경북 북부권을 연계하는 초광역 고속교통망을 활용할 필요도 제기되고 있다. 기존의 충북선 및 태백선을 활용, 고속철도의 X축을 건설하자는 안이 제기되고 있다. 충북발전연구원(2014), 영충호 시대 충북의 발전전략 ; 세종특별자치시(2014), 충청권 미래비전 및 상생협력방안 ; 강호축으로 여는 국토균형발전(충북일보, 2019.7.29)

삶의 질을 높이는 생태계 구축에 나서고 있다(한국경제, 2021.8.9.).[4]

5) 고령인구 증가 · 저출산 고령화 · 지방소멸주의단계[5]

65세 이상 고령인구의 증가[6]와 저출산 문제는 우리 사회의 심각한 문제로 대두되고 있으며, 이 연장선상에서 지방소멸위험지역이 증가하고 있는 현실이다. 2020년 5월 기준 지역별 인구소멸지수를 살펴보면 충청권 내 대전 · 세종 지역은 인구소멸 위험지역이 없으나, 충남 · 충북 지역은 60% 이상이 해당되는 것으로 조사되었다(<표 3-1> 참조). 한국고용정보원(2020년 5월) 자료에 의한 광역자치단체별 인구소멸위험지역 현황을 보면 대전과 세종은 위험지역 기초자치단체가 한 곳도 없으나, 충남은 전체 15개 시 · 군 중 10개(66.7%), 충북은 11개 시 · 군 중 7개(63.60%)나 포함되어 있다(<표 3-1> 참조).

4 메타버스(meta-verse)는 가공 · 추상을 의미하는 '메타(meta)'와 현실세계를 뜻하는 '유니버스(universe)'의 합성어로 가상세계와 현실이 섞여 시공간의 제약이 사라진 세상을 말한다. 정보기술(IT)을 토대로 만들어지는 여가생활과 경제활동이 가능한 가상 융합공간으로 볼 수 있다. 충청권 4개 지자체는 대덕특구를 중심으로 AI와 메타버스 핵심 기술을 연구개발하고, 지자체에 실증 · 확산해 나가는 생태계를 구축하기로 협의했다. 각 지자체는 AI 솔루션과 메타버스 환경을 활용해 바이오, 자동차, 디지털 헬스케어, 반도체 등 지역 주력 산업을 지원하고 사회복지, 교통, 안전, 환경 분야 등에 적용해 지역민의 삶의 질을 높일 계획이다(한국경제, 2021. 8.9)

5 한국지방행정연구원은 크게 1)인구변화, 가임인구변화, 고령인구변화를 고려한 1안 2)인구변화, 가임인구변화, 고령인구변화, 주민세를 기준으로 한 2안 3)인구변화, 가임인구변화, 고령인구변화, 종업원수를 포함한 3안 4)인구변화, 가임인구변화, 고령인구변화, 주민세, 종업원수를 반영한 4안으로 소멸예상지를 분류했다(한국지방행정연구원, 2017). 가임기의 20~39세 여성인구를 65세 이상 고령인구로 나눈 값으로 지방소멸위험지수를 계산할 수 있다. 산출값이 1.0 이하이면 인구쇠퇴주의단계에, 0.5 이하이면 인구소멸위험단계에 진입하게 된다고 설정하고 있다.

6 2021년 8월 현재 전국의 고령인구비율은 16.9%이다. 충청권역을 전국 평균과 비교하면 대전광역시는 15.0%, 세종특별자치시 10.0%인데 반해 충청남도는 19.6%, 충청북도는 18.6%이다.

<표 3-1> 충청권 인구소멸 위험지수 현황

충청권		2015년 7월		2018년 6월		2020년 5월	
광역	기초						
세종		1.312	양호	1.594	안정	1.485	양호
대전	동구	0.917	주의	0.734	주의	0.639	주의
	중구	0.905	주의	0.748	주의	0.635	주의
	서구	1.593	안정	1.342	양호	1.171	양호
	유성구	2.134	안정	1.836	안정	1.596	안정
	대덕구	1.182	양호	0.921	주의	0.741	주의
충남	천안시	1.703	안정	1.540	안정	1.371	안정
	공주시	0.480	위험	0.412	위험	0.357	위험
	보령시	0.450	위험	0.385	위험	0.330	위험
	아산시	1.287	양호	1.116	양호	0.949	주의
	서산시	0.725	주의	0.640	주의	0.565	주의
	논산시	0.448	위험	0.396	위험	0.339	위험
	계룡시	1.352	양호	1.173	양호	0.924	주의
	당진시	0.737	주의	0.649	주의	0.553	주의
	금산군	0.325	위험	0.271	위험	0.228	위험
	부여군	0.271	위험	0.232	위험	0.198	위기
	서천군	0.249	위험	0.210	위험	0.174	위기
	청양군	0.230	위험	0.221	위험	0.188	위기
	홍성군	0.451	위험	0.466	위험	0.407	위험
	예산군	0.336	위험	0.281	위험	0.239	위험
	태안군	0.319	위험	0.280	위험	0.235	위험
충북	청주시	1.334	양호	1.153	양호	1.015	양호
	충주시	0.689	주의	0.600	주의	0.524	주의
	제천시	0.617	주의	0.532	주의	0.457	위험
	보은군	0.248	위험	0.227	위험	0.185	위기
	옥천군	0.361	위험	0.302	위험	0.258	위험
	영동군	0.328	위험	0.287	위험	0.243	위험
	증평군	0.881	주의	0.771	주의	0.651	주의
	진천군	0.668	주의	0.698	주의	0.666	주의
	괴산군	0.235	위험	0.219	위험	0.180	위기
	음성군	0.622	주의	0.528	주의	0.437	위험
	단양군	0.307	위험	0.268	위험	0.220	위험

자료 : 2019 지방자치단체 외국인주민 현황(행정안전부 승인통계)

6) 다문화 사회 진입

충청권은 외국인 증가비율로 볼 때 이미 다문화사회[7]에 진입하였다. 행정안전부가 발표한 '2019년 지방자치단체 외국인 주민 현황'에 따르면 총 외국인주민 중 59.4%가 거주하는 수도권을 제외하고 충청권 지역에 많은 외국인주민이 거주하고 있음을 알 수 있다. 외국인주민 수는 충남이 전국 시 · 도 중 5위에 해당한다(<표 3-2> 참조).

<표 3-2> 시도별 외국인 주민수 현황

권역	17개 광역자치단체	외국인주민수(명)	외국인주민 총수 대비 비율(%)	
수도	경기	720,090	32.5	59.4
	서울	465,885	21.0	
	인천	130,292	5.9	
충청	대전	34,148	1.5	11.0
	세종	9.814	0.4	
	충북	74,880	3.4	
	충남	127,057	5.7	
전라	광주	43,053	1.9	7.8
	전북	62,151	2.8	
	전남	68,719	3.1	
경북	대구	53,023	2.4	7.1
	경북	104,596	4.7	
경남	부산	77,968	3.5	11.3
	울산	37,284	1.7	
	경남	134,675	6.1	
강원	강원	38,504	1.7	1.7
제주	제주	34,473	1.6	1.6

자료 : 2019 지방자치단체 외국인주민 현황(행정안전부 승인통계)

총인구 대비 외국인주민 비율 전국 평균은 4.3%인데 반해 충남은 5.8%, 충북이 4.6%로 전국 평균을 상회하고 있다(<표 3-3> 참조). 충북 음성군은 총인구 대비 외국인주민 비율이 15.0%로 가장 높은 기초자치단체로 조사되었고, 2018년 대비 증가율이 큰 기초자

7 OECD는 전체 인구의 5% 이상이 외국인일 때 '다인종 · 다문화 국가'로 분류한다. 2018년에 우리나라에 거주하는 외국인 주민 수는 200만명을 넘어섰다. 2009년에 100만명을 넘고 10년이 되지 않은 기간 안에 2배로 증가하였다(행정안전부, 2019).

치단체 5곳에 괴산군(27.4%), 영동군(25.5%), 계룡시(23.9%)가 포함되었다. 한편 외국인주민 1만명 이상 또는 총인구 대비 5%이상 거주하는 기초자치단체를 집중거주지역으로 보는데 전국 95개 외국인주민 집중거주지역에 충남은 7개, 충북은 4개, 대전에 1개 기초자치단체가 포함되어 있다.

<표 3-3> 총인구 대비 외국인 주민 비율 시도별 현황

17개 광역자치단체	총인구수	외국인주민수	총인구 대비 외국인 주민비율(B/A)	전체 외국인주민 대비 구성비
충남	2,188,649	127,057	5.8	5.7
경기	13,300,900	720,090	5.4	32.5
제주	665,048	34,473	5.2	1.6
서울	9,639,541	465,885	4.8	21.0
충북	1,629,343	74,880	4.6	3.4
인천	2,952,237	130,292	4.4	5.9
경남	3,347,209	134,675	4.0	6.1
경북	2,668,154	104,596	3.9	4.7
전남	1,787,543	68,719	3.8	3.1
전북	1,807,423	62,151	3.4	2.8
울산	1,143,692	37,284	3.3	1.7
세종	338,136	9,814	2.9	0.4
광주	1,489,730	43,053	2.9	1.9
강원	1,520,127	38,504	2.5	1.7
부산	3,372,692	77,968	2.3	3.5
대전	1,498,839	34,148	2.3	1.5
대구	2,429,940	53,023	2.2	2.4
계	51,779,203	2,216,612	4.3	100

자료 : 2019 지방자치단체 외국인주민 현황(행정안전부 승인통계)

2. 자치단체간 협력 · 연합과 관련한 이론적 논의 : 자치분권과 균형발전에 기반한 충청권 메가리전(Mega-Region)의 이론적 논의 및 선행연구 경향

자치단체간 협력 · 연합과 관련한 이론적 논의의 중심에는 지역의 경제발전, 지역간의 불균형 해소를 어떻게 이루어낼 것인가와 광역교통망의 수립, 환경보호, 수자원보호, 쓰레기 매립장의 건설 등의 광역적 수요를 어떻게 효율적으로 대응할 수 있을 것인가에 대한 답으로써 한편으로 광역정부의 건설을 주장하고 있으며, 또 한편으로는 지방정부간의 경쟁을 통해 효율적인 행정서비스를 창출할 수 있다고 보아 공공선택론자들은 행정서비스의 공동생산에 비용과 편익의 개념을 통해 결정되는 상황적 변수들(협력에 의하여 제공하려는 행정적 재화나 서비스의 특성, 지역의 사회·문화적 특성, 정치적 제도, 정책 네트워크 등)을 자율적으로 활용하는 것으로 이해하였다(김순은외, 2011). 이러한 배경에서 광역정부 건설로서 메가리전과 광역경제권을, 지방정부간의 공동협력으로 서비스의 편익을 극대화하려는 일환으로서의 조합제도의 논의를 전개할 수 있을 것이다.

1) 메가리전(Mega-Region)

메가리전은 대규모의 대도시권이 네트워크화된 지역으로서 핵심도시를 중심으로 일일생활이 가능하여 인접한 지역은 교통, 경제적 연계, 사회적 연결망으로 연계되어 기능적으로 광역경제권역으로서 지역의 경쟁력을 제고할 수 있는 공간단위로 이해할 수 있다. 이는 2005년 국가발전전략의 일환으로 미국의 경쟁력과 국민의 기회를 극대화하는 공간으로 육성하기 위해 구상된 것으로부터 출발하고 있다(The America 2050 Strategy ; 국토연구원, 2008). 여기에서 성장역량을 창출하고, 사회적 · 경제적 상향 이동성의 재확립, 지역을 형성하는 자연자원체계의 보호 및 복원, 새로운 자금지원 및 의사결정구조의 촉진, 토지이용정책에서 연방정부의 역할개혁을 목표로 추진하고 있는 것이다. 이와 관련하여 MCR(Mega City Region)은 다핵화된 도시구조(polycentric megacity region)를 가지고 있고, 이들 간의 연계와 시너지를 창출하는 공간으로 간주된다. 그리고 이 지역은 경제적 투입요소와 시장을 동시에 보유하고 있어 자생적인 경제성장을 위한 임계규모를 가진 단위공간으로, 즉 글로벌 경제에서 독자적인 위상을 기반으로 경쟁이 가능한 공간을 의미한다(동아일보, 2009:10 ; 김찬동, 2020).

2) 광역경제권

광역경제권은 세계화, 지방화시대가 진전됨에 따라 국경없는 거대 지역경제권이 대두되면서 국가를 대신하여 지역이 새로운 경제활동의 주체로서 등장하게 된 배경에서 기존의 몇 개의 행정구역을 묶는 차원이 아니라 정치, 경제, 사회, 문화 등 다양한 관점에서 공통성을 가지면서 하나의 자립적인 경제단위로서 기능할 수 있는 지역으로 정의할 수 있다(국토연구원, 2008 : 7-8). 광역경제권은 부문별 광역권(광역생활권, 광역산업권)이 서로 연계성을 지니고 중첩되면서 경제활동이 이루어지는 지역적 범위로 볼 수 있다(문미성외, 2008 : 12 ; 국토연구원, 2008). 특히 유럽연합(EU)의 경우 경제적 세계화에 대응할 수 있는 경쟁력있는 지역이 필요하다고 보아 여러 지역이 공동체적 노력을 경주할 수 있는, 초광역적인 슈퍼지역(Super Region)의 형성을 논의한 바 있다. 이 지역은 규모의 경제, 기술의 이전, 공동투자를 통한 경쟁력제고를 위해 지역간 다양한 형태의 협력관계를 구축하고 경우에 따라서는 국경을 초월한 다른 나라의 지역과도 동일한 경제권을 형성하는 모습을 보이기도 하였다(이원섭, 2008 : 7-8 ; 국토연구원, 2008). 예를 들어 프랑스의 광역수도권도 단적으로 미래의 대규모 경제적 공간의 건설을 위하여 수립되었고, 지역간 인구유입이 많은 대규모 초광역권(grands bassins)으로의 국토계획이 진행되었다. 이미 60년대 초에 도시균형정책(la politique des métropoles d'équilibre)은 프랑스 도시구조의 상층수준을 8개의 큰 도시 주위로 조직하는 원칙에 입각하여 진행되었고, 이들의 영향을 받는 구역은 8개 경제적 지역(régions)에 한정하였던 배경이 그것이다. 이와 더불어 유럽공간의 출현은 그 계층을 넓히는 계기가 되었는데, 점차 국가간 경계의 점진적 소멸현상은 생산요소의 이동성 증가를 가져오게 하였고, 이는 유럽 도시들 사이에서의 도시들의 경쟁이라는 매우 특별한 민감한 문제를 제기하게 된 배경이 되었다(DIACT, 2008 ; 최진혁, 2011 : 296-297).[8]

3) 지방자치단체 조합제도, 행정협의회제도

우리나라 지방자치단체조합은 2개 이상의 지방자치단체가 구성원이 되어 하나 또는 둘 이상의 지방사무를 공동으로 처리할 목적으로 관계 지방자치단체의 협의를 거쳐 규약을 정하여 설립하는 '공법인'을 말한다(지방자치법 제159조). 지방자치단체조합은 법인

8 광역수도권은 1990년도에 지역간 통합을 통한 초광역의 국토개발를 모색하면서 레지옹의 행정적 통합을 강조하면서 비롯되었다. 광역수도권은 8개의 레지옹으로 구성되는데 Ile-de-France, Centre, Champagne-Ardenne, Basse et Haute-Normandie, Picardie, Bourgogne, Pays de la Loire가 그것이다. 그런데 Bourgogne지역은 Sarthe데파르트망, Pays de la Loire지역은 Yonne 데파르트망이 해당된다(DIACT, 2008)

격을 가지고 있는 점에서 그렇지 못한 행정협의회와 구별되고 있다. 조합은 법인격을 가지고 있기 때문에 스스로 의사결정기관과 집행기관을 가지고 그 의사를 외부에 표시할 수 있는 권리능력과 행위능력을 갖게 된다. 둘 이상의 지방자치단체가 하나 또는 둘 이상의 사무 처리에 관하여 권리 · 의무의 주체가 되는 점에서, 지역주민을 구성원으로 하는 것이 아니고, 지방자치단체를 구성원으로 한다는 점에서 여느 지방자치단체와는 다른 특징을 갖게 되는 것이다. 자치단체간 공동으로 사업을 추진하게 되는 이유는 경제적인 요인이 주요하게 자리잡게 된다. 지방공공서비스를 창출하고 배분하는데 있어 그에 따른 소요비용을 한 자치단체가 감당하는 것은 부담이 크고 낭비적인 측면이 있기 때문에 공동협력으로 서비스의 편익을 극대화하려는 일환으로 적용할 수 있는 것으로 해석할 수 있다. 프랑스의 조합제도의 활용도 경제적 효과성, 재정력 확보차원에서 기인하는 바 크다(최진혁, 2011 : 292-293 ; 한국지방행정연구원, 2002 : 176-177).

4) 특별지방자치단체

이번 전부개정된 지방자치법(2020.12.9)은 제12장을 신설하여 특별지방자치단체의 설치, 규약과 기관구성, 운영에 관한 사항을 담고 있다. 2개 이상의 지방자치단체가 공동으로 특정한 목적을 위하여 광역적으로 사무를 처리할 필요가 있을 때에는 특별지방자치단체를 설치할 수 있다. 이 경우 특별지방자치단체를 구성하는 지방자치단체(이하 "구성 지방자치단체"라 한다)는 상호 협의에 따른 규약을 정하여 구성 지방자치단체의 지방의회 의결을 거쳐 행정안전부장관의 승인을 받아야 한다(지방자치법전부개정 제199조)고 규정하고 있다. 이는 광역행정방식의 적극적 대응의 필요성에 근거한 규정으로 특별지방자치단체의 활용도를 강화하고자 한 것으로 이해할 수 있다. 일반적으로 특별지방자치단체는 일반(보통)지방자치단체와 대비되는 개념으로 자치행정상의 정책적 관점에서 특정한 목적을 수행하거나 특수한 행정사무를 처리하기 위하여, 또는 행정사무의 공동처리를 위하여(일반지방자치단체의 독자적 사무처리가 어렵거나 비효율적인 경우) 설치되는 자치단체를 말한다. 따라서 특별지방자치단체는 일반(보통)지방자치단체와는 다른 관할 구역과 구성원으로 특정한 업무를 수행하는 자치단체로서 광역적 수요와 일반지방자치단체간의 다양한 갈등사례(행정권과 생활권의 불일치로 인한 생활의 불편, 편익과 부담의 불일치로 인한 민원의 증가. 규모의 불경제로 인한 주민복지의 차등화, 님비 · 핌피현상 등)를 해결하기 위한 조처로서도 매우 중요한 제도로 간주되어진다(유재현, 1995 ; 금창호, 2018).

5) 선행연구의 경향

지방분권과 균형발전정책이 지속되어가면서 단일 자치단체 중심으로 행정서비스를 제공하는 기존의 방식으로는 대응하기 어렵게 되었고 자연히 자치단체간의 협력문제 및 광역행정방식에 대한 논의가 대두될 수밖에 없었다. 그럼에도 불구하고 이 분야에 대한 연구는 매우 제한적이어서 지방자치법에서 규정하고 있는 자치단체간 협력방식으로서 지방자치단체조합제도, 행정협의회제도를 활용하는 단계에서 특별지방자치단체를 보다 적극적으로 개발해가는 방향으로 입법화되었고, 그에 맞추어 그 도입논거 및 설계에 관한 연구들이 대부분이었다(김익식, 2003 ; 김길수, 2008 ; 김해룡, 2007 ; 조성호, 2018 ; 금창호, 2018). 그러면서 광역행정 대응차원에서 자치단체간의 규모경제 도모, 상호협력, 분쟁조정 등의 내용을 기반으로 광역경제권, 메가리전 등의 논의를 확대시키고 있다(한국지방행정연구원, 국토개발연구원, 1988 ; 김광익, 2008 ; 금창호, 2018).

6) 충청권역 협력방식의 이론적 논의의 틀

상기의 이론적 논의를 토대로 충청권은 새로운 환경변화에 대응하여 지역적 특색을 적극 반영 · 활용하여 지방정부(대전, 세종, 충남, 충북)가 주도하고 국가(중앙정부)가 지원 · 협력하는 자치분권형 균형발전모델을 정립하여 이를 근거로 광역경제권역, 메가리전(Mega-Region)으로서의 지위를 준비해야 한다. 즉, 기존의 생활권역과 불일치되는 행정구역, 그리고 일반지방자치단체가 제공하는 행정서비스로는 광역행정수요를 감당하기 어려운 상황에서 이에 적극 대응하는 광역행정방식을 고민해야 한다. 그러면서 충청권 기존의 대도시는 지역중추거점도시로서, 중소도시는 저출산고령화, 지방소멸에 대응한 생활밀착형 도시로, 특히 농어촌 지방정부는 정주 및 생활 여건 등을 개선하여 발전전략을 도모해야 한다. 그런 면에서 충청권 지역간 연계 · 협력 강화와 중앙-충청권간의 협업체계가 효율적으로 작동될 수 있도록 해야 한다. 따라서 국가와 충청권역과의 관계설정, 메가리전으로서의 충청권역의 대도시간의 정치 · 행정적 연계협력체제

구축, 연계협력사업의 자치단체간 조합 활용 등을 통해 광역자치단체와 광역자치단체, 광역자치단체와 기초자치단체, 기초자치단체와 기초자치단체간의 협력네트워크 구축 등이 효율적으로 작동되어야 할 것이다. 요컨대, 충청권 지방정부간에 연계협력이 보장되어 충청권역의 초광역권역이 제대로 뿌리를 내리기 위한 기본적인 조건내용으로 자치분권과 균형발전을 기본으로 한 초광역지방정부의 건설(구성)(광역경제권역 : 메가리전), 다극중심의 충청권역 지역개발(대도시, 중소도시), 지방정부간의 경쟁(대도시, 중소도시, 농·산·어촌), 연계·협력체제(메가리전으로서의 충청권역의 대도시간의 정치·행정적 연계협력체제 구축, 연계협력사업의 자치단체간 조합 활용) 가동, 중앙-충청권간 협업체계·국가와 충청권역과의 관계설정 등이 주요 논의요소로 간주될 것이다.

<그림 3-1> 이론적 논의의 틀

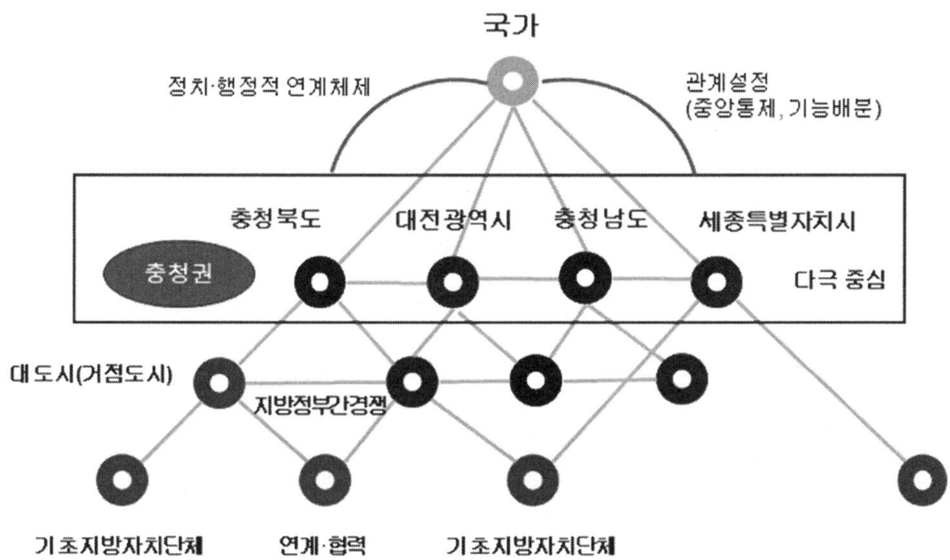

제3절 충청권역 구상의 소중한 경험과 교훈 : 현황 및 문제점

1. 특별지방자치단체 활용의 미흡

우리나라 지방자치법은 특별지방자치단체에 관한 규정(설치 · 운영)(제2조)을 두고 있음에도 불구하고 그 활용도에 있어 매우 제한적이다. 이는 보통지방자치단체 외에 특정한 목적을 수행하기 위하여 필요하면 따로 특별지방자치단체를 설치할 수 있도록 하였으며 그 설치 · 운영에 필요한 사항은 대통령령으로 정한다고 하였지만 그 구체적인 입법내용이 결여되고 있는데서 오는 필연적 귀결이라 할 것이다. 따라서 최근의 광역행정의 수요에 맞게 지방자치법전부개정(2020.12.9)(제12장)은 법령의 범위 안에서 특별지방자치단체의 집행부 및 지방의회의 조직 및 운영, 장(의원)의 선임 방법이나 운영 및 사무처리에 필요한 경비의 부담 및 지출방법 등 보다 구체적인 입법내용을 담게 되는 배경이 되고 있다.

이렇듯 특별자치단체는 공동사무를 처리하기 위해 관계지방자치단체의 협의를 거쳐 규약을 정해 설립한 공법상 사단법인(지방자치법 제159조 ; 신설 제199조-제211조)[9]으로 독립된 행정주체(특별지방자치단체)로서 집행력을 담보할 수 있어 그 유용성이 크다고 할 수 있다. 그럼에도 자치단체에서 운용하는데 행안부의 규제가 강하고 자치단체가 활용하는데 적극적이지 않아 크게 활용되지 못하고 있는 실정이다. 이는 결국 기초자치단체의 규모가 너무 크고, 지방자치단체조합의 법적 성격이 불분명하며, 조합의 설립 및 운영과 관련하여 자치단체의 자율성이 매우 제약된 상황으로 나타날 수밖에 없는 현실에 기인하고 있다 할 것이다(금창호, 2018 : 58-60). 그동안 수도권쓰레기매립지운영관리조합(1991-2000년)이 운영부실에 따라 공사로 대체되어 해체된 것과 16개 광역자치단체를 구성원으로 한 자치정보화조합(2003)이 특수법인(한국지역정보개발원)으로 법적 지위가 변경되었으며, 부산-거제간연결도로건설조합과 부산-김해경량전철조합은 그 목적달성을

9 지방자치법전부개정(2020.12.9) 제199조 ① 2개 이상의 지방자치단체가 공동으로 특정한 목적을 위하여 광역적으로 사무를 처리할 필요가 있을 때에는 특별지방자치단체를 설치할 수 있다. 이 경우 특별지방자치단체를 구성하는 지방자치단체(이하 "구성 지방자치단체"라 한다)는 상호 협의에 따른 규약을 정하여 구성 지방자치단체의 지방의회 의결을 거쳐 행정안전부장관의 승인을 받아야 한다.

이유로 폐지되었고 그 외 7개 지방자치단체조합[10] 정도가 미미하게 운영되고 있음이 이를 방증하고 있다(<표 3-4> 참조).

<표 3-4> 지방자치단체조합 설립현황('14.12.31 기준)

명 칭	구성원	목 적	승인일자
부산 · 진해 경제자유구역청	부산광역시 · 경남도	부산 · 진해 경제자유구역 내 각종 인 · 허가사무 및 외자유치 등	'04. 1.20
광양만권 경제자유구역청	전남도 · 경남도	광양만권 경제자유구역 내 각종 인 · 허가사무 및 외자유치 등	'04. 1.20
수도권 교통본부	서울특별시 · 인천광역시 · 경기도	수도권 교통 광역교통 추진 운영	'05. 2. 4
황해 경제자유구역청	경기도 · 충남도	황해 경제자유구역 내 각종 인 · 허가사무 및 외자유치 등	'08. 6.10
대구 · 경북 경제자유구역청	대구광역시 · 경북도	대구 · 경북 경제자유구역 내 각종 인 · 허가사무 및 외자유치 등	'08. 6.10
지리산권 관광개발조합	남원 · 장수 · 구례 · 곡성 · 함양 · 산청 · 하동	지리산 인근 7개 시군 관광개발사업 공동 추진	'08. 9. 5
지역상생 발전기금조합	16개 시 · 도	수도권 규제 합리화 이익을 지방상생발전 재원으로 활용	'10. 5. 3

※ '수도권매립지운영관리조합('91.11.7)' 은 『수도권매립지공사』로 전환('00.7.22)'자치정보화조합('03.1.21)' 은 특수법인인 『한국지역정보개발원』으로 전환('08. 2.21)

※ (해산) '부산 · 거제간연결도로건설조합'(부산광역시-경남도, '11. 6. 8), '부산 · 김해경량전철조합'(부산광역시-김해시, '11.12.29)

자료 : 행정안전부 홈페이지(2021). 지방자치단체조합설립

2. 행정협의회 활동의 한계

우리나라는 2개 이상에 관련된 사무의 일부를 공동으로 처리하기 위해 행정협의회를 두어 운영하게 하고 있으나(지방자치법 제152조)[11] 법인격이 없는 임의단체이고, 또한 분쟁해결능력이나 집행권과 과세권이 없는 관계로 그 활동에는 일정한 한계가 있다. 예를

10 광양만권경제자유구역청(전남 · 경남, 2004), 부산진해경제자유구역청(부산 · 경남, 2004), 수도권교통조합 설립(2005.2), 황해경제자유구역청(충남 · 경기, 2008), 대구 · 경북경제자유구역청(대구 · 경북, 2008), 지리산권관광개발조합(남원, 장수, 구례, 곡성, 함양, 산청, 하동, 2008), 지역상생발전기금조합(16개광역자치단체, 2010)

11 지방자치단체는 2개 이상의 지방자치단체에 관련된 사무의 일부를 공동으로 처리하기 위하여 관계 지방자치단체간의 행정협의회를 구성할 수 있다. 이 경우 지방자치단체의 장은 시 · 도가 구성원이면 행정안전부장관과 관계 중앙행정기관의 장에게, 시 · 군 또는 자치구가 구성원이면 시 · 도지사에게 이를 보고하여야 한다.

들어 협력사업에 대한 구성자치단체들이 재정분담을 해야 하는데 강제권이 없기 때문에 그 사업의 실현을 기약하기 어렵다는 것이다.

그동안의 충청권역의 행정협의회(1995.3 구성)의 활동상을 보더라도 4개 자치단체장이 충청광역계획 및 그 집행, 특수행정수요의 충족, 공공시설의 공동설치, 행정정보의 교환 등을 통한 충청권역의 발전에 공감하여 대응을 하였지만 상기의 한계점으로 충청권역의 이해를 대변하는 정치적 수단에 그치고 있는 현실이다.

이 이외에 지방자치법에서 규정하고 있는 자치단체간의 협력제도로서 지방자치단체 상호간의 협력(협력사업)(제147조)과 사무위탁제도(제151조)를 두고 있지만 지방자치제의 대표적 기관인 지방의회가 참여하지 못하여 주민의 의견수렴에 미흡한 부분이 있고, 자치단체간의 업무의 공동처리시 이와 관련한 구체적 법규정이 미흡하고, 협상문화가 일천한 상황에서 크게 활용되고 있지 못한 실정이다(금창호, 2018). 사무위탁 추진실태를 보면 상 · 하수처리, 쓰레기소각장, 묘지공동이용, 행정기능 및 교육관련 분야에서 미미하게 활용되고 있을 뿐이다.

<표 3-5> 지방자치단체간의 협력제도(지방자치법)

구분	행위 주체	운영 목적	구성·추진 절차	충청권 주요 사례
협력사업	· 개별 지자체	· 사무의 공동처리 또는 지원 (법 제147조)	· 지자체간 MOU 체결	· 광역버스 정보시스템 구축(김천, 구미, 칠곡) · 장사시설 공동이용 사업(공주, 부여, 청양) · 세종대왕 힐링100리길 조성
사무위탁	· 수탁 지자체	· 업무 중복 방지 등 예산 절감 (법 제151조)	· 규약 제정·고시 · 상급기관 보고	· 사업용 자동차 운수 종사자 위탁교육 실시(충남, 세종) · 음식물쓰레기 위탁 처리 · 밀양댐 상수원 수질 보전 관리
행정 협의회	· 개별 지자체 (공동 이행)	· 사무 일부 공동처리 (법 제152조)	· 규약 제정 · 의회 의결 · 규약 고시 · 상급기관 보고 (10일 이내)	· 전국 다문화도시협의회 · 금강권 댐 유역 공동발전협의회 · 백제문화권 관광 벨트협의회
지방자치 단체조합	· 법인	· 하나 또는 둘 이상 사무의 공동처리 (법 제159조)	· 규약 제정 · 의회 의결 · 상급기관 승인	· 경제자유구역청 · 지리산권관광개발조합 · 지역상생발전기금조합 대전환경사업 지방자치단체조합 (생활폐기물 처리, 2022.1)

자료 : 행안부 홈페이지(2021)

<표 3-6> 사무위탁의 추진현황

연도	1995-2000	2001~2005	2006~2010	2012	2013	2016	2017
	10	3	1	3	2	4	4
분야	상 · 하수처리	쓰레기소각장	묘지	도로건설	행정기능	교육	수익사업
	13	6	1	0	4	3	-
위탁기관	광역-광역		광역-기초간		기초-기초간		
	5		6		16		

자료 : 행정안전부(2018)

3. 자치단체간의 정치 · 행정적 협력 장치 부재

충청권 자치단체는 기관분립형 모델로 특히 주민대표기관인 지방의회가 그 지역에서만 활동하는 고립형 지방의회로 기능하게 하여 다른 지방의회와의 연계협력할 수 있는 통로(고리)가 없다. 그러다보니 전통적으로 해당 행정구역에 갇혀 그 지역에서만 활동하게 한 정치행정문화가 강하게 작동하고 있는 것이다. 그럼에도 지방자치법에 자치단체간 협력할 수 있는 제도를 모색하고 있지만 자치분권환경에 맞게 주민대표기관인 지방의회가 주도적으로 협력업무를 이끌어내지 못하고 있어 그 효과는 제한적이다. 특히 국회와 지방의회와의 관계가 협력적으로 업무를 수행하게 하는 수평적 관계로서 지위를 설정하게 하는 정치적 분권이 이루어져야 하는데, 그렇지 못하여 국가 지방자치단체가 국가의 업무이자 동시에 지방자치단체의 업무를 긴밀하게 협력할 수 없는 폐해가 발생하고 있다.

제4절 충청권역 자치단체간 협력방식의 과제

그간의 특별지방자치단체를 두었지만 그 활용이 미흡할 수밖에 없었고, 행정협의회, 자치단체 조합 등도 그런 맥락에서 활발하게 작동할 수 없었던 지난 자치행정의 경험과 이를 뒷받침하지 못했던 국가와 지방자치단체간의 연계협력적인 정치행정체제의 부재를 거울삼아 다음과 같은 협력방식의 과제를 제시해 보고자 한다.

1. 국가(중앙정부)와 충청권(대전광역시, 세종특별자치시, 충청남도, 충청북도)과의 관계 재정립 : 자치분권(실질적 지방분권 추진)과 균형발전의 강화(광역권역 설치)

우선 대한민국의 정통성을 존중하여 단일국가체제 내에서 국가의 통일성과 지방자치단체의 다양성을 함께 추구하려는 자치분권논리와 국가와 지역, 지역과 지역간의 연계협력으로 지역 및 국가발전을 견인해내는 균형발전에 맞는 방향에서 추진되어야 할 것이다. 즉, 국가(중앙정부)와 대전광역시, 세종특별자치시, 충청남도, 충청북도(지방정부)가 연계성을 가지고 자율과 책임을 바탕으로 고도의 자치권을 보장하여 실질적 자치분권의 효과를 극대화하고 지역간 연대 협력을 통해 경쟁기반을 구축하고 지역특성을 살린 국가-지방, 지역간 발전이 가능한 상생형 균형발전으로 설계되어야 한다.

1) 광역권역 정비를 위한 정부부처간 · 충청권 자치단체간 대표단의 구성

충청권 광역권역이 추구하려는 사업들이 원활히 작동하고 지역간 협력시너지를 제고하기 위해서는 우선 국가전체의 국토개발사업과 연계되어 충청권역의 발전계획에 맞는 협력지원을 체계적으로 가동할 수 있는 조직을 구성해야 한다. 예를 들면 중앙정부부처간 · 충청권 자치단체간 대표단을 구성해 충청권역사업을 지원해주어야 한다. 지역의 특성을 정확히 이해하여 광역권역에 맞는 사업을 지역간 협력체제를 통해 효율적으로 수행할 수 있는 제도적 장치로 활용할 수 있기 때문이다.[12]

2) 광역권역(Mega-Region)의 구축

대전광역시, 세종특별자치시, 충청남도, 충청북도를 충청권역으로 초광역화(메가리전)하는 광역권 개발정책을 추진한다. 초광역권에 맞는 권역개발정책을 해당 충청권이 권

12 프랑스는 MIIT(Missions interministérielles et interrégionales d'aménagement du territoire)기관을 활용하여 점차 부상하고 있는 광역도시들의 지원을 가능하게 하고 있다(DATAR, 2000).

한을 행사할 수 있도록 한다. 이는 국토균형개발정책과 연계하여 권역별 발전계획이 수립되어야 하기 때문에 국가(국토부)와의 협의가 필요한 대목이다. 여기에서 그동안 국가(지역)균형발전정책의 교훈을 통해 충청권역의 미래설계를 추구할 이유가 있다. 즉, 그동안 지역균형발전을 통해 얻은 교훈은 어떻게 하면 중앙정부와 지역의 협력적 관계를 제도적으로 구축할 수 있을 것이며, 더불어 지역간에도 연계협력망을 어떻게 구축할 것인가에 고민이 있었다. 그리고 중앙정부 주도의 국가균형발전계획으로 탑다운(하향식)방식의 계획안이었다면 이제 중앙-지방, 지역-지역간의 연대를 통한 협력적 방식의 계획안이 필요한 시점이다. 따라서 중앙정부와 지역의 정치·행정적 연계협력망을 구축하고 지역간의 자율적인 연대와 협력을 유도할 수 있도록 하고 이를 통해 지역의 경쟁기반을 조성해 냄으로써 결국 지역발전(자치분권)과 국가균형발전을 실현해 낼 수 있을 것이다(제5차 국토종합계획(안) 2020-2040 참조, 2019). 결국 광역권역 내 다중심 지역발전체제를 구축하여 지역도시를 중심으로 지역간 연계·협력을 통한 경쟁기반을 만들어내어 자립적 지역발전을 이루어내야 한다.

(1) 다중심 분산형 권역구조 : 광역권역내 다중심 지역발전체제 구축 · 다중심 네트워크 지역발전 체제 구축

충청권역으로의 지역발전을 모색하려는 시도는 국가전체로 보아 그동안 수도권 중심의 일극형 지역발전에서 벗어나 자치분권과 균형발전시대에 부응하는 다중심 분산형 지역발전을 유도해내겠다는 국가발전의 패러다임의 변화로 읽을 수 있다. 따라서 충청권역도 같은 맥락에서 대전, 세종, 충남, 충북의 다중심 분산형 지역발전을 이루어낼 수 있는 충청권역의 발전설계를 해야 한다. 각 지역들의 경쟁을 통해 자립적 발전을 이루고 상생발전을 도모할 수 있을 것이다.

<그림 3-2> 다중심 지역발전체제

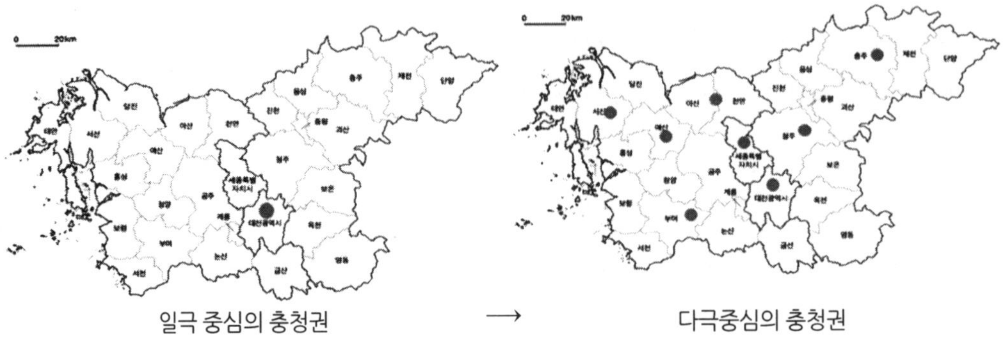

<그림 3-3> 지역간 연계 · 협력체제:균형발전거점 대도시, 기초단위 네트워크, 광역단위 네트워크

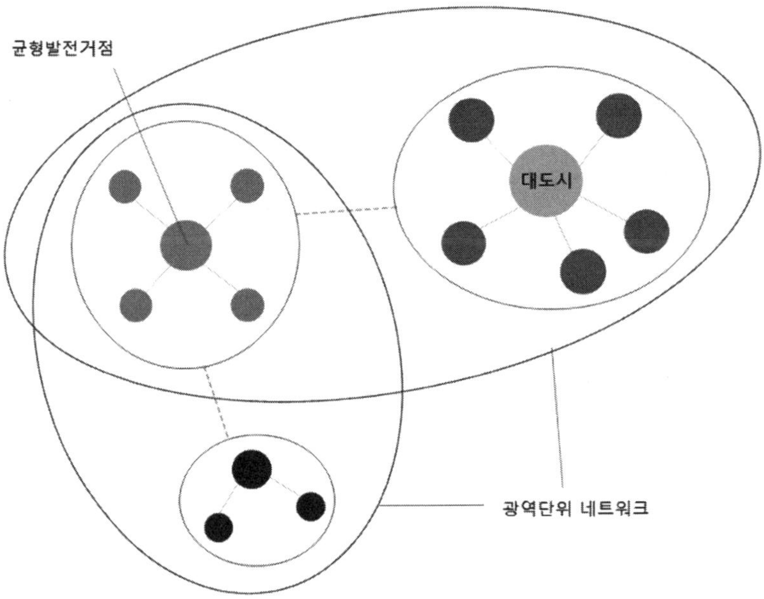

우선 거점지역(대전, 세종, 천안 · 아산, 청주, 충주) 중심으로 생활편의적 서비스기능을 확충하고, 지역경제 활성화로 이어지는 성장이익을 공유하여, 수자원, 생태환경 보전, 광역교통망으로 연결되는 대중교통체제의 구축은 충청권역의 지역 · 연계협력을 활성화하여 지역간 상생발전이 가능한 균형발전을 이루어 낼 것이다.

(2) **지역간 연계 · 협력을 통한 경쟁기반 구축** :

① 지역의 자율적 연계 · 협력 : 산업, 관광, 문화 등 지역의 수요를 기반으로 교통, 행

정 등에 대해 지역간 연계 · 협력하여 경쟁기반을 확보한다. 따라서 지역은 협약체결, 광역도시계획 수립 등을 통해 연계 · 협력사업 추진기반을 구축하고, 중앙정부는 광역 연계 · 협력 수요발굴과 지원을 해주어야 한다.

② 지역의 자립적 성장촉진 : 기존 산업의 개선과 신산업유치 등 지역 주도의 성장전략을 마련하고, 교통 인프라, 정주여건 등 지원기반을 개선해야 할 것이다. 여기에서 지역발전 투자협약제도를 지역개발 및 과학기술 등 다양한 분야로 확산해 나아가도록 한다.

(3) 지역특성을 살린 상생형 균형발전 추진

인근 지역과 경제, 사회, 문화 등을 연계하여 경쟁력 있는 중추 거점기능을 강화하고, 주변 지역간 광역 · 순환형 인프라를 구축해야 한다. 따라서 지역 연계 · 협력은 대도시-주변도시, 주요 거점-주변도시, 지역간 교통, 산업, 환경, 문화 · 관광 등 다양한 분야의 연계 · 협력으로 경쟁력을 제고할 수 있어야 한다.

<그림 3-4> 충청권역 연계협력사업

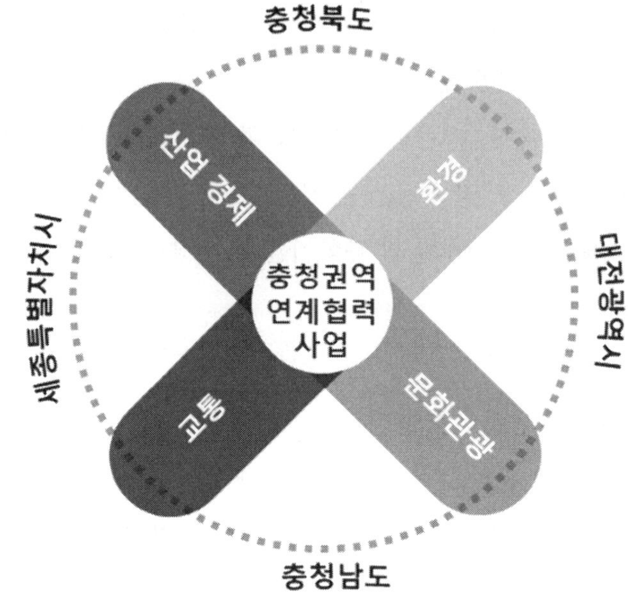

① 산업 · 경제

- 충청권역 생태바이오 기업 클러스터 구축 : 대전 · 오송 ; 신산업벨트 구축
- 서해안권 신산업벨트

② 환경

- 수자원 : 광역적 수자원 관리기반 구축(대청호, 충주호 등)
- 대기 : 미세먼지 공동대응(충남, 세종, 대전)

③ 문화·관광

- 역사·문화 : 충청유교문화권 육성사업
- 해안·해양체험관광거점지 ; 역사·문화특화지역 ; 체험생태관광중심지(제4차 충청남도 관광개발계획목표설정)

④ 교통

- 도로 : 충청권 광역 연계 교통망 구축
- 대전-세종(조치원)-오송-청주공항

자료 : 제5차 국토종합계획(안) 2020-2040, (2019) 보완정리

2. 충청권역의 거버넌스체제 구축

충청권 자치행정은 협력적 지방정치행정체제를 근간으로 시민사회와 연계하는 거버넌스체제 속에서 운영되어야 한다. 예를 들면 대전시, 세종시, 충청남도, 충청북도의 역점시책들이 그 성과를 고양하기 위해서는 거버넌스체제 속에서 가능할 수 있다. 따라서 대전시, 세종시, 충청남도, 충청북도 경제력을 향상시킬 수 있는 경제권역으로 개발하기 위해서는 산업의 잠재력을 극대화하여 충청지역의 경쟁력 강화와 지속적인 성장을 이끌어내야 한다. 이를 위해서는 각 지역특성에 맞는 산업의 육성을 산 · 학협력클러스터라는 틀에 잘 적용시켜 나감은 물론 정치 · 행정적으로 지원체제를 갖추는 것이 관건이 될 것이다. 예를들면 다음과 같은 정책사업을 수행하게 될 때 고려해볼 수 있을 것이다.

1) 역점정책사업 체계 정비

① 산 · 학 · 연 · 관 결합한 지역혁신체계(RIS : Regional Innovation Systems) 구축

② 사업거버넌스 구축을 위한 대전시, 세종시, 충청남도, 충청북도 특성화된 기업유치 및 국책유치사업 관련 기업협의회 과제

2) 신산업과 연계한 지역별 발전안

① 세종시 : 자율주행차 / 자율주행빅데이터 관제센터 설계 ; 악천후 운행 등 긴급사례별 안전대책 마련

② 대전시 : 바이오메디컬 / 체외진단기 개발을 위한 임상검체의 신속한 제공과 개발된 제품의 조기 시장진출지원을 통한 바이오산업 육성

3) 지역간 연계/협력 관광자원 발굴 및 실행

③ 충남 : 금강 생태복원 및 역사문화거점 개발 / 금강권역 스마트문화 재생플랫폼 구축사업 ; 금강천리길 따라 지역매력 살리기 사업 ; 해양리조트관광권, 내포문화관광권, 역사온천관광권, 해양생태관광권, 백제금강문화관광권, 대도시근교관광권(제4차 충청남

도 관광개발계획, 2006 참조).

④ 충북 : 남한강(충주호) 수계권역 관광거점 조성 / 순환형연계루트조성사업 ; 친환경연계교통네트워크구축.

4) 관계법령 제정 및 보완

대전시, 세종시, 충청남도, 충청북도는 경제광역권역 구축을 통한 지역간 연계협력의 성과를 제고하기 위해서 조례제정을 통해서라도 역점정책사업의 성과를 고양하기 위해서 적극적으로 대비해야 한다. 즉, 예를 들면 각종 중점사업의 충청권 내 실행을 효과적으로 담보할 수 있도록 적극 지원함으로써 지역발전을 도모하고 자치단체간의 사업효과 실익이 균점되어질 수 있도록 대응하기 위한 제도적 장치를 강구할 필요가 있다. 따라서 사업지원대상 기관단체, 지원대상 활동, 사업실행위원회 구성, 기능 등에 대한 규정을 준비해야 한다.

5) 관리능력의 배양

충청권의 역점정책사업을 효율적으로 수행하고 성과를 높이기 위해서는 충청권집행부와 충청권의회, 충청권시민사회단체 및 각종 협력단체와의 새로운 거버넌스체제를 구축해야 한다. 이를 위한 기본적인 전제조건으로 충청권 집행의결기관을 일 중심으로 구성하여 상호 존중하고 신뢰하는 사회적자본의 축적이 필요하다. 예를 들면 충청권 정책사업으로 서해안권의 해양관광, 휴양도시(예 : 보령머드축제), 국제교류 중심도시건설을 위해 이와 관련된 사업을 추진하기 위해서는 사업추진 주체들의 연계협력이 원활히 이루어질 수 있도록 충청권집행부가 지원해주는 체제를 구축해야 한다. 이를 위해 4개 자치체들 간에 가치사슬 혹은 기타 여러 측면에서 서로간의 필요성을 인식할 수 있도록 각종 학습네트워크 형성을 지원하는 인센티브 제공 및 제도적 장치를 마련할 필요가 있다.

3. 중앙정부와 충청권(대전시, 세종시, 충청남도, 충청북도)과의 연계 · 협력 방안 모색

1) 행정적 측면

① 중앙부처와 대전시, 세종시, 충청남도, 충청북도와의 협력 · 연계체제 확보 및 강화

중앙부처 및 대전시, 세종시, 충청남도, 충청북도의 집행부 공무원과 더불어 이를 대표하는 충청권 집행부 공무원과의 협력채널을 확보하고 강화해 나가야 한다.

② 충청권역 단체장의 리더십 제고

중앙 및 광역자치단체에 영향력을 행사할 수 있는 충청권역 단체장을 선출하여야 하고, 충청권역의 대도시, 중소도시, 농어촌지역의 단체장들의 결속된 리더십이 필요하다. 따라서 자치단체장은 지역정치구도의 변화(여소야대)에 대처하여 정당소속이 다르다 할지라도 충청권역의 필요한 사업에는 한 목소리로 결집하여 지원을 얻어내는 통합리더십을 발휘해야 한다.

2) 정치적 측면

① 국회와 지방의회와의 협력체제 가동

예를 들어 충청권역 역점정책사업의 논의는 국가의 문제인 동시에 지역의 문제가 될 수 있다. 국가입장에서는 국책사업의 효율적 배분을 통한 국가균형발전을 도모할 수 있고 충청권역(대전시, 세종시, 충청남도, 충청북도)은 특화된 지역역량을 가지고 지역발전을 강화시킬 수 있기 때문이다. 따라서 충청권역 역점사업은 충청권 단독의 문제만이 아니고 국가전체의 문제가 된다. 따라서 정치적 공간에서 국회와 지방의회의 협력체제가 가동되는 제도적 장치를 구성해야 한다. 그런 면에서 충청권역의 국회의원은 각 지방자치단체의 지방의회의원과 협력하여 충청권역 역점정책사업이 국가발전의 원동력이 될 수 있음을 중앙정부에 설득하고 협조를 얻어내야 한다.

② 충청권역 지역대표 국회의원의 역량, 리더십(개인적, 집단적) 제고

그런 맥락에서 지역대표로서의 국회의원의 역량은 매우 중요하다. 국회에서 영향력을 행사할 수 있는 중량감 있는 정치인을 배출해야 하고, 그런 인물을 키워내는데 고민

해야 한다. 그리고 지역현안문제에 대해 당략을 초월한 집단적 리더십을 발휘할 수 있어야 한다.

<그림 3-5> 충청권의 정치·행정협력체제

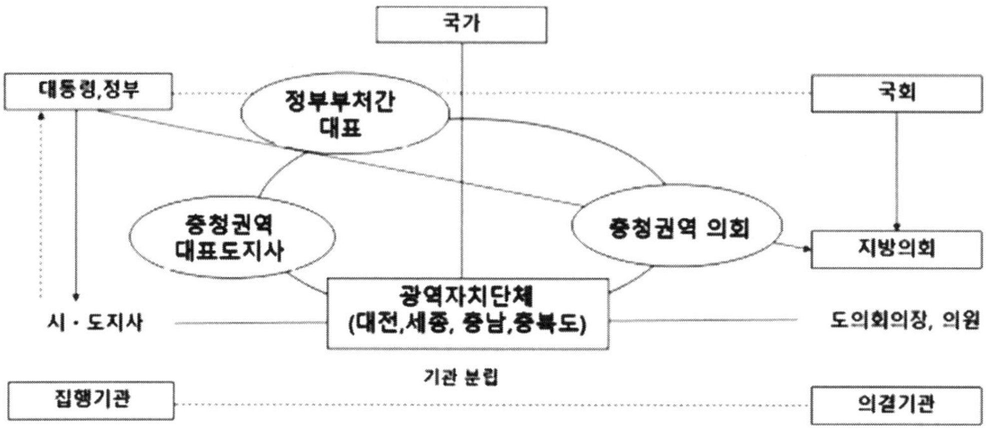

4. 자유스러운 자치행정구현 : 자치분권2.0으로의 재설계

지방자치실시 39년의 경험에도 불구하고 중앙정부의 강력한 중앙통제시스템에 의해 여전히 지방자치단체의 자율성은 미흡하며, 자치역량 역시 미흡하다, 자치분권2.0시대에 적어도 대전광역시, 세종특별자치, 충청남도, 충청북도는 지방자치단체(지방정부)로서 그들의 기능을 수행하는데 실제의 자치를 누릴 수 있도록 해주어야 한다. 그러기 위해 우선 중앙정부와 광역자치단체(대전광역시, 세종특별자치시, 충청남도, 충청북도)와 관계를 자치분권의 논리 하에 재정립해야 할 필요가 있다.

1) 국가와 지방자치단체간의 관계 재정립(재설계) : 중앙통제게임을 자치분권의 논리에 맞게 법제화

중앙정부의 지방정부에의 통제(지도 · 감독)는 지방자치단체의 자유로운 행정을 보장하기 위하여 국가행정기관에 의한 사전승인, 집행정지, 무효화 등 모든 사전적 통제, 권력적 통제는 지양하고 적법성 통제(contrôle de légalité)를 확립하도록 한다. 즉, 지방사무에 대한 지방자치단체의 의결은 설령 그것이 국가기관이 판단할 때 합법성에 위배된다고 보일지라도 이를 무효화시킬 수 없으며, 다만 행정법원에 제소할 수 있는 권한만 인정해 주어야 한다는 것이다. 따라서 행정법원만이 그 무효판결을 내릴 수 있도록 하는 제도적 장치를 만들어주어야 한다. 동일한 맥락에서 지방자치단체의 예 · 결산행위에 대한 중앙통제도 지방자치단체가 법에 규정된 원칙들을 준수하지 않는 경우에 한하여 국가기관이 이를 교정해 주도록 그 전문독립기관인 지역회계검사원에 요청할 수 있도록만 하여 지역이 자율과 책임 하에 실행해 나아갈 수 있도록 해야 한다(최진혁, 2003).

2) 국가와 지방자치단체간의 기능배분의 원칙 재설정

지방자치단체가 주민을 위해 양질의 행 · 재정서비스를 창출하고 배분하고 관리하기 위해서 지방의 자율성을 강화해줌과 동시에 실질적인 자치권을 행사할 수 있도록 해주어야 한다. 그런 배경에서 가까운 지방정부가 처리할 수 있는 업무를 상급지방정부나 중앙정부가 관여해서는 안된다는 원칙을 존중해야 하고, 기초지방정부에서 할 수 있는 업무는 해당 기초지방정부에서 처리하도록 역량을 증대시켜주고 그 처리가 어려운 경우에는 광역지방정부가 나서서 처리하도록 해주고 그래도 어려운 경우 중앙정부가 맡아서 처리할 수 있는 계단식의 업무배분이 필요(보충성의 원칙 : Principle of subsidiarity)하다. 기능배분은 지방자치단체들 중 어느 하나가 다른 지방자치단체에게 어떠한 형태라도 감독을 설정하거나 행사하도록 하는 여하한 형태의 감독을 허용해서는 아니 된다(지방자치단체간의 모든 중첩된 감독의 폐지). 지방자치단체와 국가간의 기능배분은 가능하면 권한의 각 분야에 해당되는 자원이 국가에게나 지방자치단체에게나 총체적으로 부여될 수 있도록 이루어져야 하는데, 이는 어떠한 지방자치단체이든지 다른 지방자치단체에 대한 일체의 간섭과 권한의 침해를 하지 못하게 하는 효과를 지닌다.어떠한 권한이양도 혜택받는 자치단체에게 새로운 부담을 야기해서는 아니 된다는 목적 하에 이전된 부담은 보상을 해 주어야 한다. 즉, 모든 권한의 이양은 해당된 재원의 이양을 동시에 수반해야 한다. 재정적 보상 이외에도 이전된 권한을 행사하는데 필요한 장비나 서비스의 이전도 함께 수반해야 한다(권한과 재원의 동시 이양).

5. 지역균형발전의 선도도시 활용 : 세종특별자치시

충청권의 세종시는 출범취지에 맞게 지방분권과 지역균형발전논리에 부응하는 방향에서 추진되어야 할 것이다. 즉, 국가와 세종시가 연계성을 가지고 고도의 자치권을 보장하여 지방분권과 주민참여의 효과를 극대화하는 방향에서 지역균형발전정책이 수립되고 그에 따른 기관간에 연계협력의 실효성을 연출하는 도시이어야 한다. 다음으로 중앙집권체제와 과도한 수도권집중이 만들어 놓은 갈등구조를 해결하는 지역균형발전으로서의 세종시가 되어야 한다. 그럼으로써 대한민국 지역별로 성장거점도시를 창출해내는 전파력이 강한 도시이어야 한다. 마지막으로 세종시는 세종시 건설에 따른 기존 읍면지역과의 불균형문제를 해결하면서 지역간의 단순한 균형보다는 기회의 형평성을 통해 주민의 삶의 질을 높이는 모범적인 지역균형발전도시이어야 한다. 이를 통해 시민과 기관이 함께 인텔리전트하게 공동 생산하는 시정서비스를 창출하는 영리한 거버넌스체제(smart governance system)로 사회통합의 실효성을 극대화할 수 있는 도시로 만들어나가야 할 것이다.

1) 충청권 균형선도도시 지역 창출

충청권은 경쟁과 통합, 균형이라는 대한민국의 국토개발기본원칙에 순응하여 대전시, 세종시, 충청남도의 특성과 경쟁력을 고려하여 발전극으로서 전국의 주요 거점지역을 창출해내는 동력을 제공해야 한다(DIACT, 2008). 즉, 특별히 세종시는 국토균형발전을 선도해 나가는 균형선도도시(pilot city, package city)로서 다른 지역으로 확산시켜나가는 계기를 제공하여 대한민국의 각 권역별로 그에 맞는 균형선도도시를 건설하여 활용해 나가야 할 뿐 아니라 충청권역 내에서도 경쟁력을 갖춘 도시로 하여금 주변 지역발전을 함께 이끌 수 있도록 하는 선도도시를 양성해야 할 것이다. 예를 들면 충청권역은 〈그림 3-6〉과 같이 균형선도도시를 활용할 수 있을 것이다.

<그림 3-6> 충청권역의 균형선도 도시

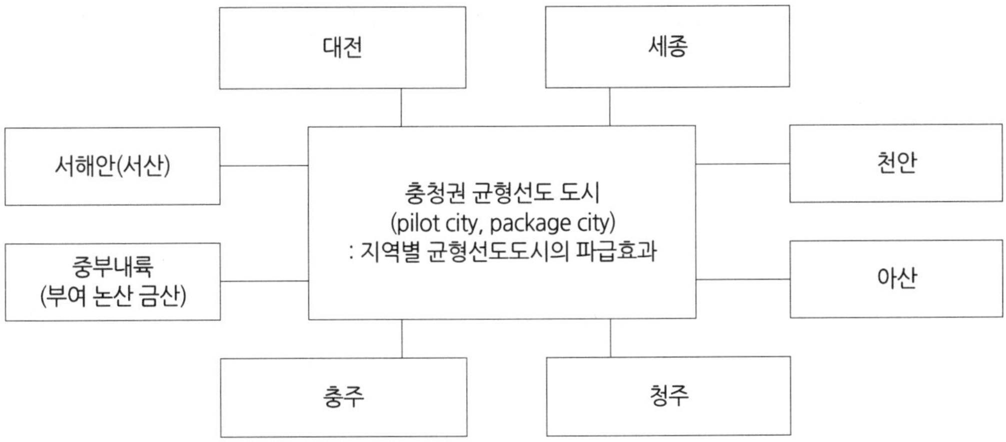

2) 충청권역(대전, 세종, 충북, 충남) 내의 기초자치단체간의 협력방안 모색

단일한 하나의 기초자치단체가 주민에게 완전한 행 · 재정 서비스를 제공해 주기에는 일정한 한계가 있다. 특히 오늘날과 같은 행정구역과 생활구역이 일치하기 어려운 상황과 교통, 보건, 환경업무 등의 광역적 처리요구는 갈수록 높아져가고 있는 현실에 더욱 자치단체간의 협력에 의한 행 · 재정서비스의 창출 및 배분관리가 중요하게 대두되고 있다. 따라서 주민과 가장 밀접한 정부단위로서 충청권의 기초자치단체는 그들간에 주민들의 공통의 이해를 관리하여 주민에게 양질의 행정서비스를 제공해야 할 의무가 있다. 요컨대, 충청권의 기초자치단체는 이들간의 결합(연계 · 협력)을 활성화하여 단일한 자치단체로는 제공하기 어려운 행정서비스를 효율적으로 제공해야 할 것이다. 이는 그동안 지방자치행정은 중앙정부나 특별지방행정기관(국가기구)에 의해서 완전히 맡겨질 수 없으며 분권화된 일반자치단체에 의해서도 일정한 한계가 있다는 소중한 경험에서 비롯되고 있다. 여기에서 중요한 과제는 결합된 자치단체들의 자치재정관리방식을 어떻게 할 것이냐인데, 참가 자치단체의 재정에 의해 재원을 확보하는 협회(la forme associative)의 형태(단일업무조합, 복수업무조합, 혼합조합)와 직접세에 의한 재원을 확보하는 연합(la forme fédérative)의 형태(특별구, 도시공동체, 신합병조합, 시읍면공동체, 시공동체, 합병공동체)

로 운영할 수 있을 것이다(1992년 2월6일 공화국의 지방행정에 관한 법률 ; 최진혁, 2003).[13] 그리고 자치재정을 확보한 자치단체 결합체들은 해당 주민대표기관인 공통(연합)지방의회가 자치재정위원회를 두어 관리해갈 수 있는 방법도 활용해 볼 수 있다.

이런 배경에서 자치단체의 관할구역을 초월한 충청권역 내의 단일 또는 복합적 사무를 광역계획 등의 수립에 의하여 종합적 · 효율적으로 처리할 수 있는 제도적 장치를 모색해야 할 것인바, 그런 수요에 대응할 수 있는 특별지방자치단체로의 지위를 부여하여 행정서비스를 제공해줄 수 있을 것이다. 이와 더불어 국가간의 조약과 같이 다수의 자치단체가 협약을 체결하여, 별도의 법인이나 조직 설치 없이 사무처리와 정책면에서 역할을 분담하는 제도로서 자치단체간 협약제도를 활용할 수 있을 것이고, 자치단체간 협의를 통해 만들어지는 규약으로 기관 · 시설을 공동 활용하는 방안도 모색해 볼 수 있을 것이다. 그리고 현행 협력제도(행정협의회, 조합, 사무위탁 등)의 보완을 통해 자치단체간의 협력을 활성화시켜 나갈 수 있을 것이다(자치분권위원회, 2019).[14]

6. 지리적, 특성화된 여건을 활용한 지역발전

1) 환황해경제권 구축

충청권은 지리적인 위치와 서해안 거점항만 조성으로 환황해경제권의 주요한 교류거점으로서의 기능이 증대될 것으로 전망된다. 대중국교역과 교류증대는 서해안의 역할증대와 함께 충청권의 지역적 기능과 위상에 매우 큰 변화를 초래할 것으로 예상된다(대전·충청권 협의회 : 43). 이런 배경에서 충청남도의 경우 지역별로 특화된 신산업벨트

13 ① 단일업무 자치단체간 조합 : 한 가지 사업에 대한 협력방식으로 활용할 수 있다. ② 복수업무 자치단체간 조합 : 여러 가지 사업에 대한 협력방식으로 활용할 수 있다. ③ 혼합조합 : 여러사업을 혼합하여 수행할 수 있는데, 예를 들면 관광개발(겨울스포츠 쎈타, 무공해 자연 지역, 수상시설 유람항구), 스포츠 및 사회교육 시설, 산업 및 주거지역 개발, 수자원 관리 및 정화 사업, 농촌과 가축 도축시장의 개발, 지역 자연공원, 대학 건물 건축, 공동 교통관리 조직 등에 활용될 수 있다. ④ 신합병조합 : 농촌지역 안에서 도시건설은 그냥 잠만 자는 도시에 그쳐서는 안되고 직장과 거주지가 공존해야 한다는 요구에 부응해야하는 필요성에서 제기되었다. ⑤ 기초자치단체 공동체 : 농촌지역개발을 목적으로 기초자치단체간의 연합방식으로 활용할 수 있다. ⑥ 도시자치단체 공동체 : 도시외곽지역의 발전을 도모하기 위해 도시형 자치단체간의 협력방식으로 활용할 수 있다. ⑦ 도농 통합 공동체 : 도시와 농촌의 통합개발차원으로 활용할 수 있다. ⑧ 합병공동체 : 시읍면자치단체간 협력의 강화 및 단순화에 관한 1999년 7월 12일 법률에 의거 새로운 시읍면자치단체간 결합의 형태로 합병공동체(les communautés d'agglomération)를 창설하였다.

14 G9에서 G14 대전충청광역권 공동발전협의회 : G9(대전광역시, 충북 청주시, 보은군, 옥천군, 영동군, 충남 공주시, 논산시, 계룡시, 금산군) +대전광역시 5개 자치구

로 무장하여 핵심전략화하고 있다. 즉, 태안, 보령, 서천으로 연결되는 서해안권(해양자원 활용형 신산업벨트), 천안, 아산, 당진, 서산으로 연결되는 북부권(스마트 신산업 클러스터), 논산, 계룡, 금산으로 연결되는 남부권(지역자원 활용형 신산업벨트), 홍성, 예산, 청양, 부여, 공주로 연결하는 내륙권(문화레저치유 및 푸드테크 산업벨트)이 그것이다.

<그림 3-7> 제5차 국토종합계획에 반영된 충청남도 지역 핵심전략사업(환황해권 발전계획)

2) 고속 간선교통·정보체계 구축에 따른 국토중심지 기능강화 : 광역교통망

충청권은 도로, 철도 등 국가간선교통망의 중간결절지 기능을 수행하고 있을 뿐만 아니라 21세기 고속전철 건설, 초고속정보망의 구축, 청주국제공항의 활성화에 따라 국내지역간 물류유통의 주요 결절지역으로서 명실상부한 국토중심지의 기능수행이 이루어지는 지역이다(대전·충청권 협의회 : 43-44). 따라서 국가도로망과 철도망계획에 따른 충청권 광역교통망을 가동할 필요성이 제기된다(<그림 3-8> 참조).[15]

15 대전 · 세종 · 충남 · 충북 등 4개 지방정부가 충청권 메가시티 구축을 선언한 가운데, 대전을 중심으로 충청권을 40

<그림 3-8> 충청권 광역교통망

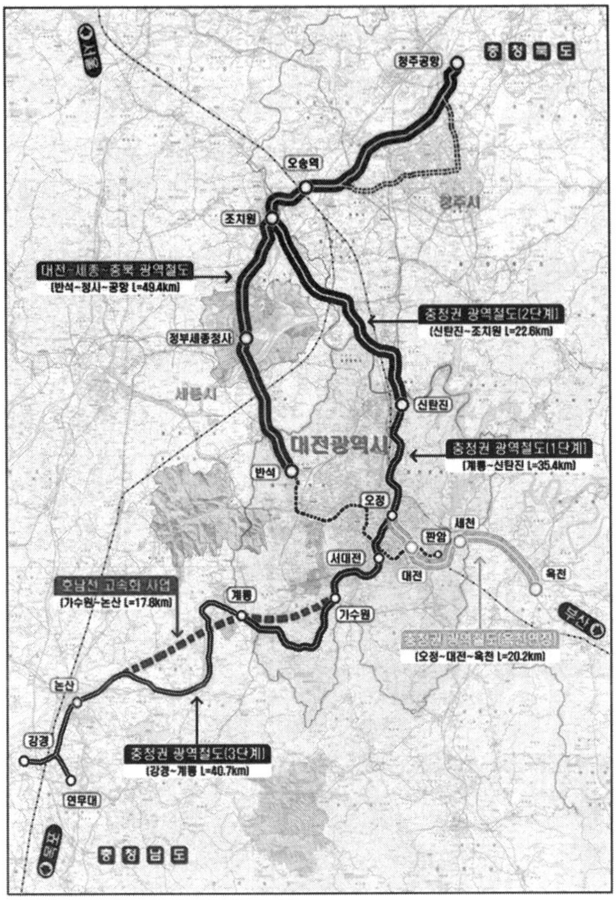

3) 과학기술 산업수도화에 따른 첨단·지식산업기반 확대

충청권은 대덕연구단지를 중심으로 고도의 두뇌집단과 시설이 집적되어 있고, 천안 · 청주를 중심으로 벤처기술산업이 집중되어 있어 새로운 과학기술산업지대로 등장하고 있다. 2000년대는 지식기반사업, 정보 등 첨단사업이 가속화될 것이고 충청권은 그 중심지로서의 역할이 커질 것이다. 따라서 충청권의 향후과제는 지속적인 과학기술

분대에 연결하는 교통망이 2030년까지 완성된다. 허태정 대전시장은 6일 대전시청 브리핑룸에서 시정 브리핑을 열고 "국가도로망과 철도망 계획에 대전시에서 건의한 11개 사업이 대거 반영되는 등 대전을 중심으로 광역교통망이 재편되면서 충청권 메가시티 구축에 한 발짝 더 다가서게 됐다"고 밝혔다. 허 시장은 "충청권 메가시티는 도로와 철도 등 광역교통 인프라를 통해 550만 인구가 하나의 광역경제 · 문화 생활권을 이루게 될 것이다. 대전은 교통인프라의 거점으로서 지역 간 경계를 뛰어넘는 충청권의 심장으로 자리매김할 것"이라고 밝혔다<한겨레 신문 2021.9.6>.

의 발전과 확산을 위한 지역혁신체제의 도입, 전문고급두뇌들의 문화적인 욕구를 충족시켜줄 수 있는 정주여건 조성, 전문인력의 육성, 과학과 기술의 산업화촉진을 위한 기반조성 등이라 할 수 있다.

4) 다양한 관광자원의 연계를 통한 관광산업화 촉진

문화관광산업의 중요성이 부각됨에 따라 해양, 호수 및 산악관광자원의 연계와 공주, 부여 등 백제문화권, 중원문화권, 내포문화권 등 풍부한 역사문화 · 경관자원의 육성을 통해 지역의 경제활성화와 관광산업화를 도모해야 하는 과제를 안고 있다.

제5절 결론

"한국적 병(la maladie coréenne)"이라 할 수 있는 과도한 중앙집권과 수도권 중심의 불균형발전론에서 얻어진 지역간의 심화된 불균형 격차를 해소하고 21세기 새로운 정치 · 행정환경변화에 능동적으로 대응하기 위해서는 무엇보다도 충청권역의 거점도시(대전·세종 · 충남도·충북도)간의 협력체계를 구축해야 한다. 충청권이 국가경제의 성장잠재력과 개발효과를 전국적으로 파급하는 동시에 지역특성을 살린 상생형 지역발전 네트워크의 핵심결절지로서의 기능을 충분히 발휘할 수 있도록 하여야 하기 때문이다. 그러기 위해서는 다음과 같은 점이 고려되어야 할 것으로 보인다.

1) 우선 충청권역과 국가(중앙정부)와의 연대 · 협력이 가능한 관계로 재설계(재정립)가 필요하다. 여기에서 지역특성을 살린 자치분권형 지역균형발전이 활성화되도록 유도해야 한다. 충청권 정책은 국토개발계획의 큰 틀 내에서 각 광역권 정책이 협력 · 보완될 수 있도록 시도되어야 하는바, 다른 광역권 및 수도권과 비수도권이 상생, 보완, 협력할 수 있는 정책적 틀에서 조망해야 할 필요가 있다. 그 안에서 충청권역 거점도시 중심으로 연계기능을 강화하도록 해야 한다. 그러기 위해서 광역권역 정비와 가동을 위한 정부부처간 충청권 자치단체간 대표단을 구성하여야 한다.

2) 다음으로 자치분권 2.0시대에 맞는 충청권 지역발전 전략과 체제의 정립이 필요하

다. 따라서 충청권역은 새로운 광역행정수요에 맞게 메가리전(mega-region)(경제광역권역)의 지위를 부여받아야 할 것이고, 그럼으로써 자율과 책임있는 실제적 권한을 가지고 주민을 위한 광역행정서비스를 기대할 수 있을 것이다. 여기에서 일극중심 집중형 발전체계에서 다중심 분산형 지역발전의 패러다임으로 전환하여 다극중심의 충청권 지역발전 모델을 정립해야 할 것이다. 그럼으로써 지역간 연계 · 협력을 통한 경쟁기반을 구축하고 지역특성을 살린 상생형 균형발전정책을 추진해 갈 수 있을 것이다.[16]

3) 충청권 자치행정은 연계 · 협력적 지방정치 · 행정체제가 구축되는 체제 속에서 시민사회와 연계하여 운용되는 거버넌스체제가 작동되어야 한다. 특히 충청권역을 경제권역으로 개발하기 위해서 각 지역특성에 맞는 산업의 육성을 산 · 학협력 클러스터를 활용할 필요가 있고, 지역거점도시의 산 · 학 · 연 · 관이 효율적으로 협력하는 도시권을 구축해야 한다. 여기에서 충청권 역점정책사업 체계를 정비하고, 신산업과 연계한 지역별 발전안을 모색해야 한다. 그리고 지역간 연계 · 협력 관광자원을 발굴하고 지원해야 할 것이다.

4) 중앙정부와 충청권역의 연계협력방안을 정치 · 행정적 측면에서 모색해야 한다. 충청권역 단체장의 리더십 제고와 충청권역 지역대표, 국회의원의 역량과 리더십이 필요한 이유이다. 이와 함께 국회와 지방의회와의 협력체제가 가동되어야 한다.

5) 자치분권2.0으로의 재설계를 통한 자유스러운 자치행정을 구현해야 한다. 국가와 지방자치단체간의 관계를 자치분권논리에 맞추어 재설계해야 한다. 특히 중앙통제와 기능배분이 그것이다.

6) 지역균형발전의 선도도시인 세종특별자치시를 활용해야 할 것이다. 충청권 균형선도도시를 창출해야 하며, 이와 함께 충청권역 내의 기초자치단체간의 협력방안을 모색해야 할 것이다. 특히 인구감소, 지방소멸지역으로 예측되는 자치단체는 주변 자치단체와 행 · 재정서비스를 통합적으로 활용할 수도 있을 것이다.

16 프랑스는 1982년 지방분권화와 더불어 레지옹을 광역지방자치단체로 승격시키고 수도권 및 비수도권 지역의 광역행정 및 지역계획을 수립, 추진할 수 있는 권한을 확대함과 동시에 중앙정부의 권한을 지방에 위임하는 행정분산을 병행 추진하였다. 또한 분권화시대에 걸맞게 국토정비 및 개발에 관한 법령 개정, 새로운 국토 및 지역계획모델로서 수도권계획에 계획계약제 도입, 분권화보조금 창설, 수도권 계획에 대한 레지옹의회의 권한확대와 참여 등이 강구되었다(최진혁, 2011).

7) 지리적 특성화된 여건을 활용한 지역발전을 모색해야 한다. 환황해경제권 구축, 광역교통망 구축, 첨단지식산업 확대, 다양한 관광자원을 연계활용한 관광산업 촉진 등의 지역발전을 꾀해야 할 것이다.

참고문헌

금창호. (2018). 광역연합제도의 도입방안 연구, 연구보고서 2018-02, 한국지방행정연구원.

김길수. (2008). 광역행정 실효화를 위한 특별지방자치단체의 도입에 관한 연구, 〈한국자치행정학보〉 22(2).

김익식. (1993). 특별지방자치단체 설치/운영의 활성화 방안, 연구보고서 제151권, 한국지방행정연구원.

김해룡. (2007). 특별지방자치단체에 관한 지방자치법 개정안에 대한 고찰, 〈한국자치법연구〉, 7(2).

김광익외. (2008). 〈국토경쟁력 강화를 위한 광역경제권 설정 및 발전구상〉. 국토연구원(2008-26).

김동주외. (2010). 〈글로벌 도시권 육성방안 연구(I)〉. 국토연구원.

김순은외. (2009). 지방정부간 협력방안에 관한 연구. 〈한국지방자치학회보〉 21(1).

김찬동.(2019). 〈메가리전(초광역경제권 Mega Region) 충청구상과 발전전략 : 대전세종의 상생협력 방안을 중심으로.

문미성외.(2008). 광역적 산업 · 기술협력 활성화방안. 경기개발연구원.

육동일.(2001). 대전광역도시권의 과제와 발전방안. 〈사회과학연구〉 12권.

이원섭.(2008). 광역경제권 구축방향과 과제. 〈산업경제〉 10월.

최진혁.(2002). 우리나라 지방분권의 발전적 고찰. 〈사회과학연구〉 13권(미간행).

최진혁.(2003). 충청권 행정환경의 변화와 발전과제. 〈사회과학연구〉 제14권.

최진혁.(2011). 프랑스 지방행정체제 개편 : 자치단체 통폐합. 〈한국지방자치학회보〉 23(4).

최진혁.(2015). 지방분권과 지역균형발전에 따른 세종특별자치시의 발전과제. 〈사회과학연구〉 26(4).

Baguenard, Jacques. (1996). *La décentralisation.* Paris : P.U.F.

Leclerc, Romuald. Paris, Yves. et Wachter, Serge. (1996). *Les régions au futur.* Paris : l'aube.

Moquay, Patrick. (1996). *L'intercommunalité en 12 facteurs.* Paris : Syros.

Moreau, J. (1994). *Administration régionale, départementale et municipale*. Paris : Dalloz.

DATAR. (2000). *Rapport d'activité aménagement du territoire.*

DATAR. (2006). Rapport d'activité 2005.

DIACT. (2008). Rapport d'activité 2007.

Http://www.premier-ministre.gouv.fr(검색일 : 2019.12.2).

Http://www.interieur.gouv.fr(검색일 : 2021.10. 15). Institutions/Structures territoriales/

Intercommunaux/Groupements intercommunaux
박상우, 권혁진.(1997). 지역균형발전시책의 평가와 발전방향. 국토연구원.
국토계획연구단.(2019). 제5차 국토종합계획(안) 2020~2040.
제5차 국토종합계획 수립을 위한 충청북도 발전방향(안), 2020~2040.
제5차 국토종합계획 수립을 위한 충청남도 발전방향(안), 2020~2040.
제5차 국토종합계획 수립을 위한 세종특별자치시 발전방향(안), 2020~2040.
제5차 국토종합계획 수립을 위한 대전광역시 발전방향(안), 2020~2040.
대전/충청권 행정협의회.(2000). 충청권 공동발전방안연구. 국토연구원.
대통령소속정부혁신지방분권위원회.(2003). 참여정부 지방분권의 비전과 추진방향.
대통령소속자치분권위원회.(2019). 2019년 자치분권 시행계획.
대통령직속국가균형발전위원회.(2019). 2019 국가균형발전프로젝트.
세종특별자치시.(2014). 충청권 미래비전 및 상생협력방안(비매품).
충청남도.(2000). 제3차 충청남도 종합계획. 충남발전연구원.
충청남도.(2005). 제4차 충청남도 관광개발계획.
충청북도.(1999). 21세기 충북발전계획 / 충북 CHANGE 21. 충북개발연구원.
충북발전연구원.(2014). 영충호시대 충북의 발전전략.
세종특별자치시.(2014). 충청권 미래비전 및 상생협력방안.
한국고용정보원.(2019). 2019 청년정책포럼.
한국지방행정연구원.(2002). 지방자치단체 조합제도 발전방안.
행정안전부 승인통계. (2019).
고용노동통계.(2016).
조선일보.(2021.3.30).
충북일보(2019.7.29). 강호축으로 여는 국토균형발전.
동아일보(2009.10)
한국경제(2021.8.9.)
한겨레 신문 2021.9.6
지방자치법전부개정안(2020.12.9.)

09

교육자치와 교육분권

01 우리나라 교육분권의 적정성 논의에 관한 연구
02 한국 교육자치의 개혁방향과 제도 재설계

01 우리나라 교육분권의 적정성 논의에 관한 연구

제1절 서론 : 문제제기

지방자치의 부활과 더불어 제기된 우리의 교육자치는 지방교육자치에 관한 법률을 제정하게 되었고(1991.3.6), 이에 근거하여 1991년 9월1일 각 시 · 도 교육위원회가 개원됨으로써 실질적 출발을 하게 되었다. 그러나 지방자치의 부활이 주민의 필요에 의해서 실현된 것이 아니라 중앙의 정치인들이 그들의 이해관계 하에 정쟁차원의 소용돌이 속에서 이루어졌다는 점에서 진정한 지방자치를 실현해나가기에는 일정한 한계를 인정해야 했던 것처럼 우리의 교육자치도 교육의 주체가 되는 교사 또는 학생, 학부모의 자발적 참여에 의해 비롯된 것이 아니라 중앙집권적 교육행정의 이해관계 속에 위로부터의 운동으로 전개되었다는 점에서 그 한계를 지닐 수밖에 없다. 그럼에도 불구하고 오늘날 우리의 교육(행정)환경의 변화는 우리의 교육자치, 교육분권의 필요성을 더욱 가속화시키고 있다.

우선 국가의 입장에서 보면 그동안 정부수립후 반세기에 가깝게 중앙집권방식에 의한 행정수행방식으로 길들여진 행정체제로는 더 이상 효율적인 행정을 산출할 수 없음을 인식하게 되었다는 사실이다. 따라서 중앙에 집중되어 있는 권한과 기능은 점차 지방정부로 이양하게 되었고, 그에 따라 지방정부의 자율권이 신장되고 책임행정이 강화되기에 이르렀다. 그런 측면에서 교육행정도 교육인적자원부에서 지방교육자치기관에 권한이양을 하게 되고 교육자치기관의 자율과 책임 하에 교육행정서비스를 제공하게 되었다(중앙정부에서 지방교육기관으로의 분권). 다음으로 지방자치단체의 입장에서 보면 어떻게 하면 자치의 주체인 주민에게 보다 값싸고 양질의 서비스를 제공할 수 있을 것인가를 고심하게 되었다는 점이다. 여기서 지방정부는 시장경제의 논리 하에 민간부문과 경쟁을 할 수밖에 없는 상황으로 행정업무의 질적 변화, 지방공무원의 전문화, 행정장비의 과학화, 지방정부의 경영합리화를 도모하게 되었던 것이다. 교육행정도 같은 맥락 하에 고비용 · 저효율의 교육행정구조를 개혁하여 교육의 자율성, 전문성 및 특수성을 주장하게 되었다(일반행정기관에서 교육행정기관으로의 분권; 교육행정기관 자체 내에서의 분권). 마지막으로 주민의 입장에서 보면 주민들도 이제는 자기지역의 문제에 직접 참여하여 어떻게 하면 우리 자치단체를 위해 우리의 권리와 의무를 다할 수 있을 것인가를 깊이 생각하게 되었다는 점이다. 즉, 집권화 방식의 운영에서 오는 주민의 소극적 자세를 지양하고 분권화를 통하여 주민의 민주화 훈련을 제고시키지 않을 수 없게 되었다는 점이다. 따라서 주민의 자치의식 함양, 참여확대에 따라 보다 나은 서비스에의 요구 내지 삶의 질을 고양하는데 관심을 피력하게 되었으며, 주민의 자율과 책임의식의 고양으로 자연히 관치행정에서 자치행정으로 전환되기에 이르렀다. 이러한 맥락에서 교육주체가 되는 교사, 학생, 학부모가 자율과 책임으로 교육활동을 행사할 수 있도록 그들의 참여확대가 요구되고 있는 것이다(교육행정기관에서 단위학교로의 분권).

요컨대, 오늘날과 같이 다원화된 사회에서는 국가가 더 이상 모든 일을 중앙에서 결정하고 처리하는 집권체제로는 그 실효성을 기대할 수 없게 되었으며, 지방정부도 그동안 공공서비스 공급에 일방적이고 직접적인 책임을 지는 경향으로는 그 효율성을 기대하기 어려워 이제는 민간부문, 자원봉사 영역 등 다양한 사회부문이 공동으로 참여하는 공공-민간 동반자적 주민서비스 공급체계로 변하고 있다.[1] 이러한 배경에서 교육자치제는 중앙의 교육행정권한을 지방으로 분산시켜 지방교육의 자율적인 민주적 교육통치를 실현시키고, 그럼으로써 과거의 권위주의적 교육행정에서 벗어나 주민이 참여하는 민주적 교육행정을 가능케 하고 지역의 실정에 맞는 교육행정서비스를 도모할

1 이는 과거의 관료나 정치엘리트에 의한 일방적인 통치가 아닌 사회의 다원적 참여구조(네트워크)를 통한 지배와 신자유주의철학을 토대로 한 시장경제원리에 바탕을 둔 '로컬 거버넌스(Local Governance)'의 개념으로 받아들이고 있다.

수 있어 지방교육의 특성을 활성화할 수 있다는 점에서 그 중요성이 인식되고 있다. 특히 우리 교육행정은 그동안 일반행정을 위주로 한 지방분권을 강조하면서 교육자치를 배제한 까닭에 자치행정의 한계를 깊이 인식할 수밖에 없는 상황이었다. 왜냐하면 지역의 인재를 육성하고 관리하는 일이 지역의 자치행정에서 중요한 과제가 되고 있기 때문이다.

이러한 배경에서 본 연구는 지방교육발전을 위한 교육분권의 방향은 어디로 설정해야 할 것인가에 대한 물음에 답하고자 한다. 이를 위해 그동안 실시된 교육자치제도의 논쟁점을 기초하여 교육분권이 되기 위한 중요한 구성요소를 중심으로 적정성모델[2]을 설정해 보고, 그에 따라 우리 교육자치의 현황을 분석해 보고자 한다. 그러기 위해 우선 지방교육자치에 관한 법률을 중심으로 지방자치와 교육자치의 관계 하에 교육자치의 이념적 배경을 고찰해보고, 우리나라의 교육분권의 적정성 논의를 분석틀에 따라 그 주요요소인 교육자치기관구성형태, 지방교육자치기관간의 관계, 지방교육자치에 대한 중앙정부의 지도 · 감독, 지방교육자치에 대한 주민참여 · 통제를 중심으로 논의하고자 한다.

제2절 교육분권의 이론적 배경

교육분권은 교육에 관한 지방분권이므로 지방분권을 전제로 성립되는 개념이며 교육자치와 연계하여 실현된다. 따라서 지방분권의 큰 틀 속에서 교육의 분권화를 논의해야 할 것으로 보인다. 일반적으로 지방분권과 교육분권의 개념과 조건은 다음과 같다.

1. 지방분권과 교육분권의 개념

오늘날 대부분의 국가에서는 통치권이나 행정권한을 중앙정부와 지방정부가 분담하

2 교육분권의 적정성모델은 우리나라의 적당하고 올바른 교육분권의 내용을 제시하기 위한 기본적 틀(basic framework)로서의 의미를 지닌다.

여 처리하고 있다. 일반적으로 중앙집권은 국가공동체 내의 결정권한과 업무가 중앙에 집중되어 있고 지방자치단체가 국가의 하부행정기관으로 존재하는 국가형태라면 지방분권은 지방자치단체에게 결정권과 업무가 이전되어 있는 국가형태라고 할 수 있다(이기우, 1997 : 98). 이는 곧 국가내의 권력의 지리적 배분을 의미하는 것으로 지방자치단체에 적용된 분권으로 볼 수 있다.

교육분권도 같은 맥락에서 교육행정권한을 중앙정부, 지방자치단체, 학교라는 중층구조 속에서 지방자치단체(교육청)에 결정권과 업무가 이전되어있는 상태를 의미한다. 요컨대 본 연구에서는 중앙정부의 교육권한이 지방정부로의 이전을 교육분권화로 규정하고자 한다.[3]

2. 지방분권과 교육분권의 조건

지방정부가 주민들에게 보다 가까이 있어서 주민들의 욕구를 보다 잘 알고 있기 때문에 주민들에게 보다 적합한 서비스를 제공해줄 수 있다는 것이 지방분권의 기본논리이다. 즉, 자원의 효율적 배분은 서비스 공급에 대한 책임이 그 서비스의 수혜자를 가장 잘 대표해주는 정부계층에 부여될 때 가능하다는 것이다(Ter-Minassian, 1997). 즉, 지방분권을 통해 보다 민주적이고 참여적인 정부를 지향할 수 있고, 공공서비스와 주민의 서비스를 일치시킴으로써 지방정부의 정치지도자가 유권자에 대해서 대응성과 책임성을 확보해 나갈 수 있다는 것이다(Ter-Minassian, 1997 ; 홍준현, 2001 : 315). 동일한 논리로서 교육분권을 통해 지방정부가 교육수요자에게 보다 값싸고 양질의 교육행정서비스를 제공해줄 수 있다는 것이다.

우리나라의 지방분권은 단체자치 국가(대륙계 국가 : 프랑스)에서 보는 바와 같이 국가의 통일성 내에서 지방자치단체의 다양성을 보장하는 것이라 볼 수 있다. 따라서 국가의 일정한 감독과 지방자치단체의 자율과 책임성을 강조하게 된다. 그런 측면에서 지방분

3 분권화의 개념은 다양한데 조직이론에서는 계층제 내에서 상위 지위에 있는 권한을 하위지위로 이양하는 조직 내적 현상으로 보기도 하며(Stevens, 1994), 지방정부론에서는 중앙정부로부터 지방정부로 권한이 이전되는 정부간의 관계로 파악하기도 한다(Conyers, 1984).

권의 실현은 다음 다섯 가지 조건을 존중할 때 이루어진다고 볼 수 있다(Baguenard, 1996 : 17-70).

1) 지방(교육)사무의 존재

국가사무와 구별된 지방사무의 존재를 지방분권의 첫 번째 소여로 보고 있다(Rivero, 1990 : 394). 지방자치단체의 사무는 '지방의회의 자유로운 결정에 의해서 처리할 수 있다'고 규정할 수 있다. 이는 지방자치단체의 사무는 법률에 별도로 규정을 하지 않는 한 해당 자치단체의 이해에 관한 모든 사무(주민의 복리에 관한 모든 사무)가 지방자치단체의 자치사무로 된다는 것이다. 같은 맥락에서 국가사무와 구별된 지방교육사무가 교육분권의 제일의적 요소가 된다. 지방교육사무는 '지방교육의결기관의 자유로운 결정에 의해서 처리할 수 있다'고 규정할 수 있다. 이는 지방교육청의 교육사무는 법률에 별도로 규정을 하지 않는 한 지방교육에 관한 모든 사무는 지방교육청의 고유사무가 될 수 있다고 볼 수 있다.

2) 중앙권력으로부터의 독립적 지방기관(지방자치단체) : 교육행정전담조직의 존재

지방분권과 교육분권이 실현되려면 지방(교육)사무가 중앙정부로부터 독립된 지방(교육행정)기관에 의하여 책임있게 수행되어야 한다는 것이다. 즉, 중앙정부의 영향력 지배하에 자치단체의 기능이 상실되어서는 아니 되고, 지방교육행정기관(자치단체)이 그들의 책임성을 완전히 행사할 수 있어야 한다는 것이다. 그러기 위해 지방자치단체(지방교육행정기관)가 재정자치를 행사할 법인격을 부여받아야 하고 주민에 의해 선출되어야 한다는 것이다. 이는 국가(중앙정부)로부터 자치권을 부여받아 독자적인 권리의무의 주체가 되고 일정한 범위 내의 통치권을 행사하게 된다는 것이다. 한편 그 지역 내의 교육행정사무 처리에 있어 대표성과 고유한 영역이 설정되어야 한다. 이를 위해서는 일반행정으로부터 분리, 독립되어 교육행정만을 전담하는 조직이 있어야 한다.

3) 자율적 관리

중앙권한에 독립적으로 존재하는 지방기관은 그들의 기능을 행사하는데 있어 실제의 자치를 혜택받고 누려야 한다는 것이다. 이러한 기능적 독립성은 지방(교육)사무의 자치행정을 자연히 허용하게 되는 것이다. 즉, 주민에 의해 선출된 기관에 의한 자유로운 행정(관리)이 되어야 한다는 것이다(분권화된 행정구현). 지방교육행정의 자율성이 보장되어야 한다. 중앙정부의 권한과 기능이 이양, 중앙으로부터의 지시, 감독을 최소화하고 자율적으로 통제하도록 해야 한다.

4) 독자적인 재원 및 재정운용의 자주성

지방자치단체(지방교육행정기관)가 배분된 기능을 수행하기 위해 필요한 경비를 충당하기 위하여 중앙정부의 간섭을 받지 않고 독자적인 재원 및 재정운용의 자주성이 확보되어야 한다.

5) 교육행정에 대한 주민참여·통제

교육자치란 교육관계자들이 대표를 선출하여 그 대표들로 하여금 지방교육문제를 처리하게 하는 제도이므로 대표들이 교육행정을 제대로 수행하고 있는가에 대한 점검이 필요하다. 특히 지역 주민들의 교육행정에 대한 참여와 통제가 제도화되어야 한다(김신복, 1991 : 82).

3. 교육자치의 이념적 배경

1) 교육자치의 논리 : 중앙정부로부터 분권과 일반행정으로부터 분권 및 교육주체의 교육행정기관으로부터의 분권

우리나라 헌법은 "교육의 자주성 · 전문성 · 정치적 중립성 및 대학의 자율성은 법률이 정하는 바에 의하여 보장된다"고 선언하고 있고(제31조 제4항), 이에 근거하여 지방교육자치에 관한 법률은 "이 법은 교육의 자주성 및 전문성과 지방교육의 특수성을 살리기 위하여 지방자치단체의 교육 · 과학 · 기술 · 체육 기타 학예에 관한 사무를 관장하는 기관의 설치와 그 조직 및 운영 등에 관한 사항을 규정함으로써 지방교육의 발전에 이바지함을 목적으로 한다"고 규정하고 있다(제1조).

이렇듯 우리나라 헌법과 법률의 규정을 비추어 볼 때, 우리나라는 교육의 자주성과 전문성 및 정치적 중립성, 지방교육의 특수성을 보장한다는 지방교육자치를 천명하고 있음을 알 수 있다. 즉, 지방교육자치는 교육행정상의 지방자치를 뜻하는 데 그치는 것이 아니라, 더 나아가 교육의 자주성과 전문성 및 정치적 중립성을 확보할 수 있도록 지방자치의 테두리 안에서 독자적 기관에 의한 자율과 책임 하에 교육관리가 이루어지는 제도를 마련하자는 의미인 것이다.

이를 다시 해석해보면 지방교육자치제도는 중앙정부로부터의 분권(자치) 및 일반행정으로부터의 분권(자치)과 교육행정기관으로부터의 분권(자치)이라는 세 가지 요소를 함축하고 있다 할 것이다(그림 1-1 참조). 즉, 한편으로는 교육이 중앙집권적인 행정적 규율에서 탈피하여 교육자치기관이 자율과 책임 하에 교육·학예사무를 관장하고 주민자치의 영역에 귀속되게 함으로써 교육의 자율성과 책임성을 확보하고, 다른 한편으로는 교육 자체가 지니는 특수성·전문성을 보장하고 정치적 중립성을 확보할 수 있도록 일반행정의 영역에서 분리함으로써 독자성을 부여하려는데 그 뜻이 있는 것이라 할 수 있다. 특히 교육행정이 일반행정에 대해 차별성을 두어야 하는 이유는 교육활동이 비권력적이고 용역제공적인 성질의 것이기 때문에 공권력의 행사를 주된 수단으로 하는 일반행정과는 다르기 때문이다(이상규, 1992). 더구나 미래의 주역이 될 우리 아이들의 학습권과 교원들의 교육권을 효과적으로 보장하려는 요구를 제도적으로 반영해 주어야 하기 때문이다. 그렇기 때문에 교육자치는 교육행정기관으로부터 각급 단위학교에의 분권으로 나타난다. 즉, 현장에서 교육을 행사하는 교육주체[4]가 교육행정기관의 획일적인 규제와 간섭으로부터 독립하여 법규의 범위 내에서 자율과 책임으로 교육을 하도록 보장받아야 하는 것이다. 이런 측면에서 교육자치는 국가로부터의 분권논리로서 중앙정부와 지방교육자치기관과의 기능배분, 중앙통제 등을 고려해야 하고, 일반행정으로부터의 분권논리로서 기관구성의 통합·분리문제에 따른 권한배분 및 상호견제관

4 교육주체는 교사, 학생, 학부모로 볼 수 있다. 교육주체를 교사에 한정하는 사고는 교육활동이 교사, 학생, 학부모 또는 지역민과의 상호작용을 통해 이루어진다는 점에서 그 타당성이 낮다고 볼 수 있다.

계를 살펴보아야 하며, 교육행정기관의 분권논리로서 학교자치를 살펴보아야 한다(그림 1-1 참조). 교육자치가 교육행정청의 간섭으로부터 교육주체의 자주성을 보장하기 위한 제도라고 한다면 그 기본적인 실시단위는 학교가 되기 때문이다.

2) 교육자치의 이념·원리

지방교육자치제는 지방분권사상과 주민통제라는 자유주의 이념에 근거하여 일정한 구역을 기초로 (주민이 선출한 또는 주민대표<교사, 학부모>가 선출한) 교육자치기구를 두어 주민의 부담과 책임 하에 그 지방교육사업을 지방교육의 자주성과 정치적 중립성 및 전문적 관리를 통해 실현해 나가는 과정으로 이해할 수 있다. 따라서 다음과 같은 이념 내지 원리를 그 기본속성으로 하고 있다(노종희, 1992 : 463-465 ; 최창호, 1995 : 158).[5]

첫째, 지방분권의 원리로서 지방교육은 중앙정부에 의한 획일적인 지시와 통제를 지양하고 지방의 실정과 특수성을 고려하여 시행되어야 한다는 것이다. 따라서 지방교육은 국가로부터 일정한 독립성을 갖는 지방교육기관에 의해 자유스럽게 교육행정사무를 의결하고 집행해야 하는 것이다.

둘째, 분리 · 독립의 원리로서 교육은 본질적으로 가치창조적 활동이기 때문에 외부의 간섭이나 통제로부터 벗어나야 하며, 특히 일반행정으로부터 분리되어 그 독자성을 보장받아야 한다는 것이다. 이는 교육활동의 특수성 내지 전문성을 중시하는 원리로서, 교육에는 어떠한 외부적인 통제나 정치적 이용 또는 당파적 방편이 허용되어서는 아니 됨을 강조한다.

셋째, 전문적 관리의 원리로서 교육은 일반행정으로부터 분리 · 독립하여야 할뿐만

5 교육자치의 개념을 크게 세가지 부류로 나누어 설명하고 있다(이기우, 1998 : 168-170). (1) 교육자치란 "일정한 지역인 교육구와 그 교육구 내의 주민을 기초로 하는 교육 자치단체가 교육구내의 교육·학예에 관한 사무를 자기사무로 하여 교육자치단체 스스로의 권능과 책임 하에 주민이 부담한 조세를 주종으로 한 자주적 재원을 가지고... 주민이 선정한 자신의 기관에 의하여... 교육자치단체의 구성원인 주민의 의사에 따라서... 집행하고 실행하는 것(조성일·안세근, 1996 : 27)"으로 보고 있다. (2) 교육자치란 "지역 주민 또는 주민의 대표기구가 교육관련 전문인력을 활용하며 지역적 성격을 지닌 교육사무를 자율적으로 처리해 나가는 것"으로 보는 견해가 있다(김병준, 1998 : 6). (3) 교육자치란 "교육사무를 교육공동체가 자율적인 권한을 가지고 그 구성원인 교육주체의 참여 하에서 민주적으로 의사를 결정하고 수행하는 것"을 의미한다. (1) (2)는 교육자치의 단위를 지방으로 보고 주민참여로 처리해나가는 것이라고 보는 점에서 공통점을 가지고 있으나 전자가 지방교육행정기관을 지방자치단체의 일반행정기관과 별도의 독립한 기관으로 구성해야 한다는 것을 전제로 하는데 비하여 후자는 지방교육행정기관의 분리 · 독립을 반드시 전제로 하지 않는다는 점에 차이가 있다. (3)은 교육자치의 단위를 학교로 한다는 점에서 (1) (2)와 차이가 있으나 지방자치단체의 교육사무를 주민이 참여하여 처리해야 한다는 것을 전제로 하고 있다는 점에서 (1) (2)와 공통점을 가진다.

아니라 그 자체가 전문적인 지식과 기술을 갖춘 요원들에 의하여 관리되어야 한다는 것이다. 더 나아가 전문성을 띄고 있는 교육활동에 있어서 전문가인 교육자들의 판단과 결정이 존중되어야 한다는 것이다. 이는 교사들의 전문가적 자율성이 보장되어야 함을 의미한다.

넷째, 주민통제의 원리로서 교육의 민주성을 중시하여 주민들의 요구에 부응하는 교육이 되어야 한다는 것이다. 그러기 위해서는 교육정책과정과 집행과정에 주민들이 최대한 참여해야 한다.

4. 선행연구 검토

그동안 우리나라 교육자치에 관한 연구는 일반행정학자와 교육행정학자간에 교육자치를 어떻게 해석하느냐의 관점의 차이에 따라 다른 주장으로 나타났다. 즉, 전자는 교육자치의 이념을 지방분권, 지방자치의 큰 틀 속에서 효율성, 민주성을 강조하여 일반행정과 교육행정을 통합하는 방안을 제시한 반면, 후자는 교육행정의 독자성, 자주성, 전문성을 강조하여 교육행정을 일반행정에서 분리하여 독립하게 하는 방안을 강구하게 하였다(표 1-1, 표 1-2 참조).[6] 일반행정과 교육행정의 갈등관계는 교육법제정(1949년)시부터 교육위원회의 기관성격을 어떻게 할 것인가(의결기관, 자문기관)로 시작되어 중등교원봉급보조금, 교육세운용을 어떻게 할 것인가(전액 문교부를 통한 보조, 독립세원의 교육세 신설 ; 지방자치단체를 통한 보조, 지방세 부가방식의 교육세 유지), 교육세원을 어떻게 할 것인가(재산세

6 윤정일 교수는 "지방교육자치제, 개악하지는 말자"에서 과거의 합의제 집행기관의 성격을 지닌 교육위원회의 부정적 경험에서 의결기관과 집행기관을 분리하여 완전한 자치기관으로 역할을 하도록 하였던 상황에서 왜 복귀해야 하는가에 의문을 두어 비판하고 있다. 같은 맥락에서 일본의 교육행정학자들도 한국의 교육자치(교육행정과 지방행정이 분리되어 운영되는 교육자치제도)가 일본의 교육자치제보다 발달되어 있음을 시인하였는데 왜 일본제도를 모방하려는가에 대해 질책하고 있다(윤정일, 1998 : 4-8). 물론 최근에 교육학자의 교육행정과 지방행정의 연계방안을 제시한 연구도 있다. 여기에서 보면 교육행정과 지방행정간의 뿌리깊은 갈등의 역사를 인식하여 양 기관과의 신뢰를 우선 회복한 후 연계확대를 도모해야 할 것으로 보고 있다. 또한 교육자치의 본질을 교육행정가나 교육자의 권한확대에 두는 것이 아니라 교육발전에 두고, 교육의 특수성을 강조하여 그 연계방안을 밝히고 있다. 교육행정과 지방행정을 연계하자는 논의의 배경에는 대체로 세 가지 부류로 조사되고 있는데, 즉, 양자간의 연계확대를 통해서 첫째, 지방자치단체의 교육투자를 이끌어내려는 집단으로 교육계 인사와 지역주민이 해당하고, 둘째, 교육의 권한을 확보하여 정치적으로 이용하고자 하는 집단으로 지방행정관계자들이 해당하며, 교육재정에서 책임을 벗어나려는 집단으로 중앙정부의 예산부처관계자들이 해당한다는 것이다. 그 중 첫 번째 동기만이 표면화되어 나타나고 두, 세 번째 동기들은 드러나지 않는 것이 일반적이라고 한다(송기창, 2004 : 12-17). 또한 교육자에게 있어 교육은 권한이 아니라 책임이지만, 정치인들은 교육을 책임이 아니라 권한으로 인식하는 경향이 있음을 비판하고 교육을 책임으로 인식하는 교육자의 입장에서 지방교육자치제도의 개선을 접근해야 함을 천명하고 있다.

에 교육세 부가, 불가), 지방교육재정부담을 어떻게 할 것인가(교육재원 GNP 5%확보) 등 주로 교육위원회성격과 지방교육재정문제로 비롯되고 있다(송기창, 2003 : 2).

이런 배경에서 일반행정기관과 교육행정기관과의 관계설정을 어떻게 할 것인가를 놓고 (각각의 의결기관과 집행기관의 상호 조합형태에 따라) 다양한 교육자치모형을 제시하여 왔다(그림 1-1 참조)(김태완, 1997 : 50 ; 정윤길, 2000 : 257-260). 그리고 교육자치의 연구경향은 교육자치의 바람직한 방향을 제시하기 위한 것이 주가 되었는데 일반적으로 지방교육자치에 관한 법률을 중심으로 그 논의의 중점을 교육자치기관구성형태, 일반행정과 지방행정간의 연계(일반지방자치기구와 지방교육자치기구의 일원화)[7], 교육의 지방분권 강화, 지방교육행정의 중립성 확보(이승종, 1999 : 7-16), 교육자치의 실시구역, 교육위원회의 성격, 지방의회의 감사 · 조사권, 교육위원의 선출, 교육감의 선출, 지방교육행정의 조직 및 인사관리, 지방교육재정 등에 두었다(이일용, 1994 : 17-36).

그리고 최근 교육감선거과정에서 나타난 문제점과 교육위원회와 시 · 도의회로 이원화된 의결기구에 따른 비효율적 행정의 문제점을 해결하고자 지방교육자치에관한법률 전부개정법률안을 제안하고 있다. 그 구체적인 사안은 다음과 같다. 즉, ①교육위원회를 시 · 도의회내 상임위원회로 전환하고, ②교육감 · 교육의원을 주민직선제로 하며, ③교육감 사무의 위임 · 위탁대상을 확대하고, ④시 · 도교육청의 자율성을 확대하며, ⑤지방교육에 관한 협의기구를 마련하고, ⑥교육감선거를 지방동시선거로 연결하기 위해 교육감 임기 등에 대해 경과조치를 마련한 것이 그것이다(지방교육자치에 관한법률 전부개정법률안, 2005).[8]

---

7 교육자치제 실시방안에 대해 대체적으로 정부출연연구기관을 위시하여 그동안 한국행정학회, 지방자치학회, 교육행정학회 등에서 많은 연구가 행해졌다. 처음에는 교육자치제 실시단위, 교육위원회 선출방식, 교육자치기구의 구성과 기능 등 중점을 두어 연구해 오다가 지방자치제 실시에 따라 교육자치와의 연계성 연구에 관심을 나타내기 시작하였다. 즉, 의결기관인 지방의회와 교육위원회와의 연계, 집행기관인 시 · 도 교육청의 기능·조직면에서의 연계, 재원확충면에서의 연계 등이 연구되었다(한국행정학회, 1991). 이와 관련하여 최근 한국교총의 지방교육자치제의 개선방안으로 제기되고 주요 사안은 다음과 같다. 즉, ①시 · 도교육위원회의 독립형의결기관화 : 시 · 도의회 특별 상임위원회로의 통합반대, ②교육감 · 교육위원의 주민직선제도입 및 선거공영제실시, ③부교육감제개선 : 행정담당과 학무담당으로 복수화, 교육전문직 보임확대, ④기초단위 교육자치제 실시, ⑤지방교육재정의 안정적 확보 및 투자확대가 그것이다(한국교원단체총연합회, 2005).

8 백원우의원 외 27인이 2005.4.19일 발의한 내용이다.

<표 1-1> 일반행정과 교육행정

	일반행정	교육행정
교육자치의 주요이념	지방분권, 주민통제, 효율성, 민주성	분리/독립, 자주성, 전문성
교육자치기관구성형태 (지방자치기관, 교육자치기관)	통합	분리
교육위원회 성격	합의제 집행기관	독립형 의결기관

<표 1-2> 일반행정과 교육행정의 갈등쟁점사안

쟁점	교육법제정 · 교육위원회설치	중등교원봉급보조금, 교육세운용	교육세법제정 여부	교육세원	교육위원회 성격
일반행정	자문기관	지방자치단체를 통한 보조, 지방세부가방식	지방세부가방식	재산세에 교육세 부가 불가	합의제집행 기관
교육행정	의결기관	전액문교부를 통한 보조, 독립세원의 교육세 신설	독립세원의 교육세신설	재산세에 교육세부가	독립형의결 기관

자료 : 송기창(2003 : 2) 재구성하여 정리함.

<그림 1-1> 일반행정과 교육행정의 관계설정에 따른 교육자치모형

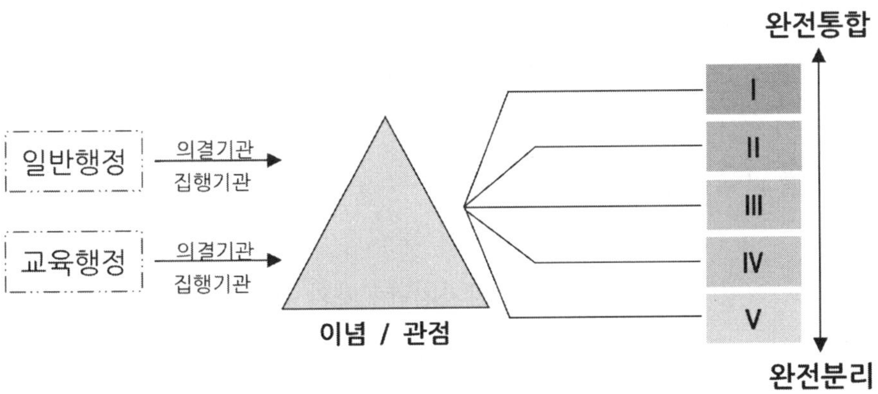

1) I 유형 : 일반행정과 교육행정의 의결기관과 집행기관을 일반행정의 기관으로 통합하는 방식으로 완전통합형으로 명명할 수 있다. 이는 교육행정의 의결기관인 교육위원회는 폐지되고 교육에 관계된 의결권을 지방의회로 귀속시키고, 교육행정의 집행기관은 자치단체장 아래 교육부시장 내지 교육감을 두는 내용을 골자로 한다.

2) II 유형 : 일반행정과 교육행정의 집행기관은 분리시키되 의결기관은 일반행정의 의결기관인 지방의회에 단일화시키는 유형이다. 그런데 교육행정의 의결기관인 교육위원회를 합의제 집행기관으로 할 수 있다.

3) III 유형 : 일반행정과 교육행정의 집행기관은 분리시키되 의결기관은 상호 연계할 수 있도록 하는 유형이다. 즉, 교육위원회를 지방의회의 분과위원회로 둘 수 있다.

4) IV 유형 : 일반행정과 교육행정의 집행기관은 (완전) 분리시키되 의결기관은 분리하면서도 부분적 연계가 가능하도록 하는 유형이다. 즉, 교육위원회를 위임형 의결기관으로 둘 수 있다. 교육위원회는 지방의회가 위임하는 사항에 한하여 의결권을 행사하게 한다.

5) V 유형 : 일반행정과 교육행정의 완전분리형으로 일반, 교육행정 각각 의결기관과 집행기관을 상호 독립적으로 두는 유형이다. 즉, 교육위원회를 독립형 의결기관으로 둘 수 있다.

대체적으로 일반행정학자들은 일반행정과 교육행정을 통합하는 틀 속에서 I, II, III, IV 유형을 연구하면서 특히 II 유형에 관심을 두고, 교육행정학자들은 교육의 자주성, 전문성 확보를 강조하면서 V 유형을 선호하는 연구를 행해왔다.[9]

제3절 교육분권의 적정성 논의

교육분권의 적정성논의는 국가와 지방자치단체와의 관계(교육부와 지방교육청과의 관계), 지방교육기관구성형태을 어떻게 설정할 것인가에 대한 일반행정과 교육행정관의 관계정립, 지방교육청과 단위학교와의 관계, 주민과 단위학교와의 관계 속에서 학생, 학부모의 교육권 확보와 교사중심의 교육적 성과를 통해 파악할 수 있다(그림 1-2, 표 1-3 참

9 교육행정학자들은 일반행정학자들이 제시하는 II, IV 유형은 정당배경을 가진 지방의회의원들이 교육 · 학예에 관여하게 되어 교육의 정치적 중립성을 보장받을 수 없게 하며, 교육자치가 지방자치에 흡수 · 통합되어 교육의 자주성과 전문성이 크게 훼손될 것을 우려하고 있다(김명한, 1996 : 45-46). 교육의 자주성 확보를 지나치게 강조하다보니 교육행정이 교육을 잘 수행하기 위한 행정의 방향으로 기능발전하기 보다는 일반행정으로부터 완전 분리 · 독립을 지향하며 배타적 · 폐쇄적으로 이루어져 왔다고 인식하고 있다(김태완, 1991 : 21).

조). 본 연구는 교육분권의 적정성 모델을 이론적 분석틀로 하여 우리나라의 교육분권의 적정성은 어떠한 방향에서 어떠한 내용으로 설정되어야 하는가를 일곱가지 적정성 판단기준에 따라 제시하고자 한다.

<그림 1-2> : 교육분권의 적정성모델

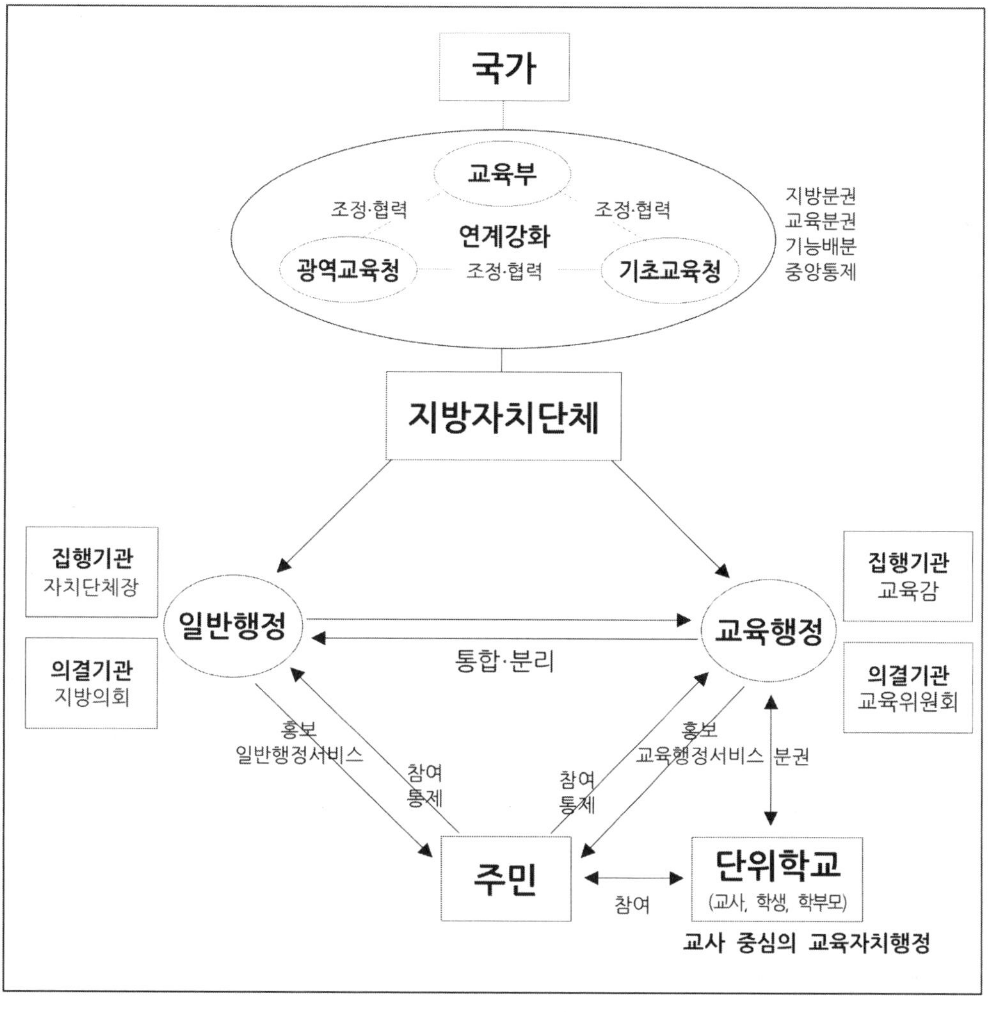

<표1-3> 교육분권의 적정성 판단기준

적정성 판단기준	내용
1) 중앙과 지방의 관계 : 국가와 지방자치단체간의 연계, 교육부와 지방교육청의 연계	중앙정부, 지역교육청, 지역교육청간의 연계강화 : 국가와 지방의 통합교육행정구축
2) 지방교육자치에 대한 중앙정부의 지도 · 감독과 기능배분	강력한 중앙통제 : 교육인적자원부장관의 교육감에의 취소 · 정지권(합목적성의 통제), 직무이행명령권, 대집행권
3) 교육자치기관의 구성형태	일반행정과의 분리 · 통합모델
4) 교육자치기관과의 관계 : 교육위원회와 교육감의 관계, 교육위원회와 지방의회와의 관계	교육감의 권한 강화 : 교육감의 교육위원회나 지방의회의 의결사항에 대한 선결처분권, 제소에 대한 집행정지결정 교육위원회=지방의회의 전심(前審)기관
5) 지방교육자치에 대한 주민참여 · 통제	교육위원, 교육감 선출방식 (합리적인 선거제도 도입)
6) 단위학교 중심의 교육자치행정	교사, 학생, 학부모의 교육공동체
7) 교사(교육전문가) 중심의 교육자치행정	교사의 교육성과(자율성, 책임성)

1. 중앙과 지방의 관계 : 교육부와 지방교육청의 연계

교육행정은 일반지방자치단체와 별도의 독자적인 인사체제를 운영하고 있다(김태수, 2003 : 150). 따라서 일반자치에 대한 교육자치의 종속현상에도 불구하고 연계성이 미비하다. 국가로부터의 지방교육청에의 권한이 이양되고 교육분권이 실현된다 하더라도 중앙과 지방이, 지방과 지방이 서로 격리된 채 교육행정을 추구해서는 아니 된다. 지방교육의 자주성과 독립성만을 주장하여 국가와 다른 지방교육청과의 관계가 정립되어 있지 못하다. 따라서 중앙정부, 지역교육청, 지역교육청간의 연계성을 강화한 국가와 지방의 통합교육행정시스템을 구축할 필요성이 제기된다.

2. 지방교육자치에 대한 중앙정부의 지도·감독 논의

지방교육자치에 관한 법률 제47조 제2항은 "교육인적자원부장관은 교육감의 명령 또는 처분이 법령에 위반되거나 현저히 부당하여 공익을 저해한다고 인정될 때에는 기간을 정하여 서면으로 시정을 명하고 그 기간 내에 이행하지 아니할 때에는 그 명령 또는 처분을 취소하거나 그 집행을 정지할 수 있다. 이 경우 교육 · 학예에 관한 자치사무에 대한 명령이나 처분에 있어서는 법령에 위반하는 것에 한한다"고 규정하고 있다. 즉, 교육 · 학예에 관한 자치사무에 대한 교육감의 명령 · 처분이 위법하다고 판단되거나, 위임사무에 관한 명령 · 처분이 위법 또는 부당하다고 인정될 때 교육인적자원부장관은 법원에 소송을 제기하지 않고 그 자의적 판단에 근거하여 취소 · 정지할 수 있도록 하고 있는 것이다.

지방자치단체 교육 · 학예사무에 관해 교육감의 명령 · 처분이 위법하다고 인정되더라도 교육인적자원부장관이 바로 취소 · 정지시킬 수 있다는 견해는 교육자치이념에 배치되는 강력한 통제사항이 된다. 왜냐하면 독립된 법원의 판결에 의한 합법적 통제가 아니라 개인의 자의적 판단으로 합목적적 통제가 되기 때문이다. 즉, 지방교육행정을 수행함에 있어 구체적 법률상 쟁송이 있는 경우에 (당사자로부터의 쟁송제기를 전제로 하여) 무엇이 적법이며, 무엇이 위법인가를 판단 · 선언함으로써 법질서의 유지를 목적으로 하는 작용은 사법부의 기능영역이지 교육인적자원부의 권한사항이 아니라는 뜻이다.

또한 "교육감은 교육 · 학예에 관한 자치사무에 대한 명령이나 처분의 취소 또는 그 집행의 정지에 대하여 이의가 있을 때에는 그 취소 또는 정지처분을 통보받은 날부터 15일 이내에 대법원에 제소할 수 있다"(제47조 제2항)고 하고 있다. 이 규정은 일반적인 법상식에 맞지 않는다고 본다. 왜냐하면 소송에서는 본래 위법임을 주장하는 측이 그 취소 정지를 구하는 소를 법원에 제기하는 것이 법상식인데 이와는 정반대로 위법하다고 판단하는 교육부는 교육감의 명령 · 처분을 자의적으로 취소 · 정지할 수 있도록 규정해놓고 교육감에게 억울하면 법원에 소를 제기하도록 하고 있기 때문이다.

이에 더하여 교육인적자원부장관은 교육감에게 직무이행명령권과 대집행권을 인정하고 있다(동법 제48조). 법원이 발해야 할 직무이행명령권을 어떻게 교육인적자원부장관이 행하고 있는지 알 수가 없다. 소송절차도 거치지 않고 교육인적자원부장관에게 직무이행명령권과 그 불이행시의 대집행권까지 부여하고 있는 것은 교육자치를 크게 말살하는 조치라고 볼 수밖에 없다.

3. 교육자치기관구성형태 : 일반행정과의 분리모형

우리나라는 교육 · 학예사무의 전문성과 독자성을 감안하여 지방자치단체의 일반기관으로서의 의결기관인 지방의회와 집행기관인 자치단체장과는 별도의 특별기관으로서 교육위원회와 교육감을 설치하고 있다(분리모형). 교육자치는 행정자치부와 관계되는 일반지방자치단체와는 별도로 교육인적자원부와 연결되어 독립적으로 운영되고 있다(진재구, 1999 ; 김태수, 2003 : 149). 지방교육자치에 관한 법률은 특별시 · 광역시 · 도에 교육 · 학예에 관한 사무의 심의 · 의결기관으로 교육위원회(동법 제3조)와 그 집행기관으로서 교육감(동법 제20조)을 설치하도록 하고 있어 광역자치단체에 한하여 교육자치를 허용하고 있음을 알 수 있다.

요컨대 여기에서의 문제는 교육자치기관을 구성하는데 있어 일반행정과의 관계를 어떻게 할 것이냐가 대두된다. 즉, 일반행정과 분리된 상태에서 교육행정을 수행할 것인가, 아니면 일반행정과 연계하여 교육행정을 수행할 것이냐의 문제이다. 전자의 경우는 교육행정을 일반행정과 별도로 그들만의 의결기관과 집행기관을 두어 교육 · 학예업무를 관장하게 하겠다는 것이다. 즉, 시 · 도교육위원회를 시 · 도의회로부터 독립적으로 의결기관화 하고 교육감을 집행기관으로 존치시켜 교육에 관한 의결권을 지방의회에서 배제하는 형태를 생각할 수 있다. 후자의 경우는 교육행정을 일반행정과 통합 내지 연계하는 형태로 현재의 시 · 도교육위원회를 합의제 집행기관으로 하고 교육감을 교육위원회에 흡수 · 통합하여 시 · 도의회-교육위원회형으로 하는 방안이 있을 수 있겠다(정세욱, 1996 ; 윤정일, 1995). 지방교육의 조직을 일반행정조직과 별도로 하는 분리모델은 교육의 전문성과 중립성을 높이고, 교육의 질적 향상을 도모할 수 있고, 특히 교육위원을 주민직선에 의하여 선출하는 경우 교육의 주민의사를 충분히 반영할 수 있다는 장점을 갖게 된다. 그러나 교육조직을 별도로 운영함에 따라 행 · 재정상의 혼란과 낭비를 가져올 수 있다.[10] 여기서는 교육자치기구 구성에 따른 현행 분리모형을 채

10 지방교육의 조직을 일반행정조직에 통합시켜 일반행정과 교육행정이 밀접한 연계를 가지는 통합모델은 영국에서 찾아볼 수 있다. 지방교육자치에 있어 지방의회가 중심이 되어 그 하나의 분과위원회인 교육위원회를 두어 교육사무를 관장하고 있다. 다만 교육위원회의 구성은 지방의원들만으로 하는 것이 아니라 그 위원 정수의 절반정도까지 지방의회가 선출하는 교육전문가들로써 구성함으로써 교육행정의 전문성을 보장하고 있는 것이다(최창호, 1995 : 160).

택하는데서 비롯되는 문제점을 제시하고자 한다.

1) 교육행정기관의 자치

우리나라의 교육자치는 교육행정이 일반행정에서 분리하여야만 이루어질 수 있다는 시각에서 분리모델을 채택하고 있다. 그러나 이 모델은 지방자치의 틀 밖에서 교육자치를 생각하고 있다는 점에서 그 한계를 가진다. 즉, 교육행정기관이 일반행정으로부터의 독립만을 강조해 현장 학교에서의 자율성 추구는 보장받지 못하고 있는 실정이다.[11] 또한 교육자치는 조직론적 시각에서 법인격을 부여받은 자치단체가 아니라 교육의 특수성을 감안하여 일반지방자치단체에 부속적으로 별도로 설치된 기관에 불과하다는 것이다(김태수, 2003 : 149).

2) 일반행정으로부터의 분리

교육행정이 일반행정에서 분리되어 있기 때문에 일반행정으로부터 교육에 대한 행·재정적 지원을 받지 못하고 있다. 예를 들어 학교부지확보, 교육시설의 설치 및 관리 등에 있어 일반행정의 적극적 지원을 기대하기 어렵다는 것이다.

3) 의결권 이원화에 따른 비효율

지방교육사무에 대한 의결권의 이원화는 교육행정의 비효율을 낳고 있다. 교육위원회는 교육·학예에 심의·의결기능을 행사하고 있으나 최종의결기관이 아니며, 핵심사무에 대하여 지방의회의 의결을 거치도록 되어 있어 이에 따른 행정력 낭비가 심할 뿐만 아니라 의사결정과정에서의 기관간의 갈등·대립으로 인한 업무 비효율도 심한 형편이다.

더 나아가 일반지방행정과 유사한 기능을 지방교육행정기관이 행하게 됨으로써 행·재정적 낭비를 초래하고 있다. 조직과 인력의 중복 보유뿐만 아니라 일반행정과의

11 그러한 맥락에서 이승종 교수는 현행 지방교육자치제는 마치 일반행정과 교육행정간의 분리독립이 교육현장의 자율성을 보장하는 것처럼 호도하면서 실제로는 교육행정기관 내지는 교육자집단의 독자적 영역만을 강화하도록 운영되고 있다는 점에서 비판받아야 한다고 주장하고 있다(이승종, 1999 : 9).

협조가 필요한 관련 기능의 수행에 있어서도 기관의 분리 · 독립에 따라 상호 교류가 미흡하여 업무비효율을 초래하는 경우가 적지 않다.[12]

4) 광역단위의 교육자치

현행 교육자치는 일반지방자치와는 달리 광역단위로 시행함으로써 교육활동에 대한 주민의 직접 또는 간접적인 참여와 통제를 곤란하게 할 뿐 아니라 교육현장(학교)에의 주민접근을 어렵게 한다. 또한 현행 광역 단위의 지방교육자치는 기초단위에서의 일반행정과 교육행정과의 연계를 차단하고 있다. 즉, 일반행정은 기초단위로 자치행정을 시행하고 있는데 교육행정은 광역단위로 교육자치를 시행함으로써 기초단위에서 일반행정과 협의를 위해서는 광역단위의 교육행정기관을 경유해야하는 행정낭비의 어려움이 발생한다.

4. 지방교육자치기관간의 논의

여기서는 교육 · 학예 사무의 의결기관인 교육위원회와 집행기관인 교육감과의 관계와 일반행정과의 연계 하에 교육위원회와 지방의회와의 관계에서 문제가 제기될 수 있는 규정을 살펴보기로 한다.

1) 교육위원회와 교육감

교육위원회는 교육감의 권한에 속하는 중요사항에 대하여 의결권을 가지며, 지방의회에 제출할 조례안을 의결함으로써 당해 자치단체의 교육 · 학예에 관한 의사를 결정하고 교육감의 권한행사를 견제하는 역할을 수행한다. 반면에 교육감은 교육위원회의 임시회 소집요구권, 교육위원회의 의안발의권 및 조례공포권을 가지는 외에, 교육위원회의 의결에 대한 재의요구권과 선결처분권을 가짐으로써 교육위원회의 기능수행에

12 예를 들면 학생생활지도, 기능경기대회 참가, 청소년 직업교육, 공공도서관 운영, 청소년교육시설관리, 학교주변환경정화, 체육시설관리, 학교신설부지 선정 및 시설결정, 건축협의, 교육재정지원, 학자금지원 등의 업무는 어떠한 형태로든 일반행정과 관련성이 높은 업무이다(정세욱 외, 1991).

관여하고 있다. 여기에서 문제될 수 있는 사안을 제기하면 다음과 같다(이상규 : 38-40).

첫째, 교육감의 선결처분권문제이다. 지방교육자치에 관한 법률 제32조 제1항은 지방자치법 제100조 제1항의 예에 따라 교육위원회나 지방의회의 의결사항에 대한 교육감의 선결처분권을 인정하고 있다. 그러나 다음과 같은 법적 문제를 야기하고 있다. 즉, 교육감이 선결처분권을 행사할 수 있는 경우를 세 가지로 제시하고 있지만 그 적합성이 낮다는 것이다. 왜냐하면 “교육위원회나 지방의회가 성립되지 아니한 때”와 “소집할 시간적 여유가 없는 때”는 자치단체의 구역의 협소성에 비추어 그 합리성을 인정하기 어렵기 때문이고, “의결이 지체되어 의결되지 아니한 때”는 결국 교육위원회나 지방의회가 그러한 의결의 시급성이나 필요성을 인정하지 아니한다는 뜻도 되는 것인데 구태여 교육감의 의사를 우선시키는 모순을 면하기 어려운 조항이 되기 때문이다.

둘째, 제소에 대한 집행정지효력에 관한 문제이다. 교육감은 시 · 도의회나 교육위원회의 의결에 대한 재의요구권을 가지며(동법 제31조 제1항), 재의의 결과 재의결된 사항이 법령에 위반된다고 판단할 때에는 재의결된 날부터 20일 이내에 대법원에 제소할 수 있도록 하고 있는데(동법 제31조 제3항), 그 의결의 집행을 정지하게 하는 집행정지결정을 교육인적자원부장관과 교육감이 신청할 수 있게 하고 있다. 또한 교육감은 교육인적자원부장관으로부터 재의요구를 요청받은 경우 해당 교육위원회 혹은 지방의회에 재의를 요구해야 하며, 재의결된 사항이 법령에 위반된다고 판단됨에도 불구하고 당해 교육감이 소를 제기하지 않은 때는 교육인적자원부장관은 당해 교육감에게 제소를 지시하거나 직접 제소할 수 있게 하고 있다(동법 제31조 제1항, 제3항). 이는 자치단체의 의결기관의 의결사항을 지나치게 제한함으로써 지방자치의 취지에 반하는 규정이라 할 수 있다.

2) 교육위원회와 지방의회의 관계

지방교육자치에 관한 법률 제8조는 “시 · 도의회에 제출할 조례안, 예산안 및 결산, 특별부과금 · 사용료 · 수수료 · 분담금 및 가입금의 부과와 징수에 관한 사항이라고 하여, 교육위원회는 이 사항들에 관한 한 시 · 도의회의 전심(前審)기관으로서의 기능을 수행함에 그치고, 이에 관한 최종적 의결은 당해 시 · 도의회가 관장하는 것으로 하였다는데 그 문제가 있다.

왜냐하면 지방교육자치에 관한 법률이 자치단체의 교육·학예에 관한 사무는 일반 행정과는 별도로 교육행정의 의결기관인 교육위원회와 집행기관인 교육감이라는 특별 기관을 두어 그의 관할 하에 한 것은 교육의 자주성과 전문성 및 정치적 중립성을 보장하기 위한 배려였기 때문이다. 그러한 배경에서 헌법이 보장하는 교육의 전문성을 확보하기 위하여 교육위원은 교육 또는 교육행정경력이 통산 10년 이상인 자이어야 하도록 하고(동법 제60조 제2항), 헌법이 보장하는 교육의 정치적 중립성의 확보를 위하여 교육위원은 후보자 등록일부터 과거 2년 동안 정당의 당원이어서는 아니 되도록 명시하고(동법 제60조 제1항), 나아가 교육의 자주성을 해치지 아니하도록 하기 위하여 사립학교 경영자 또는 사립학교를 설치·경영하는 법인의 임·직원은 교육위원이 될 수 없도록 하고 있는 것이다(동법 제5조 제1항 제3호). 그런데 교육의 자주성, 전문성, 정치적 중립성을 갖춘 교육위원회 의결을 정당원으로 구성되어 정치적 중립성을 보장받지 못하는 지방의회에 의해 최종의결을 하도록 한 것은 논리상 모순이 있다(이상규 : 42).

5. 지방교육자치에 대한 주민 참여·통제 논의

교육자치제의 기본원리에 부응하기 위해서는 지방교육정책을 결정하고 집행하는데 있어 학부모이면서 납세자인 지역주민들의 의사를 최대한 반영하는데 있다. 그러기 위해서는 주민의 의사를 우월한 가치로 인정해야하는 합리적인 선거제도가 마련되어야 할 것이다. 그런데 지금과 같은 교육위원, 교육감 선출방식으로는 주민의 의사를 정확히 반영하기에는 일정한 한계가 있다. 왜냐하면 교육위원을 각급 학교의 학교운영위원들에 의한 간접선거방식을 채택하고 있기 때문이다. 즉, 학교운영과 교육문제에 대해 학부모와 교사대표, 지역대표들이 모여 교육현안을 토의하고 지역현실에 맞는 수요자 위주의 교육을 제안하기 위해 학교운영위가 결성되었다고 하지만 실제에 있어 이들은 학교장의 뜻에 따른 학부모, 교사, 지역대표로 전락될 수밖에 없는 환경에 놓여 있기 때문이다.

6. 단위학교 중심의 교육자치

그동안 교육분권 논의는 교육부와 지방교육청간의 권한배분과 일반행정과 교육행정을 분리 또는 통합할 것인가에 대한 논의에 중점을 두어 이루어졌지 단위학교의 자율성 확대에까지 관심을 갖지 못하였다. 즉, 중앙정부와 지방교육청의 권한배분을 둘러싸고 교육부장관과 교육감의 권한관계에 치우쳐 단위학교 중심의 교육자치는 생각해 보지 못하였던 것이 사실이다. 교육자치는 '교육이 이루어지는 곳'의 교육현장의 자치인 까닭에 단위학교자치를 강화하는 측면에서 교육자치의 방향을 모색해야 하는 이유가 바로 여기에 있다. 교육자치는 일반자치와 구별되는 기능적 자치로 나타나기 때문에 일반자치에서 논의하는 주민자치대상으로서의 전체 주민들보다 교육과 특별히 밀접한 관계를 가지고 있는 교사, 학생, 학부모들이 단위학교 교육사안에 대한 결정을 행할 수 있다. 그런데 현행 교육법은 학교자치조직으로서 학생회와 학교운영위원회을 인정하고 있을 뿐 교사와 학부모를 대표할 자치조직이 활성화되어 있지 못하다. 예를 들면 학교운영위원회에 교사대표와 학부모대표가 참여하고 있지만 각 교육주체에 고유한 이해관계를 반영하는 자치조직이 결여되어 있어 단위학교에 관련한 제반 문제해결을 자치적으로 해결하는데 일정한 한계가 있다는 것이다(이기우, 1998 : 173-174).

7. 교사(교육전문가) 중심의 교육자치

그동안 교육분권에 대한 논의는 단위학교 중심의 교육자치의 논리배경에서와 마찬가지로 교육부와 교육청간의 권한배분과 지방교육행정기관의 기관구성형태 등에 대한 논의가 활발하였지만 교사의 교육활동을 최대로 지원해 주는 교사(교육전문가) 중심의 교육자치에는 소홀하였다. 교사들의 교육영역이 교육청이나 교장으로부터 부당한 간섭으로 훼손될 여지가 많다. 교육의 완성도는 교사의 자율권과 전문성이 보장되어 학생들을 신명나게 가르칠 수 있는 여건이 구비될 때 높아진다. 그러나 우리의 교육자치는 '수요자 중심의 교육' 논리에서 교사의 명예와 사기를 외면한 채 이루어져 왔다. 앞으로의 교육자치는 교사의 교육활동을 최대한 지원하는 교육전문가 중심의 교육행정체제로의 방향모색이 필요한 이유가 바로 여기에 있다.

제4절 바람직한 교육분권의 적정성 방향

교육분권의 바람직한 적정성 방향은 주민자치적 측면을 강화한 지방분권논리 하에서 조명해야 한다. 왜냐하면 그동안 우리의 지방분권은 국가와 지방자치단체간의 관계를 중시하는 법률적, 행정적 측면에 그 비중을 두는 유럽대륙계통의 단체자치적 논리 하에 지배되어왔기 때문이다. 따라서 자치단체와 주민과의 관계를 중시하는 지방분권의 논리가 상대적으로 소외되었다. 그런 측면에서 주민을 위한 지방민주주의의 발전을 도모해야 하는 방향에서 지방분권과 교육분권정책이 설정되어야 한다. 그러기 위해서는 주민과 가까이 하는 자치행정, 교육행정이 되도록 해야 한다. 주민들 혹은 교육수요자들이 자기 지역자치단체에서 행하는 (교육)사무에 대해 정보를 알아야 하며, 그리고 그들에 관계되는 정책결정에 그들의 의견을 자유롭게 개진할 수 있도록 해주어야 함은 바로 여기에 있다. 그런 측면에서 주민(교육수요자)의 의견을 대표하는 지방의회, 교육의결기관을 강화하고 이를 토대로 지방의 교육문제를 지방교육의결기관으로 끌어들여 문제를 해결하려는 노력이 강조되어야 할 것이다. 다양한 주민(교육수요자)을 대표하는 위원회의 구성, 특히 갈등문제를 야기한 당사자 그룹의 주민대표를 지방의회(지방교육의결기관)의 위원회의 구성원으로 하여 문제해결을 도모할 수 있을 것이다.

이러한 배경에서 일반적으로 지방분권의 기본 논리에 따라 우리가 추구해야 할 교육분권의 적정성 방향을 다음과 같이 설정할 수 있을 것이다.

1. 교육부, 광역교육청, 기초교육청의 연계성 확보, 지역간 조정협력 강화

앞으로 교육분권이 강화됨에 따라 중앙정부, 지역교육청, 지역교육청간의 갈등현상이 표출될 가능성이 높아질 것이다. 따라서 이에 대비하기 위해서도 우선 분권화의 논리 하에서 국가와 지방의 통합교육행정을 다음과 같은 방향에서 구축해 나가야 할 것이다.

첫째, 교육부와 지역교육청(광역, 기초), 지역교육청과의 관계가 교육부의 교육정책의 통일성 내에서 유기적인 협조 내지 연계성 있는 분권화가 되어야 한다. 중앙(교육부)의 지배논리가 너무 강해서도 아니 되지만 지방(지역교육청)의 독립적 논리가 너무 강해서도 아니 된다는 것이다. 교육부와 지역교육청이 따로 격리되어 교육행정을 수행하는 것은 바람직하지 않다. 그런 측면에서 지역교육의 문제가 국가교육의 문제가 될 수 있으며, 국가교육의 문제가 지방교육의 문제가 될 수 있다는 현실에서 서로 통합의 논리에서 분권화를 조명해야 한다. 이러한 배경에서 행정적 측면에서 광역지역교육청 교육감과 교육부장관과의 연계체널을 제도적으로 보장해주어야 한다.[13] 여기에서 한 걸음 더 나아가 정치적 측면에서의 연계성을 강화하는 차원에서 지역의 지방의회나 교육위원회가 국회와의 연계성을 가지면서 교육행정을 펼쳐나갈 수 있는 제도적 보완을 고민해야 한다.[14]

둘째, 지역교육청간의 조정 · 협력으로 공동의 문제를 효율적으로 수행하도록 해야 한다. 예를 들면 동일지역에 설치된 광역시 및 도교육청의 연계강화가 필요하다. 특히 규모가 작은 광역시의 경우 관할 학교와 학생 수로 보아 분리 운영하는 것보다 광역교육행정체제로 연계운영하는 안도 고려해볼 수 있다(한국교원단체 총연합회, 1998 : 57). 또한 행정수요가 감소하는 시 · 군 · 구교육청을 통합하여 교육청별 관할구역을 광역화하는 방안도 모색할 필요가 있다.[15]

13 교육감과 교육부장관의 연계체널로 국가의 의사와 지방의 의사가 함께 논의될 수 있는 교육부 수장모임(정기/임시)의 법제화를 시도해볼 수 있다. 여기에서 운영방식이나 통제방식 등은 지방분권의 기본 논리에 충실한 제도로 활용할 수 있을 것이다.

14 교육위원회와 지방의회, 국회와의 연계성을 확보하기 위해서는 교육위원회 위원 일부가 지방의회의원과 국회의원을 겸직할 수 있는 방안도 고려해 볼 수 있다.

15 소규모로 운영되는 지역교육청을 일정규모이상으로 확대할 수 있는 합리적인 통폐합기준을 마련해야 한다. 예를 들면 다음과 같다. ①학생 수 10만 이상의 지역교육청은 조직편제를 정비(2국6과 체제를 2국4과 체제)하고 학생수가 20만을 초과하는 경우는 지역교육청을 증설한다. ②시 · 도교육청 산하 지역교육청수가 2개 이하이고 학생수가 30만을 넘지 않는 경우 지역교육청을 본청에 통합하여 운영할 수 있다. ③시 · 도교육청의 학생수가 학생수 10만을 넘지 않는 경우에는 지역교육청을 폐쇄하고 본청에서 학교를 관장한다. ④지역교육청의 학생 수가 3만명 미만일 경우에는 지역교육청을 통폐합한다. 단, 울릉도와 같이 지역적으로 멀리 떨어져 있는 경우에는 출장소 형태로 개편한다(한국교원단체총연합회, 1998 : 59).

2. 교육자치기관구성형태 : 일반행정과의 분리 속의 통합모델

교육자치의 전문성과 특수성을 감안해 교육행정을 일반행정과 구분하여 관리할 필요는 있다. 그러나 지방자치라는 큰 틀 안에서 우리 지역의 문제를 생각하여야 하기 때문에 일반행정과의 연계성은 두어야 할 것으로 보인다. 따라서 지방교육의 조직을 일반행정조직에 통합하되, 완전통합하지 않고 그 집행기관만은 일반집행기관과 분리하여 교육행정의 전문성, 특수성을 유지하도록 하는 방안을 모색해 볼 수 있다.

현재로서는 의결기관 두 개가 상존하는 형태를 띄면서 기능면에서 교육위원회가 조례와 예산을 심의 · 의결하는데 전심권(前審權)만을 행사하는 등 지방의회에 예속되어 있는 경향을 보이고 있다. 따라서 일반행정과 교육행정을 점차 지방자치단체의 의결기관 하나로 통합하고 일반행정은 자치단체장이, 교육 · 학예에 관한 사항은 교육감이 집행기관으로 그 기능을 수행하도록 함이 어떨까 한다. 이 경우 물론 교육행정의 전문성 보장을 강화하기 위해 별도의 조치를 마련해야 할 것이다. 요컨대, 현재의 교육위원회를 지방의회와 통합하여 지방교육사무에 대한 의결기능을 일원화한다. 그러면서 교육행정의 전문성 강화 내지 정치적 중립성을 확보하기 위해 교육분과위원회의 의결을 존중하는 의회운영방식을 개발해야 하며[16], 더 나아가 교육전문가가 교육의사결정에 참여할 수 있는 제도적 장치를 강구해야 할 것이다. 그러기 위해 교육사안별로 관계되는 교육전문가, 이해당사자(학생, 학부모)가 교육위원회나 지방의회의 교육분과 위원회에 참여하여 의원들과 동등한 주체로서 의결권행사를 보장해 주어야 한다.

자치행정이 제대로 뿌리내리기 위해서는 교육자치와 함께 병행해나가야 한다. 특히 지역인재의 발굴과 교육을 통해 지역행정의 발전을 도모하는 것이 그 무엇보다도 중요한 과제가 되고 있다. 그러한 측면에서 일반행정기관과 교육행정기관의 통합모델 안에서 지역인적자원 관리를 담당하는 부서를 설치하여 지원을 해야 할 것이다.

16 지방의회와 교육위원회의 관계설정은 적정한 기능분담을 통한 상호존중의 원칙 하에 이루어져야 한다. 예를 들어 지방의회가 교육 · 학예에 관한 조례안 · 예산안을 심의 · 의결함에 있어 교육위원회가 지니는 특수한 지위와 성격을 고려하여 그 의견을 존중하도록 해야 하며, 특히 지방의회가 과도한 수정 · 변경을 하려고 할 때에는 교육위원회의 동의를 받도록 하는 방안을 고려할 수 있다(한국행정학회, 1991 : 47-48).

3. 지방교육자치에 대한 중앙정부의 통제 및 기능배분

지방교육자치에 대한 국가의 통제는 교육의 전문성, 특수성을 존중한다는 의미에서 권력적 · 후견적인 방식을 지양하고 비권력적 · 사후적인 방식으로 전환해야 할 것이다. 특히 교육인적자원부장관의 교육감에 대한 합목적적 통제는 합법성의 통제로 바뀌어야 한다. 왜냐하면 교육인적자원부장관은 헌법상 교육감의 명령 · 처분이 위법하다는 유권적 판단 및 선언을 할 수 있는 권한이 없기 때문이다. 교육감의 명령 · 처분이 위법한가의 여부는 법률상 쟁송이며 사법작용이지 행정작용이 아니기 때문이다.

한편, 지방분권의 논리에 따라 교육인적자원부의 권한은 지방교육기관에 이양되어야 한다. 이양되어야 할 권한 선정작업을 추진하기 위한 제도적 절차를 수립해야 한다. 즉, 위원회 구성으로 구성원 선정 및 역할, 지방이양사무로 선정될 수 있는 기준설정 등을 해야 한다. 또한 권한 이양시에는 그에 상응하는 재원이 함께 수반되어야 할 것이다.

교육행정계층간의 기능배분은 교육분권의 기본논리에 따라 기초지역청에 보다 많은 권한이 배분되어야 한다. 그리고 광역지역청은 종합적인 계획과 통합 · 조정적인 사무를 담당하고, 기초지역청은 효과적인 집행과 세부 계획의 수립 · 집행을 수행하도록 한다. 그 구체적인 내용은 〈표 1-4〉와 같다.

1) 교육인적자원부와 시 · 도교육청

그동안 시 · 도교육청은 교육인적자원부의 지시와 방침에 따라 단순히 집행하는 업무를 관장해 왔다. 그러나 교육분권의 논리에 부응하여 이제 교육부는 원칙적으로 교육기획과 정책개발업무, 평가업무 등의 '방향잡아주기'식 기획총괄적 업무만을 관할하고, 각종 '노젓기'식의 집행업무는 시 · 도교육청에게 이양하는 것이 바람직하다. 물론 시 · 도교육청은 시 · 군 · 구교육청에 비해 상대적으로 취약한 지역교육기획 및 장학 기능과 교육과정운영 및 학교평가 등 지역교육발전을 위한 정책개발기능을 강화해야 한다.

2) 시 · 도교육청과 시 · 군 · 구교육청

교육부와 시 · 도교육청과의 관계와 동일한 맥락에서 광역지역교육청은 지역교육정책결정 및 교육기획 기능을, 기초지역교육청은 실질적인 집행업무를 담당하게 하여야 한다. 이는 주민자치의 논리에 따라 교육수요자에게 보다 가까운 교육행정서비스를 창출해주어야 하기 때문이다.

3) 시 · 군 · 구교육청과 단위학교

시 · 군 · 구교육청과 단위학교간의 기능배분은 시 · 군 · 구교육청은 단위학교에 지원기능(교육행정, 재정)을 확대 · 강화하는 측면에서 그 관계를 모색하여야 한다.[17] 특히 교사의 전문성과 자율성을 강화하고, 학생과 학부모의 교육권을 보호하며 지역주민들에게 교육참여를 제고시키는 차원에서 지원기능이 설정되어야 한다.

<표 1-4> : 교육행정 계층별 기능배분

행정계층	기능
시/도교육청	-국가교육정책의 구체화 및 지역화 -지역교육정책 및 교육과정의 개발 -지역교육계획의 수립 -시 · 도수준에서 기준의 통일 또는 조정 -시 · 군 · 구교육청에 대한 지도 · 감독 및 평가 -시 · 군 · 구교육청에 대한 정보 및 자료제공 -시 · 군 · 구교육청의 능력과 관할권을 초과하는 업무 -교육부와 시 · 군 · 구교육청 사이의 연락 · 조정
시/군/구교육청	-시 · 도 교육정책의 구체화 -지역교육계획의 수립 -시 · 군 · 구 수준에서 기준의 통일 또는 조정 -단위학교에 대한 지도 · 감독 및 평가 -단위학교에 대한 정보 및 자료제공 -단위학교의 능력을 초과하는 업무 -시 · 군 · 구교육청과 단위학교 사이의 연락 · 조정 -지역별 장학 및 교과교육 연구활동 지원
단위학교	-학교교육계획의 수립 -교수학습활동의 수행 -단위학교 운영에 필요한 직접적 사항

자료 : 한국교원단체 총연합회(1998)

17 한국교원단체총연합회에서 밝힌 자료에 의하면 기초교육청이 교육현장지원서비스를 강화하기 위하여 가장 역점을 두어야 할 조직개편내용으로 교육과정 및 자료개발, 장학, 교육정보화추진을 들고 있다(한국교원단체총연합회, 1998 : 54).

4. 교육자치기관과의 관계

우선 교육위원회와 교육감간의 발전적 관계를 정립해야 한다. 이를 위해 교육인적자원부와 교육위원회, 교육감의 권한과 역할에 대한 구분을 명확히 하고 지방분권의 논리에 따라 교육자치기관의 권한을 확대 · 강화한다. 또한 교육위원회와 교육감 사이에 효율적인 견제관계가 형성되도록 하기 위하여 양 기관에 균등한 권한배분이 확보되어야 하고, 권한의 한계가 명확해야 한다. 이와 더불어 양 기관 사이에서 갈등의 소지를 차단하기 위하여 양 기관의 기능에 대한 법률상의 범위와 한계를 명확히 입법화하여야 할 것이다. 다음으로 운영상의 기법으로 교육감은 교육위원회를 대등한 관계에서 바라볼 수 있을 때 본인의 입지가 강화될 수 있다는 윈-윈 게임방식 차원에서 접근해야 할 것이다.

5. 지방교육자치에 대한 주민참여·통제

교육자치는 교육의사결정과정에 보다 많은 사람의 참여를 가능하게 하고, 이러한 참여를 통해 지역의 요구를 충족시키는 교육프로그램을 개발하도록 해야 한다. 그럼으로써 주민들의 체감도가 높은 교육자치를 추구하여 지역교육에 대한 관심과 주민자치의식을 향상시킬 수 있을 것이다. 이 과정을 통해 일반 주민들은 스스로 자신들의 교육관을 정립하고 교육자치의 확신을 가짐으로써 궁극적으로는 주인의식을 갖게되고 공교육제도를 지원하게 될 것이다. 이를 위해 학교현장중심의 교육자치가 되어야 한다. 여기에는 교육자인 교사의 교육자율권과 학생들의 학습권이 우선 되어야 한다. 학부모와 시민단체가 참여하여 교사와 학생, 학부모와 주민이 공감하는 교육이 되도록 해야 한다. 한편, 위법 · 부당한 교육행정으로부터 주민과 교육자를 보호하고, 교육행정담당공무원들에 대한 감시자로서의 역할을 담보하기 위해 주민조례 개정 또는 폐지 청구제 및 감사청구제를 도입할 필요가 있다.

6. 단위학교중심의 교육자치행정

더 나아가 지방교육행정의 수직적 분권화가 현장중심(학교)으로 확대되어야 할 것이다. 교육활동의 자주성, 전문성, 중립성의 보장을 통하여 교육성과를 제고하기 위하여는 교육현장의 자율성과 책임성을 확보해주어야 한다. 이와 더불어 교육현장에서 교육주체의 능동적 참여를 끌어낼 수 있는 민주적 제도의 구축이 필요하다. 예를 들면 교사회, 학생회, 학부모회를 법정자치기구화 하고 이들의 대표로 학교운영위원회를 구성하여 자치적 운영이 이루어지도록 한다.

7. 교사(교육전문가) 중심의 교육자치행정

진정한 교육분권, 교육자치의 효과는 교육위원의 선출 등 기관구성 보다는 교실에서의 교사선생님들의 위상 여하에 따라 나타난다. 교사선생님들의 역할을 중시하여 그들에게 폭넓은 교육권한을 부여하고 사기진작책을 강구하여야 한다. 그런 측면에서 프랑스의 교원은 국가공무원의 신분으로 비교적 높은 보수를 받고 안정된 지위를 유지하고 있어 열성적이고 자율적으로 교육활동에 전념할 수 있다는 사실을 상기할 필요가 있다.[18] 또한 이들은 여가시간을 활용하여 지역사회의 지식층으로서 봉사할 수 있는 여건을 마련해 주고 있다는 점은 지방자치와 관련하여 시사하는 바가 매우 크다.

이러한 배경에서 프랑스의 교사선생님은 '만들어지는 것이 아니고 타고 나는 것'으로 이해하고 있다. 즉, 교육에 자질이 없는 대학생은 아무리 좋은 사범교육을 시켜도 교사로 만들 수 없다는 것이다. 따라서 교사선생님의 양성 내지 교육보다는 자질 있는 젊은

18 프랑스 교육전문가의 보수는 다음과 같다. 교사의 전문성을 인정하기 때문에 경제적인 보수를 적절히 해주고 있다. 1990년도 사기업 부문 관리직 보수가 22만 4천 3백 프랑에 비해 교원 보수는 17만 프랑에 이르고 있다. 그러나 성, 연령, 지역을 고려하면 실제적으로는 큰 차이가 없는 것으로 조사되고 있다(임도빈, 2002 : 337). 참고로 초등학교에서 대학교수까지의 봉급을 일별해보면 다음과 같다. 국교 교사 111,000프랑; 자격교사 214,000프랑; 정교사 157,900프랑; 대학교원 201,900프랑
한편 중등교원의 다양한 활동이 다음과 같은 분야에서 이루어지고 있다. ① 수학여행, 견학, 학생동아리(스포츠, 컴퓨터, 예술 등)에의 참여 ② 평생교육을 비롯 다른 교육기관에서의 강의활동 ③ 각종 연구, 박사논문 준비, 각종 시험준비, 대학에서의 강의, 저술 등을 포함한 학술관련 활동 ④ 비학술분야의 저술, 번역, 출판기관 및 언론기관에서의 활동 ⑤ 각종 시민단체, 동호인 모임, 노조, 협회, 정치운동 ⑥ 공사기업체나 행정기관에서의 전문가적 자문활동

교사를 가려내기 위한 선발을 중요시한다. 더 나아가 교사들에게 교실에서 수업할 내용을 상세하게 제시하지도 않는다. 국가가 교육목표만 제시하면 교사는 자율적이고 창의적으로 수업을 이용하여 그들의 교육목표를 달성하는 것이다(임도빈, 2002 : 336).

이러한 맥락에서 교사선생님들의 전문성을 인정해야 하는 당위성이 존재한다. 그러기 위해서는 교사에 대한 대우를 높이 해주어야 하며, 사회적으로 존경의 정도를 높여주어야 한다.[19]

제5절 결론 : 정책적 시사점

교육분권은 중앙정부(교육부), 광역교육청, 기초교육청의 연계성을 확보하는 차원에서 그 적정성이 모색되어야 한다. 중앙정부의 지배논리가 너무 강해서도 아니되지만 지방(지역교육청)의 독립적 논리가 너무 강해서도 아니되기 때문이다. 요컨대, 교육부가 지역교육청이, 또는 지역교육청간에 따로 격리되어 교육행정을 수행하는 것은 바람직하지 않기 때문이다. 따라서 지방행정과 교육행정의 행정적, 정치적 차원에서의 연계성 있는 제도를 강구할 필요가 있다. 교육부장관과 교육감과의 연계체널 확보와 지방의회, 교육위원회, 국회가 교육문제를 가지고 연계체널을 가질 수 있는 제도적 장치를 모색해야 함은 바로 여기에 있다. 그런 배경에서 교육행정과 일반행정의 인사교류체제는 물론 중앙정부, 광역, 기초교육청간의 인사교류체제를 도모해야 할 것이다.

교육분권은 중앙정부로부터의 분권과 일반행정으로부터의 분권을 통해 실현될 수 있다. 즉, 국가로부터의 일정한 자치권을 부여받아 교육자치기관이 그들의 자율과 책임 하에 교육 · 학예사무를 관장하는 것이다. 따라서 과거의 권위주의적 교육통치에서 벗어나 주민이 참여하는 민주적 교육통치(거버넌스)를 지향하여야 할 것이다. 또한 교육은 본질적으로 가치창조적 활동이기 때문에 외부의 간섭이나 통제로부터 벗어나야 하고, 특히 일반행정으로부터 분리되어 그 전문성을 보장받을 수 있어야 하는 것이다. 그

19 교사선생님들의 사회적 존경도를 높이기 위한 여러 방안 들 중 하나나는 일정 수준의 자격을 갖춘 우수한 학생들만 지원이 가능하게 하는 과거의 명문학교로서 '사범학교'의 부활을 고려해볼 수 있다.

럼으로써 교육행정이 교육자들의 고유한 전문성과 독자성이 발휘될 수 있도록 지원체계를 강화해나갈 수 있을 것이다. 그런가 하면 교육행정은 일반행정과 연계하여 주민에게 통일된 행정의 효율성을 제공해 주어야 하는 측면도 있다. 그런 맥락에서 교육자치기관구성은 일반행정과 교육행정을 분리 속의 통합형태로 발전시켜 나아가야 할 것이다. 즉, 일반행정과 교육행정을 각각 자치단체장과 교육감의 집행기관에서 담당하되, 지방자치단체의 교육행정과 일반행정을 총괄하는 의결기관을 하나로 하여 그 연계성을 강화하는 것이다. 물론 이 경우 교육・학예부문의 전문성을 고려한 의결기구가 되도록 법제정비와 그 운영의 묘를 살려야 함은 당연하다 할 것이다. 지방의회 교육분과위원회나 교육위원회에 교육관련 당사자(교사, 학생, 학부모)들이 참여하여 의사결정을 할 수 있는 방안이 모색되어야 하는 이유는 바로 여기에 있다. 그리고 시・도교육감과 시・도지사의 연계・협조체제를 구축할 필요성이 있다.

그리고 교육자치행정을 담당할 교육감과 교육위원을 교육행정의 전문성과 민주적 가치관 및 합리적 성품을 지닌 민주적 리더십을 갖춘 준비된 인사를 선출해야 한다. 왜냐하면 그동안 중앙집권적인 교육행정체제에서 생각할 수 없었던 막강한 권한이 합법적으로 임기가 보장된 상황에서 우리 지역의 교육행정을 책임지어야 하는 중책을 맡게 되었기 때문이다. 이제 보다 검증된 교육감과 교육위원을 선출해야 하는 것이 '성공한 교육자치'의 확립에 절대적인 요건이 되고 있음은 그동안 경험에 따른 우리의 소중한 자산이 되고 있기 때문이다. 주민자치에 충실한 선거제도를 모색해야 함과 동시에 교육전문성을 보장하기 위한 제도로서 교육주체인 교사와 객체인 학생, 학부모에게 존중받는 선거제도를 강구해야 한다. 학교운영위원회에 의한 간접선거방식에서 주민이 직접 선출하는 방안과 능력있는 인사를 교육위원회의 동의를 얻어 의회의 책임 하에 선출할 수 있는 방안도 고려해 볼 필요가 있다.

더 나아가 교육자치란 교육활동의 이해당사자인 교사, 학생, 학부모가 교육활동을 자신들의 책임 하에 처리하는 것이라고 할 수 있기 때문에 교육활동이 이루어지고 있는 단위학교에서 교육행정관청의 간섭을 받지 아니하고 교육에 관하여 독자적인 의사결정을 할 수 있는 범위가 확대되어야 한다.

요컨대, 교육자치는 교육공무원들이 중앙정부나 일반행정직에 대하여 독립・자율성만 확보한다고 하여 달성되지는 않는다고 본다. 진정한 교육자치는 교실에서 모든 교사가 책임성과 자율성을 가지고 학생들을 자유스럽게 교육할 수 있을 때 이뤄지는 것으로 볼 수 있다. 여기에서 우리는 프랑스에서 교사중심의 교육자치가 가능했던 경험을 소중히 수용해야 할 것으로 보인다. 즉, 교육부가 교육전문가로서 교사를 중시(존경)하였고, 지역수준의 자율권을 최대한 보장하였기 때문이다. 또한 지역교육청은 교육부와 일선학교를 행정적으로 연결하는 역할을 수행하면서 학교단위의 자율성을 최대한 보장하였다. 일선학교 중심의 교육행정을 수행하면서 교사들의 역할을 소중한 교육적 가치로 존중하였고, 그럼으로써 교사들의 다양한 자기계발 활동과 지역봉사활동을 수행하게 하는 동인이 되었던 것이다.

참고문헌

김병준. (1996). "교육자치와 지방자치", 『한국행정학회 동계학술대회 발표논문집』.

김병준. (1998). "자치교육제의 개선방안", 한국지방자치학회 연구보고서. 지방경찰제와 자치교육제의 개선방안.

김신복. (1990). "교육자치제, 무엇이 문제인가?," 한국교원단체총연합회 교육정책연구소.

김신복. (1991). "교육자치와 지방자치의 연계성-자치기구 구성상의 쟁점을 중심으로," 행정논총 29(2).

김신복. (1992). "교육행정측면에서 본 교육자치제 평가," 한국교원단체연합회 교육정책연구소.

김태수. (2003). "일반자치와 교육자치와의 관계 및 그 정립방안의 검토," 『한국사회와 행정연구』 14(2).

김태완. (1991). "교육자치제도의 변천과정과 문제," 한국교육학회 『교육학연구』 제21권 제1호.

노정희. (1992). 『교육행정학』. 문음사.

박정수. (2000). "교육자치행정 일원화 대 이원화," 한국행정학회 2000년도 기획세미나 발표논문집.

송기창. (2003). "교육행정과 지방행정의 연계 확대방안," 한국행정학회 2003년도 동계학술대회발표논문.

이기우. (1997). "한국에서 지방분권화의 현황과 과제," 한국정치학회 민선자치 2주년 기념 학술심포지움.

이기우. (1998). "교육자치와 학교자치 및 지방교육행정제도," 『한국지방자치학회보』. 10(3).

이상규. (1992). "법적측면에서 본 지방교육자치의 문제," 한국교원단체연합회 교육정책연구소.

이승종. (1999). 지방교육자치제의 발전방안. 『지방행정연구』. 한국지방행정연구원.

이일용. (1994). "교육자치제도의 개선논쟁점에 관한 연구," 『교육학연구』. 32(1).

임도빈. (2002).『프랑스의 정치행정체제』. 법문사.
윤정일. (1995). "교육자치제의 주요 문제점과 그 개선책," 교육개혁위원회 제3차 정책토론회 주제논문.
윤정일. (1998). "지방교육자치제, 改惡하지는 말자"『한국교육학회 소식』제34권 제2호.
정세욱. (1996). "지방자치의 일환으로서의 교육자치," 한국지방자치학회 주최 지방교육자치제도 개선방안에 관한 공청회 주제논문.
정세욱. (2000).『지방자치학』. 법문사.
정윤길. (2000). "지방교육자치제의 쟁점과 개혁방향,"『亞·太공법연구』제7집.
조성일·안세근. (1996).『지방교육자치제도론』. 양서원.
진재구. (1999). "교육자치의 확립을 위한 지방교육행정조직 개편방안,"『지방행정연구』, 13(1) 한국지방행정연구원.
최진혁. (2002). 우리나라 지방분권의 발전적 고찰,『사회과학연구』제13권, 충남대학교 사회과학연구소.
최창호. (1997).『지방자치학』. 삼영사.
최희선. (1998). "교육자치 무엇이 문제인가",『한국교육학회 소식』제34권 제2호.
홍준현. (2001). "한국 지방분권의 평가 : 행정적 측면을 중심으로," 한국지방정부학회 하계학술대회 발표논문집.
한국교원단체총연합회. (1998). 지방행정조직 개편방안.
한국교원단체총연합회. (2005). 한국교총의 지방교육자치제 개선방안.
한국행정학회. (1991). 지방자치와 교육자치의 연계강화방안.
지방교육자치에 관한 법률. 일부개정 2002. 1.26 법률 제6626호.
지방교육자치에 관한 법률 전부개정법률안 2005. 4.19.
http://www.education.gouv.fr(2004.9.10)
Baguenard, Jacques. (1996). *La décentralisation,* Paris : PUF.
Becet, Jean-Marie. (1992). *Les institutions administrative*, Paris : Economica.
Bourdon, Jacques et Pontier, Jean-Marie. (1992). *Le conseil général*, Paris : PUF.
Bourdon, Jean. (1978). *Le conseil général*, Paris : La documentation française.
Conyers, Diana. (1984). "Decentralization and Development : A Review of Literature," *Public Administration and Development* 4(2).
Gontcharoff, Georges. (1994). *Connaissance des institutions publiques,* Paris : L'Harmattan.
Gontcharoff, George. (1993). "Un nouveau modèle démocratique en puissance : Enjeux de la décentralisation," Palard, Jacques. *Décentralisation et démocratie locale.* La documentation française.
Kingsley, G. Thomas. (1996). "Perspectives on Devolution," *APA Journal* 62(4).
Palard, Jacques. (1993). *Décentralisation et démocratie locale*, Paris : La documentation française.
Rivero, Jean. (1990). *Droit administratif*, Paris : Dalloz.
Stevens, C. (1994). "The Politics of Decentralization", *Teaching Public Administration* 15(2).

Ter-Minassian, Teresa. (1997). "Decentralizing Government," *Finance & Development* 34(3).
Ziller, Jacques. (1993). *Administrations comparées*, Paris : Montchrestien.

02 한국 교육자치의 개혁방향과 제도 재설계[1]

제1절 서론 : 문제제기

최근 우리 사회는 서울시 교육감의 구속사태를 계기로 교육자치에 대한 논의가 뜨겁게 지속되고 있다.[2] 교육자치를 위해서 교육의원과 교육감선거를 실시하였고, 학부모만으로의 선거는 그 대표성을 확보할 수 없다는 문제를 해결하기 위하여 주민전체가 참여하는 선거제도를 도입하였지만 선거과정에서 나타난 후보자간의 담합으로 얻은 교육수장의 자리는 그 대가를 혹독히 치르게 하고 있다. 지난 6.2지방선거 이후 지방교육자치에 관한 법률에 의하여 2014년에는 교육의원의 선거가 폐지되고, 교육감의 선거만 남게 된다. 여기에서 과연 교육의원의 선거를 폐지한 입법자의 의도는 무엇이고, 교육감선거도 폐지할 것을 염두에 두고 교육개혁을 진행했던 것은 아닐까 하는 의구심이 든다. 또한 교육의 정치적 중립성이라고 하는 헌법적 가치로 인하여 교육의원이나 교육감은 정당소속이 되거나 정당의 지지를 표방할 수 없다. 그럼에도 불구하고, 교육정책에 대한 성향이 정파적이라고 하는 문제점이 지적되고 있다. 정책문제는 정파적일 수밖에 없는 것이다. 즉, 정책은 어떤 가치를 우선하여 특정 정책대상 집단에게 혜택을 주는 목적을 가지는 속성이 있기 때문이다. 정책이 가진 목적은 특정지역에 이익을 주

---

1 김찬동교수와 공동으로 연구한 내용임(한국사회와 행정연구, 22(3) / 2011.11)

2 곽노현 서울시교육감은 후보 단일화(사퇴)의 댓가로 당시 경쟁자였던 박명기후보에게 교육감당선이후 2억원을 전달하였던 문제로 검찰에 기소되어 직무집행정지처분을 받아 부교육감이 직무대행하는 상황이 되었다(조선일보, 2011.9.10/9.21).

거나 특정 소득계층에 이익을 줄 수 있는데 있다. 따라서 정책을 논한다는 것은 자연히 정파적일 수밖에 없다. 교육정책의 공약을 내세운다는 것은 그 공약의 내용이 정책적이고, 동시에 정파적일 수밖에 없는 것이다.

그럼에도 불구하고, 교육의 정치적 중립성, 즉 교육의 정당적 중립성을 요구할 수는 있는 것인가에 대해 의구심이 든다. 교육정책논의를 하는 한 이는 특정 정당의 선호에 가깝거나 멀어지게 되는 것은 자연스런 일이다. 교육의 정치적 중립성은 교육내용에 대한 정치적 중립을 요구하는 것이지, 교육정책에 대한 선호까지 중립적이어야 하는 것을 의미하는 것은 아니다. 교육정책에 대한 선호까지 중립을 요구하는 것으로 인식하는 한, 정당의 참여를 막을 수밖에 없다. 그렇지만, 선거를 치르는 교육의원이나 교육감은 자신이 표방하는 교육정책의 방향을 공약으로 내걸게 되고, 이는 비정당성을 겉으로는 말하고 있지만, 실제로는 정당적인 특성을 가지고 있는 것이다. 이렇듯 교육자치에 관한 최근의 논의를 살펴보면, 상당히 모순적이고, 어떤 방향으로 교육개혁에 대한 논의가 흘러가는 것인지 일반인들이 이해하기 어려운 것들이 많다. 특히 행정학을 연구하면서 지방자치에 대한 가치를 우선하는 사람들은 교육자치보다 '자치교육'이 우선되어야 한다고 하고, 교육학을 연구하거나 교육계에 종사하는 사람들은 교육자치는 교육계의 사람들만이 하는 선거를 교육자치로 생각하고, 일반행정이나 정치가 교육계에 발 들여놓지 못하도록 '교육의 정치적 중립성' 내지 '교육의 국가의무'를 강조하면서 헌법적 가치로서 무장하고 있다.

여기서 자치교육이 우선되어야 한다는 의미는 지방자치란 국가로부터의 독립된 법인격을 부여받은 자치기관이 행하는 지방의 자치를 말하는 것이고, 지방의 자치는 지방정부가 지방정부의 공공서비스인 교육, 경찰, 경제, 복지, 환경, 교통, 도시계획 등의 지방정책에 관한 종합적인 권한과 기능을 가지고 지방정부를 관리하고, 이에 대한 책임을 지는 것으로 이해한다. 따라서 교육만의 자치를 위하여 일반행정에서 분리된 교육행정만의 독립성을 주장하는 것은 지방자치에 반한다고 볼 수 있다. 그럼에도 불구하고 교육계에서는 이처럼 교육자치를 강하게 주장하면서, 일반행정이나 정치로부터의 분리를 통한 교육계만의 자치를 주장하는 것일까 하는 것이다. 이것은 중앙집권시대의 유산이라고 생각된다. 중앙집권시대에는 교육의 자치가 지방행정수준에서 구현되는 방법이 지방의 일반행정의 인사관리로부터 독립하여 교육직렬만의 독자적인 인사관리를 통하여, 교육직렬의 전문성을 높이고, 일반행정과의 차별화를 도모하고자 하였다. 그리고 이러한 구조가 가능하도록 교육위원회를 두고, 교육청장을 일반행정의 책임자와 분리하는 것을 통해 교육자치와 교육의 정치적 중립성을 확보하려 하였던 것이다. 그러나 이는 구시대의 유물이다. 이제는 20년의 지방자치의 값진 경험을 통해 보다 진정한 지방자치시대를 열어나가야 하는 시점에 와있다. 지방자치의 시대에는 중앙집권시대의 유산을 처분하고, 지방자치의 정신과 제도에 부합되도록 교육행정을 올바로 개혁해야 하고, 교육계의 자치에 대한 오해를 풀도록 해야 하는 것이다. 이러한 인식배경 하에 본 연구에서는 교육자치를 둘러싼 그동안 뿌리 깊은 오해를 풀고 진정한 자치교육을 실현하기 위하여 행정학계의 지방자치에 대한 인식을 분석적 도구로 하여 한국교육자치의 제도설계에 대한 근본적 내용을 제시해 보고자 한다.

제2절 지방자치와 교육자치의 이론적 논의 : 지방자치와 교육자치의 유형

1. 지방자치의 의미

지방자치는 지방의 자치를 의미한다. 즉, 자치권을 행사하는 주인공이 바로 지방이란 점이고 중앙정부나 국가가 아니라는 의미이다. 즉, 지방자치는 국가로부터의 자치권의 획득을 의미한다. 바로 이것을 분권이라고 하기도 한다. 따라서 지방자치란 본질적으로 국가로부터의 분권을 전제로 하는 자치를 의미하는 것이다. 한국에서 자치가 국정수준에서 실시된 것은 1948년의 일본식민지통치로부터 광복을 회복하면서부터이다. 대한민국정부가 수립되면서 한국민은 선거를 통하여 국가를 통치할 대표자를 선출하였던 것이다. 지방정부 수준에서의 선거를 통하여 읍면동에까지 선거에 의하여 지방자치를 실시하였지만, 1961년, 군사혁명으로 인하여 지방자치는 중단되었다. 그러다가 지방정부 수준에서 다시 자치가 도입된 것은 30년만이었고, 그 이후 오늘날까지의 자치경험은 20여년에 불과하다. 1991년에 지방의회가 재구성됨으로써 지방자치가 실시되었다. 그리고 그 4년 후인 1995년에 지방단체장이 주민직선으로 선출되었다. 그리하여 광역시도와 시군구에서 지방의회와 단체장을 주민직선으로 선출하는 이원대표제를 도입하였던 것이다. 그리고 지방의회보다는 단체장에게 보다 강력한 권한과 위상을 부여하여 '강시장-약의회'의 구조를 가진 지방정부가 되어 있다.

그렇지만 여전히 동 수준에서는 동자치위원회라고 하는 위원회 형태의 자치조직을 두도록 되어 있지만, 동장과 동사무소라고 하는 행정계층이 존재하고 있고, 이곳에서도 자치회관 혹은 주민센터에 대한 권한은 동장에게 있는 '강동장-명목자치위원회'의 구조를 가지고 있다. 따라서 일반행정에서도 엄밀하게 말하면, 자치가 제대로 이루어지는 계층은 선거를 통하여 의원과 단체장을 뽑는 광역시도와 시군구에 불과하다. 그리고 기관을 구성하는 의회와 단체장의 관계에서 단체장이 보다 우위에 있는 구조로 지방의회가 중심이 되는 자치권을 가지고 있지 못하다.

이런 맥락에서 지방자치단체가 주민들에게 행·재정서비스를 생산·공급하는 체제로서 지방행정체제라고 할 때, 거기에는 다섯 가지의 요소를 포함하는 것으로 볼 수 있다. 즉, 지방행정체제에는 주민에게 행·재정서비스를 효율적으로 제공할 수 있는 최적규모로서 구역과 계층구조, 지방정부의 기관구성형태의 시각에서 정치와 행정(관)과의 관계로서 정관(의회-집행부)관계, 중앙정부와 지방정부와의 관계(중앙-지방관계), 행정-자치관계가 그것이다(표 2-1 참조). 구역은 지방자치의 크기와 관련된 것으로 주로 이 크기는 인구를 기준으로 한다. 그리하여 군에서 시가 분리되었고, 시가 커지면 광역시가 되기도 한다. 즉, 이 상황에서는 인구가 그 기준이 된다. 또한 계층구조는 행·재정서비스 적정공급수준을 이야기하는 것으로 시군(기초수준)이 모여서 상위(광역)의 지방정부를 구성하는 것으로 볼 수 있다. 이 때 상위정부는 기초정부가 제공하지 못하는 서비스를 공급하기 위한 정부인 것이다. 일본의 시정촌통합도 새로운 개호보험서비스를 공급하기 위한 자치단체의 역량확보가 주된 목적이었다. 일본의 경우, 시정촌과 도도부현은 기본적으로 공급하는 행정서비스의 종류가 다르다. 따라서 행정서비스 공급에 필요한 권한과 예산의 크기도 다르게 된다. 한국도 시군구가 공급하는 서비스와 시도가 공급하는 서비스는 다르다. 한편 지방정부의 기관구성형태를 기초로 의회와 집행부와의 정관관계도 행정체제의 중요한 사항이다. 지방정부구성형태에는 통합형, 분리형, 총회형, 위원회형으로 나눌 수 있는데, 이는 공동체의 최종의사결정권을 어떤 방식으로 행사하느냐와 관계된다. 한국은 현재의 지방자치법제도상으로는 강시장형의 분리형 기관구성을 가지고 있는데, 앞으로 지방자치발전에 따라서 강의회형의 분리형 혹은 소규모의 근린생활자치에서는 위원회형, 총회형 등도 검토해볼 만하다(최진혁 외, 2006). 그리고 지방행정체제에서 중앙-지방관계, 즉 분권이 중요한 요소로 작용한다. 분권이 가능한 것은 지방이 지방정부운영의 책임성(responsibility)을 가지고 있을 때 중앙정부권한을 이전하고, 중앙정부가 가진 개별법령들을 정비하여 폐지 · 축소하여야 하는 이유이다. 그리하여 지방정책에 관련된 권한들은 지방정부에 권한과 기능단위로 이관하고(사무단위로 이관하는 것이 아님), 중앙정부는 국가권한에 관한 것만 가지는 "신신 작은정부론[3]"을 지향해야 한다. 또한 지방행정체제에서 행정과 자치의 관계도 중요한 요소이다. 한국의 광역시 · 도-기초시 · 군 · 구는 자치계층이라고 하나, 실제로는 자치행정계층이라고 해야 한다. 즉, 의회와 단체장을 주민직선으로 선출하는 자치적 요소를 도입하였지만, 지방정부는 국가의 사무를 대행하는 대집행자로서의 국가행정법상의 위상도 가지고 있기에 순수한 자치계층만은 아니라고 할 수 있기 때문이다. 행정계층으로서의 역할을 가지면서 단지, 그 단체장을 선거로 뽑고, 단체장을 견제하는 의원들을 선거로 뽑아 지방의회를 구성하는 정도의 자치에 불과한 것이다. 자치의 핵심은 의회에 자치권(right of autonomy)을 부여하는 것에서 시작한다. '대표 없는 곳에 조세 없다'라는 것이 자치의 본질이다. 다시 말해, 조세권을 가지지 않은 의회는 자치계층이라고 할 수 없다. 따라서 동주민자치위원회는 자치계층이라고 할 수 없다. 마찬가지로 구의회는 선거로 자치를 한다고는 하나, 예산의 대부분이 광역시도나 중앙정부로부터 교부금이나 보조금으로 충당되어 재정자립도가 50%도 안되는 열악한 상태에서 책임성 있는 자치계층이라고 할 수 없다. 이렇듯 행정과 자치의 관계는 마치 수레의 양 바퀴와 같은 입장에 있는 것이다. 한 바퀴가 버스타이어인데, 또 한 바퀴는 택시타이어라고 한다면 제대로 굴러

3 "신신작은 정부론"은 한국과 같이 중앙정부가 모든 정책영역에 개별법령을 가지고 있는 중앙집권형 국가에서 법령을 폐지하거나 축소하여 권한과 기능자체를 지방정부로 이관하여 중앙정부부처들의 조직, 인력, 예산규모를 반감시키는 것이다. 그리하여 지방자치가 실질적으로 가능할 수 있는 작은 정부로 슬림화(slim)하는 것이다. 참고로 신작은 정부론은 신공공관리론(NPM)에서 말하는 작은 정부를 의미한다.

갈 수 없는 이치이다. 따라서 행정과 자치가 균형을 가지고 각자의 역할을 할 수 있도록 제반여건을 만들어줄 때 제대로 된 국정운영이 가능할 수 있을 것이다.

<표 2-1> 지방행정체제의 구성요소

	내 용	기 준
1. 구역	크기(면적)	인구
2. 계층구조	지방행정계층(2층제, 단층제)	행 · 재정 서비스공급
3. 정관(의회-집행부)관계	지방정부 기관구성형태	자치권의 중심축
4. 중앙-지방관계	중앙정부권한이전	지방의 책임성
5. 행정-자치관계	국가행정-자치행정계층-행정계층(동)-자치계층	균형(수레의 양 바퀴)

일반행정에서도 이처럼 지방자치라고 할 때, 단순히 자치만의 논의가 아니라 행정과의 관계와 집행부와의 관계, 계층과 구역의 문제를 논의하고 있는 것이다. 교육자치를 논할 때에도 이처럼 지방행정체제의 5가지의 관점에서 논의해야지 선거를 도입하면 자치이고, 그렇지 않으면 자치가 아니라는 논리는 부당하며, 교육자치에서 당연히 논의되어야 할 기초계층의 자치나 근린생활계층의 자치에 대한 논의가 이루어지지 않는 것은 불균형적이다. 또 학교자치 없는 교육자치는 존재하기 어렵다. 학교에 대한 중첩적인 규제와 통제가 있는 곳에서는 학교자치를 논할 수 없는 것이다.

2. 교육자치의 유형분류 및 선행연구 검토

1) 교육자치의 유형

교육자치는 일반행정과 교육행정의 관계설정을 기준으로 하여 그 유형화를 모색하여 볼 수 있다(최진혁, 2005 : 532-533). 그럴 경우 지방의회와 교육위원회와의 관계와 위상을 상정하여 볼 수 있다. 즉, 지방의회와 교육위원회가 각각 분리되어 있는 형태(분리유형)와 지방의회가 교육위원회를 상임위원회의 하나로 있게 하는 형태(연계유형), 교육위원회가 지방의회 안에 완전히 포함되어 있는 형태(통합유형)로 구분해 볼 수 있다(그림 2-1 참조).

(1) 분리유형

이는 일반 · 교육행정 각각 의결기관과 집행기관을 상호 독립적으로 두는 유형으로 교육위원회의 위상을 독립적(독립형 의결기관)으로 보장한 형태이다. 따라서 교육사무를 독자적 기관에서 자주적으로 결정 · 집행하게 된다.

(2) 연계유형

이는 일반행정과 교육행정의 집행기관은 분리시키되 의결기관(지방의회와 교육위원회)은 상호 연계할 수 있도록 하는 유형으로 교육위원회를 지방의회의 한 상임위원회로 운영하는 경우이다. 현재의 우리나라의 광역자치단체의 의회와 교육위원회와의 관계가 그것이다.

(3) 통합유형

이는 교육행정의 의결기관인 교육위원회를 폐지하고, 교육에 관계된 의결권을 지방의회로 귀속시켜, 일반행정과 교육행정을 통합하는 방식이다. 이 경우 교육행정의 집행기관은 자치단체장 아래 교육부시장 내지 교육감을 둘 수 있게 할 수 있다. 또 한편으로 지방의회가 교육위원회를 통합하여 지방의회의 자문기관 혹은 지방의회가 임명한 합의제 집행기관으로서 교육위원회를 활용할 수도 있다.

<그림 2-1> 일반행정과 교육행정의 관계설정에 따른 교육자치모형

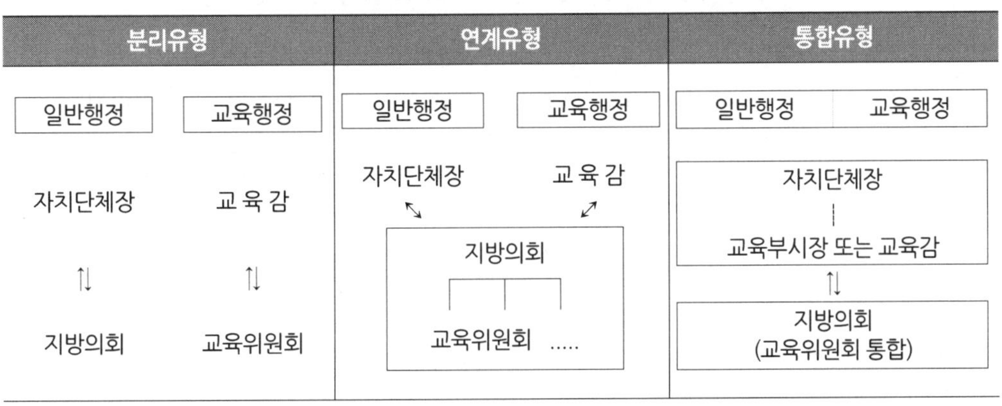

2) 선행연구 검토

그동안 우리나라 교육자치에 관한 연구는 일반행정학자와 교육행정학자간에 교육자치를 어떻게 해석하느냐의 관점의 차이에 따라 다른 주장으로 나타났다(최진혁, 2005 : 530). 즉, 전자는 교육자치의 이념을 지방분권, 지방자치의 큰 틀 속에서 효율성, 민주성을 강조하여 일반행정과 교육행정을 통합하는 방안을 제시한 반면, 후자는 교육행정의 독자성, 자주성, 전문성을 강조하여 교육행정을 일반행정에서 분리하여 독립하게 하는 방안을 강구하게 하였다(표 2-2 참조). 일반행정과 교육행정의 갈등관계는 교육법제정(1949년)시부터 교육위원회의 기관성격을 어떻게 할 것인가(의결기관, 자문기관)로 시작되어 중등교원봉급보조금, 교육세운용을 어떻게 할 것인가(전액 문교부를 통한 보조, 독립세원의 교육세 신설 ; 지방자치단체를 통한 보조, 지방세 부가방식의 교육세 유지), 교육세원을 어떻게 할 것인가(재산세에 교육세 부가, 불가), 지방교육재정부담을 어떻게 할 것인가(교육재원 GNP 5%확보) 등 주로 교육위원회성격과 지방교육재정문제에서 비롯되었다(송기창, 2003 : 2). 이후 연계통합의 논의가 발전되면서 이를 수용하는 배경이 각기 달랐다. 즉, 일반행정 입장에서는 자치행정의 종합행정의 실현을 위해 교육권한까지도 수용해야 한다는 입장이었고, 교육행정입장에서는 지방자치단체의 교육재정을 확보하기 위한 차원에서 접근하였던 것이다.

이런 배경에서 일반행정기관과 교육행정기관과의 관계설정을 어떻게 할 것인가를 놓고 (각각의 의결기관과 집행기관의 상호 조합형태에 따라) 다양한 교육자치모형을 제시하여 왔다(김태완, 1991 : 50 ; 정윤길, 2000 : 257-260). 그리고 교육자치의 연구경향은 교육자치의 바람직한 방향을 제시하기 위한 것이 주가 되었는데 일반적으로 지방교육자치에 관한 법률을 중심으로 그 논의의 중점을 교육자치기관 구성형태, 일반행정과 지방행정간의 연계(일반지방자치기구와 지방교육자치기구의 일원화)[4], 교육의 지방분권 강화, 지방교육행정의

4 교육자치제 실시방안에 대해 대체적으로 정부출연연구기관을 위시하여 그동안 한국행정학회, 지방자치학회, 교육행정학회 등에서 많은 연구가 행해졌다. 처음에는 교육자치제 실시단위, 교육위원회 선출방식, 교육자치기구의 구성과 기능 등 중점을 두어 연구해 오다가 지방자치제 실시에 따라 교육자치와의 연계성 연구에 관심을 나타나기 시작하였다. 즉, 의결기관인 지방의회와 교육위원회와의 연계, 집행기관인 시 · 도 교육청의 기능 · 조직면에서의 연계, 재원확충면에서의 연계 등이 연구되었다(한국행정학회, 1991). 이와 관련하여 한국교총의 지방교육자치제의 개선방안으로 제기되었던 주요 사안은 다음과 같다. 즉, ①시 · 도교육위원회의 독립형의결기관화 : 시 · 도의회 특별 상임위원회로의 통합반대, ②교육감 · 교육위원의 주민직선제도입 및 선거공영제실시, ③부교육감제개선 : 행정담당과 학무담당으로 복수화, 교육전문직 보임확대, ④기초단위 교육자치제 실시, ⑤지방교육재정의 안정적 확보 및 투자확대가 그

중립성 확보(이승종, 1999 : 7-16 ; 이혜숙 외, 2008), 교육자치의 실시구역, 교육위원회의 성격, 지방의회의 감사 · 조사권, 교육위원의 선출, 교육감의 선출, 지방교육행정의 조직 및 인사관리, 지방교육재정(이일용, 1994 : 17-36)과 지방행정체제개편에 따른 논쟁점(송기창, 2010), 일반자치와 교육자치의 수직/수평적 연계문제(이일용, 2010) 등이었다.

그리고 그동안 교육감, 교육의원선거에서 나타난 문제점을 해결하고자 하는 연구가 제시되었다(고전, 2007 ; 송기창외, 2009 ; 최진혁외, 2010 ; 하봉운, 2010). 교육감, 교육의원선거의 문제점을 해결하는 대안으로 교육자치의 민주성을 강조하는 편에서는 정당표방제, 제한적 주민직선제, 단위학교 교육감 선출위원단제 등을 제시하는 반면 지방자치의 종합행정적 측면을 주장하는 편에서는 시 · 도지사러닝메이트제, 시 · 도지사 임명제, 시 · 도의회 선출제, 시 · 도별 자율결정제 등을 제시하고 있다(최영출외, 2011). 그러나 한국 교육자치의 종합적인 제도설계를 위한 접근은 미흡하였다. 이는 그동안 일반행정과 교육행정간의 교육자치를 해석하는 관점의 차이에서 폭넓은 시각을 가지고 접근하는데 한계가 있었기 때문이다. 이제 보다 통합적인 시각에서 주민자치시대에 맞는 교육자치의 제도설계의 내용을 찾아야 할 때이다.

<표 2-2> 일반행정과 교육행정의 쟁점사안

	일반행정	교육행정
교육자치의 주요이념	지방분권, 주민통제, 효율성, 민주성	분리/독립, 자주성, 전문성
교육자치기관구성형태 (지방자치기관, 교육자치기관)	통합	분리
교육위원회 성격	합의제 집행기관, 지방의회 통합형 교육위원회(합의제 심의 · 의결기관)	독립형 의결기관
교육법제정 · 교육위원회설치	자문기관	의결기관
중등교원봉급보조금, 교육세운용	지방자치단체를 통한 보조, 지방세 부가방식	전액문교부를 통한 보조, 독립세원의 교육세 신설
교육세법제정여부	지방세부가방식	독립세원의 교육세 신설
교육세원	재산세에 교육세 부가 불가	재산세에 교육세 부가
일반행정과 교육행정의 통합 · 연계	교육권한확보(종합행정)	교육재정확보

자료 : 최진혁(2005 : 531) 재구성하여 정리함.

것이다(한국교원단체총연합회, 2005).

3. 자치교육과 교육자치의 차이

교육자치는 교육분야의 자치를 의미하는 것으로 다분히 독립적 성격이 강하게 작용하고 있다. 따라서 지방자치가 이루어지지 않은 상태에서도 교육자치는 추구될 수 있는 개념이다. 즉, 중앙집권적인 지방행정체제에서도 교육자치만은 시행될 수 있었다는 사실이다. 바로 이것이 1991년 한국에서 지방자치가 도입되기 전에도 이미 교육자치는 추구되었고, 교육의 독립성이라는 주제로 논의되었던 것이다. 다시 말해 지방자치가 되기 전의 교육자치는 교육의 독립성이 주된 이슈가 되었던 것이다. 즉, 지방자치가 시행되기 전이기 때문에 교육에 대한 자치는 생각할 수 없었던 것이다. 그리하여 주로 지방행정에서 시도지사와 함께 교육감이 따로 임명되었고, 이에 대한 중앙정부의 관할권은 교육과학기술부 장관에게 있었던 것이다. 또한 지방행정의 책임자인 지방자치단체의 시도지사는 내무부의 관할 하에 있었던 것이다.

지방자치가 1991년에 도입되면서 광역시도의회 및 시군구의회에 대한 선거가 실시되었고, 1995년에는 시도지사 및 시군구청장에 대한 선거가 도입되었다. 그리하여 지방자치라고 하면 주로 선거제도의 도입을 통하여 주민직선에 의한 의회가 구성되고, 주민직선의 시도지사가 선출되는 것을 의미하게 되었다. 그렇지만, 여전히 중앙집권적인 중앙-지방행정관계는 강하게 유지되고 있었고, 이를 법적으로 규정하는 것이 기관위임사무의 존재와 강력한 중앙통제게임이 그것이다. 이렇듯, 지방자치가 도입되었지만 교육분야는 여전히 지방자치에서 분리되어 교육감은 교육과학기술부장관의 임명으로 15년 이상을 지내왔다. 교육분야에 대한 집행권한은 교육감이 가진다고 하지만, 광역시도 교육에 대한 예산의결권은 지방의회가 가지고 있다 보니, 교육감은 독자적인 예산수요를 확보하지 못하게 되었고, 교육계에서는 이러한 예산부족의 원인을 지방의회의 의결권을 확보하지 못한 것에서 원인을 찾게 되었다. 그리하여 교육위원회의 의결이 곧 지방의회의 의결이 될 수 있도록 하고, 또 지방의회에서의 예산심의, 의결권을 확보하기 위하여 교육위원회를 폐지하고, 지방의원으로서 위상을 갖기 위하여 교육위원에 대한 직선을 도입하게 된 것이다. 교육감도 주민직선을 통하여 선출함으로써 교육자치를 확립하였으므로, 이제 교육계가 필요한 예산은 지방의회에서 충당할 수 있을 것이라고 하는 기대를 가지게 되었다.

그러나 이것은 온전한 자치교육이 된 것이라고 할 수 없다. 왜냐하면 자치교육이란 주민이 선출한 대표에 의하여 교육정책이 통제를 받을 수 있을 때 성립되어지는 개념이기 때문이다. 자치경찰과 경찰자치가 의미가 전혀 다르듯이 자치교육과 교육자치도 그 의미가 다르다. 즉, 자치경찰은 선거에 의하여 뽑힌 단체장에 의하여 경찰사무가 집행되어지는 것이다. 즉, 국가로부터의 간여에서 벗어나 지방정부의 책임 하에 경찰제도를 운영하는 것이다. 반면, 경찰자치란 경찰조직이 스스로의 권한을 가지고 스스로를 통제한다는 것으로 수준(level)의 문제가 발생한다. 파출소내부에서 운영의 자치를 하는 수준은 가능할지 모르지만, 경찰서나 경찰청이 자치를 하겠다고 나서면, 이는 심히 곤란한 상황이 발생한다. 물론 경찰도 정치로부터의 독립성은 확보하여야 하는 것이지만, 선거에 의하여 선출된 단체장으로부터 자치를 한다는 것은 있을 수 없다. 즉, 경찰직무를 자치적으로 할 수는 없다. 어디까지나 통수권자의 통제를 받아야 하는 것이므로 경찰이 스스로 알아서 하겠다는 것은 선거를 통하여 정당성을 확보하지 않으면 불가능한 것이다. 이 점에서 경찰의 책임자가 선거로 선출되지 않는 한 경찰자치란 존재하기 어렵다. 마찬가지로, 자치교육이란 자치단체장의 책임 하에 교육사무가 이루어진다는 의미이고, 이 경우에도 교육의 정치적 독립성은 확보되어야 할 것이다. 즉, 이를 위해 교육감이나 교육장에 대한 임명시에 교육경력을 가지고 정치나 선거운동에 관여하지 않도록 법적으로 규제할 필요성이 제기되는 것이다. 오히려 교육감이나 교육장에 대하여 선거를 하게 되면, 정치적 성향에 따라서 교육내용이 왜곡될 위험성이 제기된다.

요컨대, 자치교육에서는 먼저 자치단체의 자치력 확보가 우선이기에 시도지사나 교육감은 지역교육의 경쟁력확보를 위하여 서로 협력하여 중앙정부로부터 교육분권을 이끌어 낼 수 있다. 그러나 교육자치가 우선되어 시도지사로부터 교육감의 분리 및 교육감의 선거제도 도입이 강조되다보면, 지방자치단체단위에서 힘의 분열이 일어나서 교육분권을 이끌어 내기가 어렵게 된다는 점이다. 즉, 중앙정부는 부처할거주의가 강하여 행정안전부와 교육과학기술부는 기본적으로 자신의 정책영역만을 생각하지 종합적인 사유를 하기 어렵다. 반면, 지방정부에서는 종합행정이고 종합정책을 추구하여야 하는 입장에 있다. 즉, 지역주민을 위하여 지방행정도 해야 하지만, 교육, 치안, 복지, 환경, 산업 등 여러 정책분야를 종합적으로 조정하고 연계시켜서 지역의 경쟁력을 높이고 주민의 복리를 증진시켜야 하는 것이다. 따라서 교육분권도 되기 전에 교육자치를 주장해버리면, 자치단체 교육계와 일반행정계의 분열에 따라 자치의 성과를 얻어내기가 어렵게 된다. 즉, 적전분열에 의해 중앙정부부처는 효과적으로 분권이양을 저지할 수 있게 될 가능성이 높다. 따라서 교육자치보다 자치교육이 우선되어야 하고, 이는 또한 교육분권이 선도적으로 이루어져야 함을 의미하는 내용을 담게 된다.

4. 교육자치의 재설계 논의의 틀

이제 대한민국은 20년의 지방자치 경험을 통해 겪었던 교훈을 바탕으로 진정한 교육자치의 새로운 제도설계를 강구해야 한다. 이상의 논의를 기초로 하여 다음과 같은 요인을 중심으로 파악하고자 한다. 즉, 교육자치는 교육분권을 그 전제로 하고 있으므로 교육분권의 정도를 가름할 수 있는 중앙(교육과학기술부)과 지방(교육청)과의 관계를 살펴볼 수 있으며, 지방자치 영역에서 일반행정과 교육행정의 적정한 관계설정이 필요할 것으로 보이며, 그에 따른 교육자치가 실효성을 제고할 수 있는 적정단위(구역, 계층)를 논의해야 할 것이며, 행정과 자치의 균형적 관계를 모색하면서, 진정으로 교육자치는 단위학교 중심으로 교사의 재량권이 존중되는 범위 내에서 이루어져야 하는 것과 교육수요자에게 교육선택권을 부여해주어야 하는 주민(교육수요자)참여부분을 강조해야 하는 것으로 볼 수 있기 때문이다(그림 2-2 참조).

<그림 2-2> 교육자치의 제도 재설계 논의의 틀

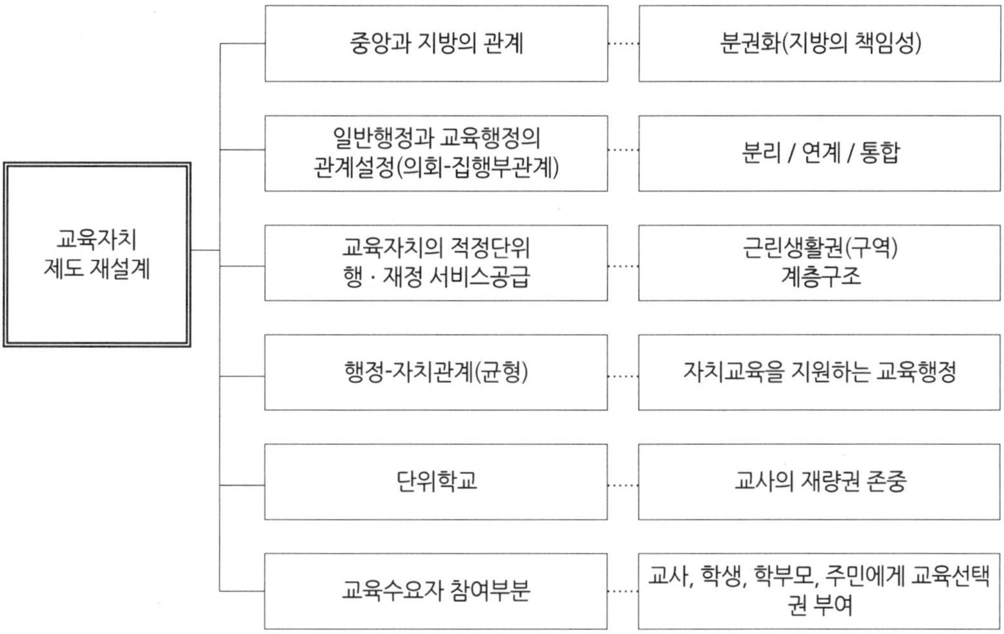

제3절 교육자치 논의의 현황과 원인분석

1. 완전분리의 시대

지방자치가 부활된 1991년에「지방교육자치에관한법률」을 제정하면서(1991.3.6) 같은 해 9월 1일 각 시도교육위원회가 개원되었으나 일반행정과는 분리된 교육자치형태를 취하였다. 즉, 교육자치 기관구성은 교육의원과 교육감을 어떻게 선출하고 일반행정기관과의 관계를 어떻게 설정할 것인가의 문제로 당시 교육위원은 시군구의회에서 교육위원 후보를 두 배수 추천하고 광역의회에서 교육위원 정수를 선출하는 이중간선 방식에 의하여 구성하였고, 교육감은 교육위원회에서 무기명 선출되어 독임제 집행기관으로 하였다. 따라서 교육자치에 관한 기능을 시 · 도의회-교육위원회-교육감의 세 기관이 담당하는 상황을 연출하였지만 교육자치가 일반행정과는 독립적으로 분리의 시대를 시작하였던 것이다. 이는 교육위원회가 과거 합의제 집행기관에서 합의제 심의 · 의결기관으로서의 위상을 가지게 하였다. 1997년에는 기초 및 광역의회 이중 간선 방식에서 학교운영위원회 선거인(97%)과 교원선거인(3%)에 의해 교육위원 및 교육감을 선출토록 개정하였고, 2000년에는 학교운영위원회위원 전원으로 교육위원, 교육감 선거인단 구성하는 변화가 있었지만, 계속해서 일반행정과는 분리된 기관구성을 유지해 나갔다. 여기에서 교육위원회가 지방의회와의 관계역할에 대한 논란이 제기되었다. 즉, 지방교육사무에 대한 의결권의 이원화는 교육행정의 비효율을 야기하는 것으로 받아들였다. 교육위원회는 교육 · 학예에 심의 · 의결기능을 행사하고 있으나 최종의결기관이 아니며, 핵심사무에 대하여 지방의회의 의결을 거치도록 되어 있어 이에 따른 행정력 낭비가 심하였고, 의사결정과정에서의 기관간의 갈등 · 대립으로 인한 업무 비효율도 심한 형편이었다. 요컨대, 교육위원회가 시도의회의 전심(前審)기관으로서 기능을 수행하게 할 뿐이었다는 점에서 큰 한계를 드러내었다.

또한 지방교육의 조직을 일반행정조직과 별도로 하는 분리모델은 교육의 전문성과 중립성을 높이고, 교육의 질적 향상을 도모할 수 있을 것이라고 보았지만 교육조직을 별도로 운영함에 따라 발생하는 행 · 재정상의 혼란과 낭비 문제점을 드러내었다. 교육행정기관이 일반행정으로부터의 독립만을 강조해 현장 학교에서의 자율성 추구는 보장받지 못하였다.[5] 그리고 교육행정이 일반행정에서 분리되어 있기 때문에 일반행정으로부터 교육에 대한 행 · 재정적 지원을 받지 못하였다. 예를 들어 학교부지확보, 교육시설의 설치 및 관리 등에 있어 일반행정의 적극적 지원을 기대하기 어려웠다는 것이다. 더 나아가 일반지방행정과 유사한 기능을 지방교육행정기관이 행하게 됨으로써 행 · 재정적 낭비를 초래하였다. 조직과 인력의 중복 보유뿐만 아니라 일반행정과의 협조가 필요한 관련 기능의 수행에 있어서도 기관의 분리 · 독립에 따라 상호 교류가 미흡하여 업무비효율을 초래하는 경우가 적지 않았던 것이다.[6]

5 그러한 맥락에서 이승종 교수는 현행 지방교육자치제는 마치 일반행정과 교육행정간의 분리독립이 교육현장의 자율성을 보장하는 것처럼 호도하면서 실제로는 교육행정기관 내지는 교육자집단의 독자적 영역만을 강화하도록 운영되고 있다는 점에서 비판받아야 한다고 주장하고 있다(이승종, 1999 : 9).

6 예를 들면 학생생활지도, 기능경기대회 참가, 청소년 직업교육, 공공도서관 운영, 청소년교육시설관리, 학교주변환경정화, 체육시설관리, 학교신설부지 선정 및 시설결정, 건축협의, 교육재정지원, 학자금지원 등의 업무는 어떠한 형태로든 일반행정과 관련성이 높은 업무이다(정세욱 외, 1991).

2. 의결기관 통합의 시대

교육자치의 전문성과 특수성을 감안해 교육행정을 일반행정과 구분하여 관리할 필요는 공감하지만 그러나 지방자치라는 큰 틀 안에서 우리 지역의 문제를 종합적으로 생각하여야 하기 때문에 일반행정과의 연계성은 확보되는 방향에서 의견진전을 보아 교육위원회를 지방의회의 상임위원회로 의결기관통합모델로 접근하게 되었다(2006년 개정법률). 다만 지방교육의 조직을 일반행정조직에 통합하되, 완전통합하지 않고 그 집행기관만은 일반집행기관과 분리하여 교육행정의 전문성, 특수성을 유지하도록 하는 방안을 모색하였다.

현재로서는 의결기관이 통합되어 지방의회 내에 교육위원회가 구성되어 운영되고 있지만 교육행정의 전문성을 확보했다고 보기 어렵다. 따라서 교육행정의 전문성을 강화하기 위해 지방의회의 노력으로 별도의 조치를 마련해야 할 것으로 본다. 예컨대, 교육행정의 전문성 강화 내지 정치적 중립성을 확보하기 위해 교육상임위원회의 의결을 존중하는 의회운영방식을 개발해야 하며[7], 더 나아가 교육전문가가 교육의사결정에 참여할 수 있는 제도적 장치를 강구해야 할 필요가 있다. 그러기 위해 교육사안별로 관계되는 교육전문가, 이해당사자(학생, 학부모)가 지방의회의 교육위원회에 참여하여 의원들과 동등한 주체로서 의결권행사를 보장해 주는 제도적 장치를 마련해야 한다.

3. 분권우선으로 집행기관 통합으로 가는 길

교육분권의 구체적인 내용은 교육집권의 현상을 정확하게 구조적으로 이해하는 데서 출발하여야 한다. 교육집권의 실태를 살펴보면, 교육에 대한 권한이 교육과학기술부에 집중되어 있다. 학교장과 교육장의 교육에 대한 권한은 거의 전무하며, 교육감에 대한 권한도 교사에 대한 인사권과 예산편성권 정도이지 지역단위의 학교설립이나 세

7 지방의회와 교육위원회의 관계설정은 적정한 기능분담을 통한 상호존중의 원칙 하에 이루어져야 한다. 예를 들어 지방의회가 교육 · 학예에 관한 조례안 · 예산안을 심의 · 의결함에 있어 교육위원회가 지니는 특수한 지위와 성격을 고려하여 그 의견을 존중하도록 해야 하며, 특히 지방의회가 과도한 수정 · 변경을 하려고 할 때에는 교육위원회의 동의를 받도록 하는 방안을 고려할 수 있다(한국행정학회, 1991 : 47-48).

원징수권도 가지고 있지 못하다. 학교교과내용에 대한 자율적 결정권도 가지고 있지 않다. 교사는 국가공무원으로 되어 있어 신분이 안정되어 있고, 교사에 대한 급여는 국가가 지급을 보증하는 구조를 가지고 있다. 이는 교사가 국가적인 획일성과 균형성에 치우친 가치관을 가지게 되어, 그 지역에서 필요한 창의성과 자발성, 다양성을 가진 가치관을 가지게 하는 데는 마이너스 요인이 될 수 있다.

교육분권은 가장 기초적인 것부터 이루어져야 한다. 현재 교육과학기술부가 가지고 있는 권한들 중에서 자치교육이 가능할 수 있도록 권한을 이관해야 한다. 첫째, 교육에 대한 개인의 선택의 자유를 늘려주는 것이 가장 기본적인 교육분권이다. 교육분권의 반대개념은 교육집권이다. 교육집권의 상태에서는 교육에 대한 개인의 자유로운 선택권이 보장되지 않는다. 특정지역에 한정된 범위 내에서 학교를 선택해야하고, 교육에 대한 방법론이 다양하게 존재하는데, 굳이 산업화시대에 만들어진 대량생산, 규격생산의 틀에 맞추어진 학교교육만을 강요하는 것이다. 즉, 교육의 방법론으로서는 홈스쿨링, 개인교습, 자기주도 학습, 커뮤니티교육, 현장교육, 견학교육, 토론교육 등 다양하게 존재할 수 있는 것인데, 규격화된 교실에서 관료적인 교사 밑에서 획일적으로 규정된 교재만을 가지고 특정한 시간량을 채우는 식의 교육만을 국가교육이라고 한정해서는 안된다는 것이다. 다시말해, 이는 교육세의 배분방식과도 관련된다. 교육세를 일반국민들로부터 징세하여 국가가 징세권을 가지고 있음으로 인해서 산업화시대에 요구되는 인력들을 키워내기 위하여 국가는 획일적이고 대량생산체제의 교육을 실시하고 있는 것이다. 또 이러한 목적을 구현하기 위하여 교육감-교육장-학교장이라는 '관료제적 시스템'을 법규정에 의하여 강제하고 있는 것이다. 과연 교육이란 이처럼 획일적으로만 해야 하는 것인지, 교육을 국가책임으로 하여 모든 것을 국가가 규정하고 정해주어야 하는 것인지에 대한 의문을 갖게 한다. 사회가 단순하고, 저개발의 상태에서는 이런 시스템이 효율적이었을지 모르지만 교육을 둘러싸고 있는 환경이 급변하고, 개개인의 다양한 개성과 삶의 방식, 삶의 철학에 대응해야 하는 21세기의 교육에서는 교육에 대한 책임자체를 지역과 개개인의 자유(liberty)에 부여해 주어야 하는 것이 타당할 것이다. 이처럼 교육의 자유를 부여해 준다는 것이 분권의 핵심적인 내용이란 것이다. 이를 위해서는 먼저 중앙정부로부터 관료제적으로 명령-통제관계에 있는 수직적 권한관계에서 벗어나야 할 것이다. 즉, 현재의 교육분권의 추진상황을 보면, 다음과 같이 표시할 수 있을 것이다(그림 2-3 참조).

<그림 2-3> 교육분권의 추진구조

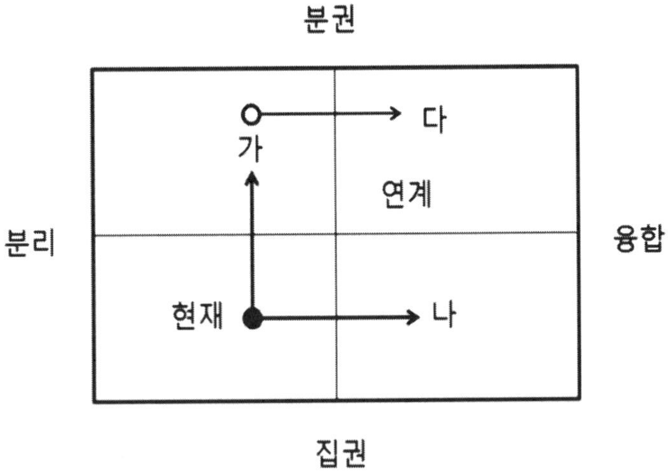

즉, 현재의 교육행정의 상황은 중앙정부에 권한이 과도하게 집중되어 있고(집권), 교육감의 경우도 중앙정부의 교육사무를 기관위임으로 수행하고 있다. 또 기관위임사무에 대해서는 교육위원회 혹은 지방의회도 간여할 수 없는 구조이다. 다시 말해 지방자치행정의 구조자체가 약의회-강시장의 구조이고, 또 이 강시장은 중앙정부부처에 기관위임적 관계로서 수직적인 구조로 되어 있어 지방정부레벨에서 교육위원회 및 의회를 선거로 뽑더라도 이들 주민대표조직이 교육감을 교육정책적으로 견제할 수 있는 여지는 그다지 크지 않다고 할 것이다.

따라서 현재와 같이 지방행정과 교육행정이 분리된 상태를 융합할 것인가 여부는 지방자치의 완전성을 회복하려는 의미에서 요청되는 것이지 교육분권에서는 제도적인 관점에서 주된 논의사항은 아니다. 물론 조직운영적 차원에서 교육분야의 조직운영의 분권을 위하여 분리를 해야 한다는 논의는 있을 수 있지만, 보다 상위의 문제는 중앙정부의 교육권한을 지방정부로 가져오는 "가"방향의 분권이다. 분권을 가능한 하지 않으려는 의도를 가진 그룹에서는 가방향의 논의를 희석시키기 위하여 오히려 "나"방향의 논의를 주된 이슈로 삼을 가능성이 있다. 즉 교육분권을 함으로써 이익이 침해되는 그룹은 교육자치라는 이름으로 "나"방향으로 가능한 논의를 한정시킴으로서 분권의 문제를 도외시하려 한다는 것이다. 즉, 이미 지방행정과 교육행정이 분리되어 있어서 교육자치의 재정력확보가 어려우니, 이를 통합함을 통하여 지방자치가 가진 재정력을 교육에도 책임있게 투여하라는 요구인 것이다. 그러나 지방 교육행정의 의결기관이 통합되어 있지 않다고 해서 교육재정을 확보할 수 없는 것은 아니다. 원래 교육재정자체가 워낙 중앙집권적으로 되어 있어서 국가대 지방의 세원비중자체가 8:2로 열악한 상태이기 때문이다.

따라서 지방교육재정의 열악의 문제는 지방행정과 지방교육행정의 나눠가지기의 문제가 아니다. 지방교육재정을 위하여 지방정부가 재정적 여유를 가지고 교육예산을 투입할 수 있는 곳은 그나마 서울시와 경기도 정도일 뿐이다. 신도시개발시에 단체장은 특목고를 유치하려고 하고, 교육감은 평준화정책을 추진하려고 할 때, 양자는 교육정책의 방향에서 충돌한다. 지방정부레벨에서 교육정책을 둘러싸고 갈등이 일어나게 된다. 지방정부단위에서 정책의 리더십과 일관성, 응집성을 가지기 위해서는 지역정부의 책임자에게 권한을 모아주어야 한다. 이런 의미에서는 단체장에게 지역교육정책에 대해서도 책임을 묻고, 교육분야에 대해서는 교육 쪽의 전문성을 가진 사람을 의회의 동의를 받아서 임명하도록 하는 것이 바람직하다. 이 경우 지방의회에서의 공청회 내지 인사청문회를 통하여 지방단위에서 임명되는 인물에 대한 검증을 실시하면 될 것이다.

교육행정자체를 지방행정에 통합하는 것은 시기상조라고 한다면, 단체장과 교육감, 혹은 교육장의 관계가 완전독립적인 선거과정을 거치기보다는 단체장에게 지역자치에 대한 전권을 부여하고, 교육분야에 대해서는 전문성과 중립성을 가진 인물을 추천하고, 지방의회에서 이를 검증하는 것이 타당할 것이다.

교육분권에서 개인에게 교육선택의 자율권을 준다는 것은 교육지원금을 학교단위로 주는 것이 아니라 교육수요를 받을 개인단위로 준다는 의미이다. 복지영역에서 이미 상용화되고 있듯이 쿠폰이나 교육바우처를 제공하고, 이를 가지고 교육수요자가 자유롭게 자신이 선택하고 싶은 교육패턴이나 학교의 선택을 자율적으로 할 수 있도록 제공하는 것이다. 이렇게 될 경우 학교경영자는 우수한 교육서비스를 공급하기 위하여 경쟁하게 될 것이고, 교육의 성과도 높아지게 될 것이다.

교육자치 논의에서는 분권의 논의로서 "가" 방향에 우선하고 집중해야 할 것이고, 분권이 이루어지고 난 다음에 "다"방향의 논의를 통하여 지역교육정책의 효율성(efficiency)를 높이기 위하여 어떤 방법론이 합리적이고 현실적인가를 논의하여야 한다. 분권의 논의는 운영의 효율성을 논의하는 문제가 아니라, 제도의 권한을 나누는 권력성의 문제이기도 하기 때문이다. 이는 최고 통치권자의 결단의 문제이기 때문이다.

물론 지방정부단위에서 도시계획을 수립하는 주체와 학교설립, 사행오락구역지정, 환경위생정화구역의 문제를 다루는 단체장과 교육학예를 다루는 교육감이 분리(seperation)되어 있음으로 인해서 비효율성의 문제가 생기지만, 이는 효율성을 높이기 위하여 어떻게 할 것인가라는 미크로한 방법론의 문제이다. 이 문제를 해결하기 위해 권력성이 함유되어 있는 거시적인 권력나누기의 문제로 끌어올릴 사안은 아니라는 점이다. 이 문제는 권력나누기를 하는 사람들의 문제로서 논의되어야할 문제이다. 물론 이러한 권력나누기도 합리적인 토론과 논의과정을 통하여 대안(alternative)가 제시되어야 하는 것은 사실이다. 이런 점에서 교육자치의 문제는 말 그대로 지방정부가 교육문제를 책임지고 할 수 있도록 구조를 만들어 주어야지, 이원론적으로 분리시켜 놓고, 이를 각각 중앙정부부처에서 할거주의적으로 지배통제하려는 일처리방식을 잔존시켜서는 교육자치는 이루어지지 않을 것이고, 자치교육도 이루어지지 않을 것이다. 진정한 교육자치를 위해서는 교육의 최종수요자인 피교육자에게 교육지원 바우처나 쿠폰을 제공하고, 자신이 스스로 교육방법이나 학교를 선택할 수 있는 자율성을 주는 것이 기반이 되어야 할 것이다.

둘째, 학교설립과 학교교육내용에 대한 규제를 대폭축소하는 것이다. 즉 획일적인 공교육의 실패를 인정하고 다양한 형태의 사립학교들이 세워지도록 지원해야 한다. 수업일수나 수입내용에 대한 과대한 규제를 철폐해야 한다. 국가시민으로서 최소한의 국가관, 역사관, 도덕관을 가지도록 하되, 학력에 대한 평가는 사후적이면 될 것이다. 사전적으로 수업과목, 수업일수, 시설기준 등 제약이 너무 많아서 사립학교를 설립하고자 하는 수요를 억제하고 있고, 또 설립된 사립학교들을 비인가 상태에서 운영하도록 방치하고 있다는 점이다. 사전적인 규제가 너무 많아서 사립학교의 설립이 어렵다는 것이다. 즉, 준사립학교로서 현재의 인가조건을 다 지키면서 예산지원을 받는 경우가 있는데, 이는 공교육과 유사한 문제를 안고 있고, 사립학교로서의 특성이 사라져 버린 것이다. 공교육의 문제를 해소하기 위하여 시민들이 자발적으로 설립하고 있는 사립학교들에 대한 지원을 강화하고, 예산지원의 기준을 최소한으로 줄여서 인가학교로서 운영될 수 있도록 해야 할 것이다. 교육과학기술부가 가진 권한을 내놓고, 규제를 줄이면 이는 가능할 것이다. 사후적인 평가를 통하여 학력을 검증하면 될 것이다.

셋째, 자치교육은 시 · 군 · 구단위에서 책임지고 실시할 수 있도록 시 · 군 · 구의 지방정부에 교육권한을 이관해야 한다. 그리하여 시 · 군 · 구의 예산으로 학교교육에 우선적인 투자를 할 수 있어야 하고, 이에 대한 경쟁이 있어야 할 것이다. 물론 현재 시 · 군 · 구의 재정자립도가 높지 못하다는 문제가 있다. 이는 현재 내국세의 20%로 되어 있는 교육세의 비중을 늘려서 지방교육세원으로 이관해 주어야 할 것이다. 최소한 내국세의 30%이상으로 늘려서 교육재정의 확보를 중앙정부의 세원에서 확보해야지 이를 지방정부의 세원에서 충족시키려 해서는 방향이 잘 못 잡힌 것이라 보여진다. 물론 지방자치란 것이 지방의 수요를 지방의 세원으로 충당하는 것이지만, 현재 한국의 조세구조가 국가 대 지방이 8:2의 구조로 되어 있는 상태에서 이러한 전제를 무시하고, 지방자치고 교육자치이니까 지방에서 알아서 확보하라는 논리는 아주 중앙집권적인 논리에 불과하다. 그리하여 충분히 교육분야에 대한 예산을 확보하고, 이에 대한 권한을 광역시 · 도에 이관해 주어야 한다.

넷째, 중 · 고등학교에 대한 교육권한을 광역시도에 이관하고 초등학교유치원에 대한 교육권한을 시 · 군 · 구에 이관하여야 한다. 교육과학기술부가 중복적으로 가지고 있는 초중고에 대한 일체의 교육권한을 지방정부로 이관한다.

다섯째, 교육관련의 개별법령에 존재하는 교육과학기술부장관의 권한으로 되어 있는 사무의 이관과 함께 교과부의 지방관련 국들도 해체하여 광역시 · 도로 이관시켜야 한다. 단지 사무만의 이관만으로써는 규제가 줄어들지 않는다. 조직자체를 축소시키고 해체하여 광역시 · 도로 이관해야 하고, 또 관련 공무원도 신분을 지방공무원으로 전환시켜서 광역시 · 도로 내려 보내야 한다. 그리하여 광역시 · 도의 교육정책을 위하여 일할 수 있는 구조로 만들고 이들에 대한 인사권도 광역시도 단체장이 갖도록 해야 한다.

제4절 지방자치에 부합한 교육자치의 방향 : 교육자치의 재설계

1. 새로운 교육자치의 패러다임 : 교육에 대한 자치권의 회복

교육자치는 학교의 자치나 교육행정기관의 자치만을 의미하는 것은 아니다. 시민의 입장에서도 교육에 대한 자치권의 회복이란 관점에서도 고려되어야 한다. 즉, 시민들은 자신의 자녀들에 대하여 교육시킬 내용에 대한 자유와 교육세를 부담하는 것에 대한 교육선택의 권리가 있음을 고려해야 한다. 즉, 현대의 국가교육은 의무교육이란 개념을 도입하면서 국가에 의한 획일적이고 평균적이며 기계적인 교육만을 제공하면서 교육에 대한 국가의무를 다하였다고 생각한다. 그러나 국가의 교육에 대한 책무는 단지 의무교육을 제공하는 것만이 우선해야 할 가치가 아니라, 시민들이 자유롭게 자신의 교육을 선택할 수 있는 자율성을 제공해주고, 이것이 제대로 성과를 낼 수 있는 기반과 제도를 마련해 주는데 그쳐야지, 이것을 획일적으로 교육내용과 교육시간, 교육시설에 대한 규제권을 가지고 행사하는 것을 국가의 의무라고만 생각해선 안된다는 것이다.

만일 국가가 교육에 개입한다고 하더라도, 시민들의 자유로운 선택과 학교의 자율적인 선택의 결과에 대하여 이것이 국가의 표준과 국민의 최소한의 기본교육내용에 벗어나지 않도록 최소한의 평가기준을 설정하고 이에 이르지 못할 경우에 보조금지원규모나 비율을 축소하는 것으로 통제해야지, 이를 국가가 교육에 대한 교육내용이나 교육시간에 대하여 직영하듯이 통제해서는 시민과 학교의 교육에 대한 창의적이고 다양한 특성을 발휘할 수 있는 여지를 박탈하게 된다는 것이다.

교육은 가장 인간의 창의성이 발휘되어야 하는 영역이다. 창의성은 개개인들이 자신의 달란트와 잠재력을 최대한 발휘할 수 있도록 그리고 자신이 처한 상황이나 경험의 다양성이 최대한 발휘되어 조화되도록 해야 발휘된다. 특히 21세기와 같이 창의성이 경쟁력이 되는 시대, 개개인의 개성에 맞춤형으로 살아가는 시대에는 국가가 의무교육을 실시하는 주체가 된다는 것은 시대적응성을 잃은 것이라고 보여진다.

산업화시대에 요구되는 의무교육의 획일성은 21세기 개성과 다양화의 시대에는 다양한 교육방식과 교육내용이 구현될 수 있는 "교육서비스 공급 패러다임"을 새롭게 구성해야 한다. 즉 지방행정을 하는 데도 중앙집권적인 패러다임이 효과적이었던 시대는 지나고, 이미 지방자치를 통하여 지방마다 자신의 상황과 처지에 부합하는 지방자치를 실시하고 있는데, 교육영역에서는 아직도 중앙집권적인 패러다임인 교육의 국가의무라는 식이 그대로 남아 있다는 것은 시대착오적인 것이다.

가정이 다 동일할 수는 없다. 가정은 가정마다의 사정과 여건이 다르지만, 나름대로 행복을 추구할 자율성과 권리를 가지고 있고, 이에는 개입하지 않는 것이 자유민주주의 사회의 기본이다. 즉, 공산주의사회에서나 가정의 자율성에 개입하여 국가가 규제하고 획일적인 가정을 만들려고 한다. 그렇지만 자유민주주의사회에서는 가정에 대해서는 거의 개입하지 않는다, 마찬가지로 교육은 가정의 기본적인 책무이다. 따라서 교육에 대한 개입은 곧 가정의 자율성에 대한 개입이라고 보여 진다. 국가가 더 이상 교육내용과 교육방식에 대한 개입을 해서는 아니 되는 이유이다. 국가는 대학교육에만 역량강화를 위하여 기본 틀을 제시한다든지 하고, 지방정부는 초중등교육에 대하여 역량강화를 위한 결과적 책무만을 부여하고, 과정적 규제는 철폐하는 것이 주민자치시대에 합당한 교육자치라고 할 것이다. 이것이 곧 국가경쟁력을 확보하는 원천이라고 보여진다.

2. 교육자치의 적정단위 : 근린생활권의 자치교육

우리나라의 지방교육행정은 「지방교육자치에 관한 법률」 제2조가 규정하고 있는 바와 같이 특별시 · 광역시 · 도의 기능으로 되어 있다. 광역중심의 교육행정체제로 인하여 지역의 특성에 부합한 지방교육을 활성화하려는 교육의 지방자치가 실현되기 어려운 것이다. 동일한 광역지방자치단체 내부에서도 주어진 여건과 지역의 교육에 대한 수요가 동일하지 아니하며, 주민들의 교육에 대한 욕구도 같지 않다. 그럼에도 불구하고 광역단위에서만 교육행정이 실시되도록 함으로써 지역실정과 주민의 욕구에 부합하는 교육행정을 실시하려는 교육의 지방자치는 실현되기 어려운 상황이다. 결정단위가 주민에서 멀어질수록 결정은 추상화되기 쉬우며 구체적인 현실을 반영하기가 어려워지는 것이다. 개개의 주민은 다양한 욕구를 가진 구체적인 인간으로 취급받기 보다는 관리의 대상으로 취급되기 쉬우며, 이로 인하여 교육은 관료적 획일주의에 빠지기 쉽고 다양하고 창의적인 교육발전이 이루어지기 어려워진다(이기우 외, 2007). 또한 광역단위의 교육행정으로 인하여 지방교육문제에 대한 책임이 불분명하다. 지역의 교육이 낙후되어 자녀교육을 위해 주민들이 떠나는 사태가 발생하여도 아무도 책임지는 자가 없게 되었다. 한국의 현실에서 교육여건이 주거를 결정하는 가장 중요한 요건의 하나라면 교육적으로 매력 있는 지역으로 가꾸어 나가는 것이 주민의 현재주거를 정착시키고, 다른 지역의 주민을 흡수하기 위한 전략으로 구상될 수 있을 것이다. 광역단위의 교육행정실시로 인하여 그러한 발전에너지는 사장되고 아무도 책임지지 않게 되는 지방교육에 대한 정치적인 무책임상태가 나타나게 되었다(이기우 외, 2007).

따라서 교육자치의 적정단위를 생각할 때, 근린생활권의 자치교육을 모색하여야 한다. 그런데 우리의 경우 광역단위 교육자치로 공간 및 인구규모가 큼에도 불구하고, 정치적 중립성을 요구하고 있다. 보통 인구의 규모가 크면, 정당에 의하여 시민들의 선택을 수렴하여 주고, 정당의 정책선택에 따라서 시민들의 선호를 획득하고자 하는 것이라고 하면, 정치적인 선택을 하는 것이 효율적일 수 있다. 그러나 근린생활권의 교육자치는 정치적 중립성을 확보할 수 있는 잇점이 있다. 또한 교육자치의 적정단위를 생각할 때, 일반행정자치와의 일관성도 고려하지 않을 수 없다. 즉 일반행정자치에서는 광역과 기초에서 선거를 통하여 단체장을 선출하는데, 교육자치에서는 광역만을 선거로 선출하는 것은 '자치의 일관성'을 확보하기 어렵다는 점이다. 4년 후에는 교육위원에 대한 선거가 폐지되기로 되어 있으므로, 교육감에 대한 선거를 어떻게 하여야 '자치의 일관성'을 확보할 수 있는가도 고려하여야 한다. 현재의 경우도 기초지방정부에 대한 교육자치제는 시행되지 않고 있다. 4년 후에 교육감에 대한 선거를 폐지한다면, 교육자치가 사라지게 될 것인데, 교육자치의 개념에 부합하도록 광역정부의 교육자치대신에 기초정부의 교육자치를 부활하는 것이 보다 생활자치로서의 교육자치에 부합하지 않

는가라는 발상을 하게 된다. 즉, 이것이 교육자치의 적정단위가 아닌가 하는 점이다.[8]

3. 자치교육을 지원하는 교육행정

교육자치에서 교육행정의 방식이 어떻게 진행되어야 하는 것도 중요한 논점이 된다. 그런 배경에서 교육행정은 학교자치의 지원역할(support role)에 그쳐야 한다. 교육행정이 학교자치나 지역학교구(school district)를 통제하고 규제하는 역할에서 벗어나야 하는 이유이다. 관료제가 심화되면, 시민중심의 행정보다는 상급자중심의 행정으로 흐를 위험성이 있다. 특히 상급자가 권한과 예산을 가지고 있는 경우에는 시민보다는 상급자 중심으로 정책이나 사업, 행정이나 관리가 우선될 위험성이 높다. 요컨대, 관료제의 병폐현상인 것이다.

교육행정은 의무교육을 명분으로 지나치게 중앙집권화되어있고, 관료제화되어 있다. 교육과학기술부의 산하조직의 규모가 여타의 중앙정부부처와 비교가 되지 않을 정도로 방대하고, 예산규모도 국방부와 비길 정도로 가장 많은 비중을 차지하고 있다. 관료제가 비대한 곳에서는 자치가 이루어지기 어렵다. 관료제가 자치의 옷을 입고, 자치를 무력화시키기도 한다. 동주민자치위원회와 같은 조직을 보면, 실제로는 동장이 모든 권한을 가지고 있고, 주민자치위원회는 동장이 위촉한 것에 불과하다. 대표성이 전혀 없는 것이다. 한국의 지방행정체제에서 생활자치가 얼마나 어려운 것인가를 단적으로 나타내주는 사례이다. 시 · 군 · 구 계층에서 선거제도가 도입되어 있지만, 시 · 군 · 구 행정은 근린생활자치의 부재 속에서 지방자치를 하고 있는 것이다. 시 · 군 · 구의 하위 행정단위인 읍면동에서는 실제적인 자치는 존재하지 않는 것이다. 다시 말해 풀뿌리의 자치가 없이 단지 시군구, 광역시도 수준에서의 선거를 통한 지방의회구성이라고 하는 정치적인 자치만 있는 것이지, 근린생활자치의 기반이 부재한 상태에서 교육자치도 역시 학교자치나 학교구자치의 기반이 취약한 상태에서 광역정부수준에서 선

8 이는 미국의 교육자치의 사례를 보면, 주로 지역 학교구(local school district)의 자치가 교육자치의 본질이지, 주교육감(state superintendent of education)이나 주교육위원(state board of education)에 대한 대표성확보가 교육자치의 본질은 아닌 것이다(고전, 2003:145-146).

거제도에 의한 자치만 존재한다. 이로 인해 선거의 쟁점은 주로 정치적인 이슈가 될 수밖에 없고 근린생활적인 이슈가 아니게 된다. 쉽게 선거의 이슈(issue)가 정치적인 쟁점인 것에 초점이 맞추어질 수밖에 없는 이유이다. 선거의 규모가 크고, 유권자와의 거리가 멀수록 선거이슈는 정치화되고, 이념 혹은 이데올로기화되기 쉽다. 선거의 수준과 규모란 것이 선거의 성격을 규율하는 것이다. 즉 규모가 크면, 이슈는 쉽게 정치화되기 쉽다. 그럼에도 불구하고, 정치적 중립을 지킬 것을 후보자들에게 요구하면, 왜곡현상이 일어나고, 왜곡을 의도적으로 한 경우가 선거에서 유리한 결과를 초래하게 될 가능성이 높은 것이다(최진혁 · 김찬동, 2010 : 25).

관료제화가 강하게 되어, 권력이 집중되고, 바로 이러한 관료제의 수장으로서 선거제도를 통하여 선출될 경우, 관료제의 계층이 높을수록 쉽게 정치적인 이슈가 선거의 주된 논점이 될 가능성이 높다. 관료제의 저층으로 갈수록 근린생활적인 이슈가 선거의 이슈가 될 것이다. 교육자치는 생활자치의 성격이 강하기에 풀뿌리의 근린생활적인 이슈가 논점이 되도록 해야 한다. 근린생활에서는 정치적인 이슈가 부각되지 않는다. 정당을 초월하여 자녀들의 교육문제를 해결하고, 지역적인 대면성(face to face)과 신뢰성을 가진 인물을 선출할 가능성이 높다. 교육행정 관료제의 상층부는 이러한 풀뿌리 교육자치가 제대로 교육구 혹은 학교교육의 자치를 실시할 수 있도록 돕는 역할을 하는데 그쳐야 한다. 교육행정이 권력기구화되어, 학교자치나 학교구자치를 통제하고, 감독하는 역할에서 벗어나야 한다. 진정한 교육자치는 이러한 교육행정의 역할전환에서부터 비롯되어야 한다.

4. 교육분야의 분권화

진정한 지방자치의 방향은 어떠해야 할 것인가? 교육관련의 권한과 예산을 지방자치정부로 이관시켜 주는 것이 우선이어야 한다. 교육행정과 지방행정을 어떻게 연계시킬 것인가와 일원화시킬 것인가의 논의는 교육분권이 이루어진 다음에 논의해도 늦지 않다. 참고로 한국의 지방자치영역에서도 약의회-강시장 구조가 있고, 강시장은 집권적 중앙부처의 대리기관으로서 관계지어져 있다. 즉, 단체장은 두 가지의 신분을 가지고 있는 것이다. 지방자치단체의 책임자로서의 권한도 있지만, 대륙계의 융합형 자치유형의 특성상, 중앙정부의 대집행기관으로서의 신분도 가지고 있는 것이다(그림 2-4 참조).

<그림 2-4> 우리나라의 교육자치 구조

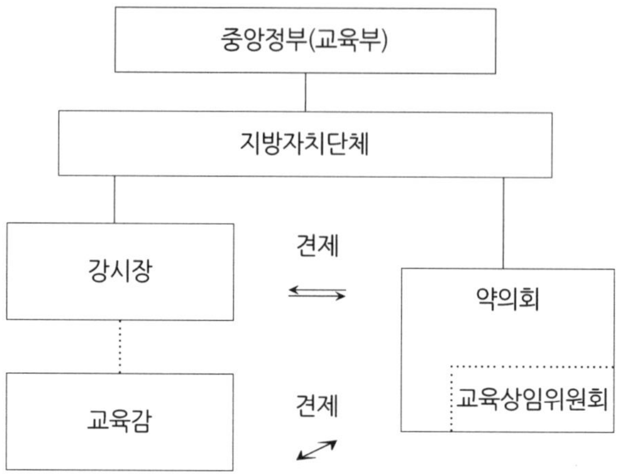

이러한 구조를 가지고 있는 상태에서 교육위원회와 약의회가 통합 혹은 일원화되더라도 교육자치가 획기적으로 나아지리라고 장담할 수 없다. 중앙부처가 가지고 있는 교육분권이 이루어지지 않는다면, 다시 말해 교육분야의 분권추진이 구체적으로 법령개정을 전제로 이루어지지 않는다면, 교육자치는 요원한 이야기가 될 것이기 때문이다.

우선 국가의 입장에서 보면 그동안 정부수립후 반세기에 가깝게 중앙집권방식에 의한 행정수행방식으로 길들여진 행정체제로는 더 이상 효율적인 행정을 산출할 수 없음을 인식하게 되었다는 사실에서 중앙에 집중되어 있는 권한과 기능은 점차 지방정부로 이양하게 되었다. 그에 따라 지방정부의 자율권이 신장되고 책임행정이 강화되기에 이르렀다. 그런 측면에서 교육행정도 교육인적자원부에서 지방교육자치기관에 권한이양을 하게 되고 교육자치기관의 자율과 책임 하에 교육행정서비스를 제공하게 되었다(중앙정부에서 지방교육기관으로의 분권). 다음으로 지방자치단체의 입장에서 보면 어떻게 하면 자치의 주체인 주민에게 보다 값싸고 양질의 서비스를 제공할 수 있을 것인가를 고심하게 되었다는 점이다. 여기서 지방정부는 시장경제의 논리 하에 민간부문과 경쟁을 할 수밖에 없는 상황으로 행정업무의 질적 변화, 지방공무원의 전문화, 행정장비의 과학화,

지방정부의 경영합리화, 고객지향적이고 성과지향적 관리를 도모하게 되었던 것이다. 교육행정도 같은 맥락 하에 고비용 · 저효율의 교육행정구조를 개혁하여 교육의 자율성, 전문성 및 특수성을 주장하고, 교육수요자적 측면에서 교육서비스를 제공하게 되었다(일반행정기관에서 교육행정기관으로의 분권; 교육행정기관 자체 내에서의 분권). 마지막으로 주민의 입장에서 보면 주민들도 이제는 자기지역의 문제에 직접 참여하여 어떻게 하면 우리 자치단체를 위해 우리의 권리와 의무를 다할 수 있을 것인가를 깊이 생각하게 되었다는 점이다. 즉, 집권화 방식의 운영에서 오는 주민의 소극적 자세를 지양하고 분권화를 통하여 주민의 민주화 훈련을 제고시키지 않을 수 없게 되었다는 점이다. 따라서 주민의 자치의식 함양, 참여확대에 따라 보다 나은 서비스에의 요구 내지 삶의 질을 고양하는데 관심을 피력하게 되었으며, 주민의 자율과 책임의식의 고양으로 자연히 중앙중심행정에서 자치단체 중심의 자치행정으로 전환되기에 이르렀다. 이러한 맥락에서 교육주체가 되는 교사, 학생, 학부모가 자율과 책임으로 교육활동을 행사할 수 있도록 그들의 참여확대가 요구되고 있는 것이다(교육행정기관에서 단위학교로의 분권)(최진혁, 2005 : 524).

요컨대, 오늘날과 같이 다원화된 사회에서는 국가가 더 이상 모든 일을 중앙에서 결정하고 처리하는 집권체제로는 그 실효성을 기대할 수 없게 되었으며, 지방정부도 그 동안 공공서비스 공급에 일방적이고 직접적인 책임을 지는 경향으로는 그 효율성을 기대하기 어려워 이제는 민간부문, 자원봉사 영역 등 다양한 사회부문이 공동으로 참여하는 공공-민간 동반자적 주민서비스 공급체계로 변하고 있다.[9] 이러한 배경에서 교육자치제는 중앙의 교육행정권한을 지방으로 분산시켜 지방교육의 자율적인 민주적 교육통치를 실현시키고, 그럼으로써 과거의 권위주의적 교육행정에서 벗어나 주민이 참여하는 민주적 교육행정을 가능케 하고 지역의 실정에 맞는 교육행정서비스를 도모할 수 있어 지방교육의 특성을 활성화할 수 있다는 점에서 그 중요성이 인식되고 있다. 특히 우리 교육행정은 그동안 일반행정을 위주로 한 지방분권을 강조하면서 자치교육을 배제한 까닭에 자치행정의 한계를 깊이 인식할 수밖에 없는 상황이었다. 왜냐하면 지

9 이는 과거의 관료나 정치엘리트에 의한 일방적인 통치가 아닌 사회의 다원적 참여구조(네트워크)를 통한 지배와 신자유주의철학을 토대로 한 시장경제원리에 바탕을 둔 '로컬 거버넌스(Local Governance)'의 개념으로 받아들이고 있다.

역의 인재를 육성하고 관리하는 일이 지역의 자치행정에서 중요한 과제가 되고 있기 때문이다.

제5절 결론

이상의 논의를 통해 이제 더 이상 교육자치의 문제를 단지 교육행정에 대한 의결기관의 통합이나 교육감 및 교육의원에 대한 선거제도의 도입만으로 한정해서는 안될 것이라는 사실이다. 이는 통합적인 사고결여에서 나온 교육자치 논의에 대한 이해부족이라고 할 수 있다. 교육자치는 교육이 이루어지고 있는 학교현장에서 시작하여야 한다(학교자치). 따라서 학교자치가 가능할 수 있는 법 · 제도적, 관리 · 예산적 구조를 만들어 주어야 하고 이를 위하여 기존의 교육행정, 교육제도를 개선하여야 한다. 따라서 지방분권촉진위원회에서 해야 할 것은 교육과학기술부가 가지고 있는 교육행정에 대한 사무권한과 교육내용에 대한 규제권한, 교육재원에 대한 통제권한을 찾아내고, 이를 지방정부의 지방의회로 이관하는 것이다.

교육분권은 지방행정과 교육행정이 분리되어 있든, 연계되어 있든 혹은 일원화 되어 있든간에 추구되어야 할 가치이고 방향이다. 현재와 같이 교육집권화된 상태에서는 공교육의 붕괴, 교사의 하향평준화, 학생의 학력저하 등의 문제를 해소할 수 없다. 교육은 가장 자치적으로 이루어져야 하고, 이는 자치의 훈련도장이기도 한 것이다. 교육내용이나 교육비, 학교운영에 대한 자율성을 최대한 보장하고, 최소한의 국가관, 역사관, 도덕관, 학력이 사후적으로 평가되어 검증된다고 하면, 교육예산을 적극적으로 지원해야 할 것이다. 농촌의 경우에는 학교선택의 여지가 좁아서 국가나 지방자치단체가 지원해야 할 것이나, 대도시의 경우에는 학교선택의 여지가 넓으므로, 다양한 유형의 학교설립이 가능하도록 해주고, 최소한의 검증기준을 충족시키면, 교육의 다양한 가능성을 발현할 수 있도록 지원해 주어야 할 것이다.

교육자치의 논의를 통하여 자치(autonomy)란 개념이 과연 무엇인가를 다시 생각하게 된다. 즉, 자치란 자기입법과 자기통제가 가능한 단위를 의미한다. 이를 위해서 선거제도도 필요하지만, 무엇보다도 재정적인 기반이 조성되어 있어야 한다. 재정적인 기반이 없이는 자치가 성립하기 어렵고 예속이 되어 버리는 것이다. 이렇게 되면, 스스로의 입법도 제대로 되지 않을 뿐만 아니라 자기 통제도 되지 않는다. 간섭과 규제가 들어오게 되기 때문이다. 또 자치란 기본적으로 다른 것을 인정하는 것이다. 자신의 잠재력과 가능성을 개발할 여지를 인정하는 것이고, 노력과 선택(choice)에 의하여 열매나 상급의 차이도 인정하는 것이다. 자치는 획일적이거나 규격화된 것을 전제하지 않는다. 자치는 가정의 기본 철학을 이루는 것이고, 이의 연장선장에서 커뮤니티나 학교, 국가의 운영에서도 자치적으로 이루어져야 한다는 것을 기본 철학으로 하고 있는 것이다.

한편, 국가의 개입은 권력을 전제로 한다. 권력은 자신의 권력에 도전해 오는 존재를 부정하려 한다. 따라서 다양한 방식으로 점점 권력을 향하여 성장해 오는 것을 저지하려 할 것이다. 자신의 권력을 지지하는 것에는 포상하지만, 자신의 권력에 도전하거나 부인하는 것에는 응징하려는 속성을 가지고 있다. 또한 권력은 그 관리의 효율성을 위하여 단위요소들을 획일화하고 규격화하며, 법적 조항으로 제어하려는 편리성을 추구하게 된다. 관료제가 권력을 위하여 봉사하는 조직이 된 것도 바로 이러한 권력의 속성에 가장 부합하는 성격을 지니고 있기 때문이다. 요컨대 권력은 자치를 싫어한다. 그런데 오늘날의 교육은 권력의 존재 없이는 생존하기 어려운 허약체질이 되어 있다. 특히 한국의 경우는 국가권력에 의하여 교육내용과 교육방식까지 획일적인 규격품의 학교를 제공한다. 이들 학교를 관료제적으로 통제하기 위하여 교육장-교육감-장관이라고 하는 계서제적인 구조를 형성하였다. 이런 관료제적 구조 하에서는 인간의 자율성과 창의력은 억압받게 된다. 다양한 방식의 교육시도를 "비인가"라는 틀로 비주류로 만들고, 국가권력이 제공하는 각종 혜택에서 배제시킴으로써 교육관료제에 도전하는 어떤 시도도 용납하지 않는 것이다. 교육에 대한 창의성과 열정을 가지고 헌신하려는 뜻있는 사람들의 의지를 교육보조금의 미지급이란 징벌로써 억압하고 있는 것이다.

자치란 국가권력이 비권력적이 되고, 덜 권력적이 되어야 가능한 개념이다. 개인이나 학교의 자율성을 가능한 조성해주고 스스로의 방식과 노력으로 개인이나 지역마다 다양한 형태의 교육성과를 만들어 가도록 패러다임만을 제공해 주면 된다. 일일이 교육내용이나 교육재정을 지시하거나 보장해주어서는 더 이상 국가재정이 감당할 수가 없다. 이런 식의 계서제적인 구조를 통하여 교육행정관료들만 자신들의 권력을 키우고 장악하게 된다. 교사들을 국가공무원으로 묶어 둠으로써 지방교육에 대한 국가적 장악력을 키우려는 것이다. 진정한 교육자치는 교육관련업무의 권한과 예산을 지방자치정부로 이관시켜 주는 것을 우선적으로 실현해 줄 수 있을 때 가능한 일이다. 교육행정과 지방행정을 어떻게 연계시킬 것인가와 일원화시킬 것인가, 교육선거를 어떻게 해야 할 것인가의 논의는 자치교육이 가능한 교육분권이 이루어진 다음에 논의해도 늦지 않다는 사실이다.

참고문헌

고전. (2007). 2007 교육감 주민직선 결과 및 쟁점분석.「교육행정학연구」, (26)2: 133-152.

고전. (2003).『지방교육자치제도 진단연구』. 한국교육개발원.

김신복. (1991). "교육자치와 지방자치의 연계성-자치기구 구성상의 쟁점을 중심으로,"『행정논총』 29(2).

김신복. (2003). "교육자치와 지방자치는 다르다",『교육개발』11월-12월호, 한국교육개발원.

김태수. (2003). "일반자치와 교육자치와의 관계 및 그 정립방안의 검토,"『한국사회와 행정연구』 14(2).

김태완. (1991). "교육자치제도의 변천과정과 문제," 한국교육학회『교육학연구』제21권 제1호.

김흥주. (2004). "기초단위 교육자치 도입방안 고찰",『한국지방자치학회보』16권 1호.

김흥주 · 백성준 · 고전 · 양승실. (1999).『지방교육자치제도의 재구조화연구』한국교육개발원 연구보고서 RR99-9

노정희. (1992).『교육행정학』. 문음사.

박정수. (2000). "교육자치행정 일원화 대 이원화," 한국행정학회 2000년도 기획세미나 발표논문집.

송기창. (2003). "교육행정과 지방행정의 연계 확대방안," 한국행정학회 2003년도 동계학술대회발표 논문.

송기창 외. (2009). 교육감 직선제 평가와 개선과제. 한국교육개발원.

송기창. (2010). 지방교육행정체제 개편의 쟁점과 과제.「교육행정학연구」, 28(4): 405-429.

윤정일. (1998). "지방교육자치제, 改惡하지는 말자,"『한국교육학회 소식』제34권 제2호.

이기우. (1998). "교육자치와 학교자치 및 지방교육행정제도,"『한국지방자치학회보』. 10(3).

이기우외. (2007). 지방자치단체의 교육지원확대방안.

이승종. (1999). "지방교육자치제의 발전방안,"『지방행정연구』. 한국지방행정연구원.

이일용. (1994). "교육자치제도의 개선논쟁점에 관한 연구,"『교육학연구』. 32(1).

이혜숙 김찬동 박은철. (2008).『지방교육행정과 일반행정의 관계정립방안 연구』. 서울시정개발연구원.

이일용. (2010). 교육자치와 일반자치의 수직적 · 수평적 연계 문제점과 개선방안. 민선교육감 시대의 지방교육자치 발전을 위한 과제. 한국교육정치학회 제29차 학술대회 자료집.

이혜숙 · 김찬동 · 박은철 · 조혜진. (2008). 지방교육행정과 일반 행정 관계 정립 방안 연구. 서울시정개발연구원.

정세욱. (2000). 『지방자치학』. 법문사.

정윤길. (2000). "지방교육자치제의 쟁점과 개혁방향," 『亞 · 太공법연구』 제7집.

조성일 · 안세근. (1996). 『지방교육자치제도론』. 양서원.

최영출. (2011). 세종특별자치시 교육청의 조직 및 교육감 선출방안. 충북대 한국지방교육연구소 세종특별자치시 교육자치 개선을 위한 제 4차 지역포럼 자료집 (2011.8.5).

최진혁. (2002). "우리나라 지방분권의 발전적 고찰," 『사회과학연구』 제13권, 충남대학교 사회과학연구소.

최진혁. (2005). "우리나라 교육분권의 적정성 논의에 관한 연구,"『한국사회와 행정연구』 16(1).

최진혁외. (2006). 우리나라 지방자치 다양화 방안, 정부혁신지방분권위원회.

최진혁 · 김찬동. (2010). "분권형 국가운영체제를 위한 교육감교육의원의 개선방안," 한국지방자치학회 기획토론회 발제원고.

최창호. (1997). 『지방자치학』. 삼영사.

하봉운. (2010). 교육감 · 교육위원선거 평가와 지방교육자치의 발전방향. 사회통합위원회 · 한국지방자치학회 지방선거제도개선 제2차 기획토론회 자료집 (2010.8.17).

한국교원단체총연합회. (2005). 한국교총의 지방교육자치제 개선방안.

한국행정학회. (1991). 지방자치와 교육자치의 연계강화방안.

교육법. 제정 1949.12.31 법률 제86호.

교육법. 일부개정 1962.1.6 법률 제955호.

교육법. 일부개정 1963.12.16 법률 제1582호.

지방교육자치에관한법률. 제정 1991.3.8 법률 제4347호.

지방교육자치에관한법률. 일부개정 1997.12.17 법률 제5467호.

지방교육자치에관한법률. 일부개정 2002. 1.26 법률 제6626호.

지방교육자치에관한법률 전부개정법률안 2005. 4.19

지방교육자치에관한법률. 일부개정 2010.2.26 법률 제10046호.

Bouvier, Alain.(2007). *La gouvernance des systèmes éducatifs*. Paris : PUF.

Van Zanten, Agnès.(2004). *Les politiques d'éducation.* que sais-je? Paris : PUF.

10

지방재정

01 자치분권과 회계책임성 강화를 위한 지방재정 운영개선방안
02 지방재정거버넌스 설계방안
03 지방예산과 결산의 연계 : 회계검사체계의 강화방안

01 자치분권과 회계책임성 강화를 위한 지방재정 운영개선방안

제1절 서론: 문제제기

그동안 지방자치단체는 자치분권정책에 힘입어 일정부분 자치단체의 자율성이 신장되었지만 상대적으로 자치단체가 운용한 재정사업에 대한 책임성은 미흡하였다. 이에 따라 지방자치단체마다 많은 예산을 투입하여 각종 사업을 추진하고 있지만 사업의 타당성과 사업의 성과를 제고하여 주민들에게 실익을 제공해주는 것이 어느 정도인지를 검증하고, 예산의 부실집행에 대한 책임성에 대한 고려는 상대적으로 부족하였다. 저소득층과 노령자를 위한 사회복지사업, 각종 지역개발사업 등 대규모 예산이 투입되는 재정사업이 반복적으로 시행되고 있으나 그 사업의 효과가 당초 목표에 도달하였는지에 대한 책임 추구는커녕 객관적인 검증마저 미흡한 실정이다.

최근 글로벌 경제, 국가경제침체에 따른 경기둔화와 저성장,[1] 저출산 고령화에 따른 인구감소와 지방소멸론 부상, 복지수요(보편적 복지 확대정책) 증대에 따른 사회복지비 지출 급증, 4차 산업혁명[2]이라는 최근의 재정환경변화에 따라 효율적이고 공정한 자치단체 재정운영에 대한 요구가 더욱 증대하고 있다. 그간 자치단체장의 선심성 행정과 방

1 경제구조: 글로벌 경쟁력의 약화와 지역경제를 견인했던 자영업 쇠퇴, 관에 의존하는 지역경제구조의 심화(특히 군지역)

2 빅데이터에 기반한 경제(data-driven economy), 고용이나 지역경제에 미치는 영향은 무엇인가? 4차 산업혁명은 사물인터넷(IoT), 클라우드, 등 정보통신기술(ICT)을 통해 인간과 인간, 사물과 사물, 인간과 사물이 상호 연결되고 빅데이터와 인공지능 등으로 보다 지능화된 사회로 변화될 것으로 예측된다.

만한 재정관리 등 불합리한 재정운영에 대한 문제가 제기됨에도 불구하고 자치단체의 회계책임성에 대한 문제 제기보다는 자치단체의 재정분권 확대의 요구만이 계속되고 있다. 재정분권이 자치단체 재정규모의 확대와 자율성만을 강조하는 경우 지역 이익집단에 의한 지역정치에 포획될 수 있고, 부패의 고리로 연결될 개연성을 배제할 수 없기 때문에 자치분권에 따라 재정권한을 많이 향유하는 곳에는 그만큼의 통제와 책임이 확보될 수 있는 방안이 필요하다 하겠다.

우리가 추구하고 있는 재정분권의 강화가 회계책임성의 제고를 담보할 수 있는 것인가 라는 의문에서 본 연구에서는 회계책임성의 강화를 주민의 참여, 의식제고나 자치단체장과 지방의회 등 정책결정자의 도덕적 차원만이 아닌 재정관리제도의 개선으로 제고될 수 있는 현실적 방안을 도출하고자 한다.[3] 이 과정에서 "지식에 기반한 지방재정정책 · 재정사업과 자치단체 재정운용"의 중요성이 강조되어야 할 것인데, 이는 기본적으로 "재정관련 지식의 수요가 확대되고 이를 뒷받침하는 지식의 공급체계가 구비되는 것으로 재정운영의 책임성도 이러한 맥락에서 강화되어야 함"을 의미하기 때문이다.[4]

제2절 회계책임성과 관련된 이론적 논의

1. 회계책임성의 의의

1) 회계책임성의 개념

회계책임성(accountability)은 어느 개인이나 기관에게 재정상의 임무가 부여된 경우 그 임무를 어느 정도 충실하게 이행하고 있는가의 정도를 나타내는 것으로 전통

3 본 연구에서는 발생주의 기준에 의한 재무회계는 간략히 다루고 그간 회계책임성과 관련해 소홀히 다루어진 현금주의 방식에 의한 예산회계를 중점적으로 다루고 있다. 즉, 자치단체 재정운영의 근간인 세입예산과 세출예산, 세입결산과 세출결산을 통해 회계책임성을 제고할 수 있는 방안을 다루고 있다.

4 정치적 차원이 아닌 관리적 차원, 도덕적, 이념적 접근이 아닌 실질적 접근으로의 논의에 초점을 두고 있다.

적으로 타인의 재산의 수탁관리에 대한 책임에서 출발한다.[5] 광의로는 단순한 수탁관리책임(stewardship)에 더해 운영관리책임(management accountability)과 재무보고책임(reporting accountability)이 포함된 것으로 보고 있다. 지방자치단체의 경우 회계책임성은 주민이 수탁한 자원을 어떻게 사용했는지를 주민에게 정확히 설명하는 것으로, 이는 수탁받은 자치단체 관계자들의 활동을 설명하고, 이에 대한 책임을 받아들이고, 투명한 방식으로 결과를 공개(disclose the results)하는 의무, 여기에는 금전 또는 기타 위탁 재산(entrusted property)의 운용에 대한 책임(responsibility)이 포함된다.[6] 같은 연장선상에서 "A는 A의 (과거 또는 미래) 행동 및 결정에 대해 B에게 알리고, 이를 정당화하고, 결과적으로(일어날 수 있는) 부정행위의 상황에 처벌을 받아야 하는 의무가 있을 때, A는 B에게 책임이 있다"고 할 수 있다. 따라서 "적절한 회계실행 없이는 책임이 존재할 수 없다. 환언하면, 회계가 없다는 것은 책임이 없음을 의미한다(Accountability cannot exist without proper accounting practices; in other words, an absence of accounting means an absence of accountability)"[7]고 할 수 있는 것이다. 이처럼 회계는 책임을 담보하고 있는 것이다.

이런 배경에서 기업이나 외국의 공공기관에서는 회계감사를 통한 회계책임성이 제도화하고 있는바,[8] 그 이유는 회계감사를 통한 재무제표의 신뢰성 증진이 한계가 있음에도 불구하고, 회계책임성 제고에 강력한 영향력을 미치기 때문이다. 아울러 이념이나 이해관계에 따라 재정책임성이 논의되는 경우 일관성있는 결과를 도출하기가 어렵고, 갈등을 조장할 수 있기 때문에 회계감사(audit)를 통한 논의에 초점을 두게 된다.[9] 우

5 책임(accountability)은 두 집단, 즉 다른 누군가(accountee)에게 자신의 활동과 그것들의 결과에 대해 설명의무가 있는 누군가(accountor)의 사이의 관계를 가정하고 있다. 여기에서 'accountee'는 설명을 받을 권리를 가진 자(accountability holdee)이고, 'accountor'는 설명의무를 가진 자(accountability holder)이다(Ijiri, 1975). 이때 책임관계는 헌법, 법률, 계약, 조직규칙, 관습, 또는 비공식적 도덕적 의무에 의해 창조될 수 있다. 이러한 관계의 중심에는 수탁관리(stewardship)가 있다. 수탁관리 관계에서는 분명한 주 집단 즉, 관리인(steward or accounter)과 본인(principal or accountee)이 있다(Gray and Jenkins, 1993 ; 심재영, 2016: 87).

6 "The obligation of an individual or organization to account for its activities, accept responsibility for them, and to disclose the results in a transparent manner. It also includes the responsibility for money or other entrusted property"

7 "A is accountable to B when A is obliged to inform B about A's (past or future) actions and decisions, to justify them, and to suffer punishment in the case of eventual misconduct". Accountability cannot exist without proper accounting practices; in other words, an absence of accounting means an absence of accountability.(en.wikipedia.org/wiki/Accountability, 2020.10.20)

8 프랑스의 경우 공공회계 적용규정을 통해 공공기관의 예산과 회계의 책임성을 강조하고 있다(최진혁, 2011: 91-106).

9 일반적으로 회계감사(Audit)의 감사의견은 적정의견(unqualified opinion), 한정의견(qualified opinion), 부적정의

리나라 지방자치단체의 경우 재무제표에 대한 회계감사가 아닌 결산검토에 그치고 있어 회계감사의 도입에 대한 논의가 있다.

2) 회계책임성의 필수요건(requirements)

지방자치단체의 회계는 신뢰할 수 있도록 객관적인 자료와 증명서류에 의하여 공정하게 처리되어야 하고, 재정활동의 내용과 그 성과를 쉽게 파악할 수 있도록 충분한 정보를 제공하고, 간단 · 명료하게 처리되어야 한다(지방회계법 제5조)[10]. 이와 같이 자치단체의 재정운영에 대한 회계책임성을 담보하기 위해서는 회계책임성을 실효화할 수 있는 제도화하기 위한 요건들이 구비되어 있느냐, 그리고 그 요건들이 미흡하다면, 어떠한 개선책이 필요한가 라는 관점에서 접근할 필요가 있다.

(1) 무엇을 위탁했는가와 시의적절한 정보수요

지방공공서비스의 수요자인 주민은 위탁주체에 무엇을 위탁했으며, 어떤 재정정보가 적시에 필요한 것인지를 명확히 하여야 한다. 같은 맥락에서 자치단체의 행정서비스 공급주체인 정책결정자로서 자치단체장과 지방의회의원은 위탁자로부터 무엇을 수탁받았으며 어떤 재정정보를 공시해야 하는 것인지를 이해해야 한다. 마찬가지로 자치단체 정책결정자를 필두로 집행부 공무원은 주민, 자치단체장으로부터 무엇을 수탁받았고 어떤 정보를 제공해야 하는 것인가를 인식할 필요가 있다(<표 1-1> 참조).

견(adverse opinion), 의견거절(disclaimer of opinion)으로 구분되며, 구체적인 회계기준의 정립으로 감사(audit)는 회계기준을 준수했느냐를 평가하게 된다.

10 지방회계법 제5조(지방자치단체 회계의 원칙) 지방자치단체의 회계는 다음 각 호의 원칙에 따라 처리되어야 한다. 1. 지방자치단체의 회계는 신뢰할 수 있도록 객관적인 자료와 증명서류에 의하여 공정하게 처리되어야 한다. 2. 지방자치단체의 회계는 재정활동의 내용과 그 성과를 쉽게 파악할 수 있도록 충분한 정보를 제공하고, 간단 · 명료하게 처리되어야 한다.

<표 1-1> 위탁내용과 정보수요

대상	무엇을 위탁했는가 (entrusted what?)	정보수요 (timely information/ how?)
주민	위탁주체로서 무엇을 위탁했는가?	어떤 재정정보를 필요로 하는가?
정책결정자 (자치단체장, 지방의회)	위탁자로 무엇을 위탁받았는가?	어떤 재정정보를 공시하는가?
공무원	수탁자: 주민, 자치단체장, 지방의회	어떤 정보를 제공하는가?

(2) 회계실행, 규칙, 표준(accounting practices, rules, standards)

지방재정활동에 따라 발생하는 경제적 거래 등을 발생사실에 따라 복식부기 방식으로 회계처리하는 데에 필요한 기준(지방회계기준)은 행정안전부장관이 기획재정부장관과 협의하여 행정안전부령으로 정하며, 지방회계기준은 지방자치단체의 회계업무가 적정하게 처리되도록 하고, 지방자치단체의 재정상태 및 재정운용의 내용을 객관적이고 통일적이며 명백하게 나타낼 수 있도록 정하여야 한다(지방회계법 제12조).

우리나라 지방자치단체는 2014년 지방재정법 개정, 2016년 지방재정법에서 분법된 지방회계법 제정으로 그간 '세입 · 세출결산서가 주보고서로서 지방의회의 검사위원의 결산검사와 의회의 승인을 받고, 참고자료였던 재무제표가 공식적인 결산서에 포함되었다. 아울러 지방자치단체 회계기준에 관한 규칙[11]은 자치단체 회계처리 및 재무제표 보고의 통일성과 객관성 유지를 위해 모든 일반적인 거래의 회계처리에 적용된다. 문제는 행정실무에서 지방회계기준에 대한 이해의 부족으로 이호조시스템에 데이터를 입력하는 가장 초보적인 단계에서 오류가 발생한다는 것이다.[12]

반면에 예산회계의 경우 일관된 기준이나 지침이 없어 체계적인 결산작성기준이 제시되지 않고 있다. 회계전문가인 공인회계사도 이해하기 어려운 복잡성에도 불구하고 재정정보의 유용성, 신뢰성 측면의 한계는 무엇인가에 대한 문제제기가 별로 없었다.

예산서는 자치단체 세입 · 세출의 계획을, 세입 · 세출결산서는 자치단체 세입 · 세출

11 지방자치단체의 회계처리 및 재무제표 보고의 통일성과 객관성을 확보함으로써 정보이용자에게 유용한 정보를 제공하고, 지방자치단체의 재정투명성과 공공책임성을 제고함을 목적으로 한다(지방자치단체 회계기준에 관한 규칙 제1조).

12 예를 들면 건설 가계정에 대한 준공회계처리가 적정한가에 대한 분개승인이 필요함에도 불구하고, 전문적인 인력이 없어 각 사업부서에서의 오류가 있는 준공회계처리를 그대로 승인하는 경우이다.

의 실적을 일정한 형식에 따라 계산 정리한 기록인데, ①일정한 형식이 단순하고, 이해 가능하며, ②일정한 형식이 정보수요에 부응하여야 하고, ③일정한 형식에 의해 재무제표와의 연계가 가능하도록 작성기준을 명확히 규정할 필요가 있다. 그리고 그간 재무회계에 집중되어 지방회계제도가 발전되어 왔지만, 앞으로 자치단체 재정운영의 핵심인 예산회계와 재무회계의 균형적 발전을 통해 재무회계는 물론 예산회계에 대한 활용성 및 회계책임성 제고의 기본 틀이 정립되어야 할 것이다. 이는 예산분류체제, 예산편성서류(format)와 같이 개선되어야 할 과제이다.

(3) 지방재정공무원의 전문성, 자율성

우리 지방자치단체는 계급제하의 순환보직, 공무원 교육훈련의 한계, 특정문제에 대해 외부 용역에의 의존, 재정관련 업무의 난이도 등을 고려해 볼 때 재정공무원의 전문성 제고가 매우 중요시되고 있다.

아울러 재정공무원의 자율성을 제고하는 일이 중요한데, 자치단체장에 집중된 권력구조, 특히 인사권으로 인해 자치단체 중간관리자의 역할이 크게 부각되지 못하는 현실이다. 일반적으로 예산 및 회계부서 공무원은 기존 업무를 처리하는데 급급하며, 중장기적인 관점에서 재정운영의 흐름을 파악하고 모니터링하는데 한계가 있어 회계책임성을 담보하는데 어려움이 따른다.

2. 회계책임성에 대한 논의의 어려움

일반적으로 다음과 이유로 지방자치단체의 회계책임성을 논의하는 것이 어렵다고 할 것이다. 첫째, 주민들 각자의 자기부담의 한계와 의존재원의 과다하다는 사실이다. 이러한 상황은 회계책임성의 기본 요건인 수탁자와 피수탁자와의 관계가 명료하지 않기 때문에 도덕적, 정치적 책임성만이 강조되고, 국가, 광역자치단체, 기초자치단체의 업무에 대한 명확한 구분과 역할이 모호한 것에서 연유한다. 둘째, 재정민주주의의 원칙과 내부통제가 미흡하다는 것이다. 이는 재정규율이 취약한 상황에서 균형예산의 의미가 퇴색되었으며, 예산법정주의, 주민참여의 형식화에서 비롯된 것이다. 셋째, 지방자치단체 예산구조와 사업의 비체계화이다. 즉, 예산구조의 복잡성(일반회계, 특별회계, 기금, 지방공기업, 출자 · 출연기관 등)과 사업분류의 일관성 부족으로 사업관리가 취약할 수밖에 없는 것이다. 현재 운영 중인 사업예산제도의 사업 분류의 제약과 원가대상에 대한 이해의 부족으로 인해 세부사업이 부기명에 존재하거나, 품목별 내용이 사업으로 설정되거나, 세부사업이 포괄적으로 설정된 경우 등 사업분류의 체계화가 미흡하다.

〈A시 사례〉

보조 사업은 매년 지속되는 경우도 있으며(계속사업), 몇 년 단위로 진행되거나 1회성 사업(현안사업) 등으로 구분할 수 있으나, 2019년의 도비보조사업의 규모별 사업은 다음과 같다. 2019년 기준 1억 원 이상 규모의 사업 수는 116개(약 30%)이며, 10억 이상 규모의 사업 수는 14개(약 3.5%)로, 대부분 농정과의 사업으로 농정과와 사회복지과는 규모가 큰 사업의 수가 상대적으로 많은 것으로 나타났다(<표 1-2> 참조). 1억 원 미만 규모의 사업은 284개 사업으로 대부분 천만원~5천만원 미만의 사업이며(143개 사업), 5백만원 미만의 사업도 32개로 8.1% 수준이며 백만원 미만의 사업도 1개가 있다(<표 1-2> 참조).

<표 1-2> A시 도비보조사업 총사업비 규모별 분포(2019년 기준)(단위: 개)

	백만원 미만	백만원~ 5백만원 미만	5백만원~ 천만원 미만	천만원~ 5천만원 미만	5천만원 ~1억 미만	1억~5억 미만	5억~10억 미만	10억 이상	합계
총 합계	1	31	46	143	63	88	14	14	400
	0.3%	7.8%	11.5%	35.8%	15.8%	22.0%	3.5%	3.5%	100.0%

자료: 한국지방자치학회(2019), 충남도와 시/군간 도비보조사업의 기준부담률에 관한 연구

<표 1-3> A시 국고보조사업 총사업비 규모별 분포(2019년 기준)(단위: 개)

구분	백만원 미만	백만원~ 5백만원 미만	5백만원~ 천만원 미만	천만원~ 5천만원 미만	5천만원~ 1억 미만	1억~5억 미만	5억~10억 미만	10억 이상	합계
총 합계	39	49	44	101	49	76	17	18	393
비중	9.9%	12.5%	11.2%	25.7%	12.5%	19.3%	4.3%	4.6%	100.0%

자료: 한국지방자치학회(2019), 충남도와 시/군간 도비보조사업의 기준부담률에 관한 연구

2019년 국고보조사업의 경우 1억 이상 규모의 사업 수는 111개(약 28.2%)이며, 10억 이상 규모의 사업 수는 18개(약 4.6%)로 나타났다(<표 1-3> 참조). 이와 같이 다양한, 상당 부분이 중첩된 사업이 존재하는 상황에서 사업평가를 통해 책임성을 규명하는 것은 사실상 불가능하며, 사업을 모니터링하는 것도 쉽지 않다. 자치단체의 기획부서나 예산부서에서 평가나 모니터링을 담당해야 하는데 전문화된 인력이 부족한 상황에서 주어진 업무를 처리하는 것도 쉽지 않은 것이다.[13]

넷째, 재정(관리)제도의 복잡성으로 인한 이해의 어려움과 논의의 일관성 부족이다. 재정책임성의 개념과 제고방안에 대한 다양한 제안이 있다. 지방자치단체예산편성지침, 지방채발행 사업별 승인제도, 중기지방재정계획제도, 지방재정투자심사제도, 지방재정분석 · 진단제도, 지방재정공시제도, 지방재정위기관리제도, 재정사업평가제도 등의 다양한 제도가 자치단체 재정운영 실무에 업무부담으로 작용하여 제도간의 상충이 발생하게 된다. 결국 합법성과 유리된, 재정책임성 논의의 분절성과 일관성 부족으로 회계책임성 논의의 어려움을 겪게되는 것이다.

3. 이론적 논의의 틀

앞으로 닥칠 부정적인 재정환경의 변화에 대응할 수 있도록 회계책임성을 높일 수 있는 재정운영방식이 필요한데, 기존에는 회계책임성을 제고하기 위해 자치단체장, 지방의원, 주민의 인식변화와 중앙과 지방간의 재정관계에 대한 정치적 접근(Political approach)[14]을 강조했는데, 이제는 재정운용과 연계된 관리적 접근(Management approach)[15]에 따른 종합적인 접근이 필요하다 하겠다.

일반적으로 지방재정운영방식은 재정상의 정책형성 및 집행체계와 연계되어 운용된다. 그런데 재정상의 정책형성 및 집행체계를 보면 각 단계는 일종의 도출(derivation)과 조건(constraints)의 관계가 있다. 즉, 지방정부는 정치 · 경제 등의 변화와 전망 등을 예

13 사업부서 관리자와 실무자들은 사업의 효과나 정산과정이 적정한가에 대해 파악하기가 어려워 매년 선례답습적인 사업추진을 하는 경우가 다반사이다.

14 정치적 갈등을 최소화하는 방안으로 고통을 똑 같이 분담하는 접근방식

15 전략적 계획과 우선순위 설정. 비효율적 사업에 대한 삭감으로 고통의 차별화를 기하려는 방식

측하여 정부의 기능을 조정하고, 장기종합계획을 수립하고, 정책을 형성해야만 합리적인 재정계획과 분야별 계획이 도출될 수 있을 것이다. 그리고 예산상의 수입 · 지출사무나 사업집행이 비능률적이며 비효과적이고 나아가서 무책임하거나 부정확하게 이루어진다면, 예산배정과 자금공급 및 분야별 세부사업계획은 그 의도대로 실현될 수 없으며, 그 이상의 단계도 마찬가지라 할 수 있다. 이런 맥락에서 예산심의가 형식적이거나 무의미하면 예산편성 등의 단계도 불성실하게 이루어질 가능성이 높기 때문에, 논리적으로 하위의 단계에 있는 것들은 상위의 단계의 실효성을 높이기 위한 조건이라고 할 수 있을 것이다(강신택, 2000: 210).

이와 같은 정책형성과 집행체계의 「도출과 조건」의 관계를 다른 측면에서 바라보면 거시예산(macro-budgeting)과 미시예산(micro-budgeting)간의 관계라고도 할 수 있을 것이다. 즉, 거시예산은 정치 · 경제 등의 전망과 재정 정책적 고려 하에서 결정되는 재정의 총규모이고 미시예산은 행정기관의 수요와 요구를 반영하면서 조정된 사업의 총규모인데, 결과적으로 양자는 동일한 규모이지만 결정의 근거와 과정에는 차이가 있는 것이고, 이에는 총액배분(Top-down)과 상향식(Bottom-up)이 그것이다. 이 경우에도 거시예산의 결정이 체계적이고 합리적일수록 미시예산의 도출이 쉽고, 반면에 미시예산의 결정이 신뢰성 있게 이루어질 때 거시예산결정에 대한 안정된 조건을 마련해 줄 수 있다고 할 것이다(강신택, 2000 : 209-210).

재정운영체계는 다음과 같이 분석적 내용, 정치제도적 맥락, 그리고 회계제도 및 관리정보로 구분할 수 있다(<그림 1-1> 참조).

<그림 1-1> 이론적 논의의 틀: 재정운영체계

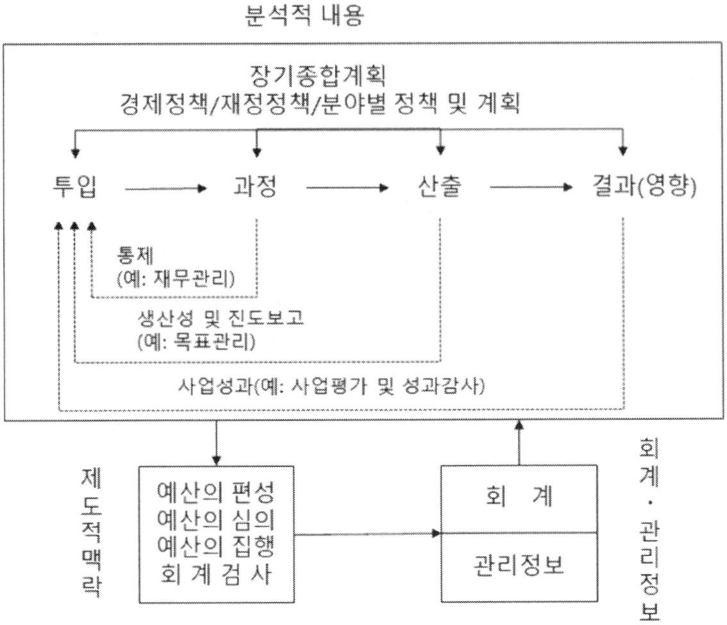

자료: Thomas D. Lynch, Public Budgeting in America, 3rd ed.(Englewood Cliffs, N.J.: Prentice-Hall, Inc., 1990), p.129, EXHIBIT 5-1 Budget System Approach 참고(강신택, 2000: 21)하여 정리함.

논리적 · 분석적으로 생각해 볼 때, 매 회계연도의 예산은 장기적인 종합계획과 여러 가지 정책으로부터 도출되어야 하며, 예산을 수입 · 지출이라는 내용과 관련해서 본다면, 그것은 일정한 자원을 투입하여 사업이나 과정을 거쳐 일정한 산출과 효과 또는 결과를 얻기 위한 것으로 볼 수 있다. 논리적 · 분석적 내용은 중기지방재정계획, 투자심사의 적정성과 관련되어 있다. 예산의 분석적 내용이 투입-과정-산출-결과라는 관계를 가지고 있다고 하더라도 누가 그러한 관계를 설정하느냐 하는 것은 그 나라의 정치제도적인 맥락에 의하여 결정될 것이다.

예산은 수입과 지출로 구성되기 때문에 수입과 지출 등 재정상의 거래를 기록 보고 요약 활용하는 제도가 필요한데 그것이 회계제도라 할 수 있다. 여기에서 회계책임성은 재무회계에 의한 재무제표는 물론 예산회계에 의한 세입세출결산서에서 도출한 재정정보의 신뢰성, 적실성 제고는 물론 제도적 맥락과 분석적 내용에서 활용할 수 있는 정보의 적정성과 활용여부에 의해 평가될 수 있을 것이다.

제3절 우리나라 자치단체 재정운영에서의 회계책임성의 양상

여기서는 우리나라 지방자치단체의 재정운영과정에서의 회계책임성이 어떠한가를 이해하고자 재정운영현황과 문제점을 살펴보고자 한다(최진혁, 2013: 33-40).

1. 우리나라의 예산운영과정: 제도적 · 정치적 공간

우리나라 예산과정은 예산편성 이전의 단계를 거쳐 예산편성과 그 이후의 단계인 예산의 심의, 예산의 집행, 결산 및 회계 순으로 이뤄진다. 이 과정은 자치단체장과 지방의회간의 예산결정을 두고 벌이는 정치적 공간으로 예산주기는 N연도의 예산안편성과 심의는 (N-1)년에 이루어지고, N연도의 예산집행은 N연도에 이루어지며, N연도 예산의 결산과 회계는 (N+1)년에 이루어지게 되어 통합 3년을 주기로 반복된다고 볼 수 있다.

1) 예산편성

우리나라는 자치단체장이 예산안을 편성할 때 지역사회의 특성과 주민의 수요를 반영하여 재정을 계획성있게 운영하기 위해 중기지방재정계획을 활용하도록 하고 있다.[16] 즉, 지방자치단체의 장은 재정을 계획성 있게 운용하기 위하여 매년 중기지방재정계획을 수립하여 지방의회에 보고하고, 행정안전부장관에게 제출하도록 하고 있다(지방재정법 제33조 ①항). 또한 지방자치단체의 장은 중기지방재정계획을 수립할 때에는 행정안전부장관이 정하는 계획수립 절차 등에 따라 그 중기지방재정계획이 관계 법령에 따른 국가계획 및 지역계획과 연계되도록 하였다(지방재정법 제33조 ②항). 이때 중기재정계획에 반영된 사업을 대상으로 투 · 융자 심사를 거쳐 그 결과를 기초로 예산을 편성하게 된다(지방재정법 제37조).

결국 지방예산편성은 중기지방재정계획을 기초로 작성되어야 하는데, 문제는 중기지방재정계획이 사업담당자의 전문성 부족과 자치단체정의 교체 등 외부요인에 의해

16 계획적인 지방재정운영의 필요성에 따라 1982년부터 5개년 단위로 자치단체의 발전계획과 수요를 중장기적으로 전망하여 반영한 다년도 예산이다.

형식적으로 운용되며, 투자사업의 경우도 정확한 사업원가의 추정이 이루어지지 않는다는 점이다.

지방재정의 건전화를 유지하기 위해 무분별한 지방채발행은 억제되어야 하나 자치단체가 자율과 책임으로 지방채를 활용할 수 있는 여건을 만들어줄 필요는 있다. 지방채발행과 관련해 정치적인 이유로 인해 제로지방채발행을 홍보하는 상황에서 필수적인 사업을 위해 지방채를 발행하는 경우 그 근거와 추후 사업의 성과에 대해 소상히 공시하는데 그치지 않고 일정 수준의 지방채발행에 대한 인센티브를 제공할 필요가 있다 하겠다. 최근에는 지방채발행한도액 설정권한을 지방자치단체장으로 하여 행정안전부장관이 정하는 지방채발행한도액산정기준에 따라 해당 지방자치단체의 전전연도 예산액의 100분의 10의 범위에서 정하는 금액으로 하는 것으로 하여 자치단체의 지방채발행의 자율성을 신장하였다. 그러나 지방채제도는 그 발행기준과 더불어 채무관리기준도 함께 하는 지방재정위기관리제도와의 연계하여 논의해야 할 것이다(이장욱 · 서정섭, 2020: 288).

여기에 대부분의 자치단체가 수차례의 추가경정예산을 편성하고 있으며, 그 규모가 크다는 문제가 있는데 그 재원은 전년도 순세계잉여금과 보통교부세 정산분으로 충당하고 있다.

2) 예산 심의 · 의결

지방의회에 제출된 예산안은 자치단체장의 예산안이 작성된 배경과 그 안에 내포되어 있는 재정정책의 방향 및 예산의 기본내용과 관련한 제안설명을 듣고 소관상임위원회의 예비심사를 거쳐 본회의 의결로 구성된 예산결산특별위원회의 종합심사를 받도록 하고 있다. 종합심사를 거친 예산안은 본회의에서 의원들의 정책질의와 찬반토론을 통해 의결함으로써 익년도 예산안이 확정된다. 여기에서 지방의회는 집행부의 대한 견제역할을 수행한다.[17]

17 이 예산안은 시 · 도의회에서는 회계연도 시작 15일 전(12월 16일)까지, 시 · 군 및 자치구의회에서는 회계연도 시작 10일 전(12월 21일)까지 의결해야 하는 것으로 하고 있다(지방자치법 제127조 ②항). 이는 또한 행정안전부장관에 보고하도록 되어 있다.

이 경우 과년도 예산의 집행결과인 결산에 의해 전년도 사업의 성과를 차년도 예산심의에 반영하는 정치적 측면의 책임성 추구와 이월액, 불용액 규모, 재정상태표에 의한 자산과 부채 변화, 사업원가 및 예산성과보고서에 의한 회계책임성이 이루어지어야 하는데 대부분의 지방의회의원은 결산내용에 대한 이해가 부족한 것은 물론 결산과정의 중요성을 인식하지 못하고 있다.

3) 예산집행

예산집행은 의결된 예산안에 따라 해당연도(N년도)의 세입을 확보하고 경비(지출)를 집행해 나가는 일체의 행위를 의미한다. 그런데 예산을 집행함에 있어서 합법적인 범위 내에서 예산의 낭비를 제거해야 하고, 자치단체가 지향하는 사업목표에 효과적으로 달성할 수 있도록 해야 한다. 예산안이 확정되면 집행부에서 예산을 세입 · 세출월별집행계획서에 근거하여 예산을 월별 또는 분기별로 배정하는데 이는 지출원인행위를 할 수 있도록 한 통지로 볼 수 있다(김종순, 1999: 161). 예산집행에서는 세입의 징수와 수납이 이루어진다. 따라서 징수업무(징수관)와 수납업무(수납원)는 동일 기관원이 겸하여 행사될 수 없게 해야 한다. 예산집행과정에서 의결된 예산과 집행된 예산의 일치가 이루어졌는가에 대한 통제가 필요하다. 예산집행과정에서 의결된 예산안에 충실하게 이행하도록 하기 위한 조처로서 항목 외의 지출이나 초과지출, 항목간 전용을 원칙적으로 금지하고 있는 이유이다.

이 과정에서 과다한 불용액과 이월액이 발생하는 것은 예산편성이 잘못된 것을 반증하는 것으로 이에 대한 책임성을 확보할 수 있는 방안이 요구된다.

4) 결산승인

지방자치단체의 장은 출납폐쇄 후 80일 이내에 결산서와 증빙서류를 작성하고 지방의회가 선임한 검사위원의 검사의견서를 첨부하여 다음 연도 지방의회의 승인을 받아야 한다.[18] 결산의 심사결과 위법 또는 부당한 사항이 있는 경우에 지방의회는 본회의

18 다음연도 5월 19일까지 결산서 작성하여 다음연도 6월 말까지 의회제출하도록 되어 있다(지방재정법 시행령 제59조 ①항).

의결 후 지방자치단체 또는 해당기관에 변상 및 징계조치 등 그 시정을 요구하고, 지방자치단체 또는 해당 기관은 시정요구를 받은 사항을 지체 없이 처리하여 그 결과를 지방의회에 보고하여야 한다(지방자치법 제134조 ①항). 지방자치단체의 장은 위에 따라 승인을 받으면 5일 이내에 시 · 도에서는 행정안전부장관에게, 시 · 군 및 자치구에서는 시 · 도지사에게 각각 보고하고 그 내용을 고시하여야 하는 것으로 하고 있다(지방자치법 제134조 ②항).

그런 맥락에서 지방예산 편성 및 집행, 결산승인과정에서 자치분권화에 부응하는 재정통제 방법을 다음과 같이 구상해 볼 수 있을 것이다(그림 1-2 참조). 즉, 예산편성단계에서는 주민참여예산제를 활용하여 민주적 통제공간을 넓혀주는 효과를 제고해야 할 것이고, 예산의결단계에서는 자치단체장과 의회와의 견제관계에 따라 재정활동에 대한 객관적 합리적인 통제가 이루어질 수 있게 하며, 예산집행단계에서는 세입의 징수와 수납이 이루어짐에 따라 징수업무(징수관)와 수납업무(수납원)의 재정관리를 정치적 · 관리적 통제를 병행해 나갈 수 있도록 하며, 결산승인단계에서는 재정전문가가 참여한 결산회계검사를 수행하여 지방재정활동을 명확하게 분석하고 진단하도록 해야 한다.

<그림 1-2> 예산편성과정에서의 재정통제

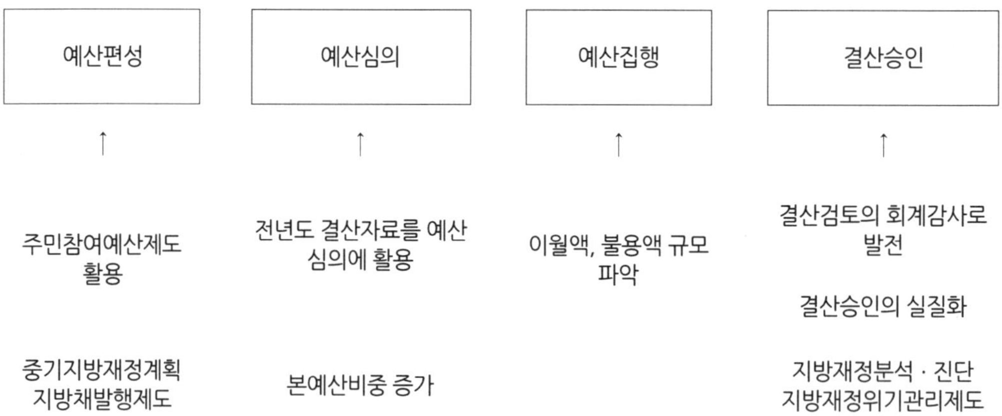

5) 재정분석 : 관리적 공간

우리나라 지방자치단체는 민선5기에 들어서면서 성남시장의 지불유예(moratorium)선언으로 인하여 지방자치단체의 심각한 재정운영상황에 전국민의 경각심을 갖게 되는 전환점을 제공하였다. 이에 따라 당시 행정안전부는 지방자치단체의 재정수지와 채무증가, 세입결손, 자금현황, 공기업 재정상황 등을 상시 모니터링하여 재정위험수준을 사전에 진단하고(표 1-4 참조) 그에 맞추어 '정상'-'주의'-'심각'으로 등급화하여 미리 경보체제를 발동하는 조기경보시스템(Early warning system)을 통해 자치단체의 재정관리를 효율적으로 이행하고자 하였다(그림 1-3 참조). 이와 같은 조기경보체제에 따라 '주의'자치단체로 지정받으면 채무감축과 세출구조조정 등 자체적인 재정건전화계획을 수립·시행하도록 규제하고, '심각'자치단체로 지정되면 기채 및 신규사업제한 등 의무적 재정건전화계획을 수립·시행하도록 강제하도록 하였다.

이렇듯 우리나라 지방재정법은 행정안전부장관에게 지방자치단체의 재정적 건전성의 정도를 판가름 할 재정분석권한을 부여하고 있다. 즉, 자치단체장이 행정안전부장관에게 제출한 재정보고서의 내용을 분석하여 그 결과 재정의 건전성과 효율성 등이 현저히 떨어지는 지방자치단체에 대하여는 재정진단을 실시하고, 이를 토대로 해당 자치단체에 재정건전화계획의 수립 및 이행을 권고하거나 재정건전화를 위하여 필요한 사항을 지도할 수 있도록 하고 있다(지방재정법 제54조, 제55조).[19] 더구나 행정안전부장관이 자치단체의 재정분석 및 재정진단 결과 등을 토대로 재정위험 수준이 심각하다고 판단되는 지방자치단체를 재정위기단체로 지정할 수 있도록 하였다(지방재정법 제55조의 2).[20] 재정위기단체의 장은 지방의회의 의결로 재정건전화계획을 수립하여 이의 이행상황을 지방의회 및 행정안전부장관에게 보고하도록 하고 있다. 또한 재정위기단체의 장은 재정건전화 계획 및 이행상황을 매년 2회 이상 주민에게 공개하도록 하고 있다(동법

19 지방재정법제54조(재정운용에 관한 보고) 지방자치단체의 장은 대통령령으로 정하는 바에 따라 재정보고서를 안전행정부장관에게 제출하여야 한다. 이 경우 시·군 및 자치구는 시·도지사를 거쳐 안전행정부장관에게 제출하여야 한다. 동법 제55조(재정분석 및 재정진단) ①안전행정부장관은 대통령령으로 정하는 바에 따라 제54조에 따른 재정보고서의 내용을 분석해야 한다. ②안전행정부장관은 제①항에 따른 재정분석결과 재정의 건전성과 효율성 등이 현저히 떨어지는 지방자치단체에 대하여는 대통령령으로 정하는 바에 따라 재정진단을 실시하여야 한다. ③안전행정부장관은 제②항에 따른 재정진단 결과를 토대로 해당 지방자치단체에 재정건전화계획의 수립 및 이행을 권고하거나 재정건전화를 위하여 필요한 사항을 지도할 수 있다. ④안전행정부장관은 제①항이나 제②항에 따른 재정분석 및 재정진단 결과를 공개할 수 있으며, 재정분석 및 재정진단 결과의 중요사항에 대하여는 매년 재정분석·진단 실시 후 3개월 이내에 국회 소관 상임위원회 및 국무회의에 보고하여야 한다.

20 제55조의2(재정위기단체의 지정)①안전행정부장관은 제55조 제1항 및 제2항에 따른 재정분석 및 재정진단 결과 등을 토대로 재정위험 수준이 심각하다고 판단되는 지방자치단체를 재정위기단체로 지정할 수 있다. ②재정위기단체의 지정을 위한 기준 및 절차 등은 대통령령으로 정한다.

第55조의3).[21] 그리고 재정건전화계획에 따라 그 이행정도가 부진하면 지방채 발행을 제한하고 교부세를 감액하거나 그 밖의 재정상의 불이익을 부여할 수 있도록 하였다(동법 제55조의4, 제55조의5).[22] 또한 행정안전부장관은 재정분석 결과 건전성과 효율성 등이 우수한 지방자치단체와 행정안전부장관의 권고 및 지도사항의 이행결과가 우수한 지방자치단체에 대해서는 특별교부세를 별도로 교부할 수 있게 하는 등의 인센티브를 부여하고 있다(동법 제57조).

<표 1-4> 모니터링 7개 지표

관점	재정지표	산정방식	「주의」기준	「심각」기준
재정수지	① 통합재정수지적자비율	(세입-지출및순융자) 통합재정규모	25%초과	30%초과
채무관리	② 예산대비채무비율	지방채무 잔액 총예산	25%초과	40%초과
	③ 채무상환비 비율	지방채무 상환액 일반재원	12%초과	17%초과
세입관리	④ 지방세 징수액현황	당해연도 월별 누적 징수액 최근 3년 평균 월별징수액	50%미만	0%미만
자금관리	⑤ 금고잔액 현황	당해연도 분기말 잔고 최근 3년 평균 분기말 잔고	20%미만	10%미만
공기업	⑥ 공기업 부채비율	부채 순자산	400%초과	600%초과
	⑦ 개별공기업 부채비율			

자료: 행정안전부, 2011

21 제55조의3(재정위기단체의 의무)①재정위기단체로 지정된 지방자치단체의 장(재정위기단체의 장)은 제55조제3항에 따른 재정건전화계획을 수립하여 안전행정부장관의 승인을 받아야 한다. 이 경우 시장 · 군수 및 자치구의 구청장은 시 · 도지사를 경유하여야 한다. ②재정위기단체의 장은 제1항에 따른 재정건전화계획에 대하여 지방의회의 의결을 얻어야 한다. ③재정위기단체의 장이 예산을 편성할 때에는 제2항에 따른 재정건전화계획을 기초로 하여야 한다. ④재정위기단체의 장은 재정건전화계획의 이행상황을 지방의회 및 안전행정부장관에게 보고하여야 한다. 이 경우 시장 · 군수 및 자치구의 구청장은 시 · 도지사를 경유하여야 한다. ⑤안전행정부장관은 재정위기단체의 재정건전화계획 수립 및 이행상황에 대하여 필요한 사항을 권고하거나 지도할 수 있다. ⑥재정위기단체의 장은 특별한 사유가 없는 한 제⑤항의 권고 또는 지도에 따라야 한다. ⑦재정위기단체의 장은 재정건전화계획 및 이행상황을 매년 2회 이상 주민에게 공개하여야 한다.

22 제55조의4(재정위기단체의 지방채발행 제한)①재정위기단체의 장은 제11조부터 제14조까지 및 제44조에도 불구하고 안전행정부장관의 승인과 지방의회의 의결을 얻은 재정건전화계획에 의하지 아니하고는 지방채의 발행, 채무의 보증, 일시차입, 채무부담행위를 할 수 없다. ②재정위기단체의 장은 제37조에도 불구하고 안전행정부장관의 승인과 지방의회의 의결을 얻은 재정건전화계획에 의하지 아니하고는 대통령령으로 정하는 규모 이상의 재정투 · 융자사업에 관한 예산을 편성할 수 없다.제55조의5(재정건전화 이행부진 지방자치단체에 대한 불이익 부여) ①안전행정부장관은 재정위기단체의 재정건전화계획수립 및 이행결과가 현저히 부진하다고 판단하는 경우에는 교부세를 감액하거나 그 밖의 재정상의 불이익을 부여할 수 있다. ②안전행정부장관은 제1항의 목적을 달성하기 위하여 필요한 경우에는 관계 중앙행정기관의 장 및 시 · 도지사에게 필요한 조치 등을 취하도록 협조를 요청할 수 있다. ③제2항에 따라 협조를 요청받은 관계 중앙행정기관의 장 및 시 · 도지사는 특별한 사유가 없는 한 협조하여야 한다.

<그림 1-3> 지방재정사전경보시스템

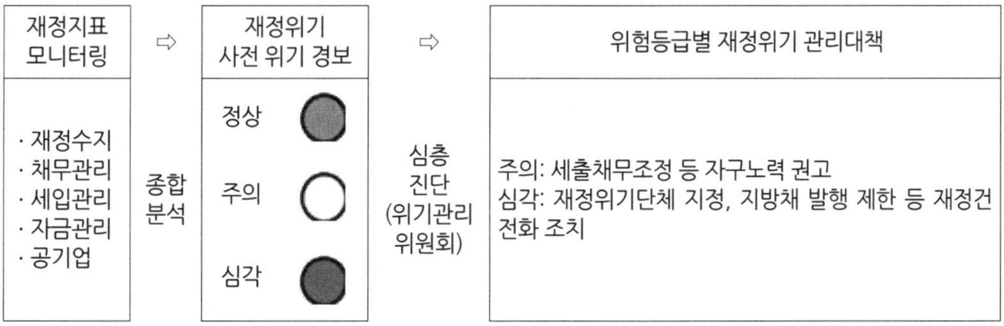

자료: 행정안전부, 2011

2. 지방재정운용 현황

다양한 지방재정제도가 운용되는 상황에서 회계책임성이 확보될 수 있는가를 각 자치단체의 지방재정운용 현황과 관련시켜 살펴보고자 하는데 〈표 1-5〉는 몇몇 자치단체의 예산과 결산자료를 비교하고 있다.

<표 1-5> 지방자치단체별 예산(본예산, 최종예산), 세입/세출결산 현황

	2018회계연도(억원)			2019회계연도(억원)		
	본예산	최종예산 예산현액[1]	세입결산 세출결산 (잉여금)	본예산	최종예산 예산현액	세입결산 세출결산 (잉여금)
A도	50,297 (100.0)	53,434(106.2) 60,217(119.7/112.7)	60,649 52,366 (8,283)	52,861 (100.0)	57,858(109.5) 62,524(118.3/108.1)	62,890 56,304 (6,586)
B시	9,858 (100.0)	11,121(113.7) 12,953(131.4/116.5)	12,940 8,920 (4,020)	10,060 (100.0)	10,672(106.1) 12,948(128.7/121.3)	13,555 9,939 (3,616)
C시	6,313 (100.0)	8,426(133.5) 9,557(151.4/113.4)	9,635 7,486 (2,149)	6,809 (100.0)	9,299(136.6) 10,492(154.1/112.8)	10,420 8,721 (1,699)
D군	4,019 (100.0)	4,493(111.8) 5,037(125.3/112.1)	5,124 3,950 (1,174)	4,293 (100.0)	5,081(118.4) 5,794(135.0/ 114.0)	5,900 4,475 (1,427)

1) 예산현액은 최종예산에 전년도 이월액에 합해진 것으로 ( )는 본예산, 최종예산과 비교한 비율임.

첫째, 본예산과 최종예산을 비교해 볼 필요가 있다. 재정민주주의 근간으로 주민의 대표인 지방의회에서 의결된 본예산의 의미는 무엇인가? 사실상 예산결산과정에서 본예산은 결산서에 제시도 되고 있지 않아 결산과의 비교가 어렵다는 사실이다. 본예산 대비 수차례의 추가경정예산으로 확정된 최종예산과의 차이가 A도 2019년 본예산은 5조 2,861억(100.0), 최종예산은 5조 7,858억(109.5)으로 4,997억(9.5%) 차이를, 2019년은 본예산 5조 2,861억원 대비 9.5%가 증가한 5조 7,858억원으로 나타나고 있으며, B시는 2019년 본예산 1조 60억, 최종예산은 1조 672억으로 612억(6.1%) 차이를 나타냈다. C시는 2019년 본예산 대비 최종예산이 무려 36.6% 증가했으며, D군은 18.4% 증가하고 있다.

한편 최종예산에 이월액을 합한 예산현액은 A도의 경우 2019년 6조 2,524억원으로 최종예산 대비 8.1%, 본예산 대비 18.3%가, B시의 경우 2019년 최종예산 대비 21.3%, 본예산 대비 28.7% 증가했으며, C시의 경우 최종예산대비 12.8%, 본예산 대비 54.1%, D군의 경우 최종예산대비 14%, 본예산 대비 35.0% 증가하고 있다.

요컨대, 본예산과 전년도 순세계잉여금과 보통교부세 정산분을 재원으로 하는 최종예산의 차이와 전년도 이월액이 합쳐진 예산현액과의 차이가 너무 커 회계책임성은 말할 것도 없고 재정민주주의가 심각히 훼손되는 방만한 재정운영이 이루어지고 있다는 것을 보여주고 있다.[23]

지방재정법 제45조 (추가경정예산의 편성 등) 지방자치단체의 장은 이미 성립된 예산을 변경할 필요가 있을 때에는 엄격한 요건이 따르는 추가경정예산(追加更正豫算)을 편성할 수 있지만 현실에서는 사실상 특별한 제한이 없는데, 문제는 추경이 (사실상) 분식예산의 가능성이 적지 않다는 점이다.

둘째, 세입예산은 예산으로서의 가치가 있는가이다. 왜냐하면 세입예산과 징수결정액, 세입결산과의 차이가 크다는 사실 때문이다. 이는 세입예측의 추정오차가 크다는 점과 함께 자치단체 예산의 회계책임성과 관련된 시사하는 바가 크다. 예산은 균형예산의 원칙에 의해 세입예산과 세출예산이 동일한데, 이월액을 제외한 세입결산과 세출

23 일반 주민은 말할 것도 없고 재정학자들도 상당수는 결산은 당해연도 본예산의 집행결과로 생각하고 있다. 결산에는 최종예산의 집행결과와 전년도 이월액의 집행결과가 합해진 것이다. 후술하는 외국의 경우 본예산과 최종예산, 예산현액의 차이가 미미한 상태이다.

결산의 차이도 크다는 점이다. 이는 세출예산과 세출결산에 비해 세입예산과 세출결산의 차이가 크다는 것을 의미한다. 결국 세입예산은 예산으로의 가치가 반감되고 있다고 볼 수 있다.

A도의 세입결산(62,890억), 세출결산(56,304억)의 차이(잉여금)는 6,586억(10.5%)으로, B시는 세입결산(13,555억), 세출결산(9,939억)의 차이가 3,616억(26.7%), C시는 세입결산(10,420억), 세출결산(8,721억)의 차이가 1,699억(16.3%), D군은 세입결산(5,900억), 세출결산(4,475억)의 차이가 1,427억(24.2%)으로 나타났다.

셋째는 기능별 분류의 일관성이 미비하다는 점이다. 사업분류의 비체계성으로 인해 다수의 소규모사업이 존재하고(앞의 〈표 1-2〉와 〈표 1-3〉 참조할 것), 사업의 유사 · 중복 여부,[24] 사업성과의 평가에 있어 어려움이 있다. 2008년 이후 사업예산제도를 운영하고 있으나 이는 이전의 품목예산제도와 비교해 사업분류의 체계화에도 별다른 진전이 없는 것이라 할 수 있을 것이다.

넷째, 예산회계인 세입세출결산서 작성지침이 미흡한 것으로 나타난다. 재무회계 산정기준은 일반회계, 공기업특별회계, 기타특별회계, 기금이 포함되나 지방공기업의 경우 별도의 재무회계기준을 사용하며, 예산회계는 경우에 따라 회계실체의 적용범위가 상이한 실정이다. 이에 따라 회계책임성을 평가할 수 있는 대상과 내용, 일관성에 한계가 있다.

결국 예산구조와 회계실체의 다양성으로 인해 학자는 물론 상당수 공무원도 재정흐름과 데이터를 연계하는데 한계가 있어 현재의 재정데이터의 신뢰성을 확보하는데 어려움이 있다 하겠다.

그리고 예산편성기준은 아주 구체적인 단가 등을 규정하고 있는데 반해 본질적인 주민이 필요로 하고, 회계책임성을 판단할 수 있는 결산작성 기준이 미흡한 형편이다. 이에 따라 기존의 회계검사활동은 단식부기회계 하에서의 자기검증이 미비한 기능을 보완하기 위한 서면감사활동과 회계상의 오류와 부정을 탐지하기 위한 실지감사활동으로 구분하여 행하고 있는 실정이다.

---

24 지방자치단체 이호조시스템에서는 사업명이 다른 경우 별개의 사업으로 처리되어 현장에서는 사실상 같은 내용의 사업도 명칭을 달리하여 다른 사업으로 취급하고 있다.

따라서 기껏해야 불부합 정도를 찾아내어 해당부서로 하여금 회계처리의 오류를 시정하는 방식으로는 유용한 재정정보의 제공은 물론 회계책임성도 담보할 수 없다.

다음은 미국 지방정부 사례로 아리조나주 플래그스탶시(City of Flagstaff, Arizona)결산서를 보여주고 있는데,[25] 2017년의 경우 당초세입예산(57,501,753$)과 최종예산은 같으며, 실제 세입액은 58,256,286$로 당초예산대비 1.3%인 754,533$의 차이를 보이고 있다. 지출은 당초예산 63,513,733$로 최종예산과 같으며, 실제 결산은 55,023,563$로 당초예산과 비교 13.4%인 8,490,170$이 감소한 55,023,563$로 적자예산을 보이고 있음을 알 수 있다(<표 1-6> 참조).

미국의 경우 예산과 실제집행액을 보고함에 있어 당초예산과 최종예산을 동시에 보여주고 있다는 점에서 우리와 차이가 있다. 아울러 현금주의방식과 수정발생주의 방식의 차이를 설명하고 있다.[26]

<표 1-6> City of Flagstaff, Arizona, General Fund

수익, 지출 및 기금잔고변경 명세서-2017년 6월 30일에 종료된 예산 및 실제연도(Statement of Revenues, Expenditures, and Changes in Fund Balances - Budget and Actual Year Ended June 30, 2017)

	예산(Budget)			
	본예산 (Original)	최종예산(Final)	예산기준집행액 (Actual Amounts Budgetary Basis)	최종예산과의 차이 (Variance with Final Budget)
수입(REVENUES):				
세금(Taxes)	$ 26,889,786	$ 26,889,786	$ 27,381,052	$ 491,266
정부간교부금 (Intergovernmental)	18,484,079	18,484,079	19,294,533	810,454
보조금 (Grants and entitlements)	1,689,169	1,689,169	1,209,967	(479,202)
서비스 요금 (Charges for services)	2,985,550	2,985,550	3,454,568	469,018
인 · 허가 (Licenses and permits)	1,921,680	1,921,680	2,839,407	917,727

25 일본 지방자치단체도 본예산, 최종예산의 차이가 적으며, 추경의 요건 엄격하고, 이월금, 순세계잉여금이 적음(예산과 예산현액의 차이가 적음), 세입예산과 징수결정액, 세입결산의 차이가 적음.

26 우리나라는 예산회계와 재무회계의 차이에 대한 명세서를 통해 양자의 차이를 보여주고 있다.

벌금 · 과태료 (Fines and forfeitures)	3,298,980	3,298,980	1,430,686	(1,868,294)
임대료(Rents)	1,699,209	1,699,209	1,602,727	(96,482)
투자 수익 (Investment earnings)	262,000	262,000	337,691	75,691
기부금(Contributions)	10,000	10,000	421,444	411,444
기타(Miscellaneous)	261,300	261,300	284,211	22,911
총수입(Total revenues)	57,501,753	57,501,753	58,256,286	754,533
지출(EXPENDITURES):				
경상(Current):				
일반행정 (General administration)	10,973,306	10,973,306	10,029,414	943,892
서비스관리 (Management services)	3,822,504	3,822,504	3,534,678	287,826
소방(Fire)	12,607,477	12,607,477	12,436,424	171,053
경찰(Police)	20,277,258	20,277,258	19,029,721	1,247,537
지역사회개발 (Community development)	4,637,447	4,637,447	4,170,022	467,425
공공사업(Public works)	11,289,893	11,289,893	8,712,542	2,577,351
경제활성화 (Economic vitality)	175,166	175,166	304,568	(129,402)
비부서(Non-departmental) 공공기관	(869,318)	(869,318)	(3,193,806)	2,324,488
예비비(Contingency)	600,000	600,000	-	600,000
총수입(Total revenues)	63,513,733	63,513,733	55,023,563	8,490,170
지출(부족)에 대한 수입의 초과 (결손)(Excess (deficiency) of revenues over (under) expenditures)	(6,011,980)	(6,011,980)	3,232,723	9,244,703
여타재정확충(사용)(OTHER FINANCING SOURCES (USES)):				
자본지출을 위한 부채 발행 (Issuance of capital debt)	-	-	133,531	133,531
자본자산 매각 (Sale of capital assets)	20,000	20,000	-	(20,000)
전입(Transfers in)	3,213,434	3,213,434	2,753,444	(459,990)
전출(Transfers out)	(7,095,020)	(7,095,020)	(5,546,718)	1,548,302
여타 총 재원확충(사용) (Total other financing sources(uses))	(3,861,586)	(3,861,586)	(2,659,743)	1,201,843
펀드벨란스의 순 변동 (Net change in fund balances)	(9,873,566)	(9,873,566)	572,980	10,446,546

연초펀드벨란스 (Fund balances, beginning of year)	23,975,214	23,975,214	38,919,713	-
연말펀드벨란스 (Fund balances, end of year)	$ 14,101,648	$ 14,101,648	$ 39,492,693	$ 10,446,546
예산기준을 GAAP 기준으로 조정한 펀드벨란스의 순 변동 (Adjustment of budgetary basis to GAAP basis net change in fund balances)			$ 572,980	
시에서는 수정된 발생 기준이 아닌 현금 기준으로 특정 수익을 예산으로 책정(The City budgets certain revenues on the cash basis, rather than on the modified accrual basis)			1,012,523	
수정 된 발생 기준이 아닌 현금 기준으로 특정 기타 지출에 대한 시 예산(The City budgets for certain other expenditures on the cash basis, rather than on the modified accrual basis)			(40,435)	
펀드벨란스 조정된 순변동-GAAP 기준 (Adjusted net change in fund balance - GAAP basis)			$ 1,545,068	

* 재무제표에 대한 주석은 본 명세서의 필수(통합) 부분입니다(The notes to the financial statements are an integral part of this statement)

자료출처: Arizona Flagstaff city 홈페이지 ; https://www.flagstaff.az.gov/

제4절 결론 - 회계책임성 강화방안

지방회계제도의 발전은 그간 재무회계에 집중되었으나, 앞으로 자치단체 재정운영의 핵심인 예산회계와 재무회계의 균형적 발전을 통해 재무회계는 물론 예산회계에 대한 활용성 및 회계책임성 제고의 기본 틀이 정립되어야 할 것이다.

재정책임성이나 회계책임성이 이론적 탐구나 관념론에 그치고 재정분권이 강화되면 회계책임성이 높아진다고 보고 있는데, 실제는 주민이 아닌 중앙정부에 대한 법 · 관리적 측면의 책임이 강조되고 있고, 이는 이전재원의 비중이 크고 지방재정제도가 자치단체가 아닌 중앙정부에 의해 제정되어 획일적으로 운영되기 때문이다.

그동안 지방자치단체에서 회계책임성에 대한 관심이 적었던 것은, 현재 자치단체 재정운영에서 회계책임성에 별 문제가 없다고 생각하거나, 회계책임성의 중요성을 인식하고 있지 못하고 사소한 일이라고 평가하였고, 자치단체 재정운영의 실상에 대한 충분한 이해의 부족에서 연유된 것으로 파악할 수 있다. 따라서 재정분권의 핵심인 회계책임성의 본질에 대한 이슈 제기(agenda-setting)가 미흡하고, 문제가 생기면 새로운 재정관리제도를 도입하거나, 막대한 예산을 투입하는 IT시스템의 구축으로 해결하려고 하였다.

이에 본 연구는 자치단체의 재정운용에서 재정정보의 수요도 제한적이며, 본질적인 정보가 아닌 부수적인 정보의 양산과 이를 공시되는 상황에서 시의적절한 정보(timely information that is objective, fact-based, nonpartisan, nonideological, fair, and balanced)가 필요하다는 점을 강조하고 있다. 현재로서 신뢰성있는 재정정보를 공급하는 기제인 일관된 기준이 미비하기 때문에 예산회계 작성기준에 대한 연구를 통해 예산서, 결산서 체계의 보완, 재정분석지표, 재정공시방법의 개선(단순하면서 본질적인 지표의 제시)을 위한 기초적 방안을 제시하고 있다. 이와 함께 회계책임성에 대한 주민, 언론, 자치단체장, 지방의회, 담당공무원들의 인식의 변화는 물론 재정공무원의 능력을 제고해야 하는 것이 무엇보다 중요한데 이를 위해 지방재정제도 규정, 지침에 대한 이해, 관련된 이론, 개념의 숙지 등이 교육되어야 할 것이다.

이와 함께 지방자치단체의 회계책임성을 구현하기 위해서 주민에 대한 재정공시제도와 재정책임성을 확보할 수 있고, 내부관리자들이 더 나은 결정을 할 수 있는 각종 제도적 장치를 모색할 수 있어야 할 것이다.

우선 주민에 대한 재정공시는 현재 예산 및 결산 등에 대한 방대한 자료가 제시되고 있는데 재정지표의 수가 중요한 것이 아니라 주민이 쉽게 이해할 수 있고, 꼭 필요한 내용을 담아야 할 것이다. 제3장에서 언급한 당초예산, 최종예산, 결산의 비교, 이월액, 불용액, 순세계잉여금 등은 좋은 지표라 할 것이다. 행정안전부 발표(2019. 11.5)에 의하면 동종단체 평균 대비 불용률이 많은 단체에는 페널티 부여, 동종단체 대비 이월률(사고이월)이 적은 단체에는 인센티브를 부여(일반회계 대상)하고 2019회계연도 재정분석에 본 지표로 포함하는 것은 바람직한 조치라 할 것이다.

다음으로 예산분류체제, 예산편성서류(format)와 같이 개선되어야 할 과제이다. 이는 사업별 원가 산정, 사업의 유사 · 중복 식별, 사업성과의 평가에 기본이 되기 때문이다. 이러한 작업은 전문가가 참여하여 심층적인 분석이 필요한 작업으로 꼭 필요한 과제라 할 수 있을 것이다. 아울러 재정담당부서(예산, 회계, 세정 등)의 내부통제가 강화되어야 할 것으로 예산부서는 사업에 관한 정보, 일상의 재정운영이나 예산·결산의 내용, 특히 차년도 예산편성 정보 등 재무전반에 대한 정보에 관하여 총괄책임(control tower)의 역할을 하여야 할 것으로 재정부서 공무원의 전문성 제고와 같이 추진되어야 할 과제라 할 것이다.

마지막으로 재무회계와 관련해서는 회계감사제도의 도입, 재무회계결산으로의 일원화 등이 논의될 수 있는데[27] 이를 위해서는 우선적으로 재무회계 담당자의 전문성 제고, 자치단체장의 인식 제고가 필요하다 하겠다. 이러한 노력의 일원으로 2018년에 도입되어 올해 제3회 시상이 추진중인 '한국 지방자치단체 회계대상'의 평가기준을 참조할 필요가 있을 것이다(<표 1-7> 참조).[28] 평가기준은 과정지표(50점), 재무보고서(25점), 재무보고서 활용(25점)으로 구분되어 현 상황에서 실천가능한 요인들을 망라하고 있어 추후 재무회계를 통한 회계책임성의 제고에 좋은 방안이 될 수 있을 것이다(<표 1-8>, <표 1-9> 참조).

27 현재 예산회계와 재무회계의 이원화를 발생주의기준을 도입한 외국과 같이 재무회계로 통합하는 것을 의미한다.

28 한국경제가 주체하고, 한국공인회계사회가 주관하며 행정안전부, 한국지방재정공제회, 한국정부회계학회, 재정성과연구원이 후원기관으로 참여하고 있다.

<표 1-7> 과정지표(50점) 결산서(재무제표 포함) 산출체계

평가항목	평가 지표	평가 기준	비고
1. 담당공무원 전문성(10점)	1-1. 재무회계 공무원수(3점)	-전임, 겸임 구분한 공무원 수 -전체 공무원수 대비 재무회계 공무원 수(예산회계 포함시켜 조사) * 회계부서 인원 대비로 평가	홈페이지 (상, 중, 하)
	1-2. 근무연수 (3점)	순환보직의 문제점으로 장기 근무자 가점	서류제출 상, 중, 하
	1-3. 전문성(4점)	-전문관제도 도입시 2점 -회계전공자, -회계관련 자격증 소지자 -별도 조직(2점)	서류제출
2. 감사위원회(5점)	2-1. 독립구조(2점)	- 독립구조의 감사위원회 설치 여부	홈페이지
3. 회계교육(5점)	3-1. 담당공무원 회계교육 여부(1.5점)	-담당공무원 회계교육 여부 * 외부강사, 전문기관 포함 * 지방의원 재무회계교육시 가점	서류제출
	3-2. 전문기관과의 협업(1.5점)	- 협업시 가점부여 (전문기관, CPA 등, 1회성 자문 제외)	서류제출
4. 자치단체장 관심(10점)	4-1. 재무회계결산 관련 보고건수, 지시(5점)	- 재무회계운영, 결산 관련 보고, 지시건수	서류제출 (공문 등)
	4-2. 회의 개최 등(5점)	자치단체장(부단체장 포함) 재무회계 관련 직접 회의 건수	서류제출 (공문 등)
5. 재무회계 신뢰성 제고 노력(10점)	5-1. 회계처리 검증 및 수행과정(5점)	자료입력의 객관성 제고를 위한 내부 노력	서류제출 우수사례가점
	5-2. 세입세출결산서, 재무제표 신뢰성 제고 노력(5점)	내부연구, 외부 용역 등	서류제출 우수사례가점
6. 결산검사 의견서 (5점)	6-1. 보고서 내용의 검토(5점)	- 의회에 보고된 결산검사의견 평가 - 재무회계관련 지적 사항	서류제출 상, 중, 하 평가
7.결산검사위원 전문성 (5점)	7-1. 결산검사위원의 전문성(5점)	- 회계, 재무행정 관련 자격증 소지자 (의회에서 선임)	서류제출 상, 중, 하 평가

<표 1-8> 재무보고서 자체(25점) 결산서(재무제표 포함) 접근 및 내용

평가항목	평가 지표	평가 기준	비 고
1. 재무보고서 접근성 (5점)	1-1. 홈페이지 접근성 평가(5점)	-사무국 3인이 각각 243개 홈페이지 접속하여 상, 중, 하 평가 - 3명의 점수를 합산하여 절대평가	배너 등 가점 (사무국에서 실제 평가후 결정)
2. 결산보고서 영역 (8점)	2-1. 예산과 결산의 연계(4점)	-본 예산 추경의 예산 차이 -추경 횟수	홈페이지 서류제출 상,중,하
	2-2. 결산서 분석 지표(4점)	-사무국에서 자치단체 불용액, 이월액 비율 조사	홈페이지 결산서 상,중,하
3. 결산개요 (12점)	3-1. 요약 재무보고의 제공(3점)	2017년 결산서는 대동소이함 (추후 독창적인 결산개요 기대)	홈페이지 결산서 전문가 평가 (상,중,하)
	3-2. 기간별 비교 자료의 제공(3점)	2017년 결산서는 대동소이함 (추후 독창적인 결산개요 기대)	홈페이지 결산서 전문가 평가 (상,중,하)
	3-3. 총괄적 분석 제공(3점)	2017년 결산서는 대동소이함 (추후 독창적인 결산개요 기대)	홈페이지 결산서 전문가 평가 (상,중,하)
	3-4. 중대한 변화에 대한 정보(3점)	2017년 결산서는 대동소이함 (추후 독창적인 결산개요 기대)	홈페이지 결산서 전문가 평가 (상,중,하)

<표 1-9> 재무보고서의 활용(25점) 결산서(재무제표를 중심으로)의 활용

평가항목	평가 지표	평가 기준	비 고
1. 지방의회(8점)	1-1. 질의건수(4점)	-질의, 자료 제출, 집행부 답변 등	서류제출(회의록 등) 상, 중,하로 평가
	1-2. 조례 제정건수(4점)	-재정분석, 결산, 재무회계의 활용 등을 높이기 위한 조례제정	서류제출
2. 담당공무원의 재무회계정보 활용 사례 (12점)	2-1. 재무회계정보의 활용을 위해 노력한 사례(12점)	-활용사례를 전문가가 평가	서류제출
3. 주민설명회 등 (5점)	3-1. 주민설명회 개최건수(5점)	-주민설명회 개최건수 -결산보고서 전체를 대상, 추후 재무제표 설명회로 한정	서류제출

참고문헌

강신택. 2000. 재무행정론. 박영사.

강인재외. 2015. 지방재정제도 및 관리체계 개선방안 연구, 한국지방재정공제회 용역보고서.

강인재 · 이경섭. 2013. 내부통제 강화를 위한 e-hojo 개선방안, 한국정부회계학회보고서.

김석태. 2018. 지방자치의 규범적 이론 모색: 정치철학자의 가르침을 중심으로, 한국지방자치학회 동계세미나 논문집.

김종순. 1999. 지방재정학. 삼영사.

심재영. 2016. 정부재무보고에서 회계책임(Accountability)목적을 위한 정보의 역할과 요건, 정부회계연구(제14권 2호).

이장욱 · 서정섭. 2020. 지방재정의 환경변화를 반영한 지방재정관리제도 개선방향, 한국지방자치학회 하계학술대회발표논문집.

최진혁. 2013. 예산과 회계의 예측가능성 제고와 합법적 통제: 프랑스 지역회계심의원의 합법적 통제의 시사점, 지방재정 제11호.

최진혁. 2011. 프랑스 예산회계개혁의 내용과 시사점: 지방자치단체를 중심으로, 정부회계연구(제9권 1호)

홍근식. 2019. 지방자치단체 재정책임성 제고방안: 주요 국가 사례를 중심으로. 한국지방재정학회 춘계학술대회 발표자료집.

국무조정실 · 국무총리비서실, 2018.「보도자료(10. 30)」(정부, 재정분권 본격화한다).

한국지방자치학회.(2019). 충남도와 시 · 군간 도비보조사업의 기준부담률에 관한 연구.

일본 와세다대 공공서비스연구소(Public Service Research Institute)의 Public Disclosure (Annual Financial Reports) Recognition Awards.

Gray, A. and B. Jenkins. 1993. Code of Accountability in New Public Sector. *Accounting, Auditing & Accountability Journal*(Vol.6 No.3).

Ijiri, Y. 1975. Theory of Accounting Measurement, Studies in Accounting Research #10. American Accounting Association.

Thomas D. Lynch. 1990. *Public Budgeting in America*, 3rd ed.(Englewood Cliffs, N.J.: Prentice-Hall, Inc.),

https://www.flagstaff.az.gov/ (2020.10.20) City of Flagstaff, Arizona, General Fund

Statement of Revenues, Expenditures, and Changes in Fund Balances - Budget and Actual Year Ended June 30, 2017.

en.wikipedia.org/wiki/Accountability(2020.10.20.)

02 지방재정거버넌스 설계방안

제1절 서론

그동안 지방자치단체는 많은 예산을 투입하여 각종 사업을 추진하고 있으나 사업의 타당성을 정확히 검증하고, 사업의 성과는 어느 정도이며, 중복사업은 없는지에 대한 고려는 상대적으로 미흡하였던 같다. 한미FTA(자유무역협정 ; 개방화)에 따른 농업대책, 저소득층과 노령자를 위한 사회복지사업, 각종 지역개발사업 등 대규모 예산이 투입되는 재정사업이 반복적으로 시행되고 있으나 그 사업의 효과가 당초 목표에 미달하는 경우가 대부분으로, 이에 대한 책임 추구는커녕 객관적인 검증마저 미흡한 실정이다.

더구나 자치단체는 해를 거듭할수록 민선자치단체장이 지역경제 활성화, 지역발전의 미명하에 단체장의 치적을 위해 무리하게 추진한 사업들이 오히려 지역발전의 장애요인으로 작용하는 사례가 빈번하다.[1] 마침내 민선5기 시작과 더불어 제기된 성남시의 모라토리엄(지불유예) 선언은 우리나라 지방자치단체의 재정건전성에 새로운 전기를 마

1 지자체들이 무리하게 국제행사를 유치한 뒤 혈세를 들여 지은 시설물들이 활용방안을 찾지 못해 '애물단지'로 전락하고 있음을 비판한 언론 보도자료가 그것이다(조선일보, 2012. 11.2). 상주시 '상주국제승마장'의 경우 215억원(국비 43억원, 도비 72억원, 시비 100억원)을 들였지만 이용객이 적어 운영에 어려움을 겪고 있고, 속초시 강원국제관광엑스포 이후 엑스포시설(총사업비 440억원 중 국비 154억원) 운영에 매년 16억을 쓰지만 수입은 8천여만원에 불과해 10년 넘게 5억원 이상 적자를 내고 있다. 전남 여수시가 87억 8900만원을 들여 2010년 7월 개장한 '웅천 인공해수욕장'도 개장 2년만에 모래가 파도에 쓸려 나가고 시설물이 파손돼 흉물로 남아 있다. 충남도와 부여군은 2010년 세계대백제전 행사에 쓰기 위해 정부에서 20억원을 받아 부여 백마강 일대에 2,000석, 13억원을 들여 공주 금강 고마나루 둔치에 2,000석 규모 수상 공연장을 조성하였다. 그러나 행사 이후 공연을 거의 유치하지 못해 사실상 방치되고 있다.

련하는 계기가 되었다.

이와 같이 자치단체에서 수행하는 각종 사업의 비효율성은 중앙정부와 지방자치단체간의 재정관계, 광역과 기초자치단체, 자치단체 안에서의 자치단체장(집행부)과 지방의회와의 설정관계, 이에 근거한 정책대상에 따른 다양한 원인에서 초래되고 있는데 중앙정부 국고보조사업의 칸막이식 운용과 허술하게 운영되는 국비지원결정,[2] 지역실정을 고려하지 않은 획일주의적 사업추진, 지역이기주의에 의한 사업요구 등은 대표적인 비효율의 원인으로 지적될 수 있을 것이다.[3] 특히 민선자치단체장이 인기위주의 공약사업에 치중하다보니 자율적 관리보다 중앙정부에서 사업을 유치해오는 자치단체장의 정치적 역량을 중히 여기는 상황이 되었다. 예산운영에 있어 정치적인 작용의 불가피성을 어느 정도 인정한다 하더라도 자치단체 재정적자가 심화되는 상황에서 재정운영의 책임성을 확보하고 성과통제를 지향하는 새로운 시스템이 요구되고 있는 이유는 바로 여기에 있다.[4]

프랑스의 경우도 지난 30여년 전부터 전 세계적으로 불어닥친 성과관리에 기초한 공공관리의 변화를 능동적으로 수용하여 국가의 구조(공공재정운영시스템)를 심층적으로 재구조화하는 방향으로 접근하였다. 그럼에도 불구하고 1990년도 발생한 앙굴렘 도시(la ville d'Angoulême)의 재정파탄은 프랑스 지방자치단체의 재정통제를 다시한번 생각하는 계기를 제공하였다(최진혁, 1999 : 6-7). 즉, 파산에 직면한 자치단체를 미리 파악할 수 없었던 이유는 무엇이고, 그들이 주장했던 민주주의의 근본을 담보하려는 적법성 통제의 어려움은 무엇인지에 대한 고민이었다. 어쨌든, 오늘날 프랑스 지방재정

2 사업비 타당성 심사에서 지자체들은 국비를 유치할 목적으로 심사 때는 사업비를 적게 기입하고 나중에 조금씩 늘리는 편법을 사용하여 통과하고 있다. 제천시는 2010년 국제한방엑스포 정부심의를 받을 당시 사업비를 200억원으로 제출했다가 나중에 283억원으로 늘린 것으로 나타났다. 울산시는 세계옹기문화 엑스포를 개최하면서 사업비를 99억원으로 제출했지만 실제로는 245억원을 썼다(조선일보, 2012. 11.2).

3 지방재정위기의 근본적인 원인을 재정거버넌스의 실패에서 기인된 구조적인 문제로 해석하려는 연구가 있다(정성호/정창훈, 2011). 거버넌스의 부재 내지 거버넌스의 실패에서 비롯된 자치단체의 방만한 재정운영 등 도덕적 해이는 거버넌스 관점에서 치유되어야 하는 논리를 펼치고 있다.

4 이명박대통령은 지난 7월 정부종합청사 내 중앙재난안전대책본부 상황실을 방문해 호우 대처 상황을 보고받은 뒤 "(수해로 인해) 매년 공사를 하면 공사하는 사람은 좋을 것이지만 그것으로 인해 도로가 파손되고 인명이 희생되면 국가적 손실이 아니겠느냐"고 지적하고, 이어 "수해가 발생하면 그냥 얼마 피해가 났다는 게 아니라 피해 복구한 지역에 또 피해가 났는지, 평가를 해서 그에 대한 책임을 물어야 한다"고 하고, "피해 이후 평가를 제대로 해서 한 번 복구할 때 영구적 대책을 세워서 해야 한다"고 말했는데(조선일보, 2009. 7. 15일자) 이는 자치단체의 사업관리의 문제점을 지적한 단적인 예라 하겠다(강인재, 2009).

을 포함한 공공관리에 있어서 이 같은 변화의 중심에 있는 중요한 요인 중의 하나를 끄집어낸다면 기업관리방식을 공공부문에 적용하는 문제로 볼 수 있을 것이다. 이러한 현상은 전적으로 새로운 것은 아니며, 이미 30여년 전에 《새로운 공공관리(Nouvelle gestion publique)》라는 이름으로 시작되었던 것이다. 오늘날 공공관리의 합리화와 성과의 추구가 정치적(정책적) 관심에 통합된 이후로 공공재정의 새로운 거버넌스(Nouvelle governance financière publique)라는 이름으로 환생되고 있는 것이다(Bouvier, 2009 : 2).

따라서 본고는 재정건전성을 담보로 하는 재정운영의 책임성 확보와 성과통제를 지향하는 새로운 지방재정거버넌스 시스템 구축방안을 프랑스의 경험을 기반으로 하여 정치적 공간과 관리적 공간이라는 두 가지 차원에서 보다 영리하고 창조성이 강조되는 연계망(거버넌스)을 모색하기 위한 논의를 전개해 보고자 한다.

— 제2절 지방재정거버넌스의 이론적 논의

1. 거버넌스의 개념과 이론의 주요내용

1) 거버넌스의 주요개념

거버넌스는 다원적 주체들간의 협력적 통치방식으로 네트워크 통치, 협력적 통치로 정치학에서 사용하고 있으며, 새로운 국정운영방식으로서의 의미로 행정학(재정학)에서 사용하고 있다. 일반적으로 다음과 같이 요약할 수 있을 것이다(김석준 외, 2000 : 41 ; 차미숙 외, 2003 : 15-16).

첫째, 거버넌스는 기존국가의 역할, 기능, 구조에 큰 변화를 요구하는 거버넌스의 한 유형으로 최소국가(the minimal state)의 의미로 사용된다. 정부기능의 축소는 국제적 조직역할 증대에 따른 정부통치의 범위를 넘어서는 활용 증가현상과 지방화현상, 민영화 및 민간부문과의 파트너십 증대 현상 등에 따른 것으로 보고 있다(Pierre & Peters, 2000).

둘째, 거버넌스는 시장의 효율성을 공공부문 관리에 도입하고자 하는 신공공관리(NPM : New Public Management)의 한 형태를 의미한다.

셋째, 거버넌스는 세계은행이 제3세계 국가에 대한 지원과 관련하여 사용한 '좋은 거버넌스(good governance)'로서의 의미를 가진다.

넷째, 거버넌스는 사회 · 정치 · 행정적 행위자들의 상호의존성을 강조하여 공공부문과 민간부문의 경계가 모호해지는 것을 강조하는 사회적 사이버넥틱체계(socio-cybernetic system)로서 거버넌스의 의미를 가진다.

다섯째, 거버넌스는 자기조직적 네트워크(self-organizing network)로서의 거버넌스의 의미로 사용된다. 즉, 거버넌스는 수직적 위계조직이 아닌 수평적 연계조직을 통한 주체들간의 상호의존(네트워크 형태의 협력)을 의미한다. 따라서 정부, 시장, 시민사회의 역량이 수평적으로 연계되어야 함을 시사한다.

여섯째, 거버넌스는 민 · 관파트너십(public-private partnership)을 의미하는 것으로 새로운 정부-시민사회의 관계형성에 초점을 두고 있다.

요컨대, 거버넌스의 개념은 다차원성과 복잡성을 특징으로 하면서 자율성, 상호의존성, 파트너십, 네트워크 등을 기본적인 요소로 하고 있다.

2) 거버넌스 개념의 시대별 변화와 특징

거버넌스의 개념은 이론적 초점과 관심영역에 있어 시대적 상황에 따라 다음과 같이 변화해 왔다(표 2-1 참조). 1970년대의 거버넌스는 정부(government)와 동일한 의미로 사용하면서 경제 · 사회적 발전을 추구하기 위해 공공서비스의 공급체계에 관심을 피력하게 되었다. 그러나 1970년대 말 국가중심 관리체계가 한계에 직면하면서 정부 내부 및 국가수준 관리능력을 중시하는 연구가 수행되기에 이르렀다. 1980년대는 거버넌스에 대한 국제사회의 관심이 증대된 시기로 특히 국제기구를 중심으로 제3세계 국가의 발전을 위한 '좋은 거버넌스'(good governance)구축이 강조되었다. 1990년대에는 세계화와 분권화가 가속되면서 거버넌스의 영역이 시민사회로 확대되어 정부와 시장주도의 관리체제를 뛰어넘는 새로운 관리운영체제로서의 모색을 추구하기에 이르렀다(차미숙 외, 2003 : 17-18).

<표 2-1> 거버넌스 개념의 시대별 변화

구분	1970년대	1980년대	1990년대
개념 및 초점	-정부와 동일한 의미 -국가수준에서의 관리능력에 관심 -경제 · 사회발전의 동력으로서 공공서비스 공급체계에 관심 -정부내부, 국가수준 중시	-거버넌스에 대한 국제사회의 관심증대 -국가차원의 사회통합과 발전을 관리하는 능력에 초점 -지역경제활성화를 위한 민 · 관 파트너십 강조	-시민사회를 포함한 참여, 합의형성 등 거버넌스의 민주주의적 특성강조 -NGO의 역할인식 중시 -새로운 제도와 기능 및 과정의 개발필요성 인식
관련 이론	-국가중심이론	-국가중심이론 -레짐이론(regime theory) -성장연합이론(growth coalition) -네트워크관리이론	-시민사회 및 시장 중심 이론의 대두 -good governance -internet governance

자료 : 김석준 외(2000 : 56) ; 차미숙 외(2003 : 18)

3) 공공서비스 수행방식의 변화

공공행정서비스 수행방식은 전통적인 행정관리체제에서 신행정관리(NPM)체제로 변화하였다고 보아 정부조직, 공공조직의 통제, 결과측정의 통제, 관리실제, 자원활용원칙 차원에서 어떻게 변화하였는지 고찰하였다(표 2-2 참조). 예컨대, 전통적인 정부주도의 행정수행방식은 단일의 총체적 단위가 주체가 되어 위계적인 통제방식 및 투입-절차에 대한 통제를 중시한 반면, 신공공관리의 방식은 명확한 목표와 성과측정에 의한 전문적인 관리와 절차보다는 결과와 산출에 대한 통제를 중시하고 있다.

<표 2-2> 공공서비스 수행방식의 변화

구분	전통적 행정수행방식 (Traditional Administration)	신행정관리방식 (NPM : New Public Management)
정부조직	단일의 총체적 단위(a single aggregated unit)	준자율조직(quasi-autonomous units)
공공조직의 통제	감독과 견제, 균형의 위계를 통한 본부로부터 통제	명확한 목표와 성과측정에 의한 전문적 관리
결과측정의 통제	투입과 절차 통제	절차보다는 결과 및 산출통제 중시
관리실제	전체서비스에 대해 절차표준 설정	민간부문의 관리방식 활용
자원활용 원칙	적정한 절차와 정치적 임무부여	자원수요와 적정성 검토

자료 : Hood(1991), Araujo(2001, 918) ; 차미숙 외(2004, 19)

2. 지방(공공)재정거버넌스의 개념

지방재정(공공)거버넌스는 지방정부의 정치행정환경변화에 따른 지방정부 재정관리 체제로 이해될 수 있다. 지방재정거버넌스는 중앙정부와 지방정부, 지방정부와 지방정부, 지방정부 내의 지역기업(민간부문), 주민(시민단체 및 비정부기구(NGO) 등이 협력과 상호의존성을 바탕으로 협력적 · 참여적 네트워크(망)를 이루어 지방자치단체의 공공재정문제를 해결해나가려는 새로운 개념의 통치방식을 의미한다. 예를 들면 자치단체에서 수행하는 각종 사업의 비효율성이 야기되는 원인을 정확히 진단하고 처방할 수 있는 통제관리시스템을 마련하는 경우도 이러한 관계망을 통해 효율적으로 접근해야 하는 이유이다. 그런 의미에서 지방재정거버넌스란 "지방재정책의 결정에 있어 정부주도의 통제와 관리방식에서 벗어나 지역내 이해당사자와 전문가가 주체적인 참여자로 협의과정을 통해 재정정책을 결정하고 집행해 나가는 지방정부 통치시스템"이라고 할 수 있다. 뿐만 아니라 지방재정거버넌스는 한편으로는 지방정부 수준의 자원배분과 정책결정, 공공서비스의 생산과 제공에 대한 의사결정권을 지역사회의 다양한 주체들이 공유하는 것으로 자치재정권의 실질적인 행사와 확대를 의미하는 것으로 볼 수 있다.

이렇게 지방재정거버넌스를 이해할 경우, 다음과 같이 네트워크 관계 구성요소를 크게 3가지 차원으로 정리할 수 있을 것이다.

1) 관계 구성요소

(1) 국가(중앙정부)

지방재정은 그 지역 자치단체만의 지역재정체계에 안주하는 것이 아니라 글로벌 체계로서 국가(중앙정부), 더 나아가 국제관계를 생각해야 하는 필요성 내에 재정게임이 존재하는 것으로 받아들여져야 한다. 그러나 여기서는 국제관계 관련사항은 뒤로 미루고 국가(중앙정부)차원에서 논의를 전개하고자 한다.

그런 배경에서 지방재정은 국가와 절연된 닫힌(칸막이) 공공재정활동 개념과는 결별해야 하고 또 한편으로는 분석적이고 종합적으로 사고하고 행동해야 한다. 우리 지역사회를 구성하는 다양한 공공기관 혹은 민간기관을 따로 따로 독립적으로 이해하기는 불가능한 것이기 때문이다. 즉, 지역경제활동에 참여하는 어떤 행위자도 격리되어 생각할 수 없는 것이다. 그런 배경에서 지방재정에 영향을 미치는 정치 · 행정기구의 현재의 욕구와 이 정치 · 행정을 여전히 특징화하는 격리된 개념간에 존재할 수 있는 괴리(간격)를 규명하는 것이 중요한 것으로 되었다. 따라서 공공부문의 내적 요소들을 통합하는 것이 무엇보다 중요한 것으로 보고 있다. 정치 · 행정적 구조와 과정을 동시에 관여하는 것으로 예를들면 예산의 편성, 채택, 집행과정이 그것이다. 마찬가지로 국가재정과 지방자치단체 재정간에 찾아야 할 중요한 통합력의 경우가 그것이다. 또한 공공부문과 민간부문간의 장벽을 제거하는 것도 중요하다. 두 부문간에 시너지, 동반관계, 좋은 관계를 나누도록 하는 것은 절대적으로 중요한 사실이 되었다. 이렇듯, 국가나 지방 수준에서나 관계된 통합된 기능적 구조를 설치하여(공공행위자와 공 · 사행위자간의 네트워크망을 구축) 지방재정의 건전성과 책임성, 투명성을 거양하는 성과를 견인해야 하는 책무를 안고 있는 것이다.

(2) 사회영역(지방자치단체, 지역사회)

지방정부의 재정문제는 그 지방자치단체가 인식하는 사회영역 안에 공공재정거버넌스를 구상하고 실행하도록 해야 한다. 그러기 위해선 우선 재정위기와 같은 엄청난 어려운 상황을 극복해야 하는 방향에서 재정거버넌스를 활용해야 한다. 지방자치단체의 방만한 재정운영에 따른 재정위기를 사전에 바로 진단하고 대처할 수 있는 예방진단제도를 가동해야 하는 이유이다. 그리고 자치단체가 지방재정을 효율적으로 수행해나가기 위해서는 다음과 같은 내용이 준비되어야 할 것이다. 즉, 첫째, 자치단체의 해당 사업에 대응한 행정조직, 인력충원, 재정관리를 준비해야 한다. 둘째, 자치단체의 재정정책의 기획 · 조정기능을 강화해야 한다. 이 경우 지방재정의 문제를 해결해 나가기 위한 자치단체의 지방재정문제 해결모델을 구축해야 한다. 셋째, 이러한 논의를 전개해 나갈 수 있는 전략적 대응을 강화해 나아가야 하는데 바로 중앙-지방 연계모델을 구축해야 할 것이다. 이와 함께 자치단체장과 집행부 간부공무원 및 관련 공무원들은 자치단체 행/재정서비스를 주민과 함께 공동생산해 나간다는 자세로 임해야 한다.

그리고 국가와 지방자치단체의 무형의 활동은 물론 가늠할 수 없는 가치를 평가하고, 측정하는 어려움을 극복해나가야 한다. 이런 시각에서 지방정부 재정활동의 가치평가를 비롯한 자산의 평가체계를 갖추어야 할 것이다.

결국 공공부문의 성과를 측정하고 평가하기 위해 위와 같은 소여를 고려해야 한다. 즉, 자치단체의 유형적 자산뿐만 아니라 무형적 자산이 성과의 중요한 요소를 구성하는 것이다. 지방재정의 성과산출과정에서 전반부에 위치하여 주요한 요소에 관심을 두어 공권력을 이끄는 것은 창조적 능력의 첫 번째 조건으로 보는 '연구와 교육(훈련)부서의 질'이라고 볼 수 있는 것이다. 요컨대, 지방재정의 성과창출의 근본적인 요인은 공공재정에 좋은 거버넌스를 어떻게 가동시킬 것인가의 전략적 문제로 볼 수 있다. 이러한 까닭에 기계적 성과관리에 치중하는 관리기술(les techniques de gestion)이 (공공)지방재정의 지지를 보장하기 위해 충분치 않고, 자치단체의 재정적 권한과 인간적 지식이 중요하다라는 생각이 나타나기 시작한다. 이런 측면에서 지방재정의 성과산출에 영향을 주는 요인들간에 상호작용이 원활히 진행될 수 있도록 북돋아주어야 하는 것이다. 지식인들의 공유(동반), 영리한 집합(협동)(intélligence collective)의 발전을 도모해야 하는 이유는 바로 여기에 있다. 지식인들의 협동망(un réseau d'intélligences)을 구축해야 하는 이유이다.

(3) 주민

자치단체는 주민참여 속에 행 · 재정서비스를 함께 공동생산해 나가는 거버넌스체제를 확립해야 한다. 그런 배경에서 주민의 의사가 시민단체(정당, 학계, 언론, 각 사업공동체)를 경유하여 지방의회에 제시되어 지방자치단체장이 이들의 의사(요구)를 취합하여 자치단체의 지방재정정책으로 하여 집행하고 통제받는 체제를 구축해야 한다(최진혁, 2005 : 136)(<표 2-3> 참조). 예를 들어 서울시와 25개 자치구는 서울특별시 종합행정을 추구해야 하는 차원에서 연계성을 강화한 행 · 재정서비스를 산출해야 한다. 따라서 특정 지역이나 집단에 대한 재정요구는 형평성을 유지하는 정도에서 조정 · 운영(균형발전 도모)하는 것이 바람직할 것이다.

요컨대, 공공재정의 새로운 거버넌스는 시민의 눈높이에 합당한 것처럼 여겨져야 하는 것이다. 그런데 이렇게 하기 위해 지방재정거버넌스에 연계된 시선은 효과성과 창조성을 담은 프리즘에 의해 통과되어야 할 뿐만 아니라 공공서비스의 품질과 이들 서비스 앞에 형평성이라는 두 가지 목적에 연계되어야만 하는 것이다. 21세기 지방재정의 구축에 있어 성과, 영리함과 형평성을 동시에 추구해야 하는 공공재정거버넌스의 틀을 마련해야 하는 이유는 바로 여기에 있다.

<표 2-3> 지역사회 통합의사전달망(지방재정거버넌스)

시민 시민단체, 정당, 학계, 언론, 각 사업공동체, 지방의회	통합된 의견
↓	
자치단체장 집행부 공무원(집행기관)	의견취합
↓	
지방의회의원(의결기관)/지방재정위원회 (주민참여, 토의)	토의준비(문제에 대한 합의)
↓	
국회의원	건전 지방재정과제 도움요청(정보교환)
↓	
중앙부처(기획재정부, 행정안전부 등) 공무원	건전 지방재정과제 도움요청(정보교환)
↓	
자치단체장, 집행기관(지방재정국/예산담당관실)	의회 의사일정에 등재
↓	
지방의회	지방의회에서의 토론 및 의결
↓	
자치단체장, 해당 집행부(지방재정국/과/예산담당)	집행
↓	
자치단체장, 집행기관, 시민, 시민단체	집행에 대한 통제 및 평가

자료 : (최진혁외, 2005 : 136)

2) 지방재정거버넌스 이론적 분석틀

지방자치는 “일정한 지역과 주민을 기초로 하는 공공단체가 그 지역 내의 행정사무를 지역주민의 의사에 따라 주민이 선출한 기관을 통하여 주민의 부담으로 처리하는 과정"으로 보기 때문에 국가, 지방자치단체, 주민과의 관계 하에서 바라보아야 할 것이다(<그림 2-1> 참조). 지방재정관리는 지방자치단체가 지역주민의 복리증진을 위하여 필요한 재화와 서비스를 제공하는데 소요되는 자원을 어떻게 효율적으로 확보하고 이를 효율적으로 집행하여 운영하고 이를 조정 내지 평가하는 일체의 행 · 재정과정을 설명하게 된다. 즉, 지방재정은 주민의 복지증진이라는 목표를 위해 지역의 조직과 자원을 사용하는 구체적 활동으로서 국가(입법부, 정부)의 권력에 협조나 견제 역할을 하게 되고, 국가로부터 지원을 받게 된다. 또한 주민에게 참여를 유도하고 이를 위해 홍보활동을 하게 된다. 그리고 지방자치단체와는 통제와 지원게임을 통해 여러 가지 관계유형을 만들어 낼 것이다.

<그림 2-1> 지방재정거버넌스의 이론적 분석틀

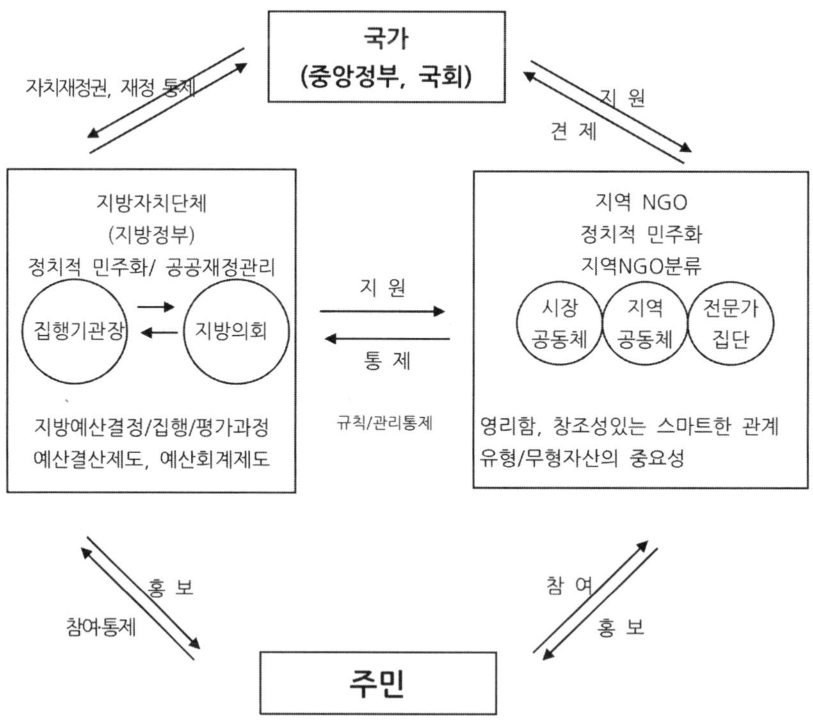

지방재정거버넌스는 지방재정의 확충과 성과, 투명성과 관련하여 접근할 경우 국가

(중앙정부, 국회), 지방자치단체(지방정부 : 집행부-지방의회), 지역시민사회(시장, 시민단체 및 NGO, 전문가 단체), 주민의 상호관계 맥락에서 고찰해 볼 수 있다.

제3절 우리나라 지방재정분석 · 진단제도를 통해 본 중앙과 지방자치단체간 관계

1. 중앙정부

행정안전부는 2010년부터 지방재정의 사전위기경보시스템의 구축과 계획적인 재정운영을 도모하기 위해 20개의 지표[5]를 적용하여 운영하고 있으나 여전히 재정위기를 효율적으로 대처하기에 미흡하다고 보고 있다. 지방자치단체의 재원이 중앙정부에 의존하는 재원의 비중이 높고, 국세와 지방세의 비율(8:2)을 볼 때 여전히 지방세 비율이 현저히 낮다는 것이다. 또한 지방세 비과세 · 감면정책으로 지방세수가 매우 감소하였고, 기능이양에 따른 지방자치단체의 재정부담이 가중되었다는 것이다. 특히 지방재정 여건을 고려하지 않고 국고보조금을 수용하다보니 지방비 부담이 커졌다는 것이다. 이는 자체재원조달이 이루어지지 않은 상태에서 지방정부의 가용재원을 축소하는 것으로 받아들여지고 있기 때문이다(정성호 외, 2011 : 27-28).

한편 지방재정법은 행정안전부 장관에게 지방자치단체의 재정적 건전성의 정도를 판가름 할 재정분석권한을 부여하고 있다. 즉, 자치단체장이 행정안전부 장관에게 제출한 재정보고서의 내용을 분석하여 그 결과 재정의 건전성과 효율성 등이 현저히 떨어지는 지방자치단체에 대하여는 재정진단을 실시하고, 이를 토대로 해당 자치단체에 재정건전화계획의 수립 및 이행을 권고하거나 재정건전화를 위하여 필요한 사항을 지

5 재정건전성(6) : ①통합재정수지비율, ②경상수지비율, ③지방채무잔액지수, ④지방채무상환비비율, ⑤장래세대 부담비율, ⑥자체세입 비율(증감율) ; 재정효율성(10) : 세입(5) : ①지방세 징수율 제고 노력도, ②지방세 체납액 축소 노력도, ③경상세 외 수입확충 노력도, ④세외수입 체납액 축소 노력도, ⑤탄력세율 적용 노력도 세출(5) : ①인건비 절감노력도, ②지방의회 경비 절감노력도, ③업무추진비 절감노력도, ④행사축제 경비절감 노력도, ⑤민간이전 경비 절감 노력도 ; 재정계획성(4) : ①중기재정계획 반영비율, ②예산집행률, ③정책사업 투자비 비율, ④투/융자 심사사업 예산반영비율 (행정안전부, 2010).

도할 수 있도록 하고 있다(지방재정법 제54조, 제55조). 더구나 행정안전부 장관이 자치단체의 재정분석 및 재정진단 결과 등을 토대로 재정위험 수준이 심각하다고 판단되는 지방자치단체를 재정위기단체로 지정할 수 있도록 하였다(지방재정법 제55조의2). 재정위기단체의 장은 지방의회의 의결로 재정건전화계획을 수립하여 이의 이행상황을 지방의회 및 행정안전부장관에게 보고하도록 하고 있다. 또한 재정위기단체의 장은 재정건전화 계획 및 이행상황을 매년 2회 이상 주민에게 공개하도록 하고 있다(동법 제55조의3). 그리고 재정건전화계획에 따라 그 이행정도가 부진하면 지방채 발행 제한, 교부세를 감액하거나 그 밖의 재정상의 불이익을 부여할 수 있도록 하였다(동법 제55조의4, 제55조의5). 또한 행정안전부 장관은 재정분석 결과 건전성과 효율성 등이 우수한 지방자치단체와 행정안전부 장관의 권고 및 지도사항의 이행결과가 우수한 지방자치단체에 대해서는 특별교부세를 별도로 교부할 수 있게 하는 등의 인센티브를 부여하고 있다(동법 제57조). 결국 행정안전부 장관이 모든 지방자치단체의 재정분석을 통하여 재정진단을 하고, 그 결과 재정위기의 우려가 되는 자치단체에게는 재정건전화 계획 수립의 단계를 거쳐, 그 심각성이 클 경우 재정위기단체로 지정할 수 있도록 하였고, 이후 다시 재정건전화계획을 지방의회와 행정안전부 장관의 승인을 통해 견제받을 수 있도록 하였다. 이는 행정안전부장관이 재정분석과 진단을 지방재정법에 근거하여 합법적 통제에 그치는 것인지, 보다 분석적이고 전문적인 관리적 통제까지 겸하여 행하는 것인가의 문제이다. 왜냐하면 관리적 통제는 보다 전문적 역량을 갖춘 집단이 판단해주어야 하기 때문이다. 중앙정부만이 참여하는 통제게임에서 벗어나 전문가집단과 주민참여가 보장되는 재정거버넌스차원의 통제게임이 구축되어야 하기 때문이다.

<그림 2-2> 지방재정분석 · 진단과정

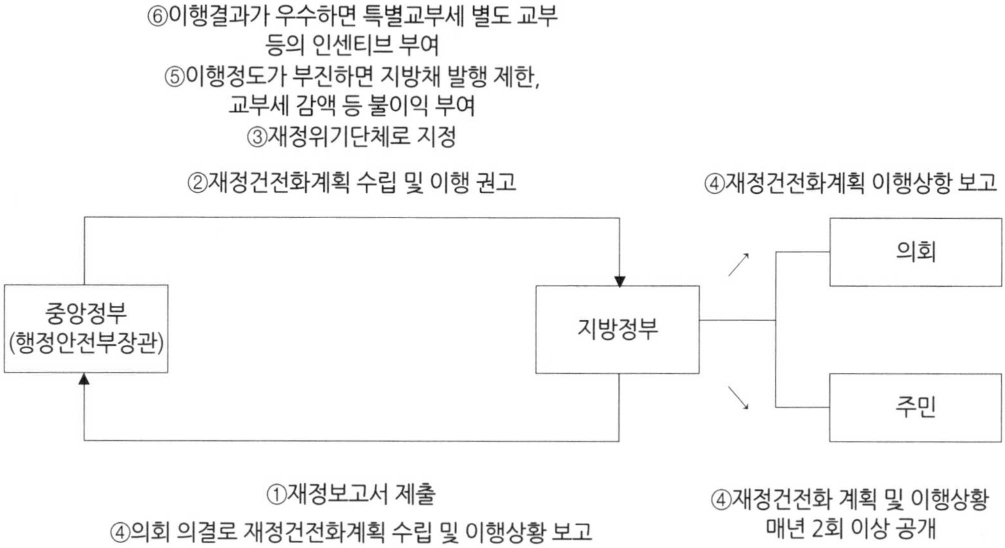

2. 지방자치단체

여기서는 지방자치단체의 재정적 여건과 자치단체 내에서 재정사업을 결정할 때 어떠한 요인들이 참여하여 관계하고 있는가에 대한 논의를 이끌어내고 그에 대한 문제점 등을 제시해 보고자 한다.

1) 재정자립도 수준

재정적 여건을 살펴볼 때에도 지방자치단체의 재정자립도(2012년)는 전체평균은 52.3%이지만, 특별 · 광역시의 대도시의 경우에만 69.1%로 전체평균을 상회하고 있고, 나머지 도(34.8%), 시(37.1%), 군(16.4%), 자치구(36%) 모두 평균이하의 열악한 재정상황을 나타내고 있다. 특히 농촌형 자치단체로 분류할 수 있는 군의 경우가 가장 열악한 것으로 나타났다. 거기에 광역자치단체로는 도의 경우가 낮게 나타나고 있음을 알 수 있다(표 2-4 참조). 광역자치단체의 도 중에는 경기도가 가장 양호하였고, 전남이 가장 열악하였으며, 그 이외에는 대체로 20%대의 낮은 재정력을 보여주고 있다. 그리고 도 안에 있는 기초자치단체인 시의 경우에도 경기도 내에 있는 시를 제외하고는 매우 열악한 상황을 보이고 있다. 같은 맥락에서 군의 경우에도 더욱 열악한 모습을 보이는데 경기도 내의 군의 경우가 그나마 28.9%로 다른 군에 비해 높게 나타나고 있을 뿐이다. 그리고 대도시 안에 있는 자치구의 경우도 열악하기는 마찬가지인데, 그나마 서울특별시 내에 있는 자치구가 46%정도로 비교적 다른 자치구에 비해 높게 나타나고 있으며, 인천, 울산이 36%대, 부산, 대구, 대전이 25%대, 광주가 19.7%로 가장 낮게 조사되고 있다(표 2-4 참조). 결국 자치단체마다 재정여건이 매우 다르고, 대부분 열악한 재정상황에 시달리고 있으며, 그 안에서도 재정적 불균형이 심각하다. 이는 국가와 자치단체간, 광역자치단체와 기초자치단체간의 지방재정조정제도를 어떻게 이끌어내야 할 것인가의 큰 과제를 함축하고 있다.

<표 2-4> 자치단체별 재정자립도 수준(단위 : %)

구분	평균	특별/광역시	도	시	군	자치구
평균	52.3	69.1	34.8	37.1	16.4	36
서울	90.2	88.7				46
부산	57.4	52.9			35	26.3
대구	52.8	47.6			35.9	25.5
인천	71	70.4			15.2	36.8
광주	46.6	41.1				19.7
대전	58.3	52.7				24.4
울산	71.2	63.6			46.3	36.4
경기	72.6		61.7	51.9	28.9	
강원	26.9		22.5	23.9	14.2	
충북	34.2		27.6	28.2	21.4	
충남	35.5		28.6	31.9	16.5	
전북	26		21.1	21.1	14.1	
전남	21.4		14.6	26.9	12.2	
경북	28.3		22.5	26.7	13.1	
경남	43.3		36.6	35	14.2	
제주	28.5		28.2			

자료 : 행정안전부, 2012 행정안전통계연보, p.279.

2) 재정사업 자율평가

여기서는 각 자치단체가 열악한 재정력으로 과연 어떻게 그들의 재정사업을 합리적으로 판단하여 시행하고 있는가에 대한 상황을 체크해 보고자 한다. 일반적으로 지방자치단체의 재정사업 자율평가를 사업수립, 집행, 평가단계로 나누어 볼 경우 다음과 같은 문제점을 제시할 수 있다(강인재, 2009).

(1) 사업수립단계

① 전략기획의 제약

지역의 실정에 부합하거나, 중앙정부의 정책목표에 탄력적으로 순응하는 전략기획이 부족하거나 부재하며, 사업목적은 타당하다고 하나 사업수행방식의 개선이 필요한 경우가 대부분이라는 것이다.

가. 자치단체의 해당 실과에서 관례적으로 사업을 추진하거나 막연히 사업의 효과가 있을 것이라는 추정 하에 사업을 진행하는 것이 다수이다.[6] 사업구상 및 결정과정이 어떠하였으며, 이러한 과정에서 점검해야 할 사항들(예를 들면 비용 편익에 대한 타당성분석, 미래예측, 주민의 반응)이 체계적으로 고려되고 있지 않다는 것이다. 여기에 심의위원회, 자문위원회, 평가위원회에 참여하는 외부 전문가는 일반적 사항에 대해 자문을 할 수 있을 뿐이며, 구체적 사업내용을 파악하지 못하는 경우가 다반사여서 전문가의 활용도가 낮다고 할 수 있다. 또한 관련 통계나 자료 부족, 현실에 대한 심층적 분석이 미흡하다. 우리나라에서는 기초자치단체의 총소득(GRDP)에 대한 통계가 미비하며, 기타 사회경제지표가 제한되어 있음은 전략기획을 수립해나가는데 제약요인이 된다.

나. 주민이나 지방의회의 의견수렴

지방행 · 재정활동에서의 주민의 요구는 대부분 민원성 요구로, 재원부담에 대한 인식이 적기 때문에 자치단체 전체적인 입장에서의 자원의 제약이나 효율적 자원배분에

6 대부분 사업을 시행만 하면 사업효과가 있을 것으로 낙관적인 미래예측이 가동한다. 이 경우 사업목표와 사업과의 인과관계에 대한 논리적 추론이 부족한 것이다. 또한 국고보조사업의 경우 중앙정부에서 제시한 사업방식을 답습하고 있으며, 한 자치단체에서 성공하였다고 보도된 사업을 모방하는 경우가 많아 지역특성을 반영한 사업이 미흡하다.

대한 고려가 빈약하다. 해당 주관부서에 주로 사업과 이해관계가 있는 일부의 의견을 청취하고 있지만 전체 시 · 도민의 의사를 정기적으로 수렴할 필요가 있다.

② 목표, 성과지표의 명확성 결여

2007년부터 재정운영의 성과를 고양하기 위해 사업예산제도를 채택하였으나 대부분의 사업이 추상적인 목적만을 기술하여 구체적인 내용이 없으며, 사업의 추진 근거도 주관적인 판단에 그치는 경우가 많아 그 실효성을 담보하기 어려운 상황이다. 지역실정에 부합하고 구체적인 목표로 표시되어 측정가능한 성과지표가 있는 사업이 적다는 사실이다. 성과지표로 예산투입이나 사업진척율을 가지고 측정하는 경우가 대부분인데, 이는 “사업의 성과는 사업을 하는 것”이라는 주장에 불과한 것이지, 사업의 성과가 어느 정도인지, 해당 주민에게 실제적으로 어떠한 혜택이 돌아갔는지를 평가하기가 어렵다는 것이다.

③ 유사사업의 동시적 추진

유사사업은 현 시점에서 타부서와의 사업 중복뿐만 아니라 이전에 시행한 사업과의 중복도 해당하고 있는데, 해당 주관부서에서는 타사업과의 중복이 없다고 하나 사실상 유사한 내용이 상당수인 것이 현실이다. 예산부서나 주관부서에서 사업의 중복 여부를 점검할 수 있는 제도적 장치가 미흡한 것이다.

이 외에도 사업운영과정에서의 추후 발생할 운영비 부담 등에 대한 명확한 기준이나 부담액의 추정이 불명확한 경우가 많다. 한편 시도에서 시군자치구에 사업비를 지원하는 것이 적정한지에 대한 판단이 필요하고, 이를 위해 광역자치단체사업인지, 기초자치단체 사업인지에 대한 명확한 기준설정이 필요하다.

(2) 사업집행단계

이 단계에서는 대체로 관련 업무의 분산 수행과 집행과정에서의 문제점을 파악하기에 어려움이 있으며, 관련단체 위탁업무에 대한 점검이 미비한 것으로 지적된다. 즉, 한 가지 사업을 여러 부서에서 수행하고 있으며, 정보공유가 부족한 편이다. 그리고 사업을 집행하는 과정에서 여러 가지 문제가 발생하여 사업이 지연되는 경우가 많은데 주민간의 대립, 민원발생, 외부환경의 변화 등이 원인으로 작용하고 있다. 또한 사업의 진척상황과 집행과정에서의 문제점이 무엇이고, 어떻게 해결했는지가 기록으로 정리되지 않아 자치단체장이나 예산부서에서는 사업의 진행에 대한 자세한 내용을 파악하기가 쉽지 않다. 그리고 상당수 사업이 관련단체에 독점적으로 위탁하여 시행하고 있는데 집행실태에 대한 점검이 미비한 상태이다.

(3) 사업평가단계

이 단계에서는 객관적이고 종합적인 평가시스템이 취약한 것을 지적하고 있다. 즉, 목표가 구체적이지 않고, 성과지표가 예산투입, 사업의 진척율, 활동 등으로 표현되기 때문에 구체적인 사업 효과를 판단하기가 어렵고 사업이 진행된 경우 사업의 효과가 정말 있는지, 유사한 사업이 또 추진되지는 않는지 여부를 파악하기가 어렵다는 것이다. 그것도 대부분 사업진척 여부를 파악하는데 그치고 사업성과에 대한 계속적 평가는 미흡한 것으로 지적되고 있다. 또한 성과평가를 위해 매년 용역을 시행하고 있어 별도의 예산이 소요되고 있으나 관련정보가 축적되지 않으며, 재정사업과 연계되지 않아 성과관리의 유용성이 떨어지고 있다. 즉, 성과관리를 담당하는 기관과 예산부서가 상이하며, BSC로 표현되는 일반적인 성과평가와 재정사업평가의 국면이 일치하고 있지 않다는 것이다.

제4절 지방재정거버넌스 구축방안

1. 기본방향 : 정치적 민주화와 공공재정관리의 강화라는 두 가지 논점의 통합

지방재정거버넌스의 주요 논점은 정치적 논리와 경제적 논리를 통합하는 것에 있다고 볼 수 있다. 여기에 두 가지 요인이 연합되어 나타날 수 있는데, 민주적 요인과 관리적 요인(기업 문화)이 그것이다. 민주적 요인은 의회의 재정권한을 강화하는 것이고, 관리적 요인은 지방자치단체 내에 성과평가로서 기술적 평가(감정)역량을 발전시키는데 있다. 여기에 지방재정 개혁의 두 가지 핵심적 근거로서 정치적, 경제적 측면이 자리잡게 된다.

1)정치적 측면

법률은 공공재정을 처분·운영함에 있어 보다 투명성을 강조해야 한다. 따라서 국가나 지방자치단체의 예산회계에 주민들이 보다 쉽게 읽을 수 있는 정보를 제공해주어야 한다. 게다가 예산구조가 매우 단순화하게 되고, 의회의 정보는 강화되어야 한다. 재정분야에 대한 의회의 주도적 권한은 집행부가 제안한 목표들을 일정범위 안에서 수정할 수 있는 권한을 가질 수 있도록 증대되어야 한다. 그리고 법률은 의회를 위해 예산집행과 이의 평가에 대한 진정한 통제방식을 제정해야 한다.

2)경제적 측면

공공재정의 투명성 없이는 진정한 민주적 기능을 기대할 수 없고, 공금의 훌륭한 관리도 이루어낼 수 없다는 확신이 중요하다. 불투명한 곳(지방재정운영체제, 관리)에서 공금을 정확하게 바르게 관리할 수 없음은 자명한 이치이다. 따라서 민간부문(기업)의 자금통제에 근거하여 관리통제를 제정하고 성과를 측정하고자 하는 것이다. 이 때 지방재정 행위자의 활동의 자유성을 보장하고자 행위자 활동의 사후적 통제를 제안할 수 있지만 행위자의 재정책임성을 강하게 제안할 필요가 있다.

여기에서 지방정부가 행한 재정적인 결정을 어떻게 하면 효율적인 통제와 조정이 가능하겠는가에 대한 논의를 이끌어 낼 수 있을 것이다. 즉, 정치적·사법적 목적에 부응하는 확인하는 통제(le contrôle-verification)와 관리목적에 부응하는 규제통제(le contrôle-régulation)가 그것이다(Bouvier, 2011 : 245).[7] 지방의 공간은 행정의 공간만

7 정치적 배려(관념)에 일치하는 통제는 순전히 민주적 계획안인 기구(제도) 기능의 투명성의 모색이라는 것에 연계될 수 있다. 이 통제는 최소한의 주도력을 부여받은 자치단체가 또한 약간의 변화를 이겨내 지방체제(un système local)에 잘 적용되었다. 그러나 오늘날 복잡하고 역동적인 것에 적용할 때에 전혀 다르게 나타난다. 지방행위의 차단(봉쇄)과 지연(부진)요인처럼 나타날 수 있다. 가끔 관리통제의 방식(민간관리)에서 차용한 또 다른 통제접근방식의 목적이 되는 재정관리에서 효과성의 추구에 합치하지 않는 것으로 드러날 수 있다. 여기에서 가장 항구적 변화체제에 가능한 효과적인 관리를 허용하는 기술적 방법을 적용하게 되는 것이다. 여기에서 통제의 두 가지 논리가 연계된다. 여기에

이 존재하는 것이 아니고, 관리의 공간과 결정의 공간이 존재한다는 것이다. 이 공간은 위험공간으로 발전될 수 있기에 이에 대한 통제가 불가피한 것으로 볼 수밖에 없다(Bouvier, 2011 : 248-249).

2. 국가(중앙정부)

1) 국회의 효율적 통제장치 강화

정치적 민주화를 강화하는 차원에서 중앙정부의 예산개혁이 이루어져야 하는데, 이는 의회의 효율적 통제를 지향하는 차원에서 국회의 중앙정부의 예산 및 지출통제를 강화하는 방향에서 찾아야 할 것이다. 이미 우리나라는 공공재정에서 공공지출 규모가 갈수록 증대되고 있고 재정적자가 심각한 상황에서, 이제 의회의 보다 효율적 통제를 지향할 수 있는 제도를 모색하지 않으면 아니되는 상황이다. 그동안 국가의 재정지출에 대한 정확한 평가작업이 부족하여 예산의 효율성을 제고할 수 없었다는 인식 하에 예산의 효율성 달성을 위해 예산을 프로그램(사업)별로 편성하여 배분하고 기대하는 성과(결과)를 도출해야 하는 것이다. 여기에서 국회의 재정위원회(commission des finances)의 역할이 주목받을 수밖에 없을 것이다. 같은 맥락에서 지방의회가 지방정부의 예산 및 지출통제를 강화하여 지방민주화의 활성화를 이루어내야 할 것이다.

2) 재정운영의 책임성 확보, 성과통제

예산개혁은 재정운영의 책임성 확보와 성과통제를 추구할 수 있어야 한다. 즉, 예산에 있어 성과목표의 설정과 재정운영자의 책임성 강화를 주장할 수 있어야 할 것이다. 왜냐하면 그동안 공공재정의 효과성에 대한 적절한 통제가 이루어지지 못했으며, 또한 재정운영자는 사용할 수 있는 재원측면에서 성과(결과)에 대해 중요하게 인식하지 않았으며, 의회는 총액, 예산증가율, 소비증가율에 기초한 예산의 양적 심의에 치중하여 왔기 때문이다. 따라서 앞으로의 예산은 지출성질별로 편성되는 것이 아니라 목표에 따

서 심층적인 질문을 제기할 수 있다. 다른 배경(맥락)에서 성장(구축)해왔던 민주적 전통에 어떻게 현대적 관리를 통합할 수 있겠는가이다(Bouvier, 2011 : 245-246).

른 성과(결과)를 위해 편성되어야 할 것이다. 따라서 예산은 사업별로 구분되며 사업은 동일한 부처 내의 하나의 활동 또는 여러 개의 활동으로 재그룹화 하며, 사업은 공익과 기대하는 성과(결과) 및 평가에 따라 결정(기대)된 목적과 연계되어야 한다.[8]

3) 통합사업관리시스템의 구축

(1) 사업의 개념과 구조

재정사업이란 "인건비 등 품목별로 재원이 배분되는 것이 아니라 특정사업단위로 배분된 재원으로 수행하는 사업(기획예산처, 2006)"을 말하는데 자치단체에서 수행하는 사업 중 대부분은 예산을 수반한 재정사업이다.

프랑스 조직법에서는 프로그램(사업)을 다음과 같이 규정하고 있다. 즉, 프로그램은 "활동을 이용하도록 정해져 있는 자산 혹은 동일한 행정부처에 속하는 응집된 행위들의 총화로서 이들 부서에 일반이익의 목적, 기대한 성과(결과) 평가를 목적으로 하는 구체적 목적이 연결된다." 많은 국가에서 예산개혁을 통해 예산은 지출성질별로 편성되는 것이 아니라 목표에 따른 성과(결과)를 위해 편성되어야만 한다는 것이다. 따라서 예산은 사업별로 구분되며 사업은 동일한 부처 내의 하나의 활동 또는 여러 개의 활동으로 재그룹화 하며, 사업은 공익과 기대하는 성과(결과) 및 평가에 따라 결정된 목적과 연계되어야 한다는 것이다.[9] 그러나 우리나라는 지방재정운영이 사업보다는 조직단위를 중심으로 편성 · 집행되기 때문에 사업의 전 과정을 모니터링할 수 있는 자료가 부족하다. 사업이 관리의 초점이 되지 못하고 투입위주의 예산운영이 계속되기 때문에 새로이 도입된 재정관리제도들이 유기적으로 연계되지 못하고 단편적으로 운영되어 의도

8 이러한 맥락에서 프랑스 재정법은 정부차원에서 제기된 임무(mission)에 대한 규정을 하며, 사업은 한 부처 또는 여러 부처의 책임 하에 놓일 수 있다. 사업단위로 편성된 예산 내에서 재정운영자는 부(titre)내에서 예산을 전용할 수 있다. 예산전용이 가능한 관은 공공기관 교부금, 인건비, 경상비, 채무상환비, 투자비, 이전비, 재정운영비이다. 예산편성의 포괄화(종합화)는 경상비와 투자비간의 전용을 가능하게 하며 지출예산(crédits de paiement)과 사업승인(autorisations de programme)의 연계를 강화한다(임무, 사업, 사업과 연계된 성과지표 참고)(Moderfie, 2004).

9 이러한 맥락에서 재정법은 정부차원에서 제기된 임무(mission)에 대한 규정을 하며, 사업은 한 부처 또는 여러 부처의 책임 하에 놓일 수 있다. 사업단위로 편성된 예산 내에서 재정운영자는 부(titre)내에서 예산을 전용할 수 있다. 예산전용이 가능한 관은 공공기관 교부금, 인건비, 경상비, 채무상환비, 투자비, 이전비, 재정운영비이다. 예산편성의 포괄화(종합화)는 경상비와 투자비간의 전용을 가능하게 하며 지출예산(crédits de paiement)과 사업승인(autorisations de programme)의 연계를 강화한다(임무, 사업, 사업과 연계된 성과지표 참고)(Moderfie, 2004).

한 효과를 나타내지 못하고 사업관리의 효율성이 저해되고 있는 것이다.

따라서 국가와 지방자치단체의 예산의 새로운 구조를 모색해 볼 수 있는데, 이는 공공정책을 더욱 부각시켜 책임성을 더욱 강화하게 하는 차원에서 시도할 수 있을 것이다. 예를 들면 프랑스의 경우 이 새로운 예산구조는 다음의 3계층을 주위로 구성되고 있다(<그림 2-3> 참조).

①임무(les missions)

②프로그램(사업)(les programmes)

③행위(활동)(les actions)

<그림 2-3> : 국가예산의 새로운 구조

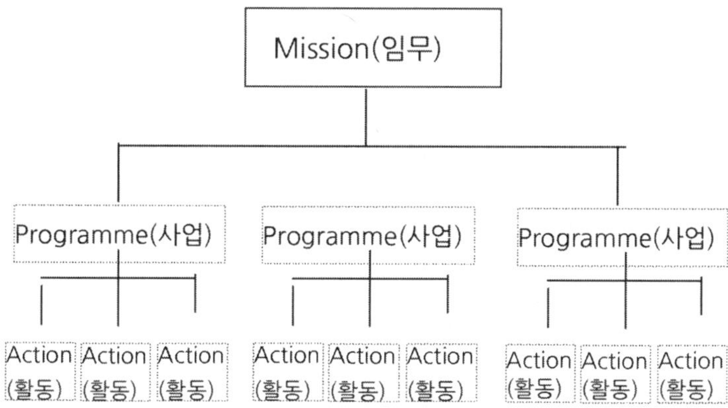

정부의 목적이 행정(활동)에 연결(고정)되어 있고, 이 행정활동은 그들의 성과(결과)를 설명해낼 수 있어야 한다.

(가) 국가가 재정적으로 지원한 공공정책은 임무(missions)에 의해 규정된다.

임무들은 국가의 정책을 확인하기 위해 설계되었다. 이들 임무들은 하나 혹은 여러 정부부처의 하나 혹은 여러 개의 서비스에 해당하며, 정해진 공공정책에 합치되는 전체 사업들을 구성한다. 마찬가지로 (행정)부처는 여러 개의 임무에 참여할 수 있다.

(나) 각 임무는 예산활용영역으로서의 프로그램(사업 : programmes)에 의해 다시 나뉘어진다. 프로그램은 활동(action)을 이용하도록 정해져 있는 자산 혹은 동일한 행정부처에 속하는 응집된 행위들의 총화로서 이들 부서에 일반이익의 목적, 기대한 성과(결과)

평가를 목적으로 하는 구체적 목적이 연결되도록 한다.

자산의 전문적 단일화는 공공정책의 운영적 관리영역을 구성할 것이다. 그 구체적인 예는 다음과 같다.

예 : 〈문화〉 업무(임무) (la mission 〈〈Culture〉〉)

프로그램(사업)1 : 자산(Patrimoines)

프로그램(사업)2 : 창설(Création)

프로그램(사업)3 : 지식의 이동 및 문화의 민주화(Transmission des savoirs et démocratisation de la culture)

(다) 행위(활동)들(actions)은 프로그램(사업)을 표현한다.

각 프로그램 안에서 활동들은 동일한 목적을 가진 자산들(des crédits)을 통합한다.[10] 이들은 공공정책의 구성물, 행위방식, 행위자들 각각에 의해 행사된 기능들을 구체적으로 확인하는 필요성에 답한다. 상이한 활동 사이의 자산의 배분은 지시적일 것이다. 그러나 이 배분은 한번은 집행된 예산으로 구체적 재구성(회복)의 대상이 될 것이다. 그 구체적 예는 다음과 같다.

예 : 〈국가경찰〉 프로그램(사업)의 활동들(des actions du programme 〈〈Police nationale〉〉)

활동1 : 공공질서와 주권의 보호

활동2 : 안전 및 공공평화

활동3 : 거리안전

활동4 : 외국인 경찰 및 국제수송 신뢰성

활동5 : 사법경찰 및 정의에의 의존

활동6 : 명령, 형성 및 연산(논리)

이와 비교하여 우리나라 지방자치단체의 경우 〈그림 2-4〉와 같이 사업구조가 복잡하게 구성되어 있음을 알 수 있다.

10 2008년 프랑스 재정법률안에 의하면 국가예산 687개 활동, 일반예산 605개 활동, 프로그램, 부속예산과 특별회계 82개 활동으로 구성한다(2008년 재정법률안; 2008 PLF).

<그림 2-4> 우리나라 지방자치단체의 사업구조

예산의 계획·편성·집행·결산·평가 등 전과정을 사업중심으로 구조화하고 성과평가체계와 연계시켜 성과를 관리하는 예산기법

전략집중형 사업예산제도

구분	내용
미션	조직의 존재이유
비전	조직이 되고자 하는 중장기적인 모습
전략목표	비전달성을 위한 핵심 목표
	중장기적 중점정책 방향
성과목표	복수의 구체적인 목표
	전략 목표당 2-5, 과팀당 1-2

→

구분	내용
정책사업	성과목표 달성을 위한 수단
	실과 관점 사업설정 (비재정 포함)
단위사업	정책사업을 세분화한 실행단위
	재정사업에 국한
세부사업	예산회계집행의 기본단위
	재정사업에 국한

사업에 대해 체계적인 분류작업이 선행되어야 하나 이 과정을 소홀히 하여 각 부서에서 시행하는 사업을 나열하는데 그치고 있어 우선적으로 사업예산제도의 사업분류체계를 개선할 필요성이 있다. 아울러 사업원가가 도출되지 않고 있으며 사업평가와의 연계가 이루어지지 않는다. 사실상 실제 예산운용은 기존의 품목별예산제도에 근거하여 이루어지고 있다.

(2) **성과에 의한 행보**(le pilotage par la performance)

지방재정운영이 수단의 논리에서 성과(결과)의 논리로 이동하였다. 따라서 자산의 종합화와 대체성의 도움으로 증대된 자유관리와는 반대로 프로그램의 책임은 그 관리의 성과(결과)를 설명해야 한다는 것이다(그 관리를 토대로 국가와 지방간 계약을 하게 되는 것이다). 따라서 목표, 예상된 결과, 그리고 도달한 성과(결과)는 연간 성과계획안에서 뿐만 아니라 연간 성과보고서 안에 매년 사업별로 제시되어야 한다. 성과관리는 국가서비스와 국가 재정활동 행위자들의 새로운 수단으로 작용하며, 관리통제의 발전을 가져오게 한다. 지방재정영역에서 일반화됨으로써 지방재정은 보다 성과 활동방식을 추구함으로써, 특히 가격의 비교, 서비스나 정책의 효과성, 활동성의 비교를 통해 결정자의 관리선택을 도와줄 것으로 본다(moderfie, 2004). 즉, 성과분석은 시민, 사용자, 납세자의 3가지 관점에서 사회경제적 효과성, 제공된 서비스의 질, 관리의 효과성 측면에서 평가받게 될 것이다(<표 2-5>, <표 2-6> 참조).

<표 2-5> 성과분석의 세 가지 축

관점	목표	예
시민	사회-경제적 효과성	청소년 학위자들의 취업증대
사용자	제공된 서비스의 질	사법적 결정의 가속화
납세자	관리의 효과성	세관리비용의 감축

자료 : moderfie, 2004.

<표 2-6> 목표를 위한 세 가지 관점; 목표들은 시민, 사용자, 납세자에게 알림

목표유형	프로그램	목표	지표
시민 : 사회경제 효과성	최고훈련(양성)과 대학 연구	최고의 질적 욕구에 대한 답변	처음 교육훈련(양성) 3년 이후 학위취득자의 취업율
사용자 : 서비스의 질	장애와 의존	효과성 증대; 장애인의 집에서 취한 결정의 질적 제고	장애인 집에 제시한 자료처리의 평균기한
납세자 : 관리의 효율성	하부구조와 수송서비스	도로계획안에 가장 좋은 가격의 실현과 수송망의 효과적인 현대화	도로건설의 킬로미터당 가격

자료 : Guide pratique de la LOLF(2010), Les fondamentaux de la LOLF, p.23.

3. 지방자치단체

1) 관리통제의 구축

지방자치단체의 관리통제는 사법적 필요성을 게을리하는 경향에 대한 염려에서 비롯되고 있다. 일반적으로 "오랫동안 사람들은 권한이 과도하였고, 모든 문제들은 과학과 관리예술에 의해 해결될 수 있을 것이라고 믿었다"는 데서 관리통제를 끄집어 낼 수 있을 것 같다(Long, 2010). 여기서는 전략적 계획분야와 재정분석을 담는 통제기구에 대해 논의하고자 한다.

(1) 전략적 계획(기획)

자치단체의 목적이 다수이든 그렇지 않든 이 목적을 좋은 조건 안에서 실현하고자 하는 것은 투자의 전략적 계획(기획)을 가정하게 되는 것이다. 즉, 자치단체의 발전계획으로서의 장기계획은 필수적인 사안이다. 이어 이 계획안에서 투자를 수년에 걸쳐 정확하게 프로그램화하는 것을 허용하는 중기와 단기계획이 개입되도록 해야 한다. 여기에서 지방의회가 자치단체의 설비의 다년간 프로그램 재정을 전적으로 예상하면서 예산운영의 부분별에 의한 자산을 결정하는 역할을 부여하는 프로그램협의과정을 거치도록 해야 한다. "따라서 중장기예산편성과 다년도 예산편성, 프로그램 예산편성을 통해서 지방자치단체가 프로그램의 승인(autorisations de programme)과 지불자산(crédits de paiement)을 사용할 수 있게 해주어야 하는 것이다." 그동안 우리는 행정안전부가 중기지방재정계획 수립기준을 작성하여 자치단체에 시달하면, 자치단체에서 자치단체별 사업계획안을 수립하여 관계부처 의견을 수렴하여(자치단체 중기 지방재정계획 중에서 신규 국고보조사업에 대한 관계부처 의견조회를 거쳐) 중기지방재정계획을 확정하고 지방의회에 보고 및 행정안전부에 제출하는 것으로 하고 있다(행정안전부, 2011).

지방자치단체는 (투자계정의) 균형예산을 유지해야 하는데 이 때 고려해야 할 것이 지불자산인 것이다. 여기에서 측정가능하고 지역적으로 국한될 수 있는, 관리될 수 있는 간격(차이)을 발견해내기 위해 단기간동안 올바른 재정활동행위를 선별해 낼 수 있는 기구를 두어 통제해야 한다. 따라서 통제표(le tableau de board)를 자치단체가 추구하고자 하는 목표에 맞추어 작성해야 한다. 여기에 지방자치단체의 재정상황의 경고메세지를 보내는 〈주의〉(clignotants)에 의해 부여된 지침에 따라 재정활동을 수정해 나갈 수 있도록 해야 한다.[11]

(2) 위성(부속)기관의 통제

자치단체의 예산이 형식상 균형을 이루었다고 하지만, 실제적으로 자치단체의 부속기관들(공기업, 자치단체 특행기관 등)이 많은 부채를 안고 있는 경우에 이를 통제할 수 있는 제도적 장치를 강구해야 한다. 해당 자치단체가 그 부속기관의 재정상황을 정확하게 진단할 수 있어야 한다. 여기에 이를 담당할 기관설립과 재정분석의 전문적 식견을 갖춘 인재가 필요할 것이다.

(3) 재정관리 평가 : 통제기구

지방자치단체의 재정관리의 평가는 무엇보다 보다 넓은 감사체계 내에 통합될 수 있는 재정적 분석의 실현을 함축하게 된다. 그리고 오랫동안 민간부문에서 사용해 온 평가지표가 자치단체에서 활용할 수 있게 해야 한다. 비율(rating)이라고 간주되는 평점(평가)이 그것이다.

① 재정분석

재정적 분석은 지방적 활동의 예정적 관리와 측정도구를 구성한다. 이는 지방자치단체의 설비의 새로운 정책을 준비하고 예견하기 위해서 우선 자치단체의 재정활동의 약점, 가능성(잠재력), 행한 실수(과오)를 극복하도록 하는 지방재정활동의 재무제표를 설정하는데 목적을 둔다. 결국 재정분석은 지난 재정활동을 환류(피드백)하고 이를 평가하여 미래가능성을 타진하는 것이다. 여기에서 지난 5-6년간의 수입과 지출의 결산에 따른 재정상황을 점검할 일련의 지표를 도출해낸다.[12] 그리고 지방자치단체의 약점과 가능

---

11 2011년 행정안전부가 마련한 '지방재정 사전경보 시스템'에 따르면 전 지방자치단체를 대상으로 재정수지, 지방채무, 세입결손 등 재정지표를 모니터링화하여 정상, 주의, 심각의 3등급으로 하는 조기경보시스템을 구축하여, 위험등급별 위기관리대책을 강구하고 있다(행정안전부, 2011).

12 순자체재원/실제경상수입, 경상경비/주민수, 잠재재정력/주민수, 세산출물/경상수입, 연부채/경상수입 등(Bouvier,

성을 추적하게 하는 분석적 내용을 설정해야 한다. 이 분석적 설명은 적어도 2년에서 5년의 상황을 예견할 전망적 분석으로 이끄는 일련의 재정시나리오를 설정할 수 있어야 할 것이다.

② 평가 · 평정(rating)

자치단체의 재정활동은 재정적 시장공간에서 이루어지는데, 이곳에서의 평가를 어떻게 받는냐가 중요한 것이다. 무엇보다 좋은 평가를 받아내야 한다. 요컨대, 재정적 시장에 관여하는 행위자들(지방자치단체와 동반자들간)에게 평가를 받아 좋은 협력을 이끌어내는 재정적 소통구조를 구축해야 할 것이다.

2) 예산과 회계의 규칙성과 합법성 통제

지방자치단체는 예산편성과 예산의결, 결산승인 과정에서 적어도 지방분권화에 부응하는 예산과 회계의 규칙성과 적법성 통제가 이루어지는 지방재정법과 이를 규제할 전문적 기관을 모색해야 한다. 왜냐하면 지방자치단체의 재정적 자율권을 신장시켜주어야 하는 지방(재정)분권적 체제에 순응해야 하기 때문이다. 따라서 지방자치단체의 재정적 통제를 중앙정부(행정안전부)가 하더라도 이를 객관화하여 판단할 수 있는 재정전문가의 판단에 따를 수 있는 제도적 장치를 준비해야 한다. 즉, 지금과 같이 중앙정부의 일방적인 통제에서 벗어나 독립된 전문감사기관(예 : 지방회계심의원)과의 협력체제 안에서 자치단체의 자율성을 제고시켜 줄 수 있는 통제방식으로 전환이 필요할 수 있다. 그럴 경우 행정안전부에서 할 수 있는 통제의 범위는 합법성 통제에 한하는 정도에 그칠 수 있도록 제한하는 것이 합당할 것이다. 예를 들면 프랑스 지방자치단체가 지방분권화정책의 일환으로 국가대표가 행하는 예산통제에서 보여주고 있듯이, 법정기한 내에 예산이 채택되지 않은 경우, 실질적 균형예산이 의결되지 않은 경우, 의무적 경비예산이 계상되지 않은 경우, 행정회계에 적자예산이 발생한 경우 등에 한하여 행사할 수 있도록 하는 것이다(최진혁, 2011 : 86-87).

2011 : 270).

그런 맥락에서 지방예산 편성 및 승인과정에서 지방분권화에 부응하고 재정거버넌스적 통제 방법을 다음과 같이 구상해 볼 수 있을 것이다(그림 2-5 참조).

(1) 예산편성

지방자치단체의 장은 회계연도마다 예산안을 편성하여 시·도는 회계연도 시작 50일 전까지, 시군 및 자치구는 회계연도 시작 40일 전까지 지방의회에 제출하여야 한다(지방자치법 127조 ①항).

시·도 : 11월 11일까지 ; 시·군·구 : 11월 21일까지

*주민참여예산제도 활용

(2)예산의결

상기의 예산안을 시·도의회에서는 회계연도 시작 15일 전까지, 시·군 및 자치구의회에서는 회계연도 시작 10일 전까지 의결해야 한다(지방자치법 제127조 ②항).

시·도 : 12월 16일까지 ; 시·군·구 : 12월 21일까지

*행정안전부만이 통제하는 차원에서 지역회계심의원과 같은 전문기관과 함께 통제할 수 있는 체제 구축

(3) 결산승인

지방자치단체의 장은 출납폐쇄 후 80일 이내에 결산서와 증빙서류를 작성하고 지방의회가 선임한 검사위원의 검사의견서를 첨부하여 다음 연도 지방의회의 승인을 받아야 한다. 결산의 심사결과 위법 또는 부당한 사항이 있는 경우에 지방의회는 본회의 의결 후 지방자치단체 또는 해당기관에 변상 및 징계조치 등 그 시정을 요구하고, 지방자치단체 또는 해당 기관은 시정요구를 받은 사항을 지체없이 처리하여 그 결과를 지방의회에 보고하여야 한다(지방자치법 제134조 ①항).

결산서 작성 : 다음연도 5월 19일까지

의회제출 : 다음연도 6월 말까지(지방재정법 시행령 제59조 ①항)

*행정안전부만이 통제하는 차원에서 지역회계심의원과 같은 전문기관과 함께 통제할 수 있는 체제 구축

*전문가 집단 : 공인회계사(공공회계전문가)와 같은 전문가가 지방의회의 한 분과위원회처럼 운영되어 그들로 하여금 결산회계검사를 행할 수 있도록 한다.

<그림 2-5> 예산편성과정에서의 거버넌스 구축방안

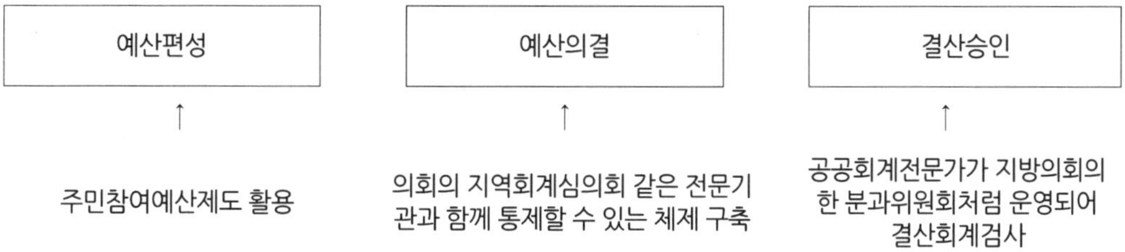

3) 분권화된 체제 내에 조정요구 : 체제 통제(contrôle systémique)의 구축

우리나라는 단일국가체제에서 지방분권화정책을 추진하고 있기 때문에 이에 맞는 체제통제를 구축해야 할 것이다. 즉, 국가라는 체제 안에 또 다른 하위체제(sub-system)인 자치단체와의 연계된 체제통제게임이 이루어져야 한다. 물론 지방자치단체라는 하위체제는 또 다른 하하위체제(sub-sub system)로 구성되는 체제통제 안에 연계되고 있다. 일반적으로 이들 체제 안에서 각 구성요소들은 상대적 자율을 구가하지만 상호의존적인 관계를 형성한다. 여기에서 자치단체의 재정활동이 책임성과 건전성을 담보하는 성과를 이루어내기 위해서는 체제는 이들 구성요소 각자의 수준에서 뿐만 아니라 이들에 의해 형성된 전체적 차원에서 통합관리되어야 한다. 그런 배경에서 관리통제와 규칙적 통제를 연계・조정해내는 통합적 통제가 필요할 것이다.

(1) 지방-국가전체 : 단일화되고 관리가능한 체제

체제론적 접근에 의하면 다양성이 분명한 효과성의 원천이라고 보고 있지만 그 다양성을 이루는 요소들간에 행동의 단일화가 존재하지 않을 경우 오히려 그 체제가 완전히 황폐해질 수 있을 것을 우려한다. 즉, 지방자치단체의 다수의 이기주의, 조합주의는

재정활동을 조정해야 하는 국가-지방 체제전체를 마비시킬 수 있기 때문이다. 여기에서 결론적으로 공공부문과 민간부분을 구분할 필요가 없이 동일한 기능방식을 부여받은 국가체제와 지방체제가 전체적으로 관리되고 계획되어야 할 것이다. 공공부문과 민간부문은 국가와 지방자치단체 전체의 발전에 협력적으로 경쟁을 위해 연계되도록 유도해야 하는 이유는 바로 여기에 있다. 지방자치단체의 시각에서 이러한 체제적 시각은 구체적인 임무와 권한을 그들에게 부여하는 것은 물론 그들의 행위가 예측가능한(미래지향적) 것이어야 한다는 것이다. 따라서 계획화되어야 하는 것이고, 이는 사업의 프로그램화를 유도해 내게 되는 것이다. 결국 계획화와 프로그램화는 체제에 의해 자치단체의 재정활동을 관리하게 되는 것이다.

(2) 지방-국가전체 : 통합되고 상호진전적이고 통제가능한 체제

① 통제가능한 체제

체제에 의한 관리는 동일한 논리와 최대한의 연계망 내에, 그렇지 않으면 지방조직의 영향력 있는 요소들의 전체를 통합하는 것을 목적으로 한다. 이러한 체제의 개념은 내부, 외부환경의 요소들을 전체적인 하나로 통합한 것처럼 이해되는 영역을 제공하게 된다. 체제이론은 보다 큰 효과성에 이르기 위해 관리자에게 재정활동에 미치는 변수들, 이들의 다양성, 그리고 이들을 사용할 줄 아는 지식과 지혜, 그리고 이들을 연계하는 것을 보다 잘 파악하게 하면서 재정활동의 복잡성을 잘 이해하게 한다는 것이다. 또한 우리가 추구해야 할 재정활동의 최적성(임무)은 통합된 체제에서 서로 다른 요소들이 조화로움을 유지할 때 실현될 수 있는 것인데, 이 임무는 다양성과 복잡성, 체제관계가 교차해감에 따라 갈수록 실현하기 어려워지는 것이다. 여기에서 국가와 지방자치단체는 재정활동을 수행함에 미래를 예측하고 묶어내는 계획화의 필요성이 더욱 커지게 된다. 국가와 지방자치단체가 통제가능한 재정통제체제를 구축해야 하는 이유이다.

② 통제되고 참여하는 관리체제

통제는 체제에 의해 관리의 기본적 요소를 구성한다. 어느 학자에 의하면 "통제는 받아들여질 수 있는 한계 내에서 목표들 주위에 체제의 변화를 유지시키는 체제의 기능"으로 이해하고 있다(Bouvier, 2011 : 284). 여기에 더하여 "통제는 보다 넓은 운영영역 내에서 운영적 체제(le système opérationnel)를 도와주는 하위체제(sous-système)처럼 인식되어져야만 한다"는 것이다.

결국 통제행위는 체제의 유연성을 용이하게 해주어야만 한다는 것이다. 즉, 모든 것을 계획에 의해 예견할 수 없음에 따라 통제기관은 계획된 궤도 내에서 탄도를 유지하는 임무를 갖게 되는 것이다. 이 맥락에서 통제자는 그에게 건네진 정보에 따라서, 특히 체제의 초입부분에 발생한 혼란과 체제출구부분에 나타난 결과에 관하여 그에 전달된 정보에 따라 재생(피드백)의 고리(une boucle de retroaction)를 위치시키면서 탄도를 바로잡아야만(수정) 하는 것이다. 이처럼 구조의 유연성은 예견하지 못한 상황에 적응하는 그의 능력에 전적으로 의존하게 되는 것이다. 그렇기 때문에 재정활동에서의 얼마만큼의 지방분권(재정분권)은 근본적인 사안이 된다. 결국 효과적인 통제기관의 설치는 다양한 하위체제에 최소한의 자기주도력을 부여하게 하는 것을 의미하게 되는 것이다.

여기에서 재정적 어려움을 동반하는 돌발상황을 만들어낼 수 있는 최대한의 혼란에 대처하는 능력으로서의 조정(규제)과 체제 안에 상호의존적인 요소들간의 참여적 관리가 이루어져야 할 것이다. 시민과 시민단체, 지역공동체 등이 역동적으로 참여할 수 있도록 해야 하며, 더 나아가 보다 지혜롭고 영리함으로 재정활동을 영위하게 하는 전문가집단과 성숙한 주민의식이 요구되는 것이다. 따라서 그동안 적용해온 주민참여예산제도는 더욱 더 주민참여범위를 넓히는 것뿐만 아니라 이들의 의식제고를 위한 프로그램개발이 필요하고, 전문성을 갖춘 예산참여위원회를 구성하여 지자체의 재정활동의 창의성과 효과성을 견인해 낼 수 있도록 해야 한다. 요컨대, 체제적 방식에 의한 국가와 지방자치단체, 기업(민간부문), 주민(시민단체, 지역협의회, 전문가단체)과의 지혜로움과 창의성을 견지한 협력은 상호의존적인 체제구성요소들간에 상호진전과 상호협력 및 상호발전의 전체 에너지를 만들어내는 큰 시너지효과를 창출할 수 있을 것으로 본다.

제5절 결론 : 새로운 지방재정거버넌스로

앞으로의 지방재정활동은 단순한 구성요소들간의 협력관계가 아닌 구성요소들간의 창의적이고 스마트한, 영리한 구성요소가 될 수 있도록 하는 국가와 자치단체, 기업(민간부문), 공공부문과 민간부문, 주민간의 재정협력체제를 만들 수 있을 때 진정한 재정책임성과 성과를 구현해낼 수 있는 지방재정거버넌스를 구축할 수 있을 것으로 본다.

요컨대, 이상에서 우리가 구축해야 할 새로운 지방재정거버넌스는 크게 두가지 측면의 통합관계를 고민해야 하고, 그 안에서의 질적인 상관관계를 모색해야 할 것이다. 즉, 그동안 체제 안에 놓여진 구성요소들간에 관습적으로 행하는 협력관계가 아니고 서로 창의적으로 영리함으로 시너지효과를 극대화하는 협력을 이끌어내는 다양한 행위자들(개인, 기구, 공공부문과 민간부문)의 수평적인 통합을 이루어내고, 국가 전체발전의 목표와 전략에 상응할 수 있는 국가와 지방자치단체간의 수직적 통합을 이끌어내는 것이라 볼 수 있다.

참고문헌

강인재.(2012). 통합사업관리를 통한 재정사업의 성과제고, 「지방재정」 05/06, 한국지방재정공제회.

강인재.(2009). 통합사업관리시스템 구축에 관한 연구. 전북재정포럼 발표논문.

김석준 외(2000). 「뉴거버넌스 연구」, 대영문화사.

김재훈 · 박재완 · 최진혁.(2004). 주요국가의 정부예산회계제도개혁 : 영국, 뉴질랜드, 프랑스. 한국행정연구원.

손희준.(2012). 건전성과 책임성 확보를 위한 재정관리제도의 개선방향, 「지방재정」 05/06, 한국지방재정공제회.

정성호 · 정창훈.(2011). 지방재정위기와 로컬거버넌스의 역할, 「지방행정연구」, 25(2).

차미숙 · 박형서 · 전윤희 외.(2003). 지역발전을 위한 거버넌스체계 구축 및 운용방안 연구, 국토연구원.

최진혁.(1999). 프랑스 지방자치단체 예산회계제도에 관한 연구, 「한국행정학보」, 33(3).

최진혁.(2008). 프랑스의 예산과 재정, 오시영편저. 「프랑스의 행정과 공공정책」. 법문사.

최진혁.(2011). 프랑스 예산회계개혁의 내용과 시사점 : 지방자치단체를 중심으로, 「정부회계연구」, 9(1).

최진혁 외.(2005). 자립적 지역발전모델, 대영문화사.
기획예산처.(2006).「2006년도 재정사업 자율평가 지침」.
행정안전부.(2012).「2012 행정안전통계연보」.
행정안전부.(2010). 2011년도 지방자치단체 예산편성 운영기준 및 기금운용계획 수립기준.
행정안전부.(2011). 지방재정위기 사전경보시스템 기본계획.
조선일보.(2012).(2009). 2012.11.2일자 ; 2009.7.15일자.
Actes de la IVe Université de printemps de Finances Publiques.(2009). Bouvier, Michel(sous la direction), La bonne gouvernance des finances publiques dans le monde. Paris : L.G.D.J.
Araujo, Joaquim Filipe Ferraz Esteves.(2001). "Improving Public Service Delivery: The Crossroads between NPM and Traditional Bureaucracy," *Public Administration*. Vol.79, No.4.
Assemblee Nationale.(2008). Rapport Général, au nom de la commission des finances, de l'Economie générale et du plan sur le projrt de loi de finances pour 2008.
Abate, Bernard.(2003). "La réforme budgétaire : un modèle de rechange pour la gestion de l'Etat?" RFFP n82. Paris : L.G.D.J.
Baslé, Maurice.(2004). Le budget de l'Etat, Paris: La Découverte.
Bouvier, Michel, Esclassan Marie-Christine, Lassale, Jean-Pierre. (2002). Finances publiques, Paris: L.G.D.J.
Bouvier, Michel.(2011). Les finances locales, Paris : L.G.D.J.
Camby, Jean-Pierre.(2002). La réforme du budget de l'Etat, Paris : L.G.D.J.
Hood, Christopher.(1991). "A Public Mangement For All Seasons?," *Public Administration*. Vol.69.
Mekhantar, Joël.(2009). Finances publiques de l'Etat/ La LOLF et le nouveau droit bugetaire de la France, Paris : Hachette.
Pierre, J. & B. Guy Peters.(2000). Conceptual and Theoretical Perspectives on Governance. *Governance, Politics and the State*. St. Martin's. Press.
http://moderfie.fr(2004)
http://budget.gouv.fr(2008.8.30//2010.8.10//2012.11.2)
-Guide pratique de la LOLF. (2010). Les fondamentaux de la LOLF.
http://www.performance-publique.gouv.fr/fileadmin/medias/documents/performance/approfondir/guidepratiquelolf2010/guidelolf2010_partie2.pdf

03 지방예산과 결산의 연계 : 회계검사체계의 강화방안[1]

제1절 서론 : 문제제기

우리나라 예산과정은 예산편성 이전의 단계를 거쳐 예산의 편성, 예산의 심의, 예산의 집행, 결산 및 회계 순으로 이뤄진다. 이 과정은 자치단체장과 지방의회간의 예산결정을 두고 벌이는 정치적 공간으로 예산주기는 Y연도의 예산안편성과 심의는 (Y-1)년에 이루어지고, Y연도의 예산집행은 Y연도에 이루어지며, Y연도 예산의 결산과 회계는 (Y+1)년에 이루어지게 되어 통합 3년을 주기로 반복된다고 볼 수 있다(최진혁, 2013). 그런데, 집행부가 예산집행을 수행한 후 이에 대한 집행실적을 재정통제수단으로서 지방의회가 결산승인권한을 행사해야 하는데 그동안 결산검사에 대한 메리트가 많이 반감되어왔던 것이다. 왜냐하면 그동안 결산검사시 위법/부당한 사실이 발견되었다 하더라도 강력한 제재수단이 없었고 자치단체장의 정치적/도의적 책임을 묻는 정도에 지나지 않았기 때문이다. 이런 불합리한 점 때문에 지방자치법 개정(2011.7.14)을 통해 결산의 심사결과 위법 또는 부당한 사항이 있는 경우에 지방의회는 본회의 의결 후 지방자치단체 또는 해당기관에 변상 및 징계조치 등 그 시정을 요구하고, 지방자치단체 또는 해당 기관은 시정요구를 받은 사항을 지체 없이 처리하여 그 결과를 지방의회에 보고하여야만 하고 있다(지방자치법 제134조 ①항). 그런데 현재 자치단체의 결산검사는 자치단

1 이 연구는 2014년 정부(교육부)의 재원으로 한국연구재단의 지원을 받아 수행하는 연구임(NRF-2014S1A3A2044643)

체장이 출납폐쇄후 80일 이내 결산서와 증빙서류를 작성하고 지방의회가 선임한 검사위원의 검사의견서를 첨부하여 다음 연도 지방의회의 승인을 받도록 하였는바, 검사위원의 전문성 부족과 결산검사기간의 제약 등으로 결산검사의 본래적 기능을 수행하기 어렵다는 분석이 지배적이다(한국정부회계학회, 2015). 또한 세입 · 세출결산서의 결산검사와 공인회계사의 검토의견이 첨부된 재무보고서의 이원적 운영에 따른 문제점이 제기되고 있다(한국지방행정연구원, 2014 ; 한국정부회계학회, 2015).

따라서 본 연구는 한 회계연도 안에 이루어진 지방자치단체의 수입과 지출사무를 종료하고 예산집행의 실적보고서를 작성하여 정치적 공간[2]과 관리적 공간[3]에서 심의를 받아야 하는 결산제도를 보다 합리적이고 투명하게 진행시킬 수 있는 차원에서 회계검사체계를 강화할 수 있는 방안을 모색해 보고자 한다. 결산의 중요성은 예산집행의 결과를 정확하게 파악함으로써 예산이 적법하게 집행되었는가를 검증하고 사업성과를 평가할 수 있게 하여 다음 연도의 사업계획과 예산운영에 반영할 자료를 제공하기 때문이다. 따라서 지방예산과 결산이 합리적으로 연계되어 보다 지방자치단체 재정운영이 건전하게 운영되리라고 하는 확신에 기반하여 검토하기로 한다.

제2절 지방자치단체 예산과 결산의 이론적 논의

1. 지방자치단체의 예산

우리나라는 자치단체장이 예산안을 편성할 때 재정을 계획성있게 운영하기 위하여 중기지방재정계획을 활용하도록 하고 있다. 즉, 지방자치단체의 장은 재정을 계획성있게 운용하기 위하여 매년 중기지방재정계획을 수립하여 지방의회에 보고하고, 행정자치부장관에게 제출하도록 하고 있다(지방재정법 제33조 ①항). 또한 지방자치단체의 장

2 입법부(지방의회)의 의도가 구현되었는가에 대한 검토

3 예산의 재정적 한계를 지켰는가를 확인하는 것이나 전용/이용문제가 있었는가, 손익이나 자산변동을 확인하는 것으로 볼 수 있다.

은 중기지방재정계획을 수립할 때에는 행정자치부장관이 정하는 계획수립 절차 등에 따라 그 중기지방재정계획이 관계 법령에 따른 국가계획 및 지역계획과 연계되도록 하였다(지방재정법 제33조 ②항). 이때 중기재정계획에 반영된 사업을 대상으로 투·융자 심사를 거쳐 그 결과를 기초로 예산을 편성하게 된다(지방재정법 제37조). 여기에서 행정자치부장관은 국가 및 지방재정의 운용여건, 지방재정제도의 개요 등 지방자치단체의 재정운용에 필요한 정보로 구성된 회계연도별 지방자치단체 재정운용 업무편람을 작성하여 지방자치단체에 보급할 수 있도록 하였다(지방재정법 제38조 ①항). 한편 지방재정의 건전한 운용과 지방자치단체간 재정운용의 균형을 확보하기 위하여 필요한 회계연도별 지방자치단체 예산편성기준은 안전행정부령으로 정하였다(지방재정법 제38조 ②항). 따라서 예산편성은 편성이전의 작업을 거쳐 Y-1년도의 예산편성을 하게 되는 것이다(최진혁, 2013).

1) 예산편성(Y-1년도)

예산편성은 지방자치단체가 한 예산회계연도에 수행할 사업계획을 작성하여 자금을 배정하는 것으로 지방자치단체의 장은 회계연도마다 예산안을 편성하여 시·도는 회계연도 시작 50일 전까지, 시군 및 자치구는 회계연도 시작 40일 전까지 지방의회에 제출하도록 되어있다(지방자치법 제127조 ①항). 따라서 시·도는 11월 11일까지, 시·군·구는 11월 21일까지가 된다. 그리고 지방의회는 지방자치단체의 장의 동의 없이 지출예산 각 항의 금액을 증가하거나 새로운 비용항목을 설치할 수 없다(동법 제127조 ③항). 지방자치단체의 장은 위와 같이 예산안을 제출한 후 부득이한 사유로 그 내용의 일부를 수정할 필요가 발생할 때에는 수정예산안을 작성하여 지방의회에 다시 제출할 수 있다(동법 제127조 ④항).

2) 예산 심의·의결

지방의회에 제출된 예산안은 자치단체장의 예산안이 작성된 배경과 그 안에 내포되어 있는 재정정책의 방향 및 예산의 기본내용과 관련한 제안설명을 듣고 소관상임위원회의 예비심사를 거쳐 본회의 의결로 구성된 예산결산특별위원회의 종합심사를 받도록 하고 있다. 종합심사를 거친 예산안은 본회의에서 의원들의 정책질의와 찬반토론을 통해 의결함으로써 익년도 예산안이 확정된다. 여기에서 지방의회는 집행부의 대한 견제역할을 수행한다. 이 예산안은 시 · 도의회에서는 회계연도 시작 15일 전까지(12월 16일까지), 시 · 군 및 자치구의회에서는 회계연도 시작 10일 전까지(12월 21일까지) 의결해야 하는 것으로 하고 있다(지방자치법 제127조 ②항). 이는 또한 행정자치부장관에 보고하도록 되어 있다.

3) 예산집행 : Y년도

예산집행은 의결된 예산안에 따라 해당연도(Y년도)의 세입을 확보하고 경비(지출)를 집행해 나가는 일체의 행위를 의미한다. 그런데 예산을 집행함에 있어서는 적어도 적자예산을 방지해야 하고, 합법적인 범위 내에서 행사되어야 하며, 예산의 낭비를 제거해야 하고, 자치단체가 지향하는 사업목표에 효과적으로 달성할 수 있도록 해야 한다. 예산안이 확정되면 집행부에서 예산을 세입 · 세출월별집행계획서에 근거하여 예산을 월별 또는 분기별로 배정하는데 이는 지출원인행위를 할 수 있도록 통지로 볼 수 있다(김종순, 1999 : 161). 예산집행에서는 세입의 징수와 수납이 이루어진다. 따라서 징수업무(징수관)와 수납업무(수납원)는 동일 기관원이 겸하여 행사될 수 없게 해야 한다. 여기에서 의결된 예산과 집행된 예산의 일치가 이루어졌는가에 대한 통제가 필요하다. 예산집행과정에서 의결된 예산안에 충실하게 이행하도록 하기 위한 조처로서 항목 외의 지출이나 초과지출, 항목간 전용을 원칙적으로 금지하고 있는 이유이다.

2. 지방자치단체의 결산 : 결산승인(Y+1년도)

지방자치단체의 장은 출납폐쇄 후 80일 이내에 결산서와 증빙서류를 작성하고 지방의회가 선임한 검사위원의 검사의견서를 첨부하여 다음 연도 지방의회의 승인을 받아야 한다. 결산의 심사결과 위법 또는 부당한 사항이 있는 경우에 지방의회는 본회의 의결 후 지방자치단체 또는 해당기관에 변상 및 징계조치 등 그 시정을 요구하고, 지방자치단체 또는 해당 기관은 시정요구를 받은 사항을 지체 없이 처리하여 그 결과를 지방의회에 보고하여야 한다(지방자치법 제134조 ①항). 지방자치단체의 장은 위에 따라 승인을 받으면 5일 이내에 시 · 도에서는 행정자치부장관에게, 시 · 군 및 자치구에서는 시 · 도지사에게 각각 보고하고 그 내용을 고시하여야 한다(지방자치법 제134조 ②항)

그런 맥락에서 지방예산 편성 및 집행, 결산승인과정에서 자치분권화에 부응하는 재정통제 방법을 다음과 같이 구상해 볼 수 있을 것이다(그림 3-1 참조). 즉, 예산편성단계에서는 주민참여예산제를 활용하여 민주적 통제공간을 넓혀주는 효과를 제고해야 할 것이고, 예산의결단계에서는 자치단체장과 의회와의 견제관계에 따라 행정자치부가 통제하는 것에서 프랑스의 지역회계심의원과 같은 전문적 기관에서 통제할 수 있는 장치를 모색하여 재정활동에 대한 객관적 합리적인 통제가 이루어질 수 있게 하며, 예산집행단계에서는 세입의 징수와 수납이 이루어짐에 따라 징수업무(징수관)와 수납업무(수납원)의 재정관리를 정치적 · 관리적 통제를 병행해 나갈 수 있도록 하며, 결산승인단계에서는 공공회계전문가가 지방의회의 한 분과위원회로서 운영되어 결산회계검사를 수행하여 지방재정활동을 명확하게 분석하고 진단하도록 하는 것이다(최진혁, 2013).

<그림 3-1> 예산편성과정에서의 재정통제

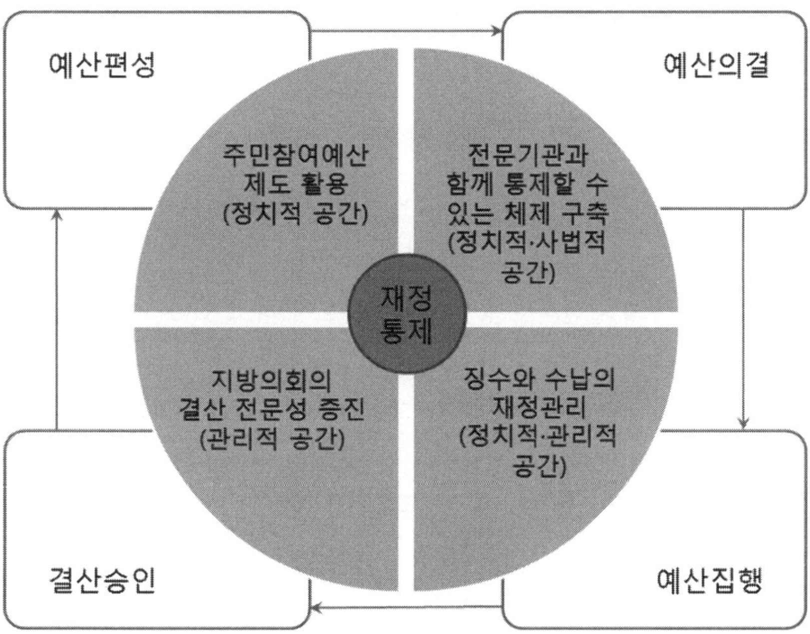

결산서 작성 : 다음연도 5월 19일까지

의회제출 : 다음연도 6월 말까지(지방재정법 시행령 제59조 ①항)

*행정자치부만이 통제하는 차원에서 프랑스의 지역회계심의원과 같은 전문기관과 함께 통제할 수 있는 체제 구축

*전문가 집단 : 공인회계사(공공회계전문가)와 같은 전문가가 지방의회의 한 분과위원회로서 운영되어 그들로 하여금 결산회계검사를 수행할 수 있도록 한다.

제3절 지방자치단체 결산검사의 현황 및 문제점

1. 결산보고서의 종류

현금주의 방식의 예산회계를 오랫동안 사용해 오면서 2007년 회계연도부터 지방자치단체는 발생주의회계 도입에 따라 발생주의 방식의 재무제표가 활용되기 시작하였다. 따라서 최근 지방재정법 개정시(2014.5.28)까지 자치단체의 결산은 예산회계 결산과 재무제표작성에 따른 재무회계 결산이라는 두 가지 방식의 결산체계를 병행하여 사용하였다. 그런데 사실상 결산검사에 있어 예산회계가 주가 되었지 재무회계는 보충적 절차로써 사용되었을 뿐이었다. 즉, 재무회계는 공인회계사의 검토절차를 마친 재무제표는 결산서의 구성요인이 아닌 부속서류로 취급되어 실제 결산검사 대상이 아니었던 것이다(김경호, 2015 :). 이제 개정된 지방재정법(2014.5.28)에 따라 예산회계 결산과 재무회계의 결산을 하나의 결산서로 통합 · 작성하도록 하고 있다(지방재정법 제51조 제1항). 즉, 지방자치단체의 결산서는 다음의 내용으로 구성된다.

1. 결산개요
2. 세입·세출결산
3. 재무제표(주석을 포함한다)
   가. 재정상태표
   나. 재정운영표
   다. 순자산변동표
4. 성과보고서

1) 결산개요

결산개요(Overview & Summary, MD&A:Management's Discussion and Analysis)는 지방자치단체의 일반현황 및 예산결산과 재무결산의 주요 내용을 요약하여 정리한 것으로 볼 수 있다.

2) 세입 · 세출결산

세입 · 세출결산(Statement of Revenue and Expenditure)은 측정대상을 재무적 자원인 예산과 현금기준으로 하여 1 회계연도에 수납된 예산액, 세입액에서 지출된 세출액을 차감하여 결산상 잉여금을 총괄적인 내용을 보고하는 서류이다. 실제 내용에서는 세입결산보고와 세출결산보고를 각각 작성하게 된다(이경섭, 2014). 세출결산보고서는 회계연도 내에 예산과목, 즉 장 · 관 · 항 · 세항 · 목별로 각각 예산금액이 얼마인데 이를 어떻게 집행하였는지에 관한 정보를 제공하고 있다. 또한 예산이월액, 예비비 사용액, 전용금액 및 불용액에 관한 정보를 제공하고 그 사유를 알려주게 되며 다음해 예산편성에 기초자료를 제공하게 된다.

세입결산보고서	
① 세입예산액	
② 징수결정액	
	③ 수납액
	④ 불납결손액
	⑤ 미수납액
⑥ 세입예산액과 수납된 세입액과의 차이 (①-③)	

세출결산보고서	
⑥ 예산현액	
	① 세출예산액
	② 전년도 이월액
	③ 예비비 사용액
	④ 전용 등 증감액
	⑤ 수입대체경비 초과지출액
⑦ 지출액	
⑧ 다음 회계연도 이월액	
⑨ 불용액(⑥ - ⑦ - ⑧)	

3) 재무제표

재무제표는 실질적인 공공서비스의 공급능력을 파악해 볼 수 있는 재정상태표와 회계연동안 수행한 사업의 원가와 회수된 원가정보를 포함한 재정운영결과를 나타내는 재정운영표, 회계연도동안의 순자산의 증감내역을 체계적으로 표시하는 순자산변동표로 구성되어 있다.

(1) 재정상태표

재정상태표(Statement of Financial Position)는 실질적인 공공서비스의 공급능력을 파악해 볼 수 있는 것으로 특정시점에 정부실체의 자산과 부채의 내역 및 상호관계 등 재정상태를 나타내는 재무제표이다(<표 3-1> 참조). 이는 자산, 부채 및 순자산으로 구성된다(이경섭, 2014).

<표 3-1> 재정상태표

구분	항목
자산	유동자산 투자자산 일반유형자산 주민편의시설 사회기반시설 기타 비유동자산
자산 총계	
부채	유동부채 장기차입부채 기타 비유동부채
부채 총계	
순자산	고정순자산 특정순자산 일반순자산
순자산 총계	
부채와 순자산 총계	

자료 : 지방자치단체 회계기준에 관한 규칙 제10조 제2항에 따른 별지 제1호 서식 참조

(2) 재정운영표

재정운영표(Statement of Operations, Statement of Net Cost)는 회계연도 동안 수행한 사업의 원가와 회수된 원가정보를 포함한 재정운영결과를 나타내는 재무제표이다(<표 3-2> 참조).[4]

4 자치단체의 재정운영표 구조는 당초 기업회계의 수익h비용 대응구조로 출발하였으나 2012년 이후에 순원가 산출구조로 변경하였다. 순원가 산출구조는 특정 사업이나 활동의 원가정보를 제공하여 사업계획 수립이나 예산편성 및 사업관리 등 자원의 효율적 사용을 위한 의사결정 정보를 제공하는데 초점을 맞추어 마련된 구조이다. 이 구조는 프로그램 예산상의 사업의 원가합계에서 수행과정에서 발생한 수익을 차감한 순원가의 정보를 제공하고 당해 사업이나 활동의 계획과 산출물(outputs)이나 달성된 성과결과(outcomes)와 비교평가를 할 수 있도록 한다. 아울러 사업형 회계의 경우에는 원가회수의 정보를 제공한다. 또한 관리운영비를 사업비와 별도로 구분함으로써 절약과 경제성의 원리가 적용되는 행정운영성 경비의 집행에 대한 정보를 제공하여 무분별한 경비 인상 등에 대한 통제 정보를 제공하

<표 3-2> 재정운영표

Ⅰ. 사업 순원가 = 사업총원가 - 사업수익	· 사업총원가 - 사업과 관련하여 발생하여 사업별 배부가 가능한 원가 · 사업수익 - 특정 사업의 직접적인 추적이 가능한 수익
Ⅱ. 관리운영비	· 사업 수행을 지원하는 비용
Ⅲ. 비배분비용	· 사업에 직접적으로 대응하기 어려운 수익 · 비용 등
Ⅳ. 비배분수익	
Ⅴ. 재정운영순원가(Ⅰ+Ⅱ+Ⅲ-Ⅳ)	
Ⅵ. 일반수익 1. 자체조달 수익 2. 정부간 이전수익 3. 기타 수익	· 직접적 반대급부 없이 발생하는 수익 등
Ⅶ. 재정운영결과(Ⅴ-Ⅵ)	

자료 : 지방자치단체 회계기준에 관한 규칙 제26조 제3항에 따른 별지 제2호 서식 참조

(3) 순자산변동표

순자산변동표(Statement of Changes in Net Position)는 보고실체의 회계연도 동안의 순자산의 증감내역을 체계적으로 표시하는 재무제표이다(<표 3-3> 참조). 순자산 변동표는 기초순자산에서 재정운영결과와 순자산 증가 및 감소를 가감하여 기말 순자산을 산출한다.

<표 3-3> 순자산 변동표

Ⅰ. 기초순자산	
Ⅱ. 재정운영결과	
Ⅲ. 순자산 증가	1. 전기오류 수정이익 2. 회계기준변경으로 생긴 누적이익 · · ·
Ⅳ. 순자산 감소	1. 전기오류 수정손실 2. 회계기준변경으로 생긴 누적손실 · · ·
Ⅴ. 기말순자산(Ⅰ-Ⅱ+Ⅲ+Ⅳ)	

자료 : 지방자치단체 회계기준에 관한 규칙 제38조 제2항에 따른 별지 제4호 서식 참조

고 정부활동의 재정운영에 대한 순원가 정보를 제공한다(이경섭, 2014).

(4) 성과보고서

지방자치단체 성과보고서는 2016년부터 적용하도록 되어 있는데, 국가의 성과보고서를 비교해보면 대체로 예산요구서를 제출할 때에 다음연도 예산의 성과계획서 및 전년도 예산의 성과보고서를 의회에 함께 제출하여야 할 것으로 본다.

결산서는 다음과 같은 서류(지방재정법 제51조의 제2항)를 첨부하여야 한다.

세입세출결산의 첨부서류
1. 계속비 결산명세서
2. 수입대체경비 사용명세서
3. 이월명세서 및 명시이월비 집행명세서
4. 성인지 결산서
5.「지방세특례제한법」제5조에 따른 지방세지출보고서(실적 기준)
6. 국고보조금 또는 시 · 도보조금의 반납명세서
7. 제59조에 따른 지역통합재정통계 보고서(결산액 기준)
8. 지방채 발행 보고서
9. 지방공기업에 대한 출자 · 출연 보고서
10. 지방자치단체 출자 · 출연기관에 대한 출자 · 출연 보고서
11. 공유재산 및 물품 관련 보고서
12. 그 밖에 대통령령으로 정하는 서류

재무제표의 첨부서류
1. 성질별 재정운영보고서
2. 유형자산명세서
3. 감가상각명세서
4. 그 밖에 대통령령으로 정하는 서류

2. 문제점

1) 단순한 현황설명에 그친 결산보고서

결산보고서의 대부분은 수치화된 결산정보가 정형화된 표로 구성되어 있고, 결산개요를 통해 제공되는 주요 결산결과는 단순히 현황을 설명하는데 그치고 있다는 사실이다. 예를 들면 결산수치를 단순히 문장으로 풀어서 기술하거나 세부항목별 증감내역을 재정상태의 변동원인으로 제시하고 있는 것이다. 이와 같은 형식적이고 일반적인 설명으로는 재정상태 또는 재정운영성과에 중요하게 미친 원인이나 그 효과를 확인하는 것이 거의 불가능하다. 따라서 어느 관서에서 어떠한 재정활동이 일어나서 결산보고서에 어떤 영향을 미쳤고, 앞으로 그 경제적 효과는 어떠할 것인지 등에 대한 정보를 제공하는 설명이 필요하다.

2) 정보이용자의 요구를 반영하지 못하는 결산서

결산서에서 제공하는 정보가 정보이용자의 요구를 반영하지 못하고 있을 가능성이 있다. 결산서를 통해 현재 우리나라 중앙과 지방재정이 어떤 수준에 있고 어떤 방향으로 나가고 있는지를 확인할 수 있어야 한다. 즉, 우리나라 지방자치단체 재정상태 및 재정운영성과에 대한 정확한 진단과 원인분석, 향후 전망에 기초한 미래비전에 대한 정보를 제공해주어야 한다. 이를 통해 자치단체장과 함께 정부관계자가 합리적인 경제적 의사결정을 내릴 수 있게 해주어야 한다. 결국 발생주의/복식부기 정부회계제도가 정보이용자에게 활용가치가 적은 것으로 적극적으로 활용하지 못하게 하는 것이 아닌지 의문시되는 부분이다. 결국 정보이용자가 필요로 하는 의미 있는 정보를 이해하기 쉬운 방식으로 전달되도록 또 다른 노력을 전개할 때라고 본다.

3) 성과평가시스템의 한계

결산보고서는 성과평가기능을 담보해낼 수 있어야 한다. 따라서 원가회계는 행정활동별 정성적 또는 정량적인 성과와 대응될 수 있는 원가계산 기능이 가능해야 한다. 자치단체의 성과평가를 위해서는 행정활동 단위별로 활동성과보고서가 제시될 필요가 있다. 행정활동 단위별 성과보고서는 정성적 성과(예 : 특정 행정활동에 대한 주민만족도)와 정량적 성과(예 : 특정 수익사업의 매출액)가 모두 포함되도록 한다. 재무지표중심의 전통적인 성과평가시스템이 가진 한계를 극복하기 위해 BSC(Balanced Scorecard)방법을 고민해야 하는 이유이다. 지방자치단체 복식부기시스템에서 BSC를 구현하기 위해서는 지방자치단체의 복식부기시스템의 재무적 지표와 비재무적 지표의 균형, 결과와 과정의 균형, 단기 및 장기목표의 균형, 내부효율과 외부성과의 균형을 달성할 수 있는 성과평가시스템이 구축되어야 할 것으로 본다.

3. 결산절차

1) 예산회계의 결산절차

자치단체의 예산회계의 결산절차는 예산의 집행은 원칙적으로 회계연도 내에서 행하여져야 하며, 결산은 예산이 구체적으로 집행된 실적이기 때문에 출납사무의 완결을 전제로 작성한다. 회계연도가 종료되면(매년 12월 31일) 지출원인행위를 마감하며 해당 회계연도의 세출금의 지출, 반납, 지급을 완료한다. 그리고 세입 · 세출 집행의 과목 경정, 세계현금간 전용자금의 변제, 해당 회계연도의 세입금의 수납 등을 정리한다. 2014회계연도까지는 출납폐쇄기한(2월말)을 두고 있으나 2015회계연도부터는 출납폐쇄기한이 삭제되었다. 따라서 결산검사가 시간적 여유를 가질 수 있게 되었다. 그리고 회계연도에 속하는 세입 · 세출의 출납에 관한 사무는 다음 해 2월 10일까지 종료해야 한다(지방재정법 제8조). 그리고 3월말까지 각종 기금결산, 세입, 세출결산(성인지결산 포함), 채권 · 채무, 재산 · 물품결산를 담는 결산서를 작성하도록 하고 있다(그림 3-2 참조).[5]

5 결산 기말에는 개산금, 선금급(사고이월 시)의 정산, 지출원이 지출한 세출금의 반납, 세입세출집행오류과목의 경정, 세계현금 간 전용자금의 변제, 출납원의 세입금 수납, 출납원의 세출금의 지출 및 지급, 세출예산의 이월(명시 · 계속비 이월 회계연도 종료 후 30일 이내, 사고이월 회계연도 종료 후 60일 이내 확정하여야 한다) 조치 등이 이루어져야 한다. 이 이외에 채권현재액보고서(지방재정법시행령 제59조제2항), 채무결산보고서(지방재정법 제13조제4항 및 같은법 시행령 제59조제2항), 공유재산증감 및 현재액 보고서(공유재산 및 물품 관리법 제47조제1항), 물품증감 및 현재액 총 계산서(공유재산 및 물품 관리법 제62조 및 제92조) 등을 작성하여야 한다(이경섭, 2014).

<그림 3-2> 지방자치단체의 예산회계 결산과정

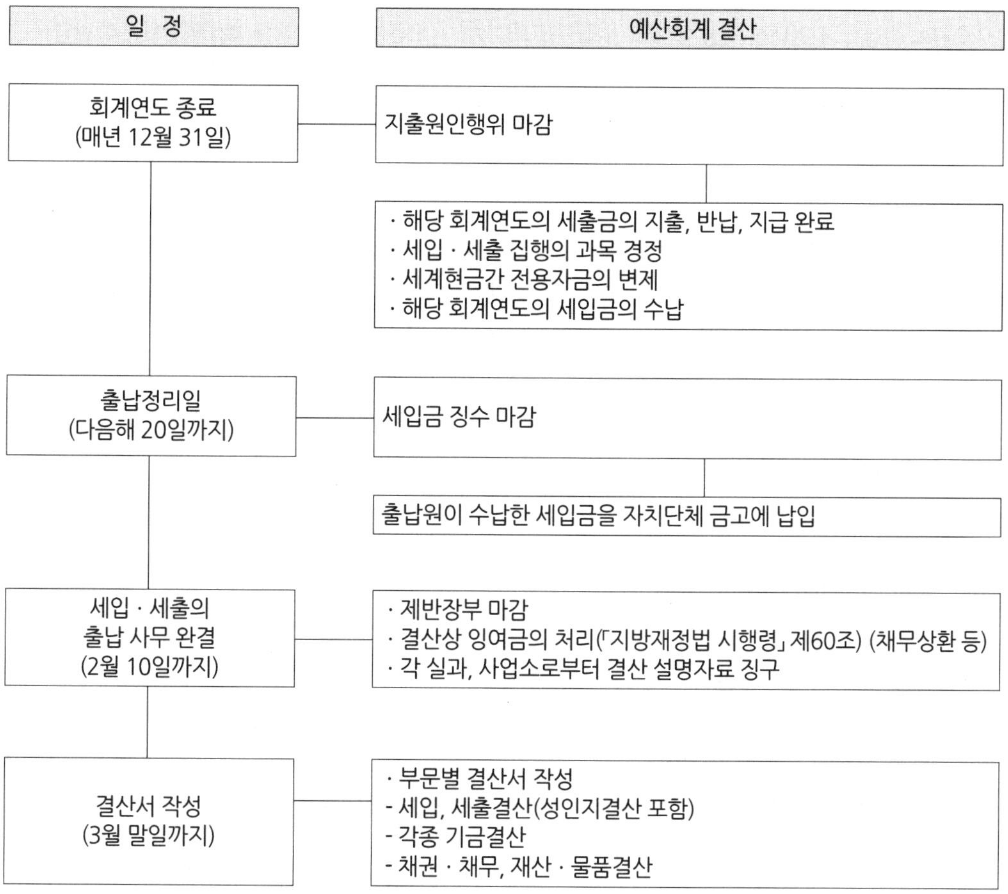

※ 개정지방재정법(2014.5.28)에 의한 처리과정을 기준으로 작성.

2) 재무회계의 결산절차

재무회계 결산은 회계연도 중 처리한 회계처리 내역을 기초로 그에 대한 오류 및 누락거래의 반영, 결산보정분개 실시, 결산자료간 계수검증 등을 포함하는 실무적이고 복합적인 처리과정이다. 지방재정법에 따라 예산회계의 결산일정과 재무회계의 결산일정은 동일한 절차에 따라 진행되고, 재무회계의 결산은 별도의 공인회계사의 겸토를 거친 후 지방의회의 승인을 받는다. 지방자치단체의 결산절차는 다음과 같다.[6]

6 지방자치단체 재무회계 운용규정의 내용을 간추린 것임.

< 지방자치단체의 재무회계 결산과정 >

기초자료 수집 → 원가대상 지정 및 자료 수집 → 기초대사 → 오류수정분개 및 누락된 예산외거래 반영 → 수정후시산표 → 결산보정분개 → 결산시산표 → 원가작성(서비스요금수익, 보조금수익, 감가상각처리, 공기업특별회계원가관리)→ 장부마감 → 재무제표 확정 → 결산서 작성

(1) 결산 기초자료 수집(익년 1-2월)

- 자산관련 자료, 과거 3년간 결손내역, 부채관련자료, 원가관련자료 등 수집
- 회계장부 및 기초자료 대사 및 오류수정(익년 1-3월)
- 결산정리 회계처리
- 기타예산외거래의 처리(익년 1-3월)

(2) 결산보정분개

- 재정자금의 재분류
- 지방채의 유동성 대체
- 보조금 반납 확정액의 계상
- 수익, 비용의 기간귀속 : 미수수익 선급비용 선수수익 미지급비용」
- 감가상각
- 대손충당금 설정
- 재고자산
- 출자금 등의 감액
- 건설중인 자산의 준공처리
- 재해 등에 따른 자산손괴분 반영
- 금융리스 거래
- 순자산의 계산

(3) 원가관리 업무처리

- 원가대상 및 배부관리 대사

- 사업수익관리
- 사업수익 중 서비스요금 수익관리
- 감가상각 귀속 사업관리
- 지방공기업특별회계는 사업별 총원가, 사업수익 관리
- 원가정보와 시산표 일치 대사

(4) 회계장부의 마감

(5) 회계별 재무정보의 통합과 재무보고서 작성

-회계별 재무정보의 통합

〈회계별 재무정보의 집계과정〉

세부회계별 재무자료 확정→회계별 재무제표 확정 → 통합 재무제표 확정

-내부거래의 상계

-재무보고서의 작성

(6) 재정상태보고서의 잔액이월

4. 결산에 대한 감사기관

지방자치단체에 대한 결산검사는 지방의회가 선출한 결산검사위원에 의하여 수행되는데, 지방의회가 지방의회의원, 공인회계사 및 세무사 등 지방재정 전문가 등을 결산검사 위원으로 임명하고 위촉받은 위원이 자치단체가 의회에 제출할 결산서의 결산확인과 결산관련 재정집행의 적정여부에 대한 검사를 실시하게 된다(지방자치법 제134조, 지방자치법 시행령 제83조). 지방자치단체 결산검사의 검사사항은 다음과 같은 범위를 정하고 있다(지방자치법시행령 제84조).

1. 세입 · 세출의 결산
2. 계속비 · 명시이월비(明示移越費) 및 사고이월비의 결산
3. 채권 및 채무의 결산
4. 재산 및 기금의 결산
5. 금고의 결산

지방재정법이 개정(2014.5.28) 전까지는 예산회계와 재무회계결산을 병행하는 이원체계(dual system)를 사용하였다(그림 3-3 참조). 예산회계의 세입세출결산은 결산검사위원이 결산검사를 실시하였지만 재무회계의 재무보고서는 공인회계사의 검토를 거치게 하였는데 이는 결산검사나 의회의 결산승인대상이 되지 않았고 결산의 보충적 자료로 첨부 · 제출되었다. 그러나 이후 결산서에는 재무제표뿐만 아니라 향후 제출되는 성과보고서도 결산검사위원의 검사를 받아 의회에 제출하도록 되었다(개정 지방재정법 제51조).

<그림 3-3> 정부예산 및 회계시스템의 구조

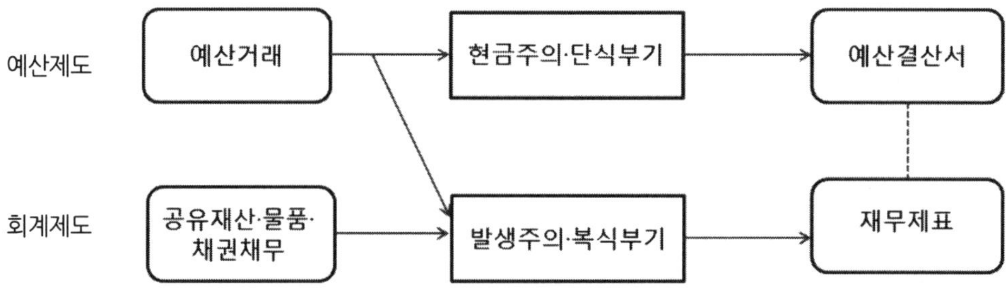

< 예산회계결산과 재무회계결산의 비교 >

구 분	예산회계 결산	재무회계 결산
결산서	세입·세출결산서 (세입결산서+세출결산서) 기금결산서 채권결산서 채무결산서 공유재산현재액표 물품현재액보고서	재정상태표 재정운영표 순자산변동표 현금흐름표(작성유예)
회계기간	1.1 ~ 12.31 출납폐쇄기한 포함(14.28)	예산회계결산과 동일
기장방식	경상과 자본의 구분이 불명확	경상회계와 자본회계 구분
인식기준	(수정)현금주의	발생주의
과목분류	세입, 세출	자산, 부채, 순자산, 수익, 비용
과목체계	예산과목 (세입 : 장-관-항-목) (세출 : 분야-부문-정책사업-단위사업- 세부사업-편성목-통계목)	재무회계과목 (대분류-중분류-회계과목-관리과목)

자료 : 지방자치단체 재무회계 운영규정(행정자치부 훈령 제16호, 2015.3.2.시행)

5. 결산검사제도의 문제점

1) 결산검사시간의 부족

그동안의 결산체계에 따르면 회계연도 종료에 따라 2월말에 출납폐쇄가 이루어지고 출납폐쇄기한 경과후 10일까지 출납정리하고 이 기한후 출납사무의 완결은 3월말에나 가능하고 그 후 결산업무가 시작되어 80일 이내에 결산서를 작성하고 있다. 이 때 통산 4월말 결산서가 작성 · 완료되어 자치단체장에 5월 19일까지 보고하게 된다. 결과적으로 결산업무에 소요되는 실질적인 시간은 재무제표 검토와 병행하여 약 1개월 정도이다. 이를 통해 지방의회에 결산서를 최종적으로 승인을 요청하는 시기는 6월말이나 되어야 한다. 결국 결산업무에 대한 시간부족으로 오류발생 및 예산결산 및 재무제표 정보의 신뢰성을 떨어트릴 수 있다는 것이다. 또한 전년도 결산결과를 충분히 심층적으로 분석하여 그 내용을 다음 해 예산편성에 반영해야 하는데 그 시간이 너무 부족하다는 사실이다. 특히 재무제표 정보를 통해 재정운영표에 나타난 사업의 원가 등을 분석하거나 사업성과를 평가하여 다음 연도의 예산에 편성해야 하는데 늦은 결산일정으로 원천적으로 불가능하다는 사실이다(김경호, 2014).

2) 요식행위에 지나지 않은 결산검사

지금까지의 지방자치단체의 결산검사는 자치분권의 핵심주체인 주민, 자치단체장, 의회가 무관심으로 일관해왔고, 또한 재무회계결산이 검사에서 제외되었을 뿐만 아니라 결산검사위원의 비독립성과 비전문성 등으로 인해 요식행위에 그쳤다는 비판을 면키 어려운 실정이다. 그 구체적인 문제점은 다음과 같다.

① 동일한 규정과 절차의 결산검사제도

지방자치단체의 규모, 여건에 따라 결산검사 및 결과적인 재정정보의 품질에 차이가 있을 수 있음에도 불구하고 243개 지방자치단체가 자치단체장과 의회가 결산검사 전반에 책임을 지는 동일한 규정과 절차를 가진 결산검사제도를 수행하고 있다는 사실이다. 따라서 소규모자치단체는 결산을 담당할 인력이 부족하고 또한 전문성도 부족할 수 있으며 결산검사에 예산도 적게 지원되어 충분한 검사가 이루어지기 어려운 것이다.

② 비독립적 결산검사위원회의 구성

지방자치단체의 장이 결산 보고서를 지방의회에 제출하기 전에 지방의회가 지방의회의원, 공인회계사 및 세무사 등 지방재정 전문가 등을 결산검사 위원으로 임명하고 위촉받은 위원이 자치단체가 의회에 제출할 결산서의 결산확인과 결산관련 재정집행의 적정여부에 대한 검사를 실시하게 된다(지방자치법 제134조 지방자치법 시행령 제83조). 즉, 결산검사위원이 지방의회에 의해서 임명되어질 때 우리나라와 같이 기관분립형의 지방정부구조에서 자치단체장과 지방의회다수당이 같은 지역구도를 보이는 것이 일반적이어서 자치단체장에게 협조적인 인사를 임명할 가능성이 높다는 사실이고, 결산검사위원회에 정당의 공천을 받은 지방의회의원이 참여하게 되어 위원회의 독립성문제가 제기될 수 있다.

3) 훈령과 괴리된 제무제표 검토제도

지방자치단체는 당해 자치단체 및 검토대상 업무관련자 등으로부터 독립성을 유지하면서 검토업무를 수행할 자격을 갖춘 검토인을 공정하게 선정하여야 한다(행정자치부 훈령 제5조)고 하고 있다. 그러나 실제에 있어 검토인의 독립성이 위협받는 경우가 많은 것이 현실이다. 즉, 대다수 자치단체는 동일한 회계법인이 수년간 용역을 수주하여 관련 공무원과 밀접한 유착관계를 형성하고, 더 나아가 재무제표 작성과정을 검토인이 주도하거나 직접 참여하는 경우가 적지 않다는 사실이다. 결과적으로 이러한 현실은 재무제표의 형식적 검토로 만들 가능성이 큰 것이다. 이 외에 행정자치부 훈령(제6조)[7]에도 불구하고 검토인의 전문성 부족과 검토용역의 지나치게 낮은 보수 등이 제기될 수 있다(김경호, 2014).

제4절 결산검사체계의 강화방안

1. 예산회계 · 재무회계 통합 결산검사에 따른 보완체계구축

2014년 지방재정법의 개정으로 예산회계 · 재무회계 결산이 통합된 결산서체계를 갖고 결산검사를 받게 되어 있다. 따라서 결산검사의 시기 및 결산서식의 연계통합 내용들이 고려되어야 할 것이다. 우선 자치단체의 출납은 회계연도가 끝나는 날 폐쇄하는 것으로 개정되었고 출납사무의 완결이 다음 해 2월 10일까지로 요구됨에 따라 결산일정을 과거에 비해 단축조정할 여지가 생겼다. 따라서 출납폐쇄의 조정으로 발생한 여유시간과 예산회계와 재무회계의 통합검사를 통해 결산검사를 효율화하여 얻을 수 있는 시간을 활용하여 보다 결산정보를 충분히 분석하여 자치단체 실국과별 성과평가를 도모하고 다음연도 예산편성에 활용할 수 있도록 해야 할 것이다.

---

7 제6조(검토인의 자격 등) ①회계법인이 아닌 검토인은 개업한 공인회계사로서 지방자치단체의 재무회계에 관한 전문교육(이하 "전문교육"이라 한다) 등을 이수한 자에 한한다. 단, 전문교육에 강사로 참여한 공인회계사는 전문교육을 이수한 것으로 본다. ②회계법인인 검토인은 제1항의 규정에 의한 전문교육 등을 이수한 소속 공인회계사가 검토를 수행하도록 하여야 하며, 공인회계사법 제26조 제1항의 규정에 의한 회계법인의 이사 중 1인이 포함되어야 한다.

실질적인 결산서식의 연계통합안이 마련되어야 하는데, 법적 결산의미가 강한 예산회계 결산과 경영관리 결산의 의미가 강한 재무회계 결산은 그 구성 원리에 차이가 있는 만큼 결산서통합에 따른 통합수준에 대한 결정이 필요할 것이고 이는 법적 · 제도적 차이를 고려하여 단계적으로 추진될 필요가 있다. 예를 들면 1단계는 결산서서식의 연계, 2단계로는 출납폐쇄기한폐지에 따른 영향을 고려한 결산서식의 개편, 3단계로는 결산제도 및 개념의 통합을 이루는 것이다(지방행정연구원, 2014).

2. 적실성 높은 결산검사 수행주체기관 설정

적실성 높은 결산검사 수행주체를 어떻게 설치할 것인가에 대한 고민이 필요하다. 대체적으로 자치단체 자체감사기구가 결산검사를 수행하도록 하는 방안, 별도의 전담기구를 설치하는 방안, 지방자치단체가 결산서에 대한 외부감사제도를 도입하는 방안(김경호, 2014)를 구상해 볼 수 있는데, 여기서는 프랑스의 사례를 통해 별도의 전담기구로서 지역회계검사원(CRC : Chambre régionale des comptes)을 상정해 보고자 한다. 즉, 지역회계검사원은 공공회계원에 의한 예산집행을 되새기면서 회계의 규칙성에 대한 판단(재판)을 행한다. 서류와 상반되는 지역회계검사원 이전의 과정은 두 가지 판결규칙 주위로 조직되는데, 첫째, 지역회계검사원은 징수관에게 규정된 기한 내에 회계원이 중요하다고 판단하는 것에 대해 설명과 확인을 요구할 수 있게 하고 있으며, 둘째 징수관의 답변을 받은 후 지역회계검사원은 관리회계에 대해 결정적인 의결로써 회계검사관의 결산확인(un jugement de quitus)과 결산 때의 대차부족액(채무액)(un jugement de débet)을 확인한다(최진혁, 2013).[8]

8 1982년 지방분권으로의 변화는 재판 혹은 행정적 특성의 업무 수행임무를 맡은 지역회계검사원(CRC : Chambre régionale des comptes)을 각각의 지역에 창설하게 하였다. 지역회계검사원은 우선 자기 관할구역에서 지방자치단체와 그들 영조물법인의 공공회계원(comptable public)의 회계(계정)전체를 판단하는 임무를 띤다(재정심판법 L.232-2). 또한 도, 권역자치단체의 재무관과 징수관에 의해 형성된 관리회계에 대해 판단한다. 정부위원의 역할을 담당하는 지역회계검사원의 재판관(magistrats) 중 한명은 규정된 기간 내에 관리회계의 산출을 도모하는 특별한 임무를 수행하고, 또한 공공회계원과는 반대로 채무변제나 과태료 적용을 요구하기도 한다. 행정적 기관으로서 지역회계검사원은 도지사 곁에서 지방자치단체의 예산통제를 담당하고 있다. 즉, 법정기간 내에 예산이 채택되지 않은 경우(재정심판법 L.232-2)와 경우에 따라서 예산이 불균형적인 것을 확인한 경우와 균형예산 회복에 필요한 조치들을 결정한다(재정심판법 L.232-4). 마지막으로 지역회계검사원은 지방자치단체의 관리를 심사하며 이러한 주제를 가지고 관련된 출납명령관에 대해 관찰하는 임무를 띤다(최진혁, 2013).

참고문헌

김경호. (2014). "지방자치단체 결산검사 강화방안," 한국지방계약학회 하계학술대회발표논문.

이경섭. (2014). "우리나라 국가 및 지방자치단체 결산제도 운영실태," 한국지방계약학회 하계학술대회발표논문.

최진혁. (2013). "예산과 회계의 예측가능성 제고와 합법적 통제," 지방재정 제11호, 한국지방재정공제회.

한국지방행정연구원. (2014). 재무결산정보의 이해도 제고방안.

한국정부회계학회. (2014). 발생주의 재무회계 결산제도의 유용성 강화연구.

지방자치단체 재무회계 운영규정. (2014). <행자부 훈령 제16호, 2015.3.2 시행>.

지방재정법(법률 제12687호 일부개정 2014.5.28).

Bouvier, Michel. (2011). *Les finances locales.* Paris : L.G.D.J.

Magnet, Jacques. (2001). *Eléments de comptabilité publique.* Paris : L.G.D.J.

http://www.ccomptes.fr,(2013.9).

http://www.interieur.gouv.fr(2013.6.30)

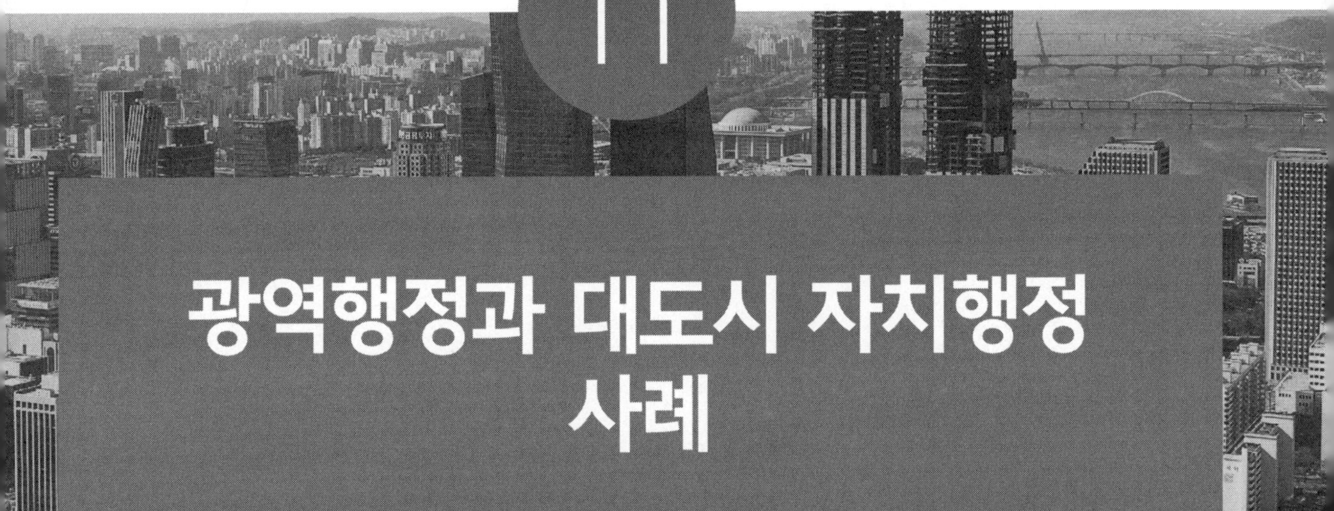

11

광역행정과 대도시 자치행정 사례

01 충청권 정치 · 행정환경의 변화와 발전과제

제1절 서론 : 문제제기

우리나라는 1940-50년대의 해방과 정부수립, 6.25전쟁의 소용돌이 하에 정치적 혼란을 수습하면서 이뤄야 했던 국민형성(nation building)의 시기를 보내고, 1960-70년대의 경제적 빈곤을 극복하는 경제성장의 단계를 거쳐 1980-90년대의 사회불균형을 시정하려는 민주복지사회구현단계로 접어들게 되었다. 이런 국가발전의 역정(歷程) 속에 우리나라는 정치적 안정을 이유로 많은 규제와 통제가 가해져 국민의 개인적 자유와 권리가 제한을 받게 되는 시기를 보내고, 경제적 효율성을 지상과제로 하여 제한된 재원의 전략적 투자를 도모하는 불균형적 발전전략이 이루어져 산업간, 지역간의 발전격차, 개인간 소득격차가 심화되는 시기를 보내야 했다. 그리고 그동안 무시되었던 민주주의의 신장을 촉구하는 국민의 성원에 힘입어 정치적 자유 · 권리의 신장을 도모함과 아울러 경제적 불균형 · 격차의 시정을 추구하게 되었다. 이와 같은 배경 하에 주민의 참여를 기반으로 하는 지방자치의 실시와 수도권 집중을 억제하고 전국적인 균형발전을 도모하게 되었다(최창호, 1995 : 744).

지역균형발전을 위해 우리나라는 60년대 특정지역개발 및 산업단지 개발, 70년대 국토종합개발계획이라는 이름으로 성장거점개발 정책을 추진하였다. 이 성장거점개발은 70년대는 그 권역구분을 4대권, 8중권, 17소권으로 나누어 대규모성장거점정책을 이끌어나갔고[1], 80년대 들어서 '분산된 성장거점'개발로 70년대의 개발을 보완하면서 28개 생활권을 구상하였다가 4개 지역경제권[2]으로 수정하기도 하였다. 90년대는 7개 광역권, 9개 생활권으로 구분하여 '광역거점'개발을 추진하고 있다(국토연구원, 1997).[3] 그러나 이러한 광역권 개발의 추진에도 불구하고 구체적인 광역권계획이 수립되지 못하였고, 수도권의 집중현상은 오히려 더욱 심해지고 있는 실정이다.

이러한 배경에서 도시화 및 산업화 과정에서 발생한 지역간 격차를 해소하고 지역균형발전을 이루어내기 위해서는 사회 · 경제적으로 상호의존관계에 있는 지방자치단체간의 협력관계와 개발전략에 대한 접근이 새롭게 조명되어야 할 필요가 있다. 왜냐하면 교통 · 통신의 발달, 과학 · 기술의 비약적 발전에 따라 사회 · 경제권역이 그 어느 때보다 확대되고 있고, 자치단체간의 행정서비스에 대한 주민의 광역수요가 증대되고 있으므로 기존의 행정구역을 광역화하여 국민의 생활권역과 일치시킴으로써 행정의 효율성과 주민의 편의성을 도모할 필요성이 증대되고 있기 때문이다. 더 나아가 통일 이후와, 환황해권역으로서의 중국, 환남해권역으로서의 일본 등과의 교류를 대비한다는 점에서 광역권은 새롭게 발전적으로 조명되어야 할 것이다.

특히 중부권(충청권)[4]은 국내적으로 국토의 중심부로서 수도권 기능의 분담과 개발효과의 전국적 확산의 기능을 담당하고 있을 뿐만 아니라 국제적으로는 중국과 해양적 접근성이 양호한 서해안과 대중국 교역의 관문항을 갖추고 있어 지방화, 국제화시대에 중요한 입지적 위치를 지니고 있다고 할 수 있다(대전·충청권 행정협의회, 2000 : 26). 그런데 충청권은 그동안 산업화과정에서 상대적으로 소외되었고, 수도권의 지배와 집중으로 인하여 국토중심부의 입지적 이점에도 불구하고 통과지역의 성격에서 벗어나지 못하

1 성장거점개발전략은 제1차 국토종합개발계획(1972-1981)의 중요한 시책으로서 전국을 4大圈 8中圈, 17小圈으로 구분하고 거점도시를 집중개발함으로써 국토 전지역이 성장하도록 유도하였다. 4대권은 한강, 금강, 영산강, 낙동강을 중심으로 한 수자원개발을 중요시하는 지역이다. 8중권은 도단위 행정구역을 중심으로 수도권, 태백권, 충청권, 전주권, 대구권, 광주권, 부산권, 제주권이다. 17소권은 경제적 결절성, 자치성, 면적 등을 중심으로 서울, 춘천, 강릉, 원주, 천안, 대전, 청주, 전주, 대구, 안동, 포항, 부산, 진주, 광주, 목포, 순천, 제주 등으로 구분하였다(국토연구원, 1997).

2 지역경제권은 수도권(서울, 경기도)에 대응하는 중부권(충북, 충남), 동남권(경북, 경남, 부산, 대구), 서남권(전북, 전남) 등으로 구분 설정하였다(국토연구원, 1997).

3 전국을 수도권과 강원권, 충북권, 대전·충남권, 전북권, 광주·전남권, 대구·경북권, 부산·경남권, 제주권 등 9개 권역으로 구분하고 있으며, 광역권은 아산만권, 군장권, 광주·목포권, 광양권, 부산·경남권, 대전·청주권, 대구·포항권의 7개 권역으로 구분하고 있다.

4 본 논문에서는 중부권을 충청권으로 사용하기로 한다. 따라서 대전, 충남, 충북을 지칭한다.

였던 것이 사실이다. 그러나 충청권은 1990년대 지방자치 부활과 더불어 대규모 국가사업의 추진, 과학과 첨단기술의 산실인 대덕연구단지기능 활성화에 따라 국가발전거점으로 새롭게 등장하고 있다.

이러한 배경에서 본 연구는 새로운 중부권(충청권)의 행정환경변화를 개관하면서 그 발전적 과제를 제시하고자 한다.

제2절 충청권 정치·행정환경 변화와 전망

오늘날 우리사회 변화에 영향을 미치는 일반적 환경변화와 더불어 중부권 여건변화와 전망을 해보면 다음과 같다.

1. 충청권 일반적 환경(일반적 환경변화)

1) 지방자치행정 요구 증대 : 지방분권화 요구

국가의 입장에서 보면 그동안 정부수립 후 반세기에 가깝게 중앙집권방식에 의한 행정수행방식으로 길들여진 행정체제로는 더 이상 효율적인 행정을 산출할 수 없음을 깨닫게 되었다. 따라서 중앙에 집중되어 있는 권한과 기능은 점차 지방정부로 이양하게 되고, 그에 따라 지방정부의 자율권이 신장되고 책임행정이 강화될 것이다. 다음으로 지방자치단체의 입장에서 보면 국가로부터 부여받은 자치권을 가지고 그들의 자율과 책임하에 주민들에게 어떻게 하면 보다 값싸고 양질의 서비스를 제공할 수 있겠는가에 대해 고심할 것이라는 것이다. 즉, 행정의 주민서비스 확대 강화에 따른 고객지향적 행정서비스 산출에 골몰하게 되었다. 이는 지방정부가 시장경제의 논리 하에 민간부문과의 경쟁을 할 수밖에 없는 상황에서 비롯된 것으로 볼 수 있다. 따라서 지방사치단체는 행정업무의 질적 변화, 지방공무원의 전문화, 행정장비의 과학화, 지방정부의 경영합리화를 도모하게 된다. 마지막으로 주민의 입장에서 보면 주민들도 이제는 자기지역의 문제에 직접 참여하여 어떻게 하면 우리의 자치단체를 위해 우리의 권리와 의무를 다할 수 있을 것인가를 깊이 생각하게 되었다. 즉, 집권화 방식의 운영에서 오는 주민의 소극적 자세를 지양하고 분권화를 통하여 주민의 민주화 훈련을 제고시키지 않을 수 없게 되었다. 따라서 주민의 자치의식 함양, 참여확대에 따라 보다 나은 서비스에의 요구 내지 삶의 질을 고양하는데 관심을 피력하게 되었다. 그러한 배경에서 주민의 '알 권리'에 대한 요구는 더욱 증가할 것이며, 이에 따른 행정정보공개 요구가 가중될 것이다.

2) 광역행정수요 증대에 따른 광역행정관리체제 정비

교통 · 통신망의 확충, 자동차보급의 확대는 정보, 물자, 사람의 이동에 따른 시간과 비용을 크게 절감함으로써 도시민의 이동거리를 확대시키고 있다. 경제 · 사회활동의 광역화와 대도시권의 형성은 공간문제 해결에 있어 단위 자치단체의 공간적 범위를 초월하는 광역적 접근방법을 요구하게 될 것이다. 즉, 도시 중심의 경제 · 사회활동의 광역화는 광역적 교통망 및 공급처리시설의 건설과 각종 광역서비스의 공급을 요구하고, 이를 위한 광역행정관리체제의 정비가 필요할 것이다. 특히 국경 없는 지구촌시대에 접어들면서 지역간 경쟁체제는 가속될 것으로 보인다. 따라서 지역간 기능적 협력 및 제휴네트워크 구축의 필요성이 증대될 것이며, 정부간 협력 및 정부-민간부문간의 협력요구도 증대될 것이다.

3) 지방자치제 진전에 따른 지역간 갈등과 분쟁 증대

지방자치제가 실시되면서 지역개발 및 환경분야 등에 대한 분쟁은 계속 증가될 것으로 보인다. 자원과 환경의 이용 · 보전, 사회간접자본 등 공공시설의 입지 · 건설 · 관리 등의 특성상 분쟁 및 갈등의 유형은 더욱 다양화되고 심각한 양상을 띠게 될 것이다. 특히 우리나라의 지역주의는 그 갈등과 분쟁의 도를 더하고 있다. 또한 수도권과 비수도권의 대립 갈등도 각종 개발정책, 제도와 함께 그 개연성이 높다고 볼 수 있다.[5] 따라서

5 우리나라는 영호남간의 오랜 지역주의로부터 수도권 정비계획법의 공장총량제를 놓고 수도권과 중부권이 대립하고 있다. 수도권정비계획법의 효력이 중부권 이남으로 미치지 못하자 영호남 8개 시도지사협의회에서는 수도권과 중부권을 하나로 몰아 지역의 균형발전을 위한 획기적인 대책을 요구하고 나섰다. 영호남의 지역갈등으로부터 수도권과 비수도권간의 갈등으로 변모하고 있으며 비수도권은 다시 중부권과 영호남권의 갈등으로 전개되고 있다(육동일, 2001 : 22).

서로 협력하는 지방행정을 추구해야 한다. 민선자치행정의 제도화 초기단계에서 빚어지고 있는 지방정부간 관계에서 특히 기초자치단체들간의 이기주의로 인하여 최근 지방정부간 협력관계 모색이 중요한 현안으로 대두되고 있음은 바로 여기에 있다.

4) 고도 정보화사회

통신기술, 컴퓨터의 급속한 발달은 다양 · 다종한 정보의 신속하고도 정확한 가공 · 축적 · 검색 · 전달을 가능케 하는 정보시스템이 모든 부문에 걸쳐 고도로 활용될 것이다. 따라서 정보기술의 도입, 전산망의 구축으로 전자결재 시스템이 활성화되면 종이 없는 문서처리가 가능하게 된다. 이에 따라 공무원이 직접 들고 다니는 결재시스템은 사라지고 전자신호가 교류하는 사무처리가 일상화될 것이다.

5) 기술혁신에 따른 지식기반산업의 대두와 실업문제 심화

기술혁신에 따른 산업재구조화로 인해 정보 · 지식기반산업의 비중이 높아지고 제조업중심의 산업구조재편으로 취업과 실업문제가 주요한 사회문제로 등장할 것이다. 따라서 지방행정은 지역민의 전문인력 확보 뿐만아니라 실업문제를 해소하기 위한 정책안을 준비해야 할 것이다(대전·충청권 협의회, 2001 : 41).

6) 주민의 삶의 질 향상 욕구증대

21세기 지역개발수요는 지역문화 및 여가활동 촉진, 환경적 질적 수준개선, 주거환경 등 삶의 질 측면이 중시될 것으로 전망된다. 따라서 지역의 문화나 환경적 쾌적성 등 지역의 정주여건으로서의 매력이 기업이나 전문가의 지역선택에 있어서 새로운 요인으로 등장할 것이다. 따라서 여가, 문화행정이 지방행정을 이끌 수 있는 대안을 마련해야 할 것이다(대전·충청권협의회, 2001 : 42).

7) 고령인구의 증가

우리나라는 해방 후 45년간 인구가 배로 늘어났고 의료기술의 발달과 출산율의 저하로 노년인구가 매년 증가하고 있다. 총인구 중 65세 이상 인구의 비율이 1960년에 2.9%

였는데 지금은 7.4%로 늘어났다.[6] 이제 2020년이 되면 11.5%로 늘어날 것으로 전망하고 있다. 특히 혼자 사는 고령인구의 증가는 사회적 문제로 대두될 것이기 때문에 이에 대비한 노인 복지행정이 이루어져야 할 것이다.

2. 충청권 특수적 환경(특수적 환경변화)

1) 지리적인 특수성

충청권은 지리적인 위치와 서해안 거점항만 조성으로 환황해경제권의 주요한 교류거점으로서의 기능이 증대될 것으로 전망된다. 대중국교역과 교류증대는 서해안의 역할증대와 함께 충청권의 지역적 기능과 위상에 매우 큰 변화를 초래할 것으로 예상된다(대전·충청권 협의회 : 43).

2) 고속 간선교통·정보체계 구축에 따른 국토중심지 기능강화

충청권은 도로, 철도 등 국가간선교통망의 중간결절지 기능을 수행하고 있을 뿐만 아니라 21세기 고속전철 건설, 초고속정보망의 구축, 청주국제공항의 활성화에 따라 국내지역간 물류유통의 주요 결절지역으로서 명실상부한 국토중심지의 기능수행이 기대된다. 정부대전청사, 계룡대, 자운대 등 국가적 행정관리기능 및 국방기능의 입지와 수도권기능의 분담을 통해 국가중추기능의 집적지로 발전할 것이다. 또한 고속전철, 첨단정보통신망의 구축으로 충청권은 수도권의 중앙정부 기능의 실질적인 분담지역으로 발전할 것이며, 이에 따라 수도권 산업 및 경제기능의 이전이 보다 활성화될 것으로 예상된다. 따라서 충청권 공동발전의 주요과제는 국토의 중심지 기능을 수행할 수 있는 물적, 제도적 기반을 구축하고 수도권 기능의 계획적 · 체계적인 수용기반을 구축하는 것이다(대전·충청권 협의회 : 43-44).

---

6 노령인구지수는 65세 이상의 노령인구가 총인구에서 차지하는 비율을 의미한다. UN은 노령인구 비율이 7%이상은 고령화 사회, 14% 이상은 고령사회, 20% 이상은 초고령사회로 분류하고 있다. 우리나라는 이미 7%를 넘어 고령화사회에 진입하였고 오는 2022년에는 14.3%로 고령사회에 진입하고, 2030년에는 19.3%에 달해 초고령사회로의 진입을 목전에 두고 있음을 예견하고 있다(통계청, 1996).

3) 과학기술 산업수도화에 따른 첨단·지식산업기반 확대 전망

충청권은 대덕연구단지를 중심으로 고도의 두뇌집단과 시설이 집적되어 있고, 천안 · 청주를 중심으로 벤처기술산업이 집중되어 있어 새로운 과학기술산업지대로 등장하고 있다. 2000년대는 지식기반사업, 정보 등 첨단사업이 가속화될 것으로 보며 충청권은 그 중심지로서의 역할이 커질 것으로 전망된다. 따라서 충청권의 향후과제는 지속적인 과학기술의 발전과 확산을 위한 지역혁신체제의 도입, 전문고급두뇌들의 문화적인 욕구를 충족시켜줄 수 있는 정주여건 조성, 전문인력의 육성, 과학과 기술의 산업화촉진을 위한 기반조성 등이라 할 수 있다.

4) 다양한 관광자원의 연계를 통한 관광산업화 촉진

문화관광산업의 중요성이 부각됨에 따라 해양, 호수 및 산악관광자원의 연계와 공주, 부여 등 백제문화권, 중원문화권, 내포문화권 등 풍부한 역사문화 · 경관자원의 육성을 통해 지역의 경제활성화와 관광산업화를 도모해야 할 것이다.

제3절 중부권(충청권) 행정개혁의 과제

중부권(충청권) 행정개혁의 문제는 장기적으로 볼 때 중부권을 하나의 광역자치단체화하여 그에 따른 정치 · 행정체제를 갖추도록 하는 방향에서 찾아야 할 것이다. 즉, 중부권 의결기관과 집행기관을 조직하고 대전시 · 충청남도 · 충청북도와의 관계를 설정해야 한다. 우선 그에 따른 권한배분 및 통제를 설정하고, 다음으로 중부권의회와 중부권도지사의 지위, 역할을 규정하고 그 관계를 설정해야 한다. 그럴 경우 다음과 같은 방향(전반적·전략적 실천사항)에서 행정발전의 과제로서 고려할 수 있을 것이다.

1. 전반적(총체적) 실천사항

1) 자유스러운 행정 구현

(1) 자유로운 지방정부 구현

앞으로 적어도 중부권은 지방자치단체로서 중앙권력으로부터 독립적 지방기관으로 보장해주어야 한다. 그리고 중앙권한에 독립적으로 존재하는 지방기관은 그들의 기능을 수행하는데 실제의 자치를 혜택받아야 할 것이다. 그러기 위해 우선 국가와 지방자치단체간의 관계를 재정립할 필요가 있다.

① 국가와 지방자치단체간의 관계 재정립 : 중앙통제, 기능배분의 사항을 법제화한다.

중앙통제는 지방자치단체의 자유로운 행정을 보장하기 위하여 국가행정기관에 의한 사전승인, 집행정지, 무효화 등 모든 사전적 통제, 권력적 통제는 지양하고 적법성 통제(contrôle de légalité)를 확립하도록 한다. 즉, 지방사무에 대한 지방자치단체의 의결은 설령 그것이 국가기관이 판단할 때 합법성에 위배된다고 보일지라도 이를 무효화시킬 수 없으며, 다만 행정법원에 제소할 수 있는 권한만 인정해 주어야 한다는 것이다. 따라서 행정법원만이 그 무효판결을 내릴 수 있도록 한다. 동일한 맥락에서 지방자치단체의 예산행위에 대한 중앙통제도 국가행정기관이 직접 행할 수 없게 한다. 즉, 지방자치단체가 법에 규정된 원칙들을 준수하지 않는 경우에 한하여 이를 교정해 주도록 그 지역회계검사원에 요청할 수 있게 하여 이 지역회계검사원의 결정에 의해서만 통제할 수 있게 한다.

② 국가와 지방자치단체간의 기능배분의 원칙 설정

a)지방자치단체간의 모든 중첩된 감독의 회피원칙 : 기능배분은 지방자치단체들 중 어느 하나가 다른 지방자치단체에게 어떠한 형태라도 감독을 설정하거나 행사하도록 하는 여하한 형태의 감독을 허용해서는 아니 된다.

b)분야별에 따른 권한배분 및 총체적 이양의 원칙 : 지방자치단체와 국가간의 기능배

분은 가능하면 권한의 각 분야에 해당되는 자원이 국가에게나 지방자치단체에게나 총체적으로 부여될 수 있도록 이루어져야 한다. 총체적 이양의 원칙은 어떠한 지방자치단체이든지 다른 지방자치단체에 대한 일체의 간섭과 권한의 침해를 하지 못하게 하는 효과를 지닌다.

c)권한과 재원의 동시이양 : 어떠한 권한이양도 혜택받는 자치단체에게 새로운 부담을 야기해서는 아니 된다는 목적 하에 이전된 부담은 보상을 해 주어야 한다. 즉, 모든 권한의 이양은 해당된 재원의 이양을 동시에 수반해야 한다. 재정적 보상 이외에도 이전된 권한을 행사하는데 필요한 장비나 서비스의 이전도 함께 수반해야 한다.

③ 광역자치단체와 기초자치단체간의 바람직한 기능배분 : 권역·도-시·군간의 기능배분 ; 권역·도-시·군간 관계(정부간 관계)

우선 권역의 기능으로는 기존의 도 · 시 광역자치단체가 행하던 광역행정기능[7], 보완 · 대행기능[8], 연락 · 조정기능[9], 지휘 · 감독기능[10] 등을 고려해 볼 수 있다. 다만 기존의 도의 기능과의 차별성을 어떻게 둘 것인가를 고민해야 할 것이다.

우리나라의 도가 수행하고 있는 기능별 비중을 보면 과거에는 지도 · 감독 기능이 가장 높았고, 다음으로 연락 · 조정기능, 셋째가 보완 · 대행기능, 넷째가 광역행정기능의 순이었으나 95년 지방자치가 전면 실시된 이후 도의 지도 · 감독기능과 연락기능은 크게 감소되었다(한국행정연구원, 2000). 도의 본래적 기능은 보완 · 대행기능과 광역행정기능이므로 이 두 기능을 수행하는 한도 내에서만 도 본연의 존재이유가 있다고 할 것이다. 따라서 우리나라의 도가 수행하고 있는 권력적 지도 · 감독 및 연락기능과 같은 독찰 · 매개기능을 1982년 이후의 프랑스의 경우에서처럼 폐지하여야 할 것이다.

7 2개 이상 시·도, 시·군의 구역에 걸치는 광역적 사무를 계획하고 집행하는 기능을 의미한다. 예컨대, 지방도로의 건설, 하천의 관리, 운하, 간척, 임산자원·수산자원 기타 천연자원의 보전·개발, 치산·치수, 운수, 산업입지조건의 정비, 경찰 등의 기능을 들 수 있다.

8 시·도, 시·군의 능력으로는 적절히 처리할 수 없기니 처리하기 곤란한 사무, 또는 시·노, 시·군이 처리하는 것이 비경제적, 비능률적이거나 행정의 질을 저하시킬 우려가 있는 사무를 의미한다.

9 중앙정부와 시·도, 시·군사이에서 양자간의 의사소통을 원할히 하고, 시·도, 시·군간의 정책의 상충을 해소하며 행·재정의 불균형을 시정하는 기능을 의미한다.

10 법률이 시·군·자치구에 대한 시·도의 지도, 감독권을 인정하는 경우는 시·군·자치구가 시·도의 위임사무를 처리하여 양자가 상하관계에 놓일 때에 한하는 것이다. 같은 맥락에서 권역(중부권)과 시·도의 관계가 설정되어 파악되어야 할 것이다.

반면 시 · 군은 주민과 밀착된 기초자치단체로서 ① 낙후된 생활방식의 개선, ② 지역사회개발의 촉진, ③ 교통안전, ④ 공해방지, 생활환경의 개선 및 정비, ⑤ 주택, 불량주택의 정리, ⑥ 상 · 하수도, 오물처리, 소독, 청소, ⑦ 주민의 건강관리, ⑧ 공원, 녹지, 오락시설의 제공, ⑨ 시장운영, ⑩ 건축, 건축물의 구조 · 설비, 부지 · 밀도의 규제, ⑪ 도로 및 보도의 유지 · 관리, 교량, 가로조명, 주차장의 설치 · 관리, ⑫ 기타 공공복지(아동과 노인을 위한 서비스, 공적 부조사업, 재해보상, 실업보상)에 관한 사무에 이르기까지 방대한 포괄적 기능을 담당하고 있으며 앞으로 그 기능을 더욱 확대해야 할 것이다.

요컨대, 행정수요, 행 · 재정능력, 규모 등의 지역성, 전문성, 재정부담능력에 따라 차별성을 고려하여 도시지역으로서의 특별시, 광역시와 자치구, 농촌지역으로서의 도와 시 · 군간의 사무배분으로 구분하는 것이 바람직할 것이다. 광역자치단체와 기초자치단체는 그간의 중앙집권논리의 수직적 관계에서 탈피하여 지방분권논리에 부응한 수평적 관계를 유지, 발전시켜 나아가야 할 것이다. 이를 위해 다음과 같은 방안을 고려해 볼 수 있다.

a) 기능배분 접근체계의 재정립

공공부문과 사적부문에의 역할분담이 이루어지고 정부간 관계에 대한 시각(지방분권적 시각에서의 정부간 관계의 재정립)이 정립되어 중앙정부와 지방자치단체간, 광역자치단체와 기초자치단체간의 기능배분이 이루어져야 할 것이다. 우선 중앙정부와 지방자치단체간의 사무배분의 적정화를 도모해야 한다. 다음으로 그에 따른 광역자치단체와 기초자치단체간의 합리적이고 명확한 사무배분이 뒤따라야 할 것이다. 이러한 배경에서 우리나라의 개괄적 예시주의에 의한 기능배분방식은 프랑스의 경우에서처럼 기본적으로 자기지역의 이해가 되는 사무는 자기 자치단체에서 처리하도록 하고, 특별한 경우에 즉, 지방자치단체가 자기이해로 해결하기 어려운 분야는 구체적으로 법에 명시하여 예시해주는 발전된 포괄적 예시주의로 나아가야 할 것이다. 그럴 경우 지방자치이념에 순응한 자치단체간의 감독을 허용하지 않기 위해서 총체적 이양이 이루어지도록 해야 할 것이다(Baguenard, 1996).

b) 자치단체간 기능의 재정립

종래 광역자치단체와 기초자치단체간의 기능배분은 기능의 중복으로 책임의 한계가 모호하고 예산과 행정력을 낭비하며, 시 · 군에서 사실상 수행하면서도 도지사 권한으로 되어 있는 각종 인 · 허가 등 기초자치단체에 대한 지도 · 감독이 과다하여 자율행정을 제약하고 있고, 또한 광역자치단체의 단순한 경유, 전달기능으로 행정의 지연이 초래되는 등의 문제점이 있었다. 따라서 광역자치단체와 기초자치단체간의 기능 재조정이 우리나라 지방분권화 정책에 부응하도록 이루어져야 할 것이다. 즉 ①시 · 도의 인 · 허가 등 집행기능을 축소하는 한편 조정 · 기획기능을 강화하고, ②환경 · 도로 · 하천 등 광역행정사무와 중규모개발사업을 수행하며, ③시 · 군 및 자치구가 처리하는 것이 비효율적인 사무, 시 · 군 및 자치구의 격차해소, 지역이기주의에 따른 시 · 군 및 자치구간의 분쟁조정 등으로 시 · 도의 역할이 전환되어야 할 것이다. 요컨대, 시 · 도의 기능은 축소하고 시 · 군 및 자치구의 기능은 보강하여 지방자치가 기본적으로 기초자치단체에 중심으로 운영되도록 기능배분을 해야 할 것이다.

c) 관여방식의 개선 : '입법 및 사법적 관여'와 '비권력적 관여'의 확대

중앙정부의 관여를 국민의 대표기관인 입법부의 입법활동을 통하여 행하고, 법해석기관인 사법부의 판단활동을 통하여 활성화시킴으로써 삼권분립의 취지에 부합되는 상호견제를 통한 지방자치단체의 보호에 기여하도록 해야 한다. 한편 권력적 관여는 최소한으로 제한하고, 조언 · 지도 · 지원과 같은 비권력적 관여를 주로 행하는 것이 바람직하다. 또한 기초자치단체의 행정수준의 향상을 위한 지식 및 기술의 지원 및 정보제공을 확대해 나가야 한다.

d) 관여의 범위, 유형, 성향의 개선

기초지방자치단체에 대해 최대한의 자치권을 부여하고 국가나 광역자치단체의 관여는 행정의 균형성 확보를 위해 필요한 최소한도로 제한되어야 한다. 이런 시각에서 국가나 광역자치단체의 관여를 사전적 · 사후적, 합법성 · 합목적성 측면에서 조절하고 체계화해야 한다. 먼저 지방자치단체(기초자치단체)는 그 사무나 사업을 수행함에 있어 특별한 경우 외에는 사전에 중앙정부(광역자치단체)의 승인을 받음이 없이 중앙정부(광역자치단체)가 제시한 일정한 기준에 따라 자주적으로 수행하도록 하고, 지방자치단체(기초자치단체)가 이러한 기준에 따라 사무와 사업을 처리하지 아니하였을 때는 중앙정부(광역자치단체)가 사후적으로 이를 시정하는 것이 바람직하다. 따라서 '사전적 관여'(예방적 감

독)는 사무나 사업의 수행에 관하여 일반적인 기준을 설정하기 어려운 경우에 취소 · 정지 등의 사후적 시정조치로서는 사회의 질서를 저해할 우려가 있거나 또는 회복할 수 없는 손해를 발생시킬 것이 예견될 때 한하여 행한다.

다음으로 지방자치단체(기초자치단체)에 대한 중앙(광역자치단체)의 관여는 지방자치단체의 모든 사무에 획일적으로 행할 것이 아니라 그 사무나 사업의 법적 성격, 즉 고유사무, 단체위임사무, 기관위임사무에 따라 그 합법성 관여 또는 합목적성 관여의 문제와 사전적 관여 또는 사후적 관여의 문제를 종합적으로 고려하여 체계적으로 행사되어야 한다. 즉 고유사무에 대해서는 그 수행의 합법성에 관한 교정적 감독, 즉 적법성에 관한 사후적 통제만이 허용되어야 하며, 단체위임사무에 대해서는 그 수행의 합법성과 합목적성에 관한 교정적 감독, 즉 적법성과 타당성에 관한 사후적 통제만이 허용되어야 한다. 그리고 기관위임사무에 대해서는 업무수행 전반에 걸친 직무감독이 허용되며, 따라서 합법성과 합목적성에 관해 교정적 감독뿐만 아니라 예방적 감독도 허용되어야 한다.

또한 중앙정부(광역자치단체)는 지방자치단체(기초자치단체)로부터 받는 보고의 횟수를 가급적 최소화함으로써 보고서 작성에 따르는 과중한 업무량을 감소시켜야 한다. 특히 수시보고는 꼭 필요한 경우에 한해서만 요구해야 할 것이며, 중앙정부(광역자치단체)의 인가 · 승인 등은 그 사무의 성격상 중앙정부(광역자치단체)가 관여하지 않을 수 없는 부득이한 사안에 국한해야 할 것이다.

(2) 자유로운 규제권 행사(지방자치단체의 자치권 강화)

지방자치단체는 그들 고유의 규제권한을 처분 · 사용할 수 있어야 한다. 이는 법률의 범위 내에서 자유스러운 자치권 행사를 보장하여야 한다는 것이다. 따라서 자치단체는 법률의 범위 내에서 모든 사무를 스스로의 책임 하에 규율할 권리를 보장받아야 한다. 이러한 배경에서 우리나라 자치권(자치입법, 자치조직, 자치행정, 자치재정)을 제약하는 제 법규를 개정하여야 할 것이다(최진혁, 2002).

(3) 선출된 기관에 의한 자유로운 행정(관리) : 분권화된 행정 구현

주민과 지방자치단체간의 관계를 중시하는 지방정부 중심체제를 강화해야 한다. 즉,

주민참여, 주민통제의 기능을 활성화하는 노력이 전개되어야 한다. 따라서 주민을 대표하는 지방의회의 역할을 강화하는 방안이 모색된다. 우리 행정환경상 특히 다음과 같은 분야에 깊은 성찰이 있어야 할 것이다.

① 새로운 지방의회의 발전이념 추구

② 지방의원의 자질, 능력을 제고할 수 있는 방안 모색

③ 지방의회의 바람직한 관계설정

④ 지방의회에 대한 통제게임의 시정

⑤ 자유로운 의회행정 보장

2) 주민(권역, 도, 시·군·자치구)에게 보다 가까이 다가가는 친밀한 민주행정구현

(1) 행정과 주민간의 관계개선

① 행정자료(문서)의 접근에 적용되는 규정을 구체화한다(권한과 투명성확보).

② 주민의 요구에 적용되는 규정(법규)을 단일화하고 개선해 나간다.

(2) 행정방식의 간소화, 단순화

각 부처별 행정절차와 형식을 간소화하는 연간계획을 설정한다.

(3) 지불방식의 현대화

행정서비스에 대한 수수료는 은행카드를 사용하여 지불 현실화를 꾀한다.

(4) 행정서비스 질의 개선

① 행정서비스 평가를 위한 연간 계획을 수립한다.

② 주민만족도 지표를 설정하여 행정서비스에 대한 평가를 매년 단위로 시행한다.

③ 평가의 불충분성을 고려하여 매년 시민만족도 평가를 재평가해야 한다.

(5) 주민이 행정에의 접근 용이성 확보(인테넷, 정보)

① 고객이 필요로 하는 정보를 신속히 얻을 수 있는 정보망을 구축한다. 특히 오늘날 심각한 실업문제에 접하여 고용과 관련된 정보를 구인자가 쉽게 접근할 수 있는 통합 취업통신망을 구축한다.

② 지방사무에 대한 정보공개 : 공개방식의 새로운 기법개발(지방의회 토론 : 시청각)

(6) 지방사무에 대한 지역주민의 자문위원회 운영

① 자문위원회 설치

② 지방공공서비스를 위한 자문위원회 설치

(7) 지방의회 기능의 활성화

① 지방의회의결기능 강화

② 소수당의원의 권한 보호

주민의 적극적인 참여와 다양한 의견수렴을 제도화해야 한다. 따라서 주민의 참여기회를 확대, 다양화하고 주민과 함께 정책결정을 추진하고, 주민들의 관심과 요구를 과학적으로 파악하고 분석할 수 있는 여론수렴기능을 강화해야 할 것이다.

3) 보다 효과적인 광역(권역·도) 행정구현

(1) 광역(권역 · 도) 인사시스템의 개선 : 도 인사관리의 개선

지방공무원의 획일적 인사관리를 탈피하고 조직과 구성원이 공감하는 인사관리전략을 수립한다. 지방자치행정의 성공여부는 실행을 담당하는 지방공무원의 사기에 관계되므로 구성원의 만족도를 높여 도정의 생산성을 극대화시키는데 주력해야 한다. 이러한 배경에서 지역의 인적자원이 타 지역으로 유출되지 않도록 하는 등 인적 자원에의 투자확대를 도모해야 할 것이다.

(2) 예산과정의 투명성 확보; 예산회계제도 연계방안모색 : 발생주의 회계

지방자치단체의 생산성 제고와 제도적 기능의 투명성 확보를 위한 예산회계제도 방안이 확립되어야 한다. 이러한 배경에서 발생주의에 입각한 복식부기의 발전적 적용에 대해 고찰하고 예산제도와 연계된 재정관리제도를 확립해야 할 것이다. 복식부기의 지향점이 사전적 예산의 통제보다는 회계처리의 합리화와 경영성과 측정에 의한 목표달성도 평가 등 사후통제와 재정운영 및 회계책임성을 강조하고 있으므로 예산편성과 관련한 재정관리제도는 점진적으로 자율적이고 예산편성이 합리적이며 기술적 기법 등을 제시하는 방향으로 발전되어야 할 것이다.

(3) 보다 적절한 법률조항 준비 : 법치질서구현

새로운 지방행정환경에 맞는 적절한 법률을 보완 정비하고 더 나아가 법을 지키는 것이 안전하고 편안한 삶을 유지시켜준다는 확신을 갖게 해야 한다. 주민의 법에 대한 대응성이 높아지도록 합법성의 복원에 노력해야 한다.

(4) 새로운 정보시스템에 따른 행정효율성 강화 : 지식기반사회로의 전환을 위한 지역정보인프라 구축, 능률적이고 민주적인 전자지방정부 구현

① 정보기술을 활용하여 행정개혁을 성공적으로 이끌 수 있는 전략 모색

② 인테넷기술을 활용한 행정서비스 활성화 전략

③ 전자문서 관리시스템 보강 및 정비, 화상회의 및 화상통화 원격시스템 도입

④ 지역정보화 시스템 구축 : 균등한 정보의 접근성 -- 지역간 격차 요인 제거

⑤ 행정업무의 디지털화 --양질의 행정정보 구축--현재 업무를 정보화에 맞도록 재설계하여야 (BPR : Business Processing Re-engineering) 한다.

⑥ 정보의 공개 및 공유를 촉진하는 제도의 체계화

⑦ 지역특성을 살린 지역정보시스템 구축

4) 세계화 행정구현

세계화에 따라 국가간의 경쟁뿐만 아니라 도시들 간의 경쟁도 점차 가열화 되고 있는

추세임을 감안하여 중부권(충청남도, 충청북도, 대전시)는 지역경쟁력 강화가 중부권의 발전뿐만 아니라 국가경쟁력 확보를 위한 기본전제가 된다는 점에서 지역경쟁력 강화문제를 새롭게 인식해야 할 것으로 보인다. 이를 위해 부문별로 명확한 지표의 설정과 개발이 필요하다.

(1) 국제교류 협력체제 구축

(2) 선진국 교류국가와 과학 기술협력체제 구축

(3) 통일대비 남북교류 기반조성 및 교류 협력 확대 (민간교류, 협력 활성화)

5) 지역경제력 활성화를 보장하는 행정구현

(1) 지역산업발전 모색(지역 특화 산업 육성, 민자사업 육성 등)

(2) 중소기업 발전방안 모색(지방의 벤처기업 육성, 지식산업 육성 등)

(3) 지역특성에 따른 관광자원의 개발과 관광산업의 육성 (문화예술기반 조성 및 역사, 문화자원의 관광자원화)

(4) 지방실업해소와 고용창출

2. 전략적 실천사항

1) 중부권(충청권; 대전시, 충청남도, 충청북도) 이미지 제고 전략

중부권(충청권)은 우리나라 국토개발의 중추적 역할을 수행해주어야 한다. 그리고 대전시, 충청남도, 충청북도 각각은 지역적 차원에서 '중부권의 핵심리더'로서 역할을 보장해주어야 한다. 이를 위해 대전과 충청남북도의 공동협력 · 발전을 주도하고, 더 나아가 수도권 인접 지방정부들의 공동 · 균형발전을 꾀하기 위한 선도역할이 선행되도록 행 · 재정적인 면에서 뒤받침 되어야 한다. 또한 통일대한민국을 대비한 중추적인 역할정립모형을 제시하여야 할 것이다. 그러기 위해 다음과 같은 점에 유의해야 할 것으로 보인다.

(1) 대전, 충북, 충남 전통문화와 도민정서에 연계된 지역이미지 개발 : 선비의 고장, 충효의 고장, 양반의 고장 등

정신적으로 풍요로운 마을 : 범죄 없는 마을로 연계

(2) 문화적 자긍심을 고취할 수 있는 문화적 소재, 인물 발굴; 문화시설물 건축, 문화예술지구 조성 (역사적 사건이나 상징을 지닌 건물, 장소의 보전)

-지역문화자원의 보존정비와 백제문화권개발

-문화마을

(3) 지역경제 활성화로 연계(특산단지 개발, 특화산업 육성지원, 관광시설 개발 등)

경제적으로 풍요로운 마을 : 쾌적한 도시로 연계

(4) 후한 인심과 쾌적한 생활환경(맑고 푸르른 산하) 등 살기 좋은 고장으로의 인식 확산

건강한 마을, 청정마을, 농약 없는 생태마을

(5) 삶의 질이 높은 도 : 복지 · 의료환경 조성

-사회복지시설의 확충

-형평성 있는 의료서비스체계 및 새로운 의료서비스 기반 구축

2) 광역행정체제 구축 하에 지역문제의 해결전략

(1) 광역권 개발

① 아산만권 광역개발계획

② 장항 · 군산권 광역개발계획

③ 대전 · 청주권 광역개발계획

(2) 4대권 개발경영

① 서해안권 : 태안해안국립공원, 안면도, 부여를 연결하는 서해안 지역으로서 해양레저기능과 교역기능을 특화시켜 국제관광 및 환황해권 전진기지로 중점 육성

② 백제권 : 백제의 고도인 부여, 공주축을 중심으로 교육 · 관광 · 문화기능을 복합시켜 국제적인 문화권으로 육성

③ 북부권 : 천안, 아산, 당진축을 신산업지대로 육성하여 수도권의 기능분담과 21세기 중부권 교역 및 산업중심지로 육성

④ 금강권 : 금강수계의 치수개발을 통하여 물류, 유통산업, 근교농업 등 대도시 연계기능 특화와 중소규모의 자족적 전원도시 개발

(3) 대전, 충북, 충남도 내의 기초자치단체간의 협력방안 모색

① 단일업무 자치단체간 조합 : 한 가지 사업에 대한 협력

② 복수업무 자치단체간 조합 : 여러 가지 사업에 대한 협력

③ 도시공동체 : 도시개발차원에서 여러 기초자치단체간의 협력방안 모색

④ 신도시 개발 : 농촌지역 안의 도시건설은 단지 잠만 자는 공간에 그쳐서는 아니 되고 직장과 거주지가 공존해야 하는 차원에서 개발되어야 한다.

⑤ 기초자치단체 공동체 : 농촌지역개발을 목적으로 기초자치단체간의 연합방식

⑥ 도시자치단체 공동체 : 도시외곽지역의 발전을 도모하기 위해 도시형 자치단체간의 협력방식

⑦ 도농 통합 공동체 : 도농 통합 개발

(4) 대전, 충북, 충남도와 다른 광역자치단체와의 연계방안

① 충청권, 경상권, 전라권, 강원권, 수도권으로 이어지는 협력강화

② 지역갈등 해소

(5) 도시주택난 해결

① 전통, 문화, 자연이 조화된 선진 주거환경의 조성

② 다양한 수요에 부응하는 주택의 안정적 공급 및 지원 강화

(6) 지역환경 보전과 지속가능한 개발 : 친환경적 개발

① 친환경적 토지이용관리의 강화,

② 지역통합 생태네트워크 구축과 체계적인 환경관리(청정수질 보호, 폐기물처리시설의 관리강화),

③ 환경개선을 위한 대체 자연 에너지 개발,

④ 자연재해 대처능력 강화, 재난대응능력제고

3) 지식산업 활성화

-과학기반 및 기초연구 강화

-연구개발 성과 확산-실용화, 상품화하기 위한 네트워크 구축

-지역경제력 활성화(후술)에 연계

(1) 지역내 지식혁신 시스템 구축

지식이 경제활동에 미치는 영향을 극대화하는 지식혁신 시스템을 구축해야 한다.

① 제도적 측면 : 지적활동의 분야별 인센티브를 제공하면서 지식활동에 대한 보상이 이루어지는 각종 제도적 장치가 마련되어야 한다.

② 지식창출의 측면 : 보상시스템 마련

③ 지식의 공유, 활용의 측면 : 지식이 창출되었으면 창출된 지식이 공유, 활용될 수 있도록 해야 한다.

(2) 지식산업 환경정비

① 지식기반 산업의 집적지 형성

② 경쟁시스템의 구축

③ 경쟁정책과 지방소비자 정책의 연계

(3) 지식산업에 대한 종합적 지원체계 확립

①창업지원

②기술지원시책

③마케팅지원

4) 전자지방정부(행정)의 실효성 제고방안

정보기술이 지닌 부정적 측면에 대한 현실성 있는 이해촉구 (정보기술이 지니고 있는 부정적 가능성에 대한 적절한 대처방안 모색)가 선행되어야 한다.

(1) 정보기술을 활용한 행정개혁의 성공전략

① 재정적 측면의 전략

새로운 정보시스템이 요구하는 자원 확보 내지 자원의 허용범위 내에서 시스템의 (재)설계

-추가적 재원 확보 : 내부 가용재원 확보, 공적자금 도입, 민간자본 도입

-소요예산 최대한 축소 : 기업과의 전략적 제휴시도, 아웃소싱(outsourcing) 적극 활용, 고유한 프로젝트 관리기법의 개발 · 사용

② 인사관리적 측면의 전략

새로운 지식, 기술 그리고 태도를 위한 교육훈련 수요를 파악하고 충족시킴

-새로운 기술과 지식 수요 충족 : 교육 · 훈련 실시

-이해관계자들의 목표 · 가치가 일치되도록 동기부여

③ 정보기술 설계 및 도입 측면에서의 전략

행정개혁을 위해 정보기술을 도입하려는 시도는 가급적이면 점증적 방식에 따라 추진

-새로운 IT의 도입 없이 행정개혁목표달성

-불가피한 경우 IT도입시기와 종류를 전략적으로 선정

-정보시스템은 작고 단순하게 (재)설계하여 유지

④ 전략선택을 위한 전략

전략들과 그의 시행시기 등은 전략적으로 결정하고, 때로는 사업을 포기할 수 있는

용기를 가져야 한다.

-조직현실을 감안하여 전략과 시행시기 결정

-때론 프로젝트를 포기하는 용기도 하나의 전략으로 활용해야 한다.

(2) 정보기술 활용에 대한 교훈

① 정보기술이 근원적으로 지니고 있는 속성들과 그 기술들이 적용되어질 행정조직의 맥락과의 부합정도에 따라 정보기술 도입의 성공 및 실패가 좌우된다.

② 정보기술을 공공분야 개혁에 원용하고자 할 때에는 공공부문의 고유한 특성, 정보수요, 그리고 환경적 요소들을 감안하여 자체개발을 하든가, 아니면 이미 정보선진국이나 민간부문에서 개발된 정보시스템을 자국의 공공행정맥락에 적합하도록 변형, 도입시켜야 할 것이다.

③ 공공부문에 도입된 정보기술을 효율적으로 관리하기 위해서는 단순한 기술적 지식을 초월하여 전문적이면서도 종합적인 관리자로서의 지식과 자질이 필요하다는 사실이다.

④ 모든 행정개혁안에 있어 핵심적인 요소는 정보 더 나아가 정보시스템의 변화가 차지하여야 한다는 것이다. 정보기술에 초점이 맞추어질 경우, 공공조직에서 실제로 벌어지는 현상이나, 정부의 모든 행위나 의사결정에 있어 궁극적 결정요인이 되고 있는 인간적, 사회적, 정치적 요인들을 도외시하게 되고 그로 말미암아 실패로 이어지기 때문이다.

(3) 고려해야 할 요소

① 정보기술을 이용한 행정개혁이 성공을 거두게 되면 효율성의 증대와 비용절감의 효과를 얻을 수 있지만, 사적 부문처럼 그 자체에 행정개혁의 궁극적인 목표를 두어서는 곤란하다는 점이다. 즉 사기업도 내부적인 비용절감과 소비자인 고객의 만족을 통한 이윤 극대화인 반면에 공익을 추구하는 정부조직은 효율성 제고를 통한 정부서비스의 개선에 궁극적인 목표를 두어야 한다는 것이다(한국전산원 1997).

② (지방)정부개혁을 위해 각종의 IT를 도입, 활용하는 과정에서 끊임없이 고려해야 할 문제 들 중에 중요한 것은 다음과 같다.

-정보를 가진 자와 못 가진 자로 계층화시키지 말아야 한다. 따라서 IT를 기반으로 하는 시스템과 서비스를 이용하려는 자들을 즉각적으로 도울 수 있도록 제도의 마련 및 전문가 양성이 이루어져야 한다.

-IT관련 서비스를 이용하려는 자들이 필요로 하는 올바른 정보를 쉽게 발견할 수 있도록 공공관리자들은 정보에 대한 수요예측은 물론 정보를 보다 체계적, 과학적, 합리적으로 구축 · 보완하여야 할 것이다.

-공공관리자들은 현재의 조직한계를 분명히 파악하고 있는 가운데, 새로운 정보기술의 도입을 결정하고 시행하여야 한다. 또한 기존 시스템의 발생비용과 생산성을 평가하고, 이를 토대로 시스템 운영절차를 어떻게 변화시키고, 어떠한 조직형태를 만들며, 그리고 조직전략을 기술전략과 어떻게 연계시킬 지를 결정해야 할 것이다.

(4) 지역정보화 구축전략

① 지방행정의 정보화 달성

-업무처리 재설계를 통한 정보화 추진 : 모든 행정업무의 디지털화가 가능하도록 하고 이에 상응한 양질의 행정정보가 구축되어야 한다. 이를 위해서 정보화를 추진하기에 알맞도록 현재 업무를 정보화에 맞도록 전체적인 입장에서 BPR(Business Processing Reengineering)을 통하여 업무를 재설계하여야 한다.

-아웃소싱을 통한 정보화 추진 : 주민에게 실용적인 정보서비스를 제공하기 위해서는 행정기관의 자체개발이나 시스템관리업무에서 탈피하여 전문적 기술력과 노하우를 가진 민간업체로 하여금 정보화시스템을 개발하도록 하여야 한다.

-정보공유와 행정정보 공개의 실효성 확보

② 중앙정부의 지원확대

-지역정보화 통합지원체제 마련

-정보의 유통과 보안시스템구축

③ 지역특성을 살린 지역정보시스템 구축

-지역특성을 갖는 데이터베이스 구축

-지역내 경쟁력 있는 정보제공업자(IP : Information Provider) 육성

-정보시스템의 체계적 관리 및 운영

-정보문화확산을 위한 시책추진

-가시적 성과를 염두에 둔 지역정보화 구현

5) 지역경제력 활성화 보장

(1) 지방 벤처기업 육성전략

① 지방 벤처비즈니스 지원

② 지방 벤처기업 자금지원

(2) 지방 민자사업 활성화 전략

① 대상사업 선정방법의 개선

② 입찰평가 방법의 개선

③ 명시적인 재정지원

④ 위험분담 기준 마련

(3) 지역특화산업 육성전략

① 차별화, 독창성제고

② 각종 지역경제업무와의 연계

③ 공동브랜드 개발과 공동판매회사 설립지원

④ 시장확장과 수출 및 판매마케팅 강화

⑤ 품질 향상과 기술개발체계 구축

⑥ 특화산업추진 및 지원주체 설정

⑦ 안정적 자금조달

(4) 지방의 외자유치 활성화 전략

① 외자유치 정책방향 : 외자유치의 목표 및 정책방향 설정, 조직 · 기관과의 전략적 협력관계의 구축, 외자유치체계의 개선방안

② 인센티브 제공의 효율화 : 인센티브 종류확대 및 제공절차 개선, 인센티브 지원방법의 개선, 조세감면 대상사업의 지정방법 개선

③ 투자유치 마케팅 확대 : 외국인 투자 에이전트의 역할 강화, 지역단위 투자촉진 프로그램개발

(5) 지역문화산업 발전전략

① 지역문화 컨텐츠 개발 (문화유산의 상품화)

② 전략산업의 선정 및 집중육성

③ 지역 전통문화상품 개발

(6) 지역축제의 활성화 전략

① 지역관광업계와의 효과적인 연계

② 개선된 홍보전략 수립

③ 지역적 주제 설정

④ 독창적인 이벤트 개발

⑤ 개최시기의 조절

⑥ 지역주민들의 자발적 참여유도

(7) 지방의 실업해소, 관리 전략

① 지역특성별 실업대책 추진 : 지방자치단체 주도의 실업대책 수립 ; 실업의 유형별 대책수립 ; 단기대책에서 장기대책으로 ; 지역경제정책과 연계된 종합대책 수립

② 21세기형 실업전략 구현 : 장기실업자의 해소 ; 노동시장의 이중구조개선 ; 비정규 근로자의 불안정성 해소

6) 인간과 자연이 더불어 사는 환경정책

인간과 자연이 더불어 사는 생명공동체를 건설하는 행정을 펼쳐야 한다. 따라서 인간 중심적 사고방식에서 온 환경관을 수정해야 한다. 개발주의 시대의 잘못된 환경관 바로 잡고, 환경정책은 광역적 차원에서, 국가적 차원에서, 지구촌차원에서 접근하도록 한다.

따라서 대전, 충북, 충남도는 다음 분야에 주력해야 한다.

① 폐기물 발생을 줄이고 재활용을 촉진하기 위한 방안에 고심해야 한다.

② 주민 건강과 생태계 안전에 부합하는 과학기술발전을 선도하는 권역, 도가 되어야 한다.

(환경호르몬, 유전자 변형 농산물 등 환경위해성 평가) -- 환경산업화 추구 -- 지역경제력 활성화에 도움

③ 수요관리 중심의 용수관리

④ 안심하고 마실 수 있는 (질 좋은) 수돗물 공급 대책마련

⑤ 도시지역 대기환경의 개선 : 천연가스 버스 활용 등 청정연료 사용하는 교통수단 보급주력

⑥ 난개발 방지대책안 마련

⑦ 환경외교 강화하고 국제협력 증진방안 마련

제4절 결론

이상에서 고찰한 바와 같이 참여정부가 추구하는 지방분권과 지역균형발전이 성공적으로 실현되기 위해서는 다음과 같은 측면에서 충청권 발전과제가 수립되어야 할 것이다.

첫째, 무엇보다도 대전 · 충남도 · 충북도의 협력체계를 강화해야 한다. 중부권이 국가경제의 성장잠재력과 개발효과를 전국적으로 파급하는 네트워크의 핵심결절지로서의 기능을 충분히 발휘할 수 있도록 하여야 할 것이다. 그러기 위해서 충청권 정책은 국

토개발계획의 큰 틀 내에서 각 광역권 정책이 협력 · 보완될 수 있도록 시도되어야 한다. 따라서 충청권정책은 다른 광역권 및 수도권과 비수도권이 상생, 보완, 협력할 수 있는 정책의 틀이 재구축될 필요가 있다.

둘째, 지방분권화시대에 맞는 지역발전 전략과 체제의 정립이 필요하다. 따라서 충청권역은 지금 바로는 어렵겠지만 학계의 논의를 거쳐 점차로 광역자치단체로 제정해주어야 할 것이다. 그럼으로써 자율과 책임있는 실제적 권한을 가지고 주민을 위한 권역행정서비스를 기대할 수 있을 것이다. 프랑스는 1982년 지방분권화와 더불어 레지옹을 광역지방자치단체로 승격시키고 수도권 및 비수도권 지역의 광역행정 및 지역계획을 수립, 추진할 수 있는 권한을 확대함과 동시에 중앙정부의 권한을 지방에 위임하는 행정분산을 병행 추진하였다. 또한 분권화시대에 걸맞게 국토정비 및 개발에 관한 법령 개정, 새로운 국토 및 지역계획모델로서 수도권계획에 계획계약제 도입, 분권화보조금 창설, 수도권 계획에 대한 레지옹의회의 권한확대와 참여 등이 강구되었다.

셋째, 법제도의 신축성 및 연계성의 확보, 비현실적인 성장목표와 논리를 수정하고 점진적으로 개선책을 도모해야 한다. 국토계획과 수도권계획 및 계획계약(국가와 레지옹 간)과의 연계를 통하여 계획의 실효성과 안정성을 확보하여야 할 것이다.

넷째, 광역권 정책의 추진과정에서 부처간 이기주의를 극복할 범부처적 차원에서 정책을 조정하고 조화시키는 것이 중요할 것이다. 프랑스의 경우 "국토 및 지역개발기획단(DATAR)"의 역할이 매우 컸음은 주지하는 바이다. 이 기획단은 각종 기금 및 보조금 배분, 계획수립의 지침제시 및 협상 등을 통하여 정책의 일관성, 실효성을 확보하는데 커다란 역할을 하였다(DATAR, 2000).

참고문헌

배준구. 2001. "프랑스 수도권 정책의 변천과 시사점." 한국지방정부학회 춘계학술대회 발표논문집.

육동일. 2001. "대전광역도시권의 과제와 발전방안." 『사회과학연구』 12권. 충남대학교 사회과학연구소.

정세욱. 2000. 『지방자치학』 서울 : 법문사.

최진혁. 2002. "우리나라 지방분권의 발전적 고찰."『사회과학연구』제13권. 충남대학교 사회과학연구소.
최창호. 1995.『지방자치학』. 서울 : 삼영사.
하혜수·최영출. 2000. "지방정부의 자치권 확대방안에 관한 연구." 경기개발연구원.
홍준현. 2001. "한국지방분권의 평가 : 행정적 측면을 중심으로". 한국지방정부학회 하계학술대회발표논문집.
대전 · 충청권 행정협의회. 2000.『충청권 공동발전방안연구』국토연구원.
충청남도. 2001.『충남 2010 정책비전』.
충청남도. 2000.『제3차 충청남도 종합계획』충남발전연구원.
충청북도. 1999.『21세기 충북발전계획 / 충북 CHANGE 21』충북개발연구원.
Baguenard, Jacques. 1996. *La décentralisation*. Paris : P.U.F.
Baguenard Jacques et Becet, Jean-Marie. 1995. *La démocratie locale*. Paris : P.U.F.
Leclerc, Romuald. Paris, Yves. et Wachter, Serge. 1996. *Les régions au futur*. Paris : l'aube.
Mabileau, Albert. 1991. *Le système local en France*. Paris : Montchrestien.
Mabileau, Albert. 1985. Les institutions locales et les relations centre-périphérie.
Grawitz, Madeleine et Leca, Jean. 1985. *Traité de science politique*, vol. 2. Paris : P.U.F.
Moreau, J. 1994. *Administration régionale, départementale et municipale*. Paris : Dalloz.
Sadran, Pierre. 1992. *Le système administratif français*. Paris : Monchrestien.
DATAR. 2000. *Rapport d'activité aménagement du territoire*.
Http://www.premier-ministre.gouv.fr(검색일 : 2003. 10. 12).
Http://www.interieur.gouv.fr(검색일 : 2003. 10. 12).
http://ikis.re.kr 박상우, 권혁진. 1997. 지역균형발전시책의 평가와 발전방향. 국토연구원.

02 국책유치사업 전략과 매뉴얼 구축에 관한 연구

제1절 서론

1. 연구의 배경 및 목적

명품도시를 넘어 창조도시를 그 시정과제로 하여 시정개혁을 추진하고 있는 대전광역시 박성효 시장의 민선4기도 이제 반환점을 돌아 후반기로 접어들게 되었다. 21세기 지식정보화사회, 세계화, 지방화시대의 새로운 정치행정환경에 부합하기 위해서는 시장의 일방적인 통치(Government)로서는 더 이상 대전시의 발전을 기약하기 어렵고, 따라서 국가와 지역단위의 연계성을 활용한 시정운영을 수행케 하여 중앙정부와 지방자치단체 및 시민사회가 협치(Governance)로서 시정발전을 도모하여야 한다는 것이다.

이러한 맥락에서 대전시는 지역경제 활성화를 도모하고 대덕연구단지를 비롯 과학도시의 위상을 정립하기 위하여 시민단체와 협력하여 자기부상열차, 로봇랜드 국책유치사업을 추진하였다. 그러나 연이은 실패로써 이에 대한 철저한 분석이 요구되고 있다. 따라서 대전광역시가 성공적으로 국책사업을 유치하기 위해서는 그동안 국책유치사업의 추진체계를 포함한 대전시 현황의 정확한 진단을 통하여 어떠한 노력이 경주되어야 하는지 보다 분석적인 접근이 필요할 것이다.

그동안 대전시의 실패원인을 두고 정치적, 지역주의적 시각에서 여러 추측적 원인들을 제시하였지만 설득력이 높지는 않다. 예를 들면 대전시가 지역적 특수성을 감안하여 당연히 유치될 수밖에 없었다고 항의하는 이면에 대전시가 맥락을 잘못 짚었을 개연성에 대한 설명이다. 즉, 언론에 의하면 산업자원부는 심의결과 발표 기자회견을 하면서 "로봇랜드 심사는 연구기능에 중점을 뒀는데도 대전은 이보다는 테마공원 활용쪽에 무게를 둬 배점이 낮았다"고 말했다는 사실이다. 이는 정보력 부재에서 오는 것으로 보다 철저한 원인 분석이 필요한 대목이다.

이렇듯, 각 자치단체마다 지역발전에 도움을 받으려는 국책유치사업의 과도한 경쟁이 과연 바람직한 것인지, 또한 중앙정부가 계획한 국책사업이 지방자치단체간의 경쟁만으로 해결될 수 있는 유일한 대안인지에 대한 비판도 제기되고 있는 실정이다. 그런 면에서 국책사업유치는 자치단체만의 노력으로 되는 것이 아니라 중앙정부가 국가균형발전의 큰 틀 안에서 지역주민이 공감하는 합당한 기준과 원칙을 제공하는 등의 노력이 선행되어질 때 가능하다. 국책사업의 예비타당성 조사도 하지 않고 방만하게 실행하였던 과거 중앙정부의 행태는 더 이상 지속되어서는 아니 되는 이유이다.[1]

국책사업 유치는 대전시만의 단독으로, 또는 어느 특정 주체의 독자적인 노력으로만 성공할 수 없다. 이는 대전시민의 자발적인 참여와 적극적인 의지를 기반으로 하여 중앙정부, 지방정부, 시민사회, 민간부문, 대학 · 연구소 등의 유기적 연계시스템으로 가능한 거버넌스체계가 효율적으로 작동할 때 가능한 것으로 판단된다. 또한 국책사업을 성공적으로 수행하기 위해서는 대전시의 유형적인 인프라도 중요하지만 무형적 요소와 인적 네트워크의 활용, 그리고 대전시만의 차별화된 이미지의 최적화 등 여러 요소들이 융합될 때 가능한 것으로 보인다.

이런 맥락에서 본 연구는 그동안 대전광역시의 국책유치사업의 실패원인을 다각도로 분석하여 어떠한 전략과 방법으로 성공적인 국책사업 유치를 완수하는가에 그 목적이 있다. 이를 위해 우선 국책사업과 관련한 이론적 논의를 검토하면서 대전시의 현황을 진단할 분석요인을 추출하고, 그에 따른 국책사업유치의 성공적 실행을 위한 표준매뉴얼을 제시해 보고자 한다.

---

1 지난 참여정부 시절 총사업비 500억원 이상의 대형국책사업 중에 예비타당성 조사를 실시한 사업은 대상 사업건수의 17%에 불과해 중앙정부가 무분별하게 사업을 추진한 것으로 밝혀졌다(참여정부 이후 총사업비 500억원 이상 사업의 경제성분석(B/C), 사업비 증액현황 및 관리개선방안 보고서, 2006.10.1).

2. 연구의 대상 및 범위

본 연구의 대상과 범위는 연구의 각 단계별로 다음과 같다.

<그림 2-1> 단계별 연구의 대상과 범위

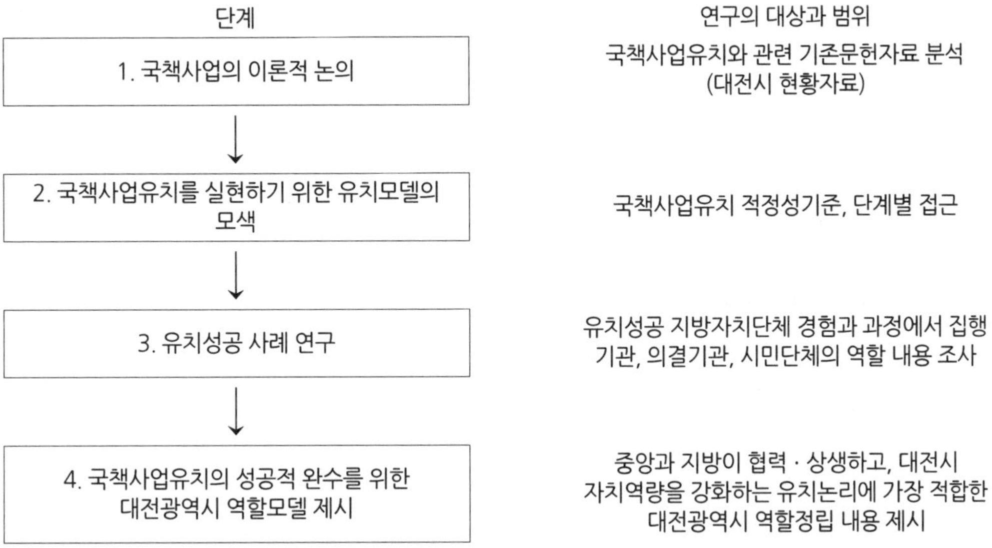

3. 연구방법

국책사업유치를 성공적으로 실행하기 위한 대전광역시의 역할을 재조명하기 위해서는 해당 정책에 대한 충분한 이론 및 실무적 지식 등이 요구된다. 이러한 작업을 몇몇 연구자 만에 의하여 수행하는 것은 거의 불가능하며 본 연구의 원활하고 효율적인 수행을 위해서 해당분야의 전문가 및 정책실무자의 참여가 필수적이다. 따라서 본 연구는 다른 일반적인 연구에 비하여 특히 전문가 및 정책실무자와의 긴밀한 협조 속에서 수행되어야 한다. 이에 따라 정책관련자들과 정기적인 과제회의를 개최하며 전문가의 견조사, 자문회의, 브레인스토밍 등을 적극 활용하도록 한다.

제2절 국책유치사업 관련에 대한 이론적 논의

1. 국책유치사업의 정의

국책유치사업은 국가의 정책적 사업을 지방자치단체에 끌어들이는 사업으로 지역발전의 원동력을 제공하는 사업으로 정의하고자 한다. 지방자치단체는 국책유치사업을 통하여 지역경제의 활성화를 도모하고 지역발전을 이끌어낼 수 있어 특성화된 지역적 특성을 감안하여 합리적으로 국책사업이 배분될 경우 결국 국가균형발전에 기여하게 되는 효과를 얻을 수 있다.

2. 국책유치사업에 대한 거버넌스의 필요성

대전광역시가 국책사업을 성공적으로 유치하기 위해서는 어떠한 요인이 중요하게 대두될 것인가를 2007년 로봇랜드 유치실패사례를 통해 점검해 보고자 한다. 국책사업 유치는 공식적으로 경쟁 자치단체간의 비교가능한 객관적 지표는 물론 비공식적 네트워크를 어떻게 구축하고 잘 활용할 수 있는가도 중요한 변수가 될 수 있다. 따라서 본 연구는 공식적 측면에서 논의되어야 할 사항과 비공식적으로 논의되어야 할 사항을 고려하여 국가(중앙정부)가 어떤 기준, 내용, 행태에 따라 국책유치사업을 결정하는지에 대한 시각을 거버넌스 측면에서 고찰하고자 한다. 중앙정부 국책유치사업은 중앙정부의 결정자들의 집단적 행태와 그들의 행태를 움직이는 거버넌스의 힘은 무시할 수 없다고 보기 때문이다.

국책사업유치를 성공적으로 완수하기 위해서는 대전시 자체역량을 국내외적으로 확산하는 전략이 필요하다. 따라서 대전시의 국책사업유치에의 역량을 보여주기 위해서는 국내적으로는 로컬거버넌스의 논리에서, 국외적으로는 글로벌거버넌스의 논리에서 그 관계망을 형성하는 것이 필요하다(김구, 2007 : 12-14). 그리고 국책사업유치는 결국 거버넌스의 관계망을 통해 실현된다고 할 때 관계망 속의 구성원들간은 그들의 협력을 통해 공유한 목적을 보다 효과적으로 성취할 수 있도록 하는 신뢰, 규범, 네트워크와 같은 사회자본을 어떻게 구축하고 있는가도 중요한 요소로 작용한다.

1) 거버넌스의 주요개념

거버넌스는 다원적 주체들간의 협력적 통치방식으로 네트워크 통치, 협력적 통치로 정치학에서 사용하고 있으며, 새로운 국정운영방식으로서의 의미로 행정학에서 사용하고 있다. 일반적으로 다음과 같이 요약할 수 있을 것이다(김석준 외, 2000 : 41 ; 차미숙 외, 2003 : 15-16).

첫째, 거버넌스는 기존국가의 역할, 기능, 구조에 큰 변화를 요구하는 거버넌스의 한 유형으로 최소국가(the minimal state)의 의미로 사용된다. 정부기능의 축소는 국제적 조직역할 증대에 따른 정부통치의 범위를 넘어서는 활용 증가현상과 지방화현상, 민영화 및 민간부문과의 파트너십 증대 현상 등에 따른 것으로 보고 있다(Pierre & Peters, 2000).

둘째, 거버넌스는 시장의 효율성을 공공부문 관리에 도입하고자 하는 신공공관리(NPM : New Public Management)의 한 형태를 의미한다.

셋째, 거버넌스는 세계은행이 제3세계 국가에 대한 지원과 관련하여 사용한 '좋은 거버넌스(good governance)'로서의 의미를 가진다.

넷째, 거버넌스는 사회 · 정치 · 행정적 행위자들의 상호의존성을 강조하여 공공부문과 민간부문의 경계가 모호해지는 것을 강조하는 사회적 사이버넥틱체계(socio-cybernetic system)로서 거버넌스의 의미를 가진다.

다섯째, 거버넌스는 자기조직적 네트워크(self-organizing network)로서의 거버넌스의 의미로 사용된다. 즉, 거버넌스는 수직적 위계조직이 아닌 수평적 연계조직을 통한 주체들간의 상호의존(네트워크 형태의 협력)을 의미한다. 따라서 정부, 시장, 시민사회의 역량이 수평적으로 연계되어야 함을 시사한다.

여섯째, 거버넌스는 민 · 관파트너십(public-private partnership)을 의미하는 것으로 새로운 정부-시민사회의 관계형성에 초점을 두고 있다.

요컨대, 거버넌스의 개념은 다차원성과 복잡성을 특징으로 하면서 자율성, 상호의존성, 파트너십, 네트워크 등을 기본적인 요소로 하고 있다.

2) 로컬거버넌스(Local governance)

로컬거버넌스는 지방정부의 행정환경변화에 따른 지방정부 관리체제로 이해되고 있다. 그 대두배경의 주요 요인은 다음과 같다(차미숙 외, 2003 : 21). 첫째, 정치적 민주화의 진전으로 지방정부의 일방적인 시정운영은 불가능하게 되었고, 그에 따라 주민과 시민단체가 함께 하는 참여적 통치체제의 중요성이 부각되고 있기 때문이다. 둘째, 사회기관과 조직이 분절화되어 다양화됨으로써 사회문제에 대한 종합적 대응이 사실상 불가능하게 되었기 때문이다. 이에 따라 지역사회의 문제를 해결하기 위해 협력적인 제도적 장치를 강구하게 되었다. 셋째, 지역사회여건은 정치 · 경제 · 사회적으로 급격히 변하고 있는데 비해 기존의 지방정부체제는 이를 관리하지 못하고 있기 때문이다. 이러한 배경에서 (특히 지방분권적 시각에서 강조되고 있는) 로컬거버넌스는 중앙정부의 역할감소와 지방정부의 역할 및 권한확대, 지방정부의 역량강화에 초점을 맞추고 있다. 그리고 지역공동체, 시민단체를 중심으로 한 시민참여, 정부의 생산성을 제고하기 위한 방안으로서의 민관협력체제구축 등이 강조되고 있다. 요컨대, 그동안 지방정부운영의 주체가 의회, 집행부 중심이었다면 이제는 의회, 집행부는 물론 시장, 시민단체가 함께 공동주체가 되어 지방의 문제를 해결하는 것이 중요하다. 여기에서 특히 지역NGO의 역할이 중요하게 대두되는 이유가 있다. 이러한 배경에서 지역사회운영을 효율적으로 추진할 수 있는 새로운 대안으로 로컬거버넌스를 주장하는 이유가 되고 있다.

로컬거버넌스는 지방정부, 지역기업, 주민, 시민단체 및 비정부기구(NGO) 등이 협력과 상호의존성을 바탕으로 협력적 · 참여적 네트워크를 이루어 지역사회의 공공문제를 해결해나가려는 새로운 개념의 통치방식을 의미한다. 그런 의미에서 로컬거버넌스란 "지역정책의 결정에 있어 정부주도의 통제와 관리방식에서 벗어나 지역내 이해당사자가 주체적인 참여자로 협의과정을 통해 정책을 결정하고 집행해 나가는 사회적 통치시스템"이라고 할 수 있다(김용웅, 2001). 뿐만 아니라 로컬거버넌스는 한편으로는 지방정부 수준의 자원배분과 정책결정, 공공서비스의 생산과 제공에 대한 의사결정권을 지역사회의 다양한 주체들이 공유하는 것으로 자치권의 실질적인 행사와 확대를 의미하는 것으로 볼 수 있다(최준호, 2004 : 31).

3) 글로벌거버넌스(Global governance)

국책사업유치를 결정하는 것은 중앙정부의 의사결정그룹이지만 중앙정부의 의사결정그룹은 세계화시대에 글로벌거버넌스체계에 영향을 받게 된다. 글로벌거버넌스는 정부간 기구, 비정부기구, 민간부문, 시민단체들간의 공식적, 비공식적 제도, 관계 속에서 상호의존적인 사회적 관계를 통제하거나 조정하는데 목적을 두고 의사결정력을 강화하는데 초점을 두고 있다.

4) 사회자본(Social capital)

국책사업유치와 관련하여 대전시 자체역량문제도 결국 사람과 사람과의 관계, 기관과 기관과의 관계에서 어느 정도의 신뢰성을 갖고 있느냐가 중요한 질문이 될 수 있다. 그런 면에서 관계의 질적 측면을 중시하고 있는 사회자본의 효과성을 간과할 수 없다. 특히 자치단체간의 경쟁력 제고에 영향을 미치는 중요한 요소는 바로 사회자본이기 때문에 이를 확충하기 위한 자치단체의 노력이 뒤따라야 할 것이다.

3. 이론적 분석틀

본 연구는 거버넌스체제 하의 지방분권 시대 대전광역시의 바람직한 역할모델을 이론적 분석틀로 하여 시정운영에 있어서 국책사업을 어떠한 방향에서 어떠한 내용으로 설정하여 유치할 것인가를 몇 가지 적정성 판단기준에 따라 제시하고자 한다. 이의 가설적 기준은 〈표 2-1〉과 같다.

<표 2-1> 대전광역시의 국책사업유치모델 : 적정성 판단기준

단계	적정성 판단기준	내용
1. 평소단계	1.중앙정부와 지방자치단체간의 연계 -행정적 측면 -정치적 측면 2. 지방자치단체간 관계 3. 지방자치단체 역량 4. 주민역량 (시민단체 역량)	1.지방자치단체에 대한 중앙정부의 지원 각부의 지방자치단체의 장에의 지원, 감독 국회와 지방의회와의 협력 2.집행부와 의결기관(지방의회)과의 협력 광역-기초지방자치단체간의 협력 경쟁자치단체에 영향을 미치는 자치단체와의 협력 3.국책사업 유치전략 자체시스템 구축 4.주민참여, 통제, 시민단체 활성화 정도
2. 사업공고 후 응모단계	1.중앙정부와 대전시와의 협력관계 2.평가위원 관리 3.주민참여(주민확산운동)	1. 정치인네트워크 관리 2. 선택과 집중 대상 정립 및 대내외 홍보 3. 중앙부처 공무원네트워크 관리 4. 평가위원 풀 정립 및 관리
3. 사업심사 · 평가단계	1.중앙정부와 대전시와의 협력관계 2.평가위원 관리 3.주민참여(주민확산운동)	1. 정치인네트워크 관리 2. 선택과 집중 대상 정립 및 대내외 홍보 3. 중앙부처 공무원네트워크 관리 4. 평가위원 풀 정립 및 관리
4. 사후단계	선정시 -정치인네트워크관리 -중앙부처 공무원네트워크 관리 -평가위원 관리 -대내외 홍보 탈락시 -정치인네트워크관리 -중앙부처 공무원네트워크 관리 -평가위원 관리	1. 정치인네트워크 관리 2. 선택과 집중 대상 정립 및 대내외 홍보 3. 중앙부처 공무원네트워크 관리 4. 평가위원 풀 정립 및 관리

본 연구는 대전시에서 국책사업을 유치하는 전략을 행사하는데 있어 제고되어야 할 사항이 무엇인가에 대한 답을 로봇랜드, 자기부상열차 유치실패 사례를 통해 살펴보고자 한다. 국책사업유치는 경쟁 자치단체들간의 비교가능한 객관적인 지표와 유형적인 투자는 물론 자치단체 내외적 네트워크를 어떻게 구축하고 효과적으로 활용하고 있느냐도 중요한 변수가 될 수 있다. 그런 측면에서 대전시 자체적인 역량문제, 집행부와 지방의회와의 협력문제, 중앙정부와의 연계정도(정치적, 행정적)문제, 주민역량문제 등이 변수로 선정될 수 있다. 또한 대전시가 단계별로 유치활동을 어떻게 전개해나갔는가도 매우 중요한 변수가 된다. 국책사업유치는 어느 한 시점에만 노력해서 얻어지는 결과물이 아니라 대전시가 장기적 관점에서 접근해야 하는 대상이기 때문이다. 따라서 평소단계, 사업공고후 응모단계, 사업심사 · 평가단계, 사후단계의 네 단계로 구분하여 각

각의 단계에 있어 어떻게 대응방안 및 전략을 강구할 것인가를 정치인네트워크 관리, 선택과 집중대상 정립 및 대내외 홍보, 중앙부처 공무원 네트워크 관리, 평가위원 풀 정립 및 관리 차원에서 검토해야 한다.

<그림 2-2> 대전광역시 국책사업유치모델(거버넌스 체제)

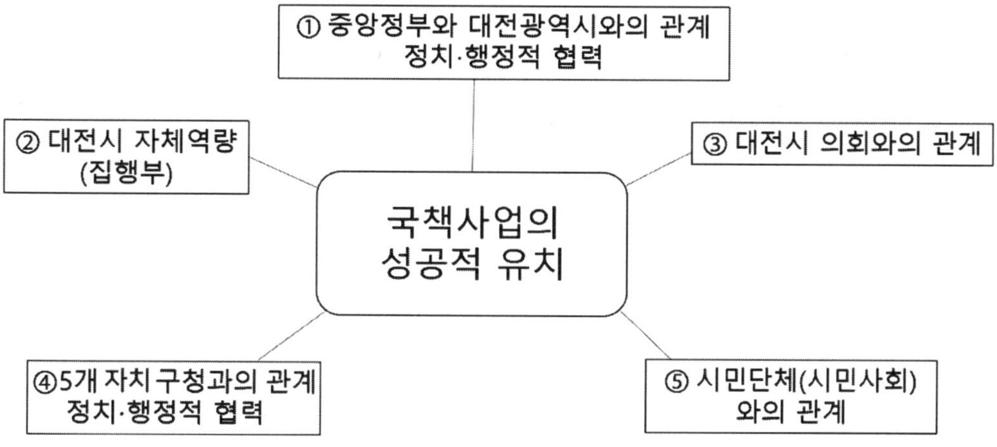

<그림 2-3> 국책사업유치의 정치 · 행정적 구조

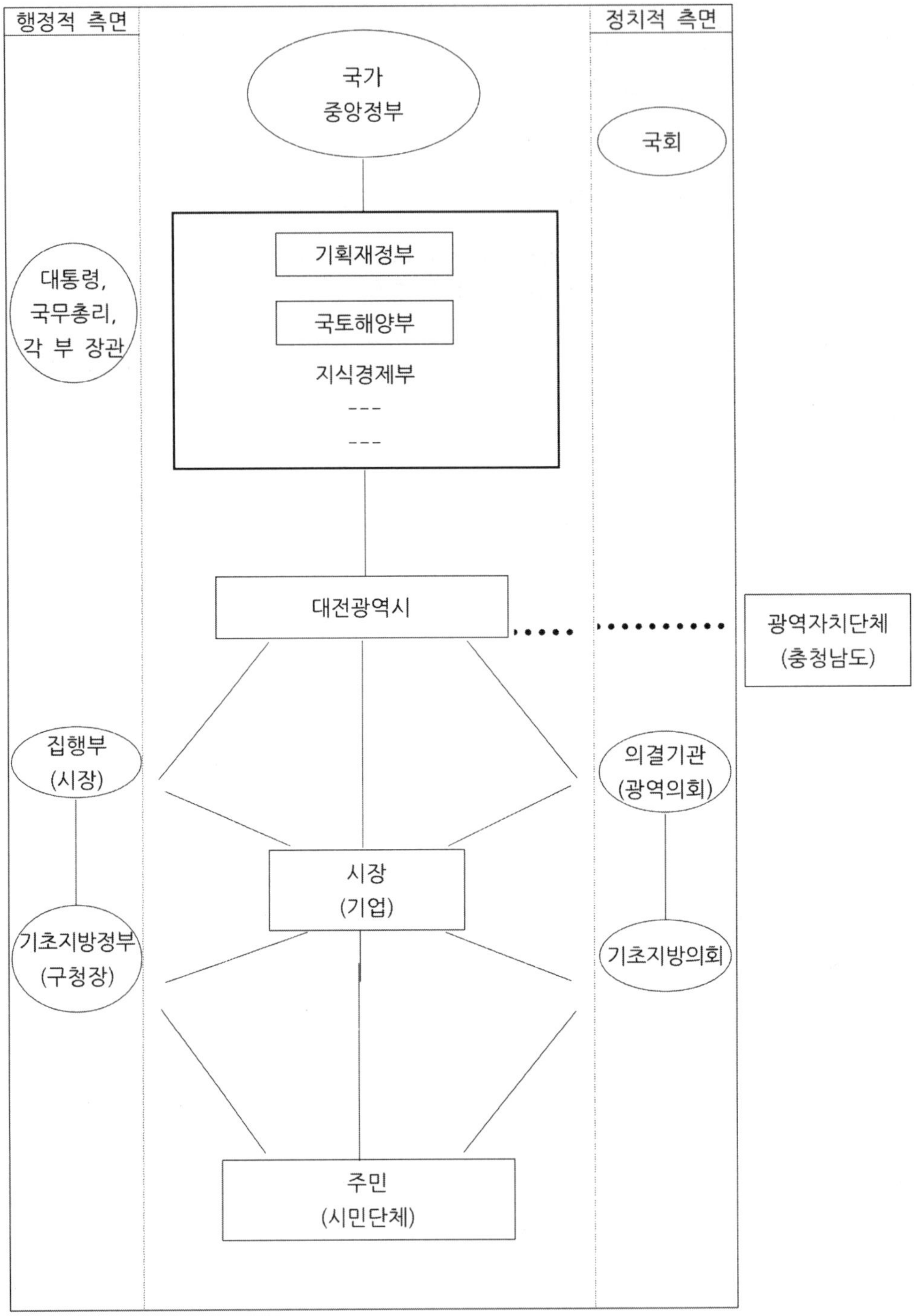

제3절 대전광역시 국책유치사업체계 현황

1. 중앙정부 차원의 국책사업 지원현황 및 문제점

1) 정부 각 부처가 추진하는 공모형식의 국책사업

-지방자치단체간 경쟁유발,

-'매칭펀드'방식으로 지방자치단체의 대응투자 비중도 갈수록 증대,

-취약한 재정자립도의 지방자치단체는 사업신청조차 생각하기 어려운 상황에 처함.

최근 중앙정부는 자기부상열차, 로봇랜드, 첨단의료복합단지 등 주요 국책사업을 지자체간 공모형식으로 추진하고 있다.[2] 그러나 이러한 공모형식의 국책사업은 지방자치단체간의 과도한 경쟁과 예산낭비를 부추기는 문제점이 있다. 또한 사업이 대부분 '매칭펀드' 방식으로 진행되고 있어 지방자치단체의 대응투자 비중도 갈수록 증대되고 있다. 따라서 재정자립도가 취약한 지방자치단체는 사업신청조차 할 수 없어 갈수록 빈익빈 부익부 현상이 심화되는 불균형적 지역발전이 가속화되고 있다(지방자치단체간의 불균형적 지역발전 심화=지역발전의 양극화 현상 심화).

2) 재정자립도가 높은 지방자치단체가 유리

정부의 공모사업평가방식은 해당 지방자치단체의 사업비 분담비율에 높은 비중을 두고 있어 재정자립도가 높은 지방자치단체에 유리하게 돼있다.

건설교통부는 자기부상열차 시범노선 선정시 3,700억원을 지원하기로 하면서 자체 재원조달이 많은 지방자치단체를 우대하겠다고 밝혀 지방자치단체들은 앞 다투어 600억-1,600억원의 재원조달계획을 별도로 제출하기도 하였다. 이 경우 탈락한 자치단체들은 부유한 자치단체의 들러리만 서게 된 셈으로 그 비판은 매우 거세었다(부유한 자치단체에 더 많은 것을 부여해 주려는 성장위주의 지역발전정책=부유하지 못한 자치단체에게 희생 강요).

---

2 자기부상열차사업은 부산, 대구, 광주, 인천, 대전의 5개 광역시와 창원시가 경쟁하여 지난 해 6월 26일 인천시로 선정됐다. 로봇랜드사업은 10개 시 · 도가 경쟁하여 지난해 11월 13일 인천시와 마산시가 예비사업자로 선정되었다. 첨단복합의료단지사업은 11개 지방자치단체가 공모를 준비하여 치열한 경쟁이 예상되는 가운데 올 상반기에 선정할 예정이다.

이러한 상황에서 다음과 같은 문제점이 제기되고 있다.

(1) 국책사업결정에 대해 승복하지 못하는 지방자치단체 양산 : 중앙정부결정에 대한 신뢰성 상실

특히 대전시의 경우 '정치논리에 의한 결정', '지역홀대론'을 제기할 수밖에 없는 상황이다.

(2) 정부의 공모사업이 투명하고 공정한 절차에 진행되었는지에 대한 의구심 증대

로봇랜드의 경우 당초 1개 사업자만 선정한다고 공고하였지만 그 이후 특별한 배경 설명이나 사전 재공고절차 없이 2개 사업자를 선정한 것에 대해 비판이 제기되고 있다.

(3) 유치실패시에 엄청난 후유증에 시달림 : 시정 · 도정 서비스 창출에 막대한 차질을 초래하여 결국 시민 · 도민들만 피해자가 되고 있는 실정이다.

특히 민선자치단체장 이후 지방자치단체는 차기선거에 국책사업유치를 자기 임기내에 치적으로 활용하기 위해 적극적일 수 있다. 그러나 유치경쟁에 가담한 각 지방자치단체들은 관련 용역 발주, 홍보물제작, 유치위원회 구성 등 엄청난 인력과 재정력을 투입할 수밖에 없어 유치실패시에는 실패책임론과 지역반발로 그 후유증이 불가피한 실정이다. 일부 지방자치단체들은 지역실정이나 여건을 고려하지 않고 '일단 따놓고 보자'라는 접근행태를 보이기까지 하고 있다.

3) 국책사업의 방만한 운영

〈참여정부 이후 총사업비 500억원 이상 사업의 경제성 분석(B/C : 비용편익분석), 사업비 증액현황 및 관리개선방안〉에 따르면 총사업비 500억원 이상의 대형국책사업 중이 예비타당성 조사를 실시한 사업은 대상 사업건수의 17%에 불과한 것으로 밝혀지고 있다. 또한 예비타당성 조사를 마친 사업의 실제 사업실시 결과를 각 해당부처별로 파악한 결과 총 29건(사업비 9조 7,626억원)의 대형국책사업이 예비타당성 조사결과 경제성이 낮게 나왔음에도 불구하고 정부가 이를 무시하고 진행한 것으로 밝혀졌다(심재철, 2006).

국가재정규모대비 총사업비관리대상 사업비의 비율을 보면 2002년도 166조로 국가재정대비 115%였으나 2005년도에는 222조로 국가재정의 133%를 차지해 과도한 사업의 무분별한 증액으로 인한 국가재정의 부담이 늘고 있음을 알 수 있다(표 2-2 참조).

<표 2-2> 총사업비 증액현황(단위 : 억원)

구분	02	03	04	05
관리대상사업 전체사업비(a) (전년대비 증가율)	1,664,512	1,917,048(15.2%)	2,050,010(6.9%)	2,226,614(8.6%)
국가재정규모(b) (전년대비 증가율)	1,452,499	1,586,479(9.2%)	1,576,108(-0.7%)	1,679,332(6.5%)
a/b	115%	121%	130%	133%

자료 : 기획예산처, 국회예산정책처 제출자료, 2006 ; 국회예산정책처, 대한민국재정 2006.

2. 전반적인 문제점

1) 불완전한 국책사업유치 시스템

대전시는 로봇랜드 사업유치를 위해 전담팀을 조직하고 유치위원회를 구성하여 대전시의 유치역량 및 당위성을 강조한다고 하였지만 효율적인 국책사업유치시스템이 가동되었다고 보기 어렵다. 즉, 국책사업유치체제는 형식상 갖추었으나 활용도와 성과가 높은 체제가 되지 못하였다. 그 이유는 다음과 같다.

-거버넌스체제 미비 : 지역의사전달망 미비

-중장기유치계획전략 부재

-단계별 접근 부재 : 시기별로 완급을 조절하여 응집력 있는 유치전략을 강구하지 못함

-국책사업유치 활동에 대한 사후평가 부재

2) 대전시 자체역량의 정확한 진단 부족 : 선택과 집중 대상 선정

국책유치사업은 지역의 자체역량이 확보되었을 때 실현할 수 있다. 따라서 대전시의 자체역량분석에 정확한 진단이 필요하다(예 : SWOT 분석). 중앙정부가 요구하는 국책사

업 선정기준에 부합하는 합당한 역량을 가지고 자료를 제출하는 이유이다.

3) 정치인 네트워크 관리 미비

지역의원을 대상으로 경쟁지역에 대한 약점을 수시로 브리핑하면서 도움을 요청하였으나 국회의원과 지방의회의원간의 협력시스템이 미약하여 효과가 반감하였다. 요컨대, 중앙부처와 대전광역시가 협력 · 연계체제를 정치적으로 확보해야 하는데 정당구조, 여소야대의 정치지형의 변화 등에 따라 근본적인 한계에 직면하고 있다.

4) 중앙부처 공무원네트워크 관리 미흡

중앙부처의 출향인사 인적사항을 파악하여 관리한다고 하였지만 조직적이고 체계적으로 이루어지지 못하였다. 출향인사들간의 직 · 간접적인 사회적 관계구조로서 사회적 자본이 견실하였는가에 대한 질문에 긍정적인 답변을 하기 어렵기 때문이다.

5) 평가위원 풀 정립 및 관리 미흡

평가위원에 대한 정보와 관리가 체계적으로 이루어지지 않았다.

6) 학계, 정당, 언론, 시민단체의 단일화된 지역의사통합망 미비

학계와 정당, 언론이 단일화된 의견을 제시하지 못하였다.

7) 중앙부처와 대전광역시와의 협력 · 연계 정도

(1) 행정적 측면

①중앙부처(산업자원부)와 대전광역시와의 협력 · 연계체제 부재

(중앙부처 공무원과 대전시 집행부공무원과의 협력채널 약함)

②자치단체장의 리더십

(중앙에 영향력을 행사할 수 있는 자치단체장)

(2) **정치적 측면**

①국회와 지방의회와의 협력체제 부재

②지역대표 국회의원의 역량, 리더십(개인적, 집단적) 약함

8) 지방자치단체간 관계

(1) **행정적 측면**

-당해 자치단체장과 기초자치단체장과의 협력·연계 체제 약함

(2) **정치적 측면**

① 당해 지방의회와의 협력·연계체제 부재

② 당해 지방의회와 기초지방의회와의 협력·연계체제 부재

③ 시민단체와 연계체제 약함

9) 지방자치단체 자체역량

① 국책사업 유치전략 자체시스템 미비 내지 약함

② 관련법규 미비

10) 주민역량

① 주민의 자발적 참여 미흡

② 시민단체 역할 미흡

3. 경쟁 자치단체 유치성공 주요 요인

경쟁자치단체의 국책사업유치 성공의 주요요인은 다음과 같이 정리할 수 있을 것이다.

1) 국책사업에 대한 철저한 정보분석과 중앙정부와의 신뢰구축

2) 국책사업유치를 위한 강력한 의지 및 시스템 정비

3) 중앙정부의 지원 유도

4) 관련기관과의 협력체제 구축

제4절 대전광역시 국책유치사업 활성화 방안

1. 중앙정부의 역할

1) 국책사업선정의 명확한 기준과 원칙 제시

우선 국가는 국가균형발전 차원에서 국책사업선정 기준을 마련하고 이를 투명하고 공정한 절차에 의해 진행하여 해당 지방자치단체가 모두 공감하는 타당성과 적실성이 높은 사업선정이 될 수 있도록 해야 한다. 그럼으로써 정부의 국책사업에 대한 신뢰성이 제고될 수 있을 것이며, 국가통합적 국가균형발전을 이끌어 낼 수 있을 것이다.

2) 정부의 공모사업 평가방식 : 재정자립도가 높은 지방자치단체뿐만 아니라 재정자립도가 낮은 지방자치단체도 혜택을 받을 수 있는 방식으로 전환

정부의 공모사업을 평가함에 있어 물론 재정자립도가 높은 자치단체 즉, 자체역량이 갖추어진 자치단체에 배정하는 것이 성과 내지 효율성측면에서 하나의 기준(성과, 효율성)이 될 수 있지만 공공성의 이름으로 진정한 도움이 필요한 자치단체에도 혜택이 갈 수 있는 평가방식도 고려해야 한다.

그리고 매칭비율이나 사업선정의 기준과 관련 각 부처의 매칭비율에 대한 자율성을 일정범위 내에서 제한하고 매칭사업에 대해 각 부처는 자치단체장과 또는 행자부 장관의 의견이 반영될 수 있도록 하는 제도적 장치를 강구할 필요가 있다. 지방자치단체 대표와 각 부처의 의견이 조정될 수 있도록 하여 국가와 지방자치단체가 함께 협의할 수 있도록 해야 한다.

3) 과도한 경쟁으로 인한 후유증 차단

공모신청에 가이드 라인을 제공할 필요가 있다. 즉 공모신청에 일정 수준의 자격요건을 부여해야 한다. 지방자치단체별 전략사업을 국가가 인정하고, 그 인정한 사업에 한해 신청을 할 수 있도록 하고, 이미 국책사업을 유치한 자치단체는 일정기간 공모를 배제하는 방식을 고려해볼 수 있다.

4) 공공투자사업관리제도 강화

정부는 국책사업에 있어 수요예측 재검증 제도 및 재정패널티 제도를 도입하여 보다 공공투자사업의 관리를 강화해 나가야 한다(기획예산처, 2006).

① 먼저, 과다한 수요예측을 바탕으로 사업을 추진하여 완공 후 낮은 시설활용률로 예산낭비 논란을 초래하는 사례를 근절하기 위하여 수요예측 재검증을 시행하여야 한다. 사업추진과정에서 사업여건 변화, 장기간 사업추진 지연 등으로 수요변동 가능성이 큰 사업은 해당 시설물의 미래수요를 의무적으로 재검토 하도록 해야 한다.

② 예비타당성 조사제도를 회피하기 위해 총사업비를 축소하여 사업을 착수한 후 사업추진 과정에서 총사업비를 증액하는 사례에 대해서도 대응방안을 마련하여야 한다.

③ 또한 불요불요급 사업비 증액을 방지하기 위하여 주요 설계변경에 대해서는 전문기관에 의한 사전 검토제도를 도입하여야 한다.

④ 법정경비 반영, 안정보장 등의 설계변경은 부처가 자율적으로 총사업비를 조정하고, 사후에 조정내용의 적정성을 확인토록 하는 '중앙관서 자율조정 제도'를 도입하는 방안도 고려해 볼만하다. 단순 설계변경 사항은 총사업비 조정절차를 간소화하여 불필요하게 공사가 지연되는 사례를 방지해야 한다.

⑤ 이와 함께 대규모 투자사업 관리제도의 실효성을 보장하기 위하여 중대한 제도 위반사항에 대해서는 중앙관서 등의 기본경비 또는 해당 사업비에 불이익을 부과하는 '재정패널티 제도'를 시행할 필요성이 있다.

2. 대전시의 역할(과제)

1) 국책사업(유치를 위한) 체제의 구축 : 거버넌스체제 구축

대전시의 국책사업관련 산업의 잠재력을 극대화하여 대전 · 충청지역의 경쟁력 강화와 지속적인 성장을 이끌어내기 위해서는 국책관련 산업의 육성을 산/학협력클러스터라는 틀에 잘 적용시켜 나감은 물론 정치 · 행정적으로 지원체제를 갖추는 것이 관건이다.

1) 국책유치사업 체계 정비

<그림 2-4> 국책유치사업체계

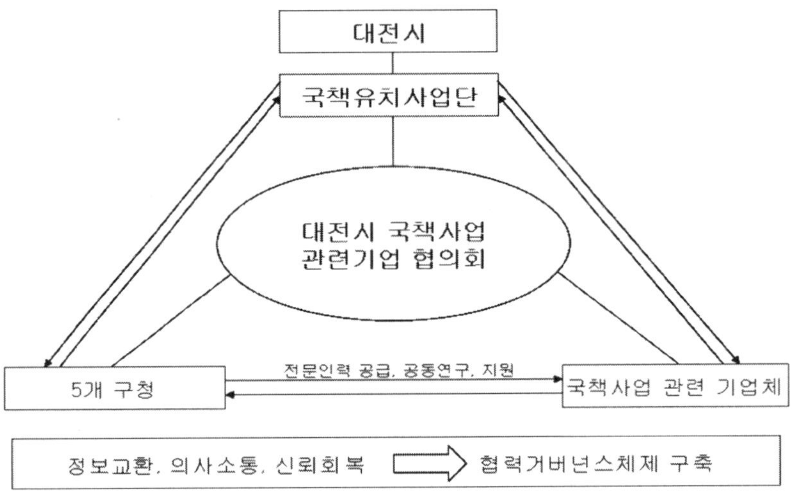

산 · 학 · 연 · 관 결합한 지역혁신체계(RIS : Regional Innovation Systems) 구축

-대전시 국책사업관련 기업체들과 5개 구청의 협력체계 구축을 위한 대전시 국책사업 관련 기업협의회(가칭) 구성

-국책사업 정보공유

국책사업거버넌스 구축을 위한 대전시 국책유치사업 관련 기업협의회 과제

-국책사업 유치(전략) 로드맵작성

-대전시 국책관련사업 조사매뉴얼 작성 및 실태조사 사업실시

-지역 국책유치사업과 연계하여 지역발전을 구체화할 정책연구사업 실시

2) 관계법령 제정 및 보완

대전광역시는 조례제정을 통해서라도 국책사업 유치활동에 적극적으로 대비해야 한다. 즉, 각종 국책사업의 대전시 내 유치활동을 효과적으로 추진할 수 있도록 적극 지원함으로써 지역발전을 도모하고 자치단체간의 국책사업유치경쟁에 효율적으로 대응하기 위한 제도적 장치를 강구할 필요가 있다. 따라서 국책사업지원대상 기관단체, 지원대상 활동, 유치위원회 구성, 기능 등에 대한 규정을 준비해야 한다.

3) 관리능력의 배양

거버넌스체제를 구축하기 위한 기본적인 전제조건으로 사회자본의 축적이 필요하다. 우선 국책사업유치 주체들의 상호작용기회를 높이도록 유도해야 한다. 이를 위해 주체들 간에 가치사슬 혹은 기타 여러 측면에서 서로간의 필요성을 인식할 수 있도록 각종 학습네트워크 형성을 지원하는 인센티브 제공 및 제도적 장치를 마련할 필요가 있다.

2) 중앙정부와 대전광역시와의 연계 · 협력방안

(1) 행정적 측면

① 중앙부처(산업자원부)와 대전광역시와의 협력 · 연계체제 확보 및 강화

(중앙부처 공무원과 대전시 집행부공무원과의 협력채널 확보, 강화)

ⓐ 유치리더그룹(고위공무원)

--현장의 유치활동 관리

--유치활동에 대한 직접 참여 및 지휘

--유치활동에 대한 모니터링 수행

--유치애로사항(과제) 도출 및 실행관리

--유치관련 커뮤니케이터 역할 수행

ⓑ 유치관리지원그룹(중 · 하위공무원)

-현장의 유치실행 주도

--일선 유치활동에 대한 주도적 실행 주체

--유치리더 보좌

--부서 내 유치관련 커뮤니케이터

② 자치단체장의 리더십 제고

(중앙에 영향력을 행사할 수 있는 자치단체장)

국책사업의 유치에 단초를 제공하는 일은 자치단체장과 집행부 간부 등 리더가 담당해야 할 역할이다. 특히 자치단체장은 지역정치구도의 변화(여소야대)에 대처하여 정당 소속이 다른 국회의원일지라도 한 목소리로 결집하여 지원을 얻어내는 리더십을 발휘해야 한다.

(2) 정치적 측면

① 국회와 지방의회와의 협력체제 가동

국책사업 유치문제는 국가의 문제인 동시에 지역의 문제가 될 수 있다. 국가입장에서는 국책사업의 효율적 배분을 통한 국가균형발전을 도모할 수 있고 대전시는 특화된 지역역량을 가지고 지역발전을 강화시킬 수 있기 때문이다. 따라서 국책사업은 대전시 단독의 문제만이 아니고 국가전체의 문제가 된다. 따라서 대전시 국회의원은 대전시 지방의회의원과 협력하여 대전시 국책사업유치가 국가발전의 원동력이 될 수 있음을 강변해야 한다. 그에 따른 논리를 개발해야 한다.

② 지역대표 국회의원의 역량, 리더십(개인적, 집단적) 제고

그런 맥락에서 지역대표로서의 국회의원의 역량은 매우 중요하다. 국회에서 영향력을 행사할 수 있는 중량감 있는 정치인을 배출해야 하고, 그런 인물을 키워내는데 고민해야 한다. 그리고 지역현안문제에 대해 당을 초월한 집단적 리더십을 발휘할 수 있어야 한다.

3. 대전시 자체 역량강화 내용

1) 차별화된 대전시의 (특유의) 독특한 영역 발굴

-대전시가 가지고 있는 국책산업의 유치산업의 자산이 무엇인지 명확히 분석하고 확인하는 작업이 필요하다.

-다른 자치단체보다 비교우위에 있는 특화산업을 국책사업과 연계하여 추진하는 것이 필요하다.

-대전광역시 SWOT분석

강점(Strength)	약점(Weakness)
- 대덕연구단지의 과학기술 자원 보유 - 상대적으로 쾌적한 환경과 살기 좋은 도시 - 집적된 국가중추기관(정부대전청사, 3군 본부, 자운대 등) - 물류 및 교통의 중심도시로서의 지리적 위치	- 경쟁 광역지자체 대비 경제규모와 인구규모의 약세 - 지역이익을 국가정책에 반영시켜줄 정치세력 취약 - 경쟁 광역지자체 대비 제조업 기반의 취약성
기회(Opportunity)	**위협(Threats)**
- 광역경제권 차원의 각종 정부사업 추진 - 충청권 국제과학비즈니스벨트의 건설 - 지방자치와 정부의 자율 · 창의 · 경쟁 정책기조에 따른 대전시의 자율성 확대	- 정부의 수도권 위주 정책 추진 - 국내 · 국제 차원의 도시간 경쟁의 심화 - 인력 · 자본 · 기술의 수도권으로의 유출

2) 광역 클러스터 추진(구축)

국책사업 유치가 쉽게 이루지기 어렵다는 점을 고려하여 다른 지역과 보완관계를 가지면서 연계하여 사업을 추진하는 체제가 필요하다(그림 2-4 참조).

3) 대전시 국책유치사업 기획 · 조정기능 강화

대전시는 단기적으로 그동안 추진한 국책유치사업들을 효율화할 수 있는 운영시스템을 정비하고, 중장기적으로는 정책수요가 존재하는 사업과 연계된 국책사업에 접근하는 정책을 설정해야 한다.

<그림 2-5> 광역클러스터 추진

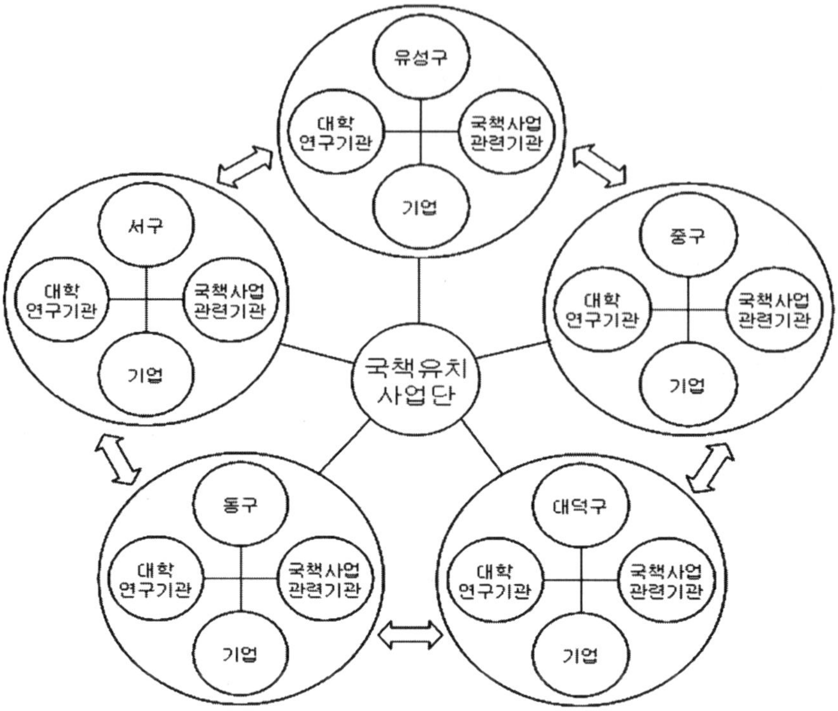

4. 대전시와 주민

대전시는 주민참여 속에 국책사업유치전략을 모색해야 한다. 그런 배경에서 다음과 같은 내용을 중심으로 시민운동을 활성화시켜 나아가야 한다.

-범시민 100만 서명운동 전개, 심포지움, 세미나 개최

-충청권 공동연대 강화

-대언론 홍보강화

-학계, 정당, 언론의 통합의사전달망 구축

주민의 의사가 시민단체(정당, 학계, 언론)를 경유하여 지방의회에 제시되어 지방자치단체장이 이들의 의사(요구)를 취합하여 지방자치단체의 정책(국책사업유치)으로 하여 집행하고 통제받는 체제를 구축해야 한다(<표 2-3> 참조).

<표 2-3> 통합의사전달망(의사결정단계)

시민 시민단체, 정당, 학계, 언론 지방의회	통합된 의견
자치단체장 집행부 공무원(집행기관)	의견취합
지방의회의원(의결기관) (주민참여, 토의)	토의준비(문제에 대한 합의)
국회의원	지역현안과제 도움요청(정보교환)
중앙부처공무원	지역현안과제 도움요청(정보교환)
자치단체장, 집행기관	의회 의사일정에 등재
지방의회	지방의회에서의 토론 및 의결
자치단체장, 해당집행부서	집행
자치단체장, 집행기관, 주민	집행에 대한 통제 및 평가

5. 국책사업 관련 대전시의 대응전략 방향

1) 국책사업에 응모할 때에는 대전시 입장에서 추진하려고 하기보다는 국책사업의 주체인 중앙정부부처(국가) 입장에서 추진하여야한다. 예를 들면 '국가경쟁력 제고'라든지 '산업화나 상용화를 통한 경제적 효과의 극대화'를 고려하면서 국책사업 응모를 추진하여야 한다.

- 역지사지(易地思之)가 부족했던 것이 로봇랜드나 자기부상열차 사업에서 실패한 주요인으로 판단됨.

- 로봇랜드사업의 주체인 산자부는 산업화에 초점을 맞추고 있었고, 산자부가 가용한 예산규모가 적었기 때문에 민자유치규모가 큰 사업을 선호하고 있었음. => 경남도가 산업화나 민자유치규모 및 전체사업규모 등 여러 면에서 유리한 상황이었음.

- 자기부상열차의 경우도 원천기술보다는, 자기부상열차를 운용함으로써 어느 정도 수익성을 확보하면서(또는 적자를 최소화하여 정부의 부담을 줄이면서) 상용화에 성공함으로써 외국에 수출하는 기회를 보고 있었다고 판단됨. => 유동인구가 많고 외국인들의 이용이 많을 영종도 인천공항이 여러 면에서 유리한 상황이었음.

2) 대전의 부족한 경제력, 인구규모를 고려할 때 많은 사업에 손을 대는 것보다는 '선

택과 집중'을 해서 '특성화된 한 두 개 사업'에 전력을 기울일 필요가 있다.

- 사회복지지출은 티부(Tiebout)의 가설을 고려할 때 지방정부가 적극적으로 추진하기에는 한계가 있는 사업임. 그래서 대부분 국가에서 중앙정부 사업으로 추진하고 있음.

- 그런데 대전시를 보면 미래의 투자수익을 가져다주는 경제적 투자지출보다 사회복지지출에 더 치중하는 경향이 있다고 판단됨. 이는 정치적 합리성 측면에서는 어느 정도 이해가 되나, 대전의 장기적 발전이란 측면에서 보면 결코 바람직한 현상이 아님.

3) 대전의 부족한 자원과 광역경제권 차원의 정부사업 추진 가능성 및 대덕연구단지의 과학기술자원 등을 고려할 때, 인근 광역지자체와의 실질적이고도 적극적인 공동협력사업이 추진되어야 한다.

- 현재까지는 '총론 수준에서는 찬성, 각론 수준에 가면 반대'라는 전략적 입장에서 지자체간 협력사업 관련하여 MOU 수준에서 그쳐 왔음.

- 그러나 상호작용이 1회성으로 그치는 것이 아니라 지속적으로 반복되어 나타나는 것을 인식하고, 모두에게 WIN-WIN이 되는 공동협력사업을 창의적으로 고안하여 국책사업 응모에 활용할 필요가 있음. '죄수의 딜레마' 게임 상황이 1회로 그치는 것이 아니라, 반복적 '죄수의 딜레마' 게임 상황이 된다는 것을 각성해야만 함.

4) 국책사업유치 평가를 통해 문제해결 모델을 수립해야 한다.

대전광역시 국책사업유치에 따른 문제점을 해결하기 위해 다음과 같은 문제해결모델을 수립하여 그 개선방안을 제시하는 시스템을 구비해야 한다. 일반적으로 이 문제해결모델은 다음과 같은 국책사업유치 평가과정으로서의 일곱 가지 절차를 통하여 이루어질 수 있다(<표 2-4> 참조).

(1) 문제점 확인 : 국책사업유치(전략)의 불충분성

-국책유치사업 실패 : 로봇랜드, 자기부상열차

(2) 원인분석 : 국책사업유치(전략)의 타당성 검증

-해당 국책사업 유치 타당성에 대한 평가체계의 미흡

-국책사업유치체제 미비

-정치적 환경

(3) 해결안 선택

-평가체계의 개선

-국책사업유치 거버넌스체제 구축

-정치인 네트워크관리

(4) 계획안 형성 : 새로운 유치모델 도출

-국책사업유치 단계별 접근

-중앙정부와 대전시와의 협력체제

-대전시와 대전시의회, 시민단체와의 협력체제

-대내외 홍보체제

(5) 활동들의 계획화

-자체역량 진단 : 선택과 집중 대상 정립

-중앙부처 공무원 네트워크 관리

-정치인네트워크 관리

-평가위원 관리

-대내외 홍보체제

(6) 집행 : 단, 중, 장기 집행

-단계별 접근

-일의 우선순위와 최종목적을 설정하여 접근

"실행이 곧 전부다. 이것이 나의 지론이다. 아이디어는 과제 극복의 5%에 불과하다. 아이디어의 좋고 나쁨은 어떻게 실행하느냐에 따라 결정된다고 해도 과언이 아니다." (카를로스 곤 닛산 자동차 회장)

(7) 통제 및 평가

-사후관리

(선정시와 탈락시 고려)

이러한 국책사업유치 평가절차로서의 일곱 가지 과정은 다음의 시간적 개념을 갖는 문제해결모델로 발전시킬 수 있겠다(일곱 가지 과정, 네 가지 결과요소 조합 : 문제해결모델). 왜냐하면 새로운 국책사업유치 계획안은 주어진 기간과 한정된 예산 내에서 특별한 목적을 실현하는 것에 목적을 두는 실현된 활동의 총화로 볼 수 있기 때문이다. 이 문제해결모델의 구성요소를 전술한 국책사업 평가절차로서 일곱 가지 과정과 함께 설명하면 다음과 같다.

첫째, 발전목표는 장기간에 걸친 목표로 거시적 목표가 된다. 계획안은 단기적 목표의 실현에 의해 발전목표에 도달해야 하는 것을 도와야만 한다. 이 경우 7번째 과정으로 볼 수 있다.

둘째, 긴급(단기)목표는 계획안이 영역별로 실현되어야 하는 것을 말한다. 5, 6번째 과정이 이에 해당한다.

셋째, 산출결과는 즉각적 활동을 통해 단기적 목표를 실현하기 위한 활동들의 산출이다. 3, 4번째 과정이 이에 해당한다.

넷째, 즉각적 활동은 계획안을 처리하기 위한 수단이다. 1, 2번째 과정이 이에 해당한다.

<표 2-4> 국책사업유치(전략)의 평가 과정

1. 문제점 확인 2. 원인분석	즉각적 활동	국책사업유치 타당성 검토	단기
3. 해결안 선택 4. 계획안 형성	결 과 산 출	국책사업유치모델 구축	단기
5. 활동들의 계획화 6. 집행	단 기(긴급) 목 표	국책사업유치실현	중기
7. 통제 및 평가 : 문제점 확인	발 전 목 표	지역발전 선도	장기

1) 국책사업유치 단계별 액션플랜 수립

국책유치사업을 단계별로 액션플랜을 수립하여 접근해야 한다(표 2-5 참조).

<표 2-5> 국책사업 유치 단계별 액션플랜 · 국책사업유치의 성공적 완수를 위한 매뉴얼 구축

단계	활동
1. 평소단계	-정치인 네트워크 관리 -선택과 집중대상 정립 및 대내외 홍보 -중앙부처 공무원네트워크 관리 -평가위원 풀 정립 및 관리
2. 사업공고 후 응모단계	-정치인 네트워크 관리 -선택과 집중대상 정립 및 대내외 홍보 -중앙부처 공무원네트워크 관리 -평가위원 풀 정립 및 관리
3. 사업심사 · 평가단계	-정치인 네트워크 관리 -선택과 집중대상 정립 및 대내외 홍보 -중앙부처 공무원네트워크 관리 -평가위원 풀 정립 및 관리
4. 사후 단계	-정치인 네트워크 관리 -선택과 집중대상 정립 및 대내외 홍보 -중앙부처 공무원네트워크 관리 -평가위원 풀 정립 및 관리

참고문헌

박광국 · 김옥일.(2008). 경기도의 문화산업 거버넌스 : 효율적 문화산업 지원체계 구축, 한국지방자치학회 춘계기획학술대회발표논문집.

최진혁.(2004). 로컬거버넌스시대의 지방자치발전을 위한 지역NGO의 역할과 과제, 한국거버넌스학회보 11(2).

최진혁.(2007). 대전엑스포(과학공원)의 운영합리화 방안. 한국거버넌스학회 동계학술대회발표논문집.

전북발전연구원.(2008). 지방자치단체간 정책협력 : 국내외 사례와 시사점

03 대전엑스포(EXPO) 과학공원의 합리적인 운영 관리방안

제1절 서론 : 문제제기

대전엑스포과학공원은 1993년 8월 7일부터 11월 7일까지(93일간) 대전광역시에서 열린 국제박람회("대전엑스포 93"으로 개최됨)[1] 이후 대전엑스포의 성과를 계승 · 발전시키고, 그동안 우리가 이룩한 과학기술의 발전을 토대로 21세기를 준비하는 차원에서 국민의 역량을 재결집하여 새로운 과학기술교육의 장으로 발전시키기 위하여 조성되었다. 대전엑스포93은 과학기술에 대한 국민의 이해를 높이고 이를 실생활에 응용하도록 함으로써 사회 각 분야의 정보화를 이룩하고, 이를 통하여 국가경쟁력을 제고하는데 그 의미를 부여하였다. 또한 국민의 사회적, 문화적 소양을 배양하여 국민의 의식의 선진화를 유도하면서 국민의 국제화에 이바지하였고, 특히 지역의 균형발전의 토대를 마련하고 지방화시대를 알리는 중요한 계기가 되었다.

국경없는 무한경쟁의 세계화시대, 지방이 경쟁의 주체로서 부각되는 지방화시대, 효율지향적 행정개혁운동으로 생산적 지방정부로의 혁신이 불가피한 상황에 지방자치단체는 어떻게 하면 행정서비스를 효율적으로 주민에게 제공할 수 있을까에 대한 답으로 경영화의 논리를 찾기에 이르렀다. 이런 배경 하에 대전광역시도 지역경제력제고를 위

1 대전엑스포에서는 자기부상열차 · 태양열자동차 등의 첨단기술이 소개되었고 다양한 문화행사가 이루어졌다. 우리나라에서는 대기업을 비롯하여 약 200개의 중소기업이 참가하였으며, 외국에서는 약 60개국과 유엔 등 33개 국제기구가 참가하였으며 관람자 수는 약 1,400만 명에 이르렀다(두산백과사전 EnCyber & EnCyber.com).

해 지방경영화 차원에서 엑스포과학공원을 지방공사로 탈바꿈하여 주민에게 서비스를 제공하고 있다. 그러나 운영상의 재정적자로 인하여 경영합리화의 대상이 되고 있는 실정이다.

따라서 본 연구는 대전엑스포가 진행되어오는 과정을 고찰하면서 국제적 박람회와 같은 대규모 행사가 지역발전의 견인차역할을 해야 한다는 당위적 논리에서 어떻게 사후관리를 하는 것이 지역경제와 지역발전에 도움을 줄 수 있을 것인가에 대해 답하고자 한다.

제2절 대전엑스포 93에 대한 이론적 논의

1. 개최 의의

대전엑스포'93은 그동안의 엑스포 개최국을 놓고 볼 때 서구 중심과 선진국 주도의 역사였던 것을 엑스포 역사상 최초로 개발도상국에서 개최하게 됐다는 점에서 그 의의를 찾을 수 있을 것이다.[2] 일반적으로 엑스포를 개최했던 도시들을 살펴보면 대체적으로 엑스포를 통해 지역발전과 자국의 발전을 도모하려 하였고, 또한 그러한 성과를 이루었다. 일곱 차례나 엑스포를 개최했던 프랑스의 경우가 그러한데, 엑스포를 계기로

2 그간 엑스포 역사를 주도했던 개최국은 독일, 미국, 영국, 프랑스 등 첨단 과학기술이 앞선 유럽 및 미주 국가들이었다. 국가별로 보면 미국 13회, 프랑스 7회, 호주 3회, 캐나다 2회, 영국 8회, 벨기에 4회, 오스트리아 1회였다(대전시, 2007). 후진국이 개최한 엑스포들도 엑스포의 공식 기록으로 남아 있기는 하다. 칠레(1875), 자마이카(1891), 과테말라(1897) 등이 엑스포 개최를 시도했던 것으로 기록되어 있다. 그러나 이 엑스포들은 결과적으로 선진국들에게 엑스포에 대한 중앙 관리기구의 필요성을 느끼게 했을 뿐이다. 그리하여 1928년 국제박람회기구 협약이 맺어진 후에는 선진국의 대열에 끼지 못한 국가가 주최하거나 이런 나라에서 개최된 공인 엑스포는 하나도 없었다(대전시, 2007). 개발도상국의 엑스포 참여는 1958년 벨기에의 브뤼셀 엑스포 때부터 급격하게 증가하기 시작하였다. 그러나 엑스포에서의 개발도상국의 위상은 크게 달라지지 않았다. 브뤼셀 엑스포에 참가한 51개 국 중에 11개 국이 개발도상국이었는데 그 대부분이 주요 전시국인 선진국과의 식민지적 관계를 완전히 청산하지 못한 상태였다. 그리고 개발도상국이 대거 참여할 수 있었던 것도 주최국인 벨기에가 참가에 필요한 대부분의 지원을 한 것이 주요 요인이었다. 국제박람회기구에서도 이러한 개발도상국의 현실을 감안하여 1983년에 협약을 수정하여 개발도상국을 위한 전시관 대여와 서비스 비용 감축 및 지원에 관한 사항을 공식 조항으로 채택하여 개발도상국의 적극적이고 주체적인 참여를 유도해 왔다. 그러나 오늘날까지도 개발도상국들은 세계박람회에서 보조적인 참가자로서의 위상을 벗어나지 못하고 있는 것이 객관적인 현실이다. 국제박람회기구 총회에서 특히 개발도상국들이 앞장서서 대전엑스포'93 개최 공인에 적극적인 지원을 보냈던 것은 바로 이러한 개발도상국의 현실을 배경으로 한 것이었다. 따라서 대전엑스포'93이 개발도상국 최초의 엑스포라는 점은 엑스포에서 개발도상국의 역할을 재정립시키는 데 있어서 중요한 의미를 갖게 되었다(대전시, 2007).

파리 전체를 재개발하여 지역발전은 물론 프랑스 국가발전에 적극 활용하였다. 그러나 식민지와 개발도상국의 경우 엑스포 참가는 식민제국과 선진국의 막강한 권위와 힘을 뒷받침해주는 수단으로 간주되었고, 단지 이국적 풍물로 호기심을 끄는 대상으로 비춰지는 정도였다(대전시, 2007). 한편 일본의 경우 1970년 오사카 엑스포를 계기로 엑스포 주최국의 대열에 합류하였으며, 1990년 오사카 꽃박람회에 이르기까지 짧은 기간 동안 국제적인 엑스포를 세 차례나 치루며 명실상부한 선진국으로 부상하였다.

다음으로 대전엑스포'93은 역대 엑스포가 그랬던 것처럼 참가국들의 경제적, 과학기술 능력을 과시하는 전시회에서 각국의 주체적 참여를 유도하여 개발도상국들도 자신의 문화와 기술수준에 맞는 '전통기술과 현대과학의 조화'라는 취지에 부합하였다. 이에 따라 대전엑스포'93에는 그 수에 있어서도 역대 엑스포와 비교할 수 없을 정도로 많은 개발도상국들이 참가하였다(대전시, 2007).

뿐만 아니라 그간 개발도상국의 모델이 되어온 대한민국이 엑스포를 개최함으로써 개발도상국의 자긍심과 개발 의지를 북돋우고 개발도상국들도 엑스포 개최를 기대할 수 있게 되었다는데도 의미부여를 할 수 있다(대전시, 2007).[3] 그럼으로써 대전엑스포'93은 선진국과 개발도상국들 사이에 진정한 대화의 길을 열어 세계 긴장 완화에 기여하는 장이 되었다.

2. 개최 목표와 4대 과제

1) 목표

대전엑스포'93은 개최 계획 수립 단계에서 다음과 같은 목표를 설정하였다(대전시, 2007).

첫째, 대전엑스포'93은 미래의 주인공인 청소년들에게 21세기의 전망을 제시하고, 과

3 실제 대전엑스포'93에는 중남미, 중동, 아프리카 등지의 개발도상국들이 대거 참가하여 엑스포의 새로운 흐름을 형성하였다(대전시, 2007).대전엑스포'93은 전시기간과 전시면적을 제한하여 참가국들의 비용을 절감하고, 국력의 과시보다는 창의성에 더욱 중점을 두는 형태의 엑스포를 시도했다. 이 형식은 개발도상국 혹은 저개발국에서도 그들 국가의 수준에 맞는 분야에 있어 최대한 역량을 발휘할 수 있는 내용과 방식으로 국제박람회기구의 인정 엑스포를 개최할 수 있다는 점에서 그 효시가 될 것으로 기대되었다(대전시, 2007).

학기술의 중요성에 대한 국민적 인식을 새롭게 함으로써 경제 발전의 요체가 되는 과학기술의 획기적 진흥을 도모하는데 두었다.

둘째, 대전엑스포'93을 통해 국민의 사회적, 문화적 의식 수준의 향상을 도모함으로써 새로운 도약을 위한 국민적 역량을 재결집시키는 계기를 마련하고자 하였다.

셋째, 대외적으로는 한국의 발전상을 보여줌으로써 세계 속에 한국의 역량을 과시하고 개발도상국들에게는 발전의 의욕과 희망을 제시해 주는 행사로 추진하고자 하였다.

넷째, 지구자원의 효율적인 이용과 환경보존을 위한 재활용 기술의 개발, 그리고 새로운 기술문화 정착의 필요성을 공감하는 장을 마련하고자 하였다.

2) 4대 과제

대전세계박람회조직위원회는 대전엑스포'93의 국내적 4대 과제를 다음과 같이 제시하였다.

첫째, 과학기술에 대한 국민의 이해를 높이고 이를 실생활에 응용토록 함으로써 생활의 합리화와 사회 각 분야의 정보화를 이룩하고, 이를 통하여 국가 경쟁력을 높이고 국가 발전의 토대를 마련하여야 한다.

둘째, 선진국 진입에 대비한 국민의 사회적, 문화적 소양을 배양해야 한다. 엑스포 개최를 통하여 세계의 각 민족과 공영할 수 있는 국제적 안목을 기르고 지적, 문화적 욕구를 충족시킴으로써 의식의 선진화를 꾀하여야 한다.

셋째, 지역의 균형발전을 위한 계기를 마련하고 지방화시대의 개막을 알리는 행사가 되어야 한다.

넷째, 한국사회와 국민의 국제화에 결정적인 전기가 되어야 한다. 엑스포는 국제사회 속에서 자국의 경제, 사회, 문화 등이 갖고 있는 의미를 세계에 알리고 국가와 국민 자신이 자기를 확인할 수 있는 가장 좋은 기회이다. 또한 국제정세의 커다란 흐름과 타국의 문화 등에 대한 이해와 공감을 가져다주고 그 결과 새로운 추세, 문화, 산업 등에 영향을 미치게 될 것이다.

3. 개최효과 분석내용

여기에서는 산업연구원이 분석한 내용을 참고하여 다음과 같이 4개 분야별로 고찰하고자 한다(산업연구원, 1993).

1) 경제분야

대전엑스포'93이 국내경제에 미칠 파급 효과로는, 직접적으로 여러 산업 부문에서 추가 수요를 발생시켜 3조 원 이상의 생산 증가를 가져오고 20만 명 이상의 고용증가효과를 가져오는 등 국민경제적 파급 효과를 가져다주게 될 것으로 전망되었다. 보다 중요한 것은 국내산업에 간접적으로 영향을 미치게 될 장기적인 효과이다. 그 동안의 엑스포가 개최국의 과학기술, 산업발전을 가속화 시킨 전례로 미루어볼 때 대전엑스포'93은 국내 기업들에게 기술개발에 대한 인식과 의욕을 다시 한 번 일깨우고 국제경쟁력을 향상시킴으로써 우리 경제의 선진화에 크게 기여하게 될 것이다. 따라서 대전엑스포'93은 '88서울올림픽으로 부각된 한국의 국제적 지위를 한 단계 끌어올려 경제적 측면까지 제고시키는 효과를 가져올 것으로 보았다.

2) 사회 · 문화적 분야

대전엑스포'93이 거둘 사회 · 문화적인 성과는 21세기를 향한 과학기술의 발전 과정을 일목요연하게 전시 · 홍보함으로써 전 국민이 다가올 미래사회를 예견하고 과학기술의 중요성을 새롭게 인식하는 바탕이 될 것으로 전망된다. 엑스포는 국민들이 세계 각국의 문물과 세계인의 사고방식 그리고 생활양식을 집중적으로 터득할 수 있는 소중한 교육의 장이다. 따라서 대전엑스포'93을 통해 국제적 이해를 증진시키고 국민의 사회 · 문화적 소양을 높임으로써 국민의식의 국제화와 선진화에 기여하게 될 것이다. 뿐만 아니라 엑스포 기간 중 다채롭고 수준높은 각종 문화예술 행사 프로그램이 마련돼 있어 한국문화의 역량을 세계에 널리 홍보할 수 있는 계기가 된다. 또한 서울에만 몰려 있는 문화중심권이 지방자치제에 부응한 지방문화 시대의 물결을 타고 대전권을 선두로 각 지방으로 이동하는 계기가 된다.

3) 정치 · 외교 분야

대외적인 기대 효과는 1988년의 서울올림픽이 사상 최대의 국가가 참여하여 동과 서의 만남의 장을 제공함으로써 한국을 새롭게 인식시키는 커다란 외교적 성과를 거두며 북방외교의 전기를 마련하는 계기가 되었다면, 대전엑스포'93도 역시 다수 선진국과 개발도상국, 그리고 국제기구와 기업들이 참가하는 국제교류의 장으로서 국제사회에서 우리의 외교적 성과를 크게 제고할 것으로 기대되었다. 어려운 여건 속에서도 짧은 기간에 경제 발전을 이룩한 한국의 경험은 많은 개발도상국에게 발전 모델로서 무한한 가능성을 제시해 줄 것이다. 뿐만 아니라 자연과의 조화를 중시하는 한국의 문화 전통은 무분별한 산업화의 한계에 직면하고 있는 선진국에게도 새로운 도약에의 길을 제시해 줌으로써 인류의 공동번영에 기여할 수 있을 것이다. 특히 대전엑스포'93은 최근 우리와의 수교 또는 적극적인 경제협력 관계를 이루고 있는 러시아권을 비롯한 동구권에서 많은 관심과 참가 의사를 표방하고 있어 우리의 북방외교 성과를 가일층 촉진시키는 계기가 될 것이다.

4) 지역사회발전분야

마지막으로 개최지 대전에 주는 효과도 막대하다. 엑스포의 최근 추세는 지역화와 전문화로서 지역사회 발전의 혁신적 계기와 개최 지역의 세계화를 추구하고 있다. 대전엑스포’93과 관련되어 직접 투자되는 예산 총 4,170억 원의 대부분이 대전 지역에 집중 투자된다. 따라서 엑스포 개최로 발생되는 첨단기술 개발, 고용증대, 건설경기 촉진 및 관광산업 진흥 등 경제적 파급 효과 중 상당한 부분이 대전 및 인근 지역에서 발생하게 된다. 또한 엑스포 기반시설의 지원 결과로 대전 지역에 사회간접자본의 확충을 가져와 장기적 발전 효과 역시 상당할 것으로 예상된다.

4. 지방자치단체의 경영화 내용

1) 지방공공서비스 관리방식

오늘날 지방자치단체가 행정서비스에 필요한 자원을 동원하고 주민에게 행정서비스를 제공할 때 경영이념이나 관리기법을 활용하게 되었다. 즉, 한정된 재원을 합리적으로 동원하고 배분해야 하는 지방자치단체는 지역정책 수립과정에서 합목적성과 타당성을 제고해야 하고 집행과정에서 시행착오 감소 및 일관성 확보로 정책의 안정성을 유지하여 조직의 생산성을 증대시키는 성과 있는 정부로 존재해야 한다. 따라서 지방공공서비스를 어떻게 관리해야 할 것인가에 대한 논의가 필요하다(Auby, 1990 : 156-166).

지방공공서비스 관리방식(유훈, 1998 ; 배용수, 1996)

(1) 직접관리방식

(2) 간접관리방식

(3) 합동관리방식

(4) 민간관리방식

2) 지방행정서비스의 심사기준(정세욱, 2005 : 412-413)

-정부가 공급하는 서비스를 반드시 중앙정부가 맡아야 하는가, 또는 지방자치단체가 그 지역의 특성을 고려하여 공급하는 것이 더 바람직한 것인가?

-지방자치단체의 서비스공급은 꼭 필요한 것인가? 앞으로 지방자치단체가 계속해서 그 서비스를 공급할 필요가 있는가? 처음에 그 행정서비스가 생긴 이유는 무엇이며 서비스고객(수혜자)은 누구인가? 그 행정서비스를 중단한다면 어떤 역기능이 생길 것인가?

-지방자치단체가 앞으로도 계속해서 그 서비스를 공급할 책임이 있는가, 없는가? 책임이 있더라도 시장원리에 따라 외부응찰자들간의 공개경쟁을 통하여 민간부문에서 그 서비스를 매입하는 것이 보다 효율적인가, 아닌가? 이에 긍정적인 때에는 전략적으로 민영화하거나 또는 외부계약을 한다. 민과 관간의 경쟁입찰이 가능한가? 민과 관간의 경쟁에서 민에게 낙찰이 되면 외부위탁을 할 수도 있다.

-지방자치단체의 조직, 인력 등에 개선해야 할 분야가 있는가, 없는가? 이를 진단하기 위하여 벤치마킹을 한 후에 내부구조조정을 한다.

이러한 심사기준을 통하여 다음과 같은 서비스공급대안을 제시할 수 있다(정세욱, 2005 : 414).

-지방자치단체가 직접 공급해야 할 서비스영역

-지방자치단체의 책임사항이지만 시장성테스트를 한 결과 민간부문과의 경쟁을 통하여, 민간부문으로부터 구입할 수 있는 서비스 영역

-지방자치단체의 서비스가 불필요하거나 또는 책임사항이 아닌 서비스영역

제3절 대전엑스포(과학공원)의 운영현황 및 문제점

1. 대전엑스포과학공원의 연혁

대전엑스포'93은 그동안 엑스포회장시설을 철거하고 제한된 시설만을 유지하거나 상징적 의미의 기념공원 조성에 그친 역대 엑스포와는 달리 계획단계에서부터 사후에 보다 효율적인 활용방안을 모색하였다.[4] 그런 배경에서 정부는 1989년 5월 4일 열린 대전세계박람회 정부지원위원회(당시 명칭은 국제무역산업박람회 정부지원위원회)에서 회장을 대덕 연구단지와 연계, 세계 굴지의 과학공원으로 조성하여 과학기술 교육의 현장으로 활용하는 방안을 검토하였다.[5] 그리고 과학공원 시설에 적합한 시설을 유치하며, 전시관, 편의 영업시설 등은 가능한 민간 자본을 유치하여 국고 부담을 최소화하고 자체 수입으로 관리 운영할 것을 제안하였다.

이러한 과정을 거쳐 1990년 5월 조직위원회의 사후활용계획(안)은 국립중앙박물관, 과학기술처, 한국과학기술원과의 협의를 거쳐 조직위원회 위원총회에서 의결되었고, 이어 동년 9월 정부 종합지원 대책회의에서 심의, 최종 확정되었다. 조직위원회가 수립한 사후활용계획은 ① 영구 시설로 설치한 공기업 및 대기업, 조직위원회가 주관하는

4 1989년 국제무역산업박람회 계획 수립 초기 정부 및 대전세계박람회조직위원회(당시 명칭은 국제무역산업박람회 조직위원회)의 박람회장 사후처리 계획은 주제관 등 일부를 제외하고 전부 임시 건물로 건설하여 엑스포 폐막 후에 철거하고 부지는 토지개발공사에 반환한다는 방침이었다. 그러나 이러한 계획은 박람회장 내 모든 시설의 철거는 예산 낭비라는 지적과 아울러 국립 중앙과학관 및 둔산 지구 호수공원 조성계획 등 대전시 개발 계획과 연계한 사후활용 방안이 필요하다는 국내 여론에 부딪히게 되었다(대전시, 2007).

5 당시 정부의 과학공원(안)은 우선 과학공원으로서의 면모를 갖출 정도의 소규모 과학공원을 조성하고 예산이 허용하는 범위에서 연차적으로 규모를 확장하여 장기적으로는 기존의 회장 규모로 이를 확대한다는 것이었다. 정부의 과학공원(안)을 접수한 과학기술처, 조직위원회, 대전시 등 관계 기관은 1989년 5월 사후활용(안)을 검토한 데 이어, 9월 2차 회동을 갖고 과학공원 조성계획 마스터플랜을 수립하여 대전엑스포'93 기본계획 수립시 반영하기로 합의하였다(대전시, 2007).

독립관과 주제관 등 시설물은 인근 국립과학관과 연결하여 공원의 중심 시설로 활용하고, 임시 시설물은 엑스포 후에 철거, 과학성이 가미된 유희 시설 등을 민자로 유치한다. ② 인근에 조성될 둔산 문예공원과 조화를 이룬 종합적인 공원으로 발전시키고 가능한 민간 자본을 유치하여 국고 부담을 최소화하고 자체 수익으로 관리 운영이 가능토록 추진한다. ③ 엑스포 이후 연차적으로 추가 시설을 보완, 확충한다는 것을 골자로 하였다(대전시, 2007).

대전세계박람회조직위원회는 과학공원 조성계획을 보다 구체화하여 엑스포과학공원이 정부의 재정지원 없이 독자적으로 운영될 수 있도록 소유와 경영을 분리하기로 하였다. 그리고 비영리 공익 법인인 '대전엑스포기념재단'을 설립하여 엑스포과학공원을 소유 · 관리하도록 하며, 경영은 효율적인 운영을 위해 민간 전문 경영업체에 위탁한다는 방침을 확정하였다. 이에 정부는 1993년 7월 1일 '대전엑스포'93 사후활용 방안 및 추진 계획'을 확정하였고 8월 5일자로 '대전엑스포기념재단법'(법률 제4570호)을 제정, 공포하였다. 93년 10월 18일에는 '대전엑스포기념재단법 시행령'(대통령령 제13993호)이 공포되었고, 12월 11일 '대전엑스포기념재단'의 설립에 따른 인가가 마무리되었다(표 3-1 참조).[6]

6 관계 법령의 규정에 의하면 기념재단은 소유 주체가 되고 전문업체는 운영 주체로서 재단으로부터 자산 운영권과 사업 경영권을 수탁하는 민간 영리법인이다. 따라서 전문업체는 대전엑스포'93 고유의 사업을 실현하면서 동시에 전문적 경영으로 경영 활동의 수지를 맞추어 당해 조직을 유지 존속시키는 임무를 맡게 되었다. 조직위원회는 엑스포 기간 중 충족되지 못한 관람 수요가 향후 2년 동안은 매년 200~300만 명 잔류할 것으로 추정하였으며, 부대시설의 확충과 주변 요소와의 연계를 개발하면 지속적인 관람 수요의 확대가 가능할 것으로 판단하였다. 자산은 건물 및 제반 시설물 완공 이후 구체적인 자산 현황을 조사하고 참가자와 조직위원회 및 엑스포기념재단이 사전 협의하여 행사 직후 자산 이관을 추진하기로 하였다(대전시, 2007).

<표 3-1> 대전엑스포 연혁

- '90. 9. 대전엑스포'93 사후활용 기본방침 확정
- '93. 8. 5 대전엑스포기념재단법 제정·공포
- '93.12.13 대전엑스포기념재단 설립(등기)
- '94. 8. 7 엑스포과학공원 개장
- '97. 9. 5 과학공원 운영개편방안 확정
- '98. 2. 7 과학공원 민간매각 무산
- '98.12.31 기념재단법 폐지
  - 대전광역시로 과학공원 자산 무상양여
- '99. 5.15 지방공사 출자자산 확정(총3,163억원)
  - 현금예금 900억원, 현물 2,263억원
- '99. 7. 1 지방공사대전엑스포과학공원 설립
  - 공사설치조례 공포(조례 제2873호)

2. 조직기구표

대전엑스포과학공원은 사장, 본부장, 11팀으로 구성되어 있다(그림 3-1 참조).

<그림 3-1> 조직기구표

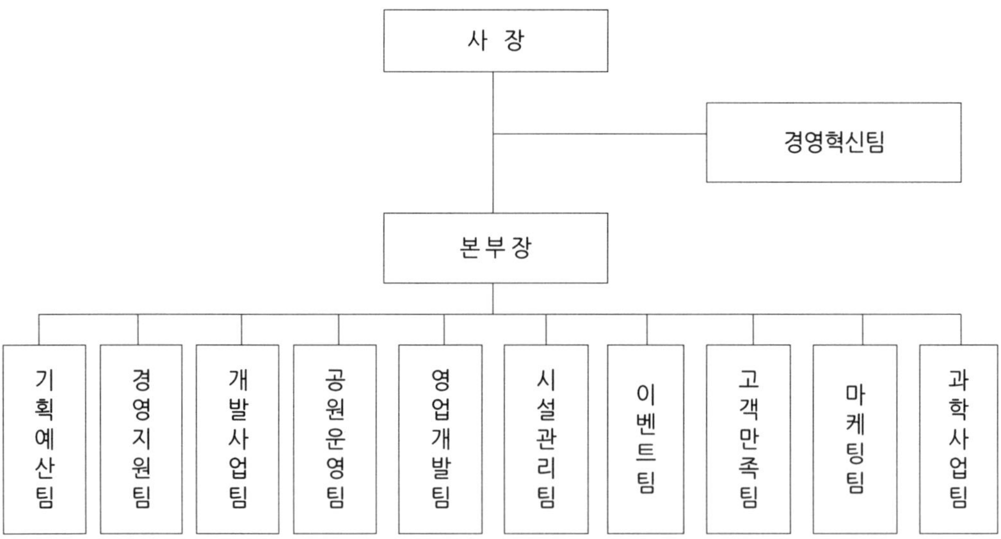

※ 1개 반 별도(문화산업 전담반)

3. 공원운영 현황 및 문제점

1) 과학공원의 사업적 측면

(1) 운영주체 다원화

전시관 운영은 10개의 공사운영과 4개 독자운영(공기업), 4개의 민자유치로 하고 있다(표 6-2, 6-3 참조). 이와 같이 대전엑스포과학공원의 운영주체의 다원화는 한편으로는 공기업 및 민자유치한 업체들이 테마공원의 주제에 합당한 프로그램을 운영함으로써 고객을 유치하고 경영활성화를 도모할 수 있다는 장점이 있으나 현재 대전시의 경우 유치된 기업이나 공기업들이 효과적인 프로그램 운영을 못하고 있는 실정이다. 공기업으로 운영 중인 정보통신관과 엑스피아월드(주)가 운영하는 스카이웨이는 현재 운영되지 못하고 있다. 따라서 운영주체가 다원화된 대전엑스포과학공원은 책임경영의 일관성을 추구해 나가기가 쉽지 않다(김영관, 2002 : 47-50).

<표 3-2>시설운영현황(단위 : ㎡, 억원)

전시관명	형 태	연면적	투자액	비 고
공사직영(10)	운영 4개, 미운영 6개			
시뮬레이션관 (테크노피아관)	시뮬레이터 탑승관람 - 상영작 : 환상의 롤러코스터 - 상영시간 : 6분/ 좌석 : 110석	5,774.37	307	운 영 ('06. 10월 교체)
동영상관 (이메지네이션관)	옴니맥스 동영상물 관람 - 상영작 : 행성으로의 여행 - 상영시간 : 15분/ 좌석 : 299석	2,664.15	182	운 영
대전통일관 (엑스포기념관)	북한실상 전시, 수용인원 300명	4,776.19	54	운 영
한빛탑	전망대, 수용인원 470명	1,682.74	128	운 영
아이맥스영상관 (지구관)	현장체험학습 공간으로 임시 활용	4,305.03	180	미운영
입체영상관 (소재관)	이벤트 공간으로 임시 활용	4,619.79	233	미운영
우 주 탐 험 관	시뮬레이터 탑승관람	6,488.40	328	미운영
자기부상열차관	자기부상열차 탑승	1,777.91	149	미운영
인간과과학관	입체영상관	3,855.60	199	미운영
재 생 조 형 관	전 시 실	2,520.51	50	미운영
독자운영(4)	운영 3개, 미운영 1개			
에너지관 (에너지관리공단)	에너지관련 전시실 및 입체영상관 - 상 영 작 : 스노우볼 - 상영시간 : 15분/ 좌석 : 200석	4,155.39	138	운 영
자연생명관 (KT&G)	생명공학관련 전시실 및 입체영상관 - 상영작 : 히말라마존 - 상영시간 : 10분/ 좌석 : 300석	2,919.02	79	운 영
전기에너지관 (한국전력)	빛소재의 전시실 및 입체영상관 운영 - 상영작 : 트리로보 - 상영시간 : 13분/ 좌석 : 409석	8,413.26	255	운 영
첨단과학관 (국립중앙과학관)	(구)정부관을 리모델링하여 대덕특구 내 연구소 성과물 전시 홍보 - 참여기관: ETRI 등 17개 연구기관	9,130.29	96	운 영 ('07.4.27 개관)
정보통신관 (K T)	소유주인 KT로부터 기부채납 추진중	18,419.91	500	미운영

※ 06 감가상각등(감가상각비 3.361, 자산처분손 · 기아자동차관, 대전관등 8,288)

<표 3-3> 민자시설 현황

전시관명	운영주체	면적	투자액	계약기간	비 고
꿈돌이랜드	(주)드림엔터테인먼트	61,203.7	380	30년 ('06.4.21~'26.4.20)	운 영
중앙대식당	동전개발(주)	2,389.2	18	20년 ('06.8. 7~'13.8. 6)	운 영
스카이웨이	(주)엑스피아월드	1,716.3	50	20년 ('93.8. 7~'13.8. 6)	미운영
스카이파크	(주)스카이파크	3,609.9	20	3년 ('06.4.11~'09.4.10)	운 영

(2) 적자재정

공원사업의 근본적인 수익성 부족으로 적자운영이 불가피한 현실이다. 2001년 120억 8천 7백만원의 수익이 2002년 119억, 2003년 94억, 2004년 86억, 2005년 73억으로 줄다가 2006년에 79억으로 전년도 대비 6억정도 증가한 상태로 나타나고 있다. 한편 비용면에서는 2001년 125억 7천 2백만원을 나타내던 것이 2002년, 2003년 149억 6백만원, 144억 4천 9백만원으로 증가되다가 2006년에 119억 6천 3백만원으로 낮아지고 있으나 전체적으로 그 손익계산을 하면 그 손실액은 증가하고 있는 상황이다(표 3-4 참조). 요컨대, 매년 수입이 감소하고 있어 재정운영에 어려움을 겪고 있음을 알 수 있다. 과학공원 운영재원인 현금자산도 계속 감소추세를 보이고 있다. 2001년 973억이던 것이 2006년 409억으로 낮아졌고 2007년 6월말 현재 약370억원 수준에 이르고 있다(표 3-5 참조).

<표 3-4 > 수입 · 비용 현황

과 목	2001	2002	2003	2004	2005	2006
Ⅰ. 수 입	12,087	11,982	9,468	8,624	7,311	7,950
ㅇ매 출 액	4,679	6,170	5,562	4,466	4,722	4,939
ㅇ이자수입	7,173	5,511	3,554	2,654	2,453	2,805
ㅇ기타수입	235	301	352	1,504	136	206
Ⅱ. 비 용	12,572	14,906	14,449	13,092	12,141	11,963
ㅇ인건비	4,329	4,681	5,308	5,102	4,862	5,064
ㅇ운영사업비	8,243	10,225	9,141	7,990	7,279	6,899
ㅇ감가상각비 등	(7,383)	(7,593)	(8,050)	(7,726)	(3,673)	(11,649)
Ⅲ. 손 익	△485	△2,924	△4,981	△4,468	△4,830	△4,013
(감가상각비등 포함시)	△7,868	△10,517	△13,031	△12,194	△8,503	△15,662

※ 06 감가상각등(감가상각비 3.361, 자산처분손/기아자동차관, 대전관등 8,288)

<표 3-5> 현금자산 현황(단위 : 억원)

구 분	2001	2002	2003	2004	2005	2006
현금자산	973	899	584	520	468	409
감소폭	-	74	315	64	52	59

■ '03년 감소분에는 전 운영업체와의 소송 패소금 약273억원 포함

결국, 대전엑스포 이후 "과학"을 주제로 공원을 운영해 본 결과, 과학사업의 수익성 부족으로 신규투자를 활성화하지 못하고, 이런 신규투자부진은 관람객(수요자)을 유치하지 못하여 적자를 발생하게 하는 악순환을 되풀이하고 있다.

이는 국가가 운영하는 국립중앙과학관의 경우 면적이 5만 3천여 평임에도 적자운영에 노출되고 있는 것에 비교하면 대전광역시에서 운영하는 과학공원은 17만평으로 거대한 규모여서 결과적으로 무리한 운영이 될 수밖에 없는 상황이다.[7]

2) 과학공원의 운영적 측면

(1) 시설규모 및 운영여건

과학공원의 현재 시설은 대전엑스포 당시 시설 대부분이나 운영예산, 잠재 입장객수, 제도적 지원 등은 대폭 축소되어 현재 시설규모는 잠재입장객에 비해 규모가 과대한 실정이다(표 3-6 참조).

7 과학공원과 운영목적이 유사한 국립중앙과학관의 경우에도 사실상 대규모 적자운영 (과학공원은 과학관 확대개념)

구 분	운영수입	운영비용	운영적자	비 고
2004년 실적(백만원)	429	10,310	△9,881	정부예산으로 보전

자료 : 대전시

<표 3-6> 대전엑스포와 과학공원과의 비교 : 시설규모와 운영여건

	대전엑스포	과학공원
면 적	27만평	17만평
주요시설	전시관 26개	전시관 17개
시설규모	일평균 10만명	일평균 최대1만명
운영예산	연간 약2100억	연간 약120억
운영인력	5,034명	108명

요컨대, 과대한 규모로 인해 관리비가 과다하게 지출되고, 상대적으로 군집효과(Crowd Effect)가 부족하게 나타남으로 투자효율성이 떨어진다. 즉, 대전엑스포공원은 대전엑스포93 당시의 시설 70% 이상을 그대로 운영하여 관리비가 과다하고, 그에 따라 사업비 부족으로 사업성이 떨어지고, 적극 투자가 어려워, 관람객(수요자)이 저하되는 악순환구조에 노출되고 있는 것이다.

뿐만 아니라 공원의 과대한 규모로 인해 상당한 투자시에도 효과가 미미할 뿐이다. 외국엑스포의 경우, 엑스포 당시의 대규모 시설유지는 비효율적으로 판단하여 엑스포 시설 일부만 존치하고 나머지 시설은 대폭 철거하여 시민공원 · 상업지역 · 연구단지 · 주택단지 등으로 다양하게 활용하고 있음을 알 수 있다(표 3-7 참조).

<표 3-7 >외국엑스포 사후활용 주요현황

엑스포	활용지역		나머지 지역
	면적	내용	
1962 미국 시애틀	9만평중 1만여평	과학관	상업지역, 사무실
1970 오사까 만국박람회	100만평중 2만여평	기념관, 문예관 등	녹지공원(만국박람회 기념공원 - 약80만평) 기타 도로, 주차장 등
1985 일본 쯔꾸바	30만평 중 8천여평	과학관	과학기술연구소 지역
1986 캐나다 밴쿠버	21만평중 3천여평	과학관	상업지역, 주택단지
1988 호주 브리즈번	12만평 중 5만여평	휴양공원 (생태체험, 공연장 등)	컨벤션센터, 호텔 등
1992 스페인 세비야	65만평중 10만여평	놀이공원	과학기술 연구소, 사무실, 운동장 등

자료 : 대전시

(2) 시설기능 및 구조

대전과학공원의 핵심시설인 전시관은 일회성 대규모 행사용 시설로 조성되어 반영구적인 공원시설로는 부적합하다는 것이다. 즉, 일회성 국가행사를 위한 대형영상관 위주로 조성되었기 때문에 일시적인 대규모 입장객 수용에는 유리할지 모르나, 영상관 위주의 단조로운 구조로 인하여 행사 이후 지속적인 입장객 창출에는 절대 불리하다는 것이다. 그리고 물론 엑스포시설을 사후에 활용할 것을 염두에 두었지만 행사용 시설과 공원시설은 근본적으로 시설구조, 용도, 형태 등이 상이하여 행사용 시설을 공원시설로 그대로 활용하는 것은 일정한 한계가 있다(표 3-8 참조).

<표 3-8> 행사용시설과 공원시설의 비교

구 분	행사용 시설	공원 시설
시설구조	단기간(약6개월) 대규모 (연간 2천만명 이상) 입장객 일시 수용을 위한 대형 영상관 위주 조성	장기간(수십년) 소규모 (연간 5백만명 내외) 입장객 지속유치를 위한 소규모 다양한 시설조성
시설용도	일회성 행사를 위한 일회성 관람객 유치에 적합하게 조성	장기간 공원운영을 위한 반복성 관람객(재방문객) 유치에 적합하게 조성

자료 : 대전시

또한 대규모 실내영상관 위주의 건축물 중심 구조는 상대적으로 공원이나 야외의 흥미를 끌어내는데 부족하여 과대한 시설비용에 비해 수입은 저조한 편이다(표 3-9 참조). 야외공원의 경우 야외의 흥미 분위기가 중요하나 과학공원은 실내영상관위주로 인해 그렇지 못하다는 것이다.

<표 3-9> 2005년도 전시관별 수입 및 비용현황

구 분	관람객(명)	수입(백만원)	지출(백만원)
계	517,079	208	1,331
시뮬레이션관	102,770	81	502
돔 영상관	120,330	82	381
한빛탑	60,435	26	123
기념관(통일관)	213,584	-	184
아이맥스관	19,960	19	141

자료 : 대전시

3) 과학공원의 제도적 측면

(1) 법적 환경

대전과학공원은 현재 제도적으로, 공원으로서 가장 기본적이며 수익성 높은 놀이(유희)시설 및 새로운 식음영업시설 설치가 불가능하다. 즉, 자연녹지지역에서는 관련법상

놀이시설, 일정규모의 식음시설 설치가 불가하도록 되어 있고, 또한 현재 꿈돌이랜드와 중앙대식당과의 계약으로 인해 놀이시설(꿈돌이랜드가 독점권 보유) 및 신규식음영업시설(중앙대식당이 독점권 보유) 설치가 불가하게 되어 있어 수익성 제고에 어려움이 있다. 특히, 과학공원지역은 자연녹지지역으로서 수익성이 가장 높은 대규모 판매시설 등이 법적으로 불가능하여 수익성 제고에 한계가 있다.

(2) 공사운영체제

공익성과 함께 수익성이 필요한 공사체제로 인해 과학공원 수익성이 부족한 상황에서 적극적인 투자가 부족한 실정이다. 결국 투자부족으로 인해 볼거리가 감소하고, 따라서 입장객이 감소하고, 그럼으로써 적자재정은 눈덩이처럼 쌓이는 악순환 현상이 지속되고 있다. 그런 배경에서 공원사업은 수익성이 부족하므로 공단운영이 적합하다는 자치경영평가원의 의견이 공무원 사회에 수용되고 있는 듯하다.[8]

제4절 운영합리화 방안

1. 공원사업측면

1) 운영주체 다원화에 따른 폐해 최소화 전략과 복합적 활용

공원운영에 있어 운영주체 다원화에 따라 공원운영의 통일성 내지는 정체성 확립에 어려움이 발생하기 때문에 대전엑스포공원은 대전시의 지원을 받아 타 업체와의 계약관계에서 주도적으로 공원운영의 효율화를 위한 방안이 모색되어져야 할 것이다(김영관, 2002 : 73). 그런 배경에서 다음과 같은 공원운영 기본방향을 설정할 필요가 있다. 즉 대전엑스포과학공원은 복합적 활용이 가능하므로 주제와 세대가 공감하는 복합적 개발을 제시할 수 있을 것이다. 요컨대, 대전엑스포과학공원의 17만평 전체를 "과학" 단

8 다른 지방자치단체 산하의 공원의 경우는 공단에서 운영하고 있다며 공원사업은 공단에서 담당하는 것이 타당하다는 의견을 내놓고 있다(대전시, 2007).

일 주제 운영은 불가능하며 따라서 문화산업, 상업레저 등 과학 외 다양한 용도로 복합적으로 활용하는 것이 현실적이다.[9] 따라서 과학공원의 공익성과 수익성을 동시에 달성하기 위해 과학공원 지역을 3가지 용도지역으로 분할하여 최대의 시너지 효과를 발휘할 수 있도록 각각 개발하여야 할 것이다. 그러기 위해서 공익성 지역은 국비 등 위주로 개발 추진하고, 수익성 지역은 민자 유치 위주로 개발 추진하는 것이 타당할 것이다 (그림 3-2 참조).

<그림 3-2> 복합적 활용을 위한 복합개발 방안

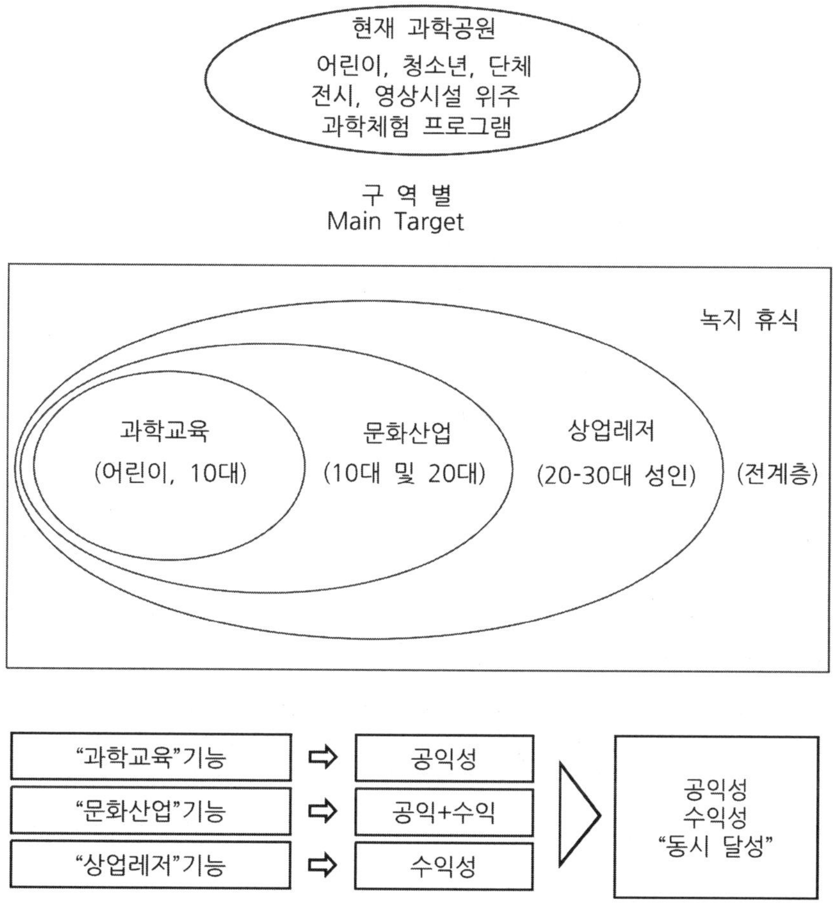

[9] 국가에서 전 국민 과학교육 및 과학대중화를 위해서 운영 중인 국립중앙과학관의 경우에도 면적이 5만3천여 평에 불과하다는 점에 공무원들은 대전엑스포공원이 과학 단일 주제로 운영하는 것이 비현실적임을 토로하고 있다(대전시, 2007).

(2) 적자재정 해소

대전엑스포 '93 개최 이후 "과학"이라는 단일 주제로 공원을 운영하고 있으나, 수익시설 부족, 시설투자비 부족, 시설물 노후화, 관람객 감소 등의 악순환으로 대전엑스포과학공원의 활성화 내지 선순환 전환정책이 무엇보다 시급하다.

2) 공원운영측면

(1) 새로운 과학테마공원 재정립

대전엑스포과학공원의 주변개발[10]에 따라 이와 상생할 수 있는 공원의 역할 및 기능을 재정립해야 할 것이다. 그런 배경에서 갑천변의 첨단과학과 문화 및 관광벨트를 엮는 대전시의 개발계획에 따른 과학공원의 연계개발과 활성화 전략이 추진되어야 할 것이다.

(2) 주변 여건 활성화에 따른 능동적이고 주도적인 과학공원의 역할정립

대덕연구개발특구 활성화에 따른 국비사업 유치(R&D 지원센터, 세계기술무역거래센터, 연구개발특구 상징탑 등)와 대전컨벤션센터 건립에 따른 방문객 증대 예상에 따라 수익사업을 발굴해야 할 것이다(국제행사, 관광, 쇼핑, 공연, 전시, 문화행사 등의 수요 대책 마련해야).

3) 공원제도측면

(1) 법적 환경 : 식음료 독점권 해소책 제공

시음료시설이 공원중앙부에 위치하여 효율적인 토지이용이 어렵고 공원내 유사음식점 개설이 불가하여 이용자의 이용이 불편하고 수익성제고에 문제가 있기 때문에 기존시설의 보상철거 후 식음료, 패스트푸드 등 식음시설 직영추진 또는 식음코너 일부를 영업권을 부여하여 활용하는 방안도 모색해 볼 수 있다.

10 대덕연구개발특구 지정에 따른 R&D의 활성화 및 상업화 가속 ; 대전컨벤션센터 및 과학기술 창조의 전당 준공 임박(2007. 12.) ; 과학공원 동편 스마트시티 상업지구 개발 및 주상복합 건설 등이 그것이다.

(2) 공사운영체제

공사운영체제는 조직 및 인사관리가 보다 합리적으로 운영될 수 있도록 책임경영제도를 활성화하고 경영이념에 맞는 홍보체제를 갖추도록 해야 할 것이다.

참고문헌

김영관.(2002). 대전엑스포과학공원의 운영합리화전략에 관한 연구, 충남대학교 행정대학원.
산업연구원.(1993). 대전엑스포93의 개최효과분석.
대전엑스포과학공원.(2006). 2006년도 과학공원 고유혁신사례 및 성과, 대전광역시.
배용수.(1996). 지방경영론. 법문사.
유훈.(1998). 지방재정론. 법문사.
정세욱.(2005). 지방자치학. 법문사.
대전광역시.(2007). 대전엑스포공원 2006년도 경영평가 결과분석.
대전엑스포조직위원회.(2007). 대전엑스포공원 경영평가 결과분석.
Auby. Jean-Bernard et Jean-Francois.(1990). *Droit des collectivites locales*. Paris : PUF.
한국산업관계연구원.(2008). 엑스포과학공원 관리방안 연구, 공청회.
두산백과사전 EnCyber & EnCyber.com. 2007.11.25
www.expopark.co.kr / 2007.11.25